David Kuchenbuch
Geordnete Gemeinschaft

Histoire | Band 13

David Kuchenbuch (Dr. des.) forscht zur Geschichte der europäischen, insbesondere der skandinavischen Moderne und zur Wissenschaftsgeschichte.

DAVID KUCHENBUCH
**Geordnete Gemeinschaft.
Architekten als Sozialingenieure –
Deutschland und Schweden im 20. Jahrhundert**

[transcript]

Gedruckt mit Unterstützung
der Deutschen Forschungsgemeinschaft

Bibliografische Information der Deutschen Nationalbibliothek
Die Deutsche Nationalbibliothek verzeichnet diese Publikation
in der Deutschen Nationalbibliografie; detaillierte
bibliografische Daten sind im Internet über
http://dnb.d-nb.de abrufbar.

© 2010 transcript Verlag, Bielefeld

Die Verwertung der Texte und Bilder ist ohne Zustimmung des
Verlages urheberrechtswidrig und strafbar. Das gilt auch für
Vervielfältigungen, Übersetzungen, Mikroverfilmungen und für
die Verarbeitung mit elektronischen Systemen.

Umschlagkonzept: Kordula Röckenhaus
Umschlagabbildung: aus: Per Holm: Samhällsundersökningar. En
grundval för planmässig kommunalpolitik, Stockholm 1944.
Lektorat & Satz: David Kuchenbuch
Druck: Majuskel Medienproduktion GmbH, Wetzlar
ISBN 978-3-8376-1426-8

Gedruckt auf alterungsbeständigem Papier mit chlorfrei
gebleichtem Zellstoff.

Besuchen Sie uns im Internet:
http://www.transcript-verlag.de

Bitte fordern Sie unser Gesamtverzeichnis
und andere Broschüren an unter:
info@transcript-verlag.de

Inhalt

1. Einleitung

Bauen und Ordnen in Schweden und Deutschland	13
Ordnung und Moderne	16
»Radikales« und transnationales Ordnungsdenken	22
Die Ordnung des Wohnraums	26
Methodisches	27
Akteure	29
Quellen	32
Forschungsstand	33
Struktur der Arbeit	35

2. Architektur, Wissenschaft, Soziales

2.1 Ordnungssemantiken ... 39

2.2 *Folkhem* und Funktionalismus. Rationalisierung der Architektur und politische Gemeinschaft in Schweden in den 1930er Jahren ... 45

»Brüche«. Aufstand gegen die Ästhetik	47
Die Stockholmausstellung	51
»Akzeptiere«. Architektur als gesellschaftliche Aufgabe	55
Funktionalismus, Kulturradikalismus, Sozialpolitik	60
Das »Volksheim«. Ein politisches Bauprojekt	63
Die »wohnungssoziale Untersuchung«. Politikberatung durch Architekten	68

2.3 »Proletarierwohnungskomplex« oder »Wohndiät«? Die Verwissenschaftlichung der Architektur in der Weimarer Republik ... 75

Architektur, Sparzwang und Sozialpolitik	76
Grundrisswissenschaft	78
Werte statt Worte	83
Architektur als Körperökonomie	84
Der Grundriss als »Regierung«	87
Rückwirkungen auf den Architektenberuf: »Bauzahlen«	89
Klassenkampf oder Wissenschaft?	95

1930/1933. Nationaler Funktionalismus und
Nationalsozialismus. Aufbruch in Schweden,
Niedergang in Deutschland 101

2.4 »Oasen der Ordnung«. Gemeinschaftsdenken
    im Neuen Bauen 103
Gemeinschaft als Raumprodukt 105
Annäherungen 109

3. DIE NACHBARSCHAFTSEINHEIT

3.1 Nachbarschaften als Einheiten.
    Transnationale Grenzziehungskonzepte 113
Åhrén 1943, Gutschow 1958.
Zwei Nachbarschaftsskizzen 115
Vorgeschichten. Von der Gartenstadt zur *New Town* 119

3.2 »Demokratische Kulturkritik«.
    Die schwedische Debatte der 1940er Jahre 125
Neue Horizonte: Architektur und Demokratie 126
»Demokratische Menschen schaffen«. Von der sozialen
Krisendiagnose zum architektonischen Programm 128
Der Kontext: Schweden im Zweiten Weltkrieg 132
Transnationaler Diskurs, nationale Vergewisserung 135

3.3 Die »Ortsgruppe als Siedlungszelle«.
    Die deutsche Nachbarschaftsplanung der 1940er Jahre 141
Soziografische Perspektiven 144
Hamburg 1940 146
Verbreitung des Siedlungszellenkonzepts 149
Transnationale NS-Planung? 151
Blick zum Nachbarn (auf sich selbst) 157

3.4 Zwischenbilanz.
    Zwischenräume als Reaktion auf die Moderne 163

4. GEMEINSCHAFT PLANEN

4.1 Der »menschliche Maßstab«.
    Wie misst man Gemeinschaft? 171
Beauftragung und Zuarbeit durch die »Soziologie« 173
Migration der Maße 178
Natürliche Einzugsbereiche 183

Widersprüchliche Zahlen 187
Anthropozentrische Messverfahren: Die Gemeinschaft
als Maßeinheit 188

**4.2 »Sinnfälligkeit«. Wie macht man Gemeinschaft
architektonisch erlebbar?** 193
Gestalten oder bemessen? 193
Baukörpergruppierung als Menschengruppierung.
Die schwedische Debatte über »Raumbildung« 195
»Überschaubare Ordnungen«. Die Förderung der
Sinnfälligkeit in Deutschland 199
Apoll und Dionysos. Der »Neorealismus« als
Korrektur des Funktionalismus 203
Fluchtpunkt Gemeinschaft 209

**4.3 Die »höhere Ordnung«. Wie macht man aus
kleinen Gemeinschaften Volksgemeinschaften?** 211
Natürliche Zusammenhänge. Die Organismus-
metapher im Planerdiskurs 213
Kreise und Linien. Die Strukturskizzen der Planer 216
Die »Stadtkrone« als visuelle Verbindung 220
Synekdochen. Die Sozialstruktur des Wohnorts
als Modell der Nation 222

**4.4 Ungleiche Übergänge. Die Kritik an der Nachbarschafts-
planung in der Bundesrepublik und in Schweden
in den 1950er und 60er Jahren** 227
Das Ende des »Gubbängismus« in Schweden 228
Die Stadt von Gestern 231
Zwischen »Sozialmontage« und »Bauwirtschafts-
funktionalismus«. Die deutsche Kritik 232
Lesarten. Von der Pluralisierung der Stadtwahr-
nehmungen zur Historisierung der Moderne (Exkurs) 237
Stadtplaner geben sich geläutert: Hillebrecht 1965
und Lindström 1977 238

5. PLANER UND MENSCHEN

5.1 Ärzte, Flieger, Diener. Das Selbstbild der Planer 243
Planer als Gehilfen der Natur 247
Planerperspektive und Bewohnerblick 251
Diener der Gemeinschaft 256
Ermüdungserscheinungen 260

5.2 Der »Bauherrenersatz«. Die Bedürfnisforschung
in Deutschland und Schweden 265
Einseitige Dialoge 267
Funktionalistische Fiktionen und statistische Mittel.
Die schwedische Wohnforschung 269
»So wollen wir's haben«. Wohnerziehung in Schweden 273
»Indialand«. Kritik an der Bedürfnisorientierung 276
Spuren im Schnee. Das deutsche Bedürfniskonzept
der 1940er Jahre 278
Gibt es ein Bedürfnis nach Nachbarschaft? 282
»Der Stadtplan geht uns alle an«. Der Lernwille
deutscher Planer in den 1950er Jahren 284
Die »Bedürfnisse der Zeit«. Zum Verschwinden einer
rhetorischen Figur 287

6. SCHLUSS

Geordnete Gemeinschaft. Varianten von Ordnungs-
denken und *social engineering* in Deutschland
und Schweden 291
Architektur und Stadtplanung in *folkhem* und
»Volksgemeinschaft« 293
»Einordnung« – Struktur oder Prozess? 296
Das Kollektivhaus (Exkurs) 297
Flexible Normen und starre »Ordnungen« 302
Ordnungsdenken und *social engineering*
als Proto-Neoliberalismus? 305

Danksagung 309

7. ANHANG

7.1 Abkürzungsverzeichnis 313

7.2 Abbildungsverzeichnis 315

7.3 Quellen- und Literaturverzeichnis 317
Ungedruckte Quellen 317
Gedruckte Quellen und Literatur 318

7.4 Biografische Daten 381

7.5 Register 401

Vorbemerkung

Ich zitiere Quellen und Literatur im Folgenden der Übersicht halber mit Kurztitel und Erscheinungsdatum. Angesichts der großen Zahl erwähnter Personen schien es außerdem sinnvoll, Daten zu ihren Biografien auszulagern, wo immer es möglich war. Sie finden sich darum im Anhang. Alle Übersetzungen aus den skandinavischen Sprachen stammen von mir, wenn nicht anders ausgewiesen.

1. Einleitung

Bauen und Ordnen in Schweden und Deutschland

1934, auf dem Höhepunkt seiner Erwartungen an das nationalsozialistische Regime, definiert der Leipziger Soziologe Hans Freyer die deutsche Soziologie wie folgt:

»[D]er Standpunkt, von dem aus die Soziologie das Geschehen ihres Zeitalters auffaßt, liegt doch nicht in diesem selbst, sondern liegt außerhalb, nämlich im Ganzen der Geschichte, im Sinn und in der Zukunft des Volks. Die Klassengesellschaft, deren Ausbildung die Soziologie Schritt für Schritt mit klarem Blick [...] verfolgt, wird nicht nur als Zersetzungsprodukt, sondern sie wird als Übergang begriffen, als Krisis vor einer neuen Gesundheit des Gemeinschaftslebens und des Staatsgefüges, als Chaos, aus dem eine neue Ordnung geboren wird.«[1]

Freyer diagnostiziert eine soziale Krise, auf die wieder Ordnung folgen muss. Die chaotische Zersplitterung der Bevölkerung in Klassen, die »Verwirrung der Volksordnung« steht im schroffen Gegensatz zu einer im Entstehen begriffenen »neue[n] Ordnung« von Staat und Gemeinschaft.[2] Wie bei einer schweren Krankheit sieht Freyer die Gegenwart als Scheitelpunkt, als Moment der Entscheidung in einer sich dramatisch zuspitzenden Situation. Sie ist eine ergebnisoffene *Krisis*, das heißt, die Zukunft kann beeinflusst werden. Und dies stellt die Wissenschaft vor ihre »Gegenwartsaufgabe«, wie Freyer schreibt. Die Soziologie – von Freyer mit Max Weber als »Wirklichkeitswissenschaft« bezeichnet[3] – soll nämlich den Geschichtsprozess einerseits wissenschaftlich ausdeuten und ihn andererseits mittels sozialtechnischer Interventionen dahingehend beeinflussen, wieder *geordnet* zu verlaufen. Die soziologische Erforschung bedrohter, teils verloren gegangener älterer »Ordnungen« soll also dabei helfen, die ersehnte »neue Ordnung« herbeizuführen. Denn für Freyer ist es Aufgabe der Soziologie, und die Metapher ist hier zentral, Hilfe beim »Bau« der »Volksgemeinschaft« zu leisten.[4] Die Soziologie, so Freyer, habe dabei stets zu fragen: »Welche Stände des Volkes sind heimatlos und müssen neu befestigt werden? Welche Ordnungen sind verschüttet, aber wieder erweckbar? Welche sind ihrem Wesen nach die Grundlagen der Volksgemeinschaft?«[5] Es gelte, das »Gegenwärtige vom

---

1. FREYER, Gegenwartsaufgaben der deutschen Soziologie (1934), S. 120.
2. Ebd., S. 121.
3. So der Titel seiner Programmschrift FREYER, Soziologie als Wirklichkeitswissenschaft (1930).
4. FREYER, Gegenwartsaufgaben der deutschen Soziologie (1934), S. 138
5. Ebd., S. 139.

Standpunkt seiner gültigen Zukunft aus« zu begreifen, denn: »Volkswerdung ist kein Wachstum, sondern ein geschichtliches Werk, das der Krise der industriellen Gesellschaft und der liberalen Demokratie abgerungen werden mußte«[6] – man beachte die Tempusverschiebung von der Krisendiagnose im Präsens zur überwundenen Krise im Imperfekt. Freyer verbindet die Topoi »Bauen« und »Ordnen«: »Verschüttete« Ordnungen werden wieder »befestigt«, und das unter Aufsicht der Soziologie als, so schreibt er, »Baulehre der Gemeinschaft«.[7] Die Wirklichkeit selbst stellt die Konstruktionsskizze bereit: Mittels wissenschaftlicher Analysen werden Potenziale der vorgefundenen Sozialstruktur sichtbar gemacht und diese entsprechend zur »Volksgemeinschaft« geformt; die neue »Volksordnung«, so Freyer, wird von ihren Grundlagen her rekonstruiert.

Etwa zur selben Zeit beschäftigen sich Architekten, Stadt- und Raumplaner mit der Umsetzung solcher Forderungen. So begreift der aus dem Freyer-Umfeld stammende Raumforscher Friedrich Bülow das »Volk« 1939 als »geschichtlich überkommene soziale Ordnung«. Auch Bülow beobachtet eine »Entfesselung und Auflösung der sozialen Gliederung und Ordnung« der Nation. Solchen Zersetzungsprozessen könne die »Raumordnung« mittels Stärkung der »Familie als soziale[r] Keimzelle« begegnen, und das gelte es bei der Erarbeitung von »Richtlinien der politischen Gestaltung« zu berücksichtigen. Was bei Freyer noch Raummetaphern sind, ist hier zur konkreten Rekonstruktion der Gemeinschaft im Raum geworden.[8]

Nun sind die Überlegungen Freyers und Bülows typisch für den Denkstil vieler Humanwissenschaftler (insbesondere der »Leipziger Schule«) im »Dritten Reich«. Deren »radikales Ordnungsdenken« kann als Erscheinungsform einer spezifisch deutschen, konservativen Expertenkultur verstanden werden. Mit der Architektur und Stadtplanung in den demokratischen Ländern Europas hat das wenig zu tun, so könnte man annehmen. In Schweden zum Beispiel wird zur selben Zeit rückhaltlos die Moderne bejaht, und das heißt, hier wird der technische Fortschritt für das Wohl der ganzen Bevölkerung dienstbar gemacht. Die schwedischen »Funktionalisten«, Architekten wie Uno Åhrén und Sven Markelius, entwerfen nicht allein moderne, luftige, praktische Wohnungen und Siedlungen, sie bauen mit am demokratischen *folkhem,* dem »Volksheim« der Sozialdemokratie. Sie verkörpern die nüchterne Sachlichkeit des schwedischen Wohlfahrtsprojekts – den »mittleren Weg« des Volksheims zwischen Totalitarismus und Liberalismus. Schweden steht seit den 1950er Jahren – zumal in der bundesrepublikanischen Imagination[9] – für Pragmatismus, Konsensorientierung und Mäßigung, für eine technische Vernunft im Einsatz für das kollektive Wohl, für den »politischen Funktionalismus«.[10] Schwedische Architekten arbeiten an einer vernünftig geordneten, transparenten und mehrheitsfähigen Gesellschaftsform, die die Integrität des Individuums nicht einschränkt. Ganz anders als ihre Kollegen

---

6. Ebd., S. 141.

7. Ebd., S. 140.

8. BÜLOW, Wilhelm Heinrich Riehl (1939), S. 2f.

9. Vgl. zum Beispiel SCHRÖDER, More Fun with Swedish Girls? (1997); WINKELMANN, Alltagsmythen vom Norden (2006).

10. HENNINGSEN, Der Wohlfahrtsstaat Schweden (1986), S. 43–48. Henningsen borgt den Ausdruck bei ADLER-KARLSSON, Funktionaler Sozialismus (1973).

in Deutschland, wo das Neue Bauen nach 1933 als »bolschewistisch« oder »verjudet« diskreditiert ist, um erst in den 1950er Jahren als »demokratischer« Baustil rehabilitiert zu werden.

Aber wie muss man die Äußerungen Freyers und Bülows interpretieren, wenn in den 1930er und 40er Jahren auch in Schweden der Ruf laut wird, durch die Ordnung des Raums die soziale Gemeinschaft zu fördern? Wie, wenn der einflussreiche schwedische Soziologe Torgny Segerstedt 1944 zur Überwindung der »Gruppenobdachlosigkeit« oder auch »Gruppenheimatlosigkeit« (*grupphemlöshet*) der Schweden aufruft, und dafür die »Einordnung« der Bevölkerung in kleinere soziale Gemeinschaften propagiert?[11] Im selben Buch (es ist ein Sammelband) regen die Architekten Jöran Curman und Helge Zimdal an, mittels Stadtplanung das »Bedürfnis nach einer natürlichen Gruppenbildung« zu befriedigen, weil dies gerade »aus demokratischem Gesichtspunkt wünschenswert« sei.[12] Wie passt das zur Behauptung Zimdals, die Stabilisierung von »Primärgruppen« wie der »Urzelle« Familie könne zur Wiederherstellung einer »höheren Ordnung« beitragen, einer »organischen Ordnung«?[13] Was haben Bauen und Ordnen im Nationalsozialismus auf der einen, Demokratie und planerische Einordnung in Schweden auf der anderen Seite miteinander zu tun? Oder noch allgemeiner: Wie kann es sein, dass das *piecemeal engineering* (Karl Popper), die »provisorische Utopie« der Schweden und das autoritäre, dezisionistische, das »konkrete Ordnungsdenken« in Deutschland offenbar ähnliche Krisendiagnosen und Handlungsprogramme entwickeln? Sind sie nicht eigentlich wesensverschieden?[14]

Es gibt noch weitere Fragen: Was haben wir davon zu halten, dass Beobachter der »Deutschen Arbeitsfront« (DAF) sich in den späten 1930er Jahren begeistert vom schwedischen Wohnungsbau zeigen?[15] Und wie ist damit umzugehen, dass auch ins NS-System verstrickte deutsche Architekten (Architekten übrigens, die ihre ersten beruflichen Lorbeeren im Neuen Bauen der Weimarer Republik gesammelt haben) in den 1950er Jahren gerade in Schweden das umgesetzt sehen, was sie bereits in der ersten Hälfte der 1940er Jahre propagiert haben? Der Hamburger Architekt Konstanty Gutschow etwa sammelt für sein einflussreiches Lehrbuch »Städtebaulicher Grundstoff«, das aus Vorarbeiten im »Arbeitsstab Wiederaufbauplanung zerstörter Städte« Albert Speers entsteht, akribisch schwedisches Material, und er korrespondiert diesbezüglich mit schwedischen Behörden und Architekten.[16] Hans Bernhard Reichows umstrittene Bücher der späten 1940er Jahre – die »Organische Stadtbaukunst« und die »Organische Baukunst« – sind umfangreich mit Bildern aus Schweden illustriert.[17] Was bedeutet es nun, wenn

---

11. SEGERSTEDT, Formal och real demokrati (1944), S. 10.
12. CURMAN/ZIMDAL, Gruppsamhällen (1944), S. 127, 136, 134.
13. ZIMDAL, Idédebatten (1942), S. 3.
14. So argumentiert GÖTZ, Provisorische Utopie und konkrete Ordnung (2001). Der Ausdruck »provisorische Utopie« stammt vom schwedischen Finanzminister Ernst Wigforss.
15. Vgl. HAEHLING, Der soziale Wohnungsbau in Schweden (1939); SCHÖNFELDT, Wohnungen für kinderreiche Familien (1939).
16. Vgl. die Unterlagen im StA-HH, 621-2/11, C 81.
17. REICHOW, Organische Stadtbaukunst (1948), DERS., Organische Baukunst (1949).

Reichow dezidiert darauf hinweist, dass seine Bücher schon *vor* 1945 konzipiert wurden?[18]

Noch verwirrender ist, dass umgekehrt schwedische Planer auch *nach* 1933 deutsche Planungskonzepte begrüßten. Jöran Curmans Buch »Arbeiterwohnungen der Industrie« (»Industrins arbetarebostäder«) von 1944 etwa nimmt Bezug auf Ernst Neuferts »Bau-Entwurfslehre« (1936) und »Die neue Stadt« Gottfried Feders (1939) – Letzterer war immerhin eine Zeit lang Chefideologe des »sozialistischen« Flügels der NSDAP.[19] Und in der so genannten »Westholmbibel«, einer Aufstellung von schwedischen staatlichen Wohnungsbaunormen von 1942, wird bezüglich der Maße der Küche auf die deutschen »Richtlinien zur Verordnung zum zukünftigen Wohnungsbau« vom 15. November 1940 verwiesen,[20] mit denen auf Geheiß Hitlers der soziale Wohnungsbau in Deutschland vorbereitet wird.

Die Ähnlichkeit zwischen der »konkreten Ordnung« in Deutschland und der »höheren Ordnung« und »Einordnung« in Schweden, die die obige Montage von Zitaten nahelegt, muss genauer untersucht werden. Lässt sich hier ein Phänomen ausmachen, das *folkhem* und »Volksgemeinschaft« überwölbte? Und wenn ja, was waren seine Merkmale, seine Ursachen und Folgen, wie lange bestand es? Gab es, um dem Experiment, das hier durchgeführt werden soll, einen Namen zu geben, ein »Ordnungsdenken und *social engineering*«, genauer: ein Denken über die sozialen Beziehungen, die Gemeinschaft, das sich transnational, disziplinen- und grenzübergreifend in Versuchen äußerte, die Gesellschaft zu *ordnen* – und zwar mittels dem Anspruch nach vernünftiger, technischer, sachlicher oder auch moderner Methoden?

Ordnung und Moderne

Wer von Ordnung und Moderne spricht, beruft sich auf Zygmunt Bauman. Bauman interpretiert nämlich die Moderne als ein Zeitalter, das auf die Auflösung alltagsweltlicher Orientierungen mit multiplen Ordnungsversuchen reagierte, als eine Zeit, in der »Ordnung [...] reflektiert wird; ein Gegenstand des Nachdenkens, des Interesses, einer Praxis, die sich ihrer selbst bewußt ist«.[21] Bauman begreift Ordnungsimperative als sublimierte Sehnsüchte, die eine sich säkularisierende Welt auslöste. Mit der Pluralisierung der Erfahrungshorizonte und Alltagswirklichkeiten in der Neuzeit, so Bauman, wurde gerade die soziale Ordnung gleichzeitig problematisch *und* herstellbar, und das resultierte im *social engineering*, in Bemühungen, mit den wissenschaftlichen und technischen Mitteln der Moderne gesellschaftliche Eindeutigkeit, vor allem »rassische« Homogenität wiederherzustellen und so Ambivalenz

---

18. REICHOW, Organische Stadtbaukunst (1948), S. VII. Reichow gehörte übrigens in den 1950er Jahren genauso wie Freyer zum »Wissenschaftlichen Beirat der Bundesanstalt für Landeskunde und Raumforschung, Sektion Raumforschung«; vgl. die Unterlagen im GNMN, NL Reichow, I B 198 b.
19. CURMAN, Industrins arbetarebostäder (1944), S. 157, 130.
20. WESTHOLM, Minimifordringar å storleken av bostadslägenheter i hus avsedda att uppföras med stöd av staligt tertiärlån (1942), S. 15.
21. BAUMAN, Moderne und Ambivalenz (1992), S. 17.

zu begrenzen. Für Bauman ist das ein paradoxes Unterfangen, nämlich ein Versuch, die Natur gezielt zu verbessern. Wissenschaft und Staat agierten wie »Gärtner«,[22] die die Nutzpflanzen pflegen und Unkraut entfernen – Bauman geht es um die bürokratisch betriebene biologistische Auslese, den Holocaust, den er als genuin moderne Erscheinung verstanden wissen will. Der Sozialingenieur ist aber nicht nur Gärtner (oder Arzt oder Züchter), er ist auch Architekt.[23] Immer wieder insinuiert Bauman eine Nähe der modernen Klassifikationsanstrengungen und Exklusionsvorgänge zur bis heute meist positiv besetzten Architektur der Moderne. Bauman bezieht sich dabei einerseits auf den reduzierten, den »reinen« Stil der so genannten »weißen Moderne«, andererseits auf den Anspruch vieler Architekten, Bauten zu entwerfen, die rein utilitaristisch bestimmte Funktionen erfüllen sollen. Er koppelt so plakativ ästhetische »Modernität«, modernes zweckrationales Handeln und Gewaltentfesselung. Das geht allerdings auf Kosten der Nuancen.[24] Wenn man wie Bauman das »Jäten« und das Ordnen zusammendenkt, geht die Aufmerksamkeit verloren für die Vielfalt der Versuche, Ordnung zu schaffen. Die schwedische Gesellschaft des 20. Jahrhunderts zum Beispiel, die – mit derselben »Unordnung« konfrontiert wie die deutsche – eher »hegte« als aussonderte, lässt sich so nicht verstehen,[25] und auch nicht die schwedische Architektur.

Wenn man sich mit einem Abstraktum wie *der* Ordnung in *der* Moderne befasst, das wird hier außerdem deutlich, dann läuft man Gefahr, seinen Gegenstand überall und nirgends vorzufinden. Um nicht allzu generalisierende Beobachtungen zur *conditio humana* seit der frühen Neuzeit zu riskieren, gilt es, Ordnungsdenken und *social engineering* präzise zu definieren, sie historisch einzugrenzen. Im Folgenden sollen sie als Reflexionsprodukte der entstehenden kapitalistischen Industriegesellschaften interpretiert werden. Genauer, sie werden als Reaktionen auf gravierende gesellschaftliche Veränderungen ab circa 1890 verstanden, aber auch als Praktiken, die diesen Veränderungsprozessen ihre jeweilige Prägung verliehen haben. Wenn sie als Phänomene der Moderne untersucht werden, dann wird diese hier als »grundlegende Umstellung in der Binnenstrukturierung von Gesellschaften« verstanden, vor allem aber auch als eine Transformation der Selbstbeobachtung dieser Gesellschaften, die mit deren Veränderung in Wechselwirkung stand.[26] Gesellschaften, so Phillip Sarasin, können »als temporäre und prekäre Arti-

---

22. Ebd., S. 32. Siehe auch BAUMAN, Biology and the Modern Project (1993), S. 10.

23. BAUMAN, Dialektik der Ordnung (1992), S. 80; DERS., Moderne und Ambivalenz (1992), S. 54.

24. Ähnliches gilt für Michael Makropoulos, der sich der »Kontingenz« in der Moderne widmet: Für ihn ist »die« Architektur in der Moderne eine Sozialtechnik, die eine »organisierte Selbstentfaltung« steuern und damit gezielt gesellschaftliche Integrations- und Ordnungspotenziale umsetzen soll. Makropoulos zielt vor allem darauf ab, die »ästhetische Souveränität« der Kunst im 20. Jahrhundert als Bestandteil einer »sozialtechnischen Normalisierung« zu entlarven: MAKROPOULOS, Modernität und Kontingenz (1997), S. 54.

25. Vgl. ETZEMÜLLER, Social engineering als Verhaltenslehre des kühlen Kopfes (2009), S. 29.

26. RAPHAEL, Ordnungsmuster der »Hochmoderne« (2008), S. 74.

kulation einer bestimmten sozialen Selbstbeschreibung gedacht werden«.[27] Genau darum soll es im Folgenden gehen: um spezifische historische Wahrnehmungen und Operationalisierungen der »sozialen Beziehungen« durch bestimmte Akteure und um ihre Folgen. Zwei Aspekte sind dabei zentral. In den letzten Jahrzehnten des 19. Jahrhunderts verbreitete sich das Bewusstsein, in einem Zeitalter zu leben, in dem alte Gemeinschaften nach und nach zerfielen. Zur selben Zeit etablierten sich Sozialexperten mit einem spezifischen Glauben an die Gestaltbarkeit der Zukunft. Und deren Planungsdenken verband sich zu Beginn des 20. Jahrhunderts mit dem politischen Versprechen, neue Gemeinschaften herzustellen.

Erstens: Viel spricht dafür, dass die Moderne und der soziale Ordnungsverlust, die Krise des Sozialen, gleichzeitig »entdeckt« wurden.[28] Neue, insbesondere statistische Techniken, die Einwohner staatlicher Territorien zu erfassen, prägten in der zweiten Hälfte des 19. Jahrhunderts ein Bewusstsein um die gleichermaßen weit reichende wie kontingente Interdependenz einzelner Individuen. Zeitgleich entstand die Soziologie als Wissenschaft von diesem neuen, schwer zu durchdringenden Abhängigkeitsgeflecht.[29] Sie war von einer Grundunterscheidung formatiert, die in den letzten beiden Jahrzehnten des 19. Jahrhunderts über die Grenzen der Soziologie hinaus eine ausgesprochen große Resonanz entwickelte: Die traditionelle, die überschaubare und vertraute *Gemeinschaft* verwandelte sich dem Urteil der Zeitgenossen nach in eine komplexe, künstliche, abstrakte *Gesellschaft* einzelner Individuen. »Primary groups« wurden von »secondary groups« verdrängt, so der amerikanische Soziologe Charles H. Cooley.[30] Gemeinschaft, hatte sein deutscher Kollege Ferdinand Tönnies 20 Jahre zuvor geschrieben, sei »das dauernde und echte Zusammenleben, Gesellschaft nur ein vorübergehendes und scheinbares. Und dem ist gemäß, dass Gemeinschaft selber als ein lebendiger Organismus, Gesellschaft als ein mechanisches Aggregat und Artefact verstanden werden soll.«[31] In allen industrialisierten Regionen der Welt wurde ab circa 1880 (und teils bis in die 1960er Jahre hinein) ein zunehmendes »Übergewicht« der »Gesellschaftsformen« gegenüber den »gewachsenen [...] Gemeinschaften« diagnostiziert,[32] ein ungutes Anwachsen instrumenteller, auf Eigennutz gründender Vergesellschaftungsformen gegenüber überlieferten, dem Anschein nach natürlichen sozialen Bindungen beobachtet. Diese Schieflage materialisierte sich für viele Interpreten besonders deutlich an

---

27. SARASIN, Geschichtswissenschaft und Diskursanalyse (2003), S. 48. Sarasin paraphrasiert hier Ernesto Laclau und Chantal Mouffe.

28. Grundlegend: CASTEL, Die Metamorphosen der sozialen Frage (2000) und DONZELOT, Die Ordnung der Familie (1979). Zur Historizität der »sozialen Beziehungen« als einer soziologischen Erkenntnisfigur: LATOUR, Eine neue Soziologie für eine neue Gesellschaft (2007).

29. Vgl. dazu NOLTE, Die Ordnung der deutschen Gesellschaft (2000), S. 34.

30. Vgl. COOLEY, Social Organization (1909).

31. TÖNNIES, Gemeinschaft und Gesellschaft (1887), S. 5. Knapp zur Wirkungsgeschichte von Tönnies' Unterscheidung: KÄSLER, Erfolg eines Missverständnisses (1991) sowie OSTERKAMP, Gemeinschaft und Gesellschaft (2005). Zur Bedeutung der Organismusmetapher in der frühen deutschen Soziologie: HEJL, Biologische Metaphern in der deutschsprachigen Soziologie der zweiten Hälfte des 19. Jahrhunderts (2000).

32. So die Soziologin Elisabeth Pfeil 1950: PFEIL, Großstadtforschung (1950), 234.

einem konkreten Ort: in der Großstadt.[33] Prozesse der Differenzierung, Auflösung und Entgrenzung des Zwischenmenschlichen konkretisierten sich in der großstädtischen Menge oder Masse, dem unstrukturierten In- oder »blosse[n] Nebeneinander«[34] der Individuen. Die Masse war die zentrale Angstmetapher, ja sogar einer »*der* bildungsbürgerliche[n] Abscheubegriffe der Epoche«.[35] Sie schien uferlos, unfassbar und gespenstisch.[36] Großstadt und Masse waren der Ort des Fremden, der zufälligen Begegnungen oder der »mechanischen« Vorgänge, wie sie immer wieder im Bild des Verkehrs, der arbiträren Zirkulation der Zeichenträger, oft auch des Geldes verdichtet wurden (etwa bei Tönnies und Simmel).

Das Soziale wurde überhaupt erst in der Krise sichtbar, im Moment seines Zerfallens, als etwas ins Fließen Geratenes.[37] Die Krise der Gemeinschaft lässt sich also auch als ein »Ordnungs- und Sinnstiftungsmuster« verstehen,[38] das Möglichkeiten zur narrativen Strukturierung, zum *emplotment* jener Veränderungsprozesse bereitstellte, die in der Regel mit dem Begriff »Moderne« gebündelt werden. Die Moderne wurde als soziale Denormalisierung verhandelt, als »Ordnung in der Krise«[39] thematisiert. Aber von wem eigentlich?

Zweitens: Im Zuge der »Entdeckung« der Krise des Sozialen etablierte sich ein Akteurstyp, der sich gerade über seine diagnostische und Problemlösungskompetenz bezüglich der sozialen Beziehungen definierte. In den entstehenden Wohlfahrtsstaaten wurde das Soziale »verwissenschaftlicht,[40] und das hieß: Bürgerliche Sozialreformer (etwa die *progressives* in Großbritannien und den USA) und Sozialexperten gewannen ab Ende des 19. Jahrhunderts zunehmend an Bedeutung.[41] Sie besetzten Positionen mit umfassenden

---

33. Zur Großstadtkritik vgl. BERGMANN, Agrarromantik und Großstadtfeindschaft (1970); KOST, Großstadtfeindlichkeit im Rahmen deutscher Geopolitik bis 1945 (2000); MARCHAND, Nationalsozialismus und Großstadtfeindschaft (1999); SCHUBERT, Großstadtfeindschaft und Stadtplanung (1986); SIEFERLE/ZIMMERMANN, Die Stadt als Rassengrab (1992); SOFSKY, Schreckbild Stadt (1986). Die Forschung zur Großstadtwahrnehmung ist kaum überschaubar. Exemplarisch: BECKER, Urbanität und Moderne (1993); LEES, Cities, Sin, and Social Reform (2002) sowie die Beiträge in DINGES/SACK, Unsichere Großstädte? (2000), RODWIN/HOLLISTER, Cities of the Mind (1984); SCHERPE, Die Unwirklichkeit der Städte (1988) und ZIMMERMANN/REULECKE, Die Stadt als Moloch? (1999).
34. TÖNNIES, Gemeinschaft und Gesellschaft (1887), S. 5.
35. HARDTWIG, Einleitung (2003), S. 19. Vgl. auch BERKING, Masse und Geist (1984); GAMPER, Masse lesen, Masse schreiben (2007); THAMER, »Volksgemeinschaft« (1998) sowie die Beiträge in KRENZLIN, Zwischen Angstmetapher und Terminus (1992). Mit einem Exkurs zur Architektur: MÖDING, Die Angst des Bürgers vor der Masse (1984), bes. S. 29-52.
36. Vgl. VOGL, Über soziale Fassungslosigkeit (2006).
37. Zum Topos des Zerfließens in der Moderne: BERMAN, All that is Solid Melts into Air (1982).
38. NÜNNING, Grundzüge einer Narratologie der Krise (2007), S. 59.
39. Ich borge die Formulierung vom Buchtitel: HARDTWIG, Ordnungen in der Krise (2007).
40. Vgl. RAPHAEL, Die Verwissenschaftlichung des Sozialen als methodische und konzeptionelle Herausforderung für eine Sozialgeschichte des 20. Jahrhunderts (1996).
41. Vgl. BRINT, In the Age of Experts (1994); PERKIN, The Rise of Professional Society (1989); RAPHAEL, Vom Sozialphilosophen zum Sozialingenieur (1997); SZÖLLÖSI-JANZE, Der Wissenschaftler als Experte (2000); STEARS, Progressives, Pluralists, and the Problems of

Entscheidungs- und Zugriffsbefugnissen in den neuen Wohlfahrtsbehörden und in den städtischen Verwaltungen, sie bauten ihre Deutungskompetenzen in Forschungseinrichtungen aus.[42] Die Gesellschaft erschien ihnen als optimierbar, und zwar durch den Einsatz eines technisch-wissenschaftlichen Instrumentariums, ganz so wie Ingenieure Probleme lösten – das ist hier gemeint, wenn von *social engineering* die Rede ist.[43]

Der Krise des Sozialen stand ein ausgeprägtes Gestaltbarkeitsbewusstsein gegenüber.[44] Die Krise schien durch *Planung*, durch den »verfahrensgestützte[n] Vorgriff auf die Zukunft« zeitnah überwindbar.[45] Das war auch Folge einer veränderten Auffassung von der Verfügbarkeit des Geschichtsverlaufs.[46] Modelle der politischen und kulturellen Ordnung lösten sich von traditionellen Kontinuitätsvorstellungen.[47] So konnte sich ein Zukunftswissen entwickeln, das zwischen realitätsnahen Prognosen und utopischen Zielen changierte und (teils gewaltsam) auf eine »Verkürzung der Realisierungszeiträume weit ausgreifender Zukunftsentwürfe« drängte.[48] Die Legitimität umfassender Zugriffe auf gesellschaftliche Strukturen und Prozesse speiste sich gegen Ende des 19. Jahrhunderts nicht zuletzt aus einem Vertrauen in die Machbarkeit der Zukunft, die die neuen technischen und infrastrukturellen Großsysteme (Eisenbahnen, Staudämme usw.) unter Beweis zu stellen schienen – oft in den kolonialen »Erprobungsräumen«.[49] Die Gewissheit, dass die Zukunft steuerbar sei, korrespondierte mit einem vorsorgenden Denken, einem Denken in Risikokalkülen, dessen Schwerpunkt sich vom philanthro-

---

the State (2006) und die Beiträge in ENGSTROM/HESS/THOMAS, Figurationen des Experten (2005) und FISCH/RUDLOFF, Experten und Politik (2004).

42. Dabei stabilisierten sich (Sozial-)Politik und wissenschaftliche Expertise wechselseitig: ASH, Wissenschaft und Politik als Ressourcen für einander (2002).

43. Der Begriff *social engineering* wird in der Forschung auf sehr heterogene Phänomene zwischen dem pragmatischen *piecemeal engineering* Karl Poppers (POPPER, The Open Society and its Enemies [1945], bes. S. 18–34, 157–168) und regelrecht utopischen Zukunftsentwürfen angewandt. Für die Begriffsgeschichte und einen Definitionsversuch: ETZEMÜLLER, Social engineering als Verhaltenslehre des kühlen Kopfes (2009). Hier findet sich auch weiterführende Literatur. Allgemeiner zum *social engineering*: JORDAN, Machine-Age Ideology (1994); SCOTT, Seeing Like a State (1998). In Schweden ist der Begriff weiter verbreitet als in Deutschland. Eine Auswahl: BJÖRCK, Den sociala ingenjören på intressekontoret (2000); EYERMANN, Rationalizing Intellectuals (1995); HIRDMAN, »Social planning under rational control« (1997).

44. Vgl. GRAF, Die Zukunft der Weimarer Republik (2008), S. 333. Vgl. auch die Beiträge in FÖLLMER/GRAF, Die »Krise« der Weimarer Republik (2005); DREHSEN/SPARN, Vom Weltbildwandel zur Weltanschauungsanalyse (1996); BRUCH, Krise der Moderne und Glaube an die Wissenschaft (1989) sowie STEIL, Krisensemantik (1995).

45. LAAK, Planung (2008), S. 306. Vgl. auch ALCHON, The Invisible Hand of Planning (1985); LAAK/METZLER, Die Konkretion der Utopie (2004).

46. Vgl. KITTSTEINER, Out of Control (2004), bes. S. 13–17.

47. Vgl. HARDTWIG, Einleitung (2003), S. 3.

48. HÖLSCHER, Die Zukunft zerstört die Vergangenheit (2007), S. 13.

49. LAAK, Das technokratische Momentum in der deutschen Nachkriegsgeschichte (2001), S. 89. Eine Extremform stellt hier die Technokratiebewegung dar. Vgl. AKIN, Technocracy and the American Dream (1977); WILLEKE, Die Technokratiebewegung in Nordamerika und Deutschland zwischen den Weltkriegen (1995).

pischen Anspruch, Armut zu lindern, auf die zukünftige produktive und reproduktive Bilanz der *ganzen* Bevölkerung verschob.[50] Mit »kühlem Kopf« und unter Berücksichtigung einer möglichst dicht verdateten Wirklichkeit, gerüstet mit Diagnosewerkzeugen wie der Statistik, ließen sich einer besseren Zukunft die Weichen stellen, so schien es.[51]

In vielen industrialisierten Ländern stand also in der ersten Hälfte des 20. Jahrhunderts eine Krisendiagnose – das Verschwinden der Gemeinschaft – dem Gestaltbarkeitsbewusstsein verschiedener Experten und Planer gegenüber. Die »Ideologie des Ungeplanten«,[52] der Historismus des 19. Jahrhunderts,[53] vor allem aber das »liberalistische« *laissez faire* schienen zuerst nach den Erfahrungen mit der zentralen Verwaltung des Mangels im Ersten Weltkrieg ausgedient zu haben,[54] dann erst recht nach dem Kollaps der Weltwirtschaft Ende der 1920er Jahre. Sie sollten einer auf das soziale Ganze, das Kollektiv ausgerichteten Organisationsform weichen. Eine gemeinsame »Sehnsucht nach Ähnlichkeit« prägte die Gesellschaftsentwürfe in verschiedensten Ländern.[55] Allerorten wurde in der ersten Hälfte des 20. Jahrhunderts an einer »heilen« oder »alternativen« Moderne gearbeitet.[56] Länder übergreifend wurden dafür antiliberale Ordnungs- und Gemeinschaftskonzepte propagiert.[57] Deren Antiindividualismus und Antipluralismus waren häufig versetzt mit biologistischen Ideologemen, mit Vorstellungen vom homogenen »Volks-« oder »Gattungskörper«.[58]

Der »kalte« Habitus[59] der Sozialexperten und -ingenieure und ihr Ethos wissenschaftlicher Redlichkeit verknüpften sich nun mit ihrem Bewusstsein, im Auftrag des Kollektivs zu handeln. Sie setzten die eigene Tätigkeit zwar nicht immer als apolitische, aber meist als überparteiliche Arbeit im Dienste des Gemeinwohls in Szene. Sie stilisierten sich als Gehilfen der »Umsetzung eines gemeinschaftlichen Wollens«.[60] Es ist nicht zuletzt diese Allianz von Gemeinschaftsdenken und Planung, die die Familienähnlichkeit verschiedener politischer Systeme der 1930er und 40er Jahre ausmacht, sei es zwischen den »entfernten Verwandten« *New Deal* und Faschismus oder zwischen den »ungleichen Geschwistern« »Volksgemeinschaft« und *folkhem*.[61] Denn spätestens im zweiten Drittel des 20. Jahrhunderts lässt sich ein transnationaler

---

50. Vgl. LAAK, Planung (2008), S. 309. Der Grundgedanke stammt von EWALD, Der Vorsorgestaat (1993).

51. Vgl. ETZEMÜLLER, Social engineering als Verhaltenslehre des kühlen Kopfes (2009).

52. LAAK, Zwischen »organisch« und »organisatorisch« (2003), S. 77.

53. Vgl. HARDTWIG, Die Krise des Geschichtsbewußtseins in Kaiserreich und Weimarer Republik und der Aufstieg des Nationalsozialismus (2002); DOERING-MANTEUFFEL, Konturen von »Ordnung« in den Zeitschichten des 20. Jahrhunderts (2009).

54. Vgl. LAAK/METZLER, Die Konkretion der Utopie (2004), S. 37.

55. MERGEL, Die Sehnsucht nach Ähnlichkeit und die Erfahrung der Verschiedenheit.

56. Vgl. etwa HARDTWIG, Einleitung (2007), S. 11; MERGEL, Führer, Volksgemeinschaft und Maschine (2005), S. 94.

57. HERBERT, Europe in High Modernity (2007), S. 13.

58. Vgl. etwa BUBLITZ, Der Gesellschaftskörper (2000); SASSE, Kollektivkörper (2002).

59. Vgl. dazu LETHEN, Der Habitus der Sachlichkeit in der Weimarer Republik (1995).

60. LAAK, Zwischen »organisch« und »organisatorisch« (2003), S. 85.

61. Vgl. SCHIVELBUSCH, Entfernte Verwandtschaft (2005); GÖTZ, Ungleiche Geschwister (2001).

»sense of a beginning«[62] beobachten. Die Zeit schien reif, den »falschen« Individualismus und die Vermassung planerisch zu bekämpfen, endlich dem quer zu den politischen Lagern verspürten Leiden an der Zerrissenheit der Moderne Linderung zu verschaffen.

Um diese Koinzidenz geht es im Folgenden, um das Aufeinandertreffen einer Krisendiagnose, eines Akteurstyps, einer spezifischen, als wissenschaftlich begriffenen Herangehensweise und bestimmter gesellschaftlicher Rahmenbedingungen – und um ihr Resultat: den Versuch, die Moderne zu ordnen.[63]

»Radikales« und transnationales Ordnungsdenken

»Ordnung«, das kann nicht deutlich genug gesagt werden, wird hier also nicht als heuristischer Begriff verwendet. Es geht nicht darum, eine logische, juristische oder politische Grundkategorie oder eine kognitive Basisoperation zu benennen. Vielmehr steht die Historizität einer bestimmten Ordnungssemantik im Zentrum. Erste Schritte in Richtung einer solchen Historisierung des Ordnungsbegriffs in Deutschland im 20. Jahrhundert sind getan. Dieser, so Andreas Anter, war stark geprägt von der »Sehnsucht nach Einheit, Integration und Gemeinschaft.«[64] Die normative Gegenüberstellung von Ordnung und Ordnungsverlust bildete beispielsweise, das hat Paul Nolte gezeigt, bis in die 1960er Jahre das Grundfundament der deutschen Soziologie – und motivierte deren »Suche nach Einheit«.[65] Es überrascht daher nicht, dass das Ordnungsdenken (vor allem das jener human- und sozialwissenschaftlichen Experten, die Anwendungswissen produzierten) als wichtiges Strukturmerkmal der deutschen Geschichte zwischen circa 1880 und 1975 identifiziert worden ist.[66] Zugleich ist in der Indienstnahme des Ordnungsdenkens durch die Nationalsozialisten auch eine Ursache der Radikalisierung des NS-Systems gesehen worden. Lutz Raphael hat gezeigt, dass die Verstrickung vieler Humanwissenschaftler und Sozialexperten ins »Dritte Reich« sich dadurch erklärt, dass ihnen seitens der Machthaber gewisse Meinungsspielräume offen gehalten wurden. Zwischen NS-Ideologie und Wissenschaft vermittelten »Begriffshülsen« von großer semantischer Offenheit. Und gerade der Begriff »Ordnung« spielte dabei eine zentrale Rolle, denn er war positiv besetzt, er appellierte an verbreitete Vorstellungen von der Dauerhaftigkeit und Dignität von Kollektivgebilden, ließ sich aber auch rein »funktional«, als

---

62. Vgl. GRIFFIN, Modernism and Fascism (2007).
63. Vgl. dazu die Beiträge in ETZEMÜLLER, Die Ordnung der Moderne (2009). Ich verweise hier auch auf die in Vorbereitung befindlichen Arbeiten von Timo Luks und Anette Schlimm zum Ordnungsdenken, die (wie die vorliegende) dem Oldenburger Projekt »Ordnungsdenken und *social engineering* als Reaktion auf die Moderne. Nordwesteuropa, 1920er bis 1950er Jahre« entstammen: SCHLIMM, »Harmonie zu schaffen, ist Sinn und Zweck« (2009), sowie demnächst: LUKS, Der Betrieb als Ort der Moderne (2010).
64. ANTER, Die Macht der Ordnung (2004), S. 219, 159.
65. Vgl. NOLTE, Die Ordnung der deutschen Gesellschaft (2000).
66. Vgl. RAPHAEL, Experten im Sozialstaat (1998); DERS., Das Ende des Deutschen Reiches als Zäsur nationaler Expertenkulturen? (2006).

rationale Auseinandersetzung mit Sachproblemen interpretieren. Der Krisenhaftigkeit des eigenen Zeitalters galt es mittels Ordnung zu begegnen, darin waren sich Parteiideologen und Experten einig. Im »Dritten Reich«, so Raphael, sahen diese die Chance, soziale Strukturen (oft, wie bei Freyer, »Ordnungen« genannt) zu erforschen, um davon ausgehend die »Volksgemeinschaft« zu formen.[67]

Ordnungsdenken meint bei Raphael ein Deutungsmuster, das die Ausweitung des Zugriffs auf die Lebenswelt der Bevölkerung zwischen 1933 und 1945 mit bedingte – denn die Sozialexperten stellten das Wissen für die behördliche »restlose Erfassung« im Vorfeld der Vernichtung bereit.[68] Das »radikale« Ordnungsdenken, wie Raphael es beschreibt, hilft also, die Fahrlässigkeit des Verhaltens von Sozialtechnikern und Humanwissenschaftlern im »Dritten Reich« zu erklären. Allerdings geraten aus dieser Perspektive vor allem Akteure in den Blick, die stark ins nationalsozialistische Repressionssystem eingebunden waren, und es wird nahegelegt, Ursache dieser Einbindung seien besondere »deutsche«, das heißt idealistische, romantische oder völkische Ressentiments gegenüber Liberalismus und »westlicher« Demokratie. Implizit ist es eine spezifisch sozialisierte deutsche Generation, die als Träger des radikalen Ordnungsdenkens ausgemacht wird. Das erschwert Vergleiche.

Für Raphaels Ordnungsdenken hat Oliver Lepsius' Analyse der »gegensatzaufhebenden Begriffsbildung« in der konservativen Rechtstheorie der Zwischenkriegszeit Pate gestanden. Politisch rechtsgerichtete Juristen, so Lepsius, beriefen sich auf Begriffe wie »Gemeinschaft« und »Volk« als Rechtsgrundlage, und dabei unterschieden sie nicht zwischen faktischen und normativen Kategorien.[69] Carl Schmitt beispielsweise betrachtete es als Aufgabe der Rechtswissenschaften, die »konkreten natürlichen Ordnungen und Gemeinschaften« zur Grundlage der Rechtsprechung zu machen. Unter »Ordnungsdenken« verstand Schmitt also den Versuch, dem Rechtspositivismus (den »vertraglich konstruierte[n], von vernunftrechtlichen Normen beherrschte[n] wechselseitige[n] Rechtsbeziehungen«) bestehende institutionelle Ordnungen entgegenzustellen.[70] Hier wird die Blaupause des sozialtechnischen Ordnungsdenkens im Sinne Raphaels sichtbar. Vermeintlich vorhandene »normative Wirklichkeiten« dienten zur Orientierung bei der Gestaltung der Lebensverhältnisse,[71] die »Voraussetzungshaftigkeit« von Erkennen

---

67. Vgl. RAPHAEL, Radikales Ordnungsdenken und die Organisation totalitärer Herrschaft (2001); DERS., »Ordnung« zwischen Geist und Rasse (2004).
68. Vgl. ALY/ROTH, Die restlose Erfassung (1994).
69. LEPSIUS, Die gegensatzaufhebende Begriffsbildung (1994), bes. S. 140-151. Vgl. zu Schmitts Ordnungsdenken auch KOLLMEIER, Ordnung und Ausgrenzung (2007), bes. S. 54-67; STOLLEIS, Gemeinschaft und Volksgemeinschaft (1972); WILDT, Die Ordnung der Volksgemeinschaft (2003).
70. SCHMITT, Über die drei Arten des rechtswissenschaftlichen Denkens (1934), S. 43
71. RAPHAEL, Radikales Ordnungsdenken und die Organisation totalitärer Herrschaft (2001), S. 12. Der essenzialisierte Ordnungsbegriff, so Raphael, stellte der »Subjektivität und Relativität wertender Bezüge« vermeintlich objektiv gültige Ordnungen als Gegenstand wissenschaftlicher Erkenntnis entgegen. Damit stand das Ordnungsdenken einer sakralisierenden »Metaphysik der Kollektivgebilde« nahe, die als Aufwertung bestehender Hierarchien und Traditionen eine »untrennbare Einheit zwischen dem ›Sein‹ einer […] Insti-

und Handeln konnte im Extremfall regelrecht ignoriert werden.⁷² Um es auf eine Formel zu bringen: Von Ordnungsdenken ist bei Raphael die Rede, wenn Experten vorgefundene, »natürliche« soziale Wirklichkeiten als Leitlinie der Sozialtechnik interpretierten, wenn sie »entdeckte« Ordnungen als Gestaltungspläne deuteten.

Nun ist diese Hypostasierung, diese Normativität eines prekären Faktischen aber eben nichts speziell Deutsches. Jörg Gutberger hat argumentiert, das »Ordnungsdenken (im Sinne eines spezifischen ›ordnenden‹ Blickes und Zugriffs auf die heterogenen, prinzipiell unkontrollierbaren sozialen Zusammenhänge)« sei konstitutiv an die Moderne gebunden. Nicht nur »[d]er NS-Sozialtechnologie ging es um die Wiederherstellung ›geordneter‹ Verhältnisse, um den Akt des Schöpfens einer ›neuen Natur‹, mittels deren die verlorengegangene Stabilität wieder gewährleistet werden sollte«.⁷³ Hier ist außerdem an Baumans Gärtner zu erinnern, an den »organischen« Horizont des *social engineering*, das paradoxerweise darauf zielte, mittels wissenschaftlich-technischer Methoden »das Naturwüchsige herstellbar werden zu lassen und zu planen.«⁷⁴ Diese Denkfigur, soviel vorweg, prägte auch die Wissens- und Deutungseliten in Schweden.

Das Denken in den Kategorien Soziales/Krise/Ordnung und die sozialtechnologische Ordnungspraxis waren eng aneinander gekoppelt. Ordnungsdenken und *social engineering* waren in der ersten Hälfte des 20. Jahrhunderts Teil ein und derselben Rationalität. Ich will Ordnungsdenken und *social engineering* (unter Beibehaltung dieser zugegeben sperrigen Formulierung und im Singular) daher als Länder übergreifende kulturelle Erscheinung betrachten, die Modernität gleichzeitig be- und verarbeitete. Ich verstehe Ordnungsdenken und *social engineering* als eine Art Suchbewegung, als einen Problematisierungsmodus, der neben (und gelegentlich vermischt mit) dem Utopismus der Avantgarde, dem Kulturpessimismus und den Lebensreformbewegungen auftrat. Ordnungsdenken und *social engineering* war zwar eine von mehreren Möglichkeiten, auf die Moderne zu reagieren. Es war aber, auch das will ich hier zeigen, auf einer gewissermaßen subpolitischen Ebene anschlussfähig an so unterschiedliche politische Alternativen wie Kommunismus und Faschismus, Korporatismus und Demokratie.⁷⁵

---

tution und ihrem ›Telos‹« postulierte. DERS., »Ordnung« zwischen Geist und Rasse (2004), S. 124.

72. DOERING-MANTEUFFEL, Mensch, Maschine, Zeit (2004), S. 115.
73. GUTBERGER, Volk, Raum und Sozialstruktur (1996), S. 200.
74. LAAK, Zwischen »organisch« und »organisatorisch« (2003), S 82.
75. Ich verweise bezüglich der Begriffsbildung auch auf ETZEMÜLLER, Social engineering als Verhaltenslehre des kühlen Kopfes (2009), S. 31. Der Begriff »Ordnungsdenken« wird in der Rechtsgeschichte in einem anderen Sinne verwendet (vgl. etwa HABERMANN, Ordnungsdenken [2002]). Die vergleichende Studie von Jörg Baberowski und Anselm Doering-Manteuffel zu Nationalsozialismus und Stalinismus (BABEROWSKI/DOERING-MANTEUFFEL, Ordnung durch Terror [2006]) untersucht eher die Radikalisierung moderner Ordnungsimperative. Hier liegt der Schwerpunkt auf der Präposition »durch«, auf der Methode Terror. Auch Kathrin Kollmeiers Analyse der Disziplinarpolitik der Hitler-Jugend definiert Ordnung eher als Exklusionsvorgang: KOLLMEIER, Ordnung und Ausgrenzung (2007), vgl. bes. S. 13-14. Vgl. zum Ordnungsbegriff der modernen Polizei außerdem: RUSINEK, »Ordnung«

Kennzeichnend für Ordnungsdenken und *social engineering* war dessen Korrelation von Krisenpostulat und Planungsoptimismus, eine Korrelation, die zu einer oft paradox anmutenden Reaktion auf die Moderne führte. Diese sollte gewissermaßen mit den Mitteln überwunden werden, die sie selbst bereitstellte. Der Handlungsmodus war das *engineering*, die technisch-effiziente Veränderung der Wirklichkeit. Kennzeichnend ist aber zugleich, dass die Ziele, die so erreicht werden sollten, aus der empirischen Beobachtung der Wirklichkeit abgeleitet wurden. Die Deutung dieser Wirklichkeit wiederum war stark vom postulierten Ordnungsverlust formatiert. Im Denken und Handeln der »Ordnungsdenker« wurden Ordnungsvorstellungen in Planung umgemünzt. Hier führte ein rückwärtsgewandtes, auf Stabilität dringendes Problembewusstsein zu Interventionsimperativen, die sich auf die Zukunft richteten und eben nicht einfach das Vergangene wiederherzustellen trachteten. Der historische Standort des hier Untersuchten ist also eine Zwischenphase. Es lag zwischen dem *laissez faire,* das das 19. Jahrhundert geprägt hatte – Ordnung sollte geschaffen werden, sie entstand nicht von selbst – und dem entgrenzten Planungsdenken der 1960er Jahre, denn das Ziel war zuerst einmal Stabilität, nicht Fortschritt.[76] Ordnungsdenken und *social engineering* lässt sich daher nicht mit einem dichotomen Modernisierungsbegriff fassen. Es enthielt Elemente des Alten, etwa den Willen zur Festigung des bedrohten sozialen Zusammenhalts. Es richtete sich gegen die destruktiven Seiten der Modernisierung und ihren Relativismus. Und doch bejahte es das Neue, besonders in Wissenschaft und Technik. Das naive Vertrauen in den unaufhaltsamen Forschritt war nach dem Ersten Weltkrieg erschüttert. Ordnungsdenken und *social engineering* war nun, so meine These, *eine transnationale Deutungs- und Verhaltensdisposition der Mäßigung, Milderung oder auch »Humanisierung« der Moderne.* Gesellschaftliche Veränderungen sollten kontrolliert, gebremst, aber nicht zum Stillstand gebracht werden. Der entstehenden neuen Welt sollten Fundamente im Bestehenden gegeben werden.

Dies wird im Folgenden im europäischen Zusammenhang untersucht, in Schweden und Deutschland zwischen 1920 und 1960, also in zwei zeitweise konträren politischen Systemen, in Diktatur und Demokratie. Wiederholt ist in der letzten Zeit gefordert worden, die nationalstaatliche Perspektive auf sich modernisierende Gesellschaften zu erweitern.[77] Umso mehr besteht Anlass, das deutsche Ordnungsdenken vergleichend zu betrachten, aber auch aus einem transferanalytischen Blickwinkel. Es kann, wenn das Attribut »radikal« fallen gelassen wird, auch als europäisches oder sogar als »atlantisches Ordnungsdenken«[78] untersucht und verglichen werden, als ein transnationales Denken. Es treten dann nicht mehr scharf umrissene nationale Experten- oder Fachkulturen hervor, sondern eine Elite, die zwischen nationaler Grenzziehung und Länder übergreifender Kooperation operierte. Es geraten ver-

---

(2001); zu den Ordnungsimperativen in der deutschen Raumplanung: LEENDERTZ, Ordnung schaffen (2008).

76. In diesem Sinne DOERING-MANTEUFFEL, Konturen von »Ordnung« in den Zeitschichten des 20. Jahrhunderts (2009).

77. Vgl. WELSKOPP, Rezension zu Doering-Manteuffel: Strukturmerkmale der deutschen Geschichte (2007).

78. DOERING-MANTEUFFEL, Nach dem Boom (2007), S. 566.

schiedene Ausprägungen von Ordnungsdenken und *social engineering* in den Blick – und das kann auch zur Problematisierung einseitig national- oder politikgeschichtlich definierter Zäsuren anregen.[79]

Die Ordnung des Wohnraums

Ob und inwieweit das *Wohnen* zwischen circa 1920 und 1960 in Deutschland und Schweden ähnlich problematisiert wurde, nämlich als zentrales Interventionsfeld des *social engineering*, ob der Wohnvorgang und der Wohnraum also auf vergleichbare Weise geordnet werden sollten, und schließlich, inwiefern dieses Ordnen transnational verhandelt wurde – diese Fragen stehen im Zentrum der vorliegenden Arbeit.

Nun hat die Architekturgeschichte zwar in Anlehnung an Bauman Leitbilder in Architektur und Stadtplanung als »soziale Ordnungsvorstellungen [...], in denen räumliche und gesellschaftliche Organisationsformen unauflöslich miteinander verknüpft sind«, diskutiert.[80] Auch wurde die »Sehnsucht nach Ordnung« deutscher Architekten, die in den 1940er Jahren im jüngst eroberten »deutschen Osten« planten, als Obsession, ja sogar als »Ordnungswahn« gekennzeichnet.[81] Es wurde die Stadterneuerung in London und Hamburg als Ausdruck eines »Ordnungsdenkens« zwischen Modernisierung und Disziplinierung verortet,[82] und die zentrale Bedeutung des Begriffs »Ordnung« in der deutschen Städtebaugesetzgebung der ersten Jahrhunderthälfte beobachtet.[83] Damit ist aber noch nicht das spezifische Ordnungsdenken und *social engineering* in der Architektur umrissen. Der Wille zur Ordnung erscheint im Rahmen solcher Studien allenfalls am Rande, als Motiv, dessen Historizität oft nicht genauer untersucht wird.[84] Welche Vorstellungen

---

79. In der vorliegenden Arbeit wird deshalb eine andere Perspektive als der Fluchtpunkt »NS-Herrschaft« gewählt (vgl. auch ETZEMÜLLER, »Unsere schlechte Welt« [2007], S. 74). Die in den 1990er Jahren viel diskutierte »reaktionäre Modernisierung« zwischen 1933 und 1945 werde ich entsprechend bloß streifen. Vgl. HERF, Reactionary Modernism (1984). Zur Debatte: BAVAJ, Die Ambivalenz der Moderne im Nationalsozialismus (2003).
80. DURTH, Verschwiegene Geschichte (1987), S. 29.
81. GUTSCHOW, Ordnungswahn (2001), S. 9.
82. SCHUBERT, Stadterneuerung in London und Hamburg (1994), S. 403.
83. ALBERS, Zur Entwicklung der Stadtplanung in Europa (1997), S. 234, 246.
84. Vgl. die Interpretation des Bauhauses als »Versuch, das Leben zu ordnen« bei WÜNSCHE, Bauhaus (1989) bzw. als »ordnungsliebende[r] Teil der Moderne« bei ERLHOFF, Putzige Gewalten (2006), S. 590. Wenig brauchbar, weil weitgehend Foucaultparaphrase, ist MÜMKEN, Die Ordnung des Raumes (1997). Dezidiert mit der Ordnung in der Architektur hat sich Sylvia Stöbe befasst. Sie interpretiert zentrale Dokumente der Architekturdebatte und der Ideengeschichte des 20. Jahrhunderts – also theoretische Schriften etwa Ludwig Hilberseimers, Le Corbusiers, Charles Jencks', der Coop Himmelb(l)au, Siegfried Kracauers oder Walter Benjamins – hinsichtlich ihrer jeweiligen Bewertung von Chaos. Stöbe führt den architektonischen Ordnungswillen auf die von der Großstadterfahrung ausgelösten Erlebnisse von Nervosität und Desorientierung zurück. Sowohl die Tendenz der Moderne zur »Entauratisierung« als auch die Beschwörung einer metaphysischen Ordnung seitens der Expressionisten sind für sie Strategien der Komplexitätsreduktion.

von Gesellschaft mit dem Ordnungsimperativ verbunden waren, ist kaum erforscht. Dabei ist der »Quellenwert planerischer Konzepte für die Analyse zeittypischer Denkmuster« hoch, wie Jochen Guckes vor kurzem argumentiert hat. Architektur und Stadtplanung sind ressourcenintensive Prozesse und deshalb zwangsläufig von zeitweilig mehrheitsfähigen und/oder machtdurchwirkten Deutungen geprägt. Architektur und Stadtplanung materialisieren verbreitete »Ordnungsvorstellungen im Raum«, und das lässt Schlüsse auf zeit- und ortsspezifische Gegenwartsdiagnosen zu, die über den Architekturdiskurs hinausreichen.[85]

Im Folgenden werden nicht Bauten untersucht, nicht die Resultate von Entwurfsprozess und Bauvorgang. Wenn man nach dem Ordnungsdenken von Architekten fragt, wenn man gerade das Wohnen als diskursives Ereignis, als Topos der Bedeutungsproduktion um das Soziale betrachtet, muss man Architekturgeschichte anders schreiben. Es ist gewinnbringender, Absichtsäußerungen zu analysieren, als Bauten und Siedlungen vor Ort zu begehen, wie dies in der architekturhistorischen Forschung meist geschieht. Denn Planen und Bauen sind langwierige Vorgänge. Nicht allein die Umsetzung eines Plans, auch sein politischer und juristischer Vorlauf kann zu signifikanten Ungleichzeitigkeiten zu den zeitgleich wirkmächtigen disziplinären Paradigmen führen, was Periodisierungen erschwert. Auch sind die an Vor-, Entwurfs- und Ausführungsplanung, Baugenehmigung und Bauleitung beteiligten Akteure nicht zwangsläufig Programmatiker. Lokalpolitiker, Juristen, Bauunternehmen, Techniker stehen vor anderen Aufgaben und hinterlassen andere Quellen als die jeweiligen disziplinären Deutungsspezialisten. Vor allem aber sind Schlüsse von der Form auf zugrunde liegende Absichten nur schwer plausibilisierbar. Die Einschätzung der »Architektur einer spezifischen historischen Epoche [...] als ein unmittelbarer Ausdruck, als eine Emanation der historischen Realität [...] der sie sich verdankt« beruht oft auf einer unzureichenden Reflexion über die Historizität der eigenen Architekturwahrnehmung.[86] Architektur wird eben, zugespitzt formuliert, nicht nur bautechnisch, sondern vor allem diskursiv konstruiert.

Methodisches

Im Folgenden geht es um das Ordnungsdenken und *social engineering* einer Deutungselite, die ihre Problemlösungskompetenzen dezidiert als wissenschaftliche, als sachliche, objektive gegen die Moderne in Stellung brachte. Es liegt daher nahe, sich dem mittels eines wissenschaftsgeschichtlichen Ins-

---

Beide verloren mit zunehmender »Routine im Umgang mit dem modernen Leben« in den 1960er Jahren an Bedeutung. Stöbes Analyse ist verdienstvoll, allerdings befasst sie sich mit den künstlerischen Standortbestimmungen der Avantgarden und klammert das *Soziale* weitgehend aus: STÖBE, Chaos und Ordnung in der modernen Architektur (1999), S. 9.

85. GUCKES, Ordnungsvorstellungen im Raum (2008), S. 696.

86. SCHWEIZER, »Stil«, »Bedeutung«, »Wahrnehmung« (2006), S. 24. Zu Chancen und Defiziten der historischen Forschung zum Bauen und Wohnen außerdem SALDERN, Einleitung (1999).

trumentariums anzunähern. Die vorliegende Arbeit schuldet neueren methodischen Ansätzen viel, die das plurale Verfasstsein von Wissen, also den epistemischen Charakter wissenschaftlicher Erkenntnis ins Zentrum rücken und dabei Überlegungen Ludwik Flecks, Thomas Kuhns, Georges Canguilhems und Gaston Bachelards aufgreifen.[87] Vor allem die Bedeutung außerwissenschaftlicher, alltagsweltlicher Deutungsmuster für die wissenschaftliche Innovation und Plausibilitätsstiftung ist hier von Belang. Die Wissenschaftsgeschichte verschränkt vermehrt Diskursanalyse und Wissenssoziologie. Die gesellschaftliche Dimension zeitweilig evidenter »epistemischer Dinge« oder »wissenschaftlicher Tatsachen« innerhalb von »Denkkollektiven« gerät so in den Blick.[88]

Der Begriff Ordnungsdenken meint hier eine historische Sinnproduktion durch »Ordnungssysteme und Klassifikationsanstrengungen«[89] – ein gerichtetes Wahrnehmen, oder besser: eine Problematisierung der Welt, aus der bestimmte Praktiken resultierten. Es geht also darum, wie in Folge der Thematisierung einer ungeordneten Gesellschaft spezifische Ansätze zu deren Überwindung entwickelt wurden. Es gilt aber auch zu fragen, warum und wie die Sozialingenieure Unordnung zu sehen begannen: Was formatierte ihren Blick aufs Soziale? Welche Bilder, welche Metaphern, welche historischen »System[e] von Anschauungsformen« prägten ihr Denken?[90]

Im Folgenden werde ich Ordnungsdenken und *social engineering* als einen Rationalitätstyp kennzeichnen, es als solchen aber auch als Bestandteil einer Diskursordnung beschreiben. Ich will beleuchten, wie bestimmte Architekten und Planer ein (zeitweilig) stabiles und kohärentes Aussagesystem schufen, das bestimmte Sicht- und Redeweisen vor anderen privilegierte – durch Einschränkung, Verbot, Kontrolle, Verknappung der Aussagen bzw. der Anzahl der sprechenden Subjekte.[91] Die Architekten und Planer versuchten, Problemformulierungsprivilegien zu erringen, die dann institutionell abgesichert und durch spezifische Redekonventionen aufrecht erhalten und fortwährend verteidigt wurden. Denn erst diese Privilegien ermöglichten es ihnen, bestimmte Gesellschaftsentwürfe zu implementieren – oder konkreter: mit Erfolg jene Bauten zu propagieren, mit denen sich die Kunstgeschichte befasst. Es muss daher gefragt werden, was zwischen 1920 und 1960 das Reden über die Ordnung des Sozialen legitimierte, validierte und objektivierte.[92]

---

87. Vgl. als Überblick RHEINBERGER, Historische Epistemologie (2007). Wissenschaftsgeschichtliche Ansätze sind in letzter Zeit auch in der Architekturgeschichte propagiert worden, nicht zuletzt in Folge der zunehmenden Bedeutung computerbasierter Entwurfspraktiken. Vgl. die Beiträge in GALISON/THOMPSON, The Architecture of Science (1999); MORAVÁNSZKY/FISCHER, Precisions (2008); PICON/PONTE, Architecture and the Sciences (2003). Auf Thomas Kuhn berufen sich außerdem KEGLER, Die Herausbildung der städtebaulichen Disziplin Stadtplanung (1987) und PETEREK, Wohnung. Siedlung. Stadt (2000).
88. Vgl. RHEINBERGER, Experimentalsysteme und epistemische Dinge (2001); FLECK, Entstehung und Entwicklung einer wissenschaftlichen Tatsache (1980, urspr. 1935).
89. SARASIN, Geschichtswissenschaft und Diskursanalyse (2003), S. 40.
90. PARR, Kollektivsymbole als Medien der Stadtwahrnehmung (2001), S. 24.
91. Dazu grundlegend: FOUCAULT, Die Ordnung des Diskurses (1997).
92. Zur Historizität von Objektivität zuletzt DASTON/GALISON, Objektivität (2007).

Individuen eröffnen sich erst Handlungsspielräume, wenn sie sich den Regeln eines Diskurses unterwerfen, Regeln, die sie dabei fortwährend selbst verändern.[93] Wenn hier von *social engineering* die Rede ist, ist damit also keinesfalls die einseitige Übermächtigung oder »Kolonisierung« der Menschen »von oben« gemeint. Es geht immer auch um die Subjektivierung der Sozialingenieure, darum, wie sie an sich selbst arbeiteten, um ihre Ziele durchsetzen zu können. Die untersuchten Akteure stabilisierten zum Beispiel ihre Position im Diskurs, indem sie ihr Wissen vereinheitlichten, es kontinuierlich »einordneten«, es auf ein gesamtgesellschaftliches Ziel hin ausrichteten. Damit ging eine teils rigide Selbstunterwerfung einher. Viele der Architekten, die im Folgenden im Mittelpunkt stehen, gaben unter Schmerzen künstlerische Ambitionen auf, die sie als unwissenschaftlich, unsozial oder allzu individualistisch empfanden.

Im Zentrum dieser Arbeit stehen der Problematisierungsmodus, das Aussagesystem und der Selbstentwurf der »Ordnungsdenker und Sozialingenieure« unter den Architekten und Stadtplanern in Schweden und Deutschland. Es geht um die unhinterfragten Selbstverständlichkeiten ihrer Weltdeutungen und Weltveränderungspraktiken, um Naturalisierungen, Evidenzeffekte, um ihr Wissen, um dessen Gewinnung, Distribution und Festigung, um Prozesse der Verwissenschaftlichung, Vernetzung und Institutionalisierung, um die Frage, wie die Architekten »im Wahren« sprachen (Georges Canguilhem). Dabei soll der Versuch unternommen werden, einerseits die Einheitlichkeit des transnationalen Ordnungsdenken und *social engineering* in den Blick zu nehmen, andererseits aber auch seine jeweilige Spielart in zwei teils sehr verschiedenen kulturellen und politischen Kontexten zu differenzieren.

Akteure

Angesichts der umfangreichen Überlieferung zu architektonischen und städtebaulichen Diskursen im 20. Jahrhundert ist eine Eingrenzung unumgänglich. Deshalb werden hier Aussagen zweier Personengruppen beleuchtet, die zum Teil bereits eingangs zu Wort gekommen sind. Es werden für den (west-)deutschen Fall Hinterlassenschaften des Architekten Konstanty Gutschow und der Architekten in dessen Hamburger Büro herangezogen, sowie solche seiner verschiedenen Berater und Mitarbeiter der 1940er Jahre, etwa Wilhelm Wortmanns und vor allem Hans Bernhard Reichows.[94] Dazu kom-

---

93. Vgl. dazu vor allem BUTLER, Psyche der Macht (2001). Gilles Deleuze umschreibt diesen Zusammenhang mit dem Foucault'schen Begriff »Dispositiv«. Die Analyse von Dispositiven versteht er als eine Kartografie sich überkreuzender und dabei wechselseitig beeinflussender diskontinuierlicher historischer »Linien«. Dispositive sind komplexe Netze, sie entstehen aus »Sichtbarkeitslinien« (Formatierungen der Wahrnehmung), aus »Aussagekurven« (also Aussagesystemen etwa wissenschaftlicher Art), aus diese verbindenden »Kraftlinien« (Machtkonstellationen) sowie aus »Subjektivierungslinien« (Akten der Individuation). DELEUZE, Was ist ein Dispositiv (1991), S. 153–155. Vgl. außerdem FOUCAULT, Dispositive der Macht (1978), S.119f.

94. Die Architektur und Stadtplanung in der DDR wird ausgeblendet, und das aus zwei Gründen. Zum einen wirkte die Mehrzahl der hier untersuchten Architekten in den

men Quellenbestände aus dem mehr oder minder breiten diskursiven Umfeld dieser Akteure, etwa aus der »Deutschen Akademie für Städtebau, Reichs- und Landesplanung« – also insbesondere der Architekten Johannes Göderitz, Roland Rainer und Hubert Hoffmann – und aus Albert Speers »Arbeitsstab Wiederaufbauplanung zerstörter Städte«. Hinzu kommt außerdem Quellenmaterial aus der Feder der Soziologen Andreas Walther und Hans Kinder, einzelner Protagonisten der »Reichsstelle für Raumordnung« (RfR) und der »Reichsarbeitsgemeinschaft für Raumforschung« (RAG), sowie der Planer beim »Reichskommissar für die Festigung des deutschen Volkstums« (RKF) und des »Reichsheimstättenamts der Deutschen Arbeitsfront«, der »Sozialforschungsstelle an der Universität Münster in Dortmund e.V.« (SFS) und anderer.

Als schwedische Vergleichsgruppe wird eine Konstellation beleuchtet, die um den Architekten und Stadtplaner Uno Åhrén angesiedelt war und der u.a. der Architekt Sven Markelius, die Sozialexperten bzw. -politiker Alva und Gunnar Myrdal angehörten, vor allem aber die Architekten und Planer Carl-Fredrik (CF) Ahlberg, Jöran Curman, Otto Danneskiold-Samsøe, Lennart Holm, Erik Friberger, Fred Forbat, Fritjof Lindström, Göran Sidenbladh, Gunnar Sundbärg und Helge Zimdal. Viele dieser Architekten arbeiteten eng zusammen, so in Åhréns Göteborger Stadtplanungsbüro der 1930er, in der interdisziplinären Diskussionsgruppe »Plan« und bei der Vorbereitung eines Generalplans für Stockholm in den 1940er und 50er Jahren. Des Weiteren werden Schriften anderer Architekten (Tage William-Olsson, Nils Ahrbom, Sven Wallander) betrachtet, die mit der Gruppe um Åhrén eng in Verbindung standen, sowie Veröffentlichungen des Soziologen Torgny Segerstedt, des Kunsthistorikers Gregor Paulsson, des Statistikers Erland von Hofsten, des Soziologen Edmund Dahlström, des Wohnungspolitikers Alf Johansson und einiger weiterer Personen.

Die beiden Akteursgruppen lassen sich als Kommunikationszusammenhänge beschreiben, als Netzwerke oder Diskursgemeinschaften.[95] Ihre Mitglieder rezensierten gegenseitig ihre Veröffentlichungen, sie schickten einander Manuskripte und Rundschreiben zu, luden zu Vorträgen ein, vermittelten einander Posten und Mitarbeiter, nahmen Stellung zu Planungsvorhaben, arbeiteten gemeinsam in Gremien und debattierten auf Tagungen. Gemein-

---

Nachkriegsjahren im Westen Deutschlands. Zum anderen unterschieden sich die politischen Rahmenbedingungen in West und Ost teils erheblich. Nach der berühmten Studienreise von ostdeutschen Architekten und Baufunktionären in die Sowjetunion 1950 (und nach Walter Ulbrichts Rede auf dem 3. Parteitag der SED im selben Jahr, in der dieser die internationalen städtebaulichen Prämissen der Zeit angriff) war die »national« geprägte, historisierende und monumentale Architektur nach sowjetischem Vorbild für fast ein Jahrzehnt alternativlos.

95. Es geht im Folgenden also nicht um die Erfassung und Einschätzung des Werks der untersuchten Architekten. So wird zum Beispiel Gutschows Arbeit an der monumentalen Neugestaltung des Hamburger Elbufers ab Ende der 1930er Jahre nur am Rande behandelt, obwohl diese für eine Beurteilung seiner Kollaboration mit dem NS-Regime natürlich zentral ist. Diese Lücke wird Sylvia Neckers Dissertation zu Gutschow füllen. Sie unternimmt eine exemplarische Analyse seines Architekturbüros für eine Professionsgeschichte deutscher Architekten. Vgl. als Projektaufriss NECKER, Laboratorium für ein »neues Hamburg« (2008).

sam war beiden Gruppen außerdem ein Wille zur »methodisch-exakten Arbeitsweise«[96] und ein sozialreformerisches Selbstverständnis. Sie bezogen entsprechend Front gegenüber einem ihrer Ansicht nach unsozialen Formalismus bei der Planung von Stadtstruktur und Wohnungsbauten. Darüber hinaus standen sie mit zentralen wohlfahrtspolitischen Institutionen ihrer Zeit in Verbindung. Sie wirkten für eine Erweiterung, Institutionalisierung und vor allem Systematisierung des Wissens um Wohnung und Wohnumgebung. Sie vernetzten dieses Wissen, sie bewerteten die Relevanz neuer Erkenntnisse und drängten auf eine gesteigerte methodische Transparenz.[97] Akteure beider Gruppen können also als Sozialingenieure im eben umrissenen Sinn bezeichnet werden.

Beide Personenkonstellationen hatten aber auch eine Art Gruppenidentität. Immer wieder fiel bei Gutschow der Begriff »Kreis« – so war vom »erweiterten« und vom »engeren« Mitarbeiterkreis die Rede, bzw. vom, so Gutschow gegenüber Wortmann, »Hamburger Kreis«,[98] dessen Zusammenhalt 1941 bis 1944 sogar durch eine eigene Zeitschrift gestärkt wurde, die »Nachrichten für unsere Kameraden im Felde – Mitteilungen für die zum Militärdienst eingezogenen Mitarbeiter«. Auch die Åhrén'sche »Gruppe Göteborg«[99] definierte sich über eine Abgrenzung. Curman schrieb 1943, die schwedische Planerszene sei in »zwei aktive Lager« geteilt, in eine »radikale und ›widerspenstige und laute‹ [bråkig] Richtung und eine konservative, vorsichtige und negative. Die erste war vor 8 Jahren um Åhrén in Göteborg versammelt, die andere wird vom Namen [Hakon] Ahlberg repräsentiert.«[100]

Beide Akteursgruppen ähneln sich also in ihren Absichten und ihrer Arbeitsweise, ihrer Struktur und Selbstwahrnehmung. Sie lassen sich als Exponenten vergleichbarer Wissens- und Expertenkulturen darstellen, denn beide besetzten Schlüsselpositionen innerhalb landesspezifischer Diskurse. Die Auswahl erlaubt es, zwei Erscheinungsformen von Ordnungsdenken und *social engineering* zu analysieren, aber zugleich auch Rezeptions- und Transferprozesse zwischen den Ländern zu beleuchten. Deutsche und schwedische Akteure standen, wie bereits angedeutet, über Kongresse, Berichte in Zeitschriften, über Briefwechsel und Reisen miteinander in Verbindung. Ich wer-

---

96. Hoffman an Göderitz, 23.12.1961 (ADK, HHof-01-358).

97. Åhréns Göteborger Stadtplanungsbüro der 1930er Jahre wurde von seinen ehemaligen Mitarbeitern als »wichtigste Ausbildungsanstalt für Stadtplaner in Schweden« bezeichnet. Empfehlungsschreiben Carl-Fredrik Ahlbergs, 1.11.1945 (RA, Ecklesiastikdepartmentet, 22-1). Der Architekt Rudolf Hillebrecht sprach noch in den 1980er Jahren von der methodischen »Schule«, die er als Mitarbeiter Gutschows durchlaufen habe (Hillebrecht im Interview mit Werner Durth: »ICH KANN MICH NICHT HERAUSDENKEN AUS DEM VORGANG DER GESCHICHTE, IN DEN ICH EINGEBUNDEN BIN« [1981], S. 358). Gutschow organisierte in den 1940er Jahren »Sonderkurse« für Architekten an der Hansischen Hochschule für bildende Künste und gewann dafür eine große Zahl deutscher Architekten als Redner. Åhrén übernahm 1947 sogar den ersten schwedischen Lehrstuhl für Stadtplanung an der Königlichen Technischen Hochschule (KTH) in Stockholm (Vgl. RUDBERG, Uno Åhrén [1981], S. 198). Gutschow erhielt 1964 den Professorentitel. Vgl. PAHL-WEBER, Konstanty Gutschow (1986), S. 200.

98. Gutschow an Wortmann, 9.8.1944 (StA-HH, 621-2/11, B 16/2).

99. Åhrén an Cornelis van Eesteren, 14.11.1932 (gta, CIAM, 42-K-1932-1).

100. Curman an Johansson, 2.11.1943 (ARAB, Alf Johanssons Arkiv, 4086, 12).

de daher im Folgenden keinen symmetrischen Vergleich zwischen zwei klar voneinander abgrenzbaren Gruppen vornehmen, sondern regionale Eigenarten innerhalb einer transnationalen Diskurskonstellation darstellen.

Quellen

Die Architekturgeschichte setzt sich selten mit dem kollektiven Charakter architektonischer Arbeit auseinander, sondern meist mit singulären Künstlerfiguren. Die Sammlungs- und Aufbewahrungspraxis der Architekturarchive wiederum reproduziert nicht selten das kunsthistorische Interesse an der meisterhaften Zeichnung oder am Modell. Deshalb sind die Archivbestände zu Konstanty Gutschow im Hamburger Staatsarchiv, auf die ich mich – neben dem Nachlass Hans Bernhard Reichows im Archiv für bildende Kunst am Germanischen Nationalmuseum Nürnberg, verschiedenen Nachlässen im Baukunstarchiv der Akademie der Künste in Berlin, sowie Beständen aus dem Hamburgischen Architekturarchiv der Hamburgischen Architektenkammer und aus der Sammlung von Niels Gutschow in Abtsteinach[101] – zur Darstellung der deutschen Gruppe zu einem großen Teil stütze, ein Glücksfall. Hier wurde ein umfangreicher Aktenbestand bewahrt, der die Denk- und Arbeitsweise der deutschen Architekten dieser Zeit gut nachvollziehbar macht, und zwar nicht zuletzt deshalb, weil sich auch im Ablagesystem, vor allem in der akribischen Nummerierung der hinterlassenen Ordner und Dokumente die Bemühung um »Ordnung« wiederspiegelt, um die es im Folgenden geht. Unwiederbringlich verloren ist dagegen der überwiegende Teil der Unterlagen Uno Ahréns, die von ihm selbst vernichtet wurden.[102] Umfassender sind dafür die Nachlässe Carl-Fredrik Ahlbergs, Sven Markelius', Fred Forbats und anderer im *Arkitekturmuseets Arkiv* sowie die Bestände zu Alva und Gunnar Myrdal im *Arbetarrörelsens Arkiv och Bibliotek*, beide in Stockholm.[103]

Im Folgenden wird gedrucktes und ungedrucktes Schrift- und Bildmaterial untersucht: programmatische Texte und Absichtserklärungen, Zeitschriftenartikel, behördliche Untersuchungen, statistische Erhebungen, Umfragen unter Mietern. Es werden Reise- und Tagungsberichte gelesen, Ausstellungskataloge und Aufklärungsbroschüren analysiert und Hinterlassenschaften aus dem Planungsprozess ausgewertet, etwa Wettbewerbsunterlagen und Ent-

---

101. Gesichtet wurden außerdem Bestände zur »Reichsarbeitsgemeinschaft für Raumforschung« und zur »Reichsstelle für Raumordnung« im Bundesarchiv Berlin sowie die Bestände der Bibliothek Hans Bernhard Reichows in der TU Hamburg-Harburg.
102. Auskunft von Eva Rudberg, *Arkitekturmuseet Stockholm*, September 2006.
103. Es wurden zudem Bestände im *Riksarkivet*, Stockholm, im Bauhaus-Archiv Berlin und im Archiv des Instituts für Geschichte und Theorie der Architektur/ETH Zürich gesichtet. Glücklicherweise lässt sich der schwedische Diskurs recht genau anhand von Publikationen rekonstruieren. Die Zahl der Architekten ist im kleinen Schweden in der ersten Jahrhunderthälfte gering, so dass sich jeweilige Positionen schnell identifizieren lassen. Åhrén selbst zählte 1943 »hoch gerechnet« fünfzehn in Planungsfragen Sachkundige in Schweden: Åhrén an Johansson, 11.4.1943 (ARAB, Alf Johanssons Arkiv, 4086, 12).

wurfserläuterungen. Aufmerksamkeit wird auch der Korrespondenz zwischen den Protagonisten gewidmet, um nachvollziehen zu können, wie sie ihr Wissen verbreiteten. Auch Bildquellen spielen eine wichtige Rolle, aus zwei Gründen: Zum einen strukturierten spezifische bildgebende Verfahren (wie etwa die Luftfotografie) den Planerblick, sie erzeugten medial bedingt bestimmte »soziotechnische Evidenzen«.[104] Zum anderen setzten die Planer »überall dort, wo sie überzeugen und mobilisieren [wollten]« auf die »*spillover*-Effekte der plastischen Darstellung«, sie nutzten suggestive Bilder, um ihre Vorhaben durchzusetzen.[105] Den klassischen Bildmedien der Architekturgeschichte wie Grundrissen, zeichnerischen und fotografischen Ansichten, Entwurfsskizzen und Lageplänen gesellt sich deshalb bildstrategisch eingesetztes Material hinzu – Piktogramme, Infografiken, Legenden, Bewegungsschemata, aber auch Karikaturen – sowie Mischformen zwischen Bild und Text wie Diagramme und Tabellen.

Forschungsstand

Viele der deutschen Protagonisten, die hier untersucht werden (darunter Reichow und Gutschow), sind zentrale Akteure in Werner Durths und Niels Gutschows Studie zu Kontinuitäten der Wiederaufbauplanung der 1940er und 50er Jahre, die eine hervorragende Auswahl von zeitgenössischen Dokumenten enthält.[106] Auch in Durths Darstellung von Albert Speers Wiederaufbaustab, einer ausgezeichneten Kollektivbiografie über im Nationalsozialismus tätige Architekten, spielen sie eine wichtige Rolle.[107] Reichow ist Thema einer Dissertation und einer Reihe von Aufsätzen.[108] Darüber hinaus gibt es einige knappe Veröffentlichungen zu Gutschows Hamburger Büro im Kontext der »Neugestaltung« Hamburgs sowie zu den Hamburger Generalbebauungsplänen der Jahre 1941 und 1944.[109] Besonders der in Hamburg

---

104. Vgl. GUGERLI, Soziotechnische Evidenzen (1999). Konkret zur Architektur: EISINGER, Die Stadt im Plan (2002); LARKHAM, The Imagery of the UK Post-war Reconstruction Plans (2004).

105. LAAK, Planung (2008), S. 324.

106. DURTH/GUTSCHOW, Träume in Trümmern (1988). Vgl. außerdem DIEFENDORF, In the Wake of the War (1993). Eine umfassende Sammlung von Zitaten aus der Nachkriegsplanung findet sich auch in ALBERS/PAPAGEORGIOU-VENETAS, Stadtplanung (1984). Die Forschungsliteratur zu den einzelnen Themen – zum Beispiel »Nachbarschaftseinheit« oder »Funktionalismus« – wird in den jeweiligen Unterkapiteln erörtert.

107. DURTH, Deutsche Architekten (1986).

108. Teils unkritisch: BRINITZER, Hans Bernhard Reichow (1994). Vgl. zu Reichow auch FEHL/RODRÍGUEZ LORES, Von der »Bandstadt« zur »Bandstruktur« (1997); HENNING, Stadtplanerische Überlegungen in der Zwischenkriegszeit (1986); KLOTZ, Organische Stadtbaukunst (1989); SOHN, Hans Bernhard Reichow and the Concept of Stadtlandschaft in German Planning (2003); DIES., Zum Begriff der Natur in Stadtkonzepten (2008).

109. DIEFENDORF, Konstanty Gutschow and the Reconstruction of Hamburg (1985); HAACK, Der Generalbebauungsplan für Hamburg 1940/1941 und 1944 (1980); HACKHAUSEN, Stadtplanung in Hamburg (2005); LAFRENZ, Planung und Neugestaltung von Hamburg 1933–1945 (1987). Siehe auch die Aufsätze in BOSE, »...Ein neues Hamburg entsteht...«

konzipierten »Ortsgruppe als Siedlungszelle« ist Aufmerksamkeit gewidmet worden, weil sie städtebauliche Konzepte mit der NS-Parteistruktur verzahnte.[110] Gleiches gilt für die verwandten Programmatiken »Stadtlandschaft« und »gegliederte und aufgelockerte Stadt«.[111] Erwähnt werden müssen auch Veröffentlichungen zu zeitweiligen Mitarbeitern Gutschows – etwa Gerhard Langmaack und Werner Kallmorgen,[112] sowie Würdigungen einzelner, mit der Gruppe um Gutschow lose verbundener Architekten wie Hubert Hoffmann und Roland Rainer.[113] Der Magdeburger Planung der 1920er und 30er Jahre, an der Johannes Göderitz mitwirkte, widmen sich drei Monografien.[114] Viele dieser Arbeiten sind entweder klassische Künstlerbiografien, oder sie befassen sich vor dem Hintergrund der Schuldfrage mit dem Wirken der Architekten im »Dritten Reich«.

Eva Rudberg hat in ihren Monografien über Uno Åhrén und Sven Markelius Leben und Werk dieser beiden Begründer des schwedischen Funktionalismus umfassend dargestellt.[115] Kaum eine Untersuchung zur schwedischen Architekturgeschichte kommt ohne ein Zitat von Åhrén aus. Ob als Mitorganisator der berühmten *Stockholmsutställningen 1930* (»Die Stockholmausstellung 1930«), als Standardisierungsbefürworter, als wichtigster Propagandist der architektonischen Erneuerung der 1920er Jahre oder als Politikberater[116] – Åhrén liefert die passenden Aussagen für die bis heute andauernde

---

(1986) und HÖHNS, Das ungebaute Hamburg (1991) sowie die kurze Passage zu Gutschows Planungen für Warschau in BRUYN, Die Diktatur der Philanthropen (1996) und die Analysen von Bauten Gutschows in DÖRHÖFER, Reproduktionsbereich Wohnen (1999) und NECKER, Des Architekten Haus zwischen Norm und Form (2009).

110. PAHL-WEBER, Die Ortsgruppe als Siedlungszelle (1986); SCHUBERT, »Heil aus Ziegelstein« (1998).

111. Vgl. DÜWEL/GUTSCHOW, Städtebau in Deutschland im 20. Jahrhundert (2005), bes. S. 122–188; DURTH, Die Stadtlandschaft (1990); DERS./GUTSCHOW, Vom Architekturraum zur Stadtlandschaft (1988); GUTSCHOW, Landschaft statt Stadt (1991); LAMMERT, Die gegliederte und aufgelockerte Stadt (1987); MANTZIARAS, Rudolf Schwarz and the Concept of Stadtlandschaft (2003); NIERHAUS, grün/plan (2008); SOHN, Organicist Concepts of City Landscape in German Planning after the Second World War (2007); VALENTIN, Denkmodell Stadtlandschaft (2008).

112. BARTELS, Die Architekten Langmaack (1998); CORNEHL, »Raummassagen« (2003); ERNST BARLACH HAUS/HAMBURGISCHES ARCHITEKTURARCHIV, »Das Neue gegen das Alte« (2003).

113. BAUHAUS-ARCHIV BERLIN, Hubert Hoffmann (1975); MANZKE, Hubert Hoffmann. ADAM, Roland Rainer (2004). AKADEMIE DER BILDENDEN KÜNSTE WIEN, Roland Rainer (1990); KAMM, Roland Rainer (o.J.); ROLAND RAINER – DAS WERK DES ARCHITEKTEN 1927–2003 (2003). Sehr kritisch: UNTERSMAYR, Die »Ordentliche Planungspolitik« des 3. Reiches in der 2. Republik (1993).

114. ALBRECHT, Johannes Göderitz (2008); GISBERTZ, Bruno Taut und Johannes Göderitz in Magdeburg (2000); PRINZ, Neues Bauen in Magdeburg (1997).

115. RUDBERG, Uno Åhrén (1981); DIES., Sven Markelius (1989). Vgl. auch die »Ehrennummer« der »arkitekttidning« für Åhrén (1977, H. 15). Zu Markelius außerdem: JADELIUS, Folk, form & funktionalism (1987); VOLNY, Markelius och Bostadsfrågan (1974).

116. BRUNNSTRÖM, Den rationella fabriken (1990); FORSMAN, Det gamla och det nya bygget (1993); HIRDMAN, Social Planning under rational control (1997); LARSSON, Hemmet vi ärvde (1994); LINN, Funktionalismen i folkhemmet (1996); RÅBERG, Funktionalistiskt genombrott (1972); RÅDBERG, Doktrin och täthet i svenskt stadsbyggande 1875–1975

Diskussion um die (architektonische) Moderne in Schweden. Weniger ausführlich untersucht worden ist dagegen die Zusammenarbeit vieler der hier untersuchten schwedischen Akteure, sei es in Åhréns Göteborger Planungsbüro der 1930er Jahre[117] oder Markelius' Stockholmer Stadtplanungsamt der 1940er und 50er Jahre.

Beide Akteursgruppen sind also vergleichsweise gut erforscht, gerade auch in Hinblick auf ihre Einbindung in die jeweiligen politischen Kontexte ihrer Zeit. Viele der hier untersuchten Protagonisten sind als Sozialingenieure und Technokraten bezeichnet worden,[118] allerdings ohne dass dies eingehend erläutert worden wäre. Es gibt bisher keinen Versuch, die schwedische und deutsche Architektur und Stadtplanung gemeinsam als Teil einer transnationalen Konstellation zu untersuchen.[119] Gleiches gilt für deutsch-schwedische/ schwedisch-deutsche Transfers.

Struktur der Arbeit

Der vorliegende Text gliedert sich in sechs Teile. Kapitel 2 widmet sich Verwissenschaftlichungsprozessen in Architektur und Stadtplanung der 1920er und 30er Jahre. Nach einer kurzen Charakterisierung der Ordnungssemantik deutscher und schwedischer Architekten wird die Etablierung des Funktionalismus durch Åhrén und andere Architekten im schwedischen *folkhem* in den Blick genommen, und dieser Prozess anschließend mit der Arbeit deutscher Architekten an einer objektiven Grundlage für Architektur und Stadtplanung verglichen. Das Kapitel hat den Charakter einer Vorgeschichte, denn die dezidiert wissenschaftliche Beschäftigung mit der sozialen Ordnung ab Ende der 1930er Jahre ist nicht zu verstehen, wenn sie nicht auf die Verwissenschaftlichungsprozesse des vorangegangenen Jahrzehnts zurückgeführt wird. Das Kapitel wird der schwedischen Entwicklung etwas mehr Platz einräumen, weil sie in der deutschen Forschung bisher wenig bekannt ist.

Kernstück und umfangreichste Teile der Analyse sind die Kapitel 3 und 4 – die Auseinandersetzung mit der deutschen und der schwedischen Ausformung der »Nachbarschaftseinheit« in den 1940er und 50er Jahren, die hier als ein typisches Produkt von Ordnungsdenken und *social engineering* interpretiert wird. Zunächst will ich in diesem Kapitel – ausgehend vom Befund

---

(1988); RUDBERG, Stockholmsutställningen 1930 (1999); SANDSTRÖM, Arkitektur och social ingenjörskonst (1989); WALLÉN, The Scientification of Architecture (1986).

117. Vgl. dazu CALDENBY, När kom modernismen till Göteborg? (1996); FOLKESDOTTER, Nyttans tjänare och skönhetens riddare (1987), bes. S. 223-224; KARLSSON, Arbetarfamiljen och det nya hemmet (1993), bes. S. 186-204. Schüler und Kollegen Åhréns sind seltener Gegenstand der Forschung gewesen: RUDBERG, Carl-Fredrik Ahlberg (1986); DIES., Tage William-Olsson (2004).

118. Vgl. BRUYN, Die Diktatur der Philanthropen (1996), S. 262; DIEFENDORF, In the Wake of War (1994), S. 118, 333; FORSMAN, Det gamla och det nya bygget (1993), S. 209; HIRDMAN, Att lägga livet tillrätta (1989), S. 94; SANDSTRÖM, Arkitektur och social ingenjörskonst (1989). Gegen den Technokratievorwurf: RUDBERG, Uno Åhrén (1981), S. 244.

119. Gerade die schwedische Forschung wählt häufig nationalgeschichtliche Zugänge. Dazu kritisch: HALL, Den svenska stadens planeringshistoria (1991), S. 221.

einer auffälligen Koinzidenz städtebaulicher Konzepte in Nationalsozialismus und *folkhem* – die landesspezifischen diskursiven Konstellationen darstellen, innerhalb derer die jeweilige Konzeption der Nachbarschaftseinheit sich durchsetzte. Davon ausgehend untersuche ich dann die Methoden, die deutsche und schwedische Planer entwickelten, um planerisch Gemeinschaft zu fördern.

Daran schließen sich mit Kapitel 5 zwei Analysen an, die sich dem Verhältnis von Planern und Betroffenen widmen. Zuerst skizziere ich die Selbstbeschreibungen der untersuchten Akteure zwischen circa 1920 und 1960, um noch einmal zu verdeutlichen, was gerade sie in ihren eigenen Augen zur Ausdeutung und Verbesserung der sozialen Ordnung befähigte. Anschließend stelle ich ihre Beschäftigung mit den menschlichen Bedürfnissen – die für die Planer zentrale Legitimationsfiguren darstellten – dar und arbeite dabei Unterschiede zwischen Deutschland und Schweden heraus.

Hier knüpft dann mit Kapitel 6 der deutsch-schwedische Vergleich an. Er soll abschließend die jeweiligen Erscheinungsformen von Ordnungsdenken und *social engineering* in Deutschland und Schweden charakterisieren und auf die jeweiligen Modernitätsvarianten in den beiden Gesellschaften beziehen.

2. Architektur, Wissenschaft, Soziales

2.1 Ordnungssemantiken

Man muss sich nicht lange mit zeitgenössischen Texten zur Architektur der Moderne befassen, um auf Begriffe wie »Ordnung«, »Ordnungsverlust«, »Einordnung« und »Neuordnung«, »Ordnungsgedanke« oder »höhere Ordnung« zu stoßen.[1] »Ordnung« war ein durchweg positiv besetzter Begriff, deutsche und schwedische Architekten benutzten ihn in den 1920er bis 60er Jahren mit den verschiedensten Konnotationen (und Präfixen). Fast immer, auch das fällt schnell auf, nahmen sie dabei Bezug auf das Verhältnis von Gesellschaft und Raum. Ordnen und Ordnung waren zentrale Kategorien ihrer Deutung der Gegenwart und damit verbunden: ihrer eigenen Rolle. *Wie fest der Begriff Ordnung im Diskurs deutscher Planer verankert war, zeigt sich daran, dass er immer wieder bemüht wurde, um das architektonische Tun insgesamt zu definieren.* Hans Bernhard Reichow zum Beispiel schrieb 1934: »Boden und Mensch sind die Pole alles städtebaulichen Denkens. Die Ordnung ihrer gegenseitigen Beziehungen nennen wir Städtebau.«[2] Planung, so resümierte er an anderer Stelle, sei »nicht mehr oder weniger [...] als die Ordnung der Gegebenheiten«.[3]

Ich möchte vier Aspekte der Ordnungssemantik deutscher Architekten herausgreifen, um damit vorab einige wichtige Merkmale von Ordnungsdenken und *social engineering* aufzuzeigen: nämlich das Ineinander von Krisenpostulat und Handlungsimperativ, von zukunftgerichteter Planung und der Suche nach Stabilität im Vorgefundenen und schließlich die Relation zwischen der Ordnung der sozialen Beziehungen und der Ordnung der eigenen Berufspraxis der Architekten.

Erstens wurde Ordnung bzw. ein Mangel an Ordnung *diagnostiziert*. Ordnung war die Folie, vor der viele Architekten ihre Gegenwart wahrnahmen: deren Unordnung, den chaotischen, sinnfreien, potenziell gefährlichen Zustand der Wohnungen, der Stadt, ja sogar der Gesellschaft insgesamt.

Zweitens markierte der Ordnungsbegriff die *Ziele* der Architektur. Mal sollte die »Rangordnung«[4] gesellschaftlicher Prozesse optimiert, mal eine »höhere Ordnung«,[5] ein überindividuelles Sozialgebilde wiederhergestellt werden, etwa durch Einhaltung der sozialen »Ordnungsgesetze der Gesell-

---

1. Wie inflationär der Ordnungsbegriff verwendet wurde, zeigen beispielsweise die Quellentexte der Nachkriegszeit in CONRADS, Die Städte himmeloffen (2003). Hier taucht das Wort »Ordnung« auf fast jeder Seite mehrmals auf. Übrigens planten die Architekten Friedrich Tamms und Rudolf Wolters nach 1945 die Herausgabe einer Zeitschrift mit dem Namen »Die Ordnung«. Vgl. DURTH, Deutsche Architekten (1986), S. 277.
2. REICHOW, Zeitgemäße Gelände-Erschließungsfragen (1934), S. 381.
3. REICHOW, Chaos - Planen - Wohnen (1949), S. 23.
4. HOFFMANN, Die Idee der Stadtplanung (1957), S. 224.
5. NEUPERT, Die Gestaltung der Deutschen Besiedlung (1941), S. 68.

schaft«.⁶ Der Ordnungsbegriff besetzte also oft einen Überlappungsbereich zwischen Mittelrationalität und Metaphysik. Wie schon in der Einleitung angedeutet, vermengten sich dabei normative und empirische Kategorien. Fast immer galt den Architekten einerseits ein effizientes sozio-ökonomisches Interdependenzgeflecht als »geordnet«. Häufig betrachteten sie andererseits aber auch soziale Strukturen, Institutionen oder Rechtsgebilde (das Volk, die Familie, die Ehe oder die Nachbarschaft und vor allen Dingen die Gemeinschaft) als substanzhafte Ordnungen, als gewissermaßen »natürliche« soziale Entitäten, oder zumindest als solche von großer historischer Beharrungskraft. Diese Ordnungen wurden oft als Gegenentwürfe zur beobachteten Zweckrationalität der modernen Gesellschaft präsentiert, als Ansatzpunkte, diese wieder harmonischer oder auch menschlicher zu machen.

Drittens: Die Ordnung als Ziel motivierte ein Ordnung stiftendes *Handeln* seitens der Architekten und Stadtplaner. Diese sahen ihre Aufgabe darin, »Grundordnungen«⁷ und »Sozialordnungen« zu verbessern.⁸ Komposita wie »Zuordnung«, »Beiordnung«⁹ oder »Neuordnung menschlicher Beziehungen«¹⁰ bezeichneten verbindende und begrenzende Praktiken im Raum, die zum Einsatz kommen sollten. Architekten sahen sich zugleich gezwungen, »Ordnung in die Worte«¹¹ ihres Berufs zu bringen, durch die »objektive Wertung und Sichtung des Stoffs« eine »geordnete Übersicht« zu entwickeln.¹² Der Auftrag zu ordnen, das wird im Folgenden immer wieder gezeigt werden, implizierte also die Selbstordnung, die Unterordnung des Architekten unter die eigene Aufgabe. Besonders deutlich wird dies in einem Aufsatz des Hannoveraner Architekten Carl Culemann von 1951, der exzessiv den Ordnungsbegriff verwendet:

»Setzt man aber voraus, daß Einfügung oder Einheitlichkeit wichtig sind und daß um ihretwillen zu regulieren sei, so ist Gegenstand des Ordnens nicht die Form, sondern die Aufgabe. Geordnete Gruppierung von Hausgestalten resultiert für sinnbezogenes Gestalten aus geordneter Gruppierung der baulichen Aufgaben. Aus der Ordnung der Funktionen erwächst sinnvoll die Ordnung der Erscheinung, und nur im Funktionellen begründete Ordnung der Gestalt ist unverkrampfte, ungezwungene oder auch wirkliche Ordnung. Ist aber die Ordnung der Funktionen nicht zu schaffen, so ist dem sinnbezogenen Gestalten die Unordnung der Gestalt sympathischer als die verlogene Ordnung.«¹³

---

6. Hillebrecht, Das Wohnen als Sinn des Bauens (1960), S. 192.

7. Lehmann, Volksgemeinschaft aus Nachbarschaften (1944), S. 17.

8. »Ich kann mich nicht herausdenken aus dem Vorgang der Geschichte, in den ich eingebunden bin« (1981), S. 375.

9. Hans Bernhard Reichow: Die Ansetzung der Industrien vom Standpunkt des Städtebaus, der Wehrtechnik sowie der Reichs- und Landesplanung, o.D. [1942] (StA-HH, 621-2/11, AV 16).

10. Hillebrecht, Eine neue Heimat bauen! (1951), S. 163.

11. Habicht, Unklare Begriffe im Bauwesen (1950), S. 397.

12. Deutsche Akademie für Städtebau, Reichs- und Landesplanung, Vorläufige Richtlinien für die Planung und Erschließung von Wohn- und Siedlungsgebieten (1942), S. 14.

13. Culemann, Baugestaltungsaufsicht und Bebauungsplan (1951), S. 392.

Culemann schreibt hier gegen ein subjektives, ein künstlerisches Vorgehen an. Mit der angestrebten »Einfügung und Einheitlichkeit« ist also keineswegs eine formale, eine ästhetische Homogenität der äußeren Form von Bauten gemeint. Die »Funktion«, von der Culemann spricht, ist eine gesellschaftliche. Eine »geordnete Gruppierung« von Gebäuden, so der Gedanke, fördere die soziale Gruppenbildung, also die Gemeinschaft der Bewohner. Und erst mit diesem Ziel, und eben nicht um seiner selbst willen, ist das Ordnen »sinnvoll« oder »sinnbezogen« – das ist die Essenz der Aussage Culemanns. Diesem Sinn hat der Architekt die eigene Praxis unterzuordnen, diese Aufgabe kann er nur bewältigen, indem er sie geordnet, also systematisch angeht.

Viertens und letztens sollte dieses Ordnen in der freiwilligen »Einordnung« der Menschen resultieren. In ihrem Buch »Großstadtforschung« (1950) beispielsweise versuchte die Stadtsoziologin Elisabeth Pfeil, dies auf eine Formel zu bringen, die umso verwirrender wird, je öfter man sie liest. »Die Sozialformen [der »großstädtischen Gliederung«] sind Ordnungsformen im doppelten Sinne des Begriffs Ordnung, gesetzte Ordnungen und Formen des Sicheinordnens, sie sind Organe einer funktional gesehenen Großstadt.« Ordnungen, so schrieb Pfeil aber auch, seien »Formen des Gemeinschaftslebens« und es gelte, diese gleichermaßen zu benennen wie zu stützen.[14] Pfeil verstand unter Ordnungen offenbar Vergemeinschaftungsvorgänge, die sich einerseits möglichst spontan und unbeeinflusst vollziehen sollten und die andererseits doch aus funktionalen Erwägungen heraus planerisch »gesetzt« werden konnten, wie sie schrieb. Das sahen viele Architekten ähnlich. Für Konstanty Gutschow etwa war es Aufgabe der Architektur, einen »Organismus« zu schaffen, »in den sich der Mensch beglückt eingeordnet fühlt«.[15] Reichow beschrieb als »Wunschbild des Stadtplaners« ein »möglichst glückliches Leben in einer der Gemeinschaft sinnvoll auf den Leib gepassten, zielklar geordneten und menschenwürdigen Umwelt«.[16]

Ordnung, so widersprüchlich das zunächst einmal klingt, wurde also zugleich vermisst, entdeckt, erforscht und baulich verstärkt, sie schien zugleich vorhanden und gemacht, natürlich und artifiziell. Außerdem bezeichnete der Ordnungsbegriff sowohl das planerische Tun selbst wie dessen Gegenstände. Das war nicht nur in Deutschland so. Auch schwedische Architekten machten es sich zur Aufgabe, »Ordnung« ins »Chaos des laissez faire-Systems« zu bringen.[17] Auch in Schweden war man sich sicher: »Planung ist Ordnen in Raum und Zeit.«[18] Es gehe darum, so Uno Åhrén 1933, zu »ordnen«, wo bisher »planlos, unsystematisch« vorgegangen worden sei. Vor allem die privatwirtschaftliche Bereitstellung von Wohnraum müsse anders »geordnet werden«, und zwar »wie ein Organisationsproblem, ungefähr als ordne man die Produktion in einer Fabrik«.[19] Wo aber Architektur dergestalt zu Organi-

---

14. Pfeil, Großstadtforschung (1950), S. 213, 127, 239.

15. Konstanty Gutschow: 10 Jahre Architekt 1935-1945, 1946, S. 2 (StA-HH, 621-2/11, A X 4).

16. Hans Bernhard Reichow: Wunschbild des Stadtplaners, o.D. [1950er Jahre] (GNMN, NL Reichow, I B 227 a-e).

17. Paulsson, Byggnaden och människan (1941), S. 35.

18. Carl-Fredrik Ahlberg: Stadsplaneringens uppgift, 1937 (AM 2006-02, K 7).

19. Åhrén, Regionalplanen och bebyggelsen (1933), S. 199, 200.

sation wurde, da galt es, sich von einem veralteten Selbstverständnis als Künstler zu trennen. Tatsächlich provozierte »Acceptera« (»Akzeptiere«), das wichtigste Manifest des Neuen Bauens in Schweden, 1931 mit der These: »Kunst ist Ordnung«.[20]

Soweit wirkt das, als habe Ordnung in Schweden lediglich so etwas wie Rationalisierung oder Effizienzsteigerung gemeint – und tatsächlich ist die Bedeutung des schwedischen Worts *ordna* nah am deutschen »organisieren« oder auch »bewerkstelligen«. Aber auch in Schweden war zumindest zeitweilig Konsens, dass die Bebauungsstruktur bei der »Einordnung« der Menschen in die Gemeinschaft helfen könne.[21] Die Integration der Bevölkerung ließ sich auch für die Schweden durch architektonische Praktiken steigern: »Die Häuser müssen zusammengeordnet und in die Siedlung [*samhälle*] eingeordnet werden«,[22] schrieb Åhrén. Und die Architekten Jöran Curman und Helge Zimdal forderten 1944: »Die Bebauung [...] innerhalb der Stadtviertel [muss] unter Berücksichtigung von Zusammengehörigkeit und Ganzheit geordnet werden.«[23] Auch in Schweden waren Ordnung und Vergemeinschaftung also diskursiv eng verwoben. »Siedlung«, so Åhrén, »bedeutet Ordnung, Rücksicht, Gemeinschaft.«[24] Wie für ihre deutschen Kollegen war der Wohnbereich für die schwedischen Architekten im Idealfall ein »lebendiger, höherer Organismus«, in dem »die richtigen Zellen auf die richtige Weise geordnet sind«.[25] Zimdal schrieb: »[M]itten durch die schematische Ordnung, die unserem Leben aufgezwungen wurde, gegen die seelenfeindliche Mechanisierung wirken Gruppierungen und Versuche zur organischen Form. Man kämpft für eine höhere Ordnung. Für mich ist diese organische Ordnung der Weg zur höchsten Wirklichkeit: Wirklichkeit zum Leben.«[26]

Diese »höhere Ordnung« schien aber nur erreichbar, wenn alle involvierten Kräfte vernünftig zusammenarbeiteten, wie es schwedische Architekten ab Mitte der 1930er immer wieder forderten.[27] Damit war mehr gemeint als die Koordination (schwedisch: *samordning*) disziplinärer Fragen mit dem Ziel größerer Effizienz. Für den Architekten war in Schweden ab Anfang der 1940er Jahre eine leitende Position in der Clearingzentrale der »Ordnung« der sozialen Beziehungen vorgesehen.[28] Der Idealzustand – die »wohlgeord-

---

20. ASPLUND, Acceptera (1980, urspr. 1931), S. 140.
21. CURMAN/ZIMDAL, Gruppsamhällen (1944), S. 136.
22. ÅHRÉN, Bostad och stadsplan (1937), S. 8f. Wichtig ist an dieser Stelle der Hinweis, dass das schwedische Wort *samhälle* sowohl »Gesellschaft« oder »Gesellschaftssystem« als auch »Ortschaft« und »Siedlung« meinen kann. Erstere Bedeutung ist außerdem verwandt, aber nicht deckungsgleich mit der des deutschen Begriffs »Staat« (zu Implikationen und historischen Ursachen dieses Unterschieds vgl. ASPLUND, Essä om Gemeinschaft och Gesellschaft [1991], S. 8; HENNINGSEN, Nachwort [2001], S. 261). Ich habe bei der Übersetzung der Zitate versucht, den jeweiligen Sinnzusammenhang zu berücksichtigen.
23. ÅHRÉN, Bostaden och stadsplanen (1936), S. 18.
24. Uno Åhrén: Några ord om Lundby generalplan, 1936 (AM, 1994-26-20; K 02).
25. STOCKHOLMS STADS STADSPLANEKONTOR, Det framtida Stockholm (1945), S. 6.
26. ZIMDAL, Idédebatten (1942), S. 3.
27. ÅHRÉN, Samverkan (1941), S. 2.
28. ÅHRÉN, Samhällsplaneringens uppgifter och metoder (1947), S. 11.

nete Gesellschaft«[29] – konnte nur eintreten, wenn die Architekten daran arbeiteten, »eine Masse mehr oder minder disparater Interessen, die für sich allein zu nichts anderem als zu Chaos führen können, zu einem möglichst organischen Ganzen zu ordnen«.[30] Auch in Schweden musste aber dafür zunächst »Ordnung in die Fragen« des Berufs gebracht werden.[31] Der Ordnungsimperativ bezog sich also auch auf die Praxis der Architekten, die sich wieder und wieder gegenseitig auf einen spezifischen Subjektentwurf einschworen, auf den Planer, der die Wirklichkeit untersucht und das gesammelte Material »ordnet, überblickt und organisiert«.[32]

Man kann die architektonische Ordnungssemantik in Schweden und Deutschland so zusammenfassen: Ordnung meinte nicht nur, wie vielleicht zu erwarten gewesen wäre, eine Art Aufräumen, eine saubere Strukturierung der räumlichen Umwelt – also beispielsweise die trennscharfe Klassifikation von städtischen Funktionsbereichen (Zonierung) –, die auf bestimmten kognitiven Operationen beruhte, bestimmten Methoden, der Komplexität der gesellschaftlichen Wirklichkeit beizukommen. Das war *auch* gemeint. Aber Ordnung war schillernder. Sie war nicht nur Mittel zum Zweck, sondern auch dieser Zweck selbst, denn sie war für die Architekten und Stadtplaner der 1920er bis 60er Jahre eine eminent soziale Größe. Daher vermischten sich im Planerdiskurs immer wieder empirische und heuristische Kategorien. Ordnung stellte sich den Architekten zugleich als unhintergehbare soziale Realität und als machbar dar. Sie war der *Sinn* ihres Tuns. Über eins war man sich dabei in beiden Ländern einig. Gegen die Unordnung konnte und musste wissenschaftlich vorgegangen werden. Damit entstand ein Druck, innerdisziplinäre Kohärenz zu stiften, ein Druck zur (Selbst-)Ordnung.

Das mag sehr verworren erscheinen. Gerade das macht das Thema aber so interessant, in diesem Eindruck artikuliert sich unser Abstand zum Denken dieser Zeit. Im Folgenden soll zunächst Klarheit darüber geschaffen werden, warum sich die Architekten in Schweden und Deutschland freiwillig einem derartig strengen Regime unterwarfen. Woher rührte die Verbindung von Wissenschaftsemphase und sozialem Ordnungsauftrag? Um diese Frage zu beantworten, will ich zuerst einen Blick auf die Verwissenschaftlichung von Architektur und Stadtplanung in den 1920er Jahren in Schweden und Deutschland werfen, die eng verbunden war mit dem Versuch der Architekten, im Diskurs um das Soziale eine Schlüsselposition zu besetzen. Daran anschließend soll ein bestimmtes Planungskonzept, die so genannte Nachbarschaftseinheit, als paradigmatische Erscheinungsform von Ordnungsdenken und *social engineering* analysiert werden.

---

29. MYRDAL, Kosta sociala reformer pengar? (1932), S. 37.
30. ÅHRÉN, Prognoser (1942), S. 195.
31. AHLBERG, Vägen till bättre och billigare bostäder (1947), S. 53.
32. AHLBERG, Vad vi vet och vad vi behöver veta för att planlägga (1943), S. 45.

2.2 *Folkhem* und Funktionalismus

Rationalisierung der Architektur und politische Gemeinschaft in Schweden in den 1930er Jahren

Uno Åhrén schreibt 1928 einen Artikel, der typisch ist für seine Denkweise. Er beginnt mit einem Bild, mit der Beschreibung der Uhren an zwei öffentlichen Gebäuden in Stockholm, an der gerade eingeweihten Stadtbibliothek (*Stockholms stadsbibliotek*) des Architekten Gunnar Asplund und am älteren, im »nationalromantischen« Stil gehaltenen Stadthaus (*Stadshuset*, erbaut 1921-1923) am Ufer des Mälaren.

»Unten am Turm des Stadthauses befindet sich eine Uhr. Man kann nie die Uhrzeit erkennen, denn die Uhr ist ein vollendetes Ornament. Allerdings kommen ab und an drei kleine Figuren aus einer Tür heraus und gehen in eine andere hinein, während vom Spielwerk oben im Turm eine wehmütige mittelalterliche Hymne erklingt. In der Bücherausgabe der Stadtbibliothek wiederum hängt eine Uhr mit distinkter Form und ohne Ornamente, die eine praktische Aufteilung in 24 Stunden aufweist, allerdings mit *römischen Ziffern*, in radialer Anordnung. Nun sehnen wir uns alle sehr nach einer Uhr mit gewöhnlichen arabischen Ziffern, die mit Rücksicht auf die Personen, die tatsächlich die Uhrzeit ablesen wollen, platziert sind.«[1]

Åhréns Gedanken über die Lesbarkeit und Ästhetik der Uhr markieren einen Neuanfang. Er behauptet, die Vertreter einer neuen Zeit stünden »fragend« vor der Uhr an der *stadsbibliotek*, einem Bauwerk, das übrigens heute als Höhepunkt des skandinavischen Neoklassizismus betrachtet wird. Ihnen erschließe sich der »Schönheitswert« der Uhr nicht, die hier offensichtlich nicht nur das Gebäude, sondern eine ganze ästhetische Kultur repräsentiert. Sie störten sich an der Ästhetik, den römischen Ziffern, die der Lesbarkeit im Wege stehe. Immerhin sei die Uhrzeit an der Bibliotheksuhr schon leichter abzulesen als das pseudomittelalterliche Ziffernblatt am *Stadshus*.

Åhrén illustriert in diesem Aufsatz kunstpolitische Forderungen im Rekurs auf eine *der* Signaturen der Moderne: die getaktete Zeit, Ausdruck sozialer Interdependenz. Das gut lesbare Ziffernblatt steht für die Absicht, die Architektur vom historischen Ballast zu befreien, sie von den Schaufassaden mit ihren verschwenderischen Ornamenten, ihren Pseudostützen und Prunkportalen zu reinigen, um sie für die Bedürfnisse der gesamten Gesellschaft nutzbar zu machen. Åhrén schreibt in der ersten Person Plural; er be-

---

1. ÅHRÉN, Reflexioner i stadsbiblioteket (1928), S. 93 (Hervorh. im Original).

trachtet sich nicht als einzelnen Architekturkritiker, sondern als Vertreter der Mehrheit der Bevölkerung.

Er fährt fort: »[T]iefe Disharmonie« präge Asplunds Gebäude. Dessen sachlicher Grundriss und die monumentale Kuppel, die »ägyptischen Türgriffe« und die ergonomische Form der Stühle widersprächen einander (vgl. auch Abb. 1). Åhrén lässt keinen Zweifel daran, wer diesen Streit zwischen alt und neu gewinnen wird. Die Bibliothek habe nicht Geschichte studierenden Mönchen, sondern »Studien der Büroangestellten zur Psychoanalyse oder zum Problem der irischen Unabhängigkeit« zu dienen. »Hier soll das Denken daran arbeiten, die Zukunft besser und menschlicher zu gestalten als die Gegenwart, hier soll eifriges Studieren dringend nötige Untersuchungen zu einer neuen Gemeinschaft vorbereiten.«² Åhrén konfrontiert das Vergangene (Klassizismus, Geschichtsstudium) mit biologischen Bedürfnissen (Stuhlform) und politischen Aufgaben (Irlandkonflikt). In Åhréns Idealbibliothek wird durchaus nicht zum Genuss gelesen. Das Lesen hat eine soziale Funktion zu erfüllen, es hat sich in den Dienst einer besseren Zukunft zu stellen, genauso wie die Architektur. Diese soll sich allen Schmucks entledigen, da dieser nicht der gesellschaftlichen Integration und Produktivität dient. Bauten werden nicht nur optisch transparent, sie werden hinsichtlich ihres Nutzwerts durchleuchtet, ihre semantische Komplexität wird eingedämmt.

Abbildung 1: Åhrén illustriert seinen Aufsatz mit einem Foto vom Eingangsbereich der stadsbibliotek, das für ihn den Widerspruch zwischen der transparenten, funktionalen Fensterfront und den ornamentierten Wänden hervorhebt.

Die Schwierigkeiten, die Inkonsistenzen, die mit diesem Vorhaben verbunden sind, verdeutlicht nichts besser als der pathosgeladene und anspielungsreiche Duktus des Textes selbst. Åhrén wird sich zukünftig um einen sachli-

---

2. Ebd., S. 95.

chen Habitus bemühen, um die »Sanierung« des »Wirrwarrs der Wörter und Begriffe« seiner Profession.³ Damit steht er nicht allein. Die schwedische Architektur entwickelt sich nämlich in just die Richtung, in die Åhrén hier weist. Sie stellt sich die Aufgabe, innerdisziplinär Klarheit herzustellen, um nach außen zu wirken. In Schweden ordnet sich in den späten 1920er Jahren der Diskurs ums Bauen neu. Dabei verknüpft sich der Versuch vieler Architekten, an sich selbst zu arbeiten, um soziale Probleme besser lösen zu können, mit der Gewissheit, damit der ganzen Bevölkerung zu dienen. Und diese Verknüpfung wird im Kontext bestimmter politischer Prozesse im Schweden der 1930er Jahre ausgesprochen stabil.

»Brüche«. Aufstand gegen die Ästhetik

Das schwedische Bildungsbürgertum der Zwischenkriegszeit war überschaubar – es gab nur zwei Universitäten und wenige Hochschulen, deren Absolventen sich oft kannten. Praktisch alle schwedischen Architekten, die nach dem Ersten Weltkrieg zu arbeiten begannen, hatten die *Kungliga tekniska högskola* (die »Königliche Technische Hochschule«, abgekürzt KTH) in Stockholm besucht. Das, was man gemeinhin als Neues Bauen bezeichnet, wurde hier durch wenige Protagonisten durchgesetzt. Es war vor allem *Stockholms byggnadsförening*, die »Stockholmer Bauvereinigung«, die Ende der 1920er Jahre ihren Einfluss geltend machte, um eine stark am französischen und deutschen Vorbild orientierte neue Architektur zu etablieren.⁴ Uno Åhréns Engagement in der *byggnadsförening* und als Herausgeber der Zeitschrift »Byggmästaren« (»Der Baumeister«) in den Jahren 1929 bis 1932, aber auch seiner regen Kritiker- und Berichterstattertätigkeit kam dabei eine Schlüsselfunktion zu. Denn gerade Åhrén koppelte die architektonische Erneuerung mit »sozialen« Zielen. Er wird deshalb im Folgenden im Zentrum stehen.

Der Bruch mit der architektonischen Tradition wurde allerdings zunächst als ästhetische Unlusterfahrung spürbar. 1925 berichtete Åhrén im Auftrag der *Svenska Slöjdförening* (der »Schwedischen Werkkunstvereinigung«, abgekürzt SSF), einem Pendant des »Deutschen Werkbunds«, von der Pariser Weltausstellung, und zwar unter der Überschrift »Brüche«. Der Text ist ein einziger Verriss. Åhrén geißelt die »Abwesenheit von Klarheit, Reinheit, Logik«,⁵ er schreibt:

»Bei der Durchwanderung dieser Mengen von Interieurs wurde das Gefühl immer stärker, dass die Zeit stehen geblieben sei [...]. Selbst die Luft schien für jeden klaren Gedanken, jedes frische Lachen undurchdringlich. Formen, Formen, Formen ... ich empfand dasselbe matte Unlustgefühl, dass man wohl in einem tropischen Wald erlebt, in dem die dampfende Luft voller qualmiger Düfte ist, Düfte eines Wachstums, das schlaff voranschwillt, wo eine Pflanze an der andern hängt und maßlos große Blumen für eine Nacht erblühen. Das Paradies der Parasiten ... Man muss ganz einfach

---

3. ÅHRÉN, Onödig förbistring (1935), S. 1.
4. Hierzu ausführlich RÅBERG, Funktionalistiskt genombrott (1972).
5. ÅHRÉN, Brytningar (1925), S. 25.

eine Sehnsucht nach Schwierigkeiten bekommen in dieser behäbig wallenden Formenpracht, in der alles erlaubt und alles möglich ist: Einen kitzelnden Widerstand. Probleme. [...] [W]ie unaussprechlich ekelhaft erschien einem zum Schluss dieses Milieu! Mich ergriff eine Sehnsucht nach Luft, Raum, Freiheit, und ich war all den Dingen dankbar, die einfach nur ihre Arbeit machen, ohne sich darum zu kümmern, wie sie aussehen. Der Glühbirne, dem Waschbecken mit kaltem und warmem Wasser, dem Kran am Seine-Kai, dem französischen Buch im Normaltyp.«[6]

Der Überfluss an Dekoration, der Åhrén den Atem raubt, drängt sich mit der Exotik eines Dschungels auf, in dem, so schreibt er, »alles erlaubt und alles möglich« ist. Åhrén ist von dieser Beliebigkeit erschöpft und angewidert. Er sehnt sich nach Klarheit, Frische, Reinheit, Logik. Er fragt sich, woher dieses Bedürfnis rührt und kommt zu dem Schluss, es sei Ausdruck eines neuen »zeittypischen« Schönheitsempfindens. Die »formalistische« Raumbetrachtung werde bald hinter die – und hier wird ein Schlüsselbegriff eingeführt – »funktionalistische« zurücktreten.[7] Nur eine einzige Präsentation der Pariser Ausstellung verweist für Åhrén in die Zukunft – die Modellwohnung des Schweizer Architekten (und künftigen Stars der Architektenszene) Le Corbusier mit ihrer Ausrichtung auf die Massenproduktion und ihrer strengen Trennung zwischen Gebrauchsgegenständen und Dekor. Für Åhrén steht fest, dass die Ausstellung der Nachwelt als Teil einer Vergangenheit gelten wird, die überwunden ist, einer Welt vor dem »Bruch«, den er in den Titel seiner Besprechung setzt. Er hat keinerlei Bedenken, eigene ästhetische Sehnsüchte als Vorgeschmack auf eine anbrechende Zukunft zu deuten.

Åhrén hatte nun eine Mission. 1926 paraphrasierte er bis hin zum Titel Le Corbusiers Buch »Vers une architecture« (1923).[8] Er diagnostizierte ein kulturelles Chaos, das zur »Neuorientierung in unserer Kultur« zwinge: »Eine Architekturfrage ist des Pudels Kern der Gleichgewichtsstörung unserer Zeit. Architektur oder Revolution.« Ein Jahr später präzisierte er diese Diagnose. Die Konflikte der modernen Gesellschaft kreisen um das Verhältnis von individueller Bedürfnisbefriedigung und gesellschaftlichen Interessen. Hier komme die Architektur ins Spiel. Sie müsse dafür sorgen, dass Konsumgüter, allen voran die Wohnung, erschwinglich werden: »Das zentrale Problem ist vor allen anderen die Frage nach der persönlichen Freiheit im sozialen Zusammenhang. Genau an diesem Punkt verwandelt sich auch die Ästhetik der Gebrauchsware in Ethik.«[9] Åhrén fand mit dieser Formulierung zu seinem Programm. Im Sozialen kreuzten sich Ethik und architektonische Praxis. Aus seinem privaten Wunsch nach ästhetischer Klarheit wurde eine moralische Forderung, formtheoretische Überlegungen verwandelten sich in

---

6. Ebd., S. 8.

7. Ebd., S. 10. Für Åhrén bezeichnete das Adjektiv »funktional« eine »ökonomisch arbeitende Form«. Die Schönheit des Funktionalen speise sich aus »dem heimlichen Verständnis für die eigene Logik der Form.« Åhrén, Nyttokonstens estetik (1927), S. 73. Zum Funktionsbegriff in der Architektur ausgezeichnet: Hirdina, Funktionalismus (2003). Vgl. außerdem Poerschke, Funktion als Gestaltungsbegriff (2005).

8. Åhrén, På väg mot en ny arkitektur (1926); Ders., Corbusiers Byplanarbejder (1926).

9. Åhrén, Nyttokonstens estetik (1927), S. 76.

sozialpolitische.[10] Åhrén sollte seine frühe Beschäftigung mit Gestaltungsfragen später als Trojanisches Pferd der Sozialpolitik darstellen, als strategische »Propaganda für die Einfachheit«.[11]

Seine neuen sozialmoralischen Einsichten färbten Åhrens Blick auf die internationale Architektur. 1927 reiste er zur Werkbundausstellung am Stuttgarter Weißenhof, die das Thema »die Wohnung« mittels einer Modellsiedlung erörterte, an der alles beteiligt war, was Rang und Namen hatte in der Architekturszene. Erneut kontrastierte Åhrén in seinem Bericht Vernunft und Natur, Altes und Neues. In der Altstadt Stuttgarts habe der »animalische« Teil seines Ichs sich wohlgefühlt, schrieb er, aber auf der Ausstellung habe sich dann der Verstand durchgesetzt. Le Corbusiers Gebäude war für ihn inzwischen anachronistisch, ein »artistisches Komponieren«, wie es eher einem Bildhauer gebühre. Ganz anders dagegen erschien Walter Gropius, ein »gewissenhafter Praktiker«. Gleiches galt für den künstlerischen Leiter der Ausstellung, Mies van der Rohe, den Åhrén zitierte: »Das Streben nach einer neuen Lebensanschauung prägt als soziales Pathos die neue Architektur«.[12]

Dieses gleichermaßen pragmatische wie soziale Deutschland diente bald nicht nur Åhrén als Vorbild. Sven Markelius, neben Åhrén der wichtigste Verfechter einer Erneuerung der Architektur, berichtete vom Treffen der CIAM – der 1928 gegründeten »Congrès Internationaux d'Architecture Moderne« – 1930 in Frankfurt (er selbst und Åhrén waren die ersten schwedischen CIAM-Mitglieder), von der sozialistischen Bauausstellung in Berlin 1931 und von der Versuchssiedlung in Dessau-Törten (auf der ab 1926 erstmals im großen Stil mit der Serienfertigung von Gebäuden experimentiert wurde), Sune Lindström von seinem Aufenthalt am Dessauer Bauhaus.[13] Mit der deutschen Munition versorgt hoben die schwedischen Neuerer im »Byggmästaren« zum Angriff auf den Formalismus an, der sich ihrer Meinung nach unter anderem in Vorschlägen zu einem neuen Stockholmer Städtebaugesetz abbildete.[14] Åhrén wetterte:

»Der Städtebaukünstler neigt seinen Kopf zu Seite und modelliert Straßenräume und Kulissen und das ganze artistische Drum und Dran, als sei der Städtebau zu 90% Kunst, wo er doch zu 90% Technik ist. Die Stadt ist keine Skulptur, in der wir zufällig herumlaufen, sondern ein Apparat, der auf die bestmögliche Weise organisiert werden muß, um unseren Lebensbedürfnissen zu entsprechen«.

---

10. Vgl. RÅBERG, Funktionalistiskt genombrott (1972), S. 37, 47–52.

11. ÅHRÉN, Arkitektur och demokrati (1942), S. 13.

12. ÅHRÉN, Stuttgartutställningen (1927), S. 253–254.

13. Vgl. MARKELIUS, Den andra internationella arkitekt-kongressen »Neues Bauen« (1930), DERS., Bostadsområde vid Dessau-Törten (1927); LINDSTRÖM, Bauhaus (1929). Markelius nahm sogar am Gründungstreffen der CIAM in La Sarraz teil (vgl. die Unterlagen im AM, 1972-10-2138, K 103). 1928 hielt außerdem Gropius Vorträge vor *Svenska Teknologföreningen*, der »Schwedischen Technikervereinigung« und der SSF. Vgl. RÅBERG, Funktionalistiskt genombrott (1972), S. 37.

14. Vgl. ÅHRÉN/ENGKVIST/MOSSBERG, Stockholms Byggnadsförenings yttrande över förslag till stadsbyggnadslag och författningar som därmed hava samband (1928). Zur Debatte RÅBERG Funktionalistiskt genombrott (1972), S. 99; RÅDBERG, Doktrin och täthet i svenskt stadsbyggande (1988), S. 248–251.

Es sei höchste Zeit, »exakte Arbeitsmethoden« einzuführen, »exakte Problemstellungen, exakte Lösungen«, denn »ästhetische Begründungen« führten ins Chaos.[15]

1928 gab Åhrén im »Byggmästaren« mit der Arroganz des Totalerneuerers einen Einführungskurs in die »elementare Städtebautechnik«.[16] Diese offenbarte sich als Abwägung sozialer und privatwirtschaftlicher Interessen mittels mathematischer Methoden: »Im Städtebau«, so Åhrén, »stehen sich zwei Faktoren gegenüber: die ökonomische Ausbeutung und die soziale Regulierung. [...] Gegen das Streben nach Quantität setzt die Gesellschaft die Forderung nach Qualität.« Nun dürfe die private Initiative keinesfalls durch Überregulierung ausgeschaltet werden. Vielmehr müsse nach Methoden einer größtmöglichen Annäherung von Quantität und Qualität gesucht werden, und zwar »so exakt und unzweideutig wie möglich«. Åhrén richtete sich also nicht gegen das private Gewinnstreben, sondern appellierte an die Architekten selbst: »Mit vagen Begriffen, die von (vielleicht unbewussten) ästhetischen Gefühlsmotiven geprägt sind, erreicht man nichts.« Erst durch Ausschaltung solcher Motive werde der Architekt zum Mittler, der verschiedene Interessen mittels technischer Verfahren abstimme. Åhrén demonstrierte dies, indem er das Verhältnis zwischen bebauter Fläche, freier Fläche, Stockwerkszahl und Gebäudeabstand in eine mathematische Formel übertrug. Ermittelt werden sollte auf diesem Wege eine Kennzahl – die so genannte »Räumlichkeitsziffer« (*rymlighetstal*) –, die die optimale Relation zwischen der durch Aufstockung freiwerdenden Fläche und den damit verbundenen Baukosten (in Tabellenform) ausdrückte.[17]

Natürlich war diese Annäherung sozialer und ökonomischer Interessen mittels Flächennutzungsschlüssel unterkomplex. Weniger leicht formelhaft fassbare städtebauliche Wirkungszusammenhänge wurden ausgeblendet, etwa der Umgang mit der bestehenden Bebauung, die Grundstücksaufteilung, die Erschließung oder auch das Verhältnis von Ästhetik und Nachfrage. Das war aber nebensächlich. Wichtiger war, dass der Kunst kein Platz mehr eingeräumt wurde. Åhréns Aufsatz war alles andere als ein Lehrbuchtext. Vielmehr suggerierte er, bei Ausschaltung subjektiver, ästhetischer Faktoren könne dem Architekten eine zentrale Rolle bei der Austarierung von individuellen Interessen und kollektivem Nutzen zukommen.[18] Dabei blieb vage, was die Steigerung der »Räumlichkeit« erstrebenswert machte. Die Vergrößerung städtischer Freiflächen und die geringere gegenseitige Verschattung der Baukörper, wie sie sich mit Åhréns Verfahren errechnen ließen, waren Ziele vor allem hygienischer Art. Åhréns Dichotomisierung von Repräsenta-

---

15. Åhrén, Synpunkter på stadsbyggandet (1928), S. 173f.
16. Åhrén, Elementär stadsbyggnadsteknik (1928), S. 129-133.
17. Åhrén berief sich dabei auf Arthur Hoenigs (in Deutschland eher marginale) Berechnungen der »Ausnutzungsziffer«.
18. Tatsächlich dienten Åhréns Thesen bald als Argumente in der Kontroverse um den Bebauungsplan für das Stockholmer Viertel Gärdet, dessen axiale Anlage und tiefe Grundrisse scharf kritisiert wurden. Vgl. Lindström, Arkitektperspektiv eller konsten att göra en ful sak vacker (1930); Åhrén, Ladugårdsgärde (1931). Markelius hatte zwei Jahre zuvor einen Plan für das Quartier vorgelegt, der eine Bebauung mit 12-20-geschossigen Zeilenbauten vorsah: Markelius, Förslag till höghusbebyggelse på Ladugårdsgärdet (1928).

tion und Funktion kreiste um eine Leerstelle, seine sozialen Ziele waren noch nicht klar definiert.

Die Stockholmausstellung

Das änderte sich einige Jahre später. Von Mai bis September 1930 fand in viel gerühmter Wasserlage im Stockholmer Djurgården eine Architektur- und Kunstgewerbeausstellung statt, die von der SSF veranstaltet wurde: *Stockholmsutställningen 1930*, die »Stockholmausstellung 1930«.[19] Die Ausstellung wurde international beachtet, vor allem in Deutschland und England.[20] Sie war ein großer Publikumserfolg, *das* kulturelle Ereignis des Jahres in Schweden.

Gunnar Asplund zeichnete einen großen Teil der Ausstellungsbauten. Diese waren an einer Promenade aufgereiht, dem so genannten Corso. Die Besucher flanierten an hell gestrichenen, kubischen Holzkonstruktionen mit großem Fensterflächenanteil entlang, die starke formale Anleihen bei den russischen Konstruktivisten offenbarten.[21] Ein weithin sichtbarer Mast mit Leuchtreklamen unterstrich den luftig-modernen Charakter des stark durchgrünten und farbenfroh beflaggten Ausstellungsgeländes.

Die *Stockholmsutställning* war weit mehr als nur eine Gewerbeausstellung. Neben den Hallen, in denen die Produkte verschiedener Unternehmen präsentiert wurden, konnten die Besucher verschiedene Restaurants, Festsäle und andere Veranstaltungsbauten (darunter ein Planetarium) bewundern, die alle im selben licht-modernistischen Stil gehalten waren. Außerdem gab es eine gesellschaftspolitische Propaganda-Schau mit dem Namen *Svea rike* (»Schwedisches Reich«). Deren Absicht pendelte zwischen gesundheits- und sozialpolitischer Aufklärung und nationaler Identitätskonstruktion, nicht ohne eine rassenhygienische und eugenische Komponente.[22] Hier wurde die Ent-

---

19. Dazu reich bebildert: ERIKSSON, Den moderna staden tar form (2001), S. 436–459; RUDBERG, Stockholmsutställningen 1930 (1999); siehe auch die englischsprachige Ausgabe: DIES, The Stockholm Exhibition 1930 (1998). Vgl. außerdem PRED, Recognising European modernities (1995).

20. Vgl. zum Beispiel BARTNING, Schwedisches Bauen (1930); GIEDION, Zwei Ausstellungen (1930); RIEZLER, Stockholmsutställningen 1930 (1930); SHAND, Stockholm, 1930 (1930). Zur internationalen Rezeption: GLAMBEK, Det nordiske i arkitektur og design sett utenfra (1997), S. 82. Ansichten der Ausstellung tauchten auch in Hans Richters Propagandafilm zur Schweizer Werkbundausstellung WOBA in Basel 1930 auf: JANSER/RÜEGG, Hans Richter (2001), o.S.

21. Vgl. FRAMPTON, Stockholm 1930 (1985); LINN, Stockholmsutställningen bakom kulisserna (1995). Die Ausstellungsarchitektur gilt als wichtigstes Vorbild für das »Festival of Britain« 1951 (CONEKIN, The Autobiography of a Nation [2003]; ESHER, A Broken Wave [1981], S. 3). Übrigens überforderten die vielen Glasflächen manche Besucher, es kam zu einer Reihe von Unfällen. Vgl. HABEL, Modern Media, Modern Audiences (2002), S. 51–55.

22. So wurden hier auch die Thesen des Rassenbiologen Herman Lundborg vorgestellt. HENZE, Das schwedische Volksheim (1993), S. 78. Allgemein zur Ausstellung: ALZÉN, Svea rike (2002). Im Arbeitsausschuss von *Svea rike* saßen neben Gunnar Asplund auch

wicklung Schwedens seit der Eiszeit (!) geschildert und das Schweden der Gegenwart durch Karten und Visualisierungen statistischen Materials dargestellt. Darunter waren Angaben zu Einkommensverhältnissen, zu den staatlichen Ausgaben, zur Infrastruktur und zur Bilanz von Industrie und Handel, aber auch zu den so genannten Volksbewegungen, den *folkrörelser* (dazu werden in der Regel die Gewerkschafts- und Arbeiterbewegung gezählt, die in ganz Skandinavien ausgesprochen einflussreiche Volkshochschulbewegung, die Anti-Alkohol-Bewegung und die Freikirchen). *Svea rike* entwarf ein Bild von einer besseren nationalen Zukunft, dabei vermengten sich Utopie und Gegenwartsschilderung.

Die Leistungsschau des schwedischen Designs war also zugleich eine Auseinandersetzung mit der Zukunft des Landes. Das zeigt auch die intellektuelle Debatte um die Ausstellung. Diese war nämlich ein literarisches Ereignis. Verschiedene Schriftsteller beschrieben sie; außerdem gab es ein literarisch-dramatisches Begleitprogramm, dessen Aufführungen selbst teils sehr kritisch die »Modernität« der Ausstellung verhandelten.[23] In den Tageszeitungen wurde heftig über die Ausstellung gestritten, in der SSF schon vor ihrem Beginn. Gregor Paulsson, Vorsitzender der Vereinigung und Ausstellungsleiter, sympathisierte offen mit der internationalen architektonischen Erneuerungsbewegung und begriff die Werkbundausstellung in Stuttgart als Vorbild.[24] Paulssons Fokus auf erschwingliche Standardwaren aus industrieller Fertigung begegneten einflussreiche Gestalter wie etwa Carl Malmsten mit der Klage, einheimische Formtraditionen und Handwerkskunst seien unterrepräsentiert.[25] *Slöjdstriden*, der »Handwerksstreit«, wie die Auseinandersetzung bald bezeichnet wurde, war einerseits ein Streit um die Deutungshoheit innerhalb der Vereinigung, immer aber auch um *svenskheten*, das »Schwedischsein« oder »Schwedische«.[26]

Im Zentrum des Streits stand die «Wohnungsabteilung«. Ein Wettbewerb im Vorfeld der Ausstellung hatte nämlich vor allem jüngere Architekten mit Aufträgen zum Entwurf von Modellgebäuden und -wohnungen für diesen Ausstellungsteil versehen. Paulsson sorgte dafür, dass im Preisgericht mehrheitlich Architekten saßen, die mit der Erneuerungstendenz im Bauwesen sympathisierten.[27] Außerdem führten die strengen Wettbewerbsauflagen dazu, dass überwiegend neue Architektur auf der Ausstellung zu sehen war. Im Vorfeld war nämlich ein »Architekturausschuss« berufen worden, der diese Auflagen erstellte, und diesem Ausschuss gehörten Uno Åhrén und Gunnar Sundbärg an, ein weiterer Befürworter des Neuen Bauens. Die beiden ver-

---

Bertil Nyström vom Sozialministerium (*Socialdepartementet*) und der Journalist Ludvig Nordström, der den »roten Faden« verfasste, eine Art Master-Narrativ der Ausstellung.

23. Vgl. KÜSTER-SCHNEIDER, Schaufenster Zukunft (2002).

24. Vgl. PAULSSON, Stockholmsutställningens program (1928); vgl. auch DERS.: Utställningen »Der Stuhl« i Stuttgart (1929).

25. Dazu HAMRIN, Funkisstriden (1991); RUDBERG, Rakkniven och lösmanschetten (1995).

26. Anzumerken ist, dass sich diese Kritik zum Teil an Objekten entzündete, die tatsächlich nach konventionellen Methoden hergestellt worden waren und die industrielle Fertigung mehr symbolisierten als exemplifizierten. Vgl. SVEDBERG, 1900-1940 (1976), S. 71.

27. Vgl. Prisnämndens utlåtande i Stockholmsutställningen 1930 arkitekturtävlan, 5.5.1929 (AM, 1972-10-2449, K 64).

suchten bei der Erarbeitung der Aufgabenstellung für den Wettbewerb dezidiert, wissenschaftliche Grundlagen des Bauens zu formulieren. Im Katalog zur Bauausstellung schrieb Åhrén, es sei beschlossen worden, sich der Frage des Bauens radikal, aber unter Berücksichtigung der »ökonomischen Realitäten« zu nähern. Die Ausstellung habe sich deshalb

>»auf der einen Seite von einer Idealvorstellung leiten zu lassen, die bestimmte Fragen aufzustellen und zu lösen versucht, ohne Rücksicht auf vorgefasste Meinungen und bestimmte Schwierigkeiten, von denen die Wohnungsproduktion gegenwärtig gehemmt wird, sie darf auf der anderen Seite aber nicht in dem Sinne utopisch werden, dass sie Vorschläge unterbreitet, die nicht in naher Zukunft und mit gutem Willen in der Wirklichkeit realisiert werden können«.[28]

Ein näherer Blick auf die Unterlagen Sundbärgs und Åhrens ist aufschlussreich. Ihr »Programm zum Wettbewerb für Mietshäuser« und die über 30 »Mitteilungen«, die sie an die Wettbewerber richteten, vermittelten Wissen, das von der Aufzugtechnik über die Arbeitsverhältnisse im Baugewerbe bis zu Fragen der Abfallbeseitigung reichte. Åhrén und Sundbärg verschickten Grundrissvorschläge, Unterlagen zur Standardisierung, Skizzen zur Baukörperanordnung, Tageslichtdiagramme zu Besonnungsdauer und Lichteinfallswinkel in Stockholm über das Jahr usw.[29] Die Bereitstellung dieses Materials sollte die Wettbewerbsteilnehmer dazu befähigen, genau Rechenschaft über Kosten und Nutzen ihrer Vorschläge abzulegen:[30] »Für alle ausgestellten Wohnungstypen gilt, dass sie so ausgeführt werden sollen, dass sie Einheiten in einem System darstellen, das auf strikt realistischen Kalkulierungen bezüglich Produktion und Unterhalt basiert.«[31]

Vor allem aber führten Sundbärg und Åhrén vor, wie künftig Wohnungsbauprogramme zweckmäßiger gemacht werden könnten. Sie forderten, die »faktischen Wohnbedürfnisse« der Wohnbevölkerung zu berücksichtigen, und lieferten deshalb statistisches Datenmaterial zu den Einkommensverhältnissen in Stockholm mit. Sie definierten »Bedarfsgruppen«, denen sie die

---

28. Vgl. ÅHRÉN, Bostadsavdelningens planläggning och tillkomst (1930), S. 25. Åhrén beteiligte sich nicht nur selbst (u.a. mit einem Reihenhaus) am Architektenwettbewerb. Er entwarf zudem zusammen mit Sundbärg die Ausstellungshalle für Modellwohnungen und die Inneneinrichtung des Ausstellungsraums des Stockholmer Bauvereins. Vgl. RUDBERG, Uno Åhrén (1981), S. 103-110.
29. Meddelande 32: Utredningsarbetet för bostadsavdelningen på Stockholmsutställningen 1930, 22.3.1929; Meddelande 9: Om inverkan på husdimensioneringen av anläggningskostnader för gator och ledningar; 25.10.28; Meddelande 5: Dagsbelysning av bostaden, o.D. [1928/1929] (AM, 1981-14-1/1973-06-8, K 1).
30. Beispielsweise wurde erwartet, dass die Entwurfserläuterungen zur geplanten Position des Gebäudes im Stadtraum und zur Wohndichte der Umgebung Stellung nahmen. Das sollte die hygienische Qualität einzelner Bauten im städtebaulichen Zusammenhang überprüfbar machen, aber auch die Kosten der Anlage der Bauten bezüglich Leitungen und Erschließung – und das, obwohl es hier um einzelne Modellbauten ging. Vgl. Meddelande 31: Exploateringskalkyler, 2.1.1929 (AM, 1972-10-2449, K 64).
31. Plan för arkitektur- och utredningsavdelningen på 1930 års utställning, o.D. [1928] (AM, 1972-10-2449, K 64).

jeweiligen Wohnungs- und Gebäudetypen zuordneten.[32] Einkommenskategorien wie »Arbeiter/niederer Angestellter/höherer Angestellter« und die jeweilige Familiengröße wurden tabellarisch aufgeschlüsselt.[33] Alle Wettbewerbsbeiträge sollten offen legen, an welche dieser Nutzerkategorien sie sich richteten und wie sich die Baukosten in deren Miete niederschlagen würden. Åhrén und Sundbärg ließen die Wettbewerbsteilnehmer letztlich Wohnungstypen für ein fiktives Stockholmer Wohnungsbauprogramm erstellen. Es ging ihnen also nicht nur um die Bekämpfung des Wohnelends, sondern um die Befriedigung der Bedürfnisse der »Gesellschaft als Ganzes«. Markelius schrieb im Ausstellungskatalog: »Die demokratische Gesellschaft hat ein empfindlicheres Gewissen betreffs der Lebensverhältnisse der großen Masse als die alte bürgerliche Auffassung sie hatte.« So habe jedes »gesellschaftsdienliche Individuum« ein Recht auf eine gute Wohnung.[34] Åhrén proklamierte im selben Jahr, es sei »verbrecherisch [...], nicht alles Mögliche zu tun, um *allen* Menschen in einem Wohngebiet möglichst denselben Zugang zu Sonne und Luft« zu gewähren.[35] Die Ausstellung sollte also zeigen, dass durch Wahl des richtigen Bebauungstyps ökonomisches Gewinnstreben und soziale Aspekte besser in Übereinstimmung zu bringen wären. Ermöglicht werden sollte dies vor allem durch Standardisierung und Verkleinerung der Grundrisse. Diese sollten bei geringer Grundfläche stärker differenziert werden: Sie wurden nach einzelnen Wohnfunktionen unterteilt, und zugleich wurde ihr technischer Standard erhöht – vor allem die Ausstattung von Bad und Küche.[36]

Außerdem, so Åhrén, habe die Wohnung in einem »adäquaten Verhältnis zu unserer Lebensweise und unserer Auffassung von Individuum, Familie, Gesellschaft« zu stehen. Der Grundriss, in dem jedem Bewohner ein eigenes Zimmer zugewiesen wurde, der aber auch ein Wohnzimmer für die Familie vorsah, bildete ein soziales Ideal ab: »Alleinsein und Gemeinschaft, Individualismus und Kollektivität, zwischen denen unser Leben pendelt«, sollten vereinbar werden. Denn die »Zukunft unserer Kultur«, so die Wettbewerbsunterlagen, sei nur bei gleichzeitiger »Entwicklung der individuellen Selbstständigkeit auf der einen, der sozialen Zusammengehörigkeit auf der anderen Seite« gegeben. »Eine solche Entwicklung kann durch die Anordnung unserer Wohnungen effektiv gefördert oder gehemmt werden.«[37]

In der schwedischen Architekturgeschichte wird die *Stockholmsutställning* oft als Zäsur, als Wendepunkt oder Startsignal angesehen. Tatsächlich

---

32. Vgl. Meddelande 26: Diskussion av behovstyper för hyreshus, 11.12.1928 (AM, 1981-14-1/1973-06-8, K 1); Meddelande 11: Statistisk undersökning av bostadsförhållandena i Stockholm, 7.11.28 (AM, 1972-10-2449, K 64).
33. Meddelande 25: Behovstyper av hyreshus, 12.12.1928 (AM, 1972-10-2449, K 64).
34. Markelius, Smålägenheternas planläggningsproblem (1930), S. 32.
35. Åhrén, Några anteckningar vid studiet av Fredhällsplanen (1930), S. 82 (Hervorh. im Original).
36. Die auf der Ausstellung gezeigten Kleinstküchen wurden allerdings als unausgegoren kritisiert: Forssell, Köken i bostadsavdelningen på stockholmsutställningen 1930 (1930); Bergström, Köksinredningen diskuteras (1930).
37. Meddelande 32: Utredningsarbetet för bostadsavdelningen på stockholmsutställningen 1930, 22.3.1929, S. 28, 6, 30 (AM, 1981-14-1/1973-06-8, K 1).

wurde den Architekten hier vor allem eine Perspektive aufs Ganze eingeschärft, auf die Wohnung im Stadtplan, auf Volkswirtschaft und Sozialstatistik. Das suggerierte ihnen, Architektur habe eine über das bloße Bauen hinausreichende, eine sozialpolitische Bedeutung. »Die physische und psychische Gesundheit der Menschen, unser ganzes kulturelles Leben ist in höchstem Grad abhängig davon, wie wir unsere Wohnungen gestalten«, schrieb Åhrén.[38] Es verwundert daher nicht, dass es vor allem die beteiligten Architekten selbst waren, die schon ab Mitte der 1930er Jahre immer wieder von der Ausstellung als »Durchbruch der Demokratie im Bauwesen« und der »sozialen Sicht auf Gesellschaftsplanung und Gesellschaftsbau« sprachen.[39] Åhrén sah die Bedeutung der Ausstellung entsprechend darin, dass sie eine neue Planeridentität habe entstehen lassen: »Die neuen Arbeitsaufgaben schufen einen neuen Typ des Architekten, der seine Hauptaufgabe in einer gründlichen technischen und wirtschaftlichen Untersuchungsarbeit sieht«.[40] Wo die Architekten mit der Ästhetik auch die »Subjektivität« über Bord warfen, konnten sie umso weiter reichende gesellschaftliche Interventionsbefugnisse einfordern. Das Ringen um Diskursmacht, das Åhrén Mitte der 1920er Jahre einleitete, gipfelte darin, dass sich ein großer Teil der schwedischen Architekten freiwillig einer wissenschaftlichen Programmatik fügte, und das im Rahmen der prestigeträchtigsten Architekturpräsentation in Schweden seit Ende des Ersten Weltkriegs. Sie wurden »Funktionalisten«.

»Akzeptiere«. Architektur als gesellschaftliche Aufgabe

Knapp ein Jahr nach der Ausstellung erschien in Stockholm eine Veröffentlichung mit dem Titel »Acceptera«[41] – ein Imperativ: »Akzeptiere«. Das Buch behandelte offenbar etwas, das jüngst eingetreten war oder unausweichlich eintreten würde. Es rief dazu auf, sich von älteren Verhaltens- und Interpretationsmustern zu lösen und auf dieses Neue zu reagieren. Nur wenn man die »vorliegende Wirklichkeit« akzeptiere, so hieß es im Text, könne man sie »beherrschen«. Was für eine Wirklichkeit? Es war eine durch und durch moderne, industrialisierte Welt, die Welt der Technik, der Massenfertigung, der Dynamik, die hier entworfen wurde. Eine Wirklichkeit, die in Schweden – das bei Erscheinen des Buches überwiegend kleinstädtisch und agrarisch geprägt war – keineswegs besonders gegenwärtig wirken musste.

---

38. ÅHRÉN, Bostäderna på Stockholmsutställningen (1930), S. 429.
39. ÅHRÉN, Arkitektur och demokrati (1942), S. 7; DERS., Samhällsplaneringens uppgifter och metoder (1947), S. 5. Ähnlich: CURMAN/FRIBERGER/SUNDBÄRG, Några aktuella synpunkter på stadsplaner och bostäder (1934); JOHANSSON, Bostadsvanor och bostadsnormer (1961), S. 16; JOHANSSON, Trettiotalets Stockholm (2004, urspr. 1942), S. 9.
40. ÅHRÉN, Konst och teknik (1936), S. 173.
41. ASPLUND u.a., Acceptera (1980, urspr. 1931), eine Übersetzung ins Englische findet sich in MODERN SWEDISH DESIGN (2008), S. 140-347. Vgl. zu »Acceptera« vor allem CREAGH, An Introduction to Acceptera (2008); ERIKSSON, Den moderna staden tar form (2001), S. 462-470; DIES., Mellan tradition och modernitet (2000), S. 484-493; RUDBERG, Uno Åhrén (1981), S. 74-78; ÅMAN, Om acceptera (1980).

»Acceptera« entstand im Sommer 1931 als Zusammenarbeit der Architekten Åhrén, Markelius, Asplund, Wolter Gahn und Eskil Sundahl mit Gregor Paulsson. Die Namen der Verfasser erschienen gemeinsam auf dem Titel, es wurde nicht eigens hervorgehoben, wer welchen Teil des Buches geschrieben hatte. Das sollte den »objektiven« Charakter der Inhalte glaubhaft machen, es drückte aber auch das Bestreben der Autoren aus, die eigene Meinung der kollektiven unterzuordnen. Das Buch war grafisch bewusst »modern« gehalten, sein Layout sollte Möglichkeiten des industriellen Produktionsprozesses veranschaulichen. Signale von Modernität waren Kleinbuchstaben, rote Druckfarbe, Bildtexte und asymmetrische Bildanordnungen. »Acceptera« war mit seinen Statistiken, Fotos und Karikaturen als Medienhybride typisch für seine Entstehungszeit.

Abbildung 2: Die Autoren von »Acceptera« in »moderner« Pose. Von links nach rechts: Markelius, Åhrén, Asplund, Sundahl, Gahn, Paulsson

Das Buch besteht aus zwölf Kapiteln, die sich der »Gesellschaftsanalyse«, dem urbanen Leben und den Bedürfnissen des modernen Menschen widmen. Vor allem aber geht es um die Aufgabe der Architektur und ihre technischen Voraussetzungen. Die Autoren fordern, die Einsparungsmöglichkeiten zu nutzen, die die Massenfertigung biete. Sie werben für eine Standardisierung und Typisierung in Entwurf und Materialproduktion, für die Präfabrikation von Bauteilen und die Rationalisierung der Arbeit auf Baustellen. Allgemein empfehlen die Verfasser Produkte, deren Wert sich an ihrer Zweckdienlichkeit bemessen lässt, nicht am Prestige, das sie für ihre Besitzer hervorrufen. Kunsthandwerkliche Ausschmückungen von Baukörpern oder die Anlage von Blickabschlüssen und Sichtachsen gelten ihnen als unökonomische und unsoziale Flucht vor der Realität, vor den wirklichen Problemen im Land.

Wichtigste These des Buches ist der Satz »Kunst ist Ordnung«. Die Autoren ziehen diesen Schluss in einem Abschnitt, der sich der Massenware widmet. An die Stelle der aktiven, genußvollen Kunstrezeption setzen sie die Befriedigung, die der Nutzer über funktionierende Dinge verspürt, die er empfindet, wenn die Intention des Entwerfers und der tatsächliche Gebrauch in Eins fallen. Selbst die Schönheit eines Gemäldes lasse sich am »Grad der

Harmonisierung oder besser Organisation seiner verschiedenen Elemente wie Farben, Linien, Flächen« festmachen. Die »logische Nachvollziehbarkeit der arbeitenden Form«, so nennen es die Autoren, das »funktionell Schöne«, sei der einzige Mehrwert der Gestaltung. »Nieder mit der Schönheit« lautet ein Zwischentitel, »Vorwärts mit der Ordnung« ein anderer.[42] Aspekte wie gestalterische Virtuosität, Inspiration und formale Innovation, eine einzigartige »Handschrift« des Künstlers usw. lehnen die Autoren also ab. Es sollen nicht mehr die Spezialisten der Sinnproduktion, sondern die *Funktion* über die Gestalt entscheiden – und das heißt hier die möglichst kostengünstige Bedürfnisbefriedigung. Gute (bzw. im Duktus des Textes »richtige«) Form ist keine Frage der Ästhetik oder Semantik, sondern der Ordnung. Ordnung entsteht, wenn Funktion erfüllt wird – und diese ist an ein soziales Anliegen geknüpft, an die möglichst effiziente Versorgung der Menschen mit Konsumgütern, die ein nicht minder effizientes, gesellschaftsdienliches Leben ermöglichen.

»Acceptera« versuchte, die Diskussion um die *Stockholmsutställning* im Sinne ihrer Verfechter zu kanalisieren.[43] Die Autoren legten Wert darauf, den eigenen Beitrag zur Debatte als Versachlichung zu kennzeichnen. Die parallele Propagierung funktionalistischer Bauproduktion und zweckdienlicher, pragmatischer Kommunikation ist Teil der Selbstdarstellung.[44] In »Acceptera« gibt es immer wieder kleine Dialoge, in denen die Verfasser auf ihre Gegner treffen, die als emotional Anhänger der Tradition karikiert werden.[45] Die Autoren stellen sich diesen gegenüber als selbstlose Experten dar, die an einer besseren Zukunft arbeiten.

Tatsächlich war dieser Typus bald ausgesprochen *en vogue*, wie eine Umfrage unter Architekten in der Zeitschrift »Arkitektur och Samhälle« (»Architektur und Gesellschaft«) 1933 zeigt. Gefragt wurde: »Wie begreifen Sie die Aufgabe des Architekten in der Gesellschaft?«[46] Aufschlussreich sind hier gerade die Antworten derjenigen Architekten, die in der Debatte um die *Stockholmsutställning* als Konservative gebrandmarkt worden waren. Ihre Stellungnahmen waren ironische Rückzugsgefechte einer ausgegrenzten Minderheit. Während Hakon Ahlberg den Architekten als Handarbeiter entwarf, der werkbezogen und wertebewusst denkt, gestand Erik Lallerstedt dem Architekten zwar eine soziale Aufgabe zu, für ihn war dies aber eine solche, die sich ohnehin *allen* Bürgern stelle. Sven Ivar Lind kritisierte hellsichtig, die Redaktion versuche letztlich, die Legitimität des jeweiligen Architekten zu prüfen. Gösta Rollins Kommentar war eine Sammlung von roten Tüchern für die Funktionalisten, eine sarkastische Weigerung, sich den Regeln des

---

42. Asplund u.a., Acceptera (1980, urspr. 1931), S. 135–136, 140–141.

43. Dasselbe Ziel hatte ein reich bebildertes Überblickswerk zum Neuen Bauen in Schweden, vor allem aber auch in Deutschland, das der Journalist Gotthard Johansson im selben Jahr veröffentlichte: Johansson, Funktionalismen i verkligheten (1931).

44. Einer der Hauptvorwürfe gegen die Architekten der Ausstellung hatte sich auf ihre »terroristische« Meinungspolitik bezogen. Åhréns Reaktion auf diese Kritik ist bemerkenswert. Er warf den Kritikern mangelnde Objektivität vor: Åhrén, Fogelqvist-Paulsson (1930), S. 6.

45. Vgl. das »Gespräch mit einem Skeptiker«, Asplund u.a., Acceptera (1980, urspr. 1931), S. 91, 177/178.

46. Hur uppfattar ni arkitektens uppgift i samhället? (1933), S. 4–16.

Spiels zu unterwerfen. Ivar Tengbom schließlich zeigte sich altväterlich. Er glaube nicht an die jungen »Weltumbauer« und riet zu Demut: »[D]er Architekt soll Diener, nicht Herr der Gesellschaft sein«.

Dem stand ein entschieden »sachlicher«, zugleich aber regelrecht missionarischer Duktus der »Radikalen« gegenüber. Sune Lindström gab eine kurze, bis in den Satzbau hinein »funktionale« Antwort. Er unterstrich die gesellschaftliche Bedeutung des Architekten, der klären müsse, wie »die chaotische Produktionsordnung des Kapitalismus« rationalisiert werden könne. Etwas milder trat Markelius auf. An der Verbesserung des »sozialen Standards« für eine größtmögliche Anzahl Menschen müsse jeder Fachmann teilnehmen, schrieb er. Gerade der Architekt aber müsse seinen Einfluss pädagogisch nutzen, weil er so nah an der »geistigen und körperlichen Gesundheit und am Wohlbefinden der Bevölkerung« operiere. Alle Architekten definierten also, egal ob ablehnend oder befürwortend, den Gesellschaftsbezug von Architektur über die von den Funktionalisten eingeführten Themen Wissenschaft und Soziales. Von *Kunst* war, außer bei Tengbom, gar nicht die Rede.

Åhrén sah sich angesichts solcher Erfolge bald gezwungen, den Funktionalismus vor manchen seiner Befürworter in Schutz zu nehmen. So polemisierte er gegen die Begeisterung für den Funktionalismus als Baustil, als verniedlichten *funkis*. Zugleich amüsiert und verärgert war er beispielsweise 1931 von der Debatte um ein neues Seefahrtsmuseum in Stockholm, dessen Stifter, die Industriellenfamilie Wallenberg, die Finanzierung davon abhängig gemacht hatten, dass das Gebäude nicht im »funktionalistischen Stil« errichtet werde.[47] Für Åhrén war der Funktionalismus eben kein Stil, sondern eine wissenschaftlich-technische Herangehensweise. Bereits 1928 hatte er eine Wanderausstellung des Deutschen Werkbunds in Stockholm als mehrdeutig kritisiert. Diese lasse nämlich gleich drei, das heißt zu viele Deutungen zu – drei Deutungen übrigens, die ziemlich genau den Positionen in der schwedischen Debatte über den Funktionalismus entsprachen. Die Ausstellung präge

»A. Diejenigen, die die moderne Architektur vor allem als richtige Methode ansehen, Probleme zu untersuchen. [...] B. Diejenigen, die finden, der ›neue Stil‹ sei verabscheuenswert, und dann verärgert nachhause gehen. C. Diejenigen, die denken, dass der neue Stil etwas Feines ist, und nachhause gehen und beginnen, modern zu zeichnen. B und C verachten einander und betrachten A misstrauisch und etwas beunruhigt. A verlacht B und C, aber vergisst dabei nicht, dass sie gefährlich sind, besonders C.«[48]

---

47. ÅHRÉN, Herr bankdirektör och fru Wallenberg (1931), S. 7. Ähnlich wütend und offenbar von Åhrén verfasst sind einige Passagen in »Acceptera«, die die »Schreiberlinge« attackieren, die den *funkis* als Stil begrüßen.»«Künstlerische Petitessen« im modernistischen Design wollte Åhrén am liebsten einschmelzen: ÅHRÉN, Utställningar (1928), S. 31.
48. ÅHRÉN, Deutsche Werkbunds vandringsutställning på Nationalmuseum (1928), S. 164. Aus demselben Grund kritisierte Åhrén auch die »Deutsche Bauausstellung« in Berlin 1931: »Die leitende Hand muss den Besucher mit diktatorischer Macht durch einen logischen Gedankengang voranführen«, mit dem Ziel der »Erziehung zum sozialen Verantwortungsbewusstsein«. Er vermisste außerdem eine Aufschlüsselung der Baukosten, die die Berliner Ausstellung im Vergleich zur *Stockholmsutställning* in der Entwicklung zurückwerfe. Mies van der Rohes Villa lehnte er ab, für ihn konnte darin nur ein »Gesellschaftsparasit«

Bereits kurz nach der *Stockholmsutställning* konkretisierte sich das Interesse an der gesellschaftlichen Wirkung der Architektur. Die schwedischen Architekten beschäftigten sich zunehmend mit der Politik, genauer: mit den gesetzlichen Rahmenbedingungen des Bauens. Åhrén übernahm 1932 das Göteborger Stadtplanungsamt (er leitete es bis 1943) und war damit stärker als zuvor mit konkreten baurechtlichen Restriktionen (bzw. mit dem Fehlen solcher) konfrontiert. Der Göteborger Architekt Erik Friberger sowie Sundbärg und Jöran Curman, beide Mitarbeiter Åhréns in Göteborg, mahnten 1934 an, die Verbesserung der wissenschaftlichen Methoden dürfe nicht von den Bedingungen ihrer wirtschaftlichen Implementierbarkeit ablenken.[49] Schon die *Stockholmsutställning* hatte gezeigt, wie schwierig es war, Bedürfnisbefriedigung und günstige Mieten angesichts hoher Grundstückspreise und Produktionskosten unter einen Hut zu bringen. Daher gerieten nun wohnungspolitische Instrumente, das heißt Wohnungsbau- und Mietsubventionen, ins Zentrum der Aufmerksamkeit – und damit der schwedische Staat. Der eingeforderte Realismus der Architektur musste sich auf ein politisch-ökonomisches Terrain verlagern, und zwar aus der Logik des Diskurses selbst heraus.

Zur selben Zeit wurde der Funktionalismus zunehmend als spezifisch schwedisches Phänomen gedeutet. Schon die *Stockholmsutställning* hatte sich als nationale Zukunftsschau inszeniert. Nun erschienen mehrere Veröffentlichungen, die eine Art *invention of tradition* des Neuen Bauens betrieben. Zu nennen ist hier vor allem Gustaf Näsströms Bildband »Svensk funktionalism« (»Schwedischer Funktionalismus«) von 1930, der Beispiele für historische Formen der Standardisierung in Schweden aufzeigte, um den Funktionalismus als schwedische Spezialität auszuweisen und seinen Ursprung im Mittelalter anzusetzen.[50] Die Architektur wurde also national aufgeladen. Allerdings stand nicht mehr eine nationale Gestaltungstradition oder Handwerkskunst im Zentrum, sondern die gemeinsame Sorge um das Wohlergehen der schwedischen Bevölkerung. Der Funktionalismus wurde zum

---

leben (ÅHRÉN, Byggnadsutställningen i Berlin [1931], S. 106). Folgenreich war in Berlin die Begegnung Åhréns mit dem ungarischen Architekten Fred Forbat, einem CIAM-Mitglied und zeitweiligen Mitarbeiter von Gropius, dem Åhrén Ende der 1930er Jahre bei der Emigration nach Schweden half, und der einen prägenden Einfluss auf die schwedische Stadt- und Landesplanung haben sollte (vgl. Fred Forbat: Erinnerungen eines Architekten aus vier Ländern, 1969–1972, S. 233 [BAB, Fred Forbat, Mappe 5]). Zeitgleich besuchte Åhrén auch die Berliner »Proletarische Bauausstellung«. ÅHRÉN, Proletarische Bauausstellung in Berlin (1931), S. 142.

49. CURMAN/FRIBERGER/SUNDBÄRG, Några aktuella synpunkter på stadsplaner och bostäder (1934), S. 90.

50. NÄSSTRÖM, Svensk Funktionalism (1930). In »Acceptera« wurde der Funktionalismus sogar als Ausdruck des schwedischen Nationalcharakters gewertet: »Die Schweden sind ein Volk, das Qualitätsarbeit zu würdigen weiß.« (ASPLUND u.a., Acceptera [1980, urspr. 1931], S. 129). Industrialisierung und schwedischer Nationalcharakter, so auch Gösta Rollin, eigentlich kein Neuerer, widersprächen sich nicht, im Gegenteil, Schwedens »nationale Qualität« als Land der Ingenieure sei durch den Funktionalismus bestens repräsentiert: ROLLIN, Utställningen, skönheten och svenskheten (1930), S. 6.

nationalen wohlfahrtspolitischen Projekt.⁵¹ Das war Anfang der 1930er Jahre ausgesprochen opportun. Denn nur kurz nach der Ausstellung verknüpften sich Sozialpolitik und nationale Identität in Schweden auf neue Weise, und die Architekten konnten sich an der Nahtstelle zwischen ihnen positionieren.

Funktionalismus, Kulturradikalismus, Sozialpolitik

»Die neue sozialpolitische Ideologie hat stark radikale und in gewisser Weise revolutionäre Züge. Sie ist intellektualistisch und kühl rationalistisch. Während die alte, die noch regiert, eine sentimentale ist. [...] Denn sie [die neue Ideologie] ist ›sachlich‹. Ihre Romantik ist die des Ingenieurs. Wenn beispielsweise ein moderner Architekt, den wir uns jung und idealistisch vorstellen, aber nicht zu etabliert, über die städtische Wohnungsfrage nachdenkt, wird er sofort auf das bestehende Bodenrecht stoßen. An und für sich, das heißt rein prinzipiell hat er nichts gegen ein Recht auf privaten Grundbesitz [...], aber als Techniker findet er es unlogisch, dass seine Anstrengungen, einen vernünftigen Bebauungsplan zu entwerfen, von den Begrenzungen diktiert werden, die die von seinem Standpunkt aus lächerlich unzweckmäßige Aufsplitterung in kleine private Grundstücke impliziert. Er begreift den Sinn dieses spekulativen Eigentumsrechts nicht und stellt als erste Prämisse einer vernünftigen Stadtplanung die Sozialisierung des städtischen Grundbesitzes auf.«⁵²

Gunnar Myrdals Lob der Sachlichkeit der jungen Architekten verdeutlicht, wie erfolgreich diese sich Anfang der 1930er Jahre im Diskurs um das Soziale positioniert hatten. Für Myrdal, den aufwärtsstrebenden Ökonomen und Sozialtechniker,⁵³ war der Architekt Prototyp einer zugleich radikalen und vernünftigen Denkweise, die er mit Bildern beschrieb, die zwischen Kälte- und Technikmetaphorik changierten.⁵⁴ Das war ein Echo von Åhréns Anspruch, »kalt, hart und radikal« zu denken, den »Problemen auf den Grund zu gehen«.⁵⁵ Gunnar und seine Frau Alva Myrdal verdeutlichten ihre Perspektive auf soziale Probleme in den frühen 1930er Jahren immer wieder am Beispiel ihrer »Architektenfreunde«.⁵⁶ Diese seien »young radical people who want to be free to criticize anything – they don't care about their careers – but who are not going to be just intellectual making a show, but keeping together as a group because they want to be constructive«.⁵⁷ Die Myrdals versuchten,

---

51. Übrigens unterstrich Markelius in seiner Besprechung des CIAM-Kongresses in Frankfurt 1930, der Blick auf internationale Entwicklungen sei wichtig, aber immer vor dem Hintergrund nationaler Probleme: MARKELIUS, Den andra internationella arkitektkongressen »Neues Bauen« (1930), S. 5.
52. MYRDAL, Socialpolitikens Dilemma II (1932), S. 25f.
53. Zu Alva und Gunnar Myrdal demnächst ausführlich: ETZEMÜLLER, Die Romantik der Rationalität (2010).
54. Zur Kältemetaphorik im neusachlichen Diskurs: LETHEN, Verhaltenslehren der Kälte (1994).
55. ÅHRÉN, Synpunkter på stadsbyggandet (1928), S. 175.
56. Gleichzeitig baute Markelius für die Myrdals eine modernistische Villa. Dazu: SAARIKANGAS, Skaparen av det moderna hemmet (2003); WISSELGREN, Kollektivhuset och Villa Myrdal (2006); demnächst außerdem ETZEMÜLLER, Die Romantik der Rationalität.
57. Zit. nach HIRDMAN, Att lägga livet tillrätta (1989), S. 98.

die Haltung von Architekten wie Åhrén, deren Radikalität sie als Folge der Arbeit am Reißbrett betrachteten, auf die Politik zu übertragen – auf die Verbesserung der »Produktions- und Gesellschaftsordnung« als »unserer am schlechtesten konstruierten Maschine«.[58]

Gunnar Myrdal erarbeitete zu diesem Zeitpunkt seine so genannte »Wertprämissenlehre«, die eine strenge Trennung zwischen ideologischen Zielen und den Methoden vorsah, diese zu verwirklichen.[59] In Myrdals Kritik an einer »falschen und bürgerlichen«, weil wertbehafteten Nationalökonomie und in seinem Bekenntnis zu einer »vernünftigen und gerechten« Verteilungspolitik spiegelte sich Åhréns Bestreben, die architektonische Tradition als gleichermaßen irrational wie ungerecht zu entlarven. Eine neue Architektengeneration, so Myrdal, interessiere sich für »richtige«, also soziale Probleme: »Die Gesellschaft muss nach vernünftigen Plänen geordnet werden.«[60] Myrdal berief sich dabei auf einen Aufsatz Åhréns, in dem dieser ein nahezu technokratisches Politikverständnis offenbarte. Es müsse endlich mit der auf »Gefühlseinstellungen« fußenden, partikularistischen Parteipolitik aufgeräumt werden, schrieb er: »Der Berufspolitiker ist oft zu einer anderen Herangehensweise prädisponiert als zum Beispiel ein Arzt, Architekt oder Ingenieur, der in seiner Arbeit nur eine Richtschnur kennt: logisch zu denken.«[61] Aus heutiger Sicht irritiert, dass Åhrén einerseits behauptete, die Architektur sei gerade erst aus dem Schlummer des Ästhetizismus erwacht, um andererseits zu argumentieren, der Anspruch des Architekten auf politische Einflussnahme leite sich gerade aus seiner beruflichen Denkweise her. Zu Beginn der 1930er Jahre aber scheint das nicht als störend empfunden worden zu sein. Die Funktionalisten wurden Vorbild für eine Elite, die eine vernunftgeleitete Bewältigung sozialer Probleme anstrebte.

Myrdals Selbstinszenierung als Architekt fiel in eine Zeit, in der Wissenschaft, Architektur und Politik in Schweden ein regelrecht »symbiotisches« Verhältnis eingingen.[62] Die frühen 1930er Jahre waren eine Phase der intensivierten Kontakte zwischen Intellektuellen und Sozialdemokratie. Schon gegen Ende der 1920er Jahre bildeten sich verschiedene interdisziplinär angelegte Diskussionszirkel. Ein 1928 gegründeter Lesekreis zur Volkswirtschaft führte einige künftig einflussreiche Personen zusammen, neben Åhrén u.a. den späteren Finanzminister Ernst Wigforss und den Myrdal-Kommilitonen und Wohnungspolitiker Alf Johansson. Architekten, junge Wissenschaftler, darunter die Ökonomen der »Stockholmer Schule« (die praktisch parallel zu Keynes die antizyklische Beschäftigungspolitik erfanden[63]), Politiker, Ärzte, aber auch Schriftsteller und bildende Künstler verband um 1930 eine »kulturradikale« Aufbruchsstimmung, die von utopischen Hoffnungen,

---

58. MYRDAL/MYRDAL, Kris i befolkningsfrågan (1934), S. 64.
59. Vgl. MYRDAL, Vetenskap och politik i nationalekonomien (1930); DERS. Den förändrade världsbilden inom nationalekonomin (1935); später umgearbeitet zu DERS., Objektivität in der Sozialforschung (1971).
60. MYRDAL, Kosta sociala reformer pengar? (1932), S. 36.
61. ÅHRÉN, Byggande som konst och som politik (1931), S. 13, 15f.
62. HIRDMAN, Att lägga livet tillrätta (1989), S. 99.
63. Zur Stockholmer Schule: HANSSON, The Stockholm School and the Development of Dynamic Method (1991).

Szientismus und aufklärerischem Pathos gekennzeichnet war.[64] Stark beeinflusst vom »Wertnihilismus« der Uppsalaer philosophischen Schule Axel Hägerströms,[65] das heißt versehen mit einer antimetaphysischen Grundeinstellung, trugen sie eine sachliche, aber radikale Haltung gegenüber gesellschaftlichen Problemen zur Schau.

Dabei kam bestimmten neuen Zeitschriften große Bedeutung zu. Myrdals und Åhréns Entwürfe der Politik als Architektur finden sich beide in »Spektrum«, einer von der Schriftstellerin Karin Boye herausgegebenen Zeitschrift, die unter anderem Aufsätze zur surrealistischen Lyrik, zur Psychoanalyse und zum russischen Avantgardefilm enthielt.[66] Auch die 1930 gegründete antifaschistische Wochenschrift »fönstret« (»Das Fenster«), die sich Themen aus Kunst und Politik widmete, ebenso der Sozialmedizin, dem Sport und der »Frauenfrage«, befasste sich mit der Architektur. Genau wie »Spektrum« war »fönstret« schon dem Titel nach einer Licht-, Aufklärungs- und Wahrheitssymbolik verpflichtet, die mit den Forderungen der Funktionalisten kompatibel war. Auf dem Titelblatt der ersten Ausgabe (Abb. 3), die 1930, kurz vor der *Stockholmsutställning* erschien, sind Porträts verschiedener Autoren (darunter Åhrén) vor ein großes Fenster montiert, durch das man auf eine Stadtsilhouette blickt. Åhrén selbst steuerte einen Text mit dem Titel »Wir und unsere Fenster« (»Vi och våra fönster«) bei, der die These vertrat, die neue Architektur habe vor allem deshalb eine Debatte in Gang gesetzt, weil sie auf einen bestimmten psychologischen Zustand treffe,[67] eine Sehnsucht nach Ausweitung der Perspektive, nach einer neuen »Zusammengehörigkeit«: »Das Fenster markiert nicht länger den Wunsch, das Eigene von der übrigen Wirklichkeit zu isolieren, sondern tendiert dazu, fast unmerklich zwischen Innen und Außen zu vermitteln.« Die Öffnung der Räume sei »die charakteristische Geste unserer Zeit gegenüber der Wirklichkeit«, ein Zeichen dafür, »dass die Zeit des kurzsichtigen Individualismus vorbei ist und das Gefühl für soziale Zusammengehörigkeit und Zusammenarbeit im Begriff ist, den Separatismus und den falschen Persönlichkeitskult abzulösen«. Die geöffnete Architektur symbolisierte die solidarische Gemeinschaft. Sie verbildlichte

---

64. Vgl. die Beiträge in NOLIN, Kulturradikalismen (1993).

65. Vgl. KÄLLSTRÖM, Den gode nihilisten (1994), bes. S. 123-131.

66. Aus dem Umfeld von »Spektrum« ging 1931 die bereits erwähnte, von Sven Markelius redigierte Zeitschrift »Arkitektur och Samhälle« hervor. Ihre Artikel unterstrichen die Bedeutung der Architektur zu Realisierung sozialer Ziele. Sven Wallander zum Beispiel, der Chefarchitekt der Wohnungsbaugenossenschaft HSB, schrieb hier zum Bauen in der Sowjetunion: »Der Stadtplaner kann [...] tatsächlich die Wirkungen der eigenen Striche auf Zeichnungen und Karten bis in die Lebensweise der Familien hinein verfolgen.« Die Begeisterung, mit der Wallander die »Ordnung« der Lebenswelt der Menschen vom Reißbrett aus antizipierte, stand für ihn offenbar nicht in Widerspruch zur Forderung nach »wissenschaftlicher Genauigkeit«: WALLANDER, Stadsbygge (1932), S. 30.

67. ÅHRÉN, Vi och våra fönster (1930), S. 5. Der Aufsatz ist mit dem Foto einer »Fensterwand von Le Corbusier« illustriert.

Folkhem und Funktionalismus

Abbildung 3: Åhrén (rechts unten) am Fenster, aus »fönstret« (1930)

den Gedanken, die sozialen Beziehungen könnten durchsichtig und konfliktfrei sein, wenn nur die Vernunft regiere. Åhréns Ausführungen ließen den Architekten mithin ähnlich transparent erscheinen wie das Fenster. Dieser wurde nicht nur wie auf dem Cover der Zeitschrift *am* Fenster positioniert. Vielmehr wurde er selbst gläsern. Der Architekt war es schließlich, der beanspruchte, »fast unmerklich« zwischen Individuum und Kollektiv zu vermitteln, so Åhrén. Diese Hoffnung, man könne gewissermaßen unsichtbar werden, die eigene Subjektivität ausschalten, war paradigmatisch für das Denken vieler schwedischer Intellektueller dieser Jahre.

Das »Volksheim«. Ein politisches Bauprojekt

In den 1930er Jahren wurde der »Funktionalist« Rollenvorbild für eine gesellschaftliche Elite, die sich daran machte, die schwedische Gesellschaft als Ganze vernünftiger und gerechter zu gestalten.[68] Denn kulturradikale Akteure arbeiteten an einem großen sozial- und identitätspolitischen Bauwerk mit. Als im Herbst 1932 die von der Bauernpartei (*Bondeförbundet*) geduldete Minderheitsregierung der Sozialdemokraten die Arbeit aufnahm (und mit der späteren Koalition mit der Bauernpartei 1936) war der Zeitpunkt für den Aufbau eines umfassenden, auf Gleichheit gründenden Wohlfahrtssystems gekommen. Es wurde damit begonnen, das *folkhem*, das »Volksheim« zu realisieren, das der neue Ministerpräsident Per Albin Hansson schon 1928 in einer Rede lanciert hatte.[69]

---

68. Das hinterließ sogar Spuren in der Belletristik der Zeit – etwa in Karin Boyes Roman »Kris« (1934), in dem ein »Funktionalist« die Gegenwart verkörpert.
69. Vgl. GÖTZ, Ungleiche Geschwister (2001), S. 218-224.

Der Begriff *folkhem* ist sehr voraussetzungsreich. In den schwedischen Medien ist er bis heute in Verwendung, und zwar oft als politischer Kampfbegriff in der Debatte um die schwedische Identität, aber auch um die Einschnitte in den Wohlfahrtsstaat unter der Regierung Göran Perssons Anfang der 1990er Jahre. So versuchen etwa Titel wie »Das Heim, das wir erbten«[70] politische Gestaltungsvorschläge aus der Geschichte des schwedischen Wohlfahrtsstaates abzuleiten. Andererseits ist der inhumane, in die Integrität des Einzelnen eingreifende Charakter der »Volksheimsideologe« auch in einer kontrovers diskutierten (bezeichnenderweise staatlich finanzierten) »Machtuntersuchung« (*maktutredningen*) beleuchtet worden.[71] Wenn deren Ergebnisse wiederum von einer praxisorientierten politikwissenschaftlichen Warte aus kritisiert werden,[72] wenn außerdem die Akteure der 1930er Jahre selbst am Diskurs um die Geschichte des *folkhem* partizipieren,[73] dann wird deutlich, dass es sich hier um ein politisch vermintes Gebiet handelt. Für die Schattenseiten des schwedischen Wohlfahrtsstaates ist mit *folkhemsk* (ein unübersetzbares Wortspiel, in etwa »volksheimschrecklich«) sogar ein humoristisches Adjektiv geprägt worden, das selbst wieder in die Forschung diffundiert ist.[74]

Ein wichtiger Nebenschauplatz dieser Auseinandersetzung ist die Frage nach den Ursprüngen des Begriffs *folkhem*. Wiederholt ist darauf hingewiesen worden, dass das Kompositum Volks-Heim, aber auch bestimmte Konnotationen des Worts hem (»Heim«, »Zuhause«), auf die Per Albin Hansson sich stützte, bereits um die Jahrhundertwende in den Schriften des konservativen Lagers auftauchten – und das heißt vor allem beim Geografen und politischen Theoretiker Rudolf Kjellén.[75] Zudem habe die Heim-Metapher schon um 1900 in der Sozialgesetzgebung eine Rolle gespielt und so im Sinne einer Pfadabhängigkeit langfristig den schwedischen Wohlfahrtsstaat geprägt.[76] Diese These ist provokant, denn sie unterstellt dem *folkhem* einen »patriarchalischen« Ursprung und hinterfragt gleichzeitig die in Schweden äußerst wirkmächtige Geschichte vom Sieg der Arbeiterbewegung.[77] Dem ist entgegen gehalten worden, die *folkhem*-Rhetorik habe realpolitisch einer neuen Gesellschaft den Weg geebnet. So habe der Begriff bei Hansson immer auch konkrete Umverteilungsabsichten impliziert, die dem ständischen Denken Kjelléns diametral entgegen gesetzt waren.[78]

---

70. Vgl. LARSSON, Hemmet vi ärvde (1994).
71. Vgl. HIRDMAN, Att lägga livet tillrätta (1989).
72. Vgl. ROTHSTEIN, Vad bör staten göra? (2002), bes. 206–209.
73. Vgl. etwa die Kritik an Yvonne Hirdmans Studie zum schwedischen Wohlfahrtsstaat durch den zu diesem Zeitpunkt 80-jährigen Bertil Nyström: NYSTRÖM, Hur man löser et skenproblem (1991).
74. Vgl. GÖTZ, Att lägga historien till rätta (2002).
75. Vgl. auch HALLBERG/JONSSON, Allmänanda och självtukt (1993); HENTILÄ, The Origins of the Folkhem Ideology in Swedish Social Democracy (1978).
76. Vgl. LAGERGREN, På andra sidan välfärdsstaten (1999).
77. Zum Narrativ von der sich durchsetzenden Arbeiterbewegung, das die Frauen ausschließt: HIRDMAN, Genusanalys av välfärdsstaten (1994).
78. Vor allem DAHLQVIST, Folkhemsbegreppet (2002). Differenziert wurde die Debatte durch den Nachweis der heterogenen Verwendung des Begriffs *folkhem* um die Jahrhun-

In der schwedischen Kunst- und Architekturgeschichte tauchen *folkhem* und Funktionalismus immer wieder unhinterfragt gemeinsam auf.[79] Diese Kopplung ist nur zu verstehen, wenn bedacht wird, dass das metaphorische wie tatsächliche »Zuhause« bereits im Diskurs der Sozialreformer der Jahrhundertwende von großer Bedeutung war. Besonders die Überlegungen der Reformpädagogin Ellen Key zum »guten Heim« sind hier von Bedeutung.[80] Das Zuhause sollte für Key durch »Schönheit« aufgewertet werden. Es war »Arena der Frau«, also Komplement der Arbeitswelt der Männer, Ort des Gefühls und der Stiftung einer nationalen *samhällsmoderlighet* (»Gesellschaftsmütterlichkeit«).[81] Ähnliche Ideale transportierte der Bilderzyklus »Ett hem« (»Ein Heim«) von Carl Larsson, auf den sich Key bezog. Larssons Aquarelle zeigen das Leben seiner Familie im Inneren des eigenen Hauses. Er entwarf ein bis ins Letzte durchkomponiertes Wohnvorbild, eine eklektische Montage von Kunsthandwerk neueren Datums und »traditionellen« bäuerlichen Formen. »Ett hem« gehört bis heute fest zum Bildbestand »Schweden«. Das war von Beginn an intendiert. Larsson zeichnete den Zyklus 1897 anlässlich der großen Stockholmer Industrieausstellung – einer Vorgängerin der *Stockholmsutställning*.[82]

Für Key und Larsson wertete ein geschmacklich aufgeklärtes Wohnen also die Familie moralisch auf, und das war der Nation als Ganzer zuträglich.[83] Bereits um die Jahrhundertwende hatte das Zuhause aber auch eine konkrete sozialpolitische Bedeutung. In der Debatte um das »vaterländische Heim« und neue »Eigenheimkredite« kann eine Art *missing link* zwischen den Reformdiskursen dieser Zeit und dem *folkhem* identifiziert werden. Mit der staatlichen finanziellen Förderung des Eigenheimbaus auf dem Lande reagierten bürgerliche Politiker auf die Auswanderung, die beobachtete Auflösung der Familie und den Urbanisierungsprozess. Die »Heimideologie« etablierte das Zuhause als politische Schlüsselmetapher.[84]

---

dertwende. Er war auch in sozialliberalen Kreisen verbreitet und hatte internationale Verwandte. BJÖRCK, Till frågan om folkhemmets rötter (2000).

79. Das prägt markige Titel wie STRÖMBERG, Die Baumeister des Folkhems (1996).

80. Vgl. zu Key AMBJÖRNSSON, Ellen Key och det sköna livet (1996); HÄFNER, Ellen Key und das kulturelle Selbstverständnis Schwedens (1998); THÖRN, Den goda bostaden (1986).

81. THÖRN, Hemmet som föreställning och erfarenhet (1999), S. 114.

82. Vgl. EKSTRÖM, Den utställda världen (1994), S. 255.

83. Von diesem Wohnmoralismus der Jahrhundertwende zum Funktionalismus führt zumindest *eine* gerade Linie: Gregor Paulsson, wie bereits erwähnt 1920–1934 Vorsitzender der SSF, die selbst der Lebensreform der Jahrhundertwende entsprang, war direkt von der Lektüre Keys beeinflusst. Paulsson übertrug bereits 1919 ihren Gedanken der Erziehung durch Ästhetik auf die Massenfertigung »schönerer Gebrauchsgegenstände«: PAULSSON, Vackrare Vardagsvara (1919) (eine englische Übersetzung findet sich in MODERN SWEDISH DESIGN [2008], S. 72–123). Übrigens war das auch Ziel der »Heimausstellung« der SSF 1917 in Stockholm, auf der Åhrén, zu diesem Zeitpunkt noch Student, erstmals öffentlich ausstellte. Spuren Key'schen Denkens sind zudem in der »Geschmackserziehung« der 1920er bis 50er Jahre zu finden, auf die noch zurückzukommen sein wird. SUNDGREN, Smakfostran (2002), S. 148. Vgl. auch IVANOV, Den besjälade industrivaran (1995).

84. Vgl. EDLING, Det fosterländska hemmet (1996).

Hanssons Heimrhetorik rekurrierte also auf einen Bildbestand, der im politischen und kulturellen Referenzsystem Schwedens fest verankert war.[85] Die Besetzung des semantischen Felds »Heim« kann durchaus als Strategie Hanssons gesehen werden, bürgerliche Kreise für seine Wohlfahrtspolitik zu gewinnen, denn der Begriff war zugleich »patriotisch und reformistisch aufgeladen«.[86] Das passte zur Neuorientierung der schwedischen Sozialdemokratie in den späten 1920er Jahren. Diese kehrte nämlich nun dem Klassenkampf den Rücken und setzte stattdessen auf die soziale Fürsorge für die *ganze* Bevölkerung. »In verblüffend kurzer Zeit«, schreibt Yvonne Hirdman, »verwandelte sich die schwedische Sozialdemokratie von einer Fabrik in ein Haus«.[87] Die neuen wohlfahrtsstaatlichen Einrichtungen zeichneten sich nämlich nicht nur durch ihren Universalismus aus (das heißt: Anspruchsberechtigung ohne Bedürftigkeitsprüfung[88]), sie wurden auch von Beginn an als Versuch präsentiert, eine solidarische nationale Gemeinschaft zu formen, und das ließ sich mit der Heimmetapher beschreiben. Die Sozialdemokratie integrierte geschickt die teils ausgesprochen mitgliederstarken *folkrörelser* und stärkte vorhandene korporatistische Tendenzen. Das kulminierte 1938 im berühmten Saltsjöbaden-Abkommen, das regelte, dass die Arbeitstarife künftig konsensuell zwischen der *Landsorganisation* (LO), dem Dachverband der Gewerkschaften, und dem Arbeitgeberverband *Svenska Arbetsgivareförening* (SAF) ausgehandelt werden sollten. Die Gerechtigkeitsversprechen der Sozialdemokratie ließen sich so als Ziele eines Plans darstellen, an dessen Realisierung sich alle beteiligen sollten.[89] Im *folkhem* überlagerten sich also zugleich die Konnotationen der bergenden Wohnung, des gemeinsamen Bauwerks und des wohlgeordneten Haushalts.[90] Ängste, die sich an den Modernisierungsprozess knüpften, konnten im Rekurs auf das nationale Heim aufgefangen werden. Der Begriff *folkhem* suggerierte eine Kontinuität des Bestehenden in die Zukunft hinein.

Besonders deutlich wird dies, wenn man den Blick auf die Medien ausweitet, die sowohl der neuen Architektur als auch der sozialdemokratischen Politik zuarbeiteten. Die Tageszeitungen der 1930er Jahren inszenierten – mit Modellfotografien und Berichten von fortschreitenden Bauarbeiten oder

---

85. Vgl. vor allem Henze, Das schwedische Volksheim (1993); Tornbjer, Gemeinschaftskonstruktionen (2001).

86. Edling, Det fosterländska hemmet (1996), S. 284.

87. Hirdman, Att lägga livet tillrätta (1989), S. 92.

88. Langfristig implizierte dieser Universalismus der schwedischen Sozialpolitik, die sich an Individuen richtete (und eben nicht an Familien oder andere Bedarfsgemeinschaften), dass die schwedischen Bürger vergleichsweise unmittelbar zum Staat standen. Ob das aber wirklich heißt, dass in Schweden Gemeinschaft und Gesellschaft schon in den 1930er Jahren zusammengedacht wurden, ist fraglich. So argumentieren Asplund, Essä om Gemeinschaft och Gesellschaft (1991), S. 13, und Berggren/Trägårdh, Är svenskan människa? (2006), 377–378.

89. Saarikangas, The Politics of Modern Home (1997), S. 84, 105. Übrigens war die Formel »das Land bauen« (*att bygga landet*) schon im sozialistischen Diskurs des 19. Jahrhunderts verbreitet. Forsman, Det gamla och det nya bygget (1993).

90. Das erleichterten auch etablierte Vorstellungen vom Staat als Familie. Vgl. Droste, Das schwedische Volksheim (2008); Henningsen, Der Wohlfahrtsstaat Schweden (1986).

Richtfesten – konkrete Bauprojekte als Bestandteil des Aufbaus der politischen Gemeinschaft.[91] In der Zeitschrift der Wohnungsbaugenossenschaft HSB – »Vår bostad« (»Unser Zuhause«) – wurde immer wieder die Bedeutung der »Einordnung der neuen Bauten« ins nationale Heim unterstrichen. Bild-Text-Montagen stilisierten wiederum die funktionale Wohnung zum *folkhem* im Kleinen.[92]

Nun ist es allenfalls aus rückwärtsgewandter Perspektive plausibel, schon von der *Stockholmsutställning* als Beginn des »Volksheimsmodernismus« zu sprechen,[93] denn die Ausstellung koinzidiert zeitlich nicht wirklich mit den wohlfahrtspolitischen Weichenstellungen in Schweden. Dennoch überzeugt der Gedanke, eine langfristige Wirkung der Ausstellung sei gewesen, dass der Bau der Gesellschaft Anfang der 1930er Jahre buchstäblich realisierbar erschien.[94] Das Bildsystem des Funktionalismus und die sozialdemokratische Arbeit an einer gemeinschaftlichen Zukunft bekräftigten sich gegenseitig – die Myrdals, aber auch Per Albin Hansson bewiesen Modernität, denn sie wohnten »funkis«.[95] Die Nähe von Funktionalismus und Wohlfahrtsstaat, die Bernd Henningsen zur These vom »politischen Funktionalismus« angeregt hat,[96] besteht aber nicht nur in der Analogie von Politikstil und architektonischem Stil.[97] Politik und Architektur waren hochgradig interdiskursiv verwo-

---

91. EKECRANTZ/OLSSON, Från social utopi till byggprojekt (1994).

92. ÅKER, Vår bostad i folkhemmet (1998), S. 12, 267.

93. SUNDGREN, Smakfostran (2002), S. 155.

94. LINN, Arkitekten i Fokus under 1900-talets första hälft (2001), S. 174.

95. Alva und Gunnar Myrdal wohnten in der erwähnten »Villa Myrdal« von Markelius, Hansson bewohnte in den 1930er Jahren ein modernistisches Reihenhaus von Paul Hedqvist und Olle Engkvist in Bromma. Vgl. RUDBERG, Vardagens utopi (2001), S. 163.

96. HENNINGSEN, Der Wohlfahrtsstaat Schweden (1986), S. 46.

97. HENZE, Das schwedische Volksheim (1993), S. 58, 54. Es muss an dieser Stelle allerdings vor der vorschnellen Diagnose einer Wechselwirkung zwischen dem *funkis* als *Stil* und dem sozialdemokratischen Aufbruch in die Moderne, von »Volksheim« und »funktionalistischer Ästhetik«, gewarnt werden. Die Signalwirkung einiger spektakulärer Bauten der frühen 1930er Jahre – etwa Asplunds Ausstellungsbauten auf der Stockholmer Ausstellung, des Stockholmer Studentenhauses (1929-1930) von Markelius und Åhrén oder Markelius' Helsingborger Konzerthaus (1932) – lädt bis heute zu suggestiven Engführungen ihrer »Formsprache« mit den politischen Zielen der Sozialdemokratie ein. Allerdings sind die wenigen dezidiert modernen, das heißt kubisch-transparenten Gebäude der 1930er Jahre überwiegend Repräsentationsbauten. Sozialstaatliche Wohnungsbauten dagegen waren bis in die 1950er Jahre typologisch überwiegend in einem allenfalls gemäßigt modernen Stil gehalten und übrigens meist traditionell-handwerklich ausgeführt. Errichtet wurden zwar meist parallel gestellte, oft sehr schmale Zeilenbauten (in Schweden auch »Lamellenbebauung« genannt) im 3-4-stöckigen Geschossbau, mit Wohnungen im Zweispännertyp und stark differenzierten Zimmern. Diese wiesen aber eben auch traditionelle Merkmale auf, etwa Satteldächer und Sockel. (Natürlich gab es auch hier Ausnahmen, für Stockholm sind vor allem die Wohngebiete Kvarnholmen [1927-1934] und Hjorthagen [1934-1937] zu nennen). Der *funkis* wurde außerdem bereits ab Mitte der 1930er Jahre als formalistisch kritisiert. Als idealtypischer schwedischer Wohlfahrtsarchitekturstil ist wohl eher der »Neorealismus« der 1940er und 50er Jahre zu sehen, der die Aufwertung regionaler Materialien, ja sogar einer eklektischen Ornamentierung einleitete, wie noch gezeigt werden soll (siehe Kapitel 4.2).

ben. Das zeigt die große Zahl sozialpolitisch-planerischer Begriffe, die Architekten entwickelten und die in breiten Kreisen verwendet wurden: »Gesellschaftsbau« (*samhällsbygge*), »Planhaushalt« (*planhushållning*), »soziale Wohnungspolitik« (*social bostadspolitik*) etc.[98] Die »Wohnungsfrage« (*bostadsfrågan*) verschaltete kollektive Identität und politische Rationalität, sie wurde zum »Nervensystem des Volksheims«.[99] Dabei überlagerten sich verschiedene Akteurskreise. So erarbeiteten Architekten und Politiker *gemeinsam* die Broschüre der Sozialdemokraten zur Reichstagswahl 1936, in der der Sozialminister Gustav Möller proklamierte: »Die sozialdemokratische Wohnungspolitik ist im eigentlichen Wortsinn heimbewahrend und heimbeschützend [...]; sie schafft Voraussetzungen dafür, dass selbst arme Menschen in unserem Land etwas bekommen, das den schönen Namen Heim verdient.«[100]

Die »wohnungssoziale Untersuchung«.
Politikberatung durch Architekten

Dieser Nexus zwischen Bauen und Politik war eine schwedische Besonderheit.[101] Konkret resultierte er in der Beteiligung von Architekten an einer Reihe von politikberatenden Gremien, die in den 1930er bis 50er Jahren zu ganz unterschiedlichen Fragen Stellung nahmen – etwa zur Bevölkerungspolitik, zur Struktur der kommunalen Verwaltung, zur Regionalplanung und natürlich zur Wohnungsbaufinanzierung. 1933 gelang es Åhrén und Gunnar Myrdal, die Architektur gewissermaßen im Herzen des sozialpolitischen Projekts zu installieren, und zwar mit einer »Öffentlichen staatlichen Untersuchung« (*Statens offentliga utredningar*, abgekürzt SOU), die den sperrigen Titel »Untersuchung zum Bedarf nach einer Erweiterung der Wohnungsstatistik und zu gewissen damit verbundenen wohnungspolitischen Fragen« trug.[102] Mit der Arbeit an den SOU, wie sie in Schweden schon seit dem späten 19. Jahrhundert eine große Bedeutung als Instrument des staatlichen Handelns hatten,[103] war Åhrén da angekommen, wo die diskursive Dynamik

---

98. Vgl. KEMENY, Housing and Social Theory (1992).

99. FORSMAN, Det gamla och det nya bygget (1993), S. 229.

100. MÖLLER, Bättre Bostäder (1936), S. 12.

101. Das erklärt, warum die Kritik am Funktionalismus in Schweden in den 1970er Jahren wesentlich stärker als in Deutschland auch Kritik an der sozialdemokratischen Hegemonie war und *vice versa*. Vgl. FRANZÉN, Der Bau des Folkhems (1996), S. 62f. Bernd Henningsen verweist auch auf den generationellen Charakter dieser Kritik, und zwar am Beispiel der Polemik der Söhne Jan Myrdal und Hans Asplund gegen das Wirken ihrer Eltern: HENNINGSEN, Der Wohlfahrtsstaat Schweden (1989), S. 58.

102. SOU 1933:14.

103. SOU waren und sind ein für den schwedischen Politikstil typisches Instrument. Hier formulieren Expertenkommissionen, die oft mit Akteuren sehr unterschiedlicher Provenienz besetzt sind, politische Vorschläge. Die fortdauernde Bedeutung der SOU wirft ein Licht auf die vergleichsweise geringe programmatische Kompetenz der Ministerien in Schweden einerseits, den hohen Status wissenschaftlicher Expertise andererseits sowie die Absicht, politische Entscheidungsprozesse öffentlich (das heißt mit veröffentlichten Ergebnissen) zur Debatte zu stellen. Nicht selten werden in Schweden Nachfolgekommis-

der 1930er Jahre nahezu unweigerlich hingeführt hatte: bei den politischen Richtungsentscheidungen. Der 1933er SOU folgte nämlich die Einrichtung der *Bostadssociala utredning* (»wohnungssoziale Untersuchung«), einer Kommission, die über zehn Jahre lang verschiedene Aspekte der Wohnungspolitik in Schweden untersuchte und ihre Ergebnisse in Zwischenberichten und dem Abschlussbericht des Jahres 1945 präsentierte. Sie formulierte Vorschläge, die vor allem in der zweiten Hälfte der 1940er Jahre in der staatlichen Wohnungspolitik berücksichtigt wurden und so bis in die 1960er Jahre hinein die Lebensumstände eines großen Teils der schwedischen Bevölkerung prägten.[104] Der Leitungsgruppe gehörten neben Åhrén und Myrdal verschiedene einflussreiche Experten an, darunter der Chef der größten schwedischen Wohnungsbaugenossenschaft HSB, Sven Wallander, außerdem der Bauunternehmer Olle Engkvist, die Ärzte Rolf Bergman und Axel Höjer (seit 1935 Generaldirektor der Medizinalbehörde) sowie Alf Johansson und Bertil Nyström von der Sozialverwaltung.[105] Angesichts des großen Umfangs des durch die *Bostadssociala utredning* hinterlassenen Materials kann dieses nicht ausführlich betrachtet werden. Darum soll hier nur die erwähnte erste Untersuchung von 1933 genauer betrachtet werden.

Åhrén und Myrdal, die ab 1932 eine (nicht konfliktfreie[106]) Freundschaft verband, trugen ihr Vorhaben, wohnstatistische Verfahren zu erproben, an verschiedene Amtsträger der neuen Regierung heran. Im Januar 1933 wurden sie vom Finanzministerium mit der Bearbeitung der Studie beauftragt, im März folgte die Erlaubnis, das Untersuchungsergebnis durch den Verlag des KF, der Konsumgenossenschaft *Kooperativa Förbundet*, in einer Auflage von 1000 Stück drucken zu lassen, nun mit dem Titel »Bostadsfrågan såsom socialt planläggningsproblem« (»Die Wohnungsfrage als soziales Planungsproblem«).[107] Åhrén und Myrdal verschickten diese Veröffentlichung an Studienzirkel und Behörden in ganz Schweden, immer mit der Aufforderung, den Sozialminister damit zu konfrontieren und so, wie Myrdal schrieb, wohnungspolitische »Zeitbomben« zu platzieren.[108]

Der Forschungsbericht bestand aus zwei Teilen. Eine »Methodenstudie« befasste sich mit Werkzeugen, mit denen sich der Wohnungsbedarf statistisch erfassen ließ, am Beispiel Göteborgs, dessen Stadtplanungsamt Åhrén gerade übernommen hatte. Der zweite Teil argumentierte, es sei »auf lange Sicht« unabdingbar, eine reichsweite Wohnungsstatistik einzuführen.[109] Da-

---

sionen mit der Evaluation der Umsetzung von Ergebnissen älterer Kommissionen betraut. Vgl. auch ETZEMÜLLER, Total, aber nicht totalitär (2009), S. 49f.

104. Zur wohnungspolitischen Gesetzgebung in Schweden vgl. FRANZÉN, Der Bau des Folkhems (1996); HATJE, Bostadspolitik på förändrade villkor (1978); RUDBERG, Wohnungspolitik und Erfolgsjahre der Sozialdemokratie (1976); STRÖMBERG, The Politicization of the Housing Market (1992).

105. Zur Arbeitsweise der Kommission vgl. BLADH, Tre principer för den sociala bostadspolitiken (2006); HOLM, Ett sammanträde i bostadssociala utredningen hösten 1945 (1987).

106. Åhrén forderte von Myrdal eine stärkere Parteinahme für die Arbeiterbewegung. FORSMAN, Det gamla och det nya bygget (1993), S. 216.

107. MYRDAL/ÅHRÉN, Bostadsfrågan såsom socialt planläggningsproblem (1933).

108. Vgl. MYRDAL, Bostadssociala preludier (1968).

109. SOU 1933:14, S. 89.

rüber hinaus machte der Text umfassende Vorschläge zur Organisation des Wohnungsbaus. In deren Zentrum stand das Problem der Wohnungsüberbelegung (*trångboddheten* – wörtlich: »das enge Wohnen«). Myrdal und Åhrén definierten diese dezidiert wissenschaftlich als klar quantifizierbaren Grenzwert der Belegung von Räumen durch jeweilige Bewohnertypen, die sie nach Geschlecht, Alter und Familienstand differenzierten. Unhinterfragte Bezugsgröße war dabei die »Normalfamilie«.

Die Autoren legten also einen »Wohnungsmindeststandard« fest, der einem jeweiligen »Haushaltstyp«, das heißt dessen spezifischer Kaufkraft entsprechen sollte, aber auch »allgemein hygienischen« und »sozialen Aspekten« genügen musste.[110] Dafür ermittelten sie Minimalgrößen einzelner Räume ausgehend von »atmungsphysiologischen Bedürfnissen« und Kalkülen zum »Ansteckungsrisiko«.[111] *Trångboddhet* wurde überdies aber auch als Problem der »psychischen Hygiene« verstanden. Gerade für Heranwachsende, so die Autoren, stelle es nämlich eine psychische Belastung dar, mit andersgeschlechtlichen Geschwistern oder den Eltern einen Schlafraum teilen zu müssen. Auch die Inzestfälle mehrten sich bei Überbelegung. Die Autoren gaben sich zwar diesbezüglich sachlich, sie betonten, es gehe ihnen nicht um die »geschlechtsmoralische« Bewertung dieses Problems. Die davon Betroffenen aber litten unter der Angst vor Bestrafung und ihrem schlechten Gewissen. Aus demselben Grund sei das uneheliche Zusammenwohnen problematisch. Außerdem begünstige die enge Wohnweise »sexuelle Frühreife«, Alkoholismus und Prostitution. All das strahle als »familienzersetzende« Wirkung auf die »soziale Umgebung« aus.[112]

Mit der Raumüberbelegung war ein Kriterium eingeführt, das Ursachen für Verhaltensweisen statistisch sichtbar machte, die dem Einzelnen *und* der Gesellschaft schadeten. Nicht nur die Architektur selbst, sondern auch ihre falsche Nutzung rief den Autoren zufolge Probleme hervor. Diese Missstände ließen sich laut Åhrén und Myrdal nicht allein durch die Steigerung der Wohnungsproduktion beseitigen, nicht durch die Vergrößerung der bewohnbaren Fläche insgesamt. Vielmehr gelte es, die Risiken der Enge zu vermindern, indem Grundrisse und Bewohnerkonstellation besser aufeinander abgestimmt würden, indem vor allem die Individuen und Geschlechter innerhalb der Wohnung besser von einander isoliert würden.

Myrdal und Åhrén zufolge bewies ihr Material (das statistisch lückenhaft war, wie die beiden auch eingestanden), dass ein großer Teil der Bevölkerung falsch wohnte. Sie identifizierten zwei Ursachen dafür. Einerseits gebe es in Göteborg ein Überangebot an zu teuren, zu großen Wohnungen, das einer fehlerhaften, marktverzerrenden Wohnungsstatistik geschuldet sei. Zum anderen verdeutlichten ihre Ergebnisse, dass nur der kleinere Teil der Menschen gewissermaßen legitim aus finanzieller Not beengt wohne: »[U]nbefriedigende Wohn,- Heim- und Familiengewohnheiten« resultierten oft aus einem unvernünftigen Haushalten mit dem familiären Einkommen.[113] Daraus folgerten die Autoren nun, dass eine intensivierte Aufklärungstätigkeit die

---

110. Ebd., S. 13.
111. Ebd., S. 28.
112. Ebd., S. 63.
113. Ebd., S. 50.

»latente Nachfrage« nach guten Wohnungen wecken könne. Diese werde dazu führen, dass die Menschen vermehrt ihrer Situation angemessene Wohnungen verlangen würden. Und das werde nicht nur die gesellschaftlichen Folgeschäden der Überbelegung mindern, sondern vor allem auch einen stimulierenden Einfluss auf das Bauwesen und damit den Arbeitsmarkt ausüben – die Weltwirtschaftskrise hatte Anfang 1932 auch Schweden erreicht.

Die Wohnungspolitik sollte also laut den Autoren weniger auf den Wohnungsbau für die Ärmsten, als vielmehr auf die Weckung der Nachfrage nach »besseren« Wohnungen abzielen, und zwar seitens der schlecht wohnenden, aber finanziell nicht unbedingt schlecht situierten Bevölkerung. Die »öffentliche Wohnungsüberwachung und Wohnerziehung« sollte deshalb landesweit verstärkt werden.[114] Schließlich sei die richtige Verwendung des familiären Einkommens eine Investition in die »künftige soziale Lebensfähigkeit« aller Bürger, und diese der »individualistischen, älteren Freiheitsauffassung« vorrangig.[115] Die Autoren fassten zusammen:

»Die Wohnform selbst stellt ein ausgesprochen wichtiges Milieuinstrument dar und damit eine gesellschaftliche Handhabe für die Veränderung der Lebensweisen und Gewohnheiten in eine sozial erwünschte Richtung. Wenn man stetig den Wohnstandard der Familien erhöhen und nebenher durch aufmerksame Überwachung und durch an Mietsubventionen geknüpfte Erziehungsmaßnahmen einen Sinn für Reinlichkeit, Ordnung und Komfort schaffen kann, wird damit nicht nur die Lebensweise der Familien äußerlich verändert, sondern in gewisser Hinsicht auch ihr Lebensinhalt«.[116]

Myrdal und Åhrén forderten also nicht die »sozialistische« Nutzung von Steuergeldern für eine staatliche Wohnraumbewirtschaftung, sondern empfahlen, den Wohnungsmarkt gezielt zu beeinflussen, indem bessere Konsumgewohnheiten geschaffen würden. Die Ankurbelung der Bauwirtschaft und des Arbeitsmarktes sollte so wie nebenbei das Inzestproblem lösen und andersherum. Ganz in Übereinstimmung mit dem antizyklischen konjunkturpolitischen Denken des sozialdemokratischen Finanzministers Ernst Wigforss und der Stockholmer ökonomischen Schule wurde der Wohnungsbau fortan als Bestandteil einer Krisenpolitik betrachtet, die auf Wachstum durch Konsum setzte. Langfristig geriet damit vor allem der Konsum der Frauen in den Blickpunkt, auf die vermehrt Einfluss genommen wurde. Frauen sollten zu Haushaltsexpertinnen gemacht werden, und damit nebenbei auch der Status der Hausarbeit aufgewertet werden.[117] Die Wohnung war zugleich Kon-

---

114. Ebd., S. 55. Zur Bedeutung der Wohninspektionen ins Schweden: BJÖRKMAN, Rätten till det goda hemmet (2007).

115. SOU 1933:14, S. 56f.

116. Ebd., S. 66.

117. Dazu unten Kapitel 5.2. Vgl. außerdem HAGBERG, Tekniken i kvinnornas händer (1986); HIRDMAN, Social Engineering and the Woman Question (1994); LÖVGREN, Hemarbete som politik (1993); NYBERG, Tekniken – kvinnornas befriare? (1989); SAARIKANGAS, Skaparen av det moderna hemmet (2003).

sumobjekt und Konsumzentrale, denn hier wurden gute Standardwaren verbraucht und damit die Effizienz der Produktion gesteigert.[118]

1934 wurde also eine permanente Kommission, die *Bostadssociala utredning*, eingerichtet. Das war auch einer ausgesprochen folgenreichen politischen Debatte geschuldet, die Alva und Gunnar Myrdal gerade ausgelöst hatten. Im selben Jahre erschien nämlich das von beiden gemeinsam verfasste Buch »Kris i befolkningsfrågan« (»Krise in der Bevölkerungsfrage«),[119] eine Veröffentlichung, deren Bedeutung für die schwedische Wohlfahrtspolitik kaum unterschätzt werden kann. Schon die 1933er SOU hatte andeutungsweise bevölkerungspolitische Fragen thematisiert. Mit dem Buch der Myrdals erhielt das Thema »more children of better quality« aber nun eine Dynamik, deren Folgen – u.a. die bis in die 1970er Jahre praktizierten Sterilisierungen – noch heute diskutiert werden.[120] »Kris« interpretierte den Bevölkerungsrückgang als demografische Erpressung, als »Gebärstreik« der Frauen und einkommensschwachen Familien angesichts ihrer schlechten Lebensbedingungen. Das war eine »Crisification«,[121] eine Strategie zur Beschleunigung sozialpolitischer Entscheidungen. Sie zielte darauf, durch die Besetzung der Bevölkerungsfrage, also eines traditionell bürgerlichen Terrains, »linke« sozialpolitische Forderungen durchzusetzen – Kindergeld, eine bessere Kinderbetreuung, einen erweiterten Kündigungsschutz für Frauen usw. Schon 1936 wurde die *Befolkningskommission* (»Die Bevölkerungskommission«) eingerichtet, die sich diesen Fragen widmete.[122]

---

118. Vgl. HENZE, Das schwedische Volksheim (1993), S. 55. Zur ökonomischen Planung dieser Zeit in Schweden allgemein: LEWIN, Planhushållningsdebatten (1967).

119. MYRDAL, Bostadssociala preludier (1968), o.S.

120. Vgl. dazu BROBERG/TYDÉN, Oönskade i folkhemmet (1991); CARLSON, The Swedish experiment in family politics (1990); ETZEMÜLLER, Ein ewigwährender Untergang (2007), bes. S. 61-69; HATJE, Befolkningsfrågan och välfärden (1999); RUNCIS, Steriliseringar i folkhemmet (1991); ZAREMBA, Det rena och det andra (1999). Die Literatur dazu zusammenfassend: ETZEMÜLLER, Sozialstaat, Eugenik und Normalisierung in skandinavischen Demokratien (2003).

121. HIRDMAN, Crisis (2004), S. 166.

122. Vgl. MYRDAL/MYRDAL, Kris i befolkningsfrågan (1934), S. 226. Immer wieder debattiert worden ist die Frage, ob Alva und Gunnar Myrdal tatsächlich an ihr Entvölkerungsszenario glaubten. Arbeit und Nachwuchs jedenfalls mussten ihrer Auffassung nach vereinbar sein, und das lebten die Myrdals auch als *public intellectuals* vor. Ihre »Kameradschaftsehe« lieferte ein Rollenvorbild für soziales Engagement und gleichberechtigte Arbeit, das in der Realität allerdings durchaus nicht so fortschrittlich war. Tatsächlich erklärt sich die Myrdal'sche Parteinahme für die Frauen immer auch damit, dass diese ihre Funktion bei der Produktion eines gesellschaftlichen Mehrwerts besser erfüllen sollten. Gerade für Alva Myrdal koppelte sich (anders als für andere Feministinnen ihrer Zeit) die vollwertige Teilnahme am Gesellschaftsleben an die Erwerbstätigkeit. Da Frauen im Zuge der Auflösung des »Heims« als Produktionsstätte im Industrialisierungsprozess zunehmend isoliert worden seien, würden sie nicht bloß unglücklich und krank, sondern auch unfähig, sich solidarisch zu verhalten (HIRDMAN, Att lägga livet tillrätta [1989], S. 107, 119f., ausführlich demnächst ETZEMÜLLER, Die Romantik der Rationalität [2010]). Von solchen Emanzipationsforderungen blieb übrigens, sehr zur Verärgerung Gunnar Myrdals, im Schlussbericht der Bevölkerungskommission nicht viel übrig.

Die Myrdals thematisierten auch die Wohnverhältnisse als Fortpflanzungshemmnis, ihr Buch stellte einen Kausalzusammenhang her zwischen hohen Mietkosten und geringem Kinderwunsch.[123] Es überrascht daher nicht, dass der erste Bericht der *Bostadssociala utredning*, die *Barnrikeutredning* (»Die Kinderreichenuntersuchung«), vorschlug, durch Einrichtung staatlich subventionierter Mietwohnungen für kinderreiche Familien Anreize für den Kinderwunsch zu schaffen und die Lebensbedingungen einkommensschwächerer Familien mit Kindern zu verbessern.[124] Auch hier stand die *trångboddhet* als medizinisches, als »sozialmoralisches und mentalhygienisches« Problem im Zentrum, und es wurde die »Raumdifferenzierung mit Möglichkeiten zum Rückzug, Ruhe und der Anordnung einzelner Schlafräume für verschiedengeschlechtliche Bewohner« eingefordert. Denn dies ermögliche ein »gesundes und harmonisches Familienleben« und verhindere die »Entstehung von familiendesorganisierenden und asozialen Gewohnheiten«.[125] Tatsächlich beschloss der schwedische Reichstag 1935, so genannte *barnrikehus* (»Kinderreichenhäuser«) zu subventionieren – sie wurden oft ironisch als *myrdalskåkar*, als »Myrdalshütten« bezeichnet. Das geschah einerseits mittels Vergabe günstiger Kredite durch den Staat. Diese wurden durch die bereits 1933 ins Leben gerufene staatliche Baukreditbehörde (*Statens byggnadslånebyrån*) an Bauunternehmen ausgezahlt, die sich auf die Produktion von Wohnungen mit einer Mindestanzahl von zwei Zimmern verpflichteten. Zusätzlich wurden die Mietausgaben finanziell schlecht gestellter Familien mit mehr als zwei Kindern bezuschusst. In den 1930er Jahren wurden besonders in den Randbereichen der Städte in großer Zahl *barnrikehus* errichtet, und zwar meist durch neue gemeinnützige, teils kommunal getragene Wohnungsbauunternehmen[126] – übrigens sehr zur Begeisterung deutscher Beobachter.[127]

Die »Wohnungsfrage« war damit fest im politischen Programm Schwedens verankert. Myrdal und Åhrén hatten ihr Ziel erreicht. Das Wohnen wurde, wie sie es schon 1933 angeregt hatten, als »langfristiges Planungsproblem« betrachtet. Es war Bestandteil einer Sozialpolitik, die darauf abzielte, den »physischen, intellektuellen und moralischen Standard unseres Volkes«

---

123. Das wurde im Architekturdiskurs direkt thematisiert: Vgl. LINDSTRÖM, Födelsetalen (1934); JOHANSSON, Bostadspolitikens uppgifter (1935); STERNER, Bostadssociala synpunkter på befolkningsproblemet (1936).

124. Der Schwerpunkt »Bevölkerung« war, wie aus den internen Memoranden der Kommission hervorgeht, angesichts der zeitgleichen Debatten strategisch gewählt: Vgl. P.M. angående bostadssociala utredningens julbetänkande, o.D. [1934] S. 6-7 (ARAB, 6.1:10).

125. Vgl. SOU 1935:2, S. 48f. Ein Auszug aus der SOU erschien als MYRDAL/BERGMAN, Om bostadens inflytande på de boendes hälsa (1935).

126. Zu den *barnrikehus*: ARNSTBERG, Hjorthagen (1985); FELDMANN, Vardagslivets platser (2006); HASTE, Barnrikehus (1986); RAMBERG, Allmännyttan (2002), bes. S. 93-102; SAX, Familjebostäder (2006).

127. Diese Begeisterung spricht zum Beispiel aus einer Ausgabe der Zeitschrift des Architekturbüros der DAF – »Bauen Siedeln Wohnen« –, die 1939 anlässlich des Internationalen Kongresses für Wohnungswesen und Städtebau in Stockholm ganz dem skandinavischen Wohnungsbau gewidmet war.

zu erhöhen.[128] Myrdals und Åhréns SOU von 1933 kann als ein diskursstrategischer Beitrag interpretiert werden, der die Wohnung mitten im gesellschaftspolitischen Feld installierte. Wo um die Jahrhundertwende die Gesellschaft verhäuslicht wurde, wurde in den 1930ern das Zuhause vergesellschaftet, denn es war Konvergenzpunkt von Sozialmedizin und Arbeitsbeschaffung, Konsum und Bildung, Bevölkerungs- und Frauenpolitik. Die Autoren inszenierten ihre Studie als politisch neutralen Lösungsvorschlag. Ihr wissenschaftlicher Habitus, ihre Bereitschaft, auch sensible Themen wie »sexuelle Frühreife« offen zu thematisieren, wies sie als unvoreingenommene Sachwalter des sozialen Fortschritts aus. Das wirkte auf die Akteure zurück. Åhrén hatte sich nun ganz vom Gestalten abgewandt.

---

128. SOU 1933:14, S. 90.

2.3 »Proletarierwohnungskomplex« oder »Wohndiät«?

Die Verwissenschaftlichung der Architektur in der Weimarer Republik

Es ist schwierig, die Entwicklung von Wohnarchitektur und Stadtplanung der 1920er und 30er Jahre in Schweden und Deutschland zu vergleichen. Das Dilemma, in dem eine zugleich komparative und transferanalytische Arbeit grundsätzlich steckt, ist unübersehbar: Immer wieder verwischen Transfers die Trennlinien zwischen den zu vergleichenden Entitäten. Wie gezeigt, ist der schwedische Funktionalismus nicht denkbar ohne das deutsche Vorbild. Die Avantgarde beider Länder inszenierte sich außerdem als international, etwa auf institutioneller Ebene in den CIAM oder durch Publikationen wie Hilberseimers »Internationale neue Baukunst« oder Hitchcock/Johnsons »The International Style«.[1] Angesichts Länder übergreifender Kooperationen, Konferenzen und Ausbildungswege lässt sich die Architekturgeschichte der Zwischenkriegszeit eher als eine transnationale Diskurskonstellation denn als Nebeneinander nationaler Disziplinengeschichten beschreiben.[2] Nicht zuletzt deshalb werde ich im Folgenden die deutsche Entwicklung nicht isoliert darstellen. Vielmehr will ich die Verwissenschaftlichung der deutschen Architektur näher beleuchten, bzw. den Versuch, diese auf ein soziales Ziel hin auszurichten. Dabei werde ich einerseits auf die Gemeinsamkeiten mit den schwedischen Entwicklungen hinweisen, etwa hinsichtlich des Wohlfahrtsstaats als Rahmenbedingung, aber auch bezüglich gewisser Länder übergreifender Veränderungen im beruflichen Selbstverständnis der Architekten. Viele Beispiele werde ich dabei der Berufsbiografie Konstanty Gutschows entnehmen, der als junger Architekt stark in die Diskurse dieser Jahre eingebunden war – ohne Gutschows Werdegang damit erschöpfend darzustellen.[3] Ich werde andererseits aber auch zentrale Unterschiede zwischen der

---

1. HILBERSEIMER, Internationale neue Baukunst (1927); HITCHCOCK/JOHNSON, The International Style (1932). Auf der Ausstellung zum »International Style« im New Yorker MoMA waren auch schwedische Bauten vertreten.

2. In diesem Sinne vor allem ALBERS, Zur Entwicklung der Stadtplanung in Europa (1997); KOHLRAUSCH, Die CIAM und die Internationalisierung der Architektur (2007); PLATZER, Von CIAM zu CIAM-Ost 1928-1937 (1999); WARD, Re-examining the International Diffusion of Planning (2000).

3. Vorauszuschicken ist außerdem, dass Gutschow (anders als Åhrén im vorangegangenen Unterkapitel) mehr als Repräsentant seiner Zeit denn als Pionier zu Wort

schwedischen und der deutschen Entwicklung beleuchten, und zwar besonders solche, die auf verschiedenartige politische Kontexte zurückzuführen sind, genauer: auf voneinander abweichende Auffassungen vom politischen Auftrag des Architekten.

Dass der schwedische Fall vorangestellt wurde, soll einen leichten Verfremdungseffekt bewirken, einen anderen Blickwinkel auf die oft beschriebenen deutschen Entwicklungen erlauben. Schweden dient hier als Folie, auch weil der schwedische Funktionalismus – gemessen an seinem eigenen Anspruch – erfolgreicher war als sein deutsches Pendant. Das, so will ich zeigen, wurde in den Jahren nach 1930 zunehmend deutlich. Just zu der Zeit, als die Schweden im Windschatten der *Stockholmsutställning* ihren Einfluss im schwedischen Wohlfahrtsstaat auszubauen begannen, geriet der deutsche Erneuerungsdiskurs in der Architektur in eine Krise, nach 1933 kollabierte er ganz. Erst als Ende der 1930er Jahre die soziale *Ordnung* auf die Architekten-Agenda rückte, näherten sich deutsche und schwedische Diskurse einander wieder an. Darum soll es dann in den anschließenden Kapiteln gehen.

Architektur, Sparzwang und Sozialpolitik

In beiden Ländern war man sich in den 1920er und 30er Jahren einig, dass die Aufgabe der Architektur im Recht der Menschen auf eine gute Wohnung gründete. In beiden Ländern war daher der Wohnungsbau *das* Architekturthema dieser Jahre. Damit verschob sich die Aufmerksamkeit vieler Architekten von Repräsentationsbauten aufs Soziale, und das hieß zunächst auf die kostengünstige Bedarfsdeckung mit Wohnraum. Architekten sprangen auf den Zug der entstehenden Wohlfahrtsstaaten auf, indem sie eine Art Mittlerrolle zwischen sozialen Ansprüchen und ökonomischen Sachzwängen einnahmen. Sie positionierten sich – in Deutschland besonders während der so genannten Hauszinssteuerära der Jahre 1924 bis 1931 – als Vermittler zwischen Ressourcenknappheit und Gerechtigkeitsstandards. Dies resultierte in einer erhöhten Aufmerksamkeit für die volkswirtschaftliche Effizienz der Herstellung und Nutzung von Wohnraum. Und das wiederum korrelierte mit Innovationen in den Entwurfsverfahren, mit den zeitgenössischen Trends zu einer neuen Formgebung, die stark vom Vorbild der industriellen Massenfertigung geprägt war. Viele Architekten distanzierten sich von der bürgerlichen Repräsentationskultur und ihrem »übertriebenen Individualismus«,[4] indem sie ihre Praxis als Wissenschaft im Dienst einer sozialen Aufgabe interpretierten. Sie sahen sich nicht mehr als Künstler, sondern als Sozialtechniker. Sie betrachteten die Wohnungsfrage als Erscheinungsform der sozialen Frage, die es mit der »unerbittliche[n] Logik [...] der Mathematik« zu beantworten galt.[5]

---

kommt. Auch bezüglich der Akteurskonstellation, die ich in der Einleitung umrissen habe, ist das Folgende Vorgeschichte, denn diese war in den 1930er Jahren noch nicht sonderlich etabliert.

4. MAY, Wohnungspolitik der Stadt Frankfurt am Main (1927), S. 99.
5. HOENIG, Gesetze der Bodenwertbildung (1928), S. 235.

War die »Wohnungsnot [...] bereits im 19. Jahrhundert ein Element der Diskursivierung des Sozialen«,[6] so verlagerte sich deren Schwerpunkt also ab Mitte der 1920er Jahre von der bürgerlichen Philanthropie auf sozialstaatliche Wohnungsbauprogramme.[7] Beispielsweise appellierte der SPD-Reichsarbeitminister Rudolf Wissell 1928/29 an die Architekten, mitzuwirken bei der Bekämpfung der Wohnungsnot, auch zur »Erhaltung der Arbeitskraft unserer Industriearbeiter«. Dabei sei es wichtig, »bei der Schaffung neuer Wohnungen mit Mitteln der öffentlichen Hand für den Wohnungsmarkt einen möglichst hohen Nutzwert zu erzielen«.[8] Wo, wie für die überwiegende Zahl der deutschen Architekten, nicht die grundlegende Veränderung der Eigentumsverhältnisse anzustreben war, stand genau das auf der Agenda: einen Beitrag zu leisten zur Verbilligung guten Wohnraums. Sie prüften dementsprechend Möglichkeiten, die Produktionskosten im Wohnungsbau einzusparen und so Mieten erschwinglicher zu machen bzw. eine möglichst effiziente Ausnutzung staatlicher Mietsubventionen zu gewährleisten. Das sollte mittels Rationalisierung der Wohnungsproduktion erreicht werden, also beispielsweise durch die serienmäßige Fertigung von Bauelementen und die Standardisierung von Entwurfs- und Konstruktionsverfahren, durch Baustoffforschung, durch die arbeitswissenschaftlich organisierte Baustelle, vor allem aber durch die Produktion kleiner und daher billiger, aber zugleich möglichst funktionaler Wohnungen.[9]

Im Legitimationskontext der Weimarer Sozialpolitik, spätestens aber mit der Weltwirtschaftskrise gegen Ende der 1920er Jahre rückte also der Grundriss kleiner Wohnungen ins Zentrum der Aufmerksamkeit. Die »Kleinwohnungsfrage« beschäftigte Sozialpolitiker und Reformarchitekten zwar schon seit dem 19. Jahrhundert,[10] sie wurde nun aber zum zentralen Topos des Architekturdiskurses. »Nicht um die Aufstellung eines Programmes für die Idealwohnung des Arbeiters kann es sich heute handeln«, hieß es etwa im »Neuen Frankfurt« unter dem Stadtbaurat Ernst May,

»sondern um den Versuch, äußerste Kapitalknappheit [...] einerseits und den Wohnungsbedarf der arbeitenden Bevölkerung andererseits in ein tragbares Verhältnis zu bringen. Das Kunststück besteht also in einer Reduzierung der Ansprüche, die an eine Wohnung gestellt werden, auf das Minimum, unter Erfüllung aller tatsächlichen unumgänglichen Anforderungen.«[11]

Unumgängliche Anforderungen, das hieß Reduktion aufs Überlebensnotwendige. Vor allem der Platzbedarf des menschlichen Körpers bei der Ausübung basaler, vorab klassifizierter Wohnvorgänge wurde daher zur Bemessungs-

---

6. PRIGGE, Urbanität und Intellektualität im 20. Jahrhundert (1996), S. 74.
7. KÄHLER, Kollektive Struktur, individuelle Interpretation (1989), S. 38.
8. WISSEL, Der Wohnungsbau an der Jahreswende (1929), S. 2.
9. Exemplarisch für die Debatte über die Verkleinerung von Grundrissen: KLEIN- ODER KLEINSTWOHNUNG (1930).
10. Vgl. zum Beispiel INTERNATIONALES ARBEITSAMT, Die Wohnungspolitik in Europa (1931). Dazu allgemein: RODRÍGUEZ-LORES/FEHL, Die Kleinwohnungsfrage (1988).
11. HAGEN, Biologische und soziale Voraussetzungen der Kleinstwohnung (1929), S. 222.

größe von Mindeststandards. Bezeichnend für die Intensität, mit der solche Grenzwerte ausgelotet wurden, ist, dass nicht nur die Klein- sondern sogar die »Kleinstwohnung« zum Topos wurde – der Superlativ brachte den Anspruch zum Ausdruck, sich den Grenzen des technisch Möglichen anzunähern. Die Kleinstwohnung sollte »biologischen Ursachen für die Größenbestimmung« entsprechen und an einem »zahlenmäßig erfassbaren Minimum« ausgerichtet werden.[12] Das konnte so weit gehen, dass die »Wärmequelle Mensch« und die »Wasserdampfabgabe« des Körpers als Grenzwerte für Raumgrößen erforscht wurden.[13] Es galt, auf der Basis statistischen Datenmaterials Bedürfnisse in räumliche Minima zu übersetzen, wobei unter Bedürfnissen gewissermaßen gemeinmenschliche Minimalbedingungen des Lebenserhalts verstanden wurden, gattungsspezifische Reproduktionsbedingungen des Körpers, die »verhältnismäßig wenig« voneinander abwichen.[14] Natürlich schwang dabei oft ein Nivellierungsideal mit. Wo »biologische« Erfordernisse die Wohnung prägten, ließ sich durchs Wohnen nicht mehr der soziale Status markieren.

Mit der Verkleinerung der Wohnungsgrößen schien nicht nur eine recht schmerzlose Antwort auf die Belange der Bedürftigen gefunden zu sein. Die Optimierung der Unterbringung wurde regelrecht als Selbstzweck betrachtet. Denn die Arbeit am Grundriss ließ sich als Funktion einer generellen gesellschaftlichen Rationalisierung interpretieren – und das verlieh der Beschäftigung mit der Mindestportionierung des Wohnraums große Legitimität.

Grundrisswissenschaft

All das schlug sich in der Weimarer Republik in einer Fülle »grundrisswissenschaftlicher« Publikationen nieder.[15] Die Grundrissforschung wurde durch staatliche Anreize gefördert, etwa durch die Wettbewerbe der 1927 gegründeten »Reichsforschungsgesellschaft für Wirtschaftlichkeit im Bau- und Wohnungswesen E.V.« (RFG),[16] die mit einem Erlass des Reichsarbeitsministers angewiesen worden war, Kleinwohnungsgrundrisse zu untersuchen. Ganz ähnlich wie die Funktionalisten in Schweden demonstrierten die Grundrisswissenschaftler Sachlichkeit. Die RFG-Grundrisssammlung »Kleinstwoh-

---

12. GROPIUS, Die soziologischen Grundlagen der Minimalwohnungen für die städtische Industriebevölkerung (1988, urspr. 1929), S. 134.

13. NEISSER, Hygienische Betrachtungen über die Wohnraumgrösse in kleinsten Wohnungen (1929), S. 219, 220.

14. KAUFMANN, Frankfurter Kleinwohnungstypen in alter und neuer Zeit (1927), S. 113.

15. Vgl. beispielsweise WOLF, Die Grundriss-Staffel (1931) sowie viele Beiträge in der Zeitschrift »Das neue Frankfurt« und Publikationen Alexander Kleins. Aus Vorarbeiten der 1920er Jahre hervorgegangen sind auch STRATEMANN, Grundriss-Lehre (1941); SPENGEMANN, Vom Grundriss der Volkswohnung (1950); DERS., Grundrissatlas (1955).

16. Zur RFG vor allem FLECKNER, Reichsforschungsgesellschaft für Wirtschaftlichkeit im Bau- und Wohnungswesen (2003).

nungsgrundrisse«[17] von 1928 zum Beispiel präsentierte Forschungsergebnisse mittels wissenschaftlicher Darstellungsverfahren (etwa durch Tabellen, aber auch durch analytische Fotografie), sie zeigte sich im schnörkellosen modernistischen Layout und gab sich überparteiisch und ergebnisorientiert, indem sie verschiedene Standpunkte zu strittigen Fragen gegeneinander abwog.

Bereits Ende der 1920er Jahre wurden Kleinstwohnungsgrundrisse im internationalen Austausch debattiert, etwa auf der berühmten zweiten CIAM-Konferenz 1929 in Frankfurt am Main, die sich mit der »Wohnung für das Existenzminimum« beschäftigte, also die Wohnversorgung der einkommensschwächsten Bevölkerungsteile ins Zentrum rückte.[18] Auf einer Wanderausstellung und in einer Publikation zur Konferenz wurden 100 Grundrisse präsentiert. Im Vorfeld des Kongresses war eine Umfrage durchgeführt worden, die jeweilige Wochenlöhne von Arbeitern in Großstädten in 18 Ländern systematisierte[19] – das ähnelt der Vorbereitung der *Stockholmsutställning*. Allerdings blieb die Berücksichtigung der Löhne in Frankfurt eher Absichtserklärung denn Entwurfsparameter: »Der Kongress war sich klar darüber, daß das heutige Existenzminimum [...] nicht als wirtschaftlicher Maßstab für die Minimalwohnung, für die Mindestration Wohnung angenommen werden dürfe, sondern daß hierfür zunächst einmal ein biologisches Minimum aufzustellen sei«.[20] Der CIAM-Kongress spielte also die »biologischen« Lebenserhaltungsbedingungen gegen die unzureichenden, die realen ökonomischen Lebensumstände der einkommensschwächsten Bevölkerungsteile aus. Hier war ein Widerspruch eingebaut, auf den ich noch zurückkommen werde. Sollte politisch auf die Steigerung der Löhne Einfluss genommen oder lediglich mittels billigerer Bauten die Wohnsituation der »Minderbemittelten« verbessert werden? In jedem Fall drängte sich in Frankfurt der Begriff der »Ration« auf, der nicht nur die Konnotationen einer klar geregelten Güterverteilung hatte, sondern darüber hinaus die komplexe kulturelle Praxis »Wohnen« zu einem *quantifizierbaren Raumanspruch* umdeutete: »Anstelle des mehr oder weniger gefühlsmäßigen Tastens muß das exakte Rechnen treten.«[21]

Für die »Folgerichtigkeit« solcher Gedanken begeisterte sich auch der junge Konstanty Gutschow.[22] Gutschow hatte in Danzig und in Stuttgart (u.a. bei Paul Schmitthenner und Heinz Wetzel) studiert, was ihn eher zum Grenz-

---

17. Vgl. REICHSFORSCHUNGSGESELLSCHAFT FÜR WIRTSCHAFTLICHKEIT IM BAU- UND WOHNUNGSWESEN E.V., Kleinstwohnungsgrundrisse (1928).

18. Das erfreute auch schwedische Beobachter: MARKELIUS, Den andra internationella arkitekt-kongressen »Neues Bauen« (1930). Erwähnenswert sind außerdem die Kongresse des »Internationalen Verbands für Wohnungswesen« zum Thema Kleinstwohnungen.

19. Vgl. MOHR/MÜLLER, Funktionalität und Moderne (1984), S. 152.

20. GIEDION, Die Internationalen Kongresse für neues Bauen (1930), S. 8.

21. MAY, Die Wohnung für das Existenzminimum (1930), S. 14.

22. GUTSCHOW, Zu den Fragen: Besonnung und Zeilenbau (1930), S. 246. Gutschow bezog sich dabei auf die Arbeiten des in Celle planenden Otto Haesler. Haesler, so schrieb er hier, sei »immer und immer wieder der Konsequenzen ziehende und jeden Gedanken folgerichtig zu Ende denkende Architekt«.

gänger zwischen Neuem Bauen und »Neuer Tradition« prädestinierte.[23] Dennoch hatte er – ähnlich wie Åhrén – in der ersten Hälfte der 1920er Jahre mit futuristischem Pathos die »Schönheit des Ozeandampfers« und die »Phantastik der Kräne« gepriesen und war sogar zu dem Schluss gekommen: »Die Ingenieure haben die Künstler verdrängt.«[24] Gutschow konnte schon während seiner Ausbildung die verschiedenen Erneuerungsprozesse in der Architektur beobachten.[25] Er absolvierte ein Praktikum auf der Baustelle des expressionistischen Chile-Hauses von Fritz Höger in Hamburg, nach seinem Studium arbeitete er für den moderat modernen Fritz Schumacher. Seine Entwürfe der 1920er und frühen 1930er Jahre waren ekklektisch, meist präsentierte er sich aber durchaus als Befürworter neuer Gestaltungsprämissen, besonders 1927 mit einem »Turmhaus« für die Hamburger Binnenalster[26] oder mit seinem Entwurf für ein Justizgebäude in Berlin-Moabit von 1930.[27] Außerdem nahm er an wichtigen Wettbewerben teil, etwa am Wettbewerb für den Bebauungsplan der Berliner Bauausstellung 1931,[28] am Wettbewerb für ein Theater in Charkow (wie übrigens auch Åhrén)[29] und 1933 (genauso wie sein Freund aus der Danziger Studienzeit, Hans Bernhard Reichow, und sein späterer Mitarbeiter Werner Kallmorgen) am Wettbewerb für die Umgestaltung der Stockholmer Innenstadt. Hier sah Gutschow ein radikal modernistisches »Hochbauquartier« vor – wenn auch nicht so radikal wie die Totalabrissphantasien seines berühmten Mitbewerbers Le Corbusier.[30]

Für meine Fragestellung ist wichtiger, dass auch Gutschow ab Ende der 1920er Jahre erste Schritte in Richtung einer wissenschaftlichen Entwurfspraxis machte, zum Beispiel mit seinem Wettbewerbsbeitrag für die RFG- »Reichsforschungssiedlung Haselhorst« in Berlin-Spandau 1928. Der Haselhorstwettbewerb zielte (zum Missfallen vieler Architekten[31]) programmatisch

---

23. Zum Konzept »Neue Tradition« vgl. die Beiträge in: KRAUSKOPF/LIPPERT/ZASCHKE, Neue Tradition (2009)

24. Konstanty Gutschow: Aufsätze: »Moderne Transportanlagen«, »Schönheit des Ozeandampfers«, »Phantastik der Kräne«, o.D. [1923-1927] (StA-HH, 621-2/11, C 5).

25. Zur Biografie Gutschows: DURTH, Träume in Trümmern (1988); PAHL-WEBER, Konstanty Gutschow (1986). Verschiedene Zeugnisse und Lebensläufe finden sich in der Sammlung N. Gutschow.

26. Vgl. die Unterlagen im StA-HH, 621-2/11, A 23-2.

27. Einen guten Überblick über Arbeiten Gutschows aus dieser Zeit liefert SPÖRHASE, Die Methodik des Entwerfens (1931).

28. Konstanty Gutschow: Wettbewerbsentwurf: Bauausstellung Berlin 1930, 1928 (StA-HH, 621-2/11, A 34).

29. Vgl. die Unterlagen im StA-HH, 621-2/11, A 69 sowie im AM, 1973-06-4, K 1.

30. Konstanty Gutschow: Wettbewerbsentwurf: Stockholm, Umgestaltung von Norrmalm, 3.1.1933 (StA-HH, 621-2/11, A 104-1). Vgl. zum Wettbewerb: JAENECKE, Der Stockholmer Wettbewerb für die Umgestaltung des Stadtteils Norrmalm (1934); MARKELIUS, Norrmalmstävlingen (1934).

31. Bruno Taut nahm nicht am Wettbewerb teil, weil er die anvisierte Wohnungszahl zu hoch fand. Vgl. DIE REICHSFORSCHUNGSSIEDLUNG IN BERLIN-SPANDAU (1929), S. 42. Gropius und Stephan Fischer gewannen den Wettbewerb mit einem Vorschlag für eine Hochhausbebauung. Letztlich wurde ihr Vorschlag abgemildert und durch verschiedene Architekten zur Ausführung gebracht, darunter Fred Forbat.

auf die Erprobung neuer Bauweisen ab. Ähnlich wie fast zeitgleich im Vorfeld der *Stockholmsutställning* drängten schon die Wettbewerbsvorgaben zu wissenschaftlichen Verfahrensweisen. Von vornherein wurde gefordert, auf ästhetische Effekte zu verzichten, zum Beispiel auf Blickabschlüsse. Außerdem verlangte ein Vordruck den Nachweis der bestmöglichen Besonnung der Einzelwohnungen, der Wirtschaftlichkeit der Bauten und des optimalen »Geländeverbrauchs« der gewählten Erschließungsmethode.[32] Gutschow steuerte Kleinwohnungen in Zeilenbauten bei (Abb. 4), lieferte ein »Schattendiagramm« mit und befasste sich mit der Ersparnis an Straßenlängen durch Laubenganghäuser.[33]

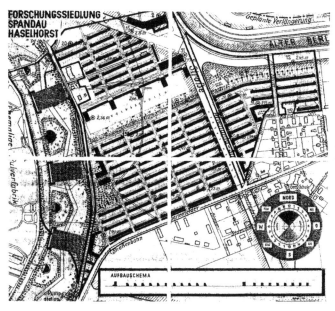

Abbildung 4: Lageplan Gutschows zu seinem Beitrag zum Haselhorstwettbewerb. Durch die Einbeziehung einer Grafik, die die Besonnungsintensität nach Himmelsrichtung anzeigt, beglaubigte er den »Nutzwert« seines Vorschlags.

Es gelte, so schrieb er, den »Gesichtspunkt des Wertes eines Bebauungsplanes« in »hygienischer – sozialer – technischer und sonstiger Art« zu bemessen. Gutschow bemühte sich also, den Nutzwert der Wohnung und die Wirtschaftlichkeit ihrer Herstellung möglichst präzise auszutarieren.

Das blieb nicht unbemerkt. Gutschow erhielt einen vierten Preis, dotiert mit 3000 RM. 1930 wurde er außerdem durch die RFG aufgefordert, einen

---

32. Vgl. Programm eines Wettbewerbs zur Erlangung von Vorentwürfen für die Aufteilung und Bebauung des Geländes der Forschungssiedlung in Spandau-Haselhorst, 13.9.
1928 (StA-HH, 621-2/11, A 44).
33. Vgl. die Unterlagen im StA-HH, 621-2/11, A 44.

»Vorschlag für die wirtschaftliche Kleinstwohnung im Flachbau bis zu 2 Vollgeschossen« auszuarbeiten – offenbar vermittelt durch Otto Haesler, der zu diesem Zeitpunkt Berater der RFG war.[34] Der Auftrag sah explizit die Verkleinerung der Wohnfläche zur Senkung der Mieten vor. Gutschow gab sich hochsystematisch. »Rationelle« und »unrationelle« Gebäude- und Grundrisstypen sollten unterschieden,[35] Kosten und Qualität von Bauten mittels einer »Preiszergliederungstabelle« und einer »Besonnungstabelle« geprüft werden.[36] Er unterwarf sich damit konsequent den Diskursbedingungen seiner Zeit, und das erfolgreich. Mehrere seiner Grundrisse wurden 1930 in die RFG-Veröffentlichung »Die billige, gute Wohnung« aufgenommen (Abb. 5).

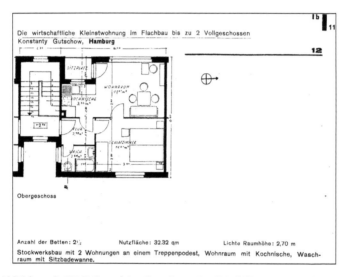

Abbildung 5: RFG-Grundriss Gutschows in »Die billige, gute Wohnung«. In der Publikation wurde Objektivität suggeriert – durch ein Layout, das Parameter wie Bettenanzahl, Nutzfläche, Raumgröße und -höhe und sanitäre Ausstattung vergleichbar machte.

---

34. RFG an Gutschow, 30.7.1930 (StA-HH, 621-2/11, A 70); Haesler an Gutschow, 8.7.1930, ebd.

35. Konstanty Gutschow: Vergleich der Wohnformen, 1930 (StA-HH, 621-2/11, A 70).

36. Gutschow an die RFG, 17.8.1930 (StA-HH, 621-2/11, A 70). Gutschow zeichnete sechs kleine, schmale Grundrisse mit 2 1/2 bis 3 1/2 Zimmern, Sitzbad und Kochnische im nur 6-7 Meter tiefen, zweigeschossigen Zeilenbau, davon vier in nord-südlich ausgerichteten Zweispännertypen und zwei in Ost-West-orientierten Laubenganghäusern.

Werte statt Worte

In den späten 1920er und frühen 30er Jahren stellten sich viele Architekten die Aufgabe, mittels wissenschaftlicher Verfahren drängende Probleme sofort zu lösen. Paradigmatisch hierfür ist die Überschrift eines Aufsatzes von Otto Völckers, der (im Zuge einer Debatte um die Zeilenbebauung, auf die ich noch zurückkommen werde) den großen »Taten« Mays und den präzisen »Zahlen« Haeslers die bloßen »Worte« des Kritikers Adolf Behne gegenüberstellte.[37] In der zweiten Hälfte der 1920er Jahre gingen das Zählen und das Tun eine Allianz ein. Das war in Schweden ähnlich. Die bereits erwähnte schwedische Streitschrift »Acceptera« brachte immer wieder die Wahrheit der Zahl gegen das schöne Reden in Stellung. Typisch ist folgender »Dialog«: »Ein Herr: ›Wir fragen nach Werten und wir bekommen Antworten in Kilowatt!‹ Wir: ›Wir fragen auch nach Werten und bekommen Antworten in Ornamenten, Dekorationen und Belanglosigkeiten.‹«[38] Die problembezogene, die »physikalische« Herangehensweise der Funktionalisten traf in dieser Inszenierung auf das verschwommene Sprechen der konservativen »Herren«. Beiden ging es um »Werte«, im einen Fall um die disqualifizierten kulturellen Traditionen, im anderen um quantifizierbare Größen.

Nun ist der Innovationscharakter dieses Szientismus wiederholt in Frage gestellt worden. Die Verwissenschaftlichungsforderung der schwedischen Funktionalisten etwa wurde als Distinktionsformel, als rhetorische Strategie zur Durchsetzung eines neuen Stils – der so genannten »weißen Moderne« nämlich – verstanden und der Funktionalismus als »Symbolrationalismus« bewertet.[39] Natürlich symbolisierte das »reine« Weiß, der puristisch-geometrische Modernismus bestimmter Bauten einen ästhetischen Neuanfang.[40] Solche Bauten wurden durchaus als ästhetisch radikal oder sogar revolutionär begrüßt oder abgelehnt. Und natürlich gehörten auf der anderen Seite die meisten »wissenschaftlichen« Forderungen der Neuerer teils schon in den 1910er Jahren zum städtebaulichen und architektonischen Inventar, etwa die Durchgrünung und Entkopplung der Wohngebiete vom Durchgangsverkehr, querlüftbare und differenzierte Grundrisse usw. Wenn man aber die ästhetische Erneuerung als *eigentliches* (lies: unlauteres) Motiv der »sachlichen« Architekten interpretiert, wird der Blick auf langfristige Entwicklungen verstellt. Die Beschäftigung mit dem Sozialen, und sei sie noch so pseudowissenschaftlich, veränderte den Beruf des Architekten. Åhrén gab, wie gezeigt, das konkrete Bauen im Laufe der 1930er Jahre fast völlig auf. Nicht allein die Forminnovation, sondern ein neuer Modus, das Soziale zu problematisieren, zeichnet die Architekturdebatte um 1930 aus, nämlich als technisch-wissenschaftliches Problem. Die Diskurshoheit über das Wohnen verschob sich damit vom philanthropischen Bürgertum auf eine neue Sprecherposition: den objektiven Experten.

---

37. VÖLCKERS, Taten, Zahlen und Worte (1930).
38. ASPLUND u.a., Acceptera (1980, urspr. 1931), S. 164
39. Vgl. ERIKSSON, Modernismens rötter i svensk arkitektur (2001), S. 142; RÅBERG, Funktionalistiskt genombrott (1972), S. 330. Ähnlich: ARNSTBERG, Ingenjörsromantik (1987), S. 180; WALLÉN, The Scientification of Architecture (1986), S. 165.
40. BODÉN, Modern Arkitektur (1989), S. 146.

Architektur als Körperökonomie

An dieser Stelle muss geklärt werden, innerhalb welcher Rahmenbedingungen sich deutsche *und* schwedische Architekten überhaupt als solche Experten positionieren konnten. Was legitimierte ihr Sprechen über das Wohlergehen der Menschen und dessen räumliche Bedingungen? Die Antwort auf diese Frage ist in der diskursiven Kopplung von Hygiene bzw. Sozialmedizin, Effizienzdenken, Sozialpolitik und Wohnungsbau zu suchen. Schon im 19. Jahrhundert wurde Länder übergreifend daran gearbeitet, die Bevölkerung gesund zu erhalten, indem deren räumliche Umgebung verbessert wurde. Vor allem die Risiken, die mit einem allzu dichten Zusammenleben einhergingen, gehörten bis weit in die zweite Hälfte des 20. Jahrhunderts zu den selten hinterfragten Wissensbeständen der Architekten und Stadtplaner. Denn die Überbelegung von Wohnungen, aber auch die Überfüllung von Wohngegenden, galten als Ursache für Infektionskrankheiten. Bis in die 1960er Jahre definierten Architekten daher soziale Ziele oft explizit ausgehend von hygienischen Prämissen, wobei diese nicht selten mit moralischen Urteilen durchsetzt waren.[41] Die Befürwortung von Grundrissen, die streng die jeweiligen Wohnfunktionen (also in der Regel die einzelnen Zimmer) voneinander abtrennen, lässt sich nicht verstehen, wenn sie nicht auch als Versuch gesehen wird, Individuen voneinander zu trennen – sei es, dass argumentiert wurde, dass eine solche Parzellierung des Raums Ansteckungsrisiken mindern könne, dass sie dem psychischen Rückzugsbedürfnis des Einzelnen entspreche, oder dass sie sexualmoralisch unerwünschte Verhaltensweisen vermeiden helfe. Gleiches gilt für die Forderung nach mehr Offenheit, Licht und Luft, also nach einer Auflösung der Blockrandbebauung, nach gut belüfteten, hellen Wohnungen. Sie bündelte verschiedene gesundheitsbezogene Imperative, die Architekten oft noch befolgten, als sie in der Medizin bereits als überholt galten.[42]

Das Neue Bauen profilierte sich als Beitrag zu einer »neuen Körperökonomie«, die mit der »fürsorgenden Sozialhygiene« korrelierte.[43] Wie diese sahen Architekten in der Gesundheit und im Wohlbefinden des Einzelnen

---

41. Zum Konnex von Sittlichkeit, Sauberkeit und Geschlecht im Städtebau zuletzt: FRANK, Stadtplanung im Geschlechterkampf (2003). Vgl. in diesem Zusammenhang auch WILSON, The Sphinx in the City (1991).

42. So war die Bedeutung, die dem Sonnenlicht für die Keimtötung und damit u.a. für die Bekämpfung der Rachitis beigemessen wurde, unter Bakteriologen bereits relativiert worden, als sie ihre größte Resonanz im Architekturdiskurs entwickelte. Vgl. dazu RODENSTEIN/BÖHM-OTT, Gesunde Wohnungen und Wohnungen für gesunde Deutsche (1996), S. 489. Vgl. zur Debatte um Gesundheit, Besonnungsmöglichkeiten und Grundrissorientierung auch FALLER, Der Wohngrundriss (1996), S. 87-109. Allgemein zur Wohnhygiene: ARNDT, Weiss Rein Klar (1994); BODENSCHATZ, Krebsgeschwür Hinterhof (1988); SCHMIDT/KRISTENSEN, Lys, luft og renlighed (1986); RODRÍGUEZ-LORES, Städtehygiene und Städtebau (1985); RONNEBERGER, Biomacht und Hygiene (1999); WITZLER, Großstadt und Hygiene (1995) sowie die Beiträge in REULECKE/RÜDENHAUSEN/SALDERN, Stadt und Gesundheit (1991).

43. RODENSTEIN/BÖHM-OTT, Gesunde Wohnungen und Wohnungen für gesunde Deutsche (1996), S. 457.

einen Faktor der kollektiven Wohlfahrtsentwicklung.[44] Letztlich lag dem – ähnlich wie zeitgleich der Arbeitsphysiologie – eine energetische Körpervorstellung zu Grunde, eine Fiktion vom »menschlichen Motor«, dessen Arbeitsleistung es bestmöglich auszunutzen galt. Die Gesellschaft erschien diesem Denken als »calculus of energy«.[45] Die Arbeitskraft und Leistungsfähigkeit des Einzelnen wurde als eine Funktion der Konkurrenzfähigkeit und der Produktivität der Nation interpretiert. Die Verbesserung der »Volksgesundheit« war nicht nur ein philanthropisches Anliegen oder eine Frage der sozialen Gerechtigkeit, sondern sie zielte (oft noch befeuert durch biologistische Argumente) darauf ab, die Kosten gering zu halten, die Produktionsausfälle den Sozialversicherungen verursachten – und damit der Nation. Das machte vor allem die Erholung zur Wohnfunktion schlechthin, denn sie ließ sich als Mittel interpretieren, gesamtgesellschaftlichen Leistungsdefiziten vorzubeugen. Die Anerkennung des Wohnungsminimums galt also als »Gebot der Sparsamkeit«.[46] »Das soziale Moment in der Baukunst«, so May, ziele darauf ab, aus »Gründen der sozialen Wirtschaftlichkeit« Zugang zu »frischer Luft und Sonne für Körper und Geist nach nervenzerrüttender Arbeit« zu ermöglichen.[47]

Das ökonomische Denken vieler Architekten verdankte sich nicht zuletzt der Begeisterung für den Taylorismus, bzw. allgemein für wissenschaftliche Methoden der Effizienzsteigerung. Damit ging eine Ästhetisierung des industriellen Fertigungsprozesses einher,[48] ein »Taylorized sense of the beautiful«.[49]

---

44. Das korrespondierte mit der Figur des »Neuen Menschen«, einem heroischen, sportlich-technischen Idealmenschen. Vgl. NEUMEYER, Der neue Mensch (1994); POPPELREUTER, Das Neue Bauen für den Neuen Menschen (2007). Allgemeiner: KÜENZLEN, Der Neue Mensch (1997); DIEHL, Der »Neue Mensch« gegen die Kontingenz (2007); WEDEMEYER-KOLWE, »Der neue Mensch« (2004) sowie die Beiträge in: FIEDLER, Social Utopias of the Twenties (1995); GERSTNER/KÖNCZÖL/NENTWIG, Der neue Mensch (2005); LEPP, Der neue Mensch (1999).

45. RABINBACH, The Human Motor (1992). Vgl. auch TICHI, Shifting Gears (1987); SARASIN, Die Rationalisierung des Körpers (2003). Zur Bedeutung der Volksgesundheit in Schweden: FRYKMAN, Pure and Rational (1981); JOHANNISSON, Kroppens tunna skal (2001); OLSSON, Drömmen om den hälsosamma medborgaren (1999); PALMBLAD/ERIKSSON, Kropp och Politik (1995); QVARSELL, Socialmedicinen och den sociala ingenjörskonsten (1995); VALLGÅRDA, Folkesundhed som politik (2003).

46. RODENSTEIN, Gesunde Wohnungen und Wohnungen für gesunde Deutsche (1996), S. 518.

47. MAY, Das soziale Moment in der neuen Baukunst (1928), S. 83.

48. Vgl. dazu HAYS, Modernism and the Posthumanist Subject (1992); HIRDINA, Pathos der Sachlichkeit (1981).

49. GUILLÉN, The Taylorized Beauty of the Mechanical (2006), S. 14. »[D]ie ästhetische Botschaft« konnte bisweilen regelrecht »vom Objekt auf das [Entwurfs-]Verfahren« selbst übergehen, so REICHLIN, Den Entwurfsprozess steuern (1999), S. 10. Vgl. außerdem zu Taylorismus, Fordimus und Architektur BANHAM, A Concrete Atlantis (1986); BRUNNSTRÖM, Den rationalla fabriken (1990); FORTY, Taylorism and Modern Architecture (1986); GARTMAN, Why Modern Architecture Emerged in Europe (2000); HERBERT, The Dream of the Factory Made House (1994); KEGLER, Fordismus und Bauhaus (1993); KRÄTKE, Fordistischer Wohnungsbau in Deutschland (1990); MCLEOD, Architecture or Revolution (1983); PRIGGE, Wohn-Fords (1988) sowie die Beiträge in BITTNER, Zukunft aus Amerika (1995).

Es wurde aber auch eine Entklammerung und Hierarchisierung von Planung, Ausführung und Nutzung angestrebt – ganz so wie dies bei der betrieblichen Rationalisierung geschah. Viele Architekten inszenierten sich als Konstrukteure von »Wohnmaschinen«, ja forderten sogar technokratisch den Einsatz des Ingenieurs auf der »Kommandobrücke der Welt«. Der Stadtgrundriss sollte die energetische »Kraftbilanz« der Gesellschaft optimieren helfen,[50] die »Grundsätze arbeitssparender, wirtschaftlicher Betriebsführung [die] zu ungeahnten Steigerungen der Leistungsfähigkeit geführt« hätten,[51] sollten auf die Wohnräume übertragen werden, so die Erfinderin der berühmten, nach Effizienzkriterien geplanten »Frankfurter Küche«, Grete Schütte-Lihotzky 1926. Das reichte bis hin zur Vision von der Gesellschaft als Maschinenkomplex. Selbst die »rationelle Küchengestaltung« ließ sich als Beitrag zur Steigerung der »Gesamtarbeitsleistung unseres Volkes« interpretieren.[52]

Die neue Architektur korrelierte aber nicht nur mit den Paradigmen der Arbeitswissenschaft und der Sozialmedizin, sondern auch mit der so genannten »Psychohygiene«. Um 1900 entwickelten sich Kulturkrankheiten wie die Neurasthenie, die in engem Zusammenhang mit dem Diskurs um Tempo und Intensität der Modernisierung standen. Oft wurden schlechte »Schnittstellen« zwischen Mensch und Technik als Ursache von Nervenerkrankungen identifiziert. Auch hier brachten sich Architekten ins Spiel, indem sie versprachen, *qua* Grundrissoptimierung die nervös machenden »Reibungsverluste« der Moderne zu verringern.[53] Der deutsche Architekt Alexander Klein beispielsweise unterstrich, welche »volkswirtschaftliche und volksgesundheitliche Bedeutung (Kraftersparnis und Nervenbeanspruchung)« gut geschnittene Kleinstwohnungen hätten. Um die diesbezügliche »Brauchbarkeit eines Grundrisses bereits vor der Ausführung« zu »messen«, entwickelte er ein »graphisches Verfahren«. Dieses sollte es ermöglichen, Grundrisse nicht nur hinsichtlich ihrer Kosten zu evaluieren, sondern auch bezüglich des Kraftaufwands, den die Bewegungen im Wohnungsinneren verursachten. Vor allem aber sollte es zeigen, ob der jeweilige Grundriss psychologisch brauchbar, ob er Nerven schonend war. Durch schlechte Grundrisse geförderte »Eindrücke« sollten vermieden werden, weil sie zu »psychischen Ermüdungserscheinungen« führen könnten.[54]

---

50. WAGNER, Städtebau als Wirtschaftsbau und Lebensbau (1932), S. 363.
51. LIHOTZKY, Rationalisierung im Haushalt (1926), S. 179.
52. REICHSFORSCHUNGSGESELLSCHAFT FÜR WIRTSCHAFTLICHKEIT IM BAU- UND WOHNUNGSWESEN E.V., Die Küche der Klein- und Mittelwohnung (1928), S. 11.
53. RADKAU, Amerikanisierung als deutsches Nervenproblem (1995), S. 114-117.
54. KLEIN, Versuch eines graphischen Verfahrens zur Bewertung von Kleinwohnungsgrundrissen (1926), S. 298. Schlechte Eindrücke entstanden vermeintlich unter anderem, wenn sexuelle Handlungen nicht ausreichend verborgen wurden, das wird bei Klein eher angedeutet.

Der Grundriss als »Regierung«

Nun war der Anspruch, die Leistungsbilanz der Bevölkerung durch ihre psychische und physische Gesunderhaltung zu verbessern, kein spezifisches Merkmal der 1920er und 30er Jahre. Der Unterschied zu den vorhergegangenen Jahrzehnten bestand aber darin, dass sich mit der Grundrisswissenschaft der Angriffspunkt für solche Verbesserungen verschob, nämlich von der Überwachung der Bewohner auf die *Physis der Wohnung*.[55] Klein zum Beispiel versuchte, die Wohnung regelrecht in einen Verteiler einzelner Wohnfunktionen, in ein Schleusensystem zu verwandeln, das positiv besetzte Verhaltensweisen festlegte – das ähnelt schwedischen Vorschlägen, etwa zur Funktionalisierung der Küche (Abb. 6 und 7).

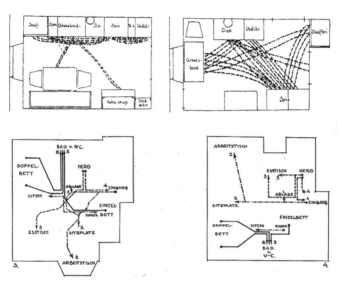

Abbildung 6 und 7: Ordnung der Verkehrsflächen 1934 in der schwedischen Publikation »Die Küche« (Köket) und bei Alexander Klein 1928. Die »gute«, weil entflochtene und Kraft sparende Raumdisposition sieht man oben auf der linken, unten auf der rechten Seite.

Das Interesse dieser Jahre am Grundriss erklärt sich, mit Michel Foucault gesprochen, aus einem veränderten »Regierungs«-Modus. In den Demokratien der 1920er Jahre kamen neue, vergleichsweise milde Machttechniken zur Anwendung. Dem kam die Architektur entgegen, indem sie, statt das Wohnverhalten direkt zu kontrollieren, den Grundriss in eine materielle Struktur verwandelte, die im Prozess ihrer Nutzung das Verhalten formen sollte.[56]

---

55. Vgl. Kuhn, Standard- oder Individualwohnung? (2001), S. 66.
56. Foucault selbst hat diese Modellierung des Körpers und seiner Bewegungen durch den Raum am Beispiel der Gefängnis- und Schularchitekturen beschrieben. Vgl. Foucault, Überwachen und Strafen (2004), bes. S. 181–201, 209–219.

»bauen bedeutet gestalten von lebensvorgängen« schrieb Walter Gropius 1927.[57] Architekten verschalteten also Verhaltensnorm und Raumgestaltung.[58] Sie wurden zu »Choreographen des Wohnalltags«.[59] »[D]ie Anordnung und Größenbemessung der einzelnen Räume«, so der Frankfurter Architekt Eugen Kaufmann, sei so zu wählen, »daß diese Grundrisse aufs engste sich an die Bedürfnisse ihrer künftigen Bewohner anschmiegen und daß jeder Raum nur seiner ihm von vornherein zugedachten Bestimmung gemäß« genutzt werden könne.[60] Otto Haesler zum Beispiel nahm mit dem »Nutzeffekt« der Bauten auch deren Bewohner in die Pflicht, »gut« zu leben, etwa wenn er zu den »wohnfunktionelle[n] Forderungen« zählte, dass der Grundriss eine »zweckmäßige Wohn- und Hauswirtschaft« und eine »gesteigerte Wohnsitte« zu ermöglichen habe, oder aber die bestmögliche Ausschöpfung der psychologisch »wertvolle[n] Auswirkung der Morgensonne« garantieren müsse. Haesler zielte auf eine moralisch einwandfreie und vor allem produktive Lebensweise ab, dazu gehörte das frühe Aufstehen.[61]

Das »falsche«, das dysfunktionale Wohnen wurde als unökonomisch betrachtet, als sozialmedizinisch und (psycho-)hygienisch fahrlässig. Deshalb galt es, eine Nutzungsweise zu vermeiden, die nur das Prestige der Bewohner steigern sollte – die Wohnung der unhygienischen Draperien und Tapeten, des angeklebten Stucks und der staubfangenden Furniermöbel. Vor allem die »gute Stube« (in Schweden wörtlich das »Feinzimmer« – *finrummet*), also der kaum genutzte Repräsentationsraum, der bürgerliche Wohnformen nachahmte, musste verschwinden.

Solchen Nutzungsidealen war immer auch ein Geschlechterunterschied eingeschrieben, der Grundriss erzwang geschlechterdifferenzierte Verortungen.[62] Er wurde nach Geschlechterrollen aufgeteilt und ans männliche Alleinversorgermodell angepasst. Räume und Raumnutzung wurden hierarchisiert. Der Grundriss wurde so ausgerichtet, dass die Küche vormittags Sonne erhielt, während die Abendsonne ins Wohnzimmer fiel, in dem der Ehemann nach getaner Arbeit möglichst nutzbringend seinen Feierabend verbringen sollte (statt bespielsweise in der Kneipe). Zusätzlich wurde die Küche verkleinert und zum hochspezialisierten Arbeitsplatz der Hausfrau umgeformt, an dem nur sie sich aufzuhalten hatte[63] – so auf der *Stockholmsutställning*

---

57. GROPIUS, geistige und technische voraussetzungen der neuen baukunst (1988, urspr. 1927), S. 114.
58. WECKHERLIN, B.au E.ntwurfs L.ehre (1991), S. 85. Ähnlich: EVANS, Menschen, Türen, Korridore (1996), S. 93.
59. KUHN, Standard- oder Individualwohnung? (2001), S. 71.
60. KAUFMANN, Frankfurter Kleinwohnungstypen in alter und neuer Zeit (1927), S. 116.
61. HAESLER, Zum Problem des Wohnungsbaus (1930), S. 5, 8, 17.
62. Vgl. BEER, Architektur für den Alltag (1994); DÖRHÖFER, Das neue Bauen und seine Folgen für den weiblichen Alltag (1997).
63. Vgl. HANISCH/WIDRICH, Architektur der Küche (1999); HEßLER, »Mrs. Modern Woman« (2001); LLEWELLYN, Designed by Women and Designing Women (2004); NIERHAUS, Die Fabrik des Hauses (1984); ORLAND, Emanzipation durch Rationalisierung? (1993); SCHMIDT-WALDHERR, Rationalisierung der Hausarbeit in den zwanziger Jahren (1988); TERLINDEN/OERTZEN, Die Wohnungsfrage ist Frauensache! (2006) sowie die Beiträge in ARBEITSGEMEINSCHAFT HAUSWIRTSCHAFT E.V., Haushalts-Träume (1990). Für Schweden: BERNER, Sakernas

oder mit der erwähnten »Frankfurter Küche«.[64] Außerdem schrieb die Ausrichtung der Standardwohnung auf die Kleinfamilie diese als Verbrauchs- und Reproduktionseinheit fest.

In den 1920er Jahren verschränkten sich moralisch aufgeladene Anwendungsempfehlungen und berechtigte Ansprüche, wohlfahrtsstaatliche Gaben und an deren Empfänger herangetragene Erwartungen. Ins Recht auf eine »gute«, also hygienischen und »sittlichen« Standards genügende Wohnung war ein Verhaltensideal eingeschrieben, das direkt auf die Produktivität ihrer Bewohner gerichtet war. Wir haben es hier mit einer Erscheinungsform der »Biomacht« zu tun, einer Sorge um die Leistungsfähigkeit der Menschen, die eine Verwaltung des Körpers motivierte – denn dieser war die Schnittstelle zwischen dem individuellen Verhalten und der Ressource Bevölkerung. Architekten optimierten die »Ökonomie des Lebens« (Michel Foucault), und zwar auf einem »mikrophysischen« Niveau, durch Normalmaße, die das Verhalten prägen sollten – im Idealfall ohne dass direkte Kontrolle durch Behörden ausgeübt wurde. Das entwickelte gerade im Legitimationszusammenhang der neuen Wohlfahrtsstaaten Resonanz. Architektur verbesserte das Leben aller – und nahm gleichzeitig den Einzelnen in die Pflicht.

Rückwirkungen auf den Architektenberuf: »Bauzahlen«

Darin ist nicht nur eine Ermächtigung der Architekten zu sehen. Wie gezeigt, inszenierten sich viele Architekten der 1920er Jahre als Wissenschaftler, und das mündete in die Vereinheitlichung ihrer Praxis. Die »Taylorisierung der Entwurfsarbeit« bedrohte den autonomen Künstler, denn sie trug zur »Enträtselung« des Berufs bei.[65] Ein Beispiel: Als um 1930 in Deutschland in Folge der Weltwirtschaftskrise das Bauaufkommen stagnierte, verschlechterte sich die Auftragslage zumal für junge Architekten wie Gutschow erheblich. Dieser wandte sich nun verstärkt theoretischen Arbeiten zu. Unter anderem[66] arbeitete er an einem Taschenbuch mit dem Titel »Bauzahlen«. Es sollte »die Zahlen und Maße, die Tabellen und Formeln des Bauwesens« enthalten und damit »einen Schritt zur Rationalisierung der Architektenarbeit« machen.[67] Denn so, schrieb Gutschow, könnte »Leerlauf und Arbeitsverschwendung« einerseits im Arbeitsprozess des Architekten, andererseits seitens der Verbraucher entgegengewirkt werden. »Ein Waschbecken, in unpraktischer Hö-

---

tillstånd (1996); HAGBERG, Tekniken i kvinnornas händer (1986); LÖVGREN, Hemarbete som politik (1993); NYBERG, Tekniken - kvinnornas befriare? (1989); RUDBERG, »Stäng in arkitekten i kokvrån!« (1983).

64. Vgl. KUHN, Wohnkultur und kommunale Wohnungspolitik in Frankfurt am Main 1880–1930 (1998), bes. S. 142–166; NOEVER, Die Frankfurter Küche von Margarete Lihotzky (1982).

65. WECKHERLIN, B.au E.ntwurfs L.ehre (1999), S. 77, 83.

66. Zwischen 1930 und 1932 schrieb Gutschow außerdem gemeinsam mit dem Bauingenieur Hermann Zippel einen Ratgeber zum Umbau bestehender Bauten: GUTSCHOW/ ZIPPEL, Umbau (1932).

67. Konstanty Gutschow: Bauzahlen. Leitgedanke, o.D. [1933?] (StA-HH, 621-2/11, AV 4/3).

he angebracht, bringt tagtäglich unbequeme Körperhaltung und Kraftvergeudung mit sich.«[68] Es verwundert nicht, dass Gutschow seine Forschungen 1933 (ohne Erfolg) dem »Reichskuratorium für Wirtschaftlichkeit« (RKW) anbot.[69] Gutschow plante, sein Buch mit Vergleichsmaterial, also mit Grundrissen unterschiedlicher Bauten zu illustrieren, und er entwickelte dabei eine Methode, die er später perfektionieren sollte. Er verschickte Fragebögen an Architekten, um die Abmessungen ihrer Bauten in Erfahrung zu bringen – unter anderem diejenigen von Gunnar Asplunds Stockholmer Stadtbibliothek.[70]

Korrekturfahnen des Buchs sind erhalten, darunter Seiten zum Thema »Mensch« (Abb. 8). Sie erteilen Auskunft über die Abmessungen des menschlichen Körpers. Hier wird ein physiologischer Grenzwert, ein minimaler Raumbedarf des Menschen bei der Ausübung verschiedener Tätigkeiten definiert und für die Entwurfspraxis aufbereitet. Die Berücksichtigung solcher Maße, so der Gedanke, werde sowohl die Effizienz der architektonischen Arbeit steigern als auch die Platzausnutzung seitens des Bewohners optimieren. Gutschows Illustrationen zeigen den Bewohner als anonymisierten Körper in »Reihung«. Der Mensch ist hier eine statistische Erscheinung, deren Maße und Bedürfnisse in eins fallen – Gutschow stützte sich auf Material, das er dem »Handbuch für den Truppenführer« und den anthropometrischen Untersuchungen des Statistikers Adolphe Quételet entnahm. Allerdings war die Identität von Abmessungen und Nutzung nicht so unproblematisch, wie dies die Abbildungen suggerierten. Herbert Hoffmann vom Julius-Hoffmann-Verlag, der das Buch verlegen sollte, schrieb zu einem frühen Entwurf Gutschows: »Ich konnte mir weder unter ›Grundmaße‹ noch gar unter ›entwickelte Maße‹ etwas vorstellen. Geht es mit ›natürliche Maße‹ oder ›abgeleitete Maße‹ oder ›Maße aus der Natur‹ oder ›Maße aus dem Gebrauchszweck‹ oder ›Gebrauchsmaße‹?«[71] Das Ringen um einen angemessenen Begriff für Gutschows Maßzeichnungen, das Gleiten der Begriffe zwischen Natur und Gebrauch ist aufschlussreich. Hier kann man beobachten, wie aus der Feststellung eines statistischen Mittels »natürliche« Raumnutzungen abgeleitet werden.

Gutschows Buch wurde nie gedruckt, weil sich die Arbeit wegen seiner Teilnahme am Reichsbankwettbewerb 1933 verzögerte, aber auch, weil die Veröffentlichung von Auszügen aus Ernst Neuferts »Bau-Entwurfslehre« in der »Bauwelt« seiner Publikation zuvorkam – Neufert war Bauhausschüler

---

68. Konstanty Gutschow: Exposé vom 15. 2. 1933, S. 2 (StA-HH, 621-2/11, AV 4/3).

69. Gutschow korrespondierte darüber hinaus mit dem »Deutschen Normenausschuss«, mit der »Stiftung zur Förderung von Bauforschungen«, mit dem »Deutschen Handwerksinstitut« und vergleichbaren Institutionen. Vgl. die Unterlagen im StA-HH, 621-2/11, AV 4/1.

70. Übrigens misstraute er den so ermittelten Angaben (selbst den von ihm verehrten Otto Haesler bezeichnete er als »Meisterjongleur«). Er versuchte deshalb selbst »aus den originalen Bauzeichnungen nach einheitlichen Berechnungsformen« die Flächenanteile zu berechnen. Gutschow an Hoffmann, 11.12.31 (StA-HH, 621-2/11, AV 4/2).

71. Hoffmann an Gutschow, 29.10.1932 (StA-HH, 621-2/11, AV 4/2).

»Proletarierwohnungskomplex« oder »Wohndiät«?

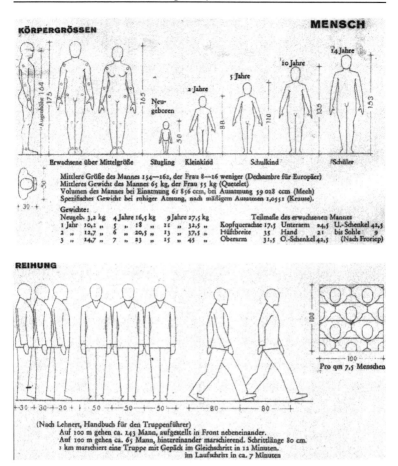

Abbildung 8: Illustrationen aus Gutschows »Bauzahlen« (1933)

und von 1924 bis 1926 Büroleiter bei Walter Gropius gewesen.[72] Tatsächlich sind die Parallelen zwischen den Vorarbeiten Gutschows und der bis heute in immer neuen Auflagen publizierten »Bau-Entwurfslehre« verblüffend (Abb. 9).[73] Gutschow aber, und das ist bezeichnend für sein Selbstverständnis, gab sich angesichts dieser Ähnlichkeit sachlich. Seine »Bauzahlen« lägen nun

---

72. Zu Neufert vgl. VOIGT, »Triumph der Gleichform und des Zusammenpassens« (1993); sowie die Beiträge in PRIGGE, Ernst Neufert (1999). Neufert und Gutschow begegneten sich im Laufe der kommenden Jahrzehnte immer wieder, sei es im Kontext einer Debatte um die Standardisierung von Ziegelsteinmaßen in den frühen 1940er Jahren, sei es in der Leitstelle »Bau« im »Deutschen Normenausschuss«, die Neufert leitete, und an der Gutschow Mitte der 1940er Jahre als Vorsitzender der Gruppe »Städtebau« mitwirkte, oder im Wiederaufbaustab Albert Speers.

73. Beide Texte haben allerdings auch Vorgänger, etwa die Abbildungen von »Normalfiguren« bei Franz Krause: KRAUSE, Der menschliche Körper als Maßstab für die Bestimmung von Raumgrößen (1929).

einmal »in der Luft«.[74] Zu einem kleinen Eklat kam es trotzdem, weil sich der Julius-Hoffmann-Verlag offenbar von der »Bauwelt« hintergangen fühlte, bei der Gutschow einige Jahre früher mit seinem Projekt vorstellig geworden war.[75] Übrigens war dies nicht der einzige Plagiatsvorwurf in der Grundrissdebatte. Gustav Wolf hatte schon 1929 Siegfried Stratemanns »Grundrisskatalog« als Plagiat seiner eigenen Studien attackiert.[76] Hier wird ein Konflikt zwischen Standardisierungsabsicht und Urheberrecht sichtbar, der ein Schlaglicht auf die Ambivalenz der Objektivierungsabsichten der Zeit wirft.

Neufert, Gutschow und andere sammelten und systematisierten also Anfang der 1930er Jahre Material, das die Entwurfspraxis vereinfachen und vereinheitlichen, ja sogar »steuerbar« machen sollte.[77] Sie trieben die »Rationalisierung des Architektenbüros« voran, sie entmystifizierten das Wissen und veränderten damit das »Rollenverständnis des Architekten«.[78] Übrigens nahmen sie dabei skandinavische Entwicklungen zur Kenntnis:[79] Sowohl die Abbildungen in Gutschows »Bauzahlen« als auch jene in der »Bau-Entwurfslehre« verdanken viel einem einige Jahre älteren dänischen »Handbuch für die Bauindustrie« (»Håndbog for Bygnings-Industrin«).[80] Ohnehin fällt die Ähnlichkeit zwischen deutschen und skandinavischen Maßkatalogen der frühen 1930er Jahre auf (Abbildung 9-12).

---

74. Gutschow an Paulsen, 11.6.1935 (StA-HH, 621-2/11, AV 4/2).
75. Paulsen an Gutschow, 4.6.1935 (StA-HH, 621-2/11, AV 4/2). Hoffmann und Gutschow korrespondierten allerdings schon früh über Konkurrenzprojekte von Alexander Klein und Neufert. Hoffmann sah zu diesem Zeitpunkt keine Gefahr für Gutschows Projekt, gerade Kleins Forschungen seien (das ist als größtmögliche Disqualifikation zu verstehen!) »keiner absoluten Objektivität« verpflichtet: Hoffmann an Gutschow, 17.3.1933 (StA-HH, 621-2/11, AV 4/2).
76. Vgl. Städtebau 24 (1929), S. 162.
77. REICHLIN, Den Entwurfsprozess steuern (1999).
78. WECKHERLIN, B.au E.ntwurfs L.ehre (1999), S. 70.
79. Neufert reiste Anfang der 1930er Jahre im Auftrag der »Bauwelt« durch Skandinavien und lobte zurückgekehrt die schwedischen Grundrisse und Bauten: Vgl. NEUFERT, Bauen und Bauten unserer nordischen Nachbarn (1934). Seine Entwürfe für »Installationszellen« waren offenbar von schwedischen Vorbildern beeinflusst: KUHN, Die Spur der Steine (1999), S. 350.
80. Vgl. Gutschows Unterlagen zum Buchprojekt: Probleme. Der Mensch/Grundnormen, 1933 (Sammlung N. Gutschow). Zum »Håndbog« auch HEGEMANN, Das dänische Handbuch der Bauindustrie (1931). In Gutschows Unterlagen finden sich außerdem Auszüge aus einer vergleichbaren amerikanischen Veröffentlichung, den »Architectural Graphical Standards« von 1932.

»Proletarierwohnungskomplex« oder »Wohndiät«?

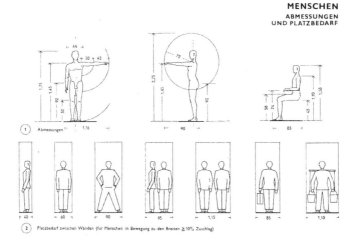

Abbildung 9: Abmessungen des menschlichen Körpers in Neuferts »Bau-Entwurfslehre« (1936)

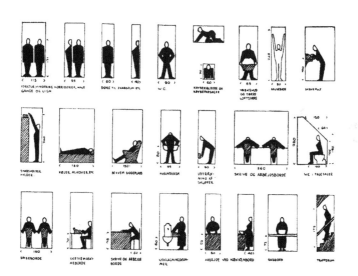

Abbildung 10: Illustrationen aus dem dänischen »Håndbog for Bygnings-Industrin« (1930)

Architektur, Wissenschaft, Soziales

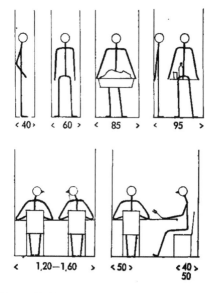

Abbildung 11: Eine Abbildung aus der schwedischen Publikation »Köket«, einer Veröffentlichung, für die die Autoren laut eigener Angabe im engen Austausch mit dem RKW und der RFG standen.[81]

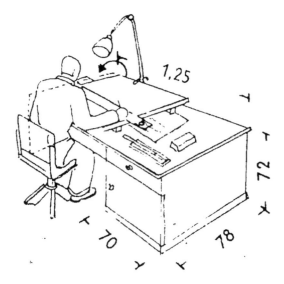

Abbildung 12: Rückwirkungen der Rationalisierungsbemühungen auf die Arbeit der Architekten selbst (Neufert, »Bau-Entwurfslehre«).

---

81. KOMMITTÉN FÖR STANDARDISERING AV BYGGNADSMATERIAL, Köket och ekonomiavdelningen i mindre bostadslägenheter (1940, urspr. 1934), S. 8.

Länder übergreifend inszenierten also bebilderte Platzmaß- und Normenkataloge den Durchschnittsbewohner als »soziologisch und statistisch exakt beschreibbares Massensubjekt«.[82] Länder übergreifend knüpfte sich daran die Erwartung, soziale Versprechen im Bauen effektiver einlösen zu können. Die Verdatung des wohnenden Körpers für eine im doppelten Wortsinn angemessene Wohnarchitektur hatte einen janusköpfigen Charakter. Sie legitimierte die Rolle des Architekten als Sozialtechniker – gleichzeitig wurden dessen Handlungsspielräume aber der wissenschaftlichen Evidenz- und Objektivitätsstiftung unterworfen. Reichow etwa schrieb zum »funktionellen Städtebau«, man sei »noch viel zu wenig rationell und doktrinär gewesen«.[83] Solche Strenge gegen sich selbst blieb nicht folgenlos. Auf konkrete Bauaufgaben angewandt, konnte sich die Forderung nach einer sozialen und zugleich ökonomisch effizienten Architektur als »unmögliche Rechenaufgabe« darstellen, wie Gutschow 1939 schrieb.[84] Der Einordnungswille konnte im Extremfall bis zur Selbstverleugnung gehen. Gutschow etwa rekapitulierte in den 1940er Jahren: »So erschien es mir für ein Wohnhaus immer als das höchste Lob, wenn man von ihm nicht sagen könne, dass es von dem und dem Architekten dann und dann gebaut sei.«[85]

Klassenkampf oder Wissenschaft?

Trotz dieser Veränderungen von Praxis und Selbstverständnis, die Architekten in Schweden *und* Deutschland betrafen, bestanden deutliche Unterschiede, und diese waren vor allem politisch geprägt. In Schweden übernahmen, wie gezeigt, die Funktionalisten zu Beginn der 1930er Jahre auf einer Reihe von Schauplätzen die Diskursmacht – in der Redaktion von »Byggmästaren«, in der SSF, in *Stockholms arkitektförening*, auf der *Stockholmsutställning*. Sie setzten sich innerhalb der von ihnen selbst dynamisierten Rahmenbedingungen des *folkhem* durch. In Deutschland dagegen kann von der Hoheit einer klar definierten Gruppe nicht die Rede sein.[86] Im Gegenteil, um 1930 spaltete sich hier die Erneuerungsbewegung in verschiedene Lager. Trotz gemeinsamer Wurzeln in der Lebensreform, trotz der gemeinsamen Bezugnahme auf das »gute Leben« als »Legitimitätsformel« zerlegte sich die deutsche Architektur-Avantgarde »entlang den internen Verständigungslinien über das Element der Politisierung.«[87] Die Auseinandersetzung auf formästhetischer Ebene zwischen »Neuer Tradition« und *International Style,* die sich Ende der 1920er Jahre verschärften, ist kaum ohne deren zunehmende tagespolitische Aufladung zu verstehen – sei es der »Zehlendorfer Dächerstreit« (um die traditionalistische »Siedlung am Fischtalgrund« und die mo-

---

82. WECKHERLIN, B.au E.ntwurfs L.ehre (1999), S. 73.
83. REICHOW, Dualismus im Städtebau (1931), S. 550.
84. GUTSCHOW, Volkswohnung-Familienwohnung (1939), S. 21.
85. Konstanty Gutschow: 10 Jahre Architekt 1935-1945, 1946, S. 2 (StA-HH, 621-2/11, A X 4).
86. Einen guten Eindruck von der Vielfalt der Diskussionen zwischen 1919 und 1933 erhält man in der Textsammlung TROTZDEM MODERN (1994).
87. MÜLLER/DRÖGE, Avantgarde und die Politisierung der Kunst (2003), S. 75.

dernistische »Onkel-Tom-Siedlung«, die in direkter Nachbarschaft in Berlin errichtet wurden) oder die Anfeindungen zwischen dem konservativen »Block« und dem »Ring«.[88] Positionsbestimmungen werden noch komplizierter, wenn man die Verwerfungen innerhalb des »progressiven« Lagers bedenkt: den Ausschluss der »organischen Funktionalisten« um Hugo Häring aus den CIAM[89] oder das sich wandelnde politische Profil der Bauhaus-Architekturabteilung unter Walter Gropius, unter dem »linken Funktionalisten« Hannes Meyer und unter Mies van der Rohe.[90] Die Frontverläufe überlagern sich außerdem, wenn es nicht um die Formerneuerung im Allgemeinen, sondern um die Wohnarchitektur im Besonderen geht. Denn die umstrittenen Experimente der Avantgarde mit neuen Raumerfahrungen durch »befreites Wohnen« bezogen sich meist nicht auf die Wohnung für die Massen, sondern auf die Villenarchitektur.[91] Wissenschaftlich optimierte Kleingrundrisse wiederum waren problemlos mit neoklassizistischen Fassaden kombinierbar.[92]

Die moderne Architektur der späten 1920er und frühen 30er Jahre im deutschsprachigen Raum war also, sofern überhaupt monolithisch von einer solchen die Rede sein kann, heterogener als die schwedische[93] – gerade auch hinsichtlich der »Grundrissfrage«.[94] Nicht alle deutschen Architekten beantworteten sie in gleicher Weise. Anders als beispielsweise die Archi-

---

88. Zu den Debatten immer noch hervorragend: MILLER LANE, Architektur und Politik in Deutschland 1918–1945 (1986, engl. 1968). Vgl. auch LAMPUGNANI, Vom »Block« zur Kochenhofsiedlung (1992) sowie die Beiträge in STIFTUNG BAUHAUS DESSAU, Es gab nicht nur das Bauhaus (1994).

89. Dazu BRUYN, Fisch und Frosch (2001), S. 62–67. Zu nennen ist hier auch die Differenzierung Adolf Behnes zwischen Utilitarismus, Funktionalismus und Rationalismus. Vgl. BEHNE, Der moderne Zweckbau (1925).

90. Vgl. DROSTE, Enterbung des Nachfolgers (2009); HAIN, Linker Funktionalismus (1983); NERDINGER, »Anstößiges Rot« (1989).

91. GIEDION, Befreites Wohnen (1929). Vgl. dazu VETTER, Die Befreiung des Wohnens (2000).

92. Vgl. etwa KÄHLER, Nicht nur Neues Bauen! (1996), S. 347, und KUHN, Wohnkultur und kommunale Wohnungspolitik in Frankfurt am Main 1880–1930 (1998), S. 121.

93. Schon an den Berufsbiografien der im Hauptteil untersuchten Architekten werden die Überlagerungen deutlich. Um nur einige zu nennen: Zeitgleich mit Gutschows ersten wissenschaftlichen Gehversuchen plante Johannes Göderitz bereits als Mitarbeiter Bruno Tauts (ab 1927 selbstständig als Stadtbaurat) in der »Stadt des neuen Bauwillens« Magdeburg. Seine Bauten wiesen einen eklektischen, eher gemäßigten Modernismus auf. Göderitz gehörte zeitweise der RFG an. Gutschows späterer Mitarbeiter Rudolf Hillebrecht studierte am Bauhaus, genau wie Hubert Hoffmann, der als Angestellter im Büro Fred Forbats an der Versuchssiedlung Haselhorst mitarbeitete, Mitglied der Architektenvereinigung »Ring« war und 1933 auf der berühmten Schiffsreise der CIAM an der Ausarbeitung der »Charta von Athen« beteiligt war. Hoffmann erstellte außerdem einen Plan für Dessau für die CIAM-Konferenz zur funktionellen Stadt. Reichow plante in den 1920er und 30er Jahren trotz seiner traditionellen Ausbildung als Mitarbeiter Erich Mendelsohns an so ikonischen Bauten der Moderne wie dem Universum-Kino (der heutigen Schaubühne) in Berlin mit und wirkte in Dresden (wo er ein Haus des »konservativen« Tessenow bewohnte) in der Stadtplanung.

94. TAUT, Grundrißfrage (1928).

tekten im »Neuen Frankfurt« behauptete der Berliner Stadtbaurat Martin Wagner, die Verkleinerung der Wohnung schlage sich faktisch nur in geringem Maße in den Baukosten nieder.[95] Otto Haeslers stark differenzierten, monofunktionalen und sehr kleinen »Kabinengrundrissen« etwa stand Bruno Tauts Berliner »Gehag-Typ« diametral gegenüber. Diese »neutrale Wohnung« verfügte über eine Wohnküche, erlaubte Mehrfachnutzungen (Kinder sollten im Wohnzimmer schlafen) und wies gleichgroße, untervermietbare Zimmer auf. Taut ignorierte also die Diskussion um die Kostenersparnis im Wohnungsbau, um stattdessen die (mutmaßliche) Wohnkultur der Arbeiter zu berücksichtigen, darunter das Schlafgängertum. Er schwamm bewusst »gegen den Strom«, wenn er die Kleinstwohnung ablehnte und stattdessen größere, steuerfinanzierte Wohnungen forderte und offen gegen die RFG polemisierte, indem er deren Vorhaben in einem Aufsatz mit dem Grundriss einer Gefängniszelle illustrierte.[96] Otto Völckers wiederum verspottete Tauts Kritik als Ausdruck eines realitätsfernen »Proletarierwohnungskomplexes«.[97]

Ende der 1920er Jahre trafen in Deutschland also zwei Strategien aufeinander. Einer Tendenz zur Politisierung der Wohnungsfrage stand die funktionale Optimierung des insbesondere durch Verkleinerung verbilligten Wohnraums gegenüber. Zwei unterschiedliche Vorstellungen vom Wohnverhalten,[98] aber auch zwei Subjektentwürfe kollidierten bei der Lösung eines gemeinsam diagnostizierten Problems. Der Pragmatismus der Experten sah mit technischen Methoden zu befriedigende, allgemeinmenschliche Bedürfnisse, wo für andere der politische Kampf gegen die soziale Ungerechtigkeit begann.[99]

Das lässt sich vielleicht am besten an der Debatte um die Zeilenbebauung illustrieren. Immer wieder trifft man im deutschen Diskurs der 1920er Jahre auf die Forderung, von »innen nach außen« zu bauen, also der Zweckerfül-

---

95. Vgl. STEINMANN, CIAM internationale Kongresse für neues Bauen (1979), S. 71.

96. TAUT, Gegen den Strom (1930). Allerdings wurde in der Regel an einem schon um die Jahrhundertwende etablierten Zweispännertyp festgehalten. Vgl. zur Grundrissentwicklung in Deutschland FALLER, Der Wohngrundriss (1996); ROSCHER, Wohnung, Familie, Haustyp (1996); SCHUMACHER, Otto Haesler und der Wohnungsbau in der Weimarer Republik (1982), bes. S. 192-218.

97. VÖLCKERS, Kritik des zusätzlichen Wohnungsbauprogramms der Reichsregierung (1930), S. 398. Tatsächlich, das zeigen sozialhistorische Studien zu den Bewohnern der Neubausiedlungen der 1920er Jahre, wurden weder die sozialen Versprechen der Minimalwohnung noch diejenigen des Arbeiterwohnungsbaus eingelöst - ihre Bewohner entstammten nicht den untersten Einkommensschichten, sie waren überwiegend Angestellte. Immer noch hervorragend dazu: HERLYN/VON SALDERN/TESSIN, Neubausiedlungen der 20er und 60er Jahre (1987), bes. S. 53-56.

98. Vgl. KÄHLER, Kollektive Struktur, individuelle Interpretation (1989), S. 41.

99. Erstere setzten sich natürlich immer dem Vorwurf des Reformismus aus, weil sie nicht grundsätzlich gegen die Wohnung als Ware Stellung bezogen. Diese Kritik wurde in den 1970er Jahren wieder aufgegriffen, als man über den so genannten »Bauwirtschaftsfunktionalismus« debattierte. So wurde 1973 die Reformismusdiagnose Alexander Schwabs von 1930 wiederaufgelegt: SIGRIST [d.i. Alexander Schwab], Das Buch vom Bauen (urspr. 1930).

lung des Grundrisses den Vorrang vor der Fassadengestaltung oder der städtebaulichen Raumwirkung zu geben. Damit kam, genauso wie in Schweden, neben dem funktionalen Grundriss auch die »rationelle Bebauungsweise« in den Blick,[100] also die Frage der Baukörpertiefe und -orientierung und der damit verbundenen Anforderungen ans Erschließungssystem. Ende der 1920er Jahre wurde die Zeilen- oder auch Streifenbauweise oft als notwendige Konsequenz des guten Grundrisses betrachtet, beispielsweise von Haesler, Gropius und der RFG. Die Zeile erschien als optimale Lösung, um eine geringe Baukörpertiefe zu erreichen, was die Durchlüftung der Wohnungen verbessern und es erlauben sollte, alle Wohnungen im gleichen Maß am Stand der Sonne im Tagesverlauf zu orientieren. Außerdem schien die Zeilenbebauung eine bessere Durchgrünung der Wohngebiete und zugleich deren Entkopplung vom Durchgangsverkehr zu ermöglichen. Und natürlich entsprach sie einem Denken, das zwar Ästhetik und soziale Absichten als Widersprüche fasste, aber oft (unbewusst oder unausgesprochen) die Serialität ästhetisch überhöhte, die damit als »dynamisches« Gestaltungsprinzip an die Stelle der Achsensymmetrie rückte. Überdies schuf die Zeilenbebauung vor allem aus der Luft oder auf dem Plan gesehen klar geordnete Bereiche innerhalb der großstädtischen Morphologie. Sie war, um einen zeitgenössischen Kritiker zu zitieren, auch Ausdruck der »Freude an einem graphisch sauberen Schwarz-Weiß-Bild«.[101] Schließlich ließ die Zeile Assoziationen von sozialer Nivellierung und Fließbandfertigung aufkommen. Das galt vor allem da, wo sie als Sachzwang der Anwendung industrieller Produktionstechniken ausgewiesen werden konnte. In der Versuchssiedlung Dessau-Törten (errichtet 1926-1928) beispielsweise wurden die Baukörper entlang von Schienen angeordnet, auf denen die Kräne sich bewegten, mit denen präfabrizierte Bauteile montiert wurden.[102] Zeilenförmige Bauten versinnbildlichten eine tendenziell unbegrenzte Produktionskette und damit eine ortsunabhängige Versorgung mit dem Verbrauchsgut Wohnung.

Junge Architekten wie Gutschow und Hans Bernhard Reichow verdienten erste Lorbeeren mit der theoretischen Bearbeitung von städtebaulichen Teilproblemen, die entstanden, wenn Bebauungsplan und Erschließungssystem den »Forderungen« des Wohnungsgrundrisses unterworfen wurden. Gutschow kritisierte 1931 in einem Vortrag, dass gegenwärtige Bauordnungen ein schlechtes Verhältnis von Haustiefe und Hausbreite förderten.[103] Die Wohnung müsse als »Gebrauchsgegenstand« betrachtet, ihr Grundriss »aus dem Leben des Alltags, dem Schlafen und Sich-Waschen, dem Kochen und Essen, dem Arbeiten und Sich-Ausruhen entwickelt« werden. Eine »vernünftige Grundrißbildung« und eine »rationelle Bodenbewirtschaftung« seien aber nur durch von der Straße abgewandte Baukörper zu erzielen, und zwar im besten Fall in Zeilenbauweise, weil diese eine gleichmäßige Besonnung aller Wohnungen ermögliche. Gutschow versuchte nun am Beispiel seines

---

100. CIAM INTERNATIONALE KONGRESSE FÜR NEUES BAUEN, Rationelle Bebauungsweisen (1931).

101. VÖLTER, Der Sieg der Streifenbebauung (1929), S. 176.

102. Der Dessauer Lageplan taucht auch in »Accepta« auf: ASPLUND u.a., Accepta (1980, urspr. 1931), S. 90.

103. GUTSCHOW, Haus und Bebauungsplan (1931), S. 170-172.

eigenen Bebauungsplans für ein Wohngebiet im Hamburger Wandsbek zu beweisen, dass die Erschließungskosten von quer und parallel zur Straße verlaufender Bebauung gleich hoch seien. Reichow zitierte 1932 die These der CIAM, Städtebau sei die »Organisation sämtlicher Funktionen des kollektiven Lebens in der Stadt und auf dem Lande«. Siedlungen müssten deshalb zu »Leistungsorganismen« werden.[104] Mit derart weit reichenden Zielen im Blick setzte sich Reichow minutiös mit der gesetzlichen Regelung der Anliegerbeiträge auseinander, also mit dem Problem, dass die Zeilenbebauung größere Grundstücksbreiten erforderte, was wiederum zu erhöhten Gebühren der Tiefbauverwaltungen für längere Versorgungsleitungen und Gehsteige führte.[105]

Um 1930 herum regte sich in Deutschland aber Widerstand gegen das Zeilenbebauungspostulat. Insbesondere der Bebauungsplan Haeslers und Gropius' für die 1929 eingeweihte Karlsruher Dammerstocksiedlung[106] und der erwähnte Haselhorstwettbewerb wurden zum Gegenstand einer Debatte, die einen genaueren Blick wert ist, gerade im Vergleich mit Schweden. Der einflussreiche Kritiker Adolf Behne kritisierte in einem viel zitierten Aufsatz die »Ration Wohnung« und ihr städtebauliches Komplement, die Zeilenbebauung, als zu knapp bemessene »Wohndiät«. Er schrieb:

»Der Zeilenbau will möglichst alles von der Wohnung her lösen und heilen, sicherlich im ernsten Bemühen um den Menschen. Aber faktisch wird der Mensch gerade hier zum Begriff, zur Figur. Der Mensch hat zu wohnen und durch das Wohnen gesund zu werden, und die genaue Wohndiät wird ihm bis ins Einzelne vorgeschrieben. Er hat, wenigstens bei den konsequenten Architekten, gegen Osten zu Bett zu gehen, gegen Westen zu essen und Mutterns Brief zu beantworten, und die Wohnung wird so organisiert, daß er es faktisch gar nicht anders machen kann.«

Es müssten aber »andere Wohnwerte« berücksichtigt werden, wolle der Architekt nicht »diktatorisch« vorgehen und den Menschen als reine Abstraktion behandeln.[107]

Auch Gutschow meldete sich in der Dammerstockdebatte zu Wort, bezog aber eine grundsätzlich andere Position als Behne. Er bemängelte zwar wie dieser, der Streit mache »sachliche Fragen« zu »Gesinnungsfragen« – ähnlich wie in der Auseinandersetzung um das flache Dach: »Nichts ist an sich richtig. Es kommt immer auf den Zusammenhang an.« Die Gebäudeorientierung etwa sei nicht nur von der Besonnung her zu durchdenken, sondern auch von

---

104. REICHOW, Funktioneller Städtebau (1932), S. 449.
105. Vgl. REICHOW, Zum Reichsstädtebau-Gesetzentwurf (1932); DERS., Zur Frage der Parzellierung und Regelung des Anliegerbeitrags (1932).
106. Zum Dammerstockwettbewerb und zur Karlsruher Ausstellung »die gebrauchswohnung« (1929): BADISCHES LANDESMUSEUM KARLSRUHE, Neues Bauen der 20er Jahre (1997); SCHÜTZ, Die Dammerstocksiedlung (1987).
107. BEHNE, Dammerstock (1930), S. 164. Martin Wagner spitzte die Kritik 1932 noch zu: »Es gibt nun jedoch eine Reihe sogenannter ›moderner‹ Architekten, die das ›biologische‹ Bauen erfunden haben und nun mit ›wissenschaftlichem‹ Ernst die These vertreten, daß die Besonnung des Hauses auch seine Gestaltung im Grundriß wie im Aufriß bestimme.« Zit. nach KUHN, Standard- oder Individualwohnung? (2001), S. 70.

Aspekten wie »Geländeformation, Wind- und Wetterverhältnisse[n], Parzellengrenzen, Vermeidung von Verkehrslärm«. Gerade die Dammerstocksiedlung versinnbildliche die »Sinnlosigkeit jeder Doktrin«, denn hier seien viele Grundrisse eben nicht nach der Sonne orientiert. Dabei sei es doch erklärtes Ziel gewesen, durch die Nord-Süd-Zeilenbebauung die Möglichkeit zu schaffen, Schlafräume in Ostlage anzulegen.[108] Gutschow zweifelte also, anders als Behne, nicht grundsätzlich an technisch-wissenschaftlichen Lösungen. Vielmehr kritisierte er, bisherige Überlegungen seien nicht komplex genug gewesen. So sei die »Verwertung der Besonnung« komplizierter, wenn etwa zwischen sonnenbeschienener Fläche und »durchsonntem Raumvolumen« unterschieden, also der »Wert« der jeweiligen »Sonnenstunde« bedacht würde (Abb. 13).[109] So absurd die Diskussion um derartige Details anmuten mag, wichtig ist hier, dass Gutschow Behnes Kritik im Grunde nicht verstand. Er kritisierte sozusagen nicht das Fasten als solches, sondern die vorgeschlagene Diättechnik. Er war Experte, nicht Politiker oder Philosoph.

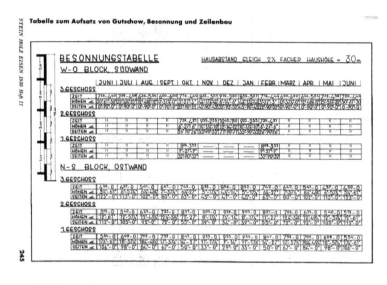

Abbildung 13: Gutschows »Besonnungstabelle«. Sie zeigt die jeweilige Besonnungsdauer von Süd- und Ostwand pro Geschoss im Jahresverlauf und stellt den geringen »hygienischen Wirkungsgrad« der Besonnung der Ostwand durch »Streifsonne« einer längeren Besonnung der Südwand gegenüber.

---

108. Ähnlich argumentierte auch VÖLCKERS, Kritik der Dammerstocksiedlung (1929), S. 758.

109. GUTSCHOW, Zu den Fragen: Besonnung und Zeilenbau (1930), S. 244–246.

1930/1933. Nationaler Funktionalismus und Nationalsozialismus. Aufbruch in Schweden, Niedergang in Deutschland

In Schweden stand der Funktionalismus zu Beginn der 1930er Jahre in Wechselwirkung mit dem sozialdemokratischen Wohlfahrtsprojekt. Architekten wie Åhrén wurden zu Politikberatern. Der Architekt war zeitweilig sogar Rollenvorbild des Sozialexperten überhaupt. Während sich im deutschen Architekturdiskurs Politik und Expertenwissen eher gegenüberstanden, gingen sie in Schweden eine strategische Verbindung ein. Zu einer Debatte um die Politisierung des Bauens, wie sie in Deutschland um 1930 geführt wurde – um die Optionen, entweder »reformistisch« den Wirkungsgrad von Wohnungsbau und Wohnvorgang zu steigern oder Partei zu ergreifen für die Arbeiter – kam es in Schweden gar nicht erst. Denn hier wurde die Rationalisierung von Wohnung und Lebensführung nicht als Eingeständnis gegenüber dem Kapitalismus verstanden. Vielmehr war, wie angedeutet, die Arbeit des Einzelnen an der eigenen Effizienz und Produktivität Bestandteil der politischen Steuerung von Wirtschaft und Gesellschaft. Die funktionale Wohnung war im *folkhem* zugleich Symbol und konkreter Angriffspunkt einer umfassenden Reorganisation des Alltags. Und das hieß, dass in Schweden schon früh die Bevölkerungsmehrheit in den Blick genommen wurde. In Deutschland dagegen blieb die Debatte um soziale Rechte und ökonomische Sachzwänge überwiegend auf die Versorgung der finanziell »Minderbemittelten« beschränkt. Zwar hieß es auch in »Acceptera«, es sei keine Zeit »für romantische Spekulationen oder rein individuelle Wünsche, denn die moderne Wohnung muss im Zeichen der Knappheit entstehen.«[110] Allerdings hatte Gregor Paulsson schon im Vorfeld der *Stockholmsutställning* an den CIAM-Generalsekretär Sigfried Giedion geschrieben, das Problem der »außerordentlich billigen Wohnung« stelle sich in Schweden nicht, auch wegen des vergleichsweise hohen Einkommens der Arbeiter. Es gehe hier um alle Schweden, das Bauen habe einer Tendenz zur »Klassenlosigkeit« zu entsprechen.[111] Die architektonische Lösung sozialer Fragen war also stärker als in Deutschland ein Beitrag zum nationalen wohlfahrtspolitisch-ökonomischen Projekt.

Natürlich spiegeln sich in der deutschen Debatte um Sachlichkeit vs. Politisierung die politischen Verwerfungen der Weimarer Republik. Nicht zuletzt, weil die Auftragslage der Architekten direkt von den umkämpften wohnungspolitischen Richtungsentscheidungen betroffen war. Das Jahr 1930 markiert diesbezüglich eine Wasserscheide. Als sich in Schweden die Neuerer im *folkhem* etablierten, stagnierte in Deutschland das Bauaufkommen infolge der Deflationspolitik. Etwa zeitgleich wurde der Zuschuss der öffentlichen Hand im Wohnungsbau gekürzt, 1930/31 die Zweckbindung der Hauszinssteuermittel aufgehoben.[112] Die wegen Misswirtschaft in die Kritik

---

110. ASPLUND u.a., Acceptera (1980, urspr. 1931), S. 49.

111. Paulsson an Giedion 11.2.1929 (gta, CIAM, 42-K-1929-Paulsson). Auf der *Stockholmsutställning* wurde auch eine über 100 qm große Wohnung gezeigt, in der sogar Platz für einen Flügel vorgesehen war.

112. Allerdings wurde die Hauszinssteuer erst 1942 nicht mehr erhoben.

gekommene RFG wurde aufgelöst. Gleichzeitig verlor der Geschossmietwohnungsbau an politischem Rückhalt. Gefördert wurde mit der dritten Notverordnung vom 6.10.1931 stattdessen der »bodennahe« vorstädtische Kleinsiedlungsbau mit einem geringen technischen Ausstattungsgrad. Er richtete sich besonders an Erwerbslose, denen es ermöglicht werden sollte, sich durch Kleintierhaltung und Nutzgärten weitgehend selbst zu versorgen.[113] Diesem von konservativen Architekten begrüßten Paradigmenwechsel folgte weitgehend bruchlos die Siedlungspropaganda des Nationalsozialismus.[114] Ratlosigkeit und Eskapismus machten sich um 1930 unter vielen Architekten breit.[115] Ein nicht unerheblicher Teil von ihnen, besonders Protagonisten des »Neuen Frankfurt«, emigrierte angesichts veränderter Auftragslagen und politischer Anfeindungen, vor allem in die Sowjetunion.[116] Nach 1933 waren dann die ästhetischen und politischen Implikationen des Neuen Bauens diskreditiert, wobei die rassistische Propaganda der NSDAP bzw. des »Kampfbunds für deutsche Kultur« (KfdK) gegen das Neue Bauen an die Rhetorik konservativer Architekten anknüpfte.[117] Dem stand zwar der Opportunismus einiger ehemaliger Vertreter des Neuen Bauens im »Dritten Reich« gegenüber,[118] außerdem ermöglichte der »programmatische Eklektizismus« der NS-Architekturpolitik gewisse Kontinuitäten hinsichtlich der Rationalisierung von Grundrissen. Im Industriebau überdauerten sogar modernistische Gestaltungselemente.[119] Aber dennoch war für einen sozialen und oft »sozialdemokratisch« konnotierten Rationalismus, wie er zeitgleich in Schweden mehrheitsfähig war, in Deutschland nach 1933 kein Platz mehr.

---

113. Vgl. vor allem HARLANDER/HATER/MEIERS, Siedeln in Not (1988).

114. KUHN, Aufbruch und Ernüchterung (2002), S. 116. Übrigens wurde die deutsche Tendenz zu Kleinsiedlung und Selbstversorgung auch in Schweden beobachtet (vgl. SOU 1935:2, S. 169). Carl-Fredrik Ahlberg schrieb in einem Tageszeitungsartikel sogar, die neuen Stadtrandsiedlungen seien (bei aller Ablehnung ihres Blut-und-Boden-Charakters) architektonisch gelungen (Göteborgs-Tidningen, 5.9.1937). Aufschlussreich ist, dass gerade jüngere deutsche Architekten sich bemühten, auch unter veränderten Bedingungen an die Errungenschaften der zurückliegenden Jahre anzuknüpfen. So propagierte Reichow vor dem Hintergrund des Regierungsbeschlusses über die Bereitstellung von Kleingartenland für Erwerbslose »eine Art ›Zeilenbau in der Laubenkolonie‹« (REICHOW, Das Problem der Dauerkleingärten im Städtebau [1932], S. 94). Und auch Gutschow befasste sich mit dem »Bauen am Rande der Großstadt« und kritisierte dabei die »frischfröhliche Siedlungspropaganda«, die oft in Bauten münde, die den Grundriss nicht »aus den in Einklang zu bringenden Bedürfnissen mit den zur Verfügung stehenden Mitteln« entwickelten. GUTSCHOW, Bauen am Rande der Großstadt (1935), S. 585.

115. Vgl. KÄHLER, Nicht nur Neues Bauen! (1996), S. 380.

116. Auch Gutschow erwog zu emigrieren: Vgl. DURTH, Deutsche Architekten (1986), S. 71.

117. Zum KfdK: GIMMEL, Die politische Organisation kulturellen Ressentiments (2001).

118. Vgl. FEHL, Die Moderne unterm Hakenkreuz (1985). Vgl. auch die Beiträg in NERDINGER/BAUHAUS-ARCHIV BERLIN, Bauhaus-Moderne im Nationalsozialismus (1993).

119. Vgl. FEHL, Kleinstadt, Steildach, Volksgemeinschaft (1995), S. 180. Die These von der »Zuflucht im Industriebau« ist allerdings mit Skepsis zu betrachten: Vgl. LODDERS, Zuflucht im Industriebau (2003, urspr. 1949).

2.4 »Oasen der Ordnung«

Gemeinschaftsdenken im Neuen Bauen

Trotz der beschriebenen Unterschiede lässt sich auch über 1930/1933 hinaus und besonders deutlich ab Ende der 1930er Jahre eine Ebene identifizieren, auf der die Parallelen zwischen dem deutschen und dem schwedischen Architekturdiskurs überwiegen. Gemeint ist eine eher unterschwellige Gemeinsamkeit, die für die Frage nach Ordnungsdenken und *social engineering* aber von besonderer Bedeutung ist. Trotz der Beschäftigung mit der Wohnung geriet nämlich eigentlich nie das »gemeinsame Feindbild« (Gert Kähler) verschiedenster Architekten aus dem Blick: die Mietskasernenstadt. In Schweden und in Deutschland wurde vor und nach 1933 die (gründerzeitliche) Blockrand- und -innenbebauung der »ungeplanten«, der »liberalistischen Stadt« als Ursache fehlerhafter Wohnformen und ihrer medizinischen und ökonomischen Folgeschäden identifiziert. Darauf antwortete ein kleiner Teil der Avantgarde der 1920er Jahre mit utopischen Stadtentwürfen, mit spektakulären Idealstädten – genannt seien hier die berühmten Vorschläge Le Corbusiers und Ludwig Hilberseimers.[1] Ein größerer Teil der Architekten bemühte sich aber um die Verbesserung der *bestehenden* Städte. Vor allem die Siedlungen der 1920er Jahre sind diesbezüglich interessant. Denn sie waren Antworten auf noch ein weiteres Problem, dass die Großstädte zu verursachen schienen: Diese wurden nämlich – in den 1920er Jahren noch eher implizit als offen – für den Rückgang des sozialen Zusammenhalts, für das Verschwinden der Gemeinschaft verantwortlich gemacht – und das quer zu allen politischen Frontverläufen. Die Verwaltungsgesellschaften in den Frankfurter Neubauquartieren, um ein Beispiel zu nennen, hingen in den 1920er Jahren durchaus »harmonisierend-volkstumsbezogene[n] Gemeinschaftsideologien« an, wie Adelheid von Saldern nachgewiesen hat. »[A]usgerechnet für jene Siedlungen [...], die auf der ganzen Welt wegen ihrer modernen funktionalen Architektur berühmt waren«, gelte, »daß es zu sehr auffälligen zeitspezifischen Mischungsverhältnissen von künstlerischer Progressivität und alltagskulturellem Konservatismus, unter Umständen sogar zur Herausbildung präfaschistischen Gedankenguts gekommen ist«.[2] Ähnliche Beobachtungen haben bis hin zur Polemik gegen das Bauhaus geführt, dessen »Formen der Gemeinschaft« entsprängen »den gleichen Quellen wie die deklarierte Volksgemeinschaft oder gar die Orden der Naziaktivisten«.[3]

---

1. Le Corbusier, Urbanisme (1925); Hilberseimer, Groszstadtarchitektur (1927).
2. Saldern, Häuserleben (1997), S. 173.
3. Brock, Das Bauhaus als Biskuit (2006), S. 583.

Nun ist die Frage, ob es nicht möglich ist, einen gemeinsamen Nenner solcher Vergemeinschaftungsziele zu finden, ohne sofort »Faschismus« zu diagnostizieren. Werfen wir also einen Blick auf die Wohngebiete des »Neuen Frankfurt« unter Ernst May, die ihren schwedischen Verwandten wohl am stärksten ähneln, und die oft als besonders modern wahrgenommen werden. Immer wieder sind sie als »Reforminseln im Hohlraum« der kapitalistischen Gesellschaft begriffen worden.[4] Die wohnungspolitischen Vorhaben Mays und seiner Mitstreiter, so die These, scheiterten nämlich an der Diskrepanz zwischen ihrem Anspruch, die Architektur einer neuen, vernünftigen Produktionsordnung unterzuordnen einerseits, und der (inselhaften) Arbeit am einzelnen Objekt andererseits. Die Siedlung steht dieser Interpretation nach für den Reformismus der 1920er Jahre, für ein Programm, das sich nur im Kleinen durchsetzen ließ, trotz umfassender Ambitionen.[5] Das Inselhafte der Siedlungen steht aber auch für eine bestimmte Vorstellung vom sozialen Zusammenleben. Die Siedlung als »Oase der Ordnung« stellte der Großstadt nämlich das räumliche und soziale Modell »Kleinstadt« entgegen. »Die fortschrittliche Technologie der Frankfurter Baustellen ist bei Ernst May in ein völlig antistädtisches Leitbild eingebettet.« Für Manfredo Tafuri, von dem diese Beobachtung stammt, war das Folge einer »Sehnsucht nach der organischen *Gemeinschaft*«[6] auch in der deutschen Linken und damit einer antiurbanen Ideologie, die schon die Gartenstadtkonzepte der Jahrhundertwende hervorgebracht hatte.[7] Tatsächlich waren die meisten städtebaulichen Vorhaben der 1920er und 30er Jahre nicht »wirklich utopisch in dem Sinne, daß neue zukünftige Formen projiziert würden; häufig orientierte sich die Vorstellung einer heilen Welt an der Vergangenheit«. Das, so Gert Kähler, sei nicht *per se* Konservatismus gewesen, man wollte nicht einfach zum Alten zurück, sondern »über eine Weiterentwicklung dorthin«.[8]

Nur selten wurden dagegen großstädtische Lebensweisen bedingungslos bejaht.[9] Nur in wenigen Fällen wurden die Entgrenzungsphantasien der Av-

---

4. MOHR/MÜLLER, Funktionalität und Moderne (1984), S. 42.

5. Vgl. TAFURI, Kapitalismus und Architektur (1977), S. 88. Für Tafuri brach dieser Widerspruch auch in der Berliner Siemensstadt (1929–1931) hervor, wo der Fließbandcharakter der Bauten Gropius' auf die Objektästhetik Hans Scharouns und Hugo Härings traf.

6. Ebd., S. 90, 92 (Hervorh. im Original). Vgl. auch KUHN, Landmann, Asch, May (1986), S. 20.

7. Das lässt sich biografisch nachverfolgen. Der Einfluss der englischen Gartenstadtbewegung über Raymond Unwin auf Ernst May ist bekannt. Vgl. MOHR/MÜLLER, Funktionalität und Moderne (1984), S. 58. Vgl. auch HENDERSON, Ernst May and the Campaign to Resettle the Countryside (2002).

8. KÄHLER, Wohnung und Stadt (1985), S. 25f., 28.

9. Anders argumentiert Prigge, der gerade im egalisierenden Moment der Frankfurter Bauten eine fordistische Tendenz zur großstädtischen, weil »unvollständigen Integration« erkennt. (PRIGGE, Regulierung (1986), S. 40. Zur Diskrepanz zwischen dem Siedlungsbau und den innerstädtischen Bauten im Neuen Frankfurt vgl. MOHR/MÜLLER, Funktionalität und Moderne [1984], S. 166f.). Vor der Überbewertung des »fordistischen« Charakters der Architektur der 1920er Jahre muss gewarnt werden. Ohnehin ist damit oft sehr Unterschiedliches gemeint: eine nivellierende Konsumpolitik, industrielle Fertigungsverfahren,

antgarde konsequent auf soziale Prozesse und Strukturen bezogen. Die Begeisterung Sigfried Giedions für die architektonische und soziale Transparenz zum Beispiel (und die mit dieser verwandten geschichtsphilosophischen Verheißungen Walter Benjamins),[10] die Befürwortung einer mobilen, ja nomadischen Existenz, die aus Hannes Meyers spartanisch möblierten »Co-op Zimmer« (1926) spricht[11] oder aus den vielen gewissermaßen »reisefertigen« Dampfermotiven der Zeit,[12] aber auch der raumzeitliche Relativismus der Medienexperimente László Moholy-Nagys und die Materialsymbolik des »Raums als Membran«,[13] der entgrenzenden Glasarchitekturen und der geöffneten Baukörper – all diese Themen waren marginal. Äußerungen, die die moderne, also die »entfremdete«, fragmentierte Gesellschaft bejahten, waren selten. Die Entgrenzungsbegeisterung der Avantgarde war, anders als oft suggeriert, nicht Wesenszug »der Moderne«, sondern eher Gegenentwurf einer viel weiter verbreiteten »Heimatphase«.[14] Auf der Agenda der überwiegenden Zahl der Architekten stand nicht die Emanzipation einer Masse, die sich selbst als Masse erfährt (wie bei Siegfried Kracauer[15]), nicht der bewusst geförderte Entfremdungsschock, das soziale Kältebad (wie es Helmut Lethen als »Verhaltenslehre« der Schriftsteller der Neuen Sachlichkeit beschrieben hat)[16] – sondern die Milderung des »Unheimlichwerdens« und der »Defamiliarisierung«[17] als »gefährdet oder gefährdend« empfundener Räume.[18]

Gemeinschaft als Raumprodukt

Gerade in Deutschland bildet sich dieses Mäßigungsprojekt auch auf siedlungsmorphologischer Ebene ab. Zwar kann die »serielle Siedlungstextur« des Zeilenbaus, sein ortloser Charakter als »Eingeständnis [der] sozialen Auflösungstendenzen« der Großstadt gelesen werden.[19] Der Bruch mit einer überkommenen städtebaulichen Raumbildung sollte aber nicht überbewertet werden. Die Zeilenbebauung galt als wirtschaftlich überlegen – und doch stellten sich selbst ihre Befürworter die »anstößige« Frage der »architektoni-

---

die Wohnungsproduktion durch Großunternehmen. All das setzte sich erst in den 1960er Jahren nachhaltig durch.

10. Vgl. dazu PRIGGE, Durchdringung (1986); DERS., Urbanität und Intellektualität im 20. Jahrhundert (1996); ROWE/SLUTZKY/HOESLI, Transparenz (1986); VETTER, Die Befreiung des Wohnens (2000). Vgl. außerdem ASENDORF, Walter Benjamin and the Utopia of the »New Architecture« (1995).

11. Vgl. HAYS, Modernism and the Posthumanist Subject (1992), S. 55–81.

12. Vgl. KÄHLER, Architektur als Symbolverfall (1981).

13. Zu Siegfried Ebelings »Der Raum als Membran« (1926): POPPELREUTER, Das Neue Bauen für den Neuen Menschen (2007), S. 67–74.

14. MAKROPOULOS, Plessners Fremdheit in der klassischen Moderne (1995), S. 88.

15. KRACAUER, Das Ornament der Masse (1963, urspr. 1927), S. 56.

16. Vgl. LETHEN, Verhaltenslehren der Kälte (1994).

17. VIDLER, The Architectural Uncanny (1992), S. 7.

18. HARDTWIG, Einleitung (2007), S. 13.

19. PETEREK, Wohnung. Siedlung. Stadt (2000), S. 147–150.

schen Gesichtspunkte«: »Streifen neben Streifen, genau ausgerichtet, sich endlos hinziehend, das ist wohl straffe Organisation, das ist Drill, aber kein Leben, kein Organismus. Und eine Siedlung, eine Wohngemeinschaft soll ein lebendiger Organismus sein.«[20] Die Begeisterung für die Gebäudezeile – die zugleich autonom und universalisierbar schien, deren Ausdehnung gewissermaßen nur durch Grundstücksgrenzen gestoppt wurde – sie war in Deutschland kurzlebig und, wie gezeigt, nur eine Extremposition in einem heterogenen Diskurs.[21] In vielen Siedlungen der Weimarer Zeit vermischten sich traditionelle und serielle Raumtypen. Selbst die Außenräume der Dammerstocksiedlung wiesen ortsprägende »Rhythmisierungen« auf.[22] »[S]ozialversöhnliche Ideale einer schichtenübergreifenden Gesinnungsgemeinschaft«, wie sie die Gartenstadt verkörperte, wurden, von einigen Versuchssiedlungen abgesehen, selten ganz aufgegeben.[23] Allerdings hatte die Gemeinschaftsförderung im Diskurs der 1920er und frühen 30er Jahre keine Priorität, sie war der bestmöglichen quantitativen Versorgung mit Wohnraum hintangestellt.[24]

---

20. VÖLTER, Der Sieg der Streifenbebauung (1929), S. 176.
21. Vgl. UHLIG/RUDOLPH-CLEFF/VAN GOOL, Die Stadt in der Zeile (1997), S. 177.
22. Vgl. PETEREK, Hierarchisches Formmodell und serielle Siedlungstextur (1997), S. 167.
23. PETEREK, Wohnung. Siedlung. Stadt (2000), S. 199. Gert Kähler hat gezeigt, dass dabei verschiedene Strategien entwickelt wurden. Im Hamburger Wohnungsbau unter Konstanty Gutschows Lehrer Fritz Schumacher verband sich ein stilistischer Konservatismus mit der Bejahung der Großstadt (KÄHLER, Wohnung und Stadt [1985]). Die äußerlich moderneren Frankfurter Bauten dagegen waren »eingefangen in den Traditionskonturen der alten Stadt, oder anders herum: die alte Stadt ist mit den neuen rational-konstruktivistischen Mitteln interpretiert« (UHLIG, Sozialräumliche Konzeption der Frankfurter Siedlungen [1986], S. 95; vgl. auch PANERAI/CATEX/DEPAULE, Vom Block zur Zeile [1977], S. 126-134, 174-180). Zum Beispiel kann die Hofsituation in der Frankfurter Siedlung an der Bruchfeldstraße (»Zickzackhausen«, 1926-1927) – ähnlich wie Tauts berühmte Berliner »Hufeisensiedlung« (1925-1931) – als Versuch verstanden werden, »durch einen stärker raumbildenden Städtebau so etwas wie Identität stiftende Freiräume zu schaffen, die als Kristallisationsort für ein Gemeinschaftsbewußtsein hätten dienen können«. FALLER, Der Wohngrundriss (1996), S. 53.
24. Erwähnenswert sind in diesem Zusammenhang die »Volkshäuser« und andere Gemeinschaftsbauten, die in vielen Weimarer Siedlungen vorgesehen waren. Die Idee des Gemeinschaftshauses war aus sozialreformerischen Überlegungen zur Hebung der Bildung der Arbeiter hervorgegangen und inspiriert vom englischen *settlement movement* der Jahrhundertwende. Im Expressionismus hatte sich der Volkshausgedanke zudem mit einem quasireligiösen »Sozialismus« verbunden (vgl. REULECKE, Bürgerliche Bestrebungen zur »Beheimatung der unteren Klassen« der Industriegesellschaft [1990]; SCHNEIDER, Volkshausgedanke und Volkshausarchitektur [1992]; NIESS, Volkshäuser, Freizeitheime, Kommunikationszentren [1984]). Ernst May legte großen Wert auf die Ausstattung der Frankfurter Siedlungen mit Gemeinschaftsgebäuden, die Waschküchen, Heizungsanlagen, aber auch Bibliotheken und Zweigstellen von Sozialbehörden enthalten sollten. Auch in der Ausstellung zur Wohnung für das Existenzminimum wurden sieben Gemeinschaftshausgrundrisse gezeigt; selbst in Haselhorst war ein »Volkshaus« vorgesehen. Interessant ist, dass solche Bauten auch als »Volksheime« bezeichnet wurden (vgl. GÖTZ, Ungleiche Geschwister [2001], S. 207-210). Dass die Forschung sich wenig mit den Volkshäusern befasst hat, liegt wohl daran,

Das heißt aber nicht, dass das Gemeinschaftsdenken vom Tisch war. Der Architekt Fred Forbat etwa (der hier später als Immigrant in Schweden noch eine wichtige Rolle spielen wird) schrieb 1929, auch das Klassenbewusstsein wurzle im »Gemeinschaftsgefühl«. Dieses wiederum stehe in Wechselwirkung mit der »wohntechnischen und städtebaulichen Gestaltung einer Arbeitersiedlung«. Forbat fragte deshalb nach dem geeigneten Bebauungstyp für die Förderung der Gemeinschaftsbildung und kam zu dem Schluss, das Einfamilienreihenhaus mit Garten sei diesbezüglich die günstigste Hausform, denn es sei »ein Teil eines Ganzen, so wie der Bewohner Mitglied der Gemeinschaft ist«. Forbat widmete sich zwar dem Zusammenhang von »Raumbildung« und »Wohngemeinschaft« unter dem »Gesichtspunkt sozialistischer Wohnungspolitik«. Er unterschied allerdings nicht durchgängig zwischen der »menschlichen« und der »Klassensolidarität«. Gemeinschaft war für Forbat ein universelles Phänomen, und vor allem ein Phänomen der räumlichen Nähe. »Dem *Distanzbedürfnis* des Großstädters«, so schrieb er, dürfe »nur so weit entgegengekommen werden, solange es sich dabei tatsächlich um die ›Sehnsucht nach Einsamkeit *in der Vielsamkeit*‹ handelt und solange es nicht dazu führt, die Distanz größer werden zu lassen, als das Gemeinsame und noch in die Zukunft Weisende«.[25]

Was bei Forbat eher beiläufig anklang, wurde bald zum wichtigsten Topos bei der transnationalen Verhandlung des Sozialen als Architekturproblem: die sozialen Auflösungserscheinungen in der Mietskasernenstadt des 19. Jahrhunderts und ihre Überwindbarkeit durch raumgestaltende Praktiken. Darin ist nur vordergründig ein Rückfall in ein antimodernes Denken zu sehen.[26] Denn solche auf den ersten Blick konservativen Themen wurden während der 1930er und 40er Jahre mit einer Sachlichkeit propagiert, die im Neuen Bauen diskursmächtig geworden war. Diese prägte nun auch gesellschaftliche Stabilisierungsabsichten, die auf die Integration der Wohnbevölkerung als Gemeinschaft abzielten. Darum wird es im Folgenden gehen. Zwei Stränge, Verwissenschaftlichung auf der einen, Harmonie- und Gemeinschaftsdenken (und Großstadtskepsis) auf der anderen Seite verbanden sich. Um an die Einleitung anzuknüpfen: Man kann die deutschen und schwedischen Versuche der 1920er und 30er Jahre, die Wohnarchitektur zu verwissenschaftlichen, als *social engineering* beschreiben. Diesem gesellte

---

dass sie sich überwiegend mit realisierten Bauten beschäftigt. Die Volkshäuser scheiterten meist an der Finanzierung. Im »Dritten Reich« wurde mit den »Richtlinien für die Errichtung von Gemeinschaftshäusern der NSDAP« vom Januar 1941 an die Volkshausidee angeknüpft. Allerdings blieben errichtete Bauten auch zwischen 1933 und 1945 die Ausnahme. Vgl. REIBEL, Das Fundament der Diktatur (2002), S. 291–306.

25. FORBAT, Wohnform und Gemeinschaftsidee (1929), S. 141–143 (Hervorh. im Original). Vgl. mit einem anderen Schwerpunkt auch FORBAT, Flach,- Mittel- und Hochbau (1977, urspr. 1931).

26. Übrigens zielte auch der Expressionismus darauf ab, mit der »Auflösung der Städte« eine klassenübergreifende Arbeitsgemeinschaft, eine »Einheit aus Vielheit« zu schaffen: TAUT, Die Auflösung der Städte (1920), S. 2. Erwähnenswert ist hier auch die Begeisterung des frühen Bauhauses für den Kathedralenbau des Mittelalters, die Gemeinschaft der »Bauhütte«. Vgl. MANKARTZ, Das Bauhaus und der Gedanke der Dombauhütte (2006).

sich nun vermehrt das Ordnungsdenken zu. Der Schwerpunkt der Architektur verschob sich von der effizienten Bedarfsdeckung im Wohnungsbau zur sozialen Ordnung. Nicht mehr die wohlfahrtspolitisch garantierten Basisstandards, sondern die sozialen Beziehungen wurden zum Planungsgegenstand. Was die Siedlungen der 1920er Jahre eher implizit formte, wurde zur offen deklarierten Zielmarke – die Optimierung der *Raumdimension des Sozialen*.

Es ist wichtig, dass dieser Vorgang im Zusammenhang der Konstruktion von »Volksgemeinschaft« und *folkhem* stand – das werde ich später erläutern. Verdeutlicht werden soll aber auch, dass mit der planerischen Formung von Gemeinschaft durch den Raum, über die Forbat schon Ende der 1920er Jahre laut nachdachte, für die Architekten eine Erweiterung ihres Wissens und seiner Anwendungsgebiete einherging, die sich in einem neuen Interesse an der Planungsgröße »Stadt« äußerte. Die Struktur des Wohngebiets wurde nicht mehr allein hinsichtlich der Frage beurteilt, ob sie gute Grundrisse ermögliche, sondern sie wurde eingesetzt, um das soziale Verhalten zu prägen. Unbestritten ging damit eine teilweise Revision dessen einher, was in den 1920er Jahren gesagt und gedacht worden war. Hatten viele linksgerichtete Architekten zuvor ihren Altruismus signalisiert, indem sie für die Masse Partei nahmen, so wurde nun eher vor dem zerstörerischen Potenzial der »Vermassung« gewarnt. 1928 hatte zum Beispiel der Architekt Adolf Rading die »verhungerte, geschlagene und zertretene Masse in Reih und Glied als unabsehbare, schicksalsgebundene Armee« beschworen, um die man sich zu kümmern habe.[27] Knapp ein Jahrzehnt später prognostizierte dagegen Alexander Klein, das Massenmietshaus werde »auf lange Sicht zum Zerfall der Gesellschaft führen«. Dem könne man entgegentreten, indem man die »Beziehung zum Nachbarn«, und die »Beziehung zur Gemeinschaft« baulich verbessere.[28] Der Architekturkritiker Alfons Leitl schrieb 1936 in einem Text, in dem er sowohl Bauten Konstanty Gutschows erwähnte als auch skandinavische Vorbilder anführte,[29] man dürfe nun nicht mehr stehen bleiben bei der »rechnerischen Bedarfsermittlung, bei der materiellen Funktion, die sich in Mark und Pfennig, in Metern und Zentimetern ausdrücken lässt«. Es gelte, zu einer »organischen Gesamtschau« aller Aspekte des Wohnungsbaus zurückzukehren, also wirtschaftliche Fragen *und*, so Leitl, die »soziale Ordnung des Volkes« zu berücksichtigen. Die diesbezüglichen Unterlassungen des zurückliegenden Jahrzehnts resultierten daraus, dass »das Soziale, das Wirtschaftliche und zu Anfang und zu Ende das Menschliche« nicht als »ineinander verflochtene Forderungen« erkannt worden seien. Oft sei deshalb »gemeinschaftsfeindlich, weil familienfeindlich« gedacht und eine Bebauungsweise vorgeschlagen worden, die nicht »für die richtige Ordnung des Lebens im natürlichen Sinne« geeignet sei.[30] Leitl benutzte hier bereits ein Vokabular, das in den 1940er Jahren allgegenwärtig werden sollte. Gutschow äußerte 1934 in einem Brief an Hans Bernhard Reichow ähnliche

---

27. Rading, Die Typenbildung und ihre städtebaulichen Folgerungen (1928), S. 73.

28. Internationaler Verein für Wohnungswesen und Städtebau, Hoch- und Flachbau (1937), S. 95.

29. Leitl lobte Gutschow in den 1930er Jahren wiederholt. Vgl. Leitl, Zum Typ des kleinen Eigenhauses (1935); Ders., Die Hamburger Ausstellungsbauten von Konstanty Gutschow (1935).

30. Leitl, Von der Architektur zum Bauen (1935), S. 46–48.

Gedanken: »Wie sich im vergangenen Jahrzehnt das Bauwesen auf die Wirtschaft bezogen hat und das ›wirtschaftlichen [sic] Bauen‹ zum Selbstzweck an sich erhoben hat, so findet heute die Bezugsetzung auf den Menschen, und zwar auf den Menschen als Mitglied der Gemeinschaft statt«. Damit entfiel für Gutschow aber keineswegs die Aufgabe, Planung wissenschaftlich zu fundieren. Nur war es eine neue Wissenschaft, deren Erkenntnisse man berücksichtigen müsse: die Soziologie. »1. Voraussetzung, um diese Beziehung herzustellen, ist das Wenige [sic. Soll vermutlich heißen: Wissen] um die soziologischen Zustände.«[31]

Annäherungen

Zuletzt war vor allem von Deutschland die Rede. Ohne ins Detail zu gehen lässt sich sagen, dass in Schweden die gesellschaftliche Rationalisierung, der Funktionalismus in der Architektur, ja, wenn man so will, die Moderne später, aber weitaus einmütiger begrüßt worden war als in Deutschland. Zwar wurde auch in Schweden die Masse nicht als Menschenmenge evoziert; von »Massen« war vor allem dann die Rede, wenn die Empathie mit der Bevölkerungsmehrheit zum Ausdruck gebracht werden sollte. Zwar wurde die Großstadt eher als Symbol des Neuen begrüßt denn als konkrete soziale Umwelt – der Funktionalist Sune Lindström zum Beispiel nannte Stockholm 1930 eine »menschenfressende Hydra«.[32] Außerdem hatte das *folkhem*, dem sich die schwedischen Architekten verpflichteten, klare Grenzen, vor allem nationale. Und doch hatten sich hier ältere Vergemeinschaftungsideale auf einzigartige Weise mit der Hoffnung auf eine gerechte, vernunftgesteuerte Gesellschaft verbunden. »Acceptera« (dessen Einband eine Menschenmenge zeigt) begrüßte utopisch-kollektivistische Tendenzen, etwa die Entstehung eines neuen »Familientyps« oder das »Heranreifen« eines »höheren Menschentyps«.[33] Und das hatte Auswirkungen auf die architektonische Praxis. Die Zeilenbebauung, für viele Signum der entgrenzten, klassenlosen Gesellschaft, setzte sich in Schweden stärker durch als in Deutschland.[34]

Nur wenige Jahre später aber sahen selbst die Autoren von »Acceptera« ihre Aufgabe darin, »jeglicher Massenbildung entgegenzuarbeiten«.[35] Sie begannen, die »Planung für die menschliche Gemeinschaft«[36] zu propagieren und entdeckten in diesem Zusammenhang sogar die als ästhetizistisch ver-

---

31. Gutschow an Reichow, 20.2.1934 (StA-HH, 621-2/11, C 16). Im selben Jahr schrieb er in der »Baurundschau«: Die »Bezugsetzung auf den Menschen als Glied der Gemeinschaft war im vergangenen Jahrzehnt unter dem Motto vom ›Sozialen Bauen‹ gewiß versteckt schon wirksam«. Dies setze sich aber erst jetzt durch. GUTSCHOW, Bevölkerungspolitische Pflichten des Architekten (1934), S. 233.
32. LINDSTRÖM, Arkitektperspektiv eller konsten att göra en ful sak vacker (1930), S. 8.
33. ASPLUND u.a., Acceptera (1931), S. 44, 128.
34. Sie kam vor allem in den neuen Wohngebieten rund um die gründerzeitliche Stockholmer »Steinstadt« zur Anwendung, die in der Ära des städtischen Wohnungsdirektors (*fastighetsdirektör*) Axel Dahlberg entstanden.
35. PAULSSON, Byggnaden och människan (1941), S. 41.
36. So Åhrén in Göteborgs Handels- och Sjöfartstidning, 13.2.1943.

pönten, aber vorgeblich gemeinschaftsprägenden so genannten »Großhofquartiere« wieder, die besonders in den 1910er Jahre errichtet worden waren.[37] Was diese Entwicklung in Schweden verursachte, wird im Folgenden zu erläutern sein. Spätestens zu Beginn der 1940er Jahre, soviel vorweg, wiesen die Konzepte von Architekten in der schwedischen Demokratie und im nationalsozialistischen Deutschland wieder Übereinstimmungen auf.[38] Denn in der deutschen Architektur und Stadtplanung wurde nun – nach einer Hinwendung zu »völkischen« Bau- und Siedlungsformen zu Beginn der NS-Herrschaft – zunehmend wieder an die in den 1920er und frühen 30er Jahren erarbeiteten Methoden angeknüpft. Die Rüstungsindustrie erforderte Arbeiterzahlen, wie sie sich nur in mittel- und großstädtischen Bevölkerungsagglomerationen bereitstellen ließen. Die ab 1938 errichtete »Stadt des KdF-Wagens« Wolfsburg war Ausdruck dieser Wende,[39] die zum Bedeutungsverlust der architektonischen Äquivalente der »Blut-und-Boden«-Rhetorik führten, also der radikalen Großstadtkritik, dem Beharren auf rein handwerklichen Bauweisen und »völkisch« konnotierten Baustilen.[40]

Die Entwicklung gerade der Stadtplanungskonzepte der 1940er Jahre in Schweden und Deutschland ist also eher als Angleichungsprozess beschreibbar (wohlgemerkt: wenn man die Planungen für die städtischen Achsen und Monumentalbauten in Deutschland ausblendet). Die Diskurse näherten sich einander im Namen eines Prozesses an, der in beiden Ländern als »Humanisierung« gekennzeichnet und in Schweden auch als Abkehr von einem funktionalistischen Radikalismus begriffen wurde, der in Deutschland ohnehin diskreditiert war. Besonders deutlich wird dies an einem Programm, das heute als »Nachbarschaftseinheit« bekannt ist. Darum soll es im nächsten Kapitel gehen.

---

37. Vgl. dazu LINN, Storgårdskvarteret (1974).

38. Erwähnenswert ist an dieser Stelle, dass diese Trendwende in Schweden und Deutschland mit einer zunehmenden Beschäftigung mit der Stadterneuerung koinzidierte, die die Architekten mit dem architektonischen Bestand und der sozialen Struktur der Bevölkerung konfrontierte. Åhrén befasste sich seit seiner Berufung zum Stadtplaner in Göteborg ab 1932 mit der Sanierung. Carl-Fredrik Ahlberg sammelte erste Lorbeeren in Åhréns Göteborger Büro mit einer Studie zum Sanierungsgebiet Haga (vgl. Carl-Fredrik Ahlberg: Undersökning av möjligheten att genomföra ny bebyggelse för del av stadsdelen Haga i Göteborg samt förslag till sådan, 1933 [AM 2006-02, K 06]. Vgl. auch AHLBERG/LINDSTRÖM, Om sanering av bostadskvarter [1936]; ÅHRÉN, De ekonomiska betingelserna för Sanering [1936]. Zur Geschichte der Altstadtsanierungen in Schweden: FOLKESDOTTER, »Störtas skall det gamla snart i gruset« [1981]; SCHÖNBECK, Stad i förvandling [1994]). Auch Gutschow, Hans Bernhard Reichow und Johannes Göderitz beschäftigten sich ab Mitte der 1930er Jahre verstärkt mit der »Gesundung« der bestehenden Städte (vgl. REICHOW, Altstadtgesundung [1934]; DERS., Sanierung und Neubau [1935]; GÖDERITZ, Altstadtsanierung [1938]; GUTSCHOW, Sanierung des Hamburger Gängeviertels [1933]; DERS., Die Altstadtsanierung in Altona [1935]). Dabei dienten sie sich teils stark den Nationalsozialisten an (siehe Kapitel 3.3).

39. Vgl. dazu FORNDRAN, Die Stadt- und Industriegründungen Wolfsburg und Salzgitter (1984); MATTAUSCH, Die Planungen für die »Stadt des KDF-Wagens« und die »Stadt der Hermann-Göring-Werke« (1979); RECKER, Die Großstadt als Wohn- und Lebensbereich im Nationalsozialismus (1981); SCHNEIDER, Stadtgründung im Dritten Reich (1979).

40. Vgl. etwa HARLANDER, Städtebau – Dorfidylle (2001).

3. Die Nachbarschaftseinheit

3.1 Nachbarschaften als Einheiten

Transnationale Grenzziehungskonzepte

»[Das] Modell einer kleinen Gemeinschaft mit ›kristalliner‹ Struktur, vollkommen sich selbst gewärtig und in ihrer eigenen Nachbarschaft versammelt, ist ohne Zweifel rousseauistisch [...]. Rousseau weist [...] nach, daß die soziale Distanz, die Streuung der Nachbarschaft die Bedingung für Unterdrückung, Willkür und Laster ist.«[1] Was auf den ersten Blick wie Kritik an einem städtebaulichen Konzept erscheint, ist philosophische Polemik. Hier demontiert Jacques Derrida die Begeisterung, die der Ethnologe Claude Lévi-Strauss für Gesellschaften ohne Schriftkultur an den Tag legt. In seiner »Grammatologie« (1967) unterstellt Derrida diesem nämlich eine Rousseau'sche Sehnsucht, eine Sehnsucht nach einem nicht-entfremdeten Zusammenleben, nach einer verlorenen Unmittelbarkeit sozialer und kommunikativer Kontakte. Lévi-Strauss, so die Lesart Derridas, betraure die Störung der Gemeinschaft durch die Schrift (lies: den Staat, die Gesellschaft, das Gesetz). Die Schrift habe nämlich Sprechakt und Wahrnehmung entkoppelt. Für Lévi-Strauss verhindere das die »Präsenz des unmittelbaren Zusammenlebens der Bürger«.[2] Derrida schreibt:

»Fast am Ende des *Essai* [Rosseaus] stehen die Worte: ›Ich behaupte, daß jede Sprache, mit der man sich dem versammelten Volke nicht verständlich machen kann, eine servile Sprache ist; ein Volk, das eine solche Sprache spricht, kann unmöglich frei bleiben‹ [...]. Mit dieser klassischen Ideologie nahm die Schrift den Status eines traurigen Verhängnisses an, das sich über die natürliche Unschuld senkt und das goldene Zeitalter des in seiner Fülle präsenten Wortes unterbrach.«

Für Derrida ist diese direkte Kommunikation aber unmöglich, sie ist ein essentialistisches Konstrukt. Er diagnostiziert bei Lévi-Strauss also eine Trauer um die verlorene »Authentizität« des Archaischen – und sieht darin eine Entsprechung der »Ideologie der *neighbourhood*, jener ›kleinen Gemeinschaften, wo jeder jeden kennt‹ und wo es niemanden gibt, der von der Stimme nicht zu erreichen wäre«.[3]

Mir geht es hier nicht um die sprach- bzw. erkenntnistheoretischen Implikationen dieses Übergangs zwischen dem »strukturalistischen« und dem »poststrukturalistischen« Denken. Interessant ist für meine Fragestellung vielmehr, dass Derrida Mitte der 1960er Jahre bei seinen Lesern ein Wissen um eine bestimmte soziologisch-stadtplanerische Kategorie voraussetzte, ein

---

1. DERRIDA, Grammatologie (1974, franz. 1967), S. 239.
2. Ebd., S. 239.
3. Ebd., S. 288.

Wissen, dessen Grundlage er als »metaphysische« entlarvte, nämlich das um die *Nachbarschaftseinheit*. Besonders wichtig ist die Stoßrichtung von Derridas Kritik. Sie zielt auf eine bis dahin offenbar unhinterfragte Kopplung von Raum, Natur und Soziabilität. Derrida zweifelte am Heilsversprechen eines Raums, der durch die Reichweite der Stimme begrenzt und darum gleichzeitig vermeintlich natürlicher und demokratischer ist. Die Parallele zum Städtebau ist offenkundig, das beweist zur Genüge, dass beispielsweise Hans Bernhard Reichow begeisterter Rosseau-Leser war[4], oder dass die Nachbarschaftsplanung in Schweden als »eine Rousseau'sche und vitalistische Utopie« gekennzeichnet wurde.[5]

Man muss nicht den »Dekonstruktivismus« der 1960er Jahre bemühen, um auf Skepsis dem Gedanken gegenüber zu stoßen, soziale Bindungen ließen sich wiederherstellen, indem man gewissermaßen zwischenmenschliche Distanzen überbrücke. Der Essay »Die Grenzen der Gemeinschaft« des Philosophen Helmuth Plessner, der 1924 fast zeitgleich mit der ersten Darstellung der Nachbarschaftseinheit erschien, befasste sich mit der zeitgenössischen Differenzierung von Gemeinschaft und Gesellschaft im Sinne Ferdinand Tönnies'. Plessner übte hier gleichermaßen Kritik am biologistischen Gemeinschaftsgedanken der Rechten wie am Universalismus des Kommunismus. Und er formulierte diese Kritik in Raummetaphern, er kritisierte den Versuch, den »Verlust der Unmittelbarkeit« in der modernen Gesellschaft zu kompensieren, indem eine »kreishaft gegen ein unbestimmtes Milieu abgeschlossene Sphäre der Vertrautheit« hergestellt werde. Für Plessner war das gefährlich, denn die »Preisgabe des Rechts auf Distanz«, die »Verneinung der gesellschaftlichen Lebensbezüge zwischen den Menschen, die im Unterschied zu den gemeinschaftlichen als ›unnatürlich‹ erschienen«, bedrohe die individuelle Freiheit. Plessner warnte: »[E]s kann kein Ziel sein, die unförmige, unbelebte Gesellschaft in eine Fülle kleiner, aber gemeinschaftlich geordneter Lebenseinheiten zu zerschlagen.«[6] Dabei werde nämlich das »Gesetz des Abstandes« übersehen, also die zentrale Bedeutung der Gesellschaft, ihrer formalisierten Abläufe, ihrer Institutionen und Rituale für den Menschen.

Plessners Warnungen hatten zeitgenössisch eher marginale Bedeutung.[7] Allerdings kamen sie Anfang der 1960er Jahre wieder zum Vorschein, vor allem durch Zutun seines Schülers Hans Paul Bahrdt, der damals begann, das Gemeinschaftsdenken der Stadtplanung seiner Zeit zu hinterfragen und ihm das Prinzip »Öffentlichkeit« gegenüber zu stellen.[8]

Die »Ideologie der *neighbourhood*«,[9] das soll hier Ausgangspunkt sein, reagierte mit Einhegungspraktiken auf die Dissoziations- und Distanzierungserscheinungen der Moderne. Ihre Verfechter wollten planerisch eine

---

4. Vgl. REICHOW, Organische Stadtbaukunst (1948), S. 1, 14.
5. DN, 21.8.1951.
6. PLESSNER, Grenzen der Gemeinschaft (2002, urspr. 1924), hier S. 26, 32, 43, 48, 56. Zu Plessner und Tönnies vgl. die Beiträge in EßBACH/FISCHER/LETHEN, Plessners »Grenzen der Gemeinschaft« (2002).
7. Vgl. MAKROPOULOS, Plessners Fremdheit in der klassischen Moderne (1995).
8. Vgl. BAHRDT, Die moderne Großstadt (1961), S. 119. Zur Bedeutung Plessners für Bahrdt vgl. FISCHER, Nachwort (2002), S. 141.
9. DERRIDA, Grammatologie (1974), S. 288 (Hervorh. im Original)

»Gemeinschaft des Ortes« formen.[10] Derrida und Plessner (und Bahrdt) dagegen wiesen den Gedanken zurück, es ließe sich ein natürlicher, im Menschen angelegter *Grenzwert der Vergemeinschaftung* identifizieren. Der Versuch, künstlich gewissermaßen eine verlorene »Natur des Sozialen« wiederherzustellen, implodierte, als seine Widersprüchlichkeit erkannt wurde, wie dies in den 1960er Jahren geschah. Welche Evidenz besaß er also zuvor? Was definierte die Größe und die Grenzen derartiger gemeinschaftlicher Bereiche, Einheiten oder auch »Zellen«? Welche »natürlichen« Ordnungen und Maßstäbe wurden für die Formatierung der Nachbarschaftseinheit ausgemacht?

Åhrén 1943, Gutschow 1958. Zwei Nachbarschaftsskizzen

1943 revidiert Åhrén sein Bedürfniskonzept. Der klare Blick der 1930er Jahre auf die Versorgung der Bevölkerung mit gutem Wohnraum habe zur partiellen Erblindung geführt: »Man hat sich an der Wohnungsfrage blind gestarrt [...]. Man hat vergessen, dass es auch kollektive Wohnbedürfnisse gibt.«[11] Solche kollektiven Bedürfnisse habe früher das Dorf befriedigt. Dieses »begrenzte und bekannte Milieu, in dem man rundherum persönliche Kontakte hat, sich wohl fühlt und zu Hause weiß«, gebe es aber nicht mehr. Daher seien die »natürliche Gruppenbildung und die menschliche Skala« verschwunden. »Man ist eine Nummer in einer gewaltigen Anhäufung von Menschen«. Nun bedürfe der Mensch jedoch von Natur aus zur Normbildung und für sein Wohlbefinden der Gruppe, der sozialen Zugehörigkeit, etwa der zu seiner Familie. Die »abstrakten« Interessenorganisationen der Gegenwart, ihre Versicherungen, Parteien und Konsumgenossenschaften vermittelten keine solche »persönliche Gemeinschaft«. Und das reflektiere und beschleunige die Stadtentwicklung. »Die Fehler der städtischen Struktur spiegeln die individualistische Kurzsichtigkeit und Isolierung, die unter den heutigen Massenmenschen verbreitet ist – und sie haben wohl auch dazu beigetragen, diesen hervorzubringen.« Es gelte daher, so Åhréns Schlussfolgerung, dem Sieg der Masse, wie man ihn gegenwärtig überall im faschistischen Europa beobachten könne, durch Veränderung des »äußeren Milieus« entgegenzuwirken.[12]

Man kann Åhrén fast dabei zusehen, wie er aus seiner Krisendiagnose ein Interventionsprogramm ableitet – und zwar anhand von zwei Konzeptskizzen (Abb. 14). Die erste illustriert die Gemeinschaftsbildung im Dorf bzw. im

---

10. So definierte Tönnies Nachbarschaft: TÖNNIES, Gemeinschaft und Gesellschaft (1887), S. 16. Erwähnt werden muss in diesem Zusammenhang auch Max Webers Definition der räumlich geprägten »Nachbargemeinschaft« als Strukturtyp der Vergesellschaftung, und zwar als einer, der zwar »typische Stätte der ›Brüderlichkeit‹« sei, vor allem aber eine ökonomische Funktion habe, ein Tauschverhalten zur Deckung des »außerordentlichen Bedarfs an Leistungen bei besonderen Gelegenheiten« (WEBER, Wirtschaft und Gesellschaft [2005, urspr. 1922], S. 280f.). Wichtig ist auch die – Plessners Kritik vorweg nehmende – Anregung Simmels, die modernen »Distanzen« erschienen zwar als Dissoziierung, seien aber eine der »elementaren Sozialisierungsformen« der großstädtischen Lebensgestaltung und als solche zu würdigen. SIMMEL, Die Großstädte und das Geistesleben (2006, urspr. 1903), S. 31.

11. ÅHRÉN, Community centres – folkets hus (1943), S. 173.

12. Ebd., S. 173.

Die Nachbarschaftseinheit

umgrenzten, mit Gemeinschaftseinrichtungen ausgestatteten Wohnbereich, eine zweite diejenige in der modernen Großstadt. Kreise markieren die jeweiligen Radien, innerhalb derer die Bewohner, die als Punkte erscheinen, ihren Aktivitäten nachgehen. Im ersten Fall sind die Überschneidungen zwischen den Kreisen wesentlich größer, die Kontakte zwischen den Individuen entsprechend häufiger, was, so Åhrén, die Gemeinschaft fördere.

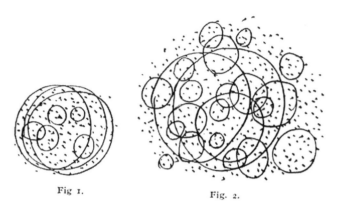

Abbildung 14: Gruppenbildung im alten Dorf (Fig. 1.) und in der modernen Großstadt (Fig. 2.) bei Åhrén (1943)

Åhrén übersetzt einen vermeintlichen soziologischen Tatbestand ins Medium Zeichnung. Die »verlorene Gruppengemeinschaft« wird erst gezeichnet als *räumliches* Problem sichtbar, genauso wie die Lösung: »[e]ine Umgestaltung der städtischen Interessengruppen«. Diese »würde sich, versuchte man sie zu zeichnen, ausnehmen wie eine Ansammlung von Kleinstädten«, die zu einer »Ganzheit höherer Ordnung verbunden wären«.[13] Mittels der baulichen Eingrenzung des Wohnbereichs will Åhrén Relationen zwischen den Menschen schaffen. Eine Art Zwischenraum werde dann entstehen, ein, so Åhrén an anderer Stelle, »sicheres [*trygga*] Zwischenglied zwischen Individuum und Gesellschaft«.[14]

Für Åhrén folgt daraus die Frage nach den Bemessungsgrößen dieses Bereichs. Dieser müsse Rückzugsbedürfnis und »Beisammensein und Gemeinschaft« in ein wohlausgewogenes Verhältnis bringen und dürfe nicht »eingesperrt« und klein wirken.[15] Åhrén sieht einen Ansatzpunkt darin, den Einzugsbereich von *community centres* zu ermitteln, von Volkshäusern – schwedisch *Folkets hus* – die außerdem als Begegnungsstätten dienen könnten. Er diskutiert die diesbezüglich in Großbritannien üblichen Größen und kommt zum dem Schluss, man müsse zwischen 2000 und 8000 Personen pro Wohnbereich vorsehen. Dies werde auch an empirischen Befunden aus Göteborg ersichtlich, die seine Mitarbeiter Fritjof Lindström und Carl-Fredrik Ahlberg zur Besucherfrequenz öffentlicher Bibliotheken und Badeanstalten ermittelt hätten.

---

13. Ebd., S. 175.
14. ÅHRÉN, Ett planmässigt samhällsbyggande (1981, urspr. 1945), S. 29.
15. ÅHRÉN, Community centres – folkets hus (1943), S. 174.

Aus einer eigentümlichen Mischung von sozialstatistischen Befunden, sozialpsychologischen Postulaten über Bedürfnisse und die Natur der Vergemeinschaftung, aus dem Verweis auf die Geschichte, aus einem politischen Bedrohungsszenario, unter Bezugnahme auf die internationale Forschung und unter Zuhilfenahme suggestiver Ideogramme entsteht hier ein städtebauliches Programm: die Nachbarschaftseinheit für bis zu 8000 Einwohner. Åhrén begreift das Soziale als etwas Räumliches. Genauer, er definiert die Gemeinschaftsbildung als Problem der Bemessung von Lebensradien. Kleine Gemeinschaften, die sich zu einer »höheren Ordnung« verbinden lassen, erscheinen als abgeschlossene Entitäten, als kreisförmige Flächengebilde. Gezeichnet, markieren deren Umfangslinien zugleich die Grenzen des sozialen Zusammenhalts. Es ist ein gedankliches *Bild*, das die Åhrén'sche Krisendiagnose und seinen Interventionsvorschlag formatiert.

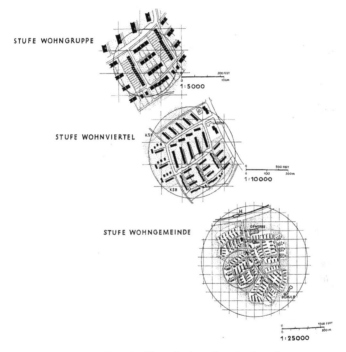

Abbildung 15: »Nachbarschaftsstufen« in Gutschows »Städtebaulichem Grundstoff« (1958)

An dieser Stelle sei ein verhältnismäßig großer Zeitsprung erlaubt, um zu zeigen, dass nicht nur Åhrén im Schweden der frühen 1940er Jahre solche Gedanken äußerte. 1958 stellt nämlich Konstanty Gutschow dem Kapitel »Wohnen« in seinem Buchprojekt »Städtebaulicher Grundstoff« eine Abbildung voran, die fast wie eine Ausarbeitung der Überlegungen Åhréns anmutet (Abb. 15). Gutschow staffelt hier »Nachbarschaftsstufen« nach Integrationswirkung. Er unterscheidet drei dieser »Stufen« – »Wohngruppe«, »Wohnviertel« und

»Wohngemeinde« – wobei die jeweils größere Stufe die kleineren enthält.[16] Wie durch die Lupe des Laborwissenschaftlers betrachtet, wird durch Maßstabsveränderung, durch eine Art Herauszoomen suggeriert, es griffen verschiedene sozialräumliche Ebenen ineinander, und zwar bis auf die Ebene einer »höheren Ordnung« – Gutschow benutzt nahezu dieselbe Formulierung wie Åhrén. Aus Åhréns skizzierter Soziologie ist ein Plan geworden.

Auch Gutschow hat bestimmte Kriterien zur Hand, um die »Abgrenzung nach oben« zu bestimmen: »Denn ob Wohngruppe oder Wohnviertel oder Wohngemeinde, alle Bereiche tragen den Maßstab des zu Fuß gehenden Menschen in sich.« Der physische Bewegungsradius des Menschen markiert also einen quantifizierbaren Grenzwert des soziologischen Zusammenhalts. Für Gutschow deckt sich dieser Bewegungsradius mit dem »Einflußbereich einer Volksschule«.[17] Gutschow legt der Hierarchie der Nachbarschaftsstufen damit ein »natürliches« Entwicklungsschema zugrunde. Die Gemeinschaftsbildung erscheint als (radial) in den Raum ausgelegter Wachstumsprozess. Die Nachbarschaftsstufen sind ein architektonischer Beitrag zur Sozialisierung der Kinder in die Gemeinschaft. Übrigens lässt Gutschow dieser Passage Anwendungsbeispiele folgen, und zwar vor allem Lagepläne schwedischer Wohngebiete – etwa Pläne der in den 1940er und 50er Jahren geplanten (Groß-)Stockholmer Wohngegenden Akterspegeln, Danviksklippan, Vällingby sowie Gustavsberg in Nacka und des Göteborger Stadtteils Guldheden, die teils direkt neben Skizzen seines eigenen Hannoveraner Quartiers Mittelfeld und Reichows Siedlung Hohnerkamp in Hamburg auftauchen (Abb. 19).

Gutschow und Åhrén *begrüßen* also in den frühen 1940er respektive späten 50er Jahren das, was Plessner die »Sphäre der Vertrautheit« nennt. Sie beschäftigen sich mit dem Zusammenhang von Raum und Sozialem, sie ermitteln die Reichweite der sozialen Kontakte, die Grenzen der Gemeinschaft und verdeutlichen diese Grenzen in Zeichnungen. Beiden geht es um eine Art gebauter Soziologie, eine »soziale Ökologie«.[18] Sie wollen eine unförmige, eine vor allem maßlose Welt baulich begrenzen, damit eine Um-Welt (im eigentlichen Wortsinn) für die Gemeinschaft entsteht. Für beide Architekten steht nicht das Individuum, sondern die soziale Kleingruppe im Zentrum des Planens. Beide diskutieren ihre Skalierungsvorschläge im transnationalen Zusammenhang. In beiden Fällen werden die Betroffenen nicht in Planungsprozesse einbezogen. Bei Åhrén sind Bedürfnisse allenfalls als »kollektive« von Interesse, Gutschow rekurriert auf gewissermaßen gattungsspezifische Parameter wie die Fußläufigkeit.

Die Texte bilden Marksteine der Hochkonjunktur der Nachbarschaftsidee in den beiden Ländern. Åhréns Aufsatz ist 1943 mehr Absichtserklärung als Methodendiskussion, Gutschow kann sich 1958 bereits auf etabliertes Wissen berufen, das er als Lehrmaterial aufbereitet. Damit soll kein simples Nacheinander postuliert werden. Den Gedanken, mittels Zuschnitt der Wohnumgebung die räumliche Überschneidung von Alltagswelten zu fördern, propagiert auch Gutschow schon in den frühen 1940er Jahren – allerdings in einem

---

16. GUTSCHOW, Wohnen (1958), S. 642.

17. Ebd., S. 642.

18. Vgl. demnächst zu diesem Begriff in Anwendung auf den Versuch, den Industriebetrieb zu ordnen: LUKS, Der Betrieb als Ort der Moderne (2010).

anderen politischen Klima. Åhrén warnt 1942, die »Auflösung der Gemeinschaft«, das Leben in einer Welt, in der der Einzelne zur »Nummer in großen organisatorischen Zusammenhängen« werde, könne in den Faschismus münden.[19] Gutschow fordert fast zeitgleich dazu auf, »eine Stadt zu schaffen, in der sich trotz der Größe der einzelne Volksgenosse nicht als eine Nummer untergehend fühlt, sondern zu einer Nachbarschaft gehörig, sich in eine für ihn noch zu übersehende Gemeinschaft gebunden«. Als »richtige, lebendige Größenordnung«, an der sich solche Nachbarschaften orientieren sollen, empfiehlt Gutschow allerdings (vorübergehend) die NSDAP-Ortsgruppe.[20]

Diesem eigentümlichen Phänomen, der Koinzidenz vergleichbarer »Ordnungsgedanken« (Gutschow), die im Nationalsozialismus die »Volksgemeinschaft« fördern, im *folkhem* jedoch der Diktatur vorbeugen sollen, werde ich im Folgenden Aufmerksamkeit widmen. Vorher muss aber nach der Herkunft dieser Ordnungskonzepte gefragt werden.

Vorgeschichten. Von der Gartenstadt zur *New Town*

Als Nachbarschaftsplanung werden heute vielfältige Versuche bezeichnet, mittels Strukturierung städtischer Agglomerationen den sozialen Zusammenhalt, aber auch die Gesundheit und Wirtschaftlichkeit der Lebenswelt und Lebensweisen der Menschen zu beeinflussen. Die Nachbarschaftseinheit – englisch *neighbourhood unit*, schwedisch *grannskapsenhet* – ist eine Antwort auf unterstellte Fehlentwicklungen der Gegenwart. Ihre Befürworter begreifen sie als Siedlungsform mit einer bestimmten Größe und einem spezifischen Raumcharakter, wie er vordem Dorfgemeinschaften und Kleinstädte geprägt habe. Deren Charakteristika werden gezielt als Vorbild für Raumgebilde genutzt, die gesellschaftliche Probleme lösen sollen – und das heißt in der Regel, die unerwünschten Begleiterscheinungen des Modernisierungsprozesses einzudämmen, abzumildern oder diesen zu »humanisieren«. Keinesfalls soll »das Strukturbild aus einer vergangenen Epoche« ohne Modifikationen auf die Gegenwart übertragen werden.[21] Die Nachbarschaftsplanung versucht vielmehr, »die technischen Mittel in den Dienst einer neuen gesunden Ordnung zu stellen, so daß gesunde Lebensverhältnisse mit den wirtschaftlich und kulturell wertvollen Verflechtungen großstädtischer Wirtschaftsgebiete vereinigt werden«.[22] Die Planer wollen eine zeitgemäße versorgungs- und verkehrstechnische Ausstattung des Wohnbereichs. Sie unterstreichen außerdem immer wieder, es sei keineswegs ihre Absicht, große Städte schlicht abzuschaffen. Vielmehr gelte es, diese »aufzulockern« und zu »gliedern«, sie durch Gruppierung in kleinere Einheiten zu strukturieren, die

---

19. ÅHRÉN, Människorna och städerna (1943), S. 266.
20. Konstanty Gutschow: D38. Skizze Generalbebauungsplan 1944 (Manuskript Plassenburg), Anfang Juli 1944, S. 7 (Sammlung N. Gutschow).
21. GÖDERITZ, Städtebau (1938), S. 1028.
22. Die gegliederte und aufgelockerte Stadt, 1945, S. 13f. (BArchB, R113/1960).

Menschen also teilhaben zu lassen »an den Vorzügen der Großstadt« – und zugleich deren Nachteile »fernzuhalten«.[23]

Dieses Vorhaben hat mehrere Vorläufer. Es lässt sich leicht auf die paternalistischen Werks- und Arbeitersiedlungen der Jahrhundertwende zurückführen und vor allem auf die (deutschen und britischen) Gartenstadtkonzepte, die schon die Siedlungen des Neuen Bauens geprägt hatten.[24] Mit etwas Vorsicht lässt sich auch eine Verwandtschaft mit den Architekturphantasien der utopischen Sozialisten des frühen 19. Jahrhunderts vermuten.[25] Das Nachbarschaftskonzept unterscheidet sich jedoch von den philanthropischen Arbeitersiedlungen und von der Gartenstadt als einem lebensreformerisch-avantgardistischen Konzept, weil es als universelles Strukturierungsprinzip in Stellung gebracht wird. Es wird gleichermaßen für die Restrukturierung bestehender Städte wie für Stadtneugründungen empfohlen, vor allem aber, und das ist Folge der Diskussionen der 1920er Jahre, richtet die Nachbarschaftseinheit sich auf die ganze Bevölkerung als Nutzerkategorie. Außerdem legen die Planer Wert auf die wissenschaftliche Begründung städtebaulicher Eingriffe. Auch dieser Anspruch etabliert sich in den 1920er und 30er Jahren, das wurde bereits angedeutet.[26] Schließlich ist auch der Subjektentwurf seiner Verfechter ein anderer. Nicht die utopische Radikalerneuerung, nicht die altruistische Wohltat des Sozialreformers, nicht das bürgerliche Selbstexperiment,[27] sondern die allgemeingültige, vernünftige Lösung des Experten steht im Vordergrund – die Nachbarschaftseinheit ist eine Erscheinungsform des *social engineering* des 20. Jahrhunderts.

Als erster formulierte der Amerikaner Clarence Arthur Perry Mitte der 1920er Jahre das Nachbarschaftsparadigma mit all seinen Charakteristika.[28]

---

23. Konstanty Gutschow: D38. Skizze Generalbebauungsplan 1944 (Manuskript Plassenburg), Anfang Juli 1944, S. 7 (Sammlung N. Gutschow).

24. Die Literatur zur Gartenstadtbewegung ist umfangreich, ich nenne hier nur BUDER, Visionaries and Planners (1990); FEHL, Gartenstadt und Raumordnung in Deutschland (1990); HALL/WARD, Sociable Cities (1998); HARTMANN, Gartenstadtbewegung (1998); KRÜCKEMEYER, Gartenstadt als Reformmodell (1997); METTELE, Public Spirit in Suburbia? (2007); MILLER, Letchworth (1989); PAHL, Die Gartenstadt (2000); SCHOLLMEIER, Gartenstädte in Deutschland (1990). Vgl. auch die Beiträge in: PARSONS/SCHUYLER, From Garden City to Green City (2002); SCHUBERT, Die Gartenstadtidee zwischen reaktionärer Ideologie und pragmatischer Umsetzung (2004) und WARD, The Garden City (1992).

25. Außerdem sind Vorläufer im britischen *settlement movement* und im amerikanischen *city beautiful movement* der *progressive era* zu finden. Vgl. dazu KLOPFER, »Clean up« (2009). Zur Ideengeschichte der Nachbarschaftseinheit: BEACH, The Idea of Neighbourhood 1900-50 (1995); JOHNSON, Origin of the Neighbourhood Unit (2002); KALLUS/LAW-YONE, Neighbourhood (1997); SCHIEFLOE, Networks in Urban Neighbourhoods (1990); SCHUBERT, »Heil aus Ziegelstein« (1998); DERS., The Neighbourhood Paradigm (2000); SILVER, Neighbourhood Planning in Historical Perspective (1985).

26. Für Adelheid von Saldern ist die Nachbarschaftsidee schon in den Frankfurter Neubauquartieren der 1920er Jahre erkennbar: SALDERN, Häuserleben (1995), S. 172-174.

27. Vgl. dazu: FISHMAN, Bourgeois Utopias (1987); HARDY, Utopian England (2000).

28. Vgl. PERRY, The Neighborhood Unit (1998, urspr. 1929). Erstmals vorgestellt hatte Perry seine Ideen bereits 1924, stärkere Verbreitung fanden sie mit der Veröffentlichung

Erstmals liefen hier eine soziologische Krisendiagnose und ein räumlicher Organisationsvorschlag unter dem Begriff *neighborhood unit* zusammen. Perry war stark vom *community centres movement* geprägt und mit Schriften der britischen Gartenstadtpioniere Raymond Unwin und Ebenezer Howard vertraut.[29] Großen Einfluss auf die Entwicklung von Perrys Konzept hatten zudem Überlegungen des Soziologen Charles H. Cooley, der beschrieb, wie im modernen Vergesellschaftungsprozess »primary groups« und »face-to-face contacts« zugunsten von »secondary groups« verschwanden, was der »group nature« des Menschen zuwiderlaufe.[30] Perry stützte sich darüber hinaus auf Einsichten der Stadtkulturforschung der Chicagoer Soziologie, der so genannten *urban ecology* um Robert E. Park, Ernest W. Burgess und Roderick D. McKenzie.[31] Diese wiederum hatten die Tönnies'sche Differenzierung von Gesellschaft und Gemeinschaft übernommen.[32] Perry adaptierte vor allem die Chicagoer Methode, soziologische Beobachtungen (*surveys*) kartografisch darzustellen. Während die Chicagoer »ökologische« Perspektive allerdings vor allem nachbarschaftliche Selbstregulierungsprozesse innerhalb städtischer Quartiere untersuchte,[33] übertrug Perry die Chicagoer Kategorien in ein stadtpolitisches bzw. städtebauliches Handlungsprogramm – Geografie und Sozialstruktur liefen bei Perry im Plan zusammen.

Perry diskutierte einerseits Themen wie die Unfallverhütung, die verbessert werden sollte, indem der Durchgangsverkehr aus dem Inneren von Wohngebieten, so genannten *superblocks*, herausgehalten wurde. Auch Aspekte wie die gleichmäßige Verteilung von Läden waren ihm wichtig. Vor allem aber schlug Perry vor, die Größe der Nachbarschaftseinheit am Einzugsbereich einer Volksschule zu bemessen, die Zahl ihrer Bewohner also aus der Schülerzahl pro Schule und der entsprechenden Anzahl von Haushalten abzuleiten.[34] Die Schule sollte zudem architektonischer »focal point« im Inneren der jeweiligen Nachbarschaften sein.[35] Für Perry konnte all das die »family life community« intensivieren und damit die soziale Kohäsion fördern. Es werde ein »living organism« entstehen, »a unit of a larger whole and

---

PERRY, Housing for the Machine Age (1939). Vgl. auch DERS., The School as a Factor in Neighborhood Development (1914).

29. Vgl. zu den Rezeptionsverläufen SCHUBERT, »Heil aus Ziegelstein« (1998), S. 150. Perry hatte selbst in der Gartenvorstadt Forest Hills Gardens bei New York gelebt.

30. Vgl. COOLEY, Social Organization (1909), bes. S. 23–31. Cooley sprach hier von der »neighborhood group«, die schon die germanische »village community« geprägt habe. Ebd., S. 25.

31. Vgl. etwa PARK/BURGESS/MCKENZIE, The City (1967, urspr. 1925).

32. Zeitgenössisch zur Bedeutung Tönnies' und Cooleys für den Nachbarschaftsgedanken: MUMFORD, The Neighborhood and the Neighborhood Unit (1954), S. 259.

33. Vgl. KUKLICK, Chicago Sociology and Urban Planning Policy (1980); LINDNER, Walks On The Wild Side (2004). Vgl. auch GASSER, Stadt und Delinquenz (2002); LANGER, Sociology (1984) sowie die Beiträge in LINDNER, The Reportage of Urban Culture (2006).

34. Dabei berief er sich auf Empfehlungen des »Report of the Committee on Schoolhouse Planning«: Vgl. KLAGES, Der Nachbarschaftsgedanke und die nachbarliche Wirklichkeit in der Großstadt (1968, urspr. 1958), S. 19.

35. PERRY, The Neighborhood Unit (1998, urspr. 1929), S. 34.

[...] a distinct entity in itself«.[36] Die Förderung der »face-to-face association which characterized the old village community«, so das Vorwort zu Perrys Text, werde ermöglichen, dass die Einheiten sich basisdemokratisch selbst verwalteten.[37]

Perry verbreitete sein Konzept in der 1923 auf Initiative des Planers Clarence Stein hin gegründeten »Regional Planning Association of America« (RPAA), in der sich Sozialreformer wie Henry Wright, Catherine Bauer und Lewis Mumford engagierten.[38] Eine frühe, international viel beachtete Realisierung fand das Nachbarschaftskonzept 1929 in der Gartenstadt Radburn in New Jersey. Es prägte aber auch die *green belt towns* der *New Deal*-Ära.[39] Im Laufe der 1930er Jahre wurde die Nachbarschaftseinheit international bekannt, nicht zuletzt infolge der gegenseitigen Beobachtung einer transatlantischen *scientific community*. Vor allem in Großbritannien stieß sie auf großes Interesse. Die *neighbourhood unit* tauchte in den Empfehlungen verschiedener britischer Kommissionen zu Wohnungsbau und Landesplanung auf (etwa 1939 im Barlow-Report und 1944 im Dudley-Report), außerdem im berühmten *MARS-Plan* für London (1942), im *County of London Plan* (CLP, 1943) der Stadtplaner Patrick Abercrombie und J.H. Forshaw und ab 1946 in den *New Towns*, den Satellitenstädten rund um London.[40]

Die Nachbarschaftsplanung stand also im Zentrum wechselseitiger Übernahme- und Kommunikationsprozesse, sie wurde auch in Kolonien und so genannte Schwellenländer exportiert.[41] Die »urbanistischen Denkräume« dieser Zeit in verschiedenen Ländern überlagerten sich.[42] Das war nicht nur Folge der Verbreitung von Perrys Überlegungen. Der große Konsens über die

---

36. Ebd., S. 28f. 34.
37. HARRISON, Introduction (1998, urspr. 1929), S. 23.
38. Vgl. GILETTE, The Evolution of Neighborhood Planning (1983), S. 426. Zur RPAA: PARSONS, Collaborative Genius (1994); SPANN, Designing Modern America (1996). Mumford und Bauer waren stark von ihren Eindrücken im Neuen Frankfurt und anderen deutschen Siedlungen geprägt, die sie in den späten 1920er Jahren besucht hatten. Vgl. RODGERS, Atlantic Crossings (1998), bes. S. 389–408; SAMSON, »Unser Newyorker Mitarbeiter« (1996).
39. Tatsächlich tauchen Abbildungen von Radburn bei den hier untersuchten deutschen und schwedischen Protagonisten wiederholt auf. Vgl. zum Beispiel REICHOW, Gedanken zur städtebaulichen Entwicklung des Groß-Stettiner Raumes (1940), AHLBERG, En plan för Stockholms framtid (1945).
40. Vgl. MARMARAS/SUTCLIFFE, Planning for Postwar London (1994); GOLD, The Experience of Modernism (1997), bes. S. 145–163; SCHUBERT, Die Renaissance der Nachbarschaftsidee (2004). Übrigens wirkte Eugen Kaufmann, ehemals Protagonist im Neuen Frankfurt, als Mitglied in der MARS-Group an der Etablierung der Nachbarschaftseinheit in Großbritannien mit, ebenso wie der deutsche Emigrant Arthur Korn. SCHUBERT, »Heil aus Ziegelstein« (1998), S. 155.
41. Vgl. PROVOOST, »New Towns« an den Fronten des Kalten Krieges (2007); WARD, Re-examining the International Diffusion of Planning (2000). Eine interessante Quelle zum Transfer des Konzepts ist die kommentierte Bibliografie DAHIR, The Neigborhood Unit Plan (1947). Gleiches gilt für die ab 1946 von Robert Auzelle in Paris herausgegebenen »Documents D'Urbanisme«.
42. EISINGER, Die Stadt der Architekten (2006), S. 50.

nachbarliche Ordnung des Wohnraums stand im Zusammenhang einer Länder übergreifenden Suche nach der bestmöglichen Stadtstruktur. Dabei kamen Planer teils unabhängig von einander zu ähnlichen Ergebnissen – in den den USA und in Großbritannien, aber auch in Dänemark und Finnland, in den Niederlanden, der Schweiz und in Italien, ja sogar im China der 1950er Jahre.[43] Wir haben es mit regionalen Reaktionen auf ein transnational gesehenes Problem zu tun, mit Varianten der »weit verbreitete[n] Grundvorstellung, die Großstadt bedürfe ablesbarer räumlicher Gliederungen, um die Bürger (wieder) in ›überschaubare Gemeinschaften‹ einzubetten«.[44]

Im Folgenden soll dieser transnationale Charakter von Krisendiagnosen und Lösungsvorschlägen in der Stadtplanung studiert werden. Ich will zeigen, wie schwedische und deutsche Architekten die soziale Krise als ein räumliches Problem interpretierten, das es adäquat eben mittels Raum gestaltender Praktiken zu lösen galt. Im Zentrum stehen daher zugleich die Methoden, mit denen soziale Desintegration als Raumphänomen sichtbar gemacht wurde, und die Techniken, hier wieder Ordnung zu schaffen. Zunächst werde ich die jeweilige Hauptphase der Nachbarschaftsplanung in den 1940er Jahren in Deutschland und Schweden gesondert darstellen (Kapitel 3). Das deutsche Konzept »Ortsgruppe als Siedlungszelle« versprach, »konkrete Ordnungen« wiederherzustellen. Die schwedische Nachbarschaftsplanung wiederum versuchte, »Primärgruppen« neu zu beleben. Es geht also um die spezifischen Rezeptions- bzw. Entwicklungsbedingungen des Nachbarschaftsdiskurses in *folkhem* und »Drittem Reich«. Beide Diskurse, das soll jeweils am Schluss der Darstellungen gezeigt werden, waren zugleich Teil einer Länder übergreifenden Expertendebatte.

Diese Darlegungen haben einen chronologischen und kontextualisierenden Charakter. Ihnen schließen sich drei Abschnitte an, die beide Fälle zusammen beleuchten (Kapitel 4). Hier werde ich stark auf Ähnlichkeiten abheben, auch um zu erklären, wie es zu deutsch-schwedischen bzw. schwedisch-deutschen Transfers über die Systemgrenzen hinweg kommen konnte. Es werden Aussagen der Planer eingehend analysiert, etwa hinsichtlich der Frage, wie der Wohnbereich genau bemessen werden sollte, um Kontakte zwischen den Menschen zu schaffen. Es geht um die Frage, wie Siedlungen überschaubar gemacht werden sollten, aber auch darum, wie die Organisation der Lebenssphären im Kleinen der Integration der Bevölkerung als Ganzer, als Nation, zuarbeiten sollte.

---

43. Vgl. zum Beispiel EISINGER, Städte Bauen (2004); LEMBERG, Danish Urban Planning, (1997); MAZZOLENI, The Concept of Community in Italian Town Planning in the 1950s (2003); SIEVERTS, Die «Neuen Städte» als Experimentierfeld der Moderne (1987); STEIN, Durch »Aufbau« zur Neuordnung der Gesellschaft (2009); WAGENAAR, German influence on the apparatus in the Netherlands (1991).

44. ALBERS, Zur Entwicklung der Stadtplanung in Europa (1997), S. 331.

3.2 »Demokratische Kulturkritik«

Die schwedische Debatte der 1940er Jahre

1942 kam wiederholt eine »veritable Porträtgalerie«[1] der schwedischen Sozialexperten im sozialwissenschaftlichen Institut der Stockholmer Hochschule zusammen, um über ein »besseres Haushalten mit materiellen und menschlichen Werten« zu beraten.[2] Uno Åhrén koordinierte die Treffen gemeinsam mit Alva Myrdal und schlug für die Gruppe den prosaischen Namen *Plan* vor.[3] Er erwartete viel von dem Austausch zwischen den verschiedenen Experten. Der »psychologische Zeitpunkt« für die Planung sei gekommen, schrieb er Myrdal.[4] Ein Programmentwurf, den er ihr schickte, lässt auf die Antizipation einer gewaltigen Planungstätigkeit schließen. Åhrén listete 22 Themen auf, die von der Industrielokalisierung über die Rationalisierung der Landwirtschaft, die Organisation des Erziehungswesens bis zur Gretchenfrage schlechthin reichten: »Welche Funktionen soll die Allgemeinheit übernehmen, und welche sollen von den Privathaushalten und den Einzelnen durch gegenseitige Hilfe gewährleistet werden?« Åhrén war fest überzeugt: »Die Verwaltung der Gesellschaft [*samhällsadministrationen*] bedarf der Unterstützung durch die Wissenschaften«.[5]

Besonders wichtig waren Åhrén die ersten fünf Punkte seiner Liste. Ihnen widmete er nämlich seinen Auftaktvortrag vor der Gruppe: »1. Community centres (schwedischer Name gesucht) 2. Die Probleme der Gemeindebildung, gut dimensionierte Siedlungen 3. Soziologie und Siedlungsorganisation 4. Masse contra Gruppe und Individuum im Stadtleben 5. Die Zukunft der großen Städte«. Er schrieb dazu an Myrdal: »Ich möchte das Ziel klar benennen (so klar wie ich es kann!): den Gesellschaftstyp und den Menschentyp,

---

1. FORSMAN, Det gamla och det nya bygget (1993), S. 272. Teilnehmer waren u.a. der Ethnologe Sigurd Erixon, der Ökonom Richard Sterner, der Agronom Alrik Örborn, die Wohnungspolitiker Alf Johansson und Torvald Åkesson, die Statistiker William William-Olsson und Erland von Hofsten, die Wohnexpertin Brita Åkerman, Ingvar Svennilson von *Industrins Utredningsinstitut*, dem »Forschungsinstitut der Industrie«, Gotthard Johansson und Gunnar Myrdal. An späteren Treffen nahmen auch der Arzt Axel Höjer und die Architekten Jöran Curman, Sven Markelius, Eskil Sundahl, Otto Danneskiold-Samsøe und Helge Zimdal teil. Auch der finnische Architekt Alvar Aalto wurde eingeladen.
2. Einladungsschreiben, o.D. [Dezember 1942] (ARAB, 405/4.1.4:1).
3. Åhrén sollte den Namen 1946 für »Plan« wiederverwenden, die Zeitschrift der *Förening för samhällsplanering* (»Vereinigung für Gesellschaftsplanung«).
4. Åhrén an A. Myrdal, 2.11.1942 (ARAB, 405/4.1.4:1).
5. Åhrén an A. Myrdal, 31.10.1942 (ARAB, 405/4.1.4:1).

für den wir planen wollen.«[6] In seinem Vortrag verkündete er: »Wenn die Demokratie sich behaupten soll, muss sie den Menschen ein günstiges Milieu für die Entwicklung eines hochklassigen Menschentyps bereitstellen.« Und das heiße auch, dass das weitere Wachstum der großen Städte in Frage gestellt werden müsse.[7]

Åhrén stand mit seiner Meinung nicht allein da. Alva Myrdal unterstrich in ihrem Kommentar zu seinem Vortrag, dass »der Mensch und seine soziale Gruppenbildung« im Zentrum des Planens stehen müssten. Und Gregor Paulsson verwies auf laufende Arbeiten einer Expertengruppe um den Soziologen Torgny Segerstedt, der er selber angehörte und die ähnlich denke:

»[D]ie gegenwärtige Entwicklung unserer Gemeinden treibt ganz von sich selbst in Richtung einer Milieuform, in der Massenmenschen entstehen. Gegen diesen Menschentyp setzen wir einen Menschen, dessen Lebensführung in humanistischen Werten gründet, oder auch den demokratischen Menschen im eigentlichen Sinn dieses Worts. Wir haben versucht, Formen für die Errichtung von Siedlungen zu finden, die dieser humanistischen Lebensführung dienlich sind.«[8]

Zu Beginn der 1940er Jahre problematisierten schwedische Architekten vermehrt die Großstadt, und zwar im Kontext ihres Aufrufs, Wirtschaft, Bildung und Versorgung vernünftiger zu organisieren. Für Åhrén, Myrdal und Paulsson war die optimale Entwicklung des Menschen eine Frage seiner Beziehung zur Gruppe – und dieses Verhältnis schien räumlich formbar zu sein. Die Prägung von Massenmenschen, die Demokratie und humanistische Werte gefährdeten, sollte künftig mittels Planung unterbunden werden.

Neue Horizonte: Architektur und Demokratie

Schon bald wurde dieses Vorhaben in Schweden, dem schon in den 1930er Jahren etablierten Verfahren gemäß, öffentlich diskutiert – und zwar überwiegend in Veröffentlichungen, die im Verlag der Konsumgenossenschaft KF erschienen. Åhrén machte 1942 den Anfang mit einem Buch, das die Stoßrichtung der Diskussion bereits im Titel führte: »Arkitektur och demokrati« (»Architektur und Demokratie«). Er inszenierte diesen Text als »Bestandsaufnahme«, wie er sie seit Mitte der 1930er wiederholt eingefordert hatte. »Wir müssen uns sammeln, um Herr über uns selbst und unseren Einsatz für das gesellschaftliche Leben zu werden.«[9] Die *Stockholmsutställning* habe zwar den Durchbruch der Demokratie in der Architektur, also des Bau-

---

6. Ebd.
7. Referat av diskussion vid sammanträde å Stockholms Högskolas Socialvetenskapliga Institut, 17.12.1942, S. 1, 11 (ARAB, 405/4.1.4:1).
8. Ebd., S. 8. Åhrén kannte die Gruppe um Paulsson und Segerstedt und besuchte sogar einige ihrer Treffen. Seit längerem diskutierte er u.a. mit Alf Johansson, William William-Olsson und Jöran Curman, wie man verschiedene Institutionen, darunter die »Paulsson'sche Gruppe« zusammenführen könne. Åhrén an A. Myrdal, 2.12.1942 (ARAB, 405/4.1.4:1).
9. ÅHRÉN, Arkitektur och demokrati (1942), S. 7.

ens für die breite Masse gebracht, gegenwärtig lähme die Architekten aber die Desorientierung über ihre eigentlichen Ziele. Dabei stelle sich angesichts des auf Schweden lastenden Schattens des »Dritten Reichs« mehr denn je die Frage, welche Art von Gesellschaft eigentlich anzustreben sei. Einem eskapistischen Ästhetizismus gerade der jüngeren Architektengeneration stehe der Rückzug vieler Älterer auf den Standpunkt des unpolitischen Fachmanns gegenüber. Eine dritte Gruppe dagegen – offensichtlich dachte Åhrén dabei an *Plan* – gehe die Probleme auf einer höheren Ebene an, nämlich als »Gesellschaftsorganisation«.[10] Zum Beispiel müssten »Gemeindebildungsprobleme« auf die Agenda der Planer, denn ungeplante Agglomeration zeitige negative Folgen für die »Ökonomie des Volkshaushalts«.[11] Sie mindere das Wohlbefinden und damit die Arbeitseffizienz der Bevölkerung. Leider seien die räumlichen Bedingungen des sozialen Lebens unzureichend erforscht. Deshalb müsse stärker mit Soziologen zusammengearbeitet werden.

Åhrén erklärte also die Demokratie zum Planungsziel. Demokratie meinte dabei »eine humanistische Kultur und eine Politik, die darauf abzielt, Lebensbedingungen zu schaffen, die es jedem Individuum ermöglichen, seine besten menschlichen Eigenschaften in Zusammenarbeit mit anderen Individuen zu entwickeln: Freiheit unter Verantwortung«.[12]

Auch die vom KF herausgegebene Zeitschrift »Vi« widmete 1943 ein Themenheft der »besseren Stadtkultur für die Menschen der Friedenszeit«. Hier befasste sich Gunnar Nordgren (er war Mitglied der Gruppe um Segerstedt und Paulsson) aus der »Perspektive des Arztes« mit der Großstadt. Er kritisierte, dass deren Struktur es nicht erlaube, dass sich ein »gesunder und erwünschter Menschentyp« entwickle. Dabei seien es gerade die Gruppenmenschen, die »die Gesellschaft stabilisieren, die Ordnung und Rechtsdenken aufrecht erhalten«.[13] Jöran Curman, der 1933 bis 1936 in Åhréns Göteborger Stadtplanungsbüro angestellt war und ebenfalls in der Segerstedt-Gruppe mitwirkte, wünschte sich eine Wiederherstellung von Gemeinschaft nach dem Vorbild alter, protoindustrieller Werkssiedlungen (*brukssamhällen*) und damit einhergehend eine Einschränkung der »hochgradig individuellen Lebensführung« zugunsten der Solidarität mit dem Kollektiv – auch durch »Liquidierung« hierfür ungeeigneter Ansiedlungen.[14] Und Alva Myrdal forderte im selben Heft, die städtische Komplexität und Anonymität müsse, wenn nicht ganz abgeschafft, so doch verringert werden und einem »organisierten Gruppenleben« weichen. Den »Menschen von morgen« müsse ein »Gemeinschaftsleben« ermöglicht werden, dessen »Format handhabbar« sei, auch aus

---

10. Ebd., S. 30.
11. Ebd., S. 24.
12. Ebd., S. 7.
13. Nordgren fügte hinzu: »Übrigens sollte man in Erinnerung behalten, dass es unter den entwurzelten Originalen, die für ihre Befreiung aus ihrer natürlichen Gruppe kämpfen und dabei oft glauben, für die ›Freiheit‹ der ganzen Menschheit zu kämpfen, nur selten wirkliche Begabungen gibt. Die Mehrzahl sind kränkliche Menschen von geringer Intelligenz.« NORDGREN, Människan (1943), S. 13.
14. CURMAN, Industrisamhällen (1943), S. 19.

politischen Gründen: »Wir geben der Demokratie eine riskante Skala«, schrieb sie.[15]

»Demokratische Menschen schaffen«. Von der sozialen Krisendiagnose zum architektonischen Programm

Auch die Segerstedt-Gruppe legte bald einen Sammelband vor, an dem viele der Teilnehmer der *Plan*-Treffen mitwirkten.[16] 1939 hatte der Uppsalaer Philosoph und spätere Inhaber des ersten schwedischen Lehrstuhls für Soziologie, Torgny Segerstedt, die »Probleme der Demokratie aus sozialpsychologischer Perspektive« analysiert. Unter Bezugnahme auf Émile Durkheim, den Verhaltenspsychologen William McDougall und Charles H. Cooleys »Social Organization« behandelte Segerstedt hier Demokratie als gruppenpsychologisches Phänomen. Das Gruppenleben, die »Face-to-face-contacts« seien der »Schlüsselaspekt der Vergesellschaftung«.[17] Und deren Voraussetzung, die Gleichzeitigkeit von »geistiger Freiheit und sozialer Gebundenheit«, sei vor allem eine Frage der Erziehung – die Schule etwa müsse als »Staatsbürgerausbildung« verstanden werden.[18]

Im Laufe der Diskussionen der Gruppe Paulsson/Segerstedt wurden diese eher moralphilosophischen Überlegungen zum Programm. Im Buch der Gruppe – »Inför framtidens demokrati« (»Angesichts der Demokratie der Zukunft«) von 1944 – forderte Segerstedt dazu auf, schnellstmöglich die »Verlorenheit des einzelnen Menschen in dieser Gesellschaft« zu bekämpfen, denn überall erstarkten die »neuen Gemeinschaften der Sturmabteilungen«. Die politische Weltkrise war für ihn Ausdruck einer sozialen Krise. Segerstedt unterstrich erneut, dass das Problem der Demokratie »die Schaffung demokratischer Menschen« sei. Erst sie machten aus einer »formalen« eine »reale Demokratie«.[19] Vorbild für Letztere, so Segerstedt, könne die »alte Volksfreiheitstradition« Schwedens sein, eine Kultur der »Dörfer, Kirchspiele und Hardesräte [*häradsnämnder*]«,[20] die viele Bürger gar nicht mehr erlebt hätten, aber auch die frühe Arbeiterbewegung. Insbesondere der Abbau der kommunalen Selbstverwaltung müsse daher aufgehalten werden. Auch die Forderung, Politik und Wirtschaft zu zentralisieren, um sie so effizienter zu machen, sei kurzsichtig. Denn langfristig führe das zu einer Passivität, die die Produktivität der Individuen verringere. Ohnehin sei die Gegenwart bereits geprägt von »Gruppenheimatlosigkeit«, »Primärgruppen« seien bedroht, das »Wir-Gefühl« und die »Unmittelbarkeit« der Beziehungen der Menschen

---

15. MYRDAL, Grannsämjan återupplivas (1943), S. 29, 30.

16. Zu Gruppe gehörten neben den bereits erwähnten Personen u.a. Harald Elldin, Alf Johansson, Eskil Sundahl, Helge Zimdal und Brita Åkerman. Vgl. SANDTSTED/FRANZÉN, Grannskap och stadsplanering (1981), S. 54.

17. SEGERSTEDT, Demokratins problem i socialpsykologisk belysning (1939), S. 40, 42.

18. Ebd., S. 127, 174.

19. SEGERSTEDT, Förord, S. 7.

20. Formal och real demokrati (1944), S. 10. Eine Harde (schwed. *härad*) ist eine alte skandinavische Verwaltungseinheit.

zueinander gingen verloren.[21] Das seien Folgen eines Institutionalisierungs- und Differenzierungsprozesses, der eng mit der Urbanisierung zusammenhänge. Die Großstadt stelle nämlich nicht ausreichend soziale Überschneidungspunkte bereit. Der Stadtmensch sei ein »Kreuzungspunkt für eine Masse von Gruppen, während Gruppen auf dem Land oft sich deckende Zirkel darstellen«[22] – hier sei an Åhrens Kreise erinnert, die wie eine zeichnerische Veranschaulichung dieses Gedankens anmuten (Abb. 14). Als Folge zu weit gestreuter Kontakte, so Segerstedt, entwickle sich ein »Massenmensch«, dessen existenzieller Unsicherheit leicht der Wunsch nach einem »Führer« entspringe. In Deutschland, so Segerstedt, könne man gegenwärtig den Versuch beobachten, alle Primärgruppen abzuschaffen. Die faschistische Massensuggestion baue nämlich nicht auf direkter Kommunikation auf, sondern auf dem Erlernen rein äußerlicher Zeichenimpulse. »Der Mensch will Geborgenheit, und kann er sie nicht in einer Gruppe bekommen, sucht er sie in der anonymen Masse.« Innerhalb der Gemeinschaft dagegen »fühlt sich der Einzelne zu Hause, er fühlt sich geborgen und ruhig«.[23] Die Gemeinschaft gewähre Hilfe, Loyalität und Solidarität, was wiederum dazu stimuliere, Verantwortung zu übernehmen. Segerstedt folgerte, »[d]er Mensch wird nicht demokratisch geboren, er wird dazu erzogen«, und schloss mit einem unfreiwilligen Widerspruch: »Die Realdemokratie richtet schwerwiegende Forderungen an die Volkserziehung. Diese muss Antisuggestionsunterricht sein.«[24]

All das war 1944 eine Provokation. Denn die Arbeiterbewegung, in deren Geschichte sich Segerstedt durchaus einreihte, begriff sich als *Massen*bewegung – wenn auch als eine organisierte Masse. So überrascht nicht, dass Segerstedt gerade in den frühen *folkrörelser* Primärgruppen zu erkennen vorgab, allerdings solche, die drohten, im Prozess ihrer zunehmenden Institutionalisierung verloren zu gehen. Kollektivismus sei durchaus zu begrüßen, aber eben nur als demokratischer »Zusammenarbeitskollektivismus«, nicht als »Massenkollektivismus«.[25] Segerstedt schrieb den Gemeinschaftsgedanken also sowohl in »traditionelle« schwedische Vergesellschaftungsformen ein als auch in die frühe Sozialdemokratie. Er ließ dabei offen, ab wann gemeinschaftliche Primär- zu institutionalisierten Sekundärgruppen würden. Hier waren Grenzziehungsschwierigkeiten angelegt, auf die zurückzukommen sein wird.

»Inför framtidens demokrati« enthielt neben Segerstedts programmatischem Auftakt Beiträge, die sich verschiedenen Aspekten der Gruppenbildung widmeten. Gregor Paulsson etwa formulierte Thesen zum Schulwesen und zu einer Erziehung, die »die Summe aller Maßnahmen seitens der Umgebung ist, durch die junge Menschen dazu gebracht werden, in die Gesellschaft hereinzuwachsen« – eine »Charakter- und Verhaltenserziehung« für das Leben in Primärgruppen.[26] Harald Elldin, im KF für Fragen der Volksbildung zuständig, diskutierte Möglichkeiten, auch im Arbeitsleben die »Ge-

---

21. Ebd., S. 12.
22. Ebd., S. 14.
23. Ebd., S. 12.
24. Ebd., S. 35.
25. Ebd., S. 35.
26. PAULSSON, Uppfostran till demokratisk människa (1944), S. 107, 117.

meinschaft zu pflegen«. Lohnfragen seien diesbezüglich weniger wichtig als die Geborgenheit im Betrieb – auch das war eine Herausforderung sozialdemokratischer Überzeugungen.[27] Brita Åkerman, Expertin für Hausarbeit, begriff die Familie als Gegenmittel gegen »zerstörte Milieus oder die Primärmilieus der kranken und schlecht angepassten Menschen«. Sie unterstrich, dass den Lebens- und Arbeitsbedingungen der Frauen und Mütter verstärkte Aufmerksamkeit gewidmet werden müsse. Erst die Zufriedenheit der Hausfrau gebe »der Familieneinheit ihr Gleichgewicht«.[28]

Die Architekten Jöran Curman und Helge Zimdal schließlich übersetzten Segerstedts eher metaphorischen Aufruf, die Heimatlosigkeit der Menschen zu bekämpfen, in einen architektonischen Maßnahmenkatalog. Für sie stand fest: »Das alte Dorf ist ein Beispiel dafür, dass die Bebauung früher eine selbstverständliche Beziehung zum rationell bedingten Gemeinschaftsleben hatte«. Heute seien aber viele Wohngebiete von ökonomischen Kalkülen geprägte »Massenanhäufungen von Wohnungen« voller »geistiger und physischer Isolation«.[29] Das sei für »die kleinste Gruppenbildung, die Familie« ein Problem. Diese sei ohnehin durch die weibliche Erwerbsarbeit geschwächt, weswegen eine Einrichtung »größerer Produktionseinrichtungen für die Hausarbeit« angestrebt werden müsse. Dies ermögliche es, Zeitüberschüsse zu erwirtschaften, die wiederum der Familie zugute kommen könnten. Die gemeinsame Nutzung von Waschküchen und Kinderkrippen fördere zudem »die aus demokratischem Gesichtspunkt wünschenswerte Gruppenbildung«.[30] Überhaupt müsse ein Wohngebiet eine Größe haben, die »eine angemessene Gruppenbildung erlaubt.«[31] Die Bebauung sei auf Gemeinschaftsanlagen hin auszurichten, in jeder Wohngruppe müssten eine Schule, Spielplätze und Versammlungsstätten zur Verfügung stehen, Läden und Nahverkehr müssten schnell erreichbar sein. »Die gegenwärtige endlose Gleichförmigkeit unserer Siedlungen gründet ja ganz einfach in der gegenwärtigen endlosen Addition der Bewohner zu einer seelenlosen Masse. [...] Gefordert sind mehr Einheiten, nicht größere Einheiten.«[32] Eine »praktische Ordnung« des »Gemeinschaftstriebs« durch die »Organisation Gruppen bildender Wohngebiete«,[33] das hieß für Curman und Zimdal: Wohnbereiche mussten klar von einander abgegrenzt und auf einen Mittelpunkt hin ausgerichtet werden. Derartige »Zellen« würden sich dann wie von selbst mittels »natürlicher Gruppenbildung« verbinden.[34]

Der Vorschlag machte Schule. Ab Mitte der 1940er Jahre erschien in Schweden eine Flut von Veröffentlichungen, die die Nachbarschaftseinheit befürworteten, und zwar als Rückbesinnung auf den Menschen. So stellte der Herausgeber des »Byggmästaren«, Leif Reinius, der ersten Ausgabe des Jah-

---

27. ELLDIN, Det demokratiska arbetslivet (1944), S. 85.
28. ÅKERMAN, Gammal och ny familj (1944), S. 56, 62, 74.
29. CURMAN/ZIMDAL, Gruppsamhällen (1944), S. 127f. Solche »Isolation« illustrierten die Autoren mit einer Fotografie von Trinkern in einer Kneipe.
30. Ebd., S. 129.
31. Ebd., S. 135.
32. Ebd., S. 139.
33. Ebd., S. 134.
34. Ebd., S. 127.

res 1945 ein Plädoyer zur »Erziehung zum Mensch« voran. Die gegenwärtige Welt sei, und hier wandte Reinius die Kälteemphase des Funktionalismus ins Negative, allzu »steif, frostig und hart«, »unpersönlich und unbehaglich«. Der moderne Mensch fühle sich »unbefriedigt und disharmonisch«, er lebe ein »standardisiertes Unglücksleben«. Deshalb müsse das Bewusstsein, in einer Gemeinschaft zu leben, gestärkt werden. »Wir werden ja nicht fix und fertig als Demokraten [...] geboren, sondern wir müssen geführt, belehrt und erzogen werden, um gute Gemeinschaftsmenschen zu werden.«[35] Der Architekt Eskil Sundahl, 1924 bis 1958 Chef des einflussreichen Architekturbüros des *Kooperativa Förbundet*,[36] thematisierte auf einer Versammlung des schwedischen Architektenverbands *Svenska Arkitekters Riksförbund* (SAR) 1944 die »seelische Dimension« der Wohnungsfrage. Der »Menschentyp« der Großstädte bedrohe die Demokratie.[37] Nahezu zeitgleich mit »Inför framtidens demokrati« erschien außerdem ein Buch mit dem Titel »Bygg bättre samhällen« (»Baut bessere Siedlungen«), das Vorträge Åhréns und seiner Mitarbeiter Carl-Fredrik Ahlberg und Erik Friberger enthielt. Ahlberg erläuterte hier, »[w]as wir wissen und was wir wissen sollten, um planen zu können«, und wies auf das Desideratum einer praxisnahen soziologischen Forschung hin.[38] Åhrén, der inzwischen von seiner Göteborger Stelle zurück nach Stockholm abberufen worden war, und zwar als Leiter der Baugenossenschaft *Svenska Riksbyggen*, beklagte, die Großstadt sei eine »Maschine[,] die unnötig viel Geld und Nervenkraft« verbrauche, und das sei »falsches Haushalten mit dem Volksmaterial«. Das Beste sei, schlechte Siedlungen innerhalb von zehn Jahren abzureißen und »ganz neue, rationelle und angenehme Kleinstädte« an ihrer Stelle zu errichten.[39]

Mit dem Schlussbericht der *Bostadssociala utredning* 1945 landete die Nachbarschaftsidee schließlich sogar in einer Empfehlung für das Regierungshandeln.[40] Åhréns ausführliche Erläuterung des Berichts – »Ett planmässigt samhällsbyggande« (»Planmäßiger Siedlungsbau«) – widmete ein ganzes Kapitel dem Thema »Soziologie und Siedlungsbau«:

> »Wenn man [...] versucht, das Problem des menschlichen Wohlergehens im sozialen Milieu tiefer zu durchdringen, kommt man bald von objektiv fixierbaren Verhältnissen zu soziologischen und sozialpsychologischen Fragen, und damit zur Schwierigkeit, dass man diese kaum beurteilen kann, ohne eine Wertung vorzunehmen. Wir müssen entscheiden, welche Lebensweisen wir durch die Siedlungsentwicklung fördern wollen.«[41]

---

35. REINIUS, Uppfostran till människa (1945), S. 1.
36. Vgl. zu diesem Architekturbüro BRUNNSTRÖM, Det svenska folkhemsbygget (2004).
37. SUNDAHL, Bostadsproduktion i stordrift (1944), S. 191.
38. AHLBERG, Vad vi vet och vad vi behöver veta för att planlägga (1943).
39. ÅHRÉN, Stadsplanering och bostadsförsörjning (1943), S. 12, 13, 17, 21.
40. Zur Reichstagsdebatte um den Schlussbericht und zum Planungsgesetz *byggnadslagen* 1947: STRÖMGREN, Samordning, hyfs och reda (2007), S. 102-108.
41. ÅHRÉN, Ett planmässigt samhällsbyggande (1981, urspr. 1945), S. 14.

Åhrén schien aber angesichts dieser Myrdal'sch anmutenden Differenzierung zwischen Wertung und »objektiven Verhältnissen« etwas unsicher zu werden. Denn wenige Zeilen später behauptete er, das Bedürfnis nach Gruppengemeinschaft sei eine anthropologische Konstante. Die »antisoziale Art und Weise«, in der viele Menschen bisher ihren Wohnort gewählt hätten, sei selbst bereits Ausdruck der »Desorientierung der heutigen Menschen im Dasein«.[42] Diese sei wiederum eine Folge der »mangelhaften Anpassung zwischen Mensch und Umwelt«; es fehle »die elementarste Ordnung im Ausbau vieler Orte.«[43] Die Auflösung alter Gruppengemeinschaften werde zusätzlich beschleunigt durch die sich differenzierende Freizeitgestaltung, die Anonymität der Ausbildungsstätten, durch lange Anfahrtswege zum Arbeitsplatz oder auch den fehlenden Überblick über den Produktionsprozess in der Fabrik – das alles wirkt nahezu wie eine Zusammenfassung des Segerstedt-Sammelbands. Den heutigen Menschen, so Åhrén, fehle die »Verankerung in relativ stabilen Verhältnissen, in einem Milieu, in dem man sich zu Hause fühlt und in einer Gruppe, der man sich zugehörig fühlt«.[44] Åhrén forderte deshalb eine Synthese der neuen Freiheiten mit »Verankerung, Sicherheit und Stabilität«. Dazu könne die Stadtplanung beitragen, wenn sie die »Gruppengemeinschaft« fördere.[45]

Der Kontext: Schweden im Zweiten Weltkrieg

Åhréns Überlegungen entfalteten ausgesprochen große Wirkungsmacht. Sie lassen sich selbst im viel gelobten Stockholmer Generalplan des Jahres 1952 aufspüren – nicht zuletzt vermittelt durch Åhréns ehemalige Mitarbeiter, die an diesem mitwirkten.[46] Der Austausch zwischen wenigen Experten – Soziologen wie Segerstedt, Sozialpolitikern wie den Myrdals, Architekten wie Curman oder Åhrén – führte zu einem zeitweilig ausgesprochen kohärenten Programm zur »Humanisierung« der Planung. Dabei schwankte man zwischen der Bejahung der Modernisierung und einer Art »demokratischer Kulturkritik«, wie Åhrén in einem Artikel in der Tageszeitung »Dagens Nyheter« schrieb.[47] In den Programmen für die Planung nach Kriegsende (sie waren nicht zuletzt Beschäftigungstherapie, denn mit Beginn des Krieges stagnierte auch in Schweden das Bauaufkommen) wurde der unmenschliche Charakter der Architektur der zurückliegenden Dekade kritisiert. Schwedische Sozialexperten befürworteten weiterhin die wissenschaftlich-technischen Aspekte

---

42. Ebd., S. 16.
43. Ebd., S. 28.
44. Ebd., S. 29.
45. Ebd., S. 30.
46. *Stockholms stads stadsplanekontor*, dem Stockholmer Stadtplanungsamt, gehörten in den 1940er und 50er Jahren neben Sven Markelius, den Soziologen Edmund Dahlström und Erland von Hofsten sowie dem Verkehrsplaner Sven Lundberg Åhréns ehemalige Mitarbeiter Carl-Fredrik Ahlberg und Göran Sidenbladh an, zeitweilig auch Otto Danneskiold-Samsøe. Markelius korrespondierte für die Besetzung der Stellen mit Åhrén. Åhrén an Ahlberg, 5.10.1944 (AM 2006-02, K 05).
47. DN, 27.3.1943.

der Moderne, versuchten diese aber nun menschlicher zu machen, und zwar indem sie sich älterer, vermeintlich spezifisch schwedischer Formen gemeinschaftlichen Lebens erinnerten. Das Gegenbild lieferten die totalitären Gesellschaften auf dem Kontinent. Nach der Besetzung Norwegens und Dänemarks 1940 waren diese unangenehm nah herangerückt, so nah, dass die Neutralität Schwedens durch eine Fülle von Zugeständnissen an Deutschland äußerst fragwürdig wurde. Die parteiübergreifende *samlingsregering* (»Sammlungsregierung«) duldete Truppentransporte der Wehrmacht (teils mit schwedischen Waggons) durch schwedisches Territorium. Darüber hinaus lieferte Schweden der deutschen Rüstungsindustrie wichtige Produkte wie Eisenerz und Kugellager.[48] Für viele Schweden war ein nationaler Ausnahmezustand eingetreten und daher *beredskap*, also »Bereitschaft« geboten. Das meinte – über die militärische Hab-Acht-Stellung an den schwedischen Grenzen hinaus – die Verteidigung der Demokratie gegenüber dem Totalitarismus im Inneren. Die hierzu verbreitete »Bereitschaftsliteratur« etwa zielte darauf ab, die Bevölkerung angesichts des Erstarkens faschistischer Gruppierungen in Schweden auf die Demokratie einzuschwören,[49] und zwar auch durch die Besinnung auf die nationalen Werte und Traditionen. Das rief auch eine Debatte um einen nationalen Baustil hervor.[50]

Der Rekurs auf die Demokratie erfolgte also in Abgrenzung von den europäischen Diktaturen, die oft mit einem ungebremsten Modernisierungsprozess identifiziert wurden – mit der Institutionalisierung sozialer Beziehungen (bzw. ihrer Reduzierung auf Massensymbole), der großstädtischen Isolation, der Auflösung der Familie, der Fragmentierung der Arbeitswelt usw. Schwedische Architekten befürworteten einerseits eine Art *grass-roots*-Demokratie, um andererseits auf eine Bereitstellung von Raumstrukturen und Bildungseinrichtungen »von oben« zu drängen, die diese Demokratie erst ermöglichen sollten. Auf der einen Seite wurde als zentraler Unterschied zu den europäischen Diktaturen ausgemacht, dass die Bevölkerung an Entscheidungsprozessen teilhabe. Auf der anderen wurde für Architekten und andere

---

48. Vgl. zuletzt RADOWITZ, Schweden und das »Dritte Reich« 1939–1945 (2005). Vgl. auch die Beiträge in EKMAN/ÅMARK, Sweden's Relations with Nazism (2003) und die Bibliografie zum Thema: VONDERAU, Schweden und das nationalsozialistische Deutschland (2003). Die schwedische Neutralität und die Einschränkungen der Meinungsfreiheit in der »Krisenzeit«, die verbreitete Germanophilie in Schweden, aber auch die freiwillige Kriegsteilnahme vieler Schweden auf deutscher Seite sind erst spät diskutiert worden. Bemerkenswert ist, dass die Forschung zu vielen dieser Themen oft nicht von Historikern, sondern von Journalisten angestoßen wurde (Vgl. BOËTHIUS, Heder och samvete [2001]; SCHÖN, Där järnkorsen växer [2002]). Selten thematisiert wird auch die weit verbreitete Angst vor der Sowjetunion, die sich oft mit einer pro-deutschen Grundhaltung verschränkte, zumal während der »Winterkriege« in Finnland.

49. Vgl. BUTT, Mobilmachung des Elfenbeinturms (1977). Vgl. für die Architektur: ENGKVIST, Beredskap (1942); FRIBERGER, Arkitekterna och fredsberedskapen (1943); AHLBERG, Byggnadsverksamheten som beredskapsåtgärd efter kriget (1943). Eyvind Johnsson hat in seinen »Krilon«-Romanen die Atmosphäre in den intellektuellen Zirkeln der Bereitschaftsjahre eingefangen.

50. Dazu mehr in Kapitel 4.2.

Sozialexperten damit die Mündigkeit der Bevölkerung zum Problem. Immer wieder kreiste der Planerdiskurs um die Figur des »demokratischen Menschentyps« – der erst entstehen müsse –, um das aus freien Stücken dem Kollektiv verpflichtete Individuum. Letztlich stand nicht die Verteidigung der gegenwärtig bedrohten Demokratie, sondern die künftige Demokratie im Zentrum, worauf schon der Titel des Segerstedt-Sammelbands hinweist. Es ging um die Erziehung der Menschen zur Immunität gegen suggestive Einflüsterungen – allerdings nur solche von der falschen Seite. »Humanisierung«, wie sie allseits ausgerufen wurde, meinte keineswegs die freiwillige Selbstbeschränkung einer Elite bezüglich ihres regulierenden Zugriffs auf die Bevölkerung. Im Gegenteil, es ging, um noch einmal Reinius zu zitieren, um den Versuch, »zum Menschen zu erziehen«. Dabei modellierten Architekten und Sozialtechniker diesen Menschen nach dem eigenen Vorbild – nicht grundlos waren es vor allem informelle Gruppen, die über ihn diskutierten.

Schwedische Architekten problematisierten in den frühen 1940er Jahren das Soziale anders als noch wenige Jahre zuvor. Sie nahmen nun neben der Versorgung mit Wohnraum und der rationalen Wirtschaftsplanung vermehrt den Menschen als Gemeinschaftswesen in den Blick. Mit der Inbeziehungsetzung von Architektur und Demokratie wurde zwar das Effizienzdenken des Funktionalismus kritisiert.[51] Ein wirklicher Bruch war das aber nicht, auch wenn die Ziele, die Åhrén und andere sich in den 1940er Jahren setzten, oberflächlich einen »romantischen« Charakter aufweisen.[52] Nicht zuletzt angesichts der Bedeutung, die Vordenkern des Funktionalismus in der Debatte um die »Gruppenheimatlosigkeit« zukam, kann von einer radikalen Kurskorrektur der Denkrichtung der 1920er Jahre nicht die Rede sein. Man begriff die Nachbarschaftsplanung als logische Konsequenz aus den Einsichten des zurückliegenden Jahrzehnts. Mit der Nachbarschaftsplanung wurde das funktionalistische Denkgebäude ausgebaut. Wo vorher der ideale Zuschnitt der Wohn-Einheit im Fokus stand, weitete sich der Blick nun auf die Nachbarschafts-Einheit aus.

---

51. Allerdings unterstrich gerade Åhrén immer wieder, dass die Gruppenbildung mit einer rationaleren Infrastruktur und einer planvollen, weniger konjunkturanfälligen Werksansiedlung einhergehen werde, bzw., dass sie auch eine gesteigerte Ausnutzung der Ressourcen und der Arbeitskraft der Menschen nach sich ziehe: Betriebssoziologische Studien zeigten, dass das Gemeinschaftsgefühl am Arbeitsplatz der wichtigste Faktor der Produktivitätssteigerung sei. Åhrén verwies u.a. auf die Hawthorne-Studien aus den USA. ÅHRÉN, Ett planmässigt samhällsbyggande (1981, urspr. 1945), S. 30.

52. Vgl. etwa FRANZÉN/SANDSTEDT, Grannskap och stadsplanering (1981), S. 84; SANDSTRÖM, Arkitektur och social ingenjörskonst (1989), S. 104. Der Verweis aufs Romantische ist irreführend, da er suggeriert, die Nachbarschaftsplanung sei wirklichkeitsfremd und rückwärtsgewandt gewesen. Überzeugender ist die These, Ende der 1930er Jahre sei ein Übergang von der »abstrakten« zur »geschlossenen Gemeinschaft« zu verzeichnen. Vgl. JADELIUS, Folk, form & funktionalism (1987).

Transnationaler Diskurs, nationale Vergewisserung

Die schwedische Problematisierung des Verhältnisses von Planung, Gemeinschaft und Demokratie vollzog sich nicht abgeschottet von außerschwedischen Entwicklungen. Sie war eher Anverwandlung eines Länder übergreifenden Diskurses, der vor allem über die USA vermittelt nach Schweden kam. Åhrén verdankte seine Einsichten dem amerikanischen Sozialreformer und Autor Lewis Mumford.[53] Dessen Buch »The Culture of Cities« (1938) erschien 1942 in einer schwedischen Übersetzung (unter dem Titel »Stadskultur«) und trug stark zur Verbreitung von Perrys Nachbarschaftsparadigma bei. Mumford zeige, so schrieb Åhrén in seiner Rezension in »Byggmästaren«, dass der Liberalismus »Zersplitterung der Lebensführung, Hetze statt psychischer Sammlung, Mangel an tieferen persönlichen Kontakten, Auflösung des natürlichen Zusammenhalts der Primärgruppen« hervorgerufen habe, eine Auflösung, »die sich bis hinein in die elementarste Gruppe, die Familie, zieht, was wachsende Passivität und Antriebslosigkeit, eine gefährliche Entwurzelung im Dasein mit sich führt, die die Menschen zu Spielbällen fürchterlicher, Kultur vernichtender, menschenfeindlicher Mächte macht«. Der Liberalismus habe keine »vernünftige Ordnung« hervorgerufen. Mumford empfehle darum zu Recht eine »praktische Umsetzung« der soziologischen Gruppentheorie, eine Unterteilung der Städte in kleinere Einheiten.[54] Trotz oder gerade wegen seiner Ausblendung von Mumfords esoterischer »biologischen« Analogiebildungen[55] wurde Åhréns Mumfordlektüre richtungsweisend für die schwedische Architekturdebatte.[56] Ahlberg feierte Mumfords Buch als einen »Aufruf zur Erneuerung«. Er schloss: »Wir brauchen jetzt einen schwedischen Mumford.«[57]

In den 1940er Jahren rückte neben den USA aber vor allem Großbritannien ins Zentrum der Aufmerksamkeit und füllte damit eine Leerstelle, die die aus schwedischer Perspektive 1933 unterbrochene Entwicklung des Bauens in Deutschland hinterlassen hatte.[58] Die britischen Nachbarschaftskonzepte – wie

---

53. Zu Mumford vgl. LUCCARELLI, Lewis Mumford and the Ecological Region (1995); MILLER, Lewis Mumford (1989); sowie die Beiträge in HUGHES/HUGHES, Lewis Mumford (1990) und WOJTOWICZ, Lewis Mumford and American Modernism (1996). Zu seiner Bedeutung in Schweden: CLASON, Lewis Mumford och Svensk Stad (1981).

54. ÅHRÉN, Människorna och städerna (1942), S. 266f. In einer Rezension des Buches für »Dagens Nyheter« schrieb Åhrén, dieses sei wie für die schwedische Diskussion um Mittel und Ziele der Demokratie geschrieben: DN, 27.3.1943.

55. Vgl. dazu WELTER, Everywhere at any time (2007).

56. Mumford, den Åhrén übrigens 1946 erfolglos nach Schweden einlud (Åhrén an Mumford, 18.8.1946 [AM, 1981-14-1/1973-06-8, K 1]) kam auch selbst zu Wort, nämlich im erwähnten »Vi«-Themenheft, in dem Auszüge aus seinem Buch zusammengestellt wurden: LEWIS MUMFORD HAR ORDET OM MÄNNISKAN OCH STADEN (1943).

57. AHLBERG, Mumford och kulturdebatten (1942), S. 324. Ähnlich: WILLIAM-OLSSON, Ett inlägg i idédebatten (1942).

58. Vgl. SIDENBLADH, Idédebatt och praxis i efterkrigstidens samhällsplanering (1977), S. 198. Carl-Fredrik Ahlberg reiste bereits Mitte der 1930er Jahre nach Großbritannien. Vgl. AHLBERG, Engelsk stadsplanering av i dag (1937) und DERS., Engelsk lagstiftning i stadsplanefrågor (1937).

gezeigt, waren sie selbst Ergebnisse amerikanisch-britischer Transfers – wurden spätestens mit Patrick Abercrombies *County of London Plan* von 1943 in Schweden begeistert rezipiert,[59] ja sogar, wie Göran Sidenbladh anhand einer Art Stammbaum der Nachbarschaftsplanung zu verstehen gab, als Gipfel der Entwicklung des Städtebaus überhaupt empfunden (Abb. 16).

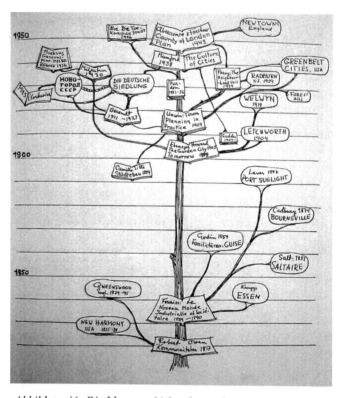

Abbildung 16: Die Ideengeschichte des modernen Städtebaus laut Göran Sidenbladh (1951). Hier wird deutlich, wie sehr die Rezeption ausländischer Konzepte durchs Lesen geprägt war: Sidenbladh zeichnet die Blätter des Stammbaums als aufgeschlagene Bücher.

Vermehrt wurde die Besprechung britischer Bücher und Pläne zum Ausgangspunkt für programmatische Äußerungen, Abbildungen aus Großbritannien illustrierten schwedische Planungsvorhaben (Abb. 17). Åhrén wurde in seinen Publikationen der 1940er Jahre nicht müde, auf die Bedeutung des Barlow-, Scott- und Uthwattreports oder auf Empfehlungen des britischen *National Council of Social Service* zur Größengrundlage von *community cen-*

---

59. Vgl. DANNESKIOLD-SAMSØE, County of London Plan 1943 (1944); DERS., Ett engelskt inventeringsarbete (1944); DERS., Nutida engelsk samhällsplanering (1945); DERS., Englands nya stadsplanering (1947).

tres hinzuweisen.⁶⁰ Auch die *Plan*-Gruppe nahm auf Großbritannien Bezug. Åhrén warnte auf einem ihrer Treffen, man sei im Begriff, den Anschluss an den britischen Entwicklungsstand zu verlieren, was sich im Fehlen von schwedischen Äquivalenten zu Begriffen wie *neighbourhood* abbilde.⁶¹ Er bat Alva und Gunnar Myrdal außerdem wiederholt, ihre Beziehungen spielen zu lassen, um ihn für eine Reise nach Großbritannien vorzuschlagen, wo er hoffte, das Gespräch mit britischen Kollegen aufnehmen zu können.⁶² Während des Zweiten Weltkriegs war der Zugang zur internationalen Presse erschwert, und darum pilgerten schwedische Architekten immer wieder zum *British Council*, um Informationen aus Großbritannien zu bekommen.⁶³

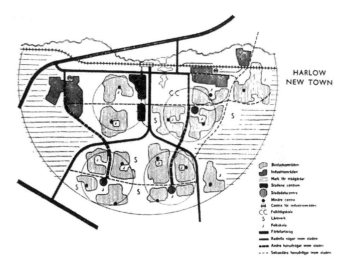

Abbildung 17: Schema der Unterteilung der New Town Harlow in Nachbarschaften, abgedruckt im Stockholmer Generalplan (1952)

---

60. Vgl. beispielsweise ÅHRÉN, Ett planmässigt samhällsbyggande (1981, urspr. 1945), S. 39, 48. Zu Flora und Gordon Stephensons »Community centres: a survey« (1942): ÅHRÉN, Community centres – folkets hus (1943). Abgedruckt wurde hier auch der Grundriss eines *Social Centre* im englischen Slough. Zur Broschüre »Planning our New Homes« des *Scottish Housing Advisory Committee* (1944) und anderen britischen Veröffentlichungen: AHLBERG, Kontakt med allmänheten (1945).

61. Die *Plan*-Gruppe selbst modellierte sich, wie aus dem Briefwechsel Åhréns mit Alva Myrdal hervorgeht, nach dem Vorbild der 1931 gegründeten britischen Lobbyorganisation *Political and Economic Planning* (PEP) (Åhrén an A. Myrdal, 2.11.42 [ARAB, 405/4.1.4:1]). Dem Programm für den 23.1.1943 nach sprach der PEP-Sekretär David Owen bei einem Treffen von *Plan* (ARAB, 405/4.1.4:1).

62. Åhrén an A. Myrdal, 23.3.1943; Åhrén an G. Myrdal, 19.9.1945 (AM, 1981-14-1).

63. Vgl. FRANZÉN/SANDSTEDT, Grannskap och stadsplanering (1981), S. 60. Außerdem ist die (wohl eher allegorische) Anekdote überliefert, Abercrombies Londonplan habe man im Austausch gegen Kugellager per Schiff erhalten: LUNDBERG, Är det gammalmodigt med »community centres«? (1977).

Nach 1945 wurden regelrechte Erkundungsreisen nach Großbritannien unternommen – etwa durch Otto Danneskiold-Samsøe, der sich für die Vorarbeiten bei der Stockholmer Generalplanung vor Ort einen Eindruck über britische Planungsgesetzgebung und -werkzeuge verschaffen sollte und einen umfassenden Bericht zur »gegenwärtigen englischen Gesellschaftsplanung« vorlegte.[64] Åhrén selbst reiste schließlich im Oktober 1946 zum 16. Kongreß der *International Federation for Housing and Town Planning* (IFHTP) nach Hastings, wo er eines der Hauptreferate übernahm.[65] Er korrespondierte in der Folge mit den britischen Planern William Holford, Fredric J. Osborn und Monica Felton.[66] Als Ergebnis dieser Kontakte besuchte 1947 eine britische Delegation – darunter Vertreter der *Town and Country Planning Association* (TCPA) und des *New Towns Committee* – Schweden, informierte sich unter anderem über die Stockholmer Generalplanung und zeigte sich dabei überrascht von den »fast unmenschlich gut geplanten« schwedischen Nachbarschaftszentren.[67] Bereits im Jahr zuvor war in Stockholm eine vom SAR geförderte, vom *British Council* und vom *Royal Institute of British Architects* (RIBA) erstellte Ausstellung zur Arbeit des britischen *Department for Town and Country Planning* gezeigt worden.[68]

Bald wähnten sich schwedische Architekten gemeinsam mit ihren britischen Kollegen an der Spitze der internationalen Diskussion über die Nachbarschaftseinheit. Zunehmend tauchten in schwedischen Periodika englischsprachige Zusammenfassungen auf.[69] Die schwedische CIAM-Delegation (der zu diesem Zeitpunkt u.a. Åhrén, Eskil Sundahl, Sven Markelius, Otto Danneskiold-Samsøe und Göran Sidenbladh angehörten) schlug 1946 als Kongressthema die »vergleichende Behandlung der Voraussetzungen der Siedlungseinheit« vor, die gemeinsam mit der britischen MARS-Gruppe vor-

---

64. Vgl. DANNESKIOLD-SAMSØE, Nutida engelsk samhällsplanering (1945). Schwedische Fachzeitschriften berichteten ab Anfang der 1940er Jahre vermehrt aus Großbritannien. »Byggmästaren« widmete 1945 eine ganze Ausgabe (H. 15) dem Thema Großbritannien. Übrigens orientierte sich die bereits erwähnte schwedische Zeitschrift »Plan« an der »Town Planning Review«, in deren Beirat Åhrén in den 1940er Jahren saß. Åhrén an Osborn, 29.12.46 (AM, 1981-14-1/1973-06-8, K 1).

65. Konferenzleitung an Åhrén, 10.7.1946 (AM, 1981-14-1/1973-06-8, K 1). Hier zeigten die schwedischen Delegierten übrigens auch eine Ausstellung zur schwedischen Planung. Vgl. die Unterlagen im AM, 1972-10-2463, K 65.

66. Vgl. Åhréns Korrespondenz der Jahre 1946 und 1947 (AM, 1981-14-1/1973-06-8, K 1).

67. SYNPUNKTER PÅ GENERALPLANEARBETET (1946), S. 126.

68. Vgl. REPLANNING BRITAIN (1946).

69. Von der Zeitschrift »Plan« gab es 1950 sogar eine englischsprachige Ausgabe (H. 1-2), ebenso 1953 von der Zeitschrift »Att bo« zur Stockholmer Generalplanung (H. 2). Erwähnt werden muss auch die englischsprachige Leistungsbilanz: HALD/HOLM/JOHANSSON, Swedish Housing (1949). Übrigens koinzidierte mit dem schwedischen Interesse an der Stadtplanung in Großbritannien eine britische Begeisterung für die »empirizistischen« Gestaltungskonventionen in Schweden, auf die ich noch zurückkommen werde (siehe Kapitel 4.2).

bereitet werden sollte.[70] Britische Entwicklungen wurden durchaus unter Bezugnahme auf Deutschland wahrgenommen. So organisierten die deutschen Emigranten Fred Forbat und Werner Taesler 1944 im Sozialinstitut der Stockholmer Hochschule eine Tagung zu Problemen des deutschen Wiederaufbaus, auf der Danneskiold-Samsøe über Abercrombies Londonpläne referierte, auf der aber auch die »Hitlerdeutschen Pläne zum Wiederaufbau« besprochen wurden.[71]

Die Intensität, mit der die internationalen Nachbarschaftskonzepte ab Anfang der 1940er Jahre in Schweden diskutiert wurden, war Folge einer spezifischen Rezeptionslage, der prekären Neutralität des schwedischen Staates und der damit verbundenen Angst vor der deutschen Besetzung. Die Begeisterung für die Nachbarschaftseinheit entsprang einer transnationalen Diskurskonstellation, sie vergrößerte sich aber im Kontext eines nationalen Selbstvergewisserungsvorgangs. Die demokratische Gemeinschaft wurde als moderne Variante einer ländlich-(sozial)demokratischen Tradition inszeniert. Alte »Volksfreiheitstraditionen« legitimierten ein Planen, das mehr Verantwortungsbewusstsein und Solidarität hervorrufen sollte. Dabei wurde davon ausgegangen, dass Menschen neben den Bedürfnissen des Lebenserhalts, um deren Befriedigung es dem Funktionalismus der frühen 1930er Jahre primär gegangen war, auch »kollektive Bedürfnisse« haben, und dass deren Vernachlässigung soziale, langfristig aber auch ökonomische und politische Schäden hervorrufen könne. Zum einen glaubten Architekten also, demokratisches Verhalten baulich fördern zu können. Zum anderen interpretierten sie es als Schritt, die eigene Praxis zu demokratisieren, dass sie nun die Wünsche der Bevölkerung nach Gemeinschaft berücksichtigten. Tatsächlich weiteten die Planer mit dem Ansinnen, soziale Mikrostrukturen zu formen – Gruppen, Nachbarschaften –, ihre Aufgabe auf einen größeren Maßstab aus: die Demokratie.

---

70. Protokoll über die Besprechung der Vertreter der schwedischen CIAM-Gruppe mit Dr. Giedion am 8.10.46 in Hästings [sic] (gta, CIAM, 42-SG-3-327).

71. Programm zur Fachgruppentagung in Schweden tätiger zentraleuropäischer Architekten u. Techniker, 7./8.10.1944 (AM, 1981-14-1/1973-06-8, K 1). Taesler plante, ein skandinavisches Institut für den deutschen Wiederaufbau zu gründen (Taesler an Åhrén, 20.10.1945 [AM, 1981-14-1/1973-06-8, K 1]).

3.3 Die »Ortsgruppe als Siedlungszelle«

Die deutsche Nachbarschaftsplanung der 1940er Jahre

Während die schwedischen Nachbarschaftsbefürworter in den 1940er Jahren von der Sorge um die Befähigung der Bevölkerung zu einer demokratischen Lebensführung angetrieben wurden, betonten deutsche Planer gerade die Anschlussfähigkeit der Nachbarschaftsplanung an den Nationalsozialismus. Auch sie beobachteten ein Schwinden von Gemeinschaft, einen fehlenden sozialen Zusammenhalt und eine Desorientierung der Menschen in der Großstadt. In dem Moment, als schwedische Intellektuelle den Verfall von demokratischen Primärgruppen beklagten, arbeiteten deutsche Architekten jedoch an der Verzahnung von NS-Parteistruktur und Wohnbereich, da sie vermuteten, diese Verzahnung könne dabei helfen, die »Volksgemeinschaft« zu formen. Die Parteistruktur der NSDAP sah nämlich nach mehreren Umorganisationsschritten ab 1936 eine streng hierarchische Gliederung in Organisationseinheiten vor. Die Partei wurde in »Ortsgruppen« untergliedert, die sich wiederum aus »Blocks« und »Zellen« zusammensetzten, denen jeweils eine bestimmte Anzahl von »Haushaltungen« zugeordnet wurde (Abb. 18).[1] Es handelt sich hierbei also um den Versuch, die politische Verwaltung kleinteilig *im Raum* zu strukturieren – jeder Ort, also jedes Dorf oder jeder Stadtteil sollte jeweils durch einen Ortsgruppenleiter »betreut« werden – und das ließ sich leicht in der Stadtplanung aufgreifen.

Gottfried Feder hatte in seinem Buch »Die neue Stadt« bereits 1939 auf die »auffallende Ähnlichkeit« zwischen einem »organischen« Siedlungsaufbau und dem »Aufbau der Partei« hingewiesen.[2] 1940 propagierte Hans Bernhard Reichow (er war zu diesem Zeitpunkt Leiter des Hochbauamts von Stettin) in seinen »Gedanken zur städtebaulichen Entwicklung des Groß-Stettiner Raumes« »kleinere, übersehbare, schnell durchführbare Siedlungszellen«. Diese hätten den »politischen Grundsätze[n] und Ziele[n] im Hinblick auf eine neue vertiefte Volksgemeinschaft« zu entsprechen.[3] Ein Jahr später war daraus die »Übertragung der politischen Gliederung unseres Volkes und ihrer Funktion auf unsere neue Siedlungsform« geworden.[4]

---

1. Ausführlich zur Struktur und Bedeutung der NSDAP-Ortsgruppen: REIBEL, Das Fundament der Diktatur (2002), bes. S. 29–66.
2. FEDER, Die neue Stadt (1939), S. 468. Feder hatte nach einer Episode als »Reichskommissar für das Siedlungswesen« 1934 innerhalb der NSDAP an Einfluss verloren und hatte nun einen Stadtplanungslehrstuhl an der TU Berlin inne.
3. REICHOW, Gedanken zur städtebaulichen Entwicklung des Groß-Stettiner Raumes (1940), S. 20, 26.
4. REICHOW, Grundsätzliches zum Städtebau im Altreich und im neuen Deutschen Osten (1941), S. 227.

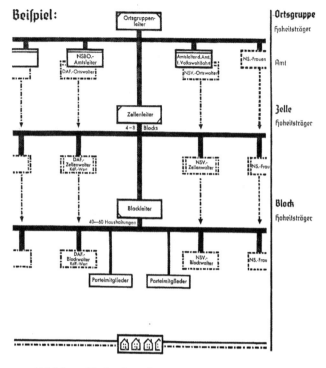

Abbildung 18: Struktur der NSDAP-Ortsgruppe (1936), aus Konstanty Gutschows Unterlagen

Um 1941 lag die Idee, die Parteistruktur als städtebaulichen Maßstab zu interpretieren, regelrecht in der Luft, wie Konstanty Gutschow schrieb.[5] Sie wurde in Fachzeitschriften wie »Raumforschung und Raumordnung«, »Bauen, Siedeln, Wohnen« oder den »Monatsheften für Baukunst und Städtebau« vorgestellt; verschiedene Akteure versuchten, sie im polykratischen NS-Staat zu Gehör zu bringen. Das wurde gefördert durch eine Aufbruchsstimmung unter den Architekten, die die Antizipation umfassender Planungspotenziale im jüngst eroberten »deutschen Osten« mit sich brachte.[6] Außerdem sahen die Planer – angesichts der teils regelrecht begrüßten Zerstörung der deutschen Städte durch Bombardierung – enorme Aufgaben im

---

5. Konstanty Gutschow: Anschreiben zur Schriftenreihe B Nr. 2: Die Ortsgruppe als Siedlungszelle, 10.1.1941 (StA-HH, 322-3, A 42). Wohl der früheste Vorschlag dieser Art wurde 1937 gemacht: Vgl. SIEBEN JAHRE LANDESPLANUNGSVERBAND BRANDENBURG-MITTE (1937), bes. S. 42, 49f.

6. Vgl. dazu: GUTSCHOW, Ordnungswahn (2001).

Wiederaufbau auf sich zukommen,[7] und das trieb die Verbreitung des Konzepts zusätzlich voran.

Wilhelm Wortmann, Stadtplaner in Bremen und (seit der gemeinsamen Arbeit im Büro Fritz Schumachers in den 1920er Jahren) wie Reichow enger Freund Gutschows, subsumierte unter dem »Gedanken der Stadtlandschaft« 1941 »einen neuen zellenförmigen Aufbau der Stadt in bewußter Anlehnung an die politische Gliederung unseres Volkes«.[8] Karl Neupert, Mitarbeiter im »Reichsheimstättenamt« der DAF unterstrich nahezu gleichzeitig: »Die politische Ordnung bestimmt [...] den Organismus und den Aufbau der einzelnen Siedlungskörper«. Eine »höhere Ordnung der Gemeinschaft« sei mittels »Gliederung und Entwicklung der Wohnformen nach der sozialen Struktur der Gemeinschaft« zu erzielen. Die »Anordnung dieser verschiedenen Wohnformen als Bauelemente zueinander (gleichlaufend der politischen Formung der Gemeinschaft) ergeben das organische Gefüge des Gemeinwesens«.[9] Auch für Carl Culemann (er war Sachbearbeiter beim Generalreferenten für Raumordnung in Danzig) hatte die »Gestaltung des Lebens im Raum« parallel zur »Gestaltung des Volkes durch die politische Organisation« zu erfolgen.[10] Selbst die von Johannes Göderitz geleitete Arbeitsgruppe »organische Stadterneuerung« an der »Deutschen Akademie für Städtebau, Reichs- und Landesplanung« (seit 1938 Forschungsstelle der RAG) empfahl Vergleichbares – und das, obwohl hier mit Hubert Hoffmann und Göderitz selbst durchaus keine Nazi-Sympathisanten mitarbeiteten.[11] Es gelte, so schrieben diese, zur Gestaltung einer »übersichtlichen räumlichen Ordnung« Quartiere zu schaffen, die »dem Einzugsbereich einer 16klassigen Volksschule und gleichzeitig einer politischen Ortsgruppe« entsprächen.[12] In einer offiziellen Verlautbarung des »Reichskommissars für die Festigung des deutschen Volkstums« (RKF) zur Planung in den »eingegliederten Ostgebieten« schließlich hieß es 1942, »wohnliche, gemeinschaftsfördernde Siedlungsformen« seien

»nach den praktischen Bedürfnissen des Wohnens und nach den Maßstäben einer organischen Gliederung der Volksgemeinschaft in überschaubare kleinere Einheiten mit allen erforderlichen Einrichtungen für ihre Versorgung und für die Entfaltung eines gesunden kulturellen und politischen Eigenlebens zu gliedern [...]. Die Untergliederung der städtischen Wohngebiete wird daher mit der Gliederung der Volksgemein-

---

7. Vgl. zum Beispiel WORTMANN, Stellungnahme zum Wiederaufbauplan (1988, urspr. 1944), S. 686.

8. WORTMANN, Der Gedanke der Stadtlandschaft (1941), S. 16.

9. NEUPERT, Die Gestaltung der Deutschen Besiedlung (1941), S. 67, 68.

10. CULEMANN, Die Gestaltung der städtischen Siedlungsmasse (1941), S. 123.

11. Hoffmann wurde nach 1933 wiederholt verhaftet und war Mitglied der oppositionellen »Freitagsgruppe« (ein Lebenslauf in: BAUHAUS DESSAU/MANZKE, Hubert Hoffmann [1994]). Göderitz war 1934 aufgrund des »Gesetzes zur Wiedereinführung des Berufsbeamtentums« in den Ruhestand versetzt worden. Vgl. GISBERTZ, Bruno Taut und Johannes Göderitz in Magdeburg (2000), S. 144.

12. Die gegliederte und aufgelockerte Stadt, 1945, S. 8, 14 (BArchB, R113/1960).

schaft in Zellen, Ortsgruppen und Kreise möglichst weitgehend in Übereinstimmung zu bringen sein.«[13]

Soziografische Perspektiven

Für dieses Programm setzte sich bald die Bezeichnung »Ortsgruppe als Siedlungszelle« (OaS) durch. Wilhelm Wortmann kolportierte in den 1980er Jahren, die Formulierung sei vom Bremer Architekten Friedrich Heuer erdacht und von Konstanty Gutschow verbreitet worden.[14] Gerade Gutschow machte sich die OaS zu eigen. Das ist auch deshalb von Bedeutung, weil sich eine direkte Linie von der Chicagoer *urban ecology* (der ja indirekt auch die schwedischen Gruppierungskonzepte entstammten) zu Gutschows Siedlungszelle ziehen lässt. Denn diese war mit der Sozialkartografie des Hamburger Soziologen Andreas Walther verwandt,[15] und Walther wiederum hatte in den 1920er Jahren bei einem Aufenthalt in den USA die Chicagoer Stadtsoziologie kennen gelernt und sie auf sehr spezifische Weise in Hamburg angewendet.[16]

Walther, der seit 1927 (gefördert von Ferdinand Tönnies) den Hamburger Lehrstuhl für Soziologe innehatte, untersuchte 1934/35 die soziale Struktur einzelner Hamburger Stadtgebiete in seiner durch die »Akademikerhilfe der Notgemeinschaft der Deutschen Wissenschaft« geförderten »Notarbeit 51«. Dabei ging es um die Identifizierung vermeintlich »gemeinschädlicher« und daher besonders »sanierungsbedürftiger« Wohngegenden in Hamburg, die Walther auf Karten des Stadtgebiets einzeichnete. Er identifizierte diese »Regionen«, wie er schrieb, indem er einzelne Karten, die die lokale Häufung verschiedener Erscheinungsformen von »Asozialität« im Stadtgebiet zeigten, schlicht auf dem Beleuchtungstisch übereinander legte.[17] Durch Korrelation von statistischem Datenmaterial und Stadtplan machte Walther also vermeintliche soziale Probleme im Raum sichtbar. Dabei war die Grenze zwischen »politischer Dissidenz und Delinquenz«[18] fließend. Walther nutzte Polizeiakten, Unterlagen der Wohlfahrtsbehörden und Wahlerhebungen. Als sanierungsbedürftig markiert wurden auf diese Weise Gegenden, in denen die Zahl der Wohlfahrtsempfänger, »Fürsorgezöglinge« und »Hilfsschüler«

---

13. »Allgemeine Richtlinien für die Planung und Gestaltung der Städte in den eingegliederten Ostgebieten« des Reichskommissars für die Festigung des deutschen Volkstums, Allgemeine Anordnung Nr. 13/II, 30.1.1942, S. 6 (BArchB, R113/1029).

14. So Wortmann 1984 im Gespräch mit Werner Durth: »ARCHITEKTEN SIND KEINE KINDER DER NIEDERLAGEN, ABER IM TIEFSTEN ERNST HABEN WIR IN UNSEREN HERZEN GRÄBER, WO WIR VIELES VERGRABEN UND VERSTECKT HALTEN« (1984), S. 363. Der Stadtplaner Gustav Langen sprach schon 1933 von »Siedlungszellen«. Vgl. DÜWEL/GUTSCHOW, Städtebau vom Ersten Weltkrieg bis zu den »Grenzen des Wachstums« in den frühen siebziger Jahren (2009), S. 114.

15. Vgl. PAHL-WEBER/SCHUBERT, Großstadtsanierung im Nationalsozialismus (1987); SCHUBERT, Stadtgesundung im »Dritten Reich« (1991).

16. Vgl. GUTBERGER, Volk, Raum und Sozialstruktur (1996), S. 256–269; WAßNER, Andreas Walther und das Seminar für Soziologie in Hamburg (1986).

17. Vgl. GUTBERGER, Volk, Raum und Sozialstruktur (1996), S. 262.

18. SCHUBERT, Stadterneuerung in London und Hamburg (1994), S. 398.

gegenüber dem restlichen Stadtgebiet erhöht war, in denen vermehrt Jugendkriminalität registriert wurde oder viele Menschen die KPD und SPD gewählt hatten.[19]

Nun sind Walthers Studien zu Recht vor allem vor dem Hintergrund der rassistischen NS-»Stadtgesundung« diskutiert worden. Denn Walther arbeitete mit der Erfassung »asozialer« oder »minderwertiger« Bevölkerungsteile deren Vertreibung aus innerstädtischen Wohngebieten zu, die in der Regel durch Totalabriss »saniert« werden sollten.[20] Für meine Fragestellung ist aber vor allem von Bedeutung, dass Walther den Blick auf den Stadtraum spezifisch formatierte. Seine Korrelation sozialer »Probleme« im Medium Karte erweckte den Eindruck, es bestehe ein Zusammenhang zwischen der Stadtstruktur, der Wohnweise und der sozialen und politischen Devianz – auch wenn bei Walther unklar blieb, ob »Asozialität« »biologisch« oder milieubedingt war. Walther verstand seine Disziplin außerdem gleichermaßen (mit Hans Freyer) als »Krisenwissenschaft« und als praxisnahe »Wissenschaft von der sozialen Ordnung.«[21] Und so forderte er, die »Funktionen« der Stadtstruktur für die »Volksgemeinschaft« zu verbessern und sich dafür künftig an Einheiten zu orientieren, die mit der Parteigliederung korrelierten.[22]

Architekten und Stadtplaner konnten Walthers Forschungen also leicht als empirische Grundlage eigener Intervention in den Stadtraum interpretieren.[23] Gutschow, der wie viele seiner Kollegen in der ersten Hälfte der 1930er Jahre als selbstständiger Architekt verschiedenste Aufträge bearbeitete, legte 1933/34 ein Gutachten zur Sanierung des Hamburger Gängeviertels vor.[24] Hier nahm er Walthers Anregungen regelrecht vorweg:

»Die Soziologie als Wissenschaft wird sich in den Dienst der baupolitischen Arbeit ebenso einzuführen haben, wie das [...] von der Statistik verlangt werden muss. Jedes Wirtschaftsgebiet wird ihren [sic] soziologischen Dienst einzurichten haben, wie das in der U.S.A. [sic] der Fall ist. Die Methoden der soziologischen Detailaufnahme, gewissermaßen der mikroskopischen Aufnahmen, werden besonders zu entwickeln sein.«[25]

---

19. Vgl. WALTHER, Neue Wege zur Großstadtsanierung (1936), S. 17-19.

20. In diesem Sinne: ROTH, Städtesanierung und »ausmerzende Soziologie« (1987); vgl. auch SALDERN, Häuserleben (1995), S. 200-201; SCHUBERT, Gesundung der Städte (1986).

21. Vgl. WAßNER, Andreas Walter und seine Stadtsoziologie (1988), S. 71.

22. WALTHER, Neue Wege zur Großstadtsanierung (1936), S. 10, 13.

23. Walthers Untersuchungen wurden auch durch die CIAM begrüßt: »In vielen fällen dürfte eine selbständige soziale und statistische untersuchung erforderlich sein: eine untersuchung der wohnzustände in den charakteristischen städten und ortschaften auf ähnliche art und weise, wie solche studien das soziologische seminar der hamburger universität unter leitung von prof. andreas walther verfolgt, und zwar durch kartographische aufzeichnungen der statistischen daten und sozialen befunde im stadtplane« (TEIGE, Die Wohnungsfrage der Schichten des Existenzminimums [1931], S. 78).

24. Konstanty Gutschow: Gutachten: Sanierung Gängeviertel, o.D. [Vortragsentwurf? 1933?] (StA-HH, 621-2/11, A 118).

25. Ebd. Außerdem schrieb er: »Eine graphische Darstellung der Wahlergebnisse ist identisch mit einer solchen der Wohnungsverhältnisse. Kampf dem Kommunismus heißt deshalb Kampf den menschenunwürdigen Wohnverhältnissen«. In Gutschows Unterlagen zum Gutachten wird Walther nicht namentlich erwähnt.

1937 wurde Gutschow nach einem beschränkten Wettbewerb von Hitler zum »Architekten des Elbufers« bestellt. Er war also für die monumentale »Neugestaltung Hamburgs« entsprechend dem »Gesetz über die Neugestaltung deutscher Städte« vom 4.10.1937 verantwortlich.[26] Im Zuge dieser Arbeit bündelte Gutschow nach und nach nahezu alle Kompetenzen der Hamburger Bauverwaltung in seinem Büro. 1940 wurde er mit der Aufstellung eines Generalbebauungsplans für Hamburg (GBP) betraut, 1944 – die Elbuferumgestaltung war inzwischen eingestellt worden, weil sie als nicht kriegswichtig galt – wurde dieser in Folge der Bombardierung Hamburgs überarbeitet. Dabei wurde Walther stark rezipiert, u.a. vermittelt durch den Soziologen Hans Kinder, der an Walthers »Notarbeit« mitgewirkt hatte.[27]

Hamburg 1940

Ein indirektes Ergebnis dieses Aufeinandertreffens von Stadtsoziologie und Stadtplanung war eine Programmschrift, die Gutschow 1940 unter Mitarbeit Friedrich Heuers erstellte: die Broschüre »Die Ortsgruppe als Siedlungszelle, Vorschlag und Methodik der großstädtischen Stadterweiterung«, die in Gutschows Hamburger »Schriftenreihe B« erschien. In der Broschüre hieß es:

»Für das Wachsen der Großstädte ein ihr Gemäßes, aus dem lebendigen Leben entwickeltes Gesetz zu finden, wird als Aufgabe betrachtet, das heißt an die Stelle gestaltloser Ausbreitung muss ein zellenmäßiger Aufbau treten. Als eine solche natürliche Wachstumszelle wird die politische Ortsgruppe betrachtet. [...] Eine solche Gemeinschaftssiedlung in Ortsgruppengröße ist als Siedlungseinheit und Wachstumselement der idealen ›Stadtlandschaft‹ zu betrachten. [...] Die Stadtlandschaft ist als eine neue städtebauliche Organisationsidee zu betrachten, die folgenden Zielen des nationalsozialistischen Reiches dienen soll: 1. Einer neuen Gemeinschaftsbildung unseres Volkes aufgrund und in Anlehnung an seine politische Neugliederung. 2. Einer gesunden, das Wachstum der Bevölkerung und die Liebe zur Heimat fördernden Siedlungsweise. 3. Einer möglichst weitgehenden dezentralisierten und volksnahen Verwaltung. 4. Einer

---

26. Vorgesehen waren u.a. eine Elbbrücke, ein »Gauhochhaus«, eine Neue Nord-Süd-Achse und ein Verwaltungsforum auf Höhe Altonas, der Neubau der Universität, eine Reihe von Verwaltungsbauten für die Privatwirtschaft und ein »Sportfeld«. Vgl. SCHUBERT, Führerstadtplanung in Hamburg (1986).

27. Gutschow erstellte beispielsweise eine »Liste der Verteilung der Asozialen in den Hamburger Stadtteilen. nach: ›Neue Wege der Groszstadtsanierung‹ Professor Walther« (o.D.). Hier findet sich auch ein Auszug aus Walthers Begriffsdefinition: »Asoziale (Arbeitsscheue, Unwirtschaftliche, Kriminelle, amnestierte Wohlfahrtsempfänger, verwahrloste, Trunk-Rauschgiftsüchtige, Geisteskranke etc.)« (StA-HH, 621-2/11, D 3). Kinder lieferte eine Denkschrift zur Sanierung, nahm zum Generalbebauungsplan 1940 Stellung (Hans Kinder: Aktenvermerk betr. soziologische Bemerkungen zur zukünftigen baulichen Gestaltung der Hansestadt Hamburg, 1941 [StA-HH, 621-2/11, AV 15]) und referierte über die vergangene und zukünftige Bevölkerungsentwicklung Hamburgs. Vgl. Nachrichten für unsere Kameraden im Felde 22, 1944, S. 11 (StA-HH, 322-3, A 36 b). Noch 1953 erstatte er Bericht über Gutschows Planungen der frühen 1940er Jahre: KINDER, Die Generalbebauungspläne 1941 und 1944 (1953).

luftangriffssicheren Gliederung größerer Siedlungsgebilde. Sie erstrebt also die Ausschaltung der Gesichtspunkte, die bisher gegen die Großstadt geltend gemacht wurden und zu einer ausgesprochen großstadtfeindlichen Einstellung weiter Kreise geführt haben. Der zellenmäßige Aufbau einer großen Stadtlandschaft führt von der kleinsten, der politischen Zelle über die Ortsgruppen und Kreise zur Gesamtgemeinde mit den übergeordneten Gemeinschaftsanlagen«.[28]

OaS und »Stadtlandschaft« sollten also (und man beachte hier das Durcheinander von Rekonstruktion und Erneuerung) »die Wiedergewinnung einer neuen Volksgemeinschaft« vorantreiben. Denn das sei bisher durch die »Großstadtform mit ihren ausgesprochenen Arbeiterquartieren, reichen Villenvierteln, aber auch mit ihren später entstandenen Werk-, Beamten- oder sonstwie gearteten Zwecksiedlungen« verhindert worden. Die OaS, so Gutschow, ermögliche »ein Verwachsen- und Verbundensein der verschiedenen Volkskreise, ein gegenseitiges Sichverstehen als Grundlage einer vertieften Volks- und Lebensgemeinschaft«. Dafür müsse sie alle »städtischen Wohn- und Siedlungsarten« aufweisen und circa 8000 Einwohner nach »Maßgabe des Gesamtbevölkerungsquerschnitts [...] mischen«, denn das sei eine Größenordnung, die der »Gemeinschaftsbildung dienen und die Gemeinschaft zugleich sinnfällig zum Ausdruck bringen« könne. Die Siedlungszelle werde eine »volksnahe Verwaltung« und damit eine »gerechte Wohlfahrtsbetreuung« ermöglichen, außerdem werde sie verkehrsgerecht, aufgelockert und durchgrünt sein. All das werde zur Entstehung von »wohlgeordneten Gemeinschaften« beitragen.[29]

Gutschow und Heuer interpretierten das NSDAP-Organigramm als *Raumstruktur*.[30] Die Mitgliederzahl der NS-Ortsgruppe lieferte konkrete Zahlenwerte für den Zuschnitt städtebaulicher Einheiten, denn das Gliederungssystem der NSDAP sah eine Zahl von 1500 »Haushaltungen« pro Ortsgruppe vor.[31] Diese Größe deckte sich für Gutschow mit anderen Parametern: Die Bevölkerungszahl der politischen Ortsgruppe, so behauptete er, korreliere mit einer Siedlungsgröße, die die Beheimatung fördere, mit einer »luftharten« Bebauung (weil sie aufgelockert und damit weniger stark der Sprengwirkung ausgesetzt sei) und mit dem idealen Einzugsbereich von Verwaltungseinheiten. Wo diese Faktoren in Übereinstimmung gebracht würden, werde »Gemeinschaftsbildung« möglich. Diese Überlagerung verschiedener Bemessungsgrundlagen plausibilisierte die Broschüre zusätzlich durch Grafiken (Abb. 19), die die jeweils gleiche Bebauungsstruktur mal unter Luftschutzgesichtspunkten zeigten – mal hinsichtlich der Verkehrsdifferenzierung oder der Verteilung jeweiliger Bebauungstypen, von »Jugend«-Einrichtungen, Gewerbegebieten und Grünflächen. Verschiedene Aspekte der Stadtplanung wurden hier durch identische

---

28. Schriftenreihe B Nr. 2: Die Ortsgruppe als Siedlungszelle. Vorschlag und Methodik der großstädtischen Stadterweiterung, 20.12.1940, S. 1 (StA-HH, 322-3, A 42).
29. Ebd., S. 2, 5.
30. In Gutschows Unterlagen zur OaS finden sich die Hefte »Block- und Zellen-Neuordnung der NSDAP 1936. Anordnung Nr. 12 der Reichsleitung der NSDAP«, sowie »Die Organisation der Ortsgruppen der NSDAP« (StA-HH, 322-3, A 42), siehe auch Abb. 18.
31. Gutschow rechnete also sehr großzügig mit »Haushaltungen« mit über fünf Personen, wenn er 8000 Bewohner pro Siedlungszelle vorsah.

Bildausschnitte und eine einheitliche Strukturierung des Blatts in Deckung gebracht: durch einen standardisierten Bildaufbau, die Schichtung von Flächen, durch einheitliche Legenden und Piktogramme.

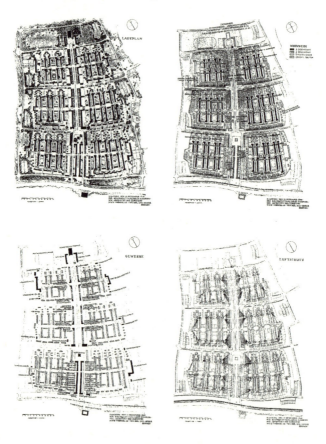

Abbildung 19: Verschiedene Funktionen der OaS, dargestellt im selben Siedlungsgrundriss (Wohnungstypen, gewerbliche Struktur, Luftschutzeinrichtungen). Illustration Heuers (1940)

Verbreitung des Siedlungszellenkonzepts

Gutschow sandte die Ortsgruppenbroschüre an befreundete Architekten wie Wortmann und Reichow und an seinen Lehrer Fritz Schumacher, der die »zugrunde liegende Idee für fruchtbar und klärend« hielt.[32] Er verschickte sie aber auch an Amtsträger und Parteifunktionäre in Hamburg und landesweit und bat diese um Stellungnahmen.[33] Außerdem erprobte er das Konzept bald auch bei konkreten Planungsvorhaben. Im Hamburger Generalbebauungsplan 1944 wurde die Stadt in Siedlungszellen aufgeteilt. Zudem wurden für einzelne Stadtteile Teilbebauungspläne erstellt, die sich an der Ortsgruppeneinteilung orientierten.[34]

Gutschow legte im November 1943 nach Kompetenzstreitigkeiten mit der DAF und dem Hamburger Gauleiter seine Ämter in der Hamburger Gemeindeverwaltung nieder. Nur wenige Tage später wurde er in Albert Speers »Arbeitsstab Wiederaufbauplanung zerstörter Städte« berufen – Speer hatte sich (mit Führererlass vom 11.10.1943) das Monopol über den Wiederaufbau besonders wichtiger so genannter »Wiederaufbaustädte« gesichert. Gutschow wurde als Stellvertreter von Rudolf Wolters mit der Organisation des Stabs betraut und systematisierte und kartierte die Bombenschäden im ganzen Land; mit seinem Mitarbeiter Rudolf Hillebrecht bereiste er deshalb im Januar 1944 viele deutsche Städte.[35] Vor allem aber erarbeitete er »städtebauliche Richtwerte« – Planungsgrundlagen für den Wiederaufbau – und knüpfte dafür ein umfassendes Netz von Korrespondenten und »Bearbeitern«, zu denen ein großer Teil der späteren Planerelite der Nachkriegszeit gehörte. Diese »Richtwerte« orientierte er dabei stark an der OaS.[36]

Gutschow verbreitete seine Vorstellungen unermüdlich, etwa durch Vorträge, u.a. vor dem Wiederaufbaustab in Wriezen (dessen Mitgliedern er auch

---

32. Schumacher an Gutschow, 21.1.1941 (StA-HH, 322-3, A 42). Später sollte Schumacher vor Gutschows Mitarbeitern das Konzept als »Schritt zur Gesundung« in einer »geordneten Zukunft« loben: »Unter dem Studienmaterial der letzten Jahre, das mir vor Augen gekommen ist, hat mir ein Vorschlag besonderen Eindruck gemacht: nämlich die Organisation der Zelleneinheiten der politischen Verwaltung künftiger Siedlungen als Kernform im Schema zugrunde zu legen. Das ist auch soziologisch betrachtet etwas Allgemeingültiges, das keine starre, sondern eine elastische Richtschnur geben kann.« Nachrichten für unsere Kameraden im Felde 20/21, 1944, S. 9 (StA-HH, 322-3, A 36).

33. Darunter waren die Sozialverwaltung der Hansestadt Hamburg, die Hamburger Hochbahn Aktiengesellschaft, die Reichspostdirektion, das Amt für Jugendpflege und Jugendtüchtigung, das Kommando der Feuerschutzpolizei, das Garten- und Friedhofsamt, die Luftschutzstelle bei der Bauverwaltung, der Polizeipräsident, das Amt für Leibesübungen, die Gesundheitsverwaltung in Hamburg usw. Nahezu alle äußerten sich positiv, vgl. die Unterlagen im StA-HH, 322-3, A 42.

34. Vgl. etwa Werner Kallmorgen: Mein Bebauungsplan Barmbek-Uhlenhorst 1944 (HAA, Werner Kallmorgen, S290).

35. Zum Wiederaufbaustab maßgeblich: Durth, Deutsche Architekten (1986), S. 211–213.

36. Dabei stieß er durchaus auf Widerstände: Mit Wolters stritt er sich über dessen »Schwärmerei für die große Stadt«. Gutschow an Wortmann, 29.11.1944 (StA-HH, 621-2/11, B 7).

die Ortsgruppenbroschüre zukommen ließ) und in der »Deutschen Akademie für Städtebau, Reichs- und Landesplanung« in Berlin. In Anwesenheit Göderitz', Hoffmanns und Roland Rainers, die zeitgleich an einem ähnlichen Konzept, der »gegliederten und aufgelockerten Stadt« arbeiteten, zeigte er hier Skizzen zur »Durchgliederung« Hamburger Ortsteile in Ortsgruppen.[37] Bereits 1941 bearbeitete ein Ausschuss unter Federführung Gutschows auf einer »Sitzung des Ausschusses für Fragen der Ortsplanung im sozialen Wohnungsbau« der DAF die »Koppelung der Ortsgruppen von 10 000 Menschen mit den gemeindlichen und staatlichen Verwaltungsstellen«. Der Ausschuss kam zu dem Schluss: »Die städtebaulichen Grundsätze müssen sich daher in Zukunft [dem] Ordnungsprinzip der Partei anpassen.«[38] 1944 signalisierte schließlich auch Speer, er sei »damit einverstanden, daß die Ortsgruppe als Siedlungszelle aufgefaßt werde und daß zur parteipolitischen Gliederung auch die verwaltungsmäßige gehöre«.[39] Im selben Jahr stellte Hillebrecht die OaS in der Parteikanzlei der NSDAP in München vor.[40]

Vor allem in seinem Hamburger Mitarbeiterkreis ließ Gutschow das Ortsgruppenkonzept diskutieren. 1944 richtete er einen Wettbewerb zur Ausarbeitung eines Idealplans für die Siedlungszelle ohne Ortsbezug aus. Diese, so schrieb er, sei inzwischen »[f]ast Allgemeingut der Städtebauer geworden«. Gutschow machte präzise Angaben zu Größe, Einwohnerstruktur und Bebauungstypen und -dichte, zur Anzahl von Versorgungs- und Gemein-

---

37. Vgl. Konstanty Gutschow: Hamburger Generalplanung, 17.9.1944/26.9.1944 (StA-HH, 621-2/11, C 68. Hier auch eine Anwesenheitsliste). Außerdem korrespondierte Gutschow mit seinen Freunden Wortmann und Reichow und mit dem Landschaftsplaner Max K. Schwarz über die »Siedlungszelle« (StA-HH, 621-2/11, B 7). Wortmann vermittelte Gutschow auch an Gerhard Isenberg von der »Reichsstelle für Raumordnung« (RfR) (Wortmann an Gutschow, 8.5.1944, ebd.). Göderitz plante 1942/1943 die Aufnahme eines Aufsatzes zur OaS in ein in Vorbereitung befindliches Handbuch der Akademie. 1945 erwähnte Gutschow Göderitz gegenüber sein Vorhaben, die von ihm erarbeiteten »städtebaulichen Begriffsbestimmungen« zum Thema »Wohnen« nach Beratung mit dem »Reichswohnungskommissar« und dem Reichsarbeitsministerium vom »Deutschen Normenausschuss« für verbindlich erklären lassen. Gutschow an Göderitz, 15.1.1945 (StA-HH, 621-2/11, B 11/9).

38. An der Veranstaltung nahmen auch Reichow, Wortmann und Josef Umlauf teil (Letzterer war Mitarbeiter im »Planungsamt« Konrad Meyers beim RKF und trug 1943 vor Gutschows Mitarbeitern seine Gedanken zur Planung im »Deutschen Osten« vor«. Vgl. Nachrichten für unsere Kameraden im Felde 14, 1943, S. 8 [StA-HH, 322-3, A 36 b]. Gutschow zog Umlauf später auch zur Beratung über sein Buchprojekt »Städtebaulicher Grundstoff« heran.), außerdem der DAF-ler Karl Neupert und verschiedene (spätere) Mitglieder des Speer'schen Aufbaustabs. Niederschrift über die Sitzung des Ausschusses für Fragen der Ortsplanung im sozialen Wohnungsbau, 3.12.1941, S. 6 (StA-HH, 322-3, A 136).

39. Rudolf Wolters: Ergebnis der Ministerrücksprache. Niederschrift über die 5. Tagung des engeren Arbeitsstabes in Wriezen, 11.-12.11.1944 (StA-HH, 621-2/11, B 14/1).

40. Dieser lag das Konzept allerdings in Form einer Veröffentlichung des DAF-Reichsheimstättenamts (»Der Aufbau der Kreisstadt« [1942]) bereits vor. DURTH/GUTSCHOW, Träume in Trümmern (1988), S. 186.

schaftseinrichtungen der »Zelle«. Eingereicht werden sollten ein Bebauungsplan, eine Erläuterung mit Zahlenangaben sowie eine schematische Darstellung als »Diagramm, eine graphische Niederschrift des geistigen Ordnungsgedankens«.[41] Gutschow übersandte den Wettbewerbern außerdem ein »Auswertungs-Formblatt«, das der »vergleichenden Betrachtung und Beurteilung der schematischen Entwurfsskizzen untereinander« dienen sollte.[42] Er beurteilte die eingereichten Beiträge mit großem Aufwand. Er berechnete, verglich und korrigierte Flächenanteile und Dichten, er erstellte Tabellen über die jeweils vorgeschlagene Gebäude- und Bewohneranzahl,[43] diskutierte die Ergebnisse (im Beisein Reichows) auf einer Arbeitstagung[44] und verschickte seine Wettbewerbsauswertung (den Schriftsatz D44[45]) an verschiedene Architekten, darunter Göderitz.[46] Außerdem beauftragte er einige Architekten mit einer weiteren Bearbeitung, für die er »6 typische Grundformen« der Siedlungszelle entwickelte.[47] An der Auswertung der eingereichten Beiträge arbeitete er noch im Januar 1945.

Transnationale NS-Planung?

Deutsche Planer interpretierten also ab Ende der 1930er Jahre die NS-Parteistruktur als quantitativen Indikator für die Größenbemessung einander enthaltender, hierarchisch gestaffelter Stadt- oder Siedlungseinheiten. Gutschow ließ die OaS in Wettbewerben ausarbeiten und im Kontext der Hamburger Generalplanung am konkreten Ort erproben. Durch den Aufbau eines umfassenden Netzwerks von Korrespondenten und Mitarbeitern verbreitete und vereinheitlichte er das Wissen über die »Siedlungszelle«. Er verpflichtete damit eine große Zahl von Architekten – darunter einige, die nach 1945 zu den einflussreichsten deutschen Planern gehören sollten – auf diese städtebauliche Programmatik.[48]

In den 1980er Jahren wurde die bisher »verschwiegene Geschichte« deutscher Architekten im »Dritten Reich« rekonstruiert.[49] Es entstanden kollektivbiografische Studien, die deutsche Entwicklungen zwar durchaus im

---

41. Aufgabenstellung, 22.9.1944 (StA-HH, 322-3, A 42).
42. Tabellarische Auswertung der schematischen Entwürfe, Dezember 1944 (StA-HH 621-2/11, B 11/4).
43. Konstanty Gutschow: Flächenbedarf einer Ortsgruppe, Vergleichsdarstellung der Netto-Wohnungsdichte und Brutto-wo.-Dichte, 23.12.1944 (StA-HH, 621-2/11, B 11/1).
44. Aktennotiz zur Arbeitstagung am 15.12.1944 (StA-HH, 621-2/11, B 11/1).
45. D44. Die Ortsgruppe als Siedlungszelle. 27 schematische Entwürfe 1944, 8.1.1945 (StA-HH, 322-3, C 3 c).
46. Gutschow an Göderitz, 10.11.1944 (StA-HH, 621-2/11, B 16/2).
47. Rundschreiben mit Richtlinien für die weitere Bearbeitung, 20.12.1944 (StA-HH 621-2/11, B 11/2).
48. Zur Tätigkeit von Gutschow-Mitarbeitern wie Gerhard Langmaack, Hans Berlage, Hermann Zippel, Erich Elingius und Werner Kallmorgen in Hamburg nach 1945: DURTH/GUTSCHOW, Träume in Trümmern (1988), S. 644-660, HACKHAUSEN, Stadtplanung in Hamburg (2005), bes. S. 71-75.
49. DURTH, Verschwiegene Geschichte (1987).

internationalen Kontext diskutierten, sich aber vor allem der Aufarbeitung verdrängter politischer Verflechtungen von Planern im »Dritten Reich« widmeten, also der Schuld und dem Opportunismus der eigenen Lehrer.[50] Entsprechend groß war das Interesse an spezifisch »nationalsozialistischen« Aspekten der Stadtplanung der 1930er und 40er Jahre. Zu diesen wurde natürlich auch die OaS gerechnet. Meist wurde sie als Kontroll- und Herrschaftsinstrument interpretiert, aber auch als Versuch, »Blut-und-Boden-Ideologie in die Stadt zu tragen«.[51] Allerdings kann angesichts der selten offen rassistischen und der allenfalls großstadtkritischen, keineswegs aber explizit großstadtfeindlichen Haltung der involvierten Akteure von einem »Blut-und-Boden«-Phänomen nur bedingt die Rede sein. Die OaS war auch kein Kontrollinstrument der NSDAP.[52] Zwar räumte ein Erläuterungsbericht zum OaS-Wettbewerb 1944 dem »Blockleiter« innerhalb der Siedlung große Bedeutung ein;[53] wiederholt wurde außerdem betont, die Anlehnung an die NSDAP-Hierarchie sei der »Menschenführung« förderlich.[54] Nun ist der Gedanke, Menschengruppen bedürften der Führung, kein spezifisches Merkmal der Stadtplanung im Nationalsozialismus. Bis in die späten 1950er Jahre propagierten Planer den kleinräumigen Wohnbereich, weil er beispielsweise dem Arzt oder Bürgermeister den »persönlichen, aus der Nachbarschaft entspringenden Über- und Einblick in die Verhältnisse der Gemeinschaft« ermögliche.[55] Gutschow ersetzte den Leiter der Ortsgruppe nach Kriegsende sang- und klanglos durch den »Sprecher« der Wohngemeinde.[56] Übrigens wurde auch nach 1945 nicht völlig vom Gedanken Abstand genommen, nachbarschaftliche Nahbeziehungen trügen zur gegenseitigen Überwachung und damit zur Vermeidung abweichenden Verhaltens bei. Reichow schrieb noch 1948 über die »Schäden« der Großstadt, diese gründeten in

»ihre[r] Ungebundenheit, mangelnde[n] Übersichtlichkeit, Unordnung und Grenzenlosigkeit. So fördert [die Großstadt] die Absonderung und das ›Untertauchen‹ asozialer Elemente, schmälert das letzte Verantwortungsbewusstsein, bietet arbeits- und lichtscheuen Kreaturen, die in ländlichen und kleinstädtischen Verhältnissen undenkbar sind, Unterschlupf«.[57]

Vor allem spricht gegen die These, die OaS sei eine Methode gewesen, diktatorisch die Massen zu disziplinieren, dass viele Planer einen gewissen Grad an Selbstverwaltung in der Siedlungszelle befürworteten. Das konnte so weit reichen, dass selbst ein Apologet der völkisch hergeleiteten »Volksgemein-

---

50. Vgl. vor allem Durth, Deutsche Architekten (1986).
51. Pahl-Weber, Die Ortsgruppe als Siedlungszelle (1986), S. 283.
52. Ohnehin ist die Bedeutung der Ortsgruppen auf der Alltagsebene der NS-Herrschaft wenig erforscht: Vgl. Reibel, Das Fundament der Diktatur (2002), S. 24.
53. Erläuterungsbericht Stalmann, 29.11.1944 (StA-HH, 621-2/11, B 11/10).
54. Vgl. Konstanty Gutschow: Zweckeinsatz der deutschen Bauwirtschaft im Kriege, 8.5.1942 (StA-HH, 322-3, A 31).
55. Ipsen, Beiträge zur optimalen Größe von Landgemeinden und Stadtteilen (1957), S. 258.
56. Gutschow, Wohnen (1958), S. 654.
57. Zit. nach Durth, Verschwiegene Geschichte (1987), S. 39.

schaft aus Nachbarschaften« sich 1944 einen »gesellige[n] Meinungsaustausch« innerhalb der Nachbarschaft wünschte, ja sogar einen »gewisse[n] demokratische[n] Charakter« und eine »öffentliche Meinung«![58]

Damit soll hier keineswegs einer Entlastung der ins »Dritte Reich« verstrickten Architekten das Wort geredet werden. Die deutsche Nachbarschaftsplanung lässt sich zwar nicht auf ein Kontrollinstrument reduzieren. Daraus leitet sich aber nicht zwangsläufig ab, dass ihre Befürworter als »apolitische Technokraten« einzuschätzen sind oder dass ihr Ordnungsdenken für die Ziele des Nationalsozialismus instrumentalisiert worden ist.[59] Hier soll auch nicht die Behauptung Wortmanns reproduziert werden, die Anlehnung an die Parteistruktur sei nur »Verkleidung« gewesen,[60] sozusagen eine strategische Einschreibung eines unpolitischen Konzepts in die Rhetorik der NS-Diktatur. Vielmehr gehörte die Nachbarschaftseinheit ab Mitte der 1930er Jahre Länder übergreifend zum Wissen der Planer. Dieses Wissen kam in den 1940er Jahren in Deutschland – wie in Schweden – auf spezifische Weise zu Anwendung. Die OaS stellt unter den internationalen Ausarbeitungen der Nachbarschaftseinheit einen Spezialfall dar, das darf nicht unterschlagen werden. Deutsche Planer zielten aber eher auf die »sachliche« Lösung einer allgemeinen sozialen Krise ab als auf die Festigung der NS-Herrschaft – auch wenn sie Letztere dabei billigend in Kauf nahmen bzw. das eine durch das andere erreichen wollten. Das Ziel »Nachbarschaft« kann als einer der normativen »Eckpfeiler« der anwendungsorientierten Sozialtechnik im Nationalsozialismus überhaupt betrachtet werden.[61] Dabei stellte die NS-Ideologie einen eher losen Bezugsrahmen dar. Gerade *weil* die Nachbarschaftsbefürworter ihre Arbeit als überparteiische verstanden, dienten sie sich den NS-Machthabern an. Denn diese, das wurde schon in der Einleitung dargestellt, ließen den Experten gewisse Deutungsspielräume, und sie ermöglichten es ihnen zugleich, die eigene Tätigkeit als Dienst am Gemeinwesen zu betrachten. Und an dieser Selbstsicht hielten die Architekten auch nach 1945 fest.

Die Entnazifizierung der deutschen Planer war nicht sonderlich gründlich. Nur wenige Architekten waren wie Gutschow (nach einer kurzen Tätigkeit als Beauftragter der britischen Militärregierung in Hamburg im September 1945) gezwungen, künftig eher aus dem Verborgenen heraus zu wirken und öffentliche Ämter zu meiden.[62] Die überwiegende Zahl der im »Dritten Reich« tätigen Planer konnte auch in der Nachkriegszeit wichtige Positionen

---

58. LEHMANN, Volksgemeinschaft aus Nachbarschaften (1944), S. 97, 156.

59. So DIEFENDORF, Konstanty Gutschow and the Reconstruction of Hamburg (1985), S. 146, und SCHUBERT, Stadterneuerung in London und Hamburg (1994), S. 403.

60. »ARCHITEKTEN SIND KEINE KINDER DER NIEDERLAGEN, ABER IM TIEFSTEN ERNST HABEN WIR IN UNSEREN HERZEN GRÄBER, WO WIR VIELES VERGRABEN UND VERSTECKT HALTEN« (1984), S. 367.

61. GUTBERGER, Volk, Raum und Sozialstruktur (1996), S. 220.

62. Gutschow arbeitete nach 1945 als freier Architekt u.a. als Berater der Hannoveraner »Aufbaugemeinschaften«, einer Art Clearingstelle für den Wiederaufbau der Innenstadt. Seine Entnazifizierungsunterlagen finden sich in der Akte: Gutschow. Entnazifizierungsverfahren 1945–1949. Entlastungsbriefe, Einsprüche, Protokolle (Sammlung N. Gutschow).

besetzen[63] – nicht zuletzt infolge gegenseitiger Entlastungen, die oft durch den Nachweis erbracht wurden, die jeweilige Person habe lediglich »rein technische Bauaufgaben« erfüllt und schon damit in Opposition zur »Führerarchitektur« gestanden, die nun als *pars pro toto* für den Nationalsozialismus stand.[64] Die in den frühen 1940er Jahren geknüpften Netze wurden nach der Verwirrung der unmittelbaren Nachkriegszeit rasch geflickt – oft zur Empörung von Architekten im (teils »inneren«) Exil, die sich um die Chance zur Mitarbeit an einem demokratischen Deutschland gebracht sahen.[65] Beim Wiederaufbau schlossen deutsche Planer an das vor 1945 erarbeitete Wissen zur Größe und Anordnung städtebaulicher Einheiten an. Das kann nicht allein auf die Stabilität ihres kollegialen Netzwerks zurückgeführt werden.[66] Zu leicht ließ sich das Ortsgruppenhaus durch die Kirche, das Gemeindezentrum oder die Schule, die Ortsgruppe durch das Kirchspiel oder den Schulbezirk ablösen.[67] Bis in die späten 1950er Jahre hinein befürworteten deutsche Pla-

---

63. Zum »Comeback der Entlasteten«: BEYME, Der Wiederaufbau (1995), S. 47–59.

64. So etwa Karl Otto über seine Tätigkeit im Reichsluftfahrtsministerium (Lebenslauf, 4.12.1947 [ADK, HHA-01-328]). Vgl. auch das Leumundszeugnis Fritz Eggelins für Reichow: Dieser sei allein »aufgrund seiner rein fachlichen Eignung« berufen worden und »fachlich von dem offiziellen Städtebaukurs der Hitler-Ära [...] völlig unabhängig [geblieben]. Seine städtebauliche Auffassung, die in der von ihm verfochtenen organischen Stadtlandschaft gipfelt, ist der gewaltsam repräsentativen städtebaulichen Haltung Speer's [sic] und seines Kreises geradezu diametral entgegengesetzt« (18.3.1946 (GNMN, NL Reichow, I B 1 a-b). Zur apologetischen »Fiktion einer autonomen Technikentwicklung« zwischen 1933 und 1945 am Beispiel Albert Speers: ORLAND, Der Zwiespalt zwischen Politik und Technik (1996). Allgemeiner zum Topos des »Sachzwangs« in Deutschland: STEINMETZ, Anbetung und Dämonisierung des »Sachzwangs« (1995).

65. Vgl. dazu DURTH, Deutsche Architekten (1986), S. 341–356.

66. In diesem Sinne: BEYME, Der Wiederaufbau (1988), bes. S. 60–91.

67. Das erklärt auch die problemlose »Entnazifizierung« der »Siedlungszelle« mittels Umbenennung in »Siedlungsknolle« usw. Ohnehin ließe sich über die Gründlichkeit der begrifflichen Säuberung diskutieren. Gutschows Ex-Mitarbeiter Werner Kallmorgen erwähnte in der Debatte um die Nachbarschaftseinheit auch nach 1945 offen die »Siedlungszellen bei Gutschow« (Notiz zum Thema: Die Versorgungseinheit bzw. [sic] Schuleinheit als kleinster Baustein eines Stadtteils, 23.10.1945 [HAA, Werner Kallmorgen, A004]). Dieser selbst scheute sich nicht, seiner Darstellung der eigenen Tätigkeiten während der Jahre 1933 bis 1945 ein Portfolio beizulegen, das auch die Zeichnungen Heuers enthielt (Konstanty Gutschow: 10 Jahre Architekt 1935–1945, 1946 [StA-HH, 621-2/11, A X 4]). An den Architekten Erich Kühn schrieb er 1951: »Habe ich Ihnen eigentlich einmal meine Studien zur Siedlungszelle, die allerdings unter der verfemten Überschrift ›Die Ortsgruppe als Siedlungszelle‹ liefen, gezeigt? Meine gesamte Arbeit am Generalbebauungsplan Hamburg war seit 1940 auf eine völlige Durchgliederung in einzelne Siedlungszellen zwischen 8 und 10 000 Einwohnern angelegt. Auch Vorläufer der Nachbarschaft.« (Gutschow an Kühn, 26.4.1951 [StA-HH, 621-2/11, AS 24/3]). Bedeutsam für die Durchsetzung des Begriffs »Nachbarschaftseinheit« in Deutschland war ein Vortrag, den Walter Gropius 1945 in Berlin hielt und dessen englische Fassung von 1943 schon im Februar 1945 im Wiederaufbaustab Speers vorlag (vgl. dazu DÜWEL/GUTSCHOW, Städtebau vom Ersten Weltkrieg bis zu den »Grenzen des Wachstums« in den frühen siebziger Jahren

ner die Nachbarschaftseinheit als Teil des »Stadtorganismus« oder der »Stadtlandschaft«.

Natürlich enthielten die Nachfolgekonzepte der OaS keinerlei Hinweise auf die NSDAP. Sie wurden außerdem stärker in einen internationalen Zusammenhang gestellt.[68] Das führte zu eigenartigen Mischungen. Eine frühe Fassung der »gegliederten und aufgelockerten Stadt« von 1945 verwies auf die Parteistruktur,[69] die Druckversion von 1957 nicht. Hier fanden sich nun stattdessen Skizzen der englischen *New Town* Harlow, es wurde auf den bereits erwähnten CLP, den *County of London Plan* Patrick Abercrombies verwiesen, der Text begann sogar mit einer Erwähnung schwedischer Planungen.[70] Und doch war hier noch im Jargon des »Dritten Reiches« von »Fehlbildungen und Entartungserscheinungen« die Rede oder auch von »Schäden am Volkskörper«.[71] Reichows »organische« Trilogie wiederum, deren erste beide Bände Ende der 1940er Jahre erschienen, mischte unverfroren die eigenen Arbeiten für ein »nationalsozialistisches Posen«,[72] für Stettin (hier hatte Reichow das »Denken und Handeln des Führers wie ein klärendes Gewitter« im Städtebau empfunden[73]) und Hamburg mit Abbildungen aus den USA, Großbritannien und vor allem Skandinavien. Gutschows Arbeit an den »Städtebaulichen Richtwerten« mündete in die Erstellung des bereits erwähnten Kompendiums »Städtebaulicher Grundstoff«, das nun vom Bundesministerium für Wohnungsbau gefördert wurde. Der »Grundstoff« erschien zwar nie in Buchform – und nur auszugsweise in der »Baurundschau« (1949) und der »Deutschen Bauzeitschrift« (1958-1960) –, fehlte aber in den 1950er und 60er Jahren »in keinem Architekturbüro und auf keinem Tisch der Studen-

---

[2009], S. 115). Gemeint ist: GROPIUS/WAGNER, A Programme for City Reconstruction (1971, urspr. 1943).

68. Vgl. DURTH/GUTSCHOW, Träume in Trümmern (1986), S. 196.

69. Offenbar wurde die Schlussfassung der von Göderitz, Rainer und Hoffman bearbeiteten »gegliederten und aufgelockerten Stadt« 1945 beim Brand der Räume der »Deutschen Akademie für Städtebau, Reichs- und Landesplanung« in Berlin vernichtet. Die hier gemeinte Fassung findet sich im Bestand der RfR (BArchB, R113/1960).

70. GÖDERITZ/RAINER/HOFFMANN, Die gegliederte und aufgelockerte Stadt (1957), S. 10. Bereits 1948 dachten die Autoren sogar über eine englische Ausgabe nach (Hoffmann an Rainer, 10.9.1948 [ADK, HHof-01-585]). Hoffmann schrieb später zur Arbeit der Akademie: »nicht etwa, daß da nazigut drin war, das ist völlig falsch dargestellt, sondern es waren amerikanische vorstellungen, die schon vor 1900 von soziologen entwickelt wurden über die gruppenzusammensetzung usw... umgekehrt, wir haben die naziideologie von uns aus beeinflußt«. Zit. nach BAUHAUS DESSAU/MANZKE, Hubert Hoffmann (1994), o.S.

71. GÖDERITZ/RAINER/HOFFMANN, Die gegliederte und aufgelockerte Stadt (1957), S. 90, 91.

72. Hans Bernhard Reichow: Städtebauliches Gutachten zu den Fragen der Industrie- und Gewerbeansiedlung in der Gauhauptstadt Posen, o.D. [1943/44], S. 1 (GNMN, NL Reichow, I B 190 d). Das Gutachten wurde von der RfR in Auftrag gegeben.

73. REICHOW, Gedanken zur städtebaulichen Entwicklung des Groß-Stettiner Raumes (1940), S. 5.

ten«.[74] Auch Gutschow illustrierte seine Empfehlungen nun mit Beispielen aus aller Welt, insbesondere aus Schweden (Abb. 20).

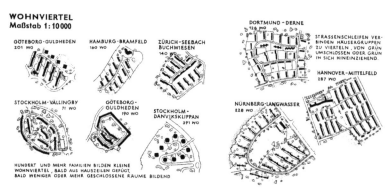

Abbildung 20: Strukturtypen für »Wohnviertel« in Gutschows »Städtebaulichem Grundstoff« (1958). Neben einigen schwedischen Beispielen findet sich das von Gutschow selbst geplante Hannoveraner Wohngebiet Mittelfeld und ein Viertel von Reichows Siedlung Hohnerkamp in Hamburg-Bramfeld

An der Ausarbeitung der OaS beteiligte Architekten wie Wortmann wurden nach 1945 nicht müde darauf hinzuweisen, sie hätten schon während des Krieges von der britischen Nachbarschaftsplanung gewusst und sich gefreut, dort die »gleichen Grundgedanken festzustellen«.[75] Hillebrecht erwähnte wiederholt, dass man die internationalen Entwicklungen gekannt habe, um so Gutschows »innere Distanz« zu Hitlers »Neugestaltungsplanung« zu markieren, einer Planung, an der man durchaus mitgearbeitet hatte. Auf seiner USA-Reise Ende der 1930er Jahre habe Gutschow sich »das sogenannte Radburn-System« angesehen und »die Green Belt Towns, die in der Ära Roosevelt um Washington herum gebaut worden waren«.[76] Kein Wort davon, dass die Amerikareise in erster Linie der Beschaffung von Informationen für den Bau des monumentalen »Gauhochhauses« am Elbufer gedient hatte. Immer wieder wird außerdem eine Anekdote Hillebrechts zitiert, nach der britische Offiziere bei einem Besuch des Büros Gutschow 1945 überrascht die Ähnlichkeit der Hamburger Planungen zu britischen feststellten.[77]

---

74. So der Architekt Peter Zlonicky im Interview mit Werner Durth: Die langen Schatten der Trümmerzeit (1990), S. 46.

75. »Architekten sind keine Kinder der Niederlagen, aber im tiefsten Ernst haben wir in unseren Herzen Gräber, wo wir vieles vergraben und versteckt halten« (1984), S. 363.

76. Die langen Schatten der Trümmerzeit (1990), S. 43.

77. Vgl. Hillebrecht, Von Ebenezer Howard zu Jane Jacobs oder: war alles falsch (1965), S. 639. Das berichtet auch Diefendorf, Konstanty Gutschow and the Reconstruction of Hamburg (1985), S. 156. Laut Diefendorf verlief der Rezeptionsweg über Lissabon; Ward schreibt, deutsche Nachrichtendienste hätten über Stockholm Zugang zur britischen Planung gehabt. Vgl. Ward, Re-examining the International Diffusion of Planning (2000), S. 47.

Tatsächlich zirkulierten britische Texte zur *neighbourhood unit* offenbar spätestens 1943 unter deutschen Planern.[78] Gutschow sandte Wortmann 1944 den CLP, den er, wie er schrieb, durch den »Informationsdienst des Reichsministeriums Speer« erhalten hatte.[79] Schon Anfang der 1940er Jahre war die britische Nachbarschaftsplanung auch vor dem Hintergrund des Luftschutzes diskutiert worden.[80] Gutschow resümierte 1944, die deutschen Luftschutzmaßnahmen, zu denen er auch die »Aufgliederung der Stadt« zählte, seien »dieselben, die die Engländer aus ihren Erfahrungen gezogen haben«.[81]

Blick zum Nachbarn (auf sich selbst)

Nach 1945 zeigten deutsche Planer ein reges Interesse an den Realisierungen der Nachbarschaftseinheit in Schweden.[82] Wie ein roter Faden ziehen sich durch die Periodika der Nachkriegszeit Berichte über schwedische Grundrissinnovationen, über Regionalplanung, Sanierung und Wohnungsbau in Schweden und vor allem über den Stockholmer Generalplan sowie den viel beachteten neuen Stockholmer Vorort Vällingby (errichtet 1950-1956).[83] Für eine ganze deutsche Planergeneration sei Schweden ein »Mekka« gewesen,[84] so Friedrich Spengelin, der in den späten 1940er Jahren im Büro Gutschow arbeitete. Dem Architekten Carl Bauer, Mitarbeiter Hillebrechts, erschienen »die damaligen schwedischen Eindrücke, insbesondere des sozialen Wohnungsbaus, wie ein Traum«.[85] Das Interesse am Ausland war nach der (teilweisen) Isolation der vergangenen zwölf Jahre verständlich, keineswegs aber

---

78. Beispielsweise lagen den Hamburger Planern bereits 1944 vom »Informationsdienst Ausland« und der »Auswertungsstelle der technischen und wirtschaftlichen Weltfachpresse e.V.« übermittelte Abbildungen und (teils ins Deutsche übersetzte) Auszüge aus der britischen Fachpresse, dem Uthwatt-Report und aus Abercrombies CLP vor, außerdem u.a. eine Rundfunkrede Churchills vom März 1944 zum Wiederaufbau sowie eine Rede zur Ausstellung des RIBA in der Londoner *National Gallery* 1943. Vgl die Akten: England. Coventry; England. London. Wiederaufbau; England. Wiederaufbau (Sammlung N. Gutschow).

79. Gutschow an Wortmann, 29.11.1944 (StA-HH, 621-2/11, B 7).

80. Vgl. etwa DÖRR, Bomben brechen die »Haufen«-Stadt (1941); OTTO, Einwirkungen des Luftkrieges auf den Städtebau (1943). Vgl. dazu HOHN, Der Einfluss von Luftschutz, Bombenkrieg und Stadtzerstörung auf Städtebau und Stadtplanung im »Dritten Reich« (1992).

81. Vgl. Nachrichten für unsere Kameraden im Felde 22, 1944, S. 9 (StA-HH, 322-3, A 36 b).

82. Das wurde selbst in Schweden zum Thema: DN, 21.11.1949.

83. Vgl. zum Beispiel TRABANTENSTÄDTE UM STOCKHOLM (1950); GROSSMANN, Städtebauliche Eindrücke in Stockholm (1954); BICKEL, Vällingby (1955); LUDWIG, Stockholms Trabantenstadt Vällingby (1956).

84. Spengelin im Interview mit Felix Zwoch: »ZU BEGINN DER 60ER JAHRE HATTEN WIR DAS GEFÜHL: JETZT MÜSSEN WIR VON GRUND AUF NEU ANFANGEN« (1985), S. 332.

85. Zit. nach: DURTH/GUTSCHOW, Architektur und Städtebau der fünfziger Jahre (1990), S. 103.

schlicht ein Reimport der Moderne aus dem Norden.[86] Denn offenkundig sahen deutsche Architekten beim »Blick zum Nachbarn« das verwirklicht,[87] was sie selbst seit Ende der 1930er Jahre propagiert hatten.[88] Sie fanden hier Beispiele für ein Planen, das versprach, Integration zu fördern und so die Folgen des »Liberalismus« einzudämmen. Die schwedischen Siedlungen und die britischen *New Towns* wurden (oft gemeinsam[89]) gewürdigt, weil sie darauf abzielten, eine »neue soziale Gemeinschaft« oder auch »echte Gemeinschaft aller Klassen« herzustellen.[90] Neu war nur, dass die Nachbarschaftsplanung nun als Indiz des Demokratisierungsfortschritts gewertet werden konnte, als, so Hubert Hoffmann, »ein Maßstab für den Grad der Demokratie eines Landes«.[91]

Deutsch-schwedische Begegnungen häuften sich gegen Ende der 1940er Jahre, etwa auf dem »Internationalen Kongress für Wohnungsbau und Stadtplanung« der IFHTP in Zürich 1948, auf dem die erstmals wieder eingeladenen deutschen Planer Ausführungen Göran Sidenbladhs zur Nachbarschaftsplanung lauschen konnten. Eine auf dem Zürcher Kongress (auf dessen Logo übrigens ein Großstadtkrake prangte) gezeigte Ausstellung über die schwedische Planung wanderte auch zur »Deutschen Bauausstellung«, die 1949 in Nürnberg auf dem ehemaligen »Reichsparteitagsgelände« stattfand und mit deren Organisation Reichow betraut war.[92] Vermehrt wurden bald Studienreisen unternommen, oft initiiert durch den unermüdlich um die Wiederherstellung deutsch-schwedischer Kontakte bemühten Fred Forbat. So fuhren die Architekten Erich Kühn und Rudolf Schwarz bereits im Sommer 1948 nach Schweden und stellten hier ihre Wiederaufbauplanungen vor.[93] An einer Tour Hamburger Architekten nach Schweden 1953 nahmen die ehemaligen Gutschow-Mitarbeiter Werner Kallmorgen und Arthur Dähn teil. Hier führte Forbat durch neue Stockholmer Nachbarschaften wie Hökarängen und Band-

---

86. Vgl. KÄHLER, Reisen bildet (1999).
87. NEDDEN, Ein Blick zum Nachbarn (1953).
88. Das sah auch Carl-Fredrik Ahlberg so: »That Stockholm during the 40's and 50's played a part internationally in planning is just because planners from other countries could come here and look with their own eyes at what was done. I don't think we had very original ideas or what we did was especially good, but we did it. The other people just discussed it.« Ahlberg im Interview mit Torsten Hägerstrand: CARL-FREDRIK AHLBERG (1978), S. 12. Vgl. außerdem KUCHENBUCH, A Kind of Paradise and Role Model? (2009).
89. So von Gutschows späterem Mitarbeiter Godber Nissen: Vortrag über englische Architektur der letzten Jahre, 1949, S. 27 (HAA, Godber Nissen, A231/3).
90. ROTH, Bau neuer Städte in England (1950), S. 409, 410.
91. HOFFMANN, Neustädte in Europa (1960), S. 126.
92. Vgl. REICHOW, Was bietet die Aufbau- und Planungsausstellung der deutschen Städte (1949). Schwedische Erfahrungen wurden auch durch Vorträge vermittelt. 1948 sprach Werner Taesler auf verschiedenen Veranstaltungen des »Deutschen Verbands für Wohnungswesen, Städtebau und Raumordnung« über das Bauwesen in Schweden. 1949 hielt Sven Wallander Vorträge in Frankfurt, Düsseldorf und Hamburg (Deutscher Verband für Wohnungswesen. Geschäftsbericht 1949 [GNMN, NL Reichow, I B 196 b]). Forbat fuhr 1950 auf Vortragsreise nach Deutschland. Fred Forbat: Erinnerungen eines Architekten aus vier Ländern, 1969–1972, S. 265–270 (BAB, Fred Forbat, Mappe 5).
93. Ebd., S. 265.

hagen (eingeweiht 1952 respektive 1954).[94] Gutschow selbst, der bereits 1923 als Student mit seinem Lehrer Paul Schmitthenner Stockholm besucht hatte,[95] reiste im Oktober 1951 nach Schweden.[96] In Dänemark, das er im selben Jahr besuchte, begeisterten ihn das »Pochen auf die Eigenständigkeit gemeindlichen Zusammenlebens«, die »aufgelockerten, lebendigeren Hausgruppierungen« und »Mischungen verschiedener Haus-und Wohnformen«[97] – alles Aspekte, die bei der Ausarbeitung der OaS eine Rolle gespielt hatten. Hubert Hoffmann plante nach 1945 zunächst in Magdeburg und Dessau und ging dann als Leiter des Planungsentwurfsamts nach Berlin – und sah auch hier die Gliederung der Innenstadt in Nachbarschaften vor.[98] 1950 pilgerte er auf Einladung Forbats, seines früheren Chefs, erstmals in den Norden. Ihm erschien Schweden als ein »Paradies und Vorbild.«[99] Er zeigte sich in seinem Bericht unter anderem von den schwedischen Gemeinschaftseinrichtungen derart begeistert, dass er empfahl, »in die Lehre Schwedens« zu gehen.[100]

Infolge der Bemühungen Forbats um die Neugründung einer deutschen CIAM-Gruppe reiste Hoffmann 1952 auch zum CIAM-Vorbereitungstreffen in Sigtuna, nun gemeinsam mit Hillebrecht (er war seit 1948 Hannoveraner Stadtbaurat), zu dessen »Reiseeindrücken aus Schweden« die Beobachtung gehört, hier werde »mit leichter Hand Ordnung gehalten [...], dort, wo es nötig ist«.[101] Das Engagement Forbats mündete außerdem in seine Beteiligung an der Interbau-Teilausstellung »die stadt von morgen«, für die ihn Erich Kühn und Karl Otto gewannen[102] und zu der auch Rainer und Hoffmann Entwürfe beitrugen. Forbat steuerte das Modell einer »Stadteinheit für 10 000

---

94. Vgl. DÄHN, Eine Reise durch Süd-Schweden (1953). Vgl. auch VORLÄNDER, Eindrücke einer Skandinavien-Reise (1952) und BRUNISCH, Stockholm (1954). Gerade Werner Kallmorgens Werk vor allem der 1950er Jahre war stark von skandinavischen Vorbildern geprägt: Vgl. CORNEHL, »Raummassagen« (2003), S. 97.

95. Auskunft von Niels Gutschow, Abtsteinach 2010.

96. Konstanty Gutschow: Notizen zur Schwedenreise, o.D. [Oktober 1951] (StA-HH, 621-2/11, C 81). Hier finden sich die Anschrift Forbats sowie die Namen Ahlberg, Sidenbladh und Markelius. Eine Liste »schwedische Dankesbriefe« verzeichnet unter anderem Tage William-Olsson und Leif Reinius. Bei einem weiteren Besuch 1962 besichtigte Gutschow auch Vällingby. Terminplan, o.D. [April 1962] (StA-HH, 621-2/11, C 134).

97. GUTSCHOW, Neues Bauen in Kopenhagen (1952), S. 54, 56.

98. Vgl. DURTH/GUTSCHOW, Träume in Trümmern (1988), S. 135.

99. Hubert Hoffmann: Eine Art Paradies und Vorbild 1950: Schweden [1950 und 1952, offenbar 1977 fortgesetzt], S. 28 (ADK, HHof 65).

100. HOFFMANN, Beispielhafter Wohnungsbau (1951), S. 58.

101. HILLEBRECHT, Reiseeindrücke aus Schweden (1950), S. 242. Den Text besaßen sowohl Reichow (GNMN, NL Reichow, I B 284 f) als auch Gutschow: StA-HH, 621-2/11, AS 24/3.

102. Kühn an Forbat, 6.8.1954 (AM, 1970-18-169, 19). Zur Teilausstellung: WAGNER-CONZELMANN, Die Interbau 1957 in Berlin (2007), S. 97-148. Zur Interbau allgemein: CRAMER/GUTSCHOW, Bauausstellungen (1984), S. 223-230; DOLFF-BONKÄMPER, Das Hansaviertel (1999) sowie die Beiträge in WAGNER-CONZELMANN, Das Hansaviertel in Berlin und die Potentiale der Moderne (2008) und MAECHTEL/PETERS, die stadt von morgen (2008).

Einwohner« bei.[103] Aus der Vorbereitung der Ausstellung ging zudem ein Sammelband zu »Medizin und Städtebau« hervor, in dem Hoffmann und Kühn aus Skandinavien berichteten.[104] Bereits erwähnt wurde, dass Gutschow Grundrisse schwedischer Wohngebiete in seinen »Städtebaulichen Grundstoff« aufnahm. Er korrespondierte deshalb u.a. mit den schwedischen Architekten Stig Ancker, Bengt Gate und Sten Lindegren, mit Sven Backström und Leif Reinius und mit dem Stockholmer Stadtplanungsamt.[105]

Vermehrt wurden in den 1950er Jahren Berichte schwedischer Planer in deutschen Zeitschriften veröffentlicht. Dabei stellte es sicher keine Herausforderung der bundesrepublikanischen Fachöffentlichkeit dar, wenn etwa Forbat die »bestmögliche Zuordnung von Mensch und Raum« als Ziel schwedischer Planung vorstellte,[106] oder wenn Carl-Fredrik Ahlberg das Ziel formulierte, »abgerundete Nachbarschaften« zu schaffen, und zwar mittels »Gruppierung in Einheiten, die ein reiches Gemeinschaftsleben fördern«.[107]

Auch die Arbeit *vor* 1945 ließ sich bald offen in einen internationalen Zusammenhang einordnen. Mitte der 1950er Jahre konnte die »Deutsche Akademie für Städtebau und Landesplanung« (die »Reichsplanung« war inzwischen aus dem Namen verschwunden) in einer Bilanz ihres Bestehens u.a. Patrick Abercrombie, Åhrén und Forbat zu ihren Mitgliedern zählen. Derselbe Bericht wies stolz darauf hin, dass man über die politischen Zäsuren hinweg sachliche Arbeit geleistet habe. Man habe sich im »Dritten Reich« sogar mittels »getarnter Streitschriften« (!) oppositionell betätigt. Kontinuierlich habe die Akademie gefordert, »Zellen« zu planen, die »ein ausgesprochenes Eigenleben mit heimatlicher und nachbarlicher Verbundenheit herbeiführen können«, ein Grundsatz, der schon vor 1945 »restlos anerkannt« gewesen sei.[108] Hillebrecht machte 1951 – anlässlich der Einweihung eines von Gutschow konzipierten Wohngebiets in Hannover[109] – nicht einmal davor Halt, zu behaupten, hier finde die deutsche Planung nach einer Art Umweg zu sich selbst: »Das schöne Wort ›Nachbarschaft‹, von Deutschen geprägt und über die englische Fachliteratur zu uns zurückgekehrt, weist in sinnfälliger Weise

---

103. Der Entwurf tauchte auch in der 1957 pünktlich zur Interbau erschienenen »gegliederten und aufgelockerten Stadt« auf.

104. HOFFMANN, Die Idee der Stadtplanung (1957). Vor allem zu Dänemark: KÜHN, Städtebauliche Leitbilder (1957). Auch Gutschow steuerte einen Aufsatz zum Sammelband bei: GUTSCHOW, Gesichtspunkte der »Hygiene« beim Neuaufbau von Warschau (1957).

105. Vgl. die Korrespondenz in: StA-HH, 621-2/11, AS 24/2 sowie die Mappe »Wohngebiet, Beispiele, Schweden«, 1954 (StA-HH, 621-2/11, As 6/4). Sowohl Gutschow als auch Reichow legten außerdem Materialsammlungen zu Schweden an (ZAS »Schweden« [StA-HH, 621-2/11, Z 15]; »Schweden« [GNMN, NL Reichow, I B 284 f]). Gutschow beabsichtigte sogar, die skandinavischen Zeitschriften »Plan«, »Arkitekten«, »Byplan« und »Byggmästaren« zu abbonieren (Akte 8: »Literatur Bücher«, o.D. [StA-HH, 621-2/11, AS 15]). Er besaß eine ganze Reihe schwedischer und dänischer Publikationen, darunter die von der HSB herausgegebene Studie GEMENSAMHETSLOKALER (Stockholm 1949), eine Art »Neufert« für die Planung von Gemeinschaftsbauten. Vgl. Sammlung N. Gutschow.

106. FORBAT, Raumordnung und Landesplanung in Schweden (1955), S. 30.

107. AHLBERG, Die Planung Groß-Stockholms (1955), S. 95.

108. PRAGER, Die Deutsche Akademie für Städtebau und Landesplanung (1955), S. 77.

109. Vgl. dazu die Unterlagen im StA-HH, 621-2/11, A 368-1.

auf das angestrebte Ziel hin, für das die bauliche und räumliche Gliederung der Großgemeinde nur erste Voraussetzungen schafft.«[110] Beim angeblichen Rückfluss der eigenen Konzepte aus dem Ausland wurde das NS-Spezifische an ihnen herausgefiltert. Reichow betonte sogar, »während und nach dem Zweiten Weltkrieg« hätten sich »Gliederungsideen« durchgesetzt, an denen man immer noch festhalte. Im gleichen Atemzug kritisierte er – nun ganz Vorreiter der Nachbarschaftsplanung – den »Formalismus« der schwedischen Nachbarschaftseinheiten.[111]

---

110. HILLEBRECHT, Die städtebaulichen Leitgedanken für den neuen Stadtbezirk »am Mittelfelde« in Hannover (1951), S. 5. Letztlich, so schrieb Hillebrecht hier, sei das schon in der Weimarer Republik vorgeschlagen worden, und »was im Ausland in den dreißiger und vierziger Jahren dank dieser Impulse geschaffen« wurde, kehre nun nach Deutschland heim. Das bestätigten auch die Schweden. So wurde zu einer von »deutschen Fachleuten im Rahmen einer durch den Deutschen Verband für Wohnungswesen, Städtebau und Raumplanung organisierten Besichtigungsreise in Schweden« kolportiert, Sven Markelius habe in einer Begrüßungsrede die schwedische »Dankesschuld« für die fortschrittlichen Ideen der Deutschen betont: Einplanen des künftigen Wohnungsraumes Wohnungsbau in Hamburg, 28.11.1952, S. 1 (ADK, WMA-01-232).
111. REICHOW, Die Gartenstadt Hohnerkamp in Hamburg-Bramfeld (1953), S. 152.

3.4 Zwischenbilanz

Zwischenräume als Reaktion auf die Moderne

Natürlich treten beim Vergleich der schwedischen *grannskapsenhet* mit der deutschen Siedlungszelle der ersten Hälfte der 1940er Jahre die unterschiedlichen politischen Kontexte – Diktatur und Demokratie – klar zu Tage, nicht zuletzt angesichts der verschiedenen Wege, auf denen die Nachbarschaftseinheit jeweils propagiert wurde: Auf der einen Seite stand in Schweden der Versuch, eine demokratische, wenn auch stark pädagogisch geprägte Debatte über die Nachbarschaftseinheit anzuregen; auf der anderen Seite in Deutschland die Absicht, sie innerhalb der polykratischen Strukturen des NS-Staats zu implementieren und sie durch ein informelles Expertennetzwerk auszuarbeiten. Überraschen mag allerdings der Befund, dass schwedische Architekten das Nachbarschaftskonzept als *politische* Notwendigkeit diskutierten, dass es Thema einer Grundsatzdebatte um politische Ziele war – während es in Deutschland vor allem als technisches Planungsinstrument verstanden wurde, das sich politischen Zielvorgaben gewissermaßen anschmiegte.

Unbestritten waren Egalität und Schichtung, Einpassung und individuelle Mobilität im schwedischen und im deutschen Nachbarschaftsdiskurs jeweils unterschiedlich gelagert. In Schweden transportierte dieser immer das Gleichheits- und Gerechtigkeitsversprechen der Sozialdemokratie. Tage William-Olsson zum Beispiel, Åhréns Nachfolger im Göteborger Stadtplanungsamt, schrieb 1941 zu seinem Idealplan für Nachbarschaftseinheiten, dieser sei »Teil der Arbeit für die künftige friedliche, klassenlose Gesellschaft«.[1] Die NS-Planung dagegen zielte durchaus nicht in jedem Fall auf Egalität oder »Chancengleichheit« ab.[2] Gerade das irritiert bekanntlich am »reactionary modernism« der NS-Zeit,[3] denn hier besteht – aus einem normativen Modernisierungsverständnis heraus – ein Widerspruch zwischen ständestaatlichen Hierarchiekonzepten einerseits und »modernen«, also vermeintlich nivellierenden Sozialtechniken andererseits.[4] Allerdings fällt es nicht immer leicht, zu entscheiden, ob zum Beispiel die »Siedlungszelle« einen eher ständischen oder einen sozial homogenisierenden Charakter besaß. So ist argumentiert worden, die Nachbarschaftsplanung im »Dritten Reich« sei gekennzeichnet von einer Ambivalenz von Hierarchie und Gleichheit und habe durchaus den Gedanken der »sozialen Mischung« in der »nivellierten Mittelstandsgesell-

---

1. WILLIAM-OLSSON, Samhällsorganisation (1941), S. 274.
2. GUTBERGER, Volk, Raum und Sozialstruktur (1996), S. 478. Vgl. auch NOLTE, Ständische Ordnung im Mitteleuropa der Zwischenkriegszeit (2003).
3. Vgl. HERF, Reactionary Modernism (1984).
4. Vgl. DURTH, Architektur und Stadtplanung im Dritten Reich (1994), S. 144.

schaft« der Nachkriegszeit vorweggenommen.⁵ Tatsächlich schwankten zum Beispiel die Erläuterungstexte im Hamburger Wettbewerb zur »Ortsgruppe als Siedlungszelle« 1944 zwischen der Absicht, die Zugehörigkeit zum jeweiligen »Stand« sichtbar zu machen, deren Vertreter aber zugleich gewissermaßen ins Gespräch zu bringen – und dem Ansinnen, derartige Schichtengrenzen ganz abzuschaffen.⁶

Betont werden muss, dass die Abwendung des schwedischen Architekturdiskurses vom Ökonomismus der frühen 1930er Jahre und die Hinwendung zu den sozialen Beziehungen nicht so radikal waren, wie die manchmal »romantisch« anmutende Rhetorik des Nachbarschaftsdiskurses vermuten lässt. Die Nachbarschaftsplanung wurde in Schweden als *ein* Programmpunkt eines umfassenden expertengestützten Rationalisierungsprojekts verstanden, das von der Organisation der Arbeitswelt bis hin zur regionalen Strukturplanung reichte und dabei kaum zwischen sozialen und Wirtschaftsfragen trennte. In Schweden griffen also Gemeinschaftsbildung, Gerechtigkeitsversprechen und Effizienzideale ineinander. Damit geht ein weiterer Unterschied einher. Schwedische Architekten wollten *alle* Individuen zum gemeinschaftsdienlichen Handeln anleiten, und das hieß auch und gerade die Frauen. Die Nachbarschaftseinheit sollte in Schweden umfassend mit Kollektiveinrichtungen ausgestattet werden (also mit Waschküchen, Kinderkrippen usw.), die den Frauen die Arbeit erleichtern und ihnen zugleich »Kontakte außerhalb des Heims« ermöglichen sollten. Denn isolierte Hausfrauen, so der Tenor, würden unglücklich und unsolidarisch, und das zerstöre die »Balance« der Familien und damit der Gesellschaft.⁷ *Gendered spaces* waren anders motiviert als in Deutschland. Zwar wurde in beiden Ländern bei der Planung eigentlich immer die Familie zugrunde gelegt, somit eine geschlechtsdifferenzierte Wohnweise befürwortet und die Rolle der Frau als Mutter bekräftigt. In beiden Ländern war die Sorge um die Reproduktionsbereitschaft der Frauen groß. Es bestand jedoch in Schweden ein Nexus von Sozial-, Bevölkerungs- und Gleichstellungspolitik, der auf die aktive Mitwirkung der Frauen in der Gesellschaft setzte. Schwedischen Frauen wurden prekäre Freiräume zugebilligt, um ihren Fortpflanzungswillen zu stärken. Außerdem hatte der Konsum von Wohnung und Wohneinrichtung eine makroökonomische Funktion zu erfüllen, er sollte die Bauindustrie steuern. In Schweden war selbst der Feminismus ökonomisch motiviert.⁸ Im deutschen Planungsdiskurs dagegen spielten die Frauen zumindest in den 1930er bis 50er Jahren kaum eine Rolle. Allgemein wurden Frauen in der »Volksgemeinschaft« eher mar-

---

5. MÜNK, Die Organisation des Raumes im Nationalsozialismus (1993), S. 226.
6. Vgl. etwa den Erläuterungsbericht des Architekten Wilkendorf, der das »Bestreben, keine Klassenunterschiede durch die Bebauung des Grundstücks in Erscheinung treten zu lassen«, kritisierte (StA-HH, 621-2/11 B 11/10).
7. Vgl. ÅKERMAN, Gammal och ny familj (1944), S. 76.
8. Allerdings schlossen sich auch hier Modernisierung, »rechte« politische Positionen und Feminismus in den 1920er und 30er Jahren nicht in jedem Fall aus. Das zeigt Antje Wischmann anhand der komplexen Gemengelage »differenzfeministischer«, nationalistischer und biologistischer Positionen im literarischen Diskurs um die »Neue Frau« in Dänemark, Schweden und Deutschland. Vgl. WISCHMANN, Auf die Probe gestellt (2006).

ginalisiert.[9] Wenn sich ihnen Partizipationsmöglichkeiten boten, dann meist nur unter strikter Einhaltung ihrer »biologisch« begründeten »Komplementärrolle«.[10] Das männliche Alleinversorgermodell blieb in der deutschen Architektur bis in die 1960er Jahre unhinterfragt.

Und dennoch: Die Ähnlichkeit und (nach 1945) die Anschlussfähigkeit der schwedischen und deutschen Ordnungskonzepte war groß, obwohl sie hier zur Förderung der demokratischen Solidarität propagiert wurden, dort als Methode, die »rassisch« homogene »Volksgemeinschaft« zu verwirklichen. Das lässt sich nur erklären, wenn die Nachbarschaftsplanung als ein Therapieversuch betrachtet wird, der auf eine nationale Grenzen überschreitende Krisendiagnose antwortete. Im Folgenden werden daher die Gemeinsamkeiten zwischen schwedischen und deutschen Krisendeutungen und Krisenbewältigungstechniken ins Licht gerückt. Ich will dabei noch genauer fragen: Was haben Architektur und Stadtplanung mit dem Ordnungsdenken und *social engineering* zu tun, wie ich es in der Einleitung skizziert habe?

Aus der Perspektive von Architekten in beiden Ländern klaffte in der Moderne eine Lücke zwischen Mensch und Gesellschaft, Wohnung und Stadt, die die Nachbarschaftseinheit füllen sollte. Wo die verbindenden »Kräfte« der Familie und »Hausgemeinschaft« nicht ausreichten, so die Stadtsoziologin Elisabeth Pfeil noch 1959, sollte sie als etwas »Hinzugekommenes, Ergänzendes« wirken.[11] Zugrunde lag dem die raum- bzw. milieudeterministische Vorstellung, »durch Manipulation der gebauten Umwelt gestaltend auf soziale Prozesse und Beziehungen einwirken zu können.«[12] Die Nachbarschaftsplaner erklärten »die Frage der sozialen Ordnung« zur »Angelegenheit der urbanen Form«.[13] Sie versuchten, soziales Handeln räumlich zu beeinflussen, die Siedlungsmorphologie als »verhaltensstrukturierende Materialität« einzusetzen.[14] Sie spürten einem »magischen Zwischenraum« nach, der eine Verankerung sowohl im »kleinen Leben« als auch in der Nation ermöglichen sollte. Die Nachbarschaftseinheit markierte als geografische Einzirkelung auf dem Zeichenbrett eine Zwischenstufe, eine Art Zwischenraum zwischen »Zuhause und Welt«.[15] Die Planer beschrieben die Nachbarschaftseinheit entsprechend als einen dritten und vor allem mittleren

---

9. Vgl. HEINSOHN, »Volksgemeinschaft« als gedachte Ordnung (2002).

10. STEINBACHER, Differenz der Geschlechter? (2009), S. 98.

11. PFEIL, Nachbarkreis und Verkehrskreis in der Grosstadt (1959), S. 165. Elisabeth Pfeil (die immer wieder Arbeiten Hans Bernhard Reichows lobte) hatte sich vor 1945 als Bevölkerungswissenschaftlerin einen Namen gemacht und gehörte in den 1950er Jahren der Dortmunder Sozialforschungsstelle an der Universität Münster (SFS) an, an der sich in der Nachkriegszeit viele (teils NS-belastete) deutsche Soziologen ansiedelten. Zu Pfeil: SCHNITZLER, Elisabeth Pfeil und das »Blaue Archiv« (2006). Zur SFS: ADAMSKI, Ärzte des sozialen Lebens (2009); NOLTE, Die Ordnung der deutschen Gesellschaft (2000), S. 253-255; WEISCHER, Das Unternehmen »empirische Sozialforschung« (2004), S. 63-74.

12. SCHUBERT, »Heil aus Ziegelstein« (1998), S. 141.

13. EISINGER, Die Stadt der Architekten (2006), S. 62.

14. MÜNK, Die Organisation des Raumes im Nationalsozialismus (1993), S. 227.

15. So die Formulierung von WIKSTRÖM, Mellan Hemmet och Världen (1994). Zugleich wurde so die Arbeitswelt ausgeklammert und der so genannte Reproduktionsbereich isoliert.

Weg.[16] Sie sollte die Antagonismen der Moderne versöhnen, sie wurde mit dem Metaphernarsenal des Gleichgewichts und des Maßhaltens beschrieben.

Für die Planer war der Versuch, die sozialräumliche Umwelt einzugrenzen, ihr ein gutes Maß zu geben, jedoch kein willkürlicher Vorgang, und genau hier kam das Ordnungsdenken ins Spiel. Ohne zuviel vorwegzunehmen: Die Nachbarschaftsplaner verfochten eben *nicht* die *tabula rasa*, sie ersehnten keinen totalen Neuanfang auf dem unbeschriebenen Blatt, wie es der Moderne so oft nachgesagt wird.[17] Natürlich war die Nachbarschaftseinheit (aus heutiger Sicht) eine artifizielle Größe. Wie das Kompositum »Nachbarschafts-Einheit« anzeigt, wollten die Planer jedoch eine vorhandene, aber bedrohte soziale Organisationsform – die Nachbarschaft – baulich verstärken. Sie gingen davon aus, dass Nachbarschaft eine natürliche (zumindest aber sehr dauerhafte und darum Halt gebende) Größe sei, dass sie also lediglich eine wichtige soziale Ordnung wiederbelebten. Das korrespondierte mit ihrem Objektivitätsideal und versah sie mit umso größerer Autorität. Denn wenn die Planer gewissermaßen anthropologische Dispositionen ermittelten und der Planung zugrundelegten, waren sie nicht der Rechenschaft über ihre Ziele pflichtig.

Damit soll nicht behauptet werden, wir hätten es hier mit einer bewussten Strategie zur Aneignung von Deutungsmacht zu tun. Es geht eher um eine im Erkenntnisprozess angelegte Selbstimmunisierung. Die hier untersuchten Architekten förderten die Nachbarschaftseinheit mittels soziologischer, ökonomischer, statistischer, manchmal auch historischer Studien als etwas vermeintlich empirisch Erfassbares, etwas Reales zu Tage. Sie hypostasierten wertbehaftete Planungsziele (wie die Gemeinschaft) zu empirisch erfassbaren Ordnungen, die man sozusagen als verschüttete Entitäten wieder entdeckte oder als im Keim vorhandene Potenziale zu realisieren anhob.[18] Die Nachbarschaftseinheit war eine normative Kalibrierung des wissenschaftlich Wahrgenommenen. Sie formatierte die Praktiken der Erfassung, Darstellung und Veränderung sozialer Räume.[19] Als disziplinäre Sprach- und Darstellungskategorie war sie der Filter, durch den die Architekten ihren Gegenstand »objektiv« sahen und kommunizierten. Dem lag ein Glauben an die Synmorphie zwischen sozialer und räumlicher Organisation zugrunde. Er ließ die Planer die Umrisse »ökologischer« Entitäten erkennen – Korrelate zwischen Sozialformen und deren räumlicher Umwelt.

---

16. Der Architekt Josef Wolff konstatierte Mitte der 1950er Jahre von den »Vereinigten Staaten bis zum Ural« eine »merkwürdige Übereinstimmung« über die Bedeutung des »mittler[en] Maß[es]« bei der Strukturierung der Städte: WOLFF, Zeitfragen des Städtebaues (1955), S. 27, 29.

17. Das unterstreicht auch EISINGER, Städte Bauen (2004), S. 53-55. Allerdings heißt dies nicht, dass die Planer Einwände gegen den Abriss älterer Stadtstrukturen gehabt hätten.

18. »[T]he neighbourhood becomes an important ordering mechanism which is used both as an order-discovery device (in the redefinition of existing cities' structures) and as an order-making tool (in the making of new cities)«: KALLUS/LAW-YONE, Neighbourhood (1997), S. 115.

19. DEHAENE, Surveying and comprehensive planning (2007), S. 43.

Immer wieder fielen außerdem technische und ökonomische »Sachzwänge« wie zufällig mit sozialen Zielen in eins. Die Nachbarschaft, das wurde bisher ausgeklammert, wurde oft in einem Atemzug als geeignete Entität für die schrittweise Dezentralisierung der städtischen Administration oder für einen wirtschaftlichen Städtebau empfohlen – etwa hinsichtlich der Tiefbaukosten, also der Kosten von Kanalisation und Leitungen. Sie entsprach Zonierungs- und Funktionstrennungskonzepten, die schon im 19. Jahrhundert entwickelt worden und spätestens mit der »Charta von Athen« 1933 kanonisch geworden waren. Sie genügte aber auch Durchgrünungs- und Auflockerungsimperativen im Sinne der »Stadtlandschaft«, ja sogar Spezialforderungen wie der nach einer »natürliche[n] Entwässerung« durch geringe Oberflächenversiegelung.[20] Ende der 1930er Jahre wurde sie als besonders »luftharte« Bebauungsform angesehen, in den 1950er Jahren als ideal für die Anwendung präfabrizierter Bauteile.[21] Die Nachbarschaftseinheit entsprang also dem Glauben, technische und naturräumliche, »funktionale« und soziale Größen in Übereinstimmung bringen zu können. Das wird an Komposita wie dem »menschlichen Maßstab«, oder den »menschlichen Faktoren« deutlich, die im Planerdiskurs ubiquitär waren – dies wird im Folgenden genauer zu zeigen sein.

Die große Resonanz der Nachbarschaftseinheit lässt sich damit meines Erachtens auf einen übergeordneten Deutungsrahmen, ein »historisches apriori« (Michel Foucault) – das Ordnungsdenken – und einen spezifischen professionellen Selbstentwurf zurückführen. Sie war eine »wissenschaftliche Tatsache« (Ludwik Fleck), sie war in den Augen der Planer real. Ich will im Folgenden an drei Punkten erläutern, wie die Logik von Ordnungsdenken und *social engineering* sich zu einem Plan, zu städtebaulicher Programmatik verfestigte.

Erstens: Die Nachbarschaftseinheit enthielt zentrale Gemeinschaftseinrichtungen (eine Schule, ein Gemeinschaftshaus), denn sie sollte alltägliche Begegnungen fördern – bis hin zur basisdemokratischen politischen Selbstverwaltung. Vor allem aber sollte sie die Menschen stärker aufeinander verweisen, sie auf eine ihnen räumlich angemessene Lebenswelt ausrichten. Wie aber fanden die Planer die dafür benötigten Grenzwerte der Vergemeinschaftung? Wie wurde »objektiv« festgestellt, wann die sozialräumliche Umwelt zu groß war, um informelle Kontakte zuzulassen? Der erste Abschnitt des folgenden Kapitels versucht nachzuvollziehen, was aus vorgeblich in der Wirklichkeit vorgefundenen, neutralen Indizien Indikatoren dafür wurden, innerhalb wie großer Wohngebiete sich Gemeinschaften am ehesten bilden würden.

Darüber hinaus interessieren *zweitens* die Techniken, mit denen das Leben in Gemeinschaft im Inneren der Wohnbereiche alltäglich »sinnfällig« gemacht werden sollte: die Operationalisierung der psychologischen Wirkung bestimmter Raumformen auf Gruppenbildungsprozesse. Denn die Gestaltung der Bauten, aber auch das Oberflächenrelief der Nachbarschaftseinheit, also die Größen- und Abstandsverhältnisse der Bebauung, sollten die soziale Ordnung zugleich formen helfen und darstellen.

---

20. RAINER, Städtebauliche Prosa (1948), S. 148.
21. KALLUS/LAW-YONE, What is a Neighbourhood? (2000), S. 819.

Zu fragen ist *drittens* aber auch, wie trotz der Unterteilung der Städte in Einheiten ein übergeordnetes, ein »organisches Ganzes« geschaffen werden sollte. Ordnende Praktiken im Kleinen zielten schließlich in Schweden und Deutschland, wie gezeigt, auf die nationale Gemeinschaft ab. Die Planer setzten hier einerseits auf die visuelle Verknüpfung der Einheiten, aber auch auf die Verteilung der Wohnungstypen innerhalb der Wohnumgebung, die ein repräsentatives *sample* der nationalen Gemeinschaft abbilden sollte. Denn das, so der Gedanke der Planer, werde zur Annäherung der sozialen Schichten beitragen und den Bewohnern zugleich die Sozialstruktur der Nation als ganzer vor Augen führen.

Drei Stoßrichtungen des Versuchs, die Moderne architektonisch zu bewältigen, sind damit angesprochen, der Versuch, der Gemeinschaft der Menschen wieder das richtige Maß zu geben, die sozialen Verflechtungen sinnfällig zu machen und sie wieder zu einer höheren Ordnung zu verknüpfen. Die Evidenz dieser Versuche, soziale Ordnung im Raum herzustellen, will ich genau beleuchten. Dabei werde ich auch die »eingebauten« Widersprüche herausarbeiten, die ab Mitte der 1950er Jahre eine zunehmende Kritik an der Nachbarschaftsplanung provozierten. Die Unterschiede, die bezüglich der Zeit- und Schwerpunkte dieser Kritik in der Bundesrepublik und in Schweden auffallen, sollen dann Ausgangspunkt für die letzten, vergleichenden Teile der Arbeit sein

4. Gemeinschaft Planen

4.1 Der »menschliche Maßstab«

Wie misst man Gemeinschaft?

Deutsche und schwedische Architekten diagnostizierten in den 1940er Jahren eine »Krisis der ›Stadt‹« und beschrieben diese als gleichermaßen räumlichen wie sozialen Maßstabsverlust. Die »maßstabslos gewordene Stadt«[1] erzeugte für sie »soziologische Schäden«, sie produzierte »Massenmenschen«.[2] Willem Bäumer zum Beispiel, ein ehemaliger Mitarbeiter Gutschows, stellte in einem Vortrag vor der Hamburger Jungen Union 1948 der »alten Gemeinschaftssiedlung« großstädtische Agglomerationen gegenüber, die den »Zerfall der natürlichen Ordnung des Lebens« beförderten. Das führe zu »Maßlosigkeit«, »hemmungslose[m] Individualismus«, es erschüttere das »soziale Gefüge«.[3] Derlei klingt wie ein Echo der Klage des Psychologen Willy Hellpach, das »Übermaß« der Stadt führe zu einer »dissozialen Existenz«.[4] Und tatsächlich wurde Hellpach von vielen Architekten gelesen. Roland Rainer etwa sah in der »Massenhaftigkeit« der Großstadt die »tiefste Ursache ihrer sozialen, wirtschaftlichen und politischen Konflikte« und berief sich dabei auf Hellpach, der die »tiefsten Ursachen jener Krankheit aufgedeckt [hat] die in den vergangenen Jahrzehnten zum Ausbruch gekommen ist – der Verkümmerung des menschlichen Empfindens für den Nächsten, – [sic] der ›Menschlichkeit‹«.[5]

Als architektonische Therapie dieser Erkrankung und Verkümmerung der sozialen Beziehung empfahlen die Architekten nun keineswegs die Rückkehr zur vormodernen Wohnweise. Göderitz koppelte 1938 zwar die »großstädti-

---

1. REICHERT-FACILIDES, Nachbarschaften machen keine Stadt (1956), S. 522.
2. VOGT, Auflockerung deutscher Großstädte nach dem Kriege unter dem Gesichtspunkt der Raumordnung (1948), S. 52.
3. Willem Bäumer: Unbetiteltes Vortragsmanuskript, 7.5.1948 (HAA, Bäumer, Unterlagen zur Person [ohne Signatur]).
4. HELLPACH, Mensch und Volk in der Großstadt (1939), S. 74f.
5. RAINER, Städtebauliche Prosa (1948), S. 16f. Übrigens erwog Konstanty Gutschow 1944 im Zuge einer Debatte um die richtige Bebauungsform im Wiederaufbau Hellpach heranzuziehen (siehe dazu den Bericht Heinrich Dörrs an das Hauptbüro der Reichsraumordnungsstelle über seine Dienstreise nach Hamburg, 3.3.1944 [BArchB, R113/2107]). In einer Anschaffungsliste für den »Städtebaulichen Grundstoff« notierte Gutschow sich zu Hellpach schlicht: »alles« (10.12.1952 [StA-HH, 621-2/11, AS 15]). Für Rudolf Hillebrecht war Hans Bernhard Reichows »Organische Stadtbaukunst« von Hellpach inspiriert. Reichow stimmte dem nicht zu, obwohl er Hellpach neben Mumford als »verdienstvolle[n] Kritiker der Großstadtschäden« bezeichnete. Reichow an Hillebrecht, 27.11.1950 (GNMN, NL Reichow, IC II 1).

sche Massenanhäufung« und die sozialen »Schäden der Großstadt«, unterstrich aber: »[D]as Rad der Kulturgeschichte läßt sich nicht zurückdrehen.« Großstädte seien für Kultur, Wirtschaft und Verwaltung notwendig, nur müsse »die richtige Form und Größe« für sie gefunden werden.[6] Ziel sei, so schrieb er noch zwei Jahrzehnte später, eine »Beschränkung der Stadt auf ein gesundes, ihrer Aufgabe gemäßes Maß«.[7] Åhrén monierte zwar 1942, die Großstädte hätten die Gemeinschaft aufgelöst, der Mensch sei eine »Nummer in großen organisatorischen Zusammenhängen, denen der menschliche Maßstab abhanden gekommen ist«.[8] Allerdings seien die Großstädte als Wirtschaftszentren unentbehrlich, und auch die großstädtische Mobilität sei, wenn auch nicht uneingeschränkt, »ein kultureller Gewinn«.[9]

Die Nachbarschaftsapologeten in Deutschland und Schweden waren besorgt über die sehr großen Städte, sie betrachteten die Stadt aber grundsätzlich als unumgänglich. Deshalb entwickelten sie Strategien des Maßhaltens, der Begrenzung der Städte und der Eindämmung des städtischen Wachstums. Sie wollten dem »Gemeindekörper«, so Karl Neupert, einen »gesunden Maßstab«[10] oder eine, so Carl-Fredrik Ahlberg, »geeignete Größe« geben.[11] Gutschow drängte auf die »richtige, lebendige Größenordnung, die deutliche Umgrenzung« der Siedlung.[12] Åhrén behauptete, »Selbstständigkeit, Initiative und Bereitschaft zur Zusammenarbeit« entstünden erst, wenn die »Größe der Bevölkerungsgruppen, die eine ›Nachbarschaft‹ bilden«, begrenzt sei. Viele Architekten deuteten die vorgeblich unmenschliche Skala der Großstadt zugleich als Symptom eines allgemeinen Entgrenzungsprozesses: »In riesigen Fabriken und Geschäftsvierteln arbeiten Massen von Menschen wie mechanische Nummern in einer Maschinerie, die sie nicht überblicken können«.[13] Die Nachbarschaftseinheit, so könnte man sagen, war der architektonische Beitrag zu einer eingehegten, einer maßstäblichen Moderne.

Es wurden also Skalierungsversuche eingeleitet, es wurde »um den jeder Stadt gemäßen Maßstab« gerungen,[14] nach »Richtlinien für die Beurteilung der Größenfrage« gesucht.[15] »Wie groß darf eine Stadt sein?« fragte sich Åhrén und mutmaßte, wahrscheinlich sei alles ab Malmö zu groß,[16] Stockholm, so schrieb er in »Dagens Nyheter«, sei es allemal.[17] Auch in Deutschland verhandelten Architekten und Raumplaner zu Beginn der 1940er Jahre (oft im Blick auf die jüngst eroberten »deutschen Ostgebiete«) die »Größenstu-

---

6. GÖDERITZ, Großstadt (1938), S. 565.
7. GÖDERITZ/RAINER/HOFFMANN, Die gegliederte und aufgelockerte Stadt (1957), S. 17.
8. ÅHRÉN, Människorna och städerna (1942), S. 266.
9. ÅHRÉN, Ett planmässigt samhällsbyggande (1981, urspr. 1945), S. 34.
10. NEUPERT, Die Gestaltung der Deutschen Besiedlung (1941), S. 67.
11. AHLBERG, Nutida krav på stadsplaner (1950), S. 12.
12. Konstanty Gutschow: D38. Skizze Generalbebauungsplan 1944 (Manuskript Plassenburg), Anfang Juli 1944, S. 7 (Sammlung N. Gutschow).
13. ÅHRÉN, Stadsplanering och bostadsförsörjning (1944), S. 12.
14. Konstanty Gutschow: 10 Jahre Architekt 1935-1945, 1946, S. 2 (StA-HH, 621-2/11, A X 4).
15. ÅHRÉN, Samhällsplaneringens uppgifter och metoder (1947), S. 8.
16. ÅHRÉN, Stadsplanering och bostadsförsörjning (1944), S. 15.
17. DN, 29.11.1946.

fen« von Siedlungen. Sie definierten »Ordnungsgrundsätze«, »Mindestgrößen« und »Maßstäbe« für den »planmäßigen Siedlungsaufbau«.[18] Die Planer wollten »eine bauliche Ordnung inmitten des allgemeinen Maßverlustes« errichten.[19] Sie verschränkten also »menschliche und bauliche Maßstäbe«,[20] sie betrachteten »Raum und Flächenbegrenzung – Volk und Gemeinschaftsbildung« als interdependente Größen bzw. Vorgänge.[21]

Größenempfehlungen sollten auf empirisch erfassten Indikatoren der Gemeinschaftsbildung beruhen. »[D]ie Frage, wie sich das tägliche Leben menschlicher Gemeinschaft räumlich am günstigsten gestalten läßt«, so Rainer, schien ihnen nur beantwortbar, wenn der Planer sich »unmittelbar und in allen Einzelheiten nur nach menschlichen Bedürfnissen und Maßstäben« richtete, im Sinne einer »umfassenden neuen Wissenschaft [...] die sich mit der räumlichen Ordnung städtischen Lebens beschäftigen würde.«[22] Diese Wissenschaft von der Geometrie der Gemeinschaft will ich im Folgenden beleuchten. Ich will zeigen, wie Architekten in beiden Ländern die Soziologie heranzogen, das heißt, wie sie sozialstatistische Daten zum Ausstattungsbedarf von Nachbarschaften mit Versorgungs-, Bildungs- und Gemeinschaftseinrichtungen erhoben, um aus diesen die Idealmaße städtebaulicher Einheiten zu deduzieren. Dabei interessiert vor allem, wie die Planer dieses Material in bestehenden »Ordnungen« zu fundieren versuchten.

Beauftragung und Zuarbeit durch die »Soziologie«

Deutsche und schwedische Architekten interpretierten weit verbreitete soziologische Krisendiagnosen als Handlungsanweisungen, als Auftrag, Nachbarschaft zur stiften. Schwedische Planer beriefen sich dabei auf Cooley und Mumford, deutsche eher implizit auf Tönnies. Das genaue Ziel der Nachbarschaftsplanung allerdings blieb vor allem in Deutschland meist unklar. Was Nachbarschaft in der Praxis konkret war (zum Beispiel Hilfe im Notfall, Freundschaft, Solidarität, Altruismus, Kommunikation, Konfliktlösungsbereitschaft, kollektive Erfahrung, lokales politisches Engagement), das beschäftigte die Planer kaum.[23] Auch soziologische Begriffe wie »Gruppe« und »Gemeinschaft« benutzten sie wenig trennscharf. Das hielt sie aber nicht davon ab, Anstrengungen zu unternehmen, die »soziologische Gruppentheorie [...] praktisch umzusetzen«.[24]

In beiden Ländern wurde außerdem in den 1940er Jahren der Ruf nach einem Mehr an praxisbezogener soziologischer Expertise laut. Schließlich versprach die soziologische Forschung, nach »echte[n]« bzw. »konkrete[n]

---

18. UMLAUF, Zur Stadtplanung in den deutschen Ostgebieten (1941), S. 101, 103.
19. LEITL, Von der Architektur zum Bauen (1936), S. 11.
20. BOEHM, Die Gestalt der Städte des neuen Ostens (1941), S. 224.
21. Vgl. RAUM UND FLÄCHENBEGRENZUNG – VOLK UND GEMEINSCHAFTSBILDUNG (1942).
22. RAINER, Städtebauliche Prosa (1948), S. 5f.
23. Bei Gutschow war erst in den 1950er Jahren konkret von »Bittleihe und Bitthilfe«, gemeinsamen Wegen oder »[g]leiche[n] Erinnerungen [...], sei es an fröhliche Feste, sei es an Nächte im gleichen Luftschutzbunker«, die Rede. GUTSCHOW, Wohnen (1958), S. 642.
24. ÅHRÉN, Människorna och städerna (1942), S. 267.

Gemeinschaftsformen« zu suchen und damit »Spontanprozesse, welche auf Gemeinschaftsbildungen hinzielen, ins volle Bewusstsein« zu rücken.[25] Architekten und Stadtplaner interpretierten sie entsprechend als Hilfswissenschaft im Planungsprozess. Gutschow zum Beispiel analogisierte die architektonische »Maßarbeit« und die soziologische »Nahaufnahme«. »Wie ein guter Vermessungsriss die Grundlage jeder städtebaulichen und jeder Einzelplanung ist, so ist die soziologische Bestandsaufnahme oder soziologische Röntgenaufnahme [...] die Voraussetzung für jedes Bauen.«[26]

Åhrén war 1942 an der Gründung einer soziologischen Vereinigung in Göteborg beteiligt. Er initiierte in diesem Zusammenhang eine »Stadtteiluntersuchung des Altstadtgebiets in Göteborg«, die dazu dienen sollte, einen Verteilungsschlüssel für Freizeitzentren zu ermitteln. Außerdem gab er Untersuchungen zu »Badefrequenzen und Badegewohnheiten in verschiedenen Gesellschaftsschichten« in Auftrag, aber auch zur Buchausleihe in Bibliotheken, zu Kinobesuchen und zum Vereinsleben, und er trug deren Ergebnisse in der Göteborger »Sozialwissenschaftlichen Forschervereinigung« vor.[27] Von den Grundkosten von Mieten und Infrastruktur über die Berechnung von Ladenflächen bis zur Spielplatzdichte blieb nichts ausgeklammert, was dazu beitragen konnte, die quantitativen Grenzen, das heißt die Bewohnerzahl und die Ausdehnung neuer Wohngebiete zu bestimmen.[28]

Damit gab Åhrén eine Richtung vor, die auch der wohl wichtigste Text der schwedischen Nachbarschaftsdebatte einschlug, nämlich eine Studie des Sozialstatistikers Erland von Hofsten, die »den Stadtplan für Gubbängen betreffende Untersuchung« (»Utredning angående stadsplanen för Gubbängen«) von 1943.[29] Aus einem Stockholmer Wettbewerb zu Wohnungstypen 1940/41 und 1943, der eine städtebauliche Fundierung des Wohnungsbaus eingefordert hatte, und zwar an einem konkreten Beispiel, dem Stockholmer Vorort Gubbängen,[30] waren zwei Pläne als Sieger hervorgegangen, die erstmals in Schweden den Charakter von Nachbarschaftseinheiten aufwiesen. Vor allem der Beitrag »Pastoral« von Tage William-Olsson (wie erwähnt, war er nach Åhrén Leiter des Göteborger Planungsamts) stieß auf Zustimmung, weil er mit einer Tabelle des Bedarfs an Gemeinschafts- und Versor-

---

25. PFEIL, Großstadtforschung (1950), S. 293.
26. Gutschow an Reichow, 20.2.1934 (StA-HH, 621-2/11, C 16).
27. Vgl. die Unterlagen zu Åhréns Bewerbung auf eine KTH-Professur 1947 (RA, Ecklesiastikdepartmentet, 2226-1).
28. ÅHRÉN, Ett planmässigt samhällsbyggande (1981, urspr. 1945), S. 10-13. An diese Arbeiten knüpfte Åhrén an, nachdem er 1943 Leiter der Wohnungsbaugenossenschaft »Svenska Riksbyggen« geworden war. Hier setzte er die Einrichtung eines »sozialstatistischen Forschungsbüros« unter Leitung Per Holms durch, das Kommunen soziologische Dienste zur Verfügung stellte (vgl. ÅHRÉN, Bostadsproduktion i stordrift [1944]. Aus diesem Zusammenhang: HOLM, Samhällsundersökningar [1944]). Åhréns Fokus auf Forschungsfragen führte zu Konflikten mit der Unternehmensleitung, was seinen Rücktritt von diesem Posten nach nur zwei Jahren mit bedingte. Zu den durchgeführten Studien vgl. KURTTILA, Riksbyggen projektering (2000), S. 15; RUDBERG, Uno Åhrén (1981), S. 163.
29. HOFSTEN, Utredning angående stadsplanen för Gubbängen (1943).
30. Der Wettbewerb war angeregt von Überlegungen Jöran Curmans und Åhréns. Zum Wettbewerb: LINDSTRÖM, Bostadstävlingen (1943).

gungseinrichtungen dem Anschein nach objektive Daten für die beste Größe einer Nachbarschaft lieferte.³¹

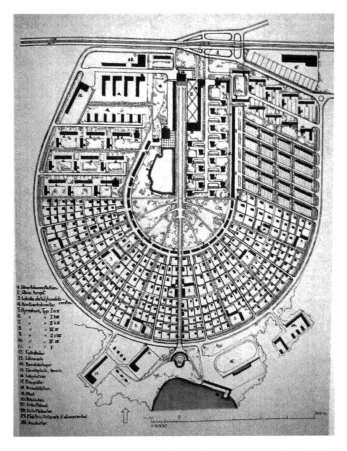

Abbildung 21: *Idealplan einer Nachbarschaftseinheit von Tage William-Olsson (1941). Um ein an den Nahverkehr angeschlossenes Zentrum mit Grün- und Gemeinschaftsanlagen herum sind verschiedene Mietshäuser und Einfamilienhäuser angeordnet, das Wohngebiet ist durch eine Ringstraße nach außen abgegrenzt.*

Von Hofsten erstellte nun im Auftrag des Stockholmer Stadtplanungsbüros eine Prognose zur Kaufkraft, zur Erwerbs,- und Altersstruktur künftiger Bewohner, zu den benötigten Wohnungstypen und -größen und zum Verkehrs-

---

31. William-Olsson passte hier einen bereits 1941 entstandenen Idealplan zur »Siedlungsorganisation« für 10.000 Einwohner (Abb. 21) an die Voraussetzungen in Gubbängen an (vgl. WILLIAM-OLSSON, Samhällsorganisation [1941]). Im Vorfeld der Planung korrespondierte er mit dem amerikanischen Architekten Clarence Stein: Vgl. CALDENBY, Avlyssna situationens inneboende logik (2004), S. 302.

aufkommen, das in Gubbängen zu erwarten sei. Überdies präzisierte er William-Olssons Angaben zur anzuvisierenden Anzahl und Größe von Schulen, Kindergärten, Läden, Kollektiveinrichtungen für die Hausarbeit und »Gemeinschaftslokalen« – dafür untersuchte er die Ausstattung bestehender Stockholmer Vororte (außerdem sprach er u.a. mit Otto Danneskiold-Samsøe, Sven Markelius und Brita Åkerman). Wo solche Indikatoren berücksichtigt, wo möglichst viele dieser Einrichtungen zudem in einem Zentrum zusammengefasst würden, werde, so seine Vermutung, die Gruppenbildung »stimuliert«, und es könne ein »Zusammengehörigkeitsgefühl« entstehen. Die »Art der Bebauung in Gubbängen kann die Gemeinschaft stärker machen als in anderen Vororten üblich.«[32]

Von Hofsten betrachtete also sozialstatistisches Datenmaterial durch den Wahrnehmungsfilter »Gemeinschaftsbildung«. Trotz seiner eher vorsichtigen Formulierungen wurde sein Buch von Planern als Beleg für die Richtigkeit des Nachbarschaftsgedankens gelesen.[33] Seine Tabellen wurden in den 1940er Jahren regelrecht als Checkliste genutzt.[34] Bei der Planung von *Årsta Centrum* (eingeweiht 1954), einem *community centre* im Süden Stockholms, das auf Anregung Åhréns hin entstand,[35] stützten sich die Architekten Tore und Erik Ahlsén auf die Angaben von Hofsten, die sie noch ergänzten, indem sie Behörden, Einzelhandel und Vereine zur Nutzerzahl öffentlicher Einrichtungen befragten.[36] Sie legten so »Gruppengrößen von einer gewissen Allgemeingültigkeit fest«.[37] »[K]leinere Siedlungen mit einem überblickbaren lokalen Programm« wie Årsta würden, davon waren sie überzeugt, »die Gemeinschaft, die Zusammenarbeit, die allgemeine Toleranz und die Verträglichkeit im Umgang [*hygglighet*]« steigern.[38]

Gutschow nutzte bei der Arbeit am Konzept der Siedlungszelle ganz ähnliches Material. Er stützte sich auf Bücher Gottfried Feders und Fritz Rechenbergs,[39] die Zahlenangaben zur Größe und Ausstattung von Siedlungen

---

32. HOFSTEN, Utredning angående stadsplanen för Gubbängen (1943), S. 81.

33. Vor allem durch ZIMDAL, Utredning med framtidsperspektiv (1944).

34. SIDENBLADH, Planering för Stockholm 1923–1958, S. 263. Erstmals realisiert wurde die Nachbarschaftsidee in Schweden in Norra Guldheden bei Göteborg. Guldheden galt auch deutschen Planern der 1950er Jahre als vorbildlich. Vgl. zum Beispiel OTTO, die stadt von morgen (1959), S. 76.

35. Åhrén wurde oft fälschlicherweise als Architekt des Zentrums genannt. Vgl. etwa Forbat an Kühn, 3.1.1959 (AM, 1970-18-169, 19).

36. Vgl. die Unterlagen im AM, 1989-26-045, K 10.

37. AHLSÉN/AHLSÉN, Årsta centrum (1944), S. 6.

38. LARSSON, Grannskapsenheter och Centra (1955), S. 23.

39. Rechenberg war Anfang der 1940er Jahre Feders Assistent und arbeitete zudem beim Wohnungsbau für die »Reichswerke Hermann Göring« mit. Er war auch als Berater des Wiederaufbaustabs Albert Speers vorgesehen. Vgl. DURTH, Deutsche Architekten (1986), S. 212. Zu Rechenberg und Feder außerdem: GUTBERGER, Volk, Raum und Sozialstruktur (1996), S. 227; PAHL-WEBER/SCHUBERT, Zum Mythos nationalsozialistischer Stadtplanung und Architektur (1990); SCHENK/BROMLEY, Mass-Producing Traditional Small Cities (2003); SCHUBERT, Gottfried Feder und sein Beitrag zur Stadtplanungstheorie (1986). Feders ehemals großstadtfeindliche Haltung hatte sich in den späten 1930er Jahren gewandelt. Er erprobte 1939 auch empirische Verfahren zur Erfassung der Arbeitsanreisedauer von

enthielten.[40] Schon der Untertitel von Feders (überwiegend von Rechenberg bearbeiteter) Abhandlung – »Die neue Stadt – Versuch der Begründung einer neuen Stadtplanungskunst aus der sozialen Struktur der Bevölkerung«[41] – illustriert das Ordnungsdenken, denn hier sollte unter Bezugnahme auf das Vorgefundene etwas Neues begründet werden. Feders Buch systematisierte Zahlenwerte zu den Versorgungseinrichtungen bestehender Siedlungen mit circa 20.000 Einwohnern und übersetzte diese – wie bei von Hofsten tabellarisch aufbereitet – in Richtgrößen für neue Siedlungen.[42] Rechenberg ging ähnlich vor. Sein mit Schautafeln und Modellberechnungen (Abb. 22) versehenes »Einmaleins der Siedlung« von 1940 verstand er als Ratgeber über »Zahlenverhältnisse beim Entwurf von Siedlungen«. Rechenberg ermittelte die Häufigkeit bestimmter Gemeinschaftseinrichtungen in Kleinstädten, die den »Lebensbedürfnissen der Gemeinschaft« entsprächen und deshalb für die Schaffung von »lebensfähigen Gemeinschaften« genutzt werden könnten.[43]

Werktätigen zum Betrieb mittels Umfragen bei Unternehmen. Vgl. FEDER, Arbeitsstätte - Wohnstätte (1939).

40. Gutschow nutzte Rechenbergs Material und die Zahlenangaben Feders in der Hamburger Generalplanung und bei der Erstellung seiner »Städtebaulichen Richtwerte« (vgl. Entwurfsbüro Generalbebauungsplan. Bearbeitung der Wohngebiete (Knollen), o.D. [1944] [StA-HH, 322-3, A 336]; Städtebauliche Richtwerte: Stichwort Besiedelungsdichte, 1944 [StA-HH, 621-2/11, B 16/3]; Städtebauliche Richtwerte, 1. Ausfertigung, Bebauung, Wohnen, o.D. [Ende 1944] [StA-HH, 621-2/11, B 15/2]). Immer wieder wiesen auch die Empfänger der Ortsgruppenbroschüre auf Rechenberg und Feder hin (zum Beispiel die DAF-Gauverwaltung Hamburg, 17.1.1941 [StA-HH, 322-3, A 42]). Gutschow erwog in den 1950er Jahren sogar, Rechenberg zur Mitarbeit am »Städtebaulichen Grundstoff« heranzuziehen: Gutschow an Schöning, 18.11.1953 (StA-HH, 621-2/11, AS 25/9).

41. Vgl. FEDER, Die neue Stadt (1939).

42. Auch Gutschow ließ für die »Städtebaulichen Richtwerte« verschiedene Kleinstädte (Buxtehude, Boizenburg) und die Gartenstadt Staaken bei Berlin untersuchen. Vgl. PAHL-WEBER, Die Ortsgruppe als Siedlungszelle (1986), S. 52-53.

43. RECHENBERG, Das Einmaleins der Siedlung (1940), S. 1, 77. Schon in seiner Dissertation hatte er statistisches Material (Einzelhandelsbilanzen, Angaben zum Ernährungsbedarf der Bevölkerung etc.) systematisiert, um einen »praktische[n] Beweis« für die günstigste Stadtgröße »aus der Wirklichkeit« abzuleiten. RECHENBERG, Die günstigste Stadtgröße (1936), S. 6.

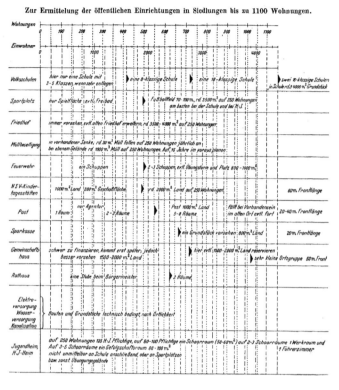

Abbildung 22: Korrelation von Siedlungsgröße und Versorgungseinrichtungen bei Rechenberg (1940)

Migration der Maße

Interessant ist nun, dass sich Rechenbergs »Einmaleins der Siedlung« auch in von Hofstens Literaturanhang findet. Von Hofstens Untersuchung wurde außerdem 1944 in Jöran Curmans Buch »Industrins arbetarebostäder« (»Arbeiterwohnungen der Industrie«) – einer Art Anleitung für die Planung von Werkssiedlungen – gemeinsam mit Feders »neuer Stadt« als »neuere Literatur zum Thema Gemeinschaftsanlagen« aufgeführt.[44] Feder und Rechenberg wurden in Schweden sogar als Funde auf der von Carl-Fredrik Ahlberg aus-

---

44. CURMAN, Industrins arbetarebostäder (1944), S. 125, 130. Curman berichtete auf einem der *Plan*-Treffen, in Deutschland werde »die Frage der Dimensionierung von Siedlungen aus speziellen, technischen Gesichtspunkten studiert« (Versammlungsprotokoll vom 25.2.1944, S. 6 [ARAB, 405/4.1.4:1]). Fred Forbat verglich noch in den 1950er Jahren eigene Ergebnisse zum Verhältnis von Arbeitnehmerzahl und Versorgungseinrichtungen mit Feders »neuer Stadt«: FORBAT, Untersuchungen über den »Lokalisierungsmultiplikator« (1953), S. 101.

gerufenen Suche nach einem »schwedischen Mumford« präsentiert. Der Planer Bertil Hök argumentierte, Mumford sei auf der historisch-kulturellen Ebene von großer Relevanz, bleibe aber, was das »Konstruktive« betreffe, leider ungenau. Gerade bei der Frage der Umsetzung könne aber auf Feder und Rechenberg zurückgegriffen werden. Deren Bücher könnten, so Hök, für das »technische Prozedere, die Arbeitsmethode, wie Åhrén das nennen würde, bei [...] einer Stadtplanung« herangezogen werden, die das »gute und reiche Gemeinschaftsleben zum Ziel« hätte.[45]

Hök, von Hofsten und Curman rezipierten damit – motiviert durch ihre Sorge um die Demokratie! – Studien, die zwischen »technokratischer Richtwertplanung und nationalsozialistischer Stadtplanungsideologie« verortbar sind.[46] Sie lasen deutsche Anwendungslehren, die sich klar im »Dritten Reich« situierten. Feder etwa machte keinen Hehl daraus, dass der von ihm begrüßte »neue Gemeinschaftswille« erst durch den Nationalsozialismus entstanden sei. Und zum Gemeinschaftsbedarf gehörten bei Feder und Rechenberg immer auch die Bauten der NSDAP. In seinen Abbildungen koppelte Rechenberg die Ausstattung »öffentlicher Zentren« an die NS-Verwaltungsstruktur: Im jeweiligen »Kern« der Wohngruppen fanden sich ein Sportplatz, eine Volksschule, aber eben auch die Gebäude der Partei, der HJ-Heime und NSV-Kindertagesstätten (Abb. 23).[47]

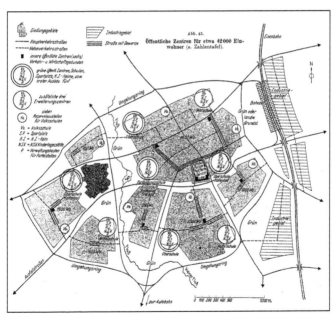

Abbildung 23: Kernbildung inklusive
»Verwaltungsbauten für Parteistellen« bei Rechenberg (1940)

---

45. HÖK, En svensk »Mumford« (1943), S. 35.
46. Vgl. SCHUBERT, Gottfried Feder und sein Beitrag zur Stadtplanungstheorie (1986).
47. RECHENBERG, Das Einmaleins der Siedlung (1940), S. 66.

Warum konnten die Schweden über derart offene Verbindungen zum NS-System hinwegsehen? Warum schrieb Ahlberg, aus Feders und Rechenbergs Büchern könne »das ein oder andere Goldstück« herausgewaschen werden – um allenfalls den Schematismus ihrer Vorschläge zu bemängeln?[48] Die Antwort ist offenbar, dass die Schweden die Bemessung der Siedlungsgröße an den NSDAP-Untergliederungen als *eine von mehreren, korrelierenden Skalierungsmethoden* (über?)sahen. Und tatsächlich dachten ihre deutschen Kollegen genau so. Heinz Killus, seit 1938 Mitarbeiter Gottfried Feders an der TU Berlin (und nach 1945 Assistent Johannes Göderitz'), begrüßte das Buch seines Chefs, weil es erstmals eine Begründung der »Größenordnungen« für »kleinere Gemeinschaften« liefere:

»Unser Maßstab ist die vernünftige Verteilung aller Einrichtungen, derer ein Mensch zum Leben bedarf. [...] Wie nun in der Partei eine Gruppe von Blöcken eine Zelle aufbaut, so bauen mehrere Straßengemeinschaften einen Unterkern auf, dessen Mittelpunkt als kleines Plätzchen oder Dominante an betonter und bequemer Stelle der Wohnsammelanlage liegt. [...] So wirkt sie nicht nur gemeinschaftsbildend, sondern übernimmt auch noch die Aufgabe der leichten Versorgung der Geschäfte mit Waren, denn Bäcker, Fleischer, Kaufmann usw. liegen am Unterkern. [...] Den Geschäften aber ist so von vornherein durch geschickte Verteilung die gesunde Grundlage für ihre Existenz gegeben.«[49]

Hier wird die Lage und Größe der NSDAP-Ortsgruppe zur Entsprechung der wirtschaftlichen, bedarfsgerechten und zugleich Gemeinschaft stiftenden Verteilung von Einkaufsmöglichkeiten!

So banal das anmutet, ist für die Frage nach dem transnationalen Charakter des Planens im Nationalsozialismus zentral: Viele deutsche Planer der frühen 1940er Jahre versuchten nicht, die politische der sozialen Struktur gewissermaßen überzustülpen, sondern sie betrachteten erstere als Supplement der Gemeinschaft. Sie begriffen ihre Gliederungsversuche nicht als artifiziell, denn die Parteistruktur brachte eine vermeintlich evidente soziale »Ordnung« zum Vorschein. Hans Kinder etwa begeisterte sich 1944 für die OaS als Versuch zur »Überwindung der Anonymität und Amorphheit der Großstadt«, weil für deren Untergliederung systematisch »nach Vorbildern in der Wirklichkeit« gesucht werde.[50]

Bezüglich dieser Methode bestanden Kontinuitäten über 1945 hinaus, wie ein Schreiben Gutschows an Fritz Schumacher von 1946 zeigt, das bisher vor allem als Musterbeispiel der rhetorischen »Entnazifizierung« städtebaulicher Konzepte des »Dritten Reichs« gedeutet worden ist. Gutschow schrieb:

»Wenn ich seit Jahren nach einer inneren Durchgliederung der Stadt im Sinne von lebendigen Gemeinschaften strebte und meine Vorschläge anlehnte an die Parteiglie-

---

48. AHLBERG, Replik (1943), S. 35.
49. KILLUS, Der Totalitätsgedanke im neuen Städtebau (1940), S. 85f. Killus' Vorschläge entstammten einer Studienaufgabe am Lehrstuhl Gottfried Feders. Ein Auszug aus diesem Text findet sich auch in Gutschows Unterlagen: StA-HH, 621-2/11, B 16/3.
50. Hans Kinder: D32. Großstadtsanierung: Gründe, Ziele, Grenzen und Gefahren, 4.9.1944, S. 5 (Sammlung N. Gutschow) (meine Hervorh.).

derung als eine *verwirklichte Tatsache* unter der Überschrift ›Ortsgruppe als Siedlungszelle‹, dann wird das heute gebrandmarkt als Infiltration der Parteiideologie in den Städtebau. Das ist ungefähr dasselbe, als wenn man die NSDAP bezichtigte, im geheimen ultramontane Politik zu betreiben, weil sie sich zum Beispiel in der Gliederungsstufe der Ortsgruppe stark an das ›Kirchspiel‹ anlehnt. Und tatsächlich bin ich auch der Auffassung, daß die richtige, d.h. lebensvolle Größenstufe nicht aus statistischen Untersuchungen über Versorgungseinheiten gefunden werden kann, sondern aus dem Vermögensbereich eines Menschenbetreuers zu seiner Herde im besten Sinne, und umgekehrt aus dem Verhältnis der Menschen zu einem solchen Mann. Auch der Bereich, den sich der heranwachsende junge Mensch als übersehbar erobert, ist ein wichtiges Merkmal. Der Volksschulbereich trifft es *von heute vorhandenen Ordnungen* noch am besten, aber nicht ganz.«[51]

Hier wird ein Prinzip (männlicher) »Führung« propagiert, das nach 1945 schnell aus dem Planerdiskurs verschwand und *nichts* mit der beschriebenen schwedischen Erziehung zur Selbstständigkeit zu tun hat.[52] Und doch muss Gutschows Behauptung ernst genommen werden, die Kopplung an die NS-Parteistruktur sei Ergebnis einer Suche nach Indikatoren für »lebensvolle Größenstufe[n]«, die man an »verwirklichte[n] Tatsachen«, an »heute vorhandenen Ordnungen« ablesen könne, an vorgefundenen Strukturen also, die er im Übrigen gleich zweifach (Heranwachsende, Volksschulbereich) als Sozialisationsräume interpretierte.

Viele deutsche Architekten beriefen sich auf die NSDAP-Struktur als Grundlage einer anthropologisch, und das hieß für sie: am Menschen als Gemeinschaftswesen orientierten Planung. Denn auch die Partei rekurrierte ihrer Ansicht nach letztlich auf die Familie als, so Carl Culemann, »natürliches Grundelement«.[53] »Es sind natürliche, überall – in der Großstadt stark überdeckte – wirksame Kräfte«, so Gutschow, »die mehrere Familien untereinander sich nachbarschaftlich verbunden fühlen lassen und eine Reihe von Nachbarschaften wiederum als eine Siedlungsgemeinschaft. Die weise Erkenntnis dieser Gesetze der Gemeinschaftsbildung hat den Führer die Bewegung in Blocks und Zellen und Ortsgruppen aufbauen und gliedern lassen.«[54]

---

51. Zitiert nach Durth, Deutsche Architekten (1986), S. 257 (meine Hervorh.).

52. Vor 1945 hatte Gutschow allerdings wiederholt vor einer »allzu starke[n] Anlehnung an die Schulbezirke« gewarnt und stattdessen »mehrere Wohngrundstücksgruppen (= Block der NDSAP)« empfohlen (Gutschow an Göderitz, 15.1.1945 [StA-HH, 621-2/11, B 11/9]). Er war auch skeptisch gegenüber einem verallgemeinerbaren »Regelbedarf« für Läden: »So interessant die Untersuchungen von Feder und Rechenberg waren […], so sind sie doch mit sehr viel Vorsicht anzuwenden. Ich halte es für wertvoller für den Planer, wenn ein halbes Dutzend, davon extreme aber reale Fälle, untersucht, dargestellt und örtlich begründet würden. […] Alle derartigen Untersuchungen sollten möglichst auf einen gleichen Größenrahmen, die Ortsgruppe, abgestellt sein.« (Gutschow an Wortmann, 19.1.1942 [StA-HH, 322-3, A 136]). Gutschow privilegierte zeitweilig also klar die Parteistruktur vor anderen Gliederungsgrößen.

53. Culemann, Die Gestaltung der städtischen Siedlungsmasse (1941), S. 123.

54. Konstanty Gutschow: D38. Skizze Generalbebauungsplan 1944 (Manuskript Plassenburg), Anfang Juli 1944, S. 6 (Sammlung N. Gutschow).

Gutschow und seine Kollegen suchten vor und nach 1945 nach realen »Ordnungen«, die zur Ausgestaltung von Gemeinschafts-»Zellen« herangezogen werden konnten. Die Parteistruktur der NSDAP war nur eine solche Ordnung neben anderen – allerdings eine zeitgenössisch ausgesprochen opportune). Das erklärt das Paradox, dass während in Schweden der Nationalsozialismus als Folgeerscheinung der Vermassung betrachtet wurde, zeitgleich in Deutschland die Parteistruktur zur Synthetisierung von Richtwerten für die Stadtplanung herangezogen wurde – von Richtwerten, die wiederum von schwedischen Planern als wissenschaftliche rezipiert wurden.

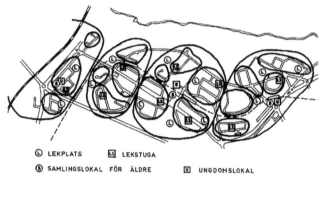

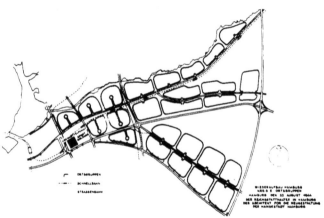

Abbildung 24 und 25: Oben Åhréns Idee zur Strukturierung des Stockholmer Vororts Årsta anhand von Spielplätzen (lekplats) bzw. Versammlungslokalen für Jugendliche (ungdomslokal) und Ältere (samlingslokal för äldre) (1943). Unten das Hamburger Ortsgruppenschema für den »Kreis E« von Gert Stalmann (1944). In beiden Fällen wird der Stadtraum in zellenartige Teilbereiche untergliedert, die sich am Einzugsbereich von Gemeinschaftsanlagen orientieren

Natürliche Einzugsbereiche

Deutsche und schwedische Planer versuchten also, eine valide empirische Aussage über die bestmögliche Bewohnerzahl voneinander abgegrenzter Wohngebiete zu treffen. Die Größe der Nachbarschaftseinheit war das »Ergebnis subtilster Berücksichtigung der verschiedenen Einflußzonen oder Zuständigkeitsgrenzen aller öffentlichen und privaten Gemeinschaftseinrichtungen«, so Reichow.[55] Konkret war damit gemeint, dass die Anzahl gemeinschaftlich genutzter Einrichtungen (Schulen, Läden, Gemeinschaftszentren, Ortsgruppenhäuser, Wohlfahrtsbehörden) in bestehenden Ortschaften untersucht und daraus »Richtwerte« oder »Richtgrößen« für neue Wohneinheiten gewonnen wurden. Immer wieder wurden diese Daten aber auch als Grenzwerte interpretiert, deren Einhaltung es ermöglichen würde, eine gewissermaßen anthropologische Disposition zur Vergemeinschaftung auszuschöpfen. Denn die Planer identifizierten im »Einflußfeld« solcher Gemeinschaftseinrichtungen zugleich die »Grenzen« der »Gemeinschaftsbildung«.[56] Studien zur »Frage der Größe und Größenbegrenzung neuer Siedlungskörper« vermengten deshalb immer wieder »funktionale« Kategorien (beispielsweise Tragfähigkeitsanalysen des Einzelhandels) mit normativen; die Fakten wurden (unbewusst) dem Ziel »Gemeinschaftsbildung« unterworfen. Zum einen war schon die Auswahl der für Wohngebiete als relevant betrachteten Einrichtungen von Idealvorstellungen vom Alltagsleben bestimmt. Zum anderen war der Zuschnitt des statistischen *samples* der erfassten Wirklichkeit wertbehaftet, denn meist wurden lediglich mittelgroße Städte untersucht.[57] Aber wie wurde aus diesem nur vordergründig »neutralen« Datenmaterial ein Indikator für die Grenzen der Vergemeinschaftung? Wie ließ sich in profanen Zahlen das, so noch einmal Reichow, »unsichtbare Lebewesen«, die Gemeinschaft, erkennen?[58]

An einem ließen die Nachbarschaftsbefürworter in Deutschland und Schweden keinen Zweifel: Sie beabsichtigten, *natürliche* Tendenzen zur Ge-

---

55. REICHOW, Organische Stadtbaukunst (1948), S. 30.

56. RIEHL, Zur Frage der Größe und Größenbegrenzung neuer Siedlungskörper (1939), S. 23.

57. Außerdem durchleuchteten die Architekten oft vorhandene Siedlungsgebilde auf Indizien für ihre ehemals »natürliche«, heute überformte Größe und Struktur hin. Begeistert berichtete etwa Danneskiold-Samsøe, britische Planer sähen sich bei der Einteilung Londons in Nachbarschaften die Lage der alten Dörfer an, aus denen sich London früher zusammengesetzt habe. Man arbeite so daran, »Einheiten neu zu schaffen, indem versucht wird, *deren natürliche Grenzen nachzuziehen* [...] und sie zu organischen Einheiten zu machen. Durch diesen einfachen Gedanken ist das Problem London auf eine einfache und menschliche Ebene gebracht worden.« DANNESKIOLD-SAMSØE, County of London Plan 1943 (1944), S. 155 (meine Hervorh.). Gutschow korrespondierte in den 1940er Jahren u.a. mit dem »Deutschen Archäologischen Institut« in Rom und mit seinem Lehrer Heinz Wetzel, um mehr über mögliche historische Vorläufer der Siedlungszelle (etwa die griechische Polis) in Erfahrung zu bringen. Es ging ihm um »geschichtliche Beweise« für eine überzeitliche Bedeutung vergleichbarer Stadtstrukturen. Gutschow an Wetzel, 1.3.1945 (StA-HH, 621-2/11, B 11/0).

58. REICHOW, Organische Stadtbaukunst (1948), S. 24.

meinschaftsbildung planerisch zu stärken. Die großstädtische Entfremdung implizierte, so Hellpach, eine »Denaturierung des Großstädters«.[59] Die Planer reagierten nun darauf, indem sie ihrer Ansicht nach »natürliche« Barrieren verstärkten, indem sie den »Kontakt mit der Natur und Wirklichkeit« suchten.[60] Sie orientierten sich an der »Natur als Wegweiser«,[61] und sie interpretierten entsprechend ihre Daten als Versuch, so Rechenberg, das »Gehäuse für ein Gemeinschaftsleben der Menschen« nach »dem Leben abgelauschten Gesetzen« zu gestalten.[62] Eines der wichtigsten von den Planern dafür eingesetzten Werkzeuge war die Bemessung städtischer Einheiten am Einzugsbereich von Bildungsanstalten, wie sie schon Perry vorgeschlagen hatte. Gutschow beispielsweise strukturierte seinen Bebauungsvorschlag für die Hannoveraner Innenstadt von 1950, indem er im Flächennutzungsplan mit Pfeilen die jeweiligen Einzugsbereiche von gleichmäßig über den Plan verteilten Schulen markierte. »Volksschulbezirke und Bereiche der Wohnbebauungseinheiten fallen zusammen«.[63] Das scheint vordergründig wenig mit »natürlichen« Maßen zu tun zu haben. Aber man muss genauer hinsehen: Der Radius der Siedlungseinheit war ans »Schülereinzugsgebiet« gekoppelt, also an ein konkretes Abstandsmaß, »die äußerste Schulwegentfernung«[64] (Abb. 26).

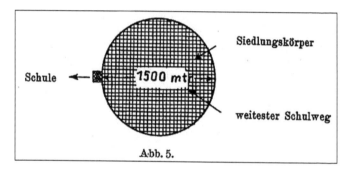

Abbildung 26: Korrelation von Schulweg und Siedlungsgröße (1938)

Und diese wiederum entsprach für die Planer der »natürliche[n] Welt des Kindes« und damit der idealen Ausdehnung der »Erziehungsgemeinschaft«.[65]

---

59. HELLPACH, Mensch und Volk in der Großstadt (1939), S. 118.
60. REICHOW, Das organische Bauen und seine Anwendung im Wohnungsbau (1951), S. 246.
61. So der Gutschow-Mitarbeiter Gustav Schleicher: Die Ortsgruppe als Siedlungszelle. Versuch einer Einführung (zweite Fassung), 26.1.1945 (StA-HH, 621-2/11, B 11/0).
62. RECHENBERG, Das Einmaleins der Siedlung (1940), S. 110.
63. Konstanty Gutschow: Denkschrift Hannover Südstadt, 15.1.1950, S. 6 (StA-HH, 621-2/11, A 46). Schon in Gutschows »Städtebaulichen Richtwerten« findet sich ein Organigramm des Schulwesens.
64. RIEHL, Zur Frage der Größe und Größenbegrenzung neuer Siedlungskörper (1939), S. 30.
65. LEHMANN, Volksgemeinschaft aus Nachbarschaften (1944), S. 155.

Hans Kinder zum Beispiel schrieb in seiner Stellungnahme zum 1940er Hamburger Generalbebauungsplan, für die Siedlungszelle müssten Gemeinschaftshäuser besonders für die Jugend maßgebend sein, denn »das Kind, wie amerikanische Großstadtsoziologen es ausgedrückt haben, [ist] der geborene Nachbar«.[66] Kinder beobachtete also (sich auf internationale Forschung stützend) die Natur des Menschen und deduzierte daraus einen Vorschlag, dieser räumlich gewissermaßen zu ihrem Recht zu verhelfen. Auch Gutschow schrieb: »Kinder sind ihrer Natur nach die rechten Nachbarn.«[67] Die Großstadt, so der Gedanke, der hier zum Ausdruck kommt, habe den Menschen der in ihm angelegten Gemeinschaftsfähigkeit entfremdet. Und das könne künftig vermieden werden, indem die Wohnumgebung den kognitiven Fähigkeiten der Kinder entsprechend eingegrenzt werde.

Auch schwedische Architekten betrachteten das »Geborgenheitsgefühl des Kindes« als »wesentlich für dessen soziale Anpassung und die Entwicklung zu einem zusammenarbeitswilligen Menschen«.[68] Immer wieder riefen sie daher dazu auf, Wohngebiete zu planen, »die dem reellen Auffassungsvermögen der Kinder entsprechen«.[69] Ahlberg etwa fragte: »Das Milieu hat [...] Einfluß auf die Menschen. In welche Richtung soll das geschehen? Welchen Menschentyp wollen wir fördern?« Er folgerte:

»Wenn die Menschen beeinflusst werden sollen, dann muss das in Angriff genommen werden, solange sie am stärksten beeinflussbar sind – als Kinder. [...] Ausgehend von diesen Gedanken kommt man in der Stadtplanung zu einem Siedlungsaufbau, in dem die Bedürfnisse der verschiedenen Lebensalter in Einheiten verschiedener Größen zum Ausdruck kommen.«[70]

Ahlberg plädierte also dafür, jeweilige städtebauliche Bereiche Schritt für Schritt dem sich erweiternden Horizont der Kinder anzupassen – von der »Wohngruppe« über den »Schuldistrikt« bis zum »Stadtteilzentrum«. Er betrachtete ein Wohngebiet, das sich am Einzugsbereich von Bildungsanstalten orientierte, als räumliches Komplement des Hineinwachsens in die Gemeinschaft.[71] Kinder schienen unverbildet, gewissermaßen näher am Leben zu

---

66. Hans Kinder: Aktenvermerk betr. Soziologische Bemerkungen zur zukünftigen baulichen Gestaltung der Hansestadt Hamburg, 1941, S. 34 (StA-HH, 621-2/11, AV 15).

67. GUTSCHOW, Wohnen (1958), S. 642.

68. AHLBERG, Stadsplaneringens sociala betydelse (1950), S. 590.

69. STOCKHOLMS STADS STADSPLANEKONTOR, Generalplan för Stockholm 1952 (1952), S. 124, 130. »Das Ideal für das aufwachsende Kind«, schrieb Gutschow, »ist eine Umwelt, die nichts besonderes für das Kind herrichtet und bereitet, sondern so ist wie auf dem Dorfe, wo sich das Kind schrittweise eine überreiche Welt selbst erobert.« GUTSCHOW, Wohnen (1958), S. 652.

70. AHLBERG, Miljön som kulturfaktor (1950), S. 156.

71. Während allerdings in Deutschland bis 1945 der Einzugsbereich von Volksschulen und HJ-Heimen deckungsgleich war, empfahlen schwedische Planer unter den Bedingungen der *beredskap*, im Nachbarschaftszentrum könnten Erwachsenenbildung und prodemokratische Aufklärung zusammenfallen, in den Schulbauten könne sich die Bevölkerung »zur Beratung, zu Aufklärungs- und Propagandatreffen« versammeln (so der Wortlaut einer Proposition für die staatliche Finanzierung von »Versammlungslokalen« aus

sein und konnten daher als ideale Adressaten einer Konditionierung durch Räume gelten, die sich an ihrer »natürlichen« Lebenswelt bemaßen. Räume sekundierten den Schulen bei der Sozialisation in die Gemeinschaft.

Wie bereits erwähnt, strukturierte insbesondere die für die Planer gleichermaßen soziale wie »biologische Einheit – die Familie«[72] – ihren Blick. Entsprechend sollte der Wohnbereich »der Familie als der grundlegenden Zelle im wirtschaftlichen und sozialen Gefüge der Stadt« angepasst werden.[73] Die Familie, bzw. das »Zusammenleben« mehrerer Familien sollte zur Bemessungsgröße eines »lebensgesetzlichen Städtegestaltens« werden,[74] zu dessen »grundlegende[m] Gestaltungsmaß«.[75] Auch dieses ließ sich als Abstandsmaß fixieren: Die Ausstattung und Ausdehnung der Nachbarschaftseinheit korrelierte für die Planer nicht nur mit den kognitiven Fähigkeiten der heranwachsenden Kinder, sondern auch mit dem Bewegungsradius der Familien bei der Verrichtung alltäglicher Tätigkeiten, mit dem physischen Ergehen der eigenen Umwelt. Wenn die Wohngebiete, so der RKF-Raumplaner Josef Umlauf 1941, an den »praktischen Bedürfnissen des Wohnens« als »dem Ordnungsprinzip der Gemeinschaft schlechthin« bemessen werden sollten, dann sei die »Fußweg-Viertelstunde« die »wichtige Maßeinheit im Städtebau für die Kennzeichnung engerer Zusammengehörigkeitsbereiche«.[76] In der Auswertung des Ortsgruppen-Wettbewerbs 1944 kam Gutschow zu einem ähnlichen Ergebnis. Er machte den maximalen Flächenbedarf der »Siedlungszelle« von 70 ha an einer Gehdauer zwischen Nahverkehrshaltestelle und Wohnung von »nicht mehr als 10 Minuten Weges, das heißt 800-900 m« fest.[77]

Auch das sahen die Schweden ähnlich. Für Göran Sidenbladh definierte eine »natürliche« Größe die einzelnen Elemente der Nachbarschaftseinheit. Diese habe nämlich »der Welt der Kinder, der Alten und der Hausfrauen« zu entsprechen. »Höchstens 300 m von der Wohnung entfernt muss es einen Spielplatz, ein paar Geschäfte, eine Kinderkrippe, eventuell eine Kollektiv-

---

dem Jahr 1942, zit. nach FRANZÉN/SANDSTEDT, Grannskap och stadsplanering [1981], S. 210). Übrigens befassten sich deutsche und schwedische Planer auch mit dem Einzugsbereich des Kinos – einer Einrichtung für »Bildung« (ÅHRÉN, Community centres - folkets hus [1943], S. 180), bzw. »Volksbildung und Propaganda«. Erläuterungsbericht Berlage/Sydath [Ortsgruppenwettbewerb], 29.11.1944 (StA-HH, 621-2/11, B 11/10).

72. DANNESKIOLD-SAMSØE, Peckham-experimentet (1949), S. 322.

73. GÖDERITZ/RAINER/ HOFFMANN, Die gegliederte und aufgelockerte Stadt (1957), S. 29.

74. Konstanty Gutschow: 10 Jahre Architekt 1935-1945, 1946, S. 17 (StA-HH, 621-2/11, A X 4).

75. OTTO, die stadt von morgen (1959), S 39.

76. UMLAUF, Zur Stadtplanung in den deutschen Ostgebieten (1941), S. 102, 108. Die »maßgebende Rolle« des Fußwegs wurde von Elisabeth Pfeil sogar als Menschenrecht interpretiert: »Der Mensch wird zum Maß aller Dinge. Die Gehstunde, einst Maß der typischen Entfernung der Dörfer vom Marktflecken, die ›Fußwegviertelstunde‹ (J. Umlauf), der Schulweg, die Kinderwagenentfernung, spielen eine maßgebende Rolle – so wird der Mensch in seine Rechte wieder eingesetzt gegenüber [sic] der überwältigenden, ungefügen, ungefügten, maßlosen Großstadt.« PFEIL, Großstadtforschung (1950), S. 126.

77. Konstanty Gutschow: Rundschreiben, 20.12.1944 (621-2/11, B 11/2).

waschküche und einen kleinen Versammlungsraum geben.« Die Größe der Nachbarschaft sei durch die »Fußläufigkeit« begrenzt.[78]

Deutsche und schwedische Planer definierten also die (stark nach Geschlechtern differenzierten[79]) Raumbedürfnisse der Familienmitglieder als zahlenmäßig definierbare Radien, konkreter noch: Die Fußwege der Bewohner wurden zum Metrum, zum Index auf den Linealen der Planer, die hier gedanklich die Reichweite natürlicher, familiär geprägter Alltagssphären abschritten – innerhalb derer, so die Hoffnung, Gemeinschaft entstehen würde.[80] Und zwar nicht zuletzt, weil sich die Kontakte zwischen den Menschen in einem kleineren Quartier zwangsläufig häufen müssten – im Wohnviertel träfen sich »die Hausfrauen [...] im Laden, die Männer auf dem Weg zur Arbeit«.[81]

Widersprüchliche Zahlen

In beiden Ländern wurden mittels empirischer Verfahren soziale Maßstäbe sichtbar gemacht, in Zahlen und Zeichnungen übersetzt und das als Schritt zur Bereitstellung einer gewissermaßen menschengemäßen Alltagswelt verstanden. Die Ergebnisse dieser Nachbarschaftsmetrik wanderten, weil die Planer sie systemunabhängig als objektive Folgerungen aus der Einsicht in Vergemeinschaftungsprozesse auswiesen. Wo aber statistisches Material immer hinsichtlich seiner Bedeutung für die Vergemeinschaftung interpretiert wurde, da entstanden widersprüchliche, teils sogar Pseudo-Evidenzen, und das machte Zahlenangaben problematisch. Hinter den Zahlen verbarg sich ein Werturteil: Wieviel Stadt/Masse/Moderne konnte den Menschen zugemutet werden? So groß die Einigkeit über das soziale Ziel »Nachbarschaft« war, so fragil waren daher die Bemessungsgrößen des räumlichen Perimeters und der Bevölkerungsgrundlage der Nachbarschaftseinheit. Die ihnen eingeschriebenen Ordnungsideale kollidierten mit dem Wunsch der Planer, »objektiv« zu arbeiten. Das zeigte sich gerade beim Blick in andere Länder. Otto Danneskiold-Samsøe zum Beispiel betonte zwar, die schwedischen und britischen Empfehlungen zur Einwohnerzahl von Nachbarschafts-

---

78. SIDENBLADH, »Grannskapsplanering« (1948), S. 115.
79. Hier wird auch deutlich, dass die Nachbarschaftseinheit durchaus verschieden große Alltagsräume für Frauen und Männer vorsah. So verwiesen deutsche und schwedische Architekten immer wieder darauf, dass die Kopplung des Wohnbereichs an den Erlebnishorizont der Kinder auch die Beaufsichtigung der Kinder durch die Mütter erleichtere, deren Aktionsradien damit deutlich eingeschränkt wurden.
80. Erwähnenswert ist an dieser Stelle, dass in den 1980er Jahren noch über einen weiteren »natürlichen« Maßstab der Gemeinschaftsbildung diskutiert wurde. Auf einer Tagung zum Thema »Maßstäblichkeit von Architektur und Stadt« wurde die »Zurufdistanz« als städtebauliches Maß ins Spiel gebracht. Dessen Einhaltung sollte ein demokratisches Gemeinwesen entstehen lassen, das gerade so groß war, dass ein Redner gewissermaßen auf der *agora* von allen Bürgern gehört werden konnte, und zwar ohne künstliche Verstärkung. LAMPUGNANI, Maßstäblichkeit von Architektur und Stadt (1980), S. 14.
81. GUTSCHOW, Wohnen (1958), S. 644.

einheiten stimmten weitgehend überein,[82] allerdings gebe es auch Probleme. Die britischen »Normen« seien nicht voll auf Schweden übertragbar, gerade aus dem jeweiligen Schulsystem ließen sich höchst unterschiedliche Zahlenwerte herleiten.[83] Ahlberg behauptete 1950, die Briten rechneten »mit 5000 bis 10.000 Bewohnern. In Deutschland diskutierte man früher eine Zahl von 20.000 Bewohnern [...]. Im zurückliegenden Jahr geplante Stadtteile in Stockholm variieren größenmäßig zwischen mindestens ca. 6000 und höchstens ca. 20.000. Das Normale liegt um 10.000.«[84] 1947 sah er »ca. 2000 Einwohner« vor, »die gruppenweise zu Stadtteilen von ungefähr 10.000 versammelt sind, die wiederum in größere Einheiten mit vielleicht 40.000 oder 50.000 Einwohnern gruppiert sind«.[85] Für Åhrén ermöglichten 1944 »4-8000 Menschen« ein »wohlgeordnetes Wohngebiet«,[86] anderswo sprach er von Grenzwerten zwischen 2000-5000 und 10.000 bis 15.000 Einwohnern für die Differenzierung von städtischen »Zellen«.[87] Deutsche Zahlen wirken ähnlich willkürlich. Reichow baute 1954 in Hamburg »zwei ›Nachbarschaften‹ oder ›Gartenstädte‹, die eine mit rd. 1500, die andere mit 1800 Wohnungen, also mit Einwohnerzahlen zwischen 5 und 6000«.[88] Gutschow propagierte 1941 8000, 1944 6000 Einwohner als »gesunde Regel« und »Ordnungsgröße«.[89] 1958 schrieb er schließlich, »Zahlen für die Größen der einzelnen Nachbarschaften nennen zu wollen ist müßig. Dem widerspricht die Mannigfaltigkeit der aus natürlichen Gegebenheiten herauswachsenden, individuellen Gestaltmöglichkeit«.[90]

Anthropozentrische Messverfahren:
Die Gemeinschaft als Maßeinheit

Die Bewältigung der sozialen und baulichen Massen der Städte wurde transnational als »Humanisierung« begrüßt. Damit ging eine Konjunktur des protagoräischen *homo-mensura*-Satzes einher: Das »Maß des Menschen« wurde zum Fluchtpunkt der Architekturdebatte.[91] Åhrén betonte, dass »die menschliche Skala verloren gegangen ist, wo die sozialen Beziehungen nicht mehr lebendig und konkret, sondern abstrakt und gleichgültig sind«.[92] Der Gut-

---

82. Vgl. DANNESKIOLD-SAMSØE, County of London Plan 1943 (1944), S. 160.
83. DANNESKIOLD-SAMSØE, Nutida engelsk samhällsplanering (1945), S. 101.
84. AHLBERG, Nutida krav på stadsplaner (1950), S. 12.
85. AHLBERG, Stadsplaneringens nya giv (1947), S. 18.
86. ÅHRÉN, Stadsplanering och bostadsförsörjning (1944), S. 7.
87. ÅHRÉN, Ett planmässigt samhällsbyggande (1981, urspr. 1945), S. 36.
88. Reichow an Maria Fuchs, 24.7.1954 (GNMN, Reichow, Hans Bernhard, IC II 6). Gemeint sind die Siedlung Hohnerkamp und die »Gartenstadt Farmsen«, beide in Wandsbek.
89. Konstanty Gutschow: D38. Skizze Generalbebauungsplan 1944 (Manuskript Plassenburg), Anfang Juli 1944, S. 7 (Sammlung N. Gutschow).
90. GUTSCHOW, Wohnen (1958), S. 642.
91. Vgl. dazu auch KUCHENBUCH, Eine Moderne nach »menschlichem Maß« (2008). Zur Rezeptionsgeschichte des »ethischen Anthropozentrismus« vgl. die Beiträge in NEUMAIER, Ist der Mensch das Maß aller Dinge? (2004).
92. DN, 27.3.1943.

schow-Mitarbeiterkreis widmete im Juni 1944 (im Beisein Reichows und Johannes Göderitz') eine ganze Arbeitsbesprechung dem Thema »Mensch als Maß aller Dinge«.[93]

Der menschliche Maßstab war keine Floskel. Er beschrieb sehr genau das Vorhaben vieler Planer. Maße wurden in den 1940er Jahren gewissermaßen anthropozentrisch kalibriert. Mit dem Begriff »Humanisierung« war also keineswegs eine Mäßigung, eine disziplinäre Selbstbegrenzung gemeint. Zwar ging mit dem Imperativ, den »Menschen ins Zentrum« zu rücken, gelegentlich eine Warnung einher, den technischen Charakter der eigenen Aufgabe nicht überzubewerten.[94] Damit wurde aber in erster Linie angemahnt, im Zuge der Spezialisierung der Architektur das »Ganze« nicht aus den Augen zu verlieren. Diese Refokussierung auf den Menschen war verbunden mit der Kritik an der Minimalportionierung von Wohnungen in den 1920er und frühen 30er Jahren, an der zum Beispiel Gutschow, wie gezeigt, selbst mitgewirkt hatte. Der Begriff »menschlicher Maßstab« meinte in den 1920er Jahren vor allem anthropometrische Kategorien.[95] In den 1940er Jahren sah man aber nun einseitig »mechanische« Messverfahren am Werk, wenn beispielsweise die durchschnittlich »ausgeatmete Kohlensäure als Maßstab« für die Festlegung von »zahlenmäßige[n] Angaben für Minimal-Wohnungen« vorgeschlagen wurde.[96] Wo dem Bauen ein errechneter *Homme Moyen* zugrunde gelegt werden sollte, da waren Maße nur Erscheinungsformen der statistischen *Masse* und eben nicht konkrete, wirkliche Größen – und damit ließen sie sich als Symptome jener Abstraktion und Entfremdung interpretieren, um deren Überwindung es den Architekten ging. So wurde nun beispielsweise Ernst Neuferts »Bau-Entwurfslehre« als »Entlebendigung« kritisiert, als »Mechanisierung des Organischen«.[97] Wenn also in den 1940er und 50er Jahren zur Wahrung der menschlichen Maßstäbe aufgerufen wurde, war damit gefordert, das Fach müsse sich auf eine breit gefasste Vermenschlichung der Lebenswelt verpflichten. Architektur solle nicht mehr nur die Folgeschäden der Industrialisierung physiologisch bewältigen helfen, sondern die sozialen Bindungen – als eigentlichen Ausdruck des »Menschlichen« – reorganisieren und letztlich, so eine immer wieder lesbare Formulierung, »Vitalitäts- statt Sozialpolitik« werden.[98]

Selbst die Humanisierungsforderungen der Planer im »Dritten Reich« unterschieden sich diesbezüglich kaum von Absichtsäußerungen der Avantgarde (Abb. 27).[99]

---

93. Vgl. Nachrichten für unsere Kameraden im Felde 26, 1944, S. 12-15 (StA-HH, 322-3, A 36 b).

94. MARKELIUS, Människan i centrum (1950), S. 52.

95. RADING, Möbelnorm als menschliches Problem (1929), S. 313.

96. NEISSER, Hygienische Betrachtungen über die Wohnraumgrösse in kleinsten Wohnungen (1929), S. 219.

97. Gutschow an Schumacher, 14.10.1946 (StA-HH, 621-2/11, AV 24/5b).

98. REICHOW, Von der Einheit der Gestaltung (1954), S. 275; genauso ALBERS, Geistesgeschichtliche Entwicklung des Städtebaus (1957), S. 199. Beide beziehen sich dabei auf den Wirtschaftswissenschaftler Alexander Rüstow.

99. Mumford etwa schrieb in »The Culture of Cities«, »Humanizing efforts« müssten in allen Gesellschaftsbereichen angestrebt werden: »This means, among other things, the

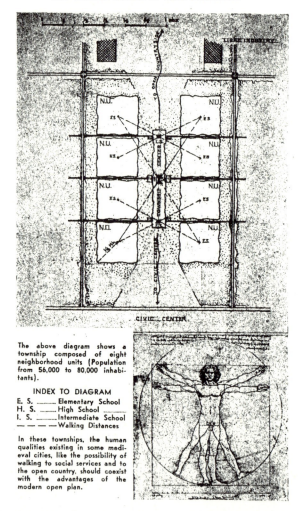

Abbildung 27: Illustration zur human scale beim CIAM-Achitekten José Luis Sert (1944). Hier wird suggeriert, vermeintlich überzeitlich gültige Maße wie die des menschlichen Körpers ließen sich auch für die Siedlungsstruktur finden.

---

introduction of small units, scaled to direct activity and participation, in every phase of organization: gigantism must be challenged [...]. [...] Small groups: small classes: small communities; institutions framed to the human scale, are essential to purposive behavior in modern society.« MUMFORD, The Culture of Cities (1970, urspr. 1938), S. 473, 475. Der CIAM-Planer José Luis Sert widmete dem menschlichen Maßstab in der Nachbarschaftsplanung sogar einen eigenen Aufsatz: SERT, The Human Scale in City Planning (1944), S. 406.

Und doch verwiesen viele Architekten *nach* 1945 auf die menschlichen Maßstäbe, um sich von der Repräsentationsarchitektur des »Dritten Reichs« abzugrenzen und damit, so Werner Kallmorgen, von der »Hypertrophie Hitlers« insgesamt.[100] Gutschow lobte 1945 zwar in einer Rede vor seinen Mitarbeitern anlässlich des Selbstmords Hitlers diesen als »allumfassende[n] Erneuerer deutscher Art und deutschen Wesens, der auch die Wende im Städtebau heraufgeführt hat«. Er betonte aber zugleich, man habe »die von ihm befohlenen Maßstäbe nicht immer als möglich und menschlich empfunden«.[101]

In der ersten Jahrhunderthälfte begannen viele Architekten, wie gezeigt, das Soziale als Interventionsfeld zu begreifen. Sie legitimierten ihre Interventionen, indem sie sich den Regeln der wissenschaftlichen Faktenerhebung und Beweisführung unterwarfen. Ab Mitte der 1930er Jahre reagierten die Architekten nun auf Krisendeutungen, die gerade in der Versachlichung der sozialen Relationen eine Bedrohung ausmachten. Zunehmend riefen sie dazu auf, die menschlichen Maßstäbe einzuhalten, um einer allzu kalt-rationalistischen Architektur (und Gesellschaft) zu begegnen. Dem Ruf nach einer Mäßigung der Modernisierungserscheinungen stand also die Legitimität der modernen wissenschaftlich-technischen Methoden gegenüber, es sollten paradoxerweise quantifizierende Techniken gegen die Herabwürdigung des Menschen zur »bloßen Nummer« eingesetzt werden. Es scheint, als habe die Metaphorik der menschlichen Maßstäbe hier stabilisierend gewirkt. Sie war eine Art Siegel, ein Ausweis der Beauftragung durch den Menschen und zugleich ein Nachweis der gewissermaßen universell gültigen Eichung der Architektur an dessen Wesen.[102] Der Ausdruck menschlicher Maßstab war *master metaphor* der Konvergenz von »humanen« Werten, wirklichkeitswissenschaftlicher Empirie und ordnender Praxis. In ihm artikulierte sich der Wunsch, eine Welt zu schaffen, die an die Dynamik der Modernisierung angepasst war, aber die ideelle Grundstruktur der alten Ordnung bewahrte. Die Suche nach dem menschlichen Maß kann damit regelrecht als Metadiskurs von Ordnungsdenken und *social engineering* gelten. Denn die Symbolik des Maßhaltens war in ihrer Nähe zu Vorstellungen von Harmonie und Gleichgewicht Ausdruck der Hoffnung, mittels maßgebender Interventionen Gemeinschaft stabilisieren zu können. Das Adjektiv »menschlich« rekurrierte auf jene »Lebensgesetze«, jene »vorgefundenen Ordnungen«, die die Zielvorstellungen, aber auch die wissenschaftlichen Erkenntnisinstrumente der Akteure vorstrukturierten: Familie, Volk, Gemeinschaft, Nachbarschaft.[103]

---

100. Werner Kallmorgen: Die Aufgabe des Architekten im Städtebau, 13.12.1945, S. 6 (HAA, Werner Kallmorgen, S022.1).

101. REDE VON KONSTANTY GUTSCHOW AM 2. MAI 1945 (1988, urspr. 1945), S. 699. Allerdings hatte sich gerade Gutschow zumindest zeitweise wenig standhaft gegenüber den Versuchungen der Maßstabsüberschreitung gezeigt. So notierte er sich zur Elbufergestaltung: »›Der Mensch, das Maß aller Dinge.‹ - Leicht gesagt. Scheinbar absolut in seinen Maßen. - Und doch wie verschieden die Maßstäbe von Tempel und Rom [...] Schönheit des wirklich Grossen. ›Das Monumentale‹. - Erlebnis Paris-Versailles.« Konstanty Gutschow: Notiz zur Hamburger Wiederaufbauplanung, o.D. [1944?] (StA-HH, 621-2/11, B 10/1).

102. Für den Hinweis auf diese Deutung danke ich Antje Wischmann.

103. Auch in innerbetrieblichen Expertendiskursen wurden bereits ab Ende der 1920er Jahre Humanisierungsforderungen laut. Der »Mensch im Mittelpunkt« war das

Die Rede vom menschlichen Maßstab implizierte für die Architekten eine Ausweitung der eigenen Aufgabe, die sich nun gewissermaßen auf den ganzen Menschen bezog, was hieß: den Menschen in seiner sozialen Umwelt.[104] Denn die Planer sahen Nachbarschaft als einen menschlichen »Wesenszug«[105] in der Krise, der gestärkt werden musste. Hier wird ein zentrales Merkmal von Ordnungsdenken und *social engineering* sichtbar. Wo es sich auf den Menschen berief, meinte es nicht den Einzelnen, sondern die kleinste Gruppe von Menschen. Es war trotz seiner »humanistischen« Konnotationen zutiefst antiindividualistisch. Nicht das unspaltbare Atom, die ungebundene Monade, sondern das Molekül war die Leitvorstellung dieses Denkens. Der Index der planerischen Anthropometrie war also äußerst unscharf. Die Einkerbungen der Messinstrumente markierten Familien, Gruppen, Nachbarschaften, nicht Subjekte. Letztlich vergröberten die Planer die angelegten Maßstäbe – sie formatierten das Soziale ihren Gemeinschaftsidealen entsprechend. Vielleicht erklärt das auch den eigentümlichen Fokus auf die Kinder: Letztlich ermöglichte es die Bezugsgröße »Kind«, das Individuum zu thematisieren und doch die Gemeinschaft zu denken, denn Kinder bedürfen ihrer sozialen Umgebung und sind doch Subjekte.

Leitbild eines Personalmanagements, das die »Ordnung des Betriebes durch die ›organische Eingliederung der Einzelpersönlichkeit in das ideelle Ganze des betrieblichen Geschehens‹« anvisierte. ROSENBERGER, Experten für Humankapital (2008), S. 127, 139. Vgl. außerdem demnächst: LUKS, Der Betrieb als Ort der Moderne (2010). Nachzuweisen ist eine Koinzidenz von Humanisierungs- und Ordnungsimperativen zudem im deutschen Ordoliberalimus, der sich als »Ordnung nach dem Maße des Menschen« verstand. HOTZE, Menschenbild und Ordnung der Sozialen Marktwirtschaft (2008), S. 5.

104. Paradoxerweise ersetzte der Begriff »menschlich« in den 1940er Jahren also den in den 1920er Jahren ubiquitären Begriff »sozial« - obwohl er eigentlich genau das meinte: das Soziale als die Interdependenz der Individuen.

105. GUTSCHOW, Wohnen (1958), S. 642.

4.2 »Sinnfälligkeit«

Wie macht man Gemeinschaft architektonisch erlebbar?

In der Rede vom »menschlichen Maßstab« artikulierte sich zwischen Ende der 1930er und Ende der 1950er Jahre also die Hoffnung, eine humanere Moderne sei machbar, und zwar durch Einhaltung bestimmter numerischer Grenzwerte im Städtebau. Denn die Menschen der Moderne, so Elisabeth Pfeil 1950, litten an der »Unübersichtlichkeit, dem Unpersönlichen und der Naturferne der Großstadt«, sie wollten wieder »im Geordneten«, im »Übersehbaren« leben. Also wurden Methoden entwickelt, die städtische »Versachlichung der Beziehungen« mittels »Gliederung in überschaubare Zellen und Nachbarschaften und Viertel« zu überwinden und so die »Anteilnahme des Menschen an seiner Gemeinde« zu stärken. Eine »Zentrierung des großstädtischen Soziallebens um Mittelpunkte« herum sollte die »Bekanntschaft der Angehörigen einer Nachbarschaft untereinander« steigern: »Die sozialgefährdete Großstadt« werde dann wieder zum »sozial gegliederten Stadtgefüge, damit zu gesunderer Umwelt.«[1] Die Eingrenzung der Alltagswelt (des »Nachbarkreises«), so die Theorie, werde die Dichte des sozialen Interaktionsnetzes (die Überlagerung der »Verkehrkreise«) erhöhen. Eine bauliche Struktur, die das »Sich-Kennen [...] von Angesicht zu Angesicht« ermögliche, setze also auch einen »seelische[n] Begrenzungsprozeß« in Gang.[2] Aus Simmels Diagnose, in der Stadt vergrößerten sich die »Gesichtskreise« der Menschen,[3] wurde also eine Therapie der Einzirkelung, der Bemessung von *orbits*, wie sie Gregor Paulsson auf der CIAM-Tagung 1951 in Hoddesdon empfahl.[4]

Gestalten oder bemessen?

Aber woher rührte eigentlich die beklagte Unfähigkeit der Menschen, auch in großer Zahl oder in großen Gebieten in Gemeinschaft zu leben? Für die Planer resultierte sie aus einer Überforderung der Wahrnehmung. Das »Problem der Größe« bestand darin, dass die Großstadt ihrer Meinung nach »das Maß des menschlich Erfaßbaren« überstieg.[5] Für Carl-Fredrik Ahlberg zum Beispiel lösten komplexe, schwer zu überschauende Räume »Überwältigungs-«

---

1. PFEIL, Großstadtforschung (1950), S. 113, 213.
2. PFEIL, Nachbarkreis und Verkehrskreis in der Grosstadt (1959), S. 162, 164.
3. SIMMEL, Die Großstädte und das Geistesleben (1903), S. 31.
4. PAULSSON, The Past and The Present (1979, urspr. 1952), S. 22.
5. HOFFMANN, Die Idee der Stadtplanung (1957), S. 239.

und »Unlusterfahrungen« aus. »Eine Bebauung von [...] großer Skala wirkt aus der Nähe überwältigend und erzeugt Unbehagen«. Das belegen die Ergebnisse der Psychiatrie. Die »psychologische Wirkung« kleiner Räume dagegen befördere »einen bestimmten Lebensstil und Blick auf die Gesellschaft und die Mitmenschen«.[6]

Daher wurde die »maßlose Großstadt«[7] durch Aufgliederung gewissermaßen vor ihren Bewohnern versteckt. Der schwedische Wohnungspolitiker Yngve Larsson resümierte 1955:

> »Eine Stadt, so meinen wir, soll nicht wie eine einzige homogene Masse aufgebaut werden, in der der Einzelne schließlich in der Anonymität des Gedrängels verschwindet. Sie muss in maßvollen Nachbarschaften entwickelt werden [...]. Das Leben bekommt hier eine menschlichere Skala, die Menschen lernen einander besser kennen, und damit verbessern sich die Voraussetzungen für eine demokratische Gesinnung.«

Das liege daran, so Larsson, dass man sich in einem kleineren architektonischen Ensemble leichter orientiere. Es gelte, »[d]ie natürliche Sehnsucht nach einer menschlichen Skala der Umgebung« zu »*berücksichtigen und zu entwickeln*«.[8] Das war Ordnungsdenken *par excellence*: Die Größe des Wohnbereichs bemaß sich für Larsson an einem im Menschen angelegten Wunsch nach Überschaubarkeit. Diesen sollte der Architekt gleichzeitig als Potenzial berücksichtigen und planerisch hervorrufen.

Deutsche und schwedische Planer wollten also »überschaubare städtebauliche Einheiten [bauen], die dem Maßstab und Empfindungsvermögen der Menschen angepasst sind«.[9] Nun wurde, wie gezeigt, die Krise der Gemeinschaft als Phänomen der großen Zahl, der Masse, verstanden. Die Architekten konnten sich also nicht als Beiträger zur Bewältigung dieser Krise anbieten, wenn sie lediglich quantitative, »abstrakte« bzw. – so die häufigste Formulierung – »mechanische« Methoden der Eingrenzung vorzuschlagen hatten. Eine Art Mehrwert musste erzielt werden, der Menschlichkeit, Gemeinschaft usw. garantieren würde. Immer wieder betonten die Architekten deshalb, die Spürbarkeit, die Erfahrbarkeit oder Sinnfälligkeit der Raumstrukturierung sei von Bedeutung. Für die Architekten war Gemeinschaft also nicht allein eine Frage der Größe der Umwelt. Das »moderne Großstadtgetriebe« erzeugte eine »innere Fremdheit«, und dieser sollte begegnet werden, indem den Menschen wieder eine Heimat gegeben wurde. Damit war weniger so etwas wie »Verwurzelung« gemeint als vielmehr die Internalisierung des eigenen sozialräumlichen Standorts. Die Architektur, so der Gedanke, müsse Orientierungshilfen bereitstellen, die es den Menschen erleichtern würden, intuitiv zu begreifen, dass sie in eine Gemeinschaft eingebunden waren: »Ist diese große seelische Gefahr modernen Großstadtgetriebes auf Straßen und Bahnen, in Büros und Fabriken schon nicht zu vermeiden, so muss und kann nur das Wohnen hier Ausgleich bringen.«[10]

---

6. AHLBERG, Nutida krav på stadsplaner (1950), S. 16.
7. PFEIL, Großstadtforschung (1950), S. 126.
8. LARSSON, Grannskapsenheter och Centra (1955), S. 23 (meine Hervorh.).
9. GÖDERITZ, Braunschweig (1949), S. 24.
10. RAINER, Die Behausungsfrage (1947), S. 52.

Besonders die Wirkung der baulichen Gestaltung auf den Seh-Sinn wurde zum Thema. Die Planer beschäftigten sich in den 1930er bis 50er Jahren vermehrt mit der Siedlungs- und Gebäudeform, mit der Größe und Anordnung der Baukörper. Bauten wurden in Analogie zur menschlichen Gruppenbildung angeordnet und ihre Zusammengehörigkeit markiert. Gemeinschaft sollte so unmittelbar »sinnfällig« oder »augenfällig« gemacht werden. Das konnte mittels »Zueinanderordnung verschiedener Hausformen« geschehen, etwa durch gleichartige Gestaltungselemente und die »städtebaulich individualisierende räumliche Gestaltung« einzelner Wohnbereiche, wie Gutschow 1958 schrieb.[11] Die Planer versuchten außerdem, Blickfolgen zu steuern (etwa durch Höhen- und Richtungsgefälle und optische Determinanten) und Grenzen zwischen Wohnbereichen zu ziehen (durch Grünzüge, Verkehrswege oder die Einbeziehung der Charakteristika des Terrains). Die Erlebbarkeit der Wohn-Gemeinschaft wurde also verbessert, um die sozialen Folgen einer die Wahrnehmung überwältigenden Wirklichkeit abzumildern.

Baukörpergruppierung als Menschengruppierung. Die schwedische Debatte über »Raumbildung«

Bereits 1933 diagnostizierte der schwedische Architekt Sven Ivar Lind eine allgegenwärtige Bitterkeit der Menschen. Sie sei einem »Gefühl der Obdachlosigkeit in einer Zivilisation« geschuldet, »die wir nicht überblicken können, die uns zwingt, an einem Ereignisverlauf teilzunehmen, den wir weder verstehen noch befürworten oder kontrollieren können.« Zur Überwindung dieser modernen Obdachlosigkeit müsse die Identifikation mit der Wohnumgebung gesteigert werden, und dazu könne Architektur beitragen.[12] Genau das stand auch im Zentrum eines Vortrags von Gunnar Asplund von 1936, der zu diesem Zeitpunkt begann, vom rigidem Funktionalismus Abstand zu nehmen, um sich einem eher »organischen« Bauen zu widmen. Asplund empfand den Funktionalismus nämlich als »unübersichtlich« und deshalb psychologisch »gefährlich«. Er illustrierte das mit Fotos, die eine Reihe von Tanzgirls und eine Flucht gleichförmiger Häuser zeigen. Beides begriff er als Anordnungen, die »Individualität« einschränkten und im »System« untergehen ließen.[13]

In der Kritik stand nun also nicht nur die Großstadt, sondern auch eine erst jüngst entwickelte Siedlungstypologie, die dem Anschein nach keine Orientierung zuließ, und deren Verfechter damit fahrlässig soziale Auflösungstendenzen in Kauf nahmen. Spätestens Anfang der 1940er Jahre hatte die Architektur der 1930er Jahre einen schlechten Ruf. »[Der Stadtplaner] war bloß auf die Faktoren eingestellt, die man messen und berechnen konnte«, hieß es, »Minimallösungen bestimmten den Stadtplan für die werdenden Einwohner, die als [...] uninteressante Einheiten in der Masse betrachtet wur-

---

11. GUTSCHOW, Wohnen (1958), S. 637.
12. LIND, Olika språk (1933), S. 145.
13. Offensichtlich beeinflusst von Siegfried Krakauers »Ornament der Masse« (1927), sah er »das Menschliche verschwinden oder zum Ornament degradiert« werden: ASPLUND, Konst och teknik (1936), S. 169–170.

den.«[14] Zielscheibe dieser Kritik war offenkundig die Zeilenbebauung. Ihr tendenziell identitätsloser Charakter wurde mit der Masse assoziiert, die es räumlich zu verhindern galt, mehr noch, sie wurde sogar für deren Entstehung mit verantwortlich gemacht und als »Verfall der Stadtplanungskunst« angeprangert.[15] Das führte in Schweden bis hin zur Identifikation von Diktatur und Neuem Bauen. Helge Zimdal etwa zog in seinen Erinnerungen eine Linie vom Asketismus Gropius' und Mays (deren Bauten er auf einer Deutschlandreise besichtigt hatte) zum »Massenmenschen« des Nationalsozialismus.[16] Die funktional und ökonomisch begründete Serialität wurde in den 1940er Jahren zunehmend als menschenfeindlich, als mechanisch, leblos, kalt, sogar als dem Wesen nach »militärisch« empfunden. Ihr wurde eine Raumform entgegengestellt, die mit einem biologischen begrifflichen Repertoire beschrieben wurde, als Organismus, als Habitat[17] oder auch als »ökologisch« funktionierendes »Milieu«, in dem »[d]as Leben selbst [...] zu seinem Recht kommen« könne, wie Ahlberg schrieb. Ahlberg würdigte zwar die Quartiere des vorangegangenen Dezenniums als sozialen Fortschritt, fand sie aber »bedrückend und unschön«. Für ihn waren die »materiellen« Probleme des Wohnens weitgehend gelöst, die »sozialpsychologischen« dagegen ungeklärt.[18]

1948 eröffnete Nils Ahrbom die Jahrestagung von *Stockholms arkitektförening* mit einem Vortrag zum »Wohnmilieu«. Er lobte die Verdienste der Verwissenschaftlichung in Folge der *Stockholmsutställning*, gab aber auch zu bedenken, dass ein klarer Zusammenhang bestehe zwischen dem »Schematismus« des Gesellschaftsentwurfs der 1930er Jahre und den Siedlungsgrundrissen dieser Zeit:

»Die Geschehnisse seitdem zeigen, dass das Verhältnis zwischen dem Individuum und der Gesellschaft weit komplizierter ist, als man sich das vorgestellt hat, und dass Kollektivismus und soziale Effizienz eine unangenehme Tendenz haben, ganz von selbst die Gestalt des totalitären Staats mit seiner Bürokratie anzunehmen. Das Stadtplanungsschema der [Stockholmer] Ausstellung, der Lamellenhausplan *made in Germany* war genauso logisch, einfach und effektiv wie ihre Gesellschaftskonstruktion und entsprach genauso wenig einer komplizierten Wirklichkeit wie diese.«[19]

Ahrbom bemängelte die Unfähigkeit vieler Architekten, mit den »irrationellen« Faktoren der Stadtplanung umzugehen, denn diese Unfähigkeit liege der

---

14. LARSSON, 1940-talets stadsbyggnadskonst (1950), S. 6. Der Unterschied zu den 1940er Jahren wurde hier mit einer fiktionalen Fahrt durch Stockholmer Vororte verdeutlicht: von Hammarbyhöjden (1936-1939) über das schon weniger triste Björkhagen (Bebauung ab 1948) nach Kärrtorp (eingeweiht 1951).
15. Vgl. WILLIAM-OLSSON, Självprövning inför »stadsplanekonstens förfall« (1948).
16. ZIMDAL, En arkitekt minns (1981), S. 35.
17. Der Habitat-Begriff wurde u.a. auf der CIAM-Vorbereitungssitzung 1952 in Sigtuna diskutiert, und zwar als »[n]atürliche und geschaffene Umgebung des Menschen«. Ergebnisse der Zusammenkünfte des Arbeitskongresses der »CIAM« in Sigtuna, 23.-30.6.1952 (ADK, WHA-01-109).
18. AHLBERG, Miljön som kulturfaktor (1950), S. 159.
19. AHRBOM, Diskussion om bostadsmiljön (1948), S. 70 (Hervorh. im Original).

Popularität der Zeilenbauweise zu Grunde, die eine »skelettartige Lösung« sei, ja »ihrer Natur nach technisch, ingenieurmäßig und militaristisch«. Das gemeinsame Leben, so Ahrbom, ersetze sie durch ein »funktionales«, »die organische Anpassung musste der unorganischen Absichtlichkeit weichen«.[20] Seine Kritik ging von einer Wechselwirkung zwischen Bebauungsstruktur und Sozialstruktur aus. »Die ganze Bebauung wird atomisiert, so zersplittert, dass jedes Haus nur für sich existiert, ohne Rücksicht auf oder Zusammenarbeit mit dem Nachbarn.« Er begrüßte daher den Versuch, »organische Primärgruppen« »künstlich« durch Nachbarschaftseinheiten zu schaffen. Es müsse daran gearbeitet werden, den Zusammenhang von »Leben und Form« zu verstehen. Es gelte deshalb, die städtebauliche »Raumbildung« zu erforschen.[21]

Ahrboms Vortrag war richtungsweisend.[22] In den 1940er Jahren wurde in Schweden vermehrt versucht, es »den Bewohnern zu erleichtern, ihren Wohnort zu begreifen und sich in ihm zu orientieren.«[23] Die Form der Siedlung könne die »natürlich bedingte Zusammengehörigkeit der Menschen, das Gemeinschaftsgefühl« fördern, indem sie dieses auf einer »überschaubaren und menschlichen Ebene« vermittle.[24] Architektur ermögliche »Zugehörigkeit«, wenn sie weder »die Orientierung erschwere« noch »strukturlos« sei und vor allem nicht »aus immer gleichen Gebäuden und Straßen aufgebaut«, schrieb Ahlberg.[25] Es galt also nunmehr, der sozialen Gruppenbildung einen eigenen »architektonischen Ausdruck« zu verleihen, so Göran Sidenbladh.[26] Schwedische Architekten überdachten daher die Anordnung der Baukörper. Die »Raumbildung« sollte verstärkt werden und so die Identifizierbarkeit einzelner Wohnbereiche erhöht und das Verwiesensein ihrer Bewohner aufeinander hervorgehoben werden (Abb. 28), zum Beispiel durch Hofsituationen, durch eine asymmetrische, mäandernde Verteilung von Bauten um gemeinschaftlich zu nutzende Grünflächen herum, aber auch durch die farbliche Markierung von Gebäudegruppen.[27]

---

20. Ebd., S. 73.
21. Ebd., S. 74.
22. Die Reaktionen auf Ahrboms Vortrag waren durchweg positiv. Ahlberg betonte in seiner Stellungnahme sogar: »Der Mensch muss in seinem Milieu wieder zu seinem Recht kommen. Das ist es wohl, was hinter dem Gerede vom menschlichen Maßstab liegt.« DISKUSSION OM BOSTADSMILJÖN (1948), S. 84.
23. Carl-Fredrik Ahlberg: Neighbourhood-unit-mönstrets tillämpbarhet i stadsplaneringen idag [Probevorlesung für eine Professur an der KTH], 23.11.1959, S. 8 (AM 2006-02, K 04).
24. DANNESKIOLD-SAMSØE, County of London Plan 1943 (1944), S. 155.
25. AHLBERG, Regionalplaneproblem i Stockholm (1954), S 178f.
26. SIDENBLADH, »Grannskapsplanering« (1948), S. 116.
27. Ein regelrechter Exportschlager waren die »Sternhäuser« von Sven Backström und Leif Reinius, die sich zu Höfen kombinieren ließen. Vgl. dazu SILVANDER, Gröndal (1993). Einen Eindruck von der Vielfalt von Bebauungstypen, die zwischen 1930 und 1960 in Stockholm erprobt wurden, erhält man in SÖDERSTRÖM, Stockholm utanför tullarna (2003).

Abbildung 28: Raumbildung in der Nachbarschaft: Råcksta, ein vom Stockholmer Stadtplanungsbüro unter Markelius 1952-1953 geplantes Quartier in Vällingby, hier in einem deutschen Reisebericht.

Aufschlussreich ist diesbezüglich eine Abbildung zu einem Artikel im »Byggmästaren« 1949 (Abb. 29). Hier wurde der Gedanke des englischen Architekten Charles Reilly visualisiert, Reihenhäuser kreisförmig um eine Grünfläche herum anzuordnen. Der Autor des Artikels, Sven Månsson, begrüßte diese Anordnung, weil sie seiner Meinung nach Anreize zur Vergemeinschaftung produziere. Denn »aufgrund der Konstruktion des ›Zuhauses‹ wird es bequemer, an der Gemeinschaft zu partizipieren, als außen vor zu bleiben«. Die Skizze assoziierte die architektonisch designierte Blickrichtung der Bewohner – aus den Reihenhäusern heraus in die Mitte der Anlage – mit einem spezifischen Vergesellschaftungstyp. Die Bebauung erzwang also laut Månsson eine Perspektive, die zu »gemeinsamer persönlicher Kooperation« führen würde und nicht zum egoistischen »Isolationismus« des Einfamilienhausdaseins oder zum »unpersönlichen Interesse« im »kollektivistischen« Hochhaus.[28]

---

28. MÅNSSON, Hemmet och bostadsgruppen (1949), S. 328.

»Sinnfälligkeit«

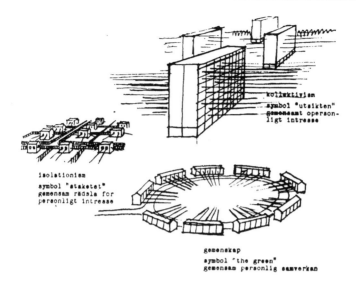

Abbildung 29: Drei Gebäudeanordnungen, drei Gesellschaftstypen, »Byggmästaren« 1949

»Überschaubare Ordnungen«.
Die Förderung der Sinnfälligkeit in Deutschland

Auch deutsche Planer (und Soziologen) machten sich in den 1940er Jahren und darüber hinaus Gedanken über den Zusammenhang von Baukörperanordnung und Vergemeinschaftung, über die »überschaubare Ordnung«, die den Stadtbewohner »aus der Vereinzelung befreit, in die er als Teil einer nicht fassbaren, größenmäßig unbegrenzten Masse geraten ist«.[29] Pfeil bemerkte 1950, es sei »kein Zufall, daß wir Worte wie Gestaltlehre, Morphologie, Tektonik ebenso auf den Siedlungskörper wie auf die Gesellschaft anwenden«.[30] Auch in der Bundesrepublik wurden Stadtgrundrisse kritisiert, die aus unstrukturiert »sich wiederholenden Planfiguren« bestünden.[31] Genauso wie ihre schwedischen Kollegen warnten deutsche Architekten aber auch schon im »Dritten Reich« davor, die Form der Siedlung »aus arithmetischen Reihen oder von militärischen Formationen« abzuleiten. Natürlich nahmen sie dabei (implizit) Bezug auf die Zeilenbaudebatte der frühen 1930er Jahre: »[F]ormale« und »konstruktive« Methoden, Siedlungsgrundrisse festzulegen, seien fragwürdig, so Gutschow, die »Bemessung der Hauszeilenlänge an Wohnwegen aus betriebstechnischen Erwägungen« oder »ästhetische Überlegungen [...] über die aneinanderzureihenden Haustypen« nachrangig. Parameter müssten vielmehr dem »praktischen, lebendigen Leben der Menschen

---

29. CULEMANN, Die Gestaltung der städtischen Siedlungsmasse (1941), S. 133.
30. PFEIL, Großstadtforschung (1950), S. 121.
31. GUTSCHOW, Wohnen (1958), S. 637.

und ihrem Zusammenleben« entnommen werden. Damit ein »lebendige[s] Zusammengehörigkeitsgefühl sichtbar wird«, müssten sich »überschaubare Gemeinschaften städtebaulich deutlich abzeichnen«.[32] In einer DAF-Veröffentlichung zur »Siedlungsgestaltung aus Volk, Raum und Gemeinschaft« hieß es 1942: »Die einzelnen Ortsgruppen als Teile der Stadt müssen in ihrem Aufbau und ihrer Begrenzung überschaubar und klar ablesbar sein. Je stärker diese Geschlossenheit im Aufbau zum Ausdruck kommt, um so stärker wird auch das Gefühl für die Zusammengehörigkeit und das Erlebnis der Gemeinschaft sein.«[33] Die »Deutsche Akademie für Städtebau, Reichs- und Landesplanung« unterbreitete vergleichbare Vorschläge. Ihre städtebaulichen »Richtlinien« (sie sollten »nationalsozialistisches Gedankengut mit bisheriger Erfahrung vereinigen« und damit eine »geordnete Übersicht« ermöglichen) enthielten Ratschläge zur Gestaltung der »Siedlung als Wohngemeinschaft«. Deren Identität müsse klar zum Ausdruck gebracht werden, etwa durch »blickmäßige Abschlüsse«, die durch die »Geschlossenheit der Straßenwandung« erzeugt werden könnten, durch die »einheitliche Behandlung der Vorräume oder Vorgärten«, mittels Farbgebung, gegebenenfalls auch durch eine »heimatliche Bauweise«, wobei diese nicht gedankenlos auf »neue Bauaufgaben« übertragen werden dürfe. »[S]ymmetrische Raumfolgen« seien in jedem Fall abzulehnen.[34] Noch in den späten 1950er Jahren unterstrich Hubert Hoffmann, nicht die »mechanische Block- und Zeilenbebauung«, sondern »[d]er gestaltet als solcher erkennbare Wohnbereich entspricht der Gemeinschaft«.[35] Die Nachbarschaftseinheit müsse »ein Mehr als das Nebeneinander von Wohnungen und Verkehrswegen« sein, so noch einmal Pfeil, »ein Ganzes, zum dem man gehört und das man als ›unseres‹ empfindet«.[36]

Wie das konkret aussehen sollte, demonstrierte Gutschow mit einer Skizze (Abb. 30). Der soziale Zusammenhalt, so behauptete er, lasse sich durch gekrümmte Gebäudeanordnungen fördern. Denn ein »räumliche[s] Zueinander« der Bauten erzeuge »nachbarschaftliche Beziehungen« und mache sie zudem »sichtbar« – ganz anders als lediglich aufgereihte, das heißt »gleichgültig nebeneinander« ausgerichtete Häuser. Ursache und Wirkung sind hier unklar, die soziale Praxis »Nachbarschaft« soll gefördert werden, indem sie erkennbar gemacht wird? Die Gestaltung soll eine Sozialstruktur visualisieren, die sie zugleich hervorruft?

---

32. Konstanty Gutschow: D38. Skizze Generalbebauungsplan 1944 (Manuskript Plassenburg), Anfang Juli 1944, S. 6 (Sammlung N. Gutschow).
33. DER AUFBAU DER KREISSTADT (1942), S. 34, 37.
34. DEUTSCHE AKADEMIE FÜR STÄDTEBAU, REICHS- UND LANDESPLANUNG, Vorläufige Richtlinien für die Planung und Erschließung von Wohn- und Siedlungsgebieten (1942), S. 14, 24, 32, 34.
35. Hubert Hoffmann: CIAM-Berlin. thesenvorschläge zum CIAM X, 15.7.1956 (AM, 1970-18-157, K 15).
36. DIE WOHNWÜNSCHE DER BERGARBEITER (1954), S. 115.

■ ■ ■ ■ ■ ■ ■
HÄUSER IN GERADE AUSGERICHTETER REIHE
STEHEN GLEICHGÜLTIG NEBENEINANDER

HÄUSER IN RÄUMLICHEM ZUEINANDER
SCHAFFEN NACHBARLICHE BEZIEHUNGEN
UND MACHEN SIE SICHTBAR

*Abbildung 30: Gleichgültigkeit oder Nachbarschaft –
eine Frage der Baukörperanordnung, Gutschow 1958*

Jedenfalls regten die deutschen »Siedlungszellen«-Befürworter immer wieder an, bestimmte Sozialgebilde architektonisch »sinnfällig« zu machen. Das lässt sich besonders deutlich an Roland Rainers »Behausungsfrage« von 1947 zeigen, einem Buch, das aus der Debatte um den besten Haustyp im Wiederaufbau der frühen 1940er Jahre hervorgegangen war und das auch Gutschow begrüßte und verbreitete.[37] Man könne, so Rainer, die »maßgebende« Funktion von Bauten gar nicht unterschätzen, »denn schon in dem einfachen Größenverhältnis zwischen Wohnhäusern und öffentlichen Bauten spiegelt sich im Grunde das Verhältnis des einzelnen zu Gemeinde und Staat.«[38] Ziel der Maßstabsetzung sei, dass die Bewohner sich »als Glieder einer überschaubaren Wohngemeinschaft – zusammengehörig fühlen«.[39] Das Einfamilienreihenhaus zum Beispiel werde, wie Rainer deutlich machte, dem »schrittweisen Abbau des Familienlebens« auch mittels *Bildwirkung* vorbeugen.[40] In großen Bauten könne von einer »sichtbaren baulichen Verkörperung der einzelnen Familie nicht mehr gesprochen werden: damit verschwindet die grundlegende Maßeinheit aus dem städtebaulichen Bild«.[41] Bereits 1944 schrieb er, die »Gliederung [der Stadt] in so kleine, leicht überschaubare Räume menschlichen Maßstabes« schaffe »nicht nur alle biologischen Voraussetzungen für eine gesunde Entwicklung der Bewohner, sondern führt ihnen auch *auf Schritt und Tritt die soziale Ordnung vor Augen, und ruft ihnen damit ihre Zugehörigkeit zur Gemeinschaft ins Bewußtsein*«.[42] »Schritt und Tritt« sind hier wörtlich zu nehmen. Die Raumstruktur sollte im Prozess ihrer Nutzung vergemeinschaftend wirken. Zugleich ist hier an die Fußläufigkeit als »menschliches Maß« zu erinnern. Das Terrain sollte gleich zweifach an die Sinne appellieren. Die Nachbarschaft wird mit Fuß und Auge erlebt – aber eben nicht bewusst (intellektuell) reflektiert.

---

37. Vgl. zur Debatte Kapitel 5.2.
38. RAINER, Die Behausungsfrage (1947), S. 70. Rainer illustrierte seine Thesen übrigens mit Bildmaterial aus Skandinavien.
39. Ebd., S. 108.
40. Ebd., S. 19.
41. Ebd., S. 111.
42. RAINER, Die zweckmässigste Hausform (1944), S. 26 (meine Hervorh.).

Bei Hans Bernhard Reichow spielte die »Sinnfälligkeit« eine besonders wichtige Rolle, er meinte damit die »warme Unmittelbarkeit alles Erlebens«.[43] Die Stadtplanung sollte für Reichow also regelrecht »psychosoziale« Wirkungsmechanismen steuern, die im »Stadium des Vorbewußten den Menschen leiten«.[44] Reichows »organische« Programmatik verstand sich als Versuch, unterbewusste (für Reichow: »vegetative«) Sicherheits- und Orientierungsbedürfnisse in der Stadtplanung zu berücksichtigen. In der 1953 bis 1954 errichteten Siedlung Hohnerkamp in Hamburg beispielsweise indizierte er mittels Höhenstaffelung und Farbgebung die Zugehörigkeit einzelner Gebäude zu jeweiligen Bebauungsgruppen (Abb. 31).

Abbildung 31: Richtungsgefälle und Wohngruppen in Reichows Hamburger Siedlung Hohnerkamp

---

43. REICHOW, Organische Stadtbaukunst, S. 127.
44. LANDWEHR, Die Theorie des Organischen Städtebaus (1984), S. 47.

Anderswo gestaltete er einzelne Wohnbereiche regelrecht bildhaft. In der ab 1954 geplanten Satellitenstadt Sennestadt bei Bielefeld symbolisierte er die Gemeinschaftsbildung, indem er verschiedene Gebäudetypen in Form eines Fisches anordnete.[45]
Solche Wirkungen sollten durch die strategische Positionierung von Punkthochhäusern noch verstärkt werden. Außerdem nutzte Reichow das Relief der Landschaft, er verlegte das Zentrum von Sennestadt ins Tal und setzte so das Höhengefälle der Straßen in Richtung Stadtkern als Orientierungshilfe ein.[46] Die kreuzungsfreien, »sinnfällig richtungsweisenden« Verkehrswege, die Reichow empfahl, bildeten so eine Art Verbundsystem mit der sozialen Sinnfälligkeit der Nachbarschaft. Auch bei Reichow blieb dabei unklar, ob Sinnfälligkeit Gemeinschaft hervorrufen konnte oder diese nur symbolisierte, ob er also über die Absicht der Planung informieren oder deren Erfüllung suggerieren wollte.[47] Die »Erlebnisfähigkeit« des Siedlungsgebildes verstand er zugleich als Mittel zur »Bindung an die Gesamtform« und als »Ausdruck der wiedergewonnenen Gemeinschaft«.[48]

Apoll und Dionysos.
Der »Neorealismus« als Korrektur des Funktionalismus

In Deutschland konnte nach 1933 die äußere Gestaltung einzelner Bauten relativ offen diskutiert werden – natürlich nur solange diese nicht die diskreditierten Kennzeichen des *International Style* trugen. Anders als zeitgleich in Schweden war eine Symbolwirkung von Architektur im »Dritten Reich« erwünscht. Diese war geprägt vom »programmatischen Eklektizismus« der NS-Führung, die für verschiedene Bauaufgaben verschiedene Stile zuließ, die zwischen einem rückwärtsgewandten Heimatstil und einem regionalistischen »Traditions-Funktionalismus« changierten.[49] Oft wurden Bauten mit standardisierten, »modernen« Grundrissen mittels vereinheitlichter regionaler »Kostümierungen« – bestimmten Giebel- und Fensterformen, ortstypischen Materialien – gewissermaßen traditionalisiert.[50] Auch der »Normalwohnungsbau« nach 1945 verband typologisch Heimatschutzstil, NS-»Volkswohnungsbau« und Neues Bauen, bemühte sich also um ein gemäßigt modernistisches Er-

---

45. Zur Sennestadt: BRINITZER, Hans Bernhard Reichow (1994); LANDWEHR, Sennestadt (1984); SOHN, Zum Begriff der Natur in Stadtkonzepten (2008), S. 28–33.
46. Reichow interessierte sich schon in den 1940er Jahren für die Sinnfälligmachung des Verkehrs. Seine diesbezüglichen Überlegungen sollte er in den späten 1950er Jahren in seiner berühmt-berüchtigten »autogerechten Stadt« systematisieren (vgl. REICHOW, Die autogerechte Stadt [1959]). So wollte er den jeweiligen »Straßenrang« intuitiv erfahrbar machen, und zwar durch Bordsteinschwellen, die Benennung der Straßen, verschiedenfarbige Straßenbeleuchtung und sogar durch verschiedenartig geformte Laternenmasten. Vgl. REICHOW, Bau der Sennestadt (1959), S. 1192.
47. Vgl. BRINITZER, Hans Bernhard Reichow (1994), S. 100.
48. REICHOW, Grundsätzliches zum Städtebau im Altreich und im neuen Deutschen Osten (1941), hier S. 226, 229.
49. FEHL, Kleinstadt, Steildach, Volksgemeinschaft (1995), bes. S. 180–187.
50. Ebd., S. 191–195.

scheinungsbild, so weit sich das überhaupt verallgemeinern lässt.[51] Das erzeugte andere Resonanzbedingungen für die Forderung nach Sinnfälligkeit als in Schweden, wo der Funktionalismus, wie gezeigt, in den frühen 1930er Jahren ein Programm der radikalen Desemantisierung der Form verfolgt hatte. Zwar ähnelte die Absicht, die psychologischen Bedingungen der Milieubildung stärker zu berücksichtigen, deutschen Vorhaben. Anders als in Deutschland entfachte sie in Schweden aber eine Debatte um das Gestalten – in deren Zusammenhang der Autoritarismus und die Kunstfeindlichkeit des Funktionalismus angegriffen wurden.

Ab Anfang der 1940er Jahre diskutierten schwedische Architekten nämlich wieder über Baustile und deren Bedeutung für die Identifikation der Nutzer mit ihrem Wohnort. Vermehrt wurde empfohlen, ans Irrationale zu appellieren, an das »schwer definierbare« Schönheitsempfinden der Menschen, so Ahlberg.[52] Es wurde eine »spontanere« Architektur propagiert, und dabei schreckte mancher Architekt nicht vor der Rückbesinnung auf einen überkommenen Formenkanon zurück. Sune Lindström hatte schon 1937 behauptet: »Das ›Alte‹ hat einen intimeren Kontakt mit den großen Volksgruppen als die moderne Architektur, die sich in ästhetischer Hinsicht isoliert hat.«[53] Ähnlich rekapitulierte Sven Backström 1947: »In den 1930ern reagierte man gegen alles Falsche und Angeklebte in der Architektur. Der ›Funktionalismus‹ fegte über uns, frisch, stimulierend und notwendig. Aber er nahm zu viel mit sich. Die Architektur wurde schematisch, um nicht zu sagen steril. [...] Alle Maße wurden zu stark gedehnt.«[54]

Der Funktionalismus wurde also Anfang der 1940er Jahre mit dem »Neorealismus«[55] (*nyrealism*) – im Englischen oft als *new empiricism* oder auch *new humanism* bezeichnet – durch ein Idiom abgelöst, das die Selbstverortung der Wohnbevölkerung, wie sie die Nachbarschaftsplanung anvisierte, erleichtern sollte. Regionale, teils auch handwerkliche Bauweisen kamen wieder vermehrt zur Anwendung. Merkmale des *nyrealism*, wie ihn (zeitweilig) Sune Lindström, Gunnar Wejke, Sven Backström und Leif Reinius vertraten, waren die Verwendung von Holz, Ziegel und Spritzputz; es tauchten nun wieder Erker und Sockel auf, und kleine, oft quadratische, meist hell eingefasste Fenster hatten Konjunktur. Sogar eine gewisse eklektische Ornamentierung kehrte zurück, eine Verspieltheit der Details, eine dezente Farbigkeit, vor allem in Erdtönen. Es wurden also gestalterische Prämissen rehabilitiert, die bis dato als reaktionär gebrandmarkt waren.[56] Neben der Forde-

---

51. Ausführlich zum Wandel der Wohnarchitektur nach 1945: HAFNER, Vom Montagehaus zur Wohnscheibe (1993).
52. AHLBERG, Vad vi vet och vad vi behöver veta för att planlägga (1943), S 44.
53. LINDSTRÖM, Arkitektens anpassning (1937), S. 1.
54. Backström, Väsentligt (1947), S. 1.
55. Den Begriff hat Olle Svedberg in Anlehnung an die Nationalromantik, bzw. den »Nationalrealismus« der Jahrhundertwende geprägt: SVEDBERG, Nyrealismen (1988).
56. Kenneth Frampton verteufelte den schwedischen Wohlfahrtsarchitekturstil der 1940er Jahre noch in den 1980er Jahren als Verrat an den Errungenschaften Gunnar Asplunds, als »functional populism«, der durchaus als Äquivalent zum »Heimatstil of the Third Reich and Stalinist Social Realism« zu betrachten sei (FRAMPTON, Stockholm 1930 [1985], S. 39). Eva Rudberg hielt dagegen, dies sei »guilt by association«. Die »äußerliche

rung nach Berücksichtigung ästhetisch-psychologischer Aspekte trug zu dieser Entwicklung der auch in Schweden kriegsbedingte Materialmangel bei. So fehlte es an Asphalt für Flachdächer, an Stahl für die Skelettbauweise; kleinere Fensterflächen dienten der Brennstoffersparnis.[57] Zudem begünstigte die prekäre Neutralität des Landes eine stärker selbstreferenzielle Architekturdebatte. Die bereits beschriebene nationale Bereitschaftshaltung im Krieg mündete auch in eine Besinnung auf den »traditionellen« schwedischen Formenkanon. Leif Reinius rekapitulierte diese Entwicklung für die CIAM wie folgt:

»Everything became gradually more toned down and human [...]. Efforts are made to enrich and humanize the over-diagrammatic and in its way sterile stiffness and dryness of the layout. The scale, the proportions of the building in relation to man, began to be the main factor in the shaping. We were becoming more psychologists and less dogmatists.«

Dies sei eine Tendenz zum »Warmen«, weg von den »mechanical, organized, unnatural conventional forms of life«, den »dead forms of community«. Er fuhr fort:

»[The building] shall be formed as an integrate part of its surrounding and its community. And this milieu – this community must be a living whole. From this arises the aversion to repetition of long unbroken facades with unending rows of windows directing the thoughts to barracks and giant hospitals, aversion to town plans arranged in rows, aversion to slave towns.«[58]

Die schwedische CIAM-Delegation schlug 1946 sogar eine »Untersuchung der estätischen [sic] Bedingungen unter denen sich der Einwohner einer Siedlung in einer ›neighbourhood unit‹ wohl fühlt« vor – auch um gewissen »reaktionäre[n] Tendenzen« entgegenzuwirken.[59]

Damit spielte die CIAM-Gruppe auf eine Debatte zum Verhältnis von »Apoll« und »Dionysos« an, die kurz zuvor im »Byggmästaren« stattgefunden hatte.[60] Sie hatte mit einem Aufsatz des dänischen Malers Asger Jorn

---

Ähnlichkeit« zu totalitären Bauweisen, etwa der Bezug auf Heinrich Tessenow und andere gemeinsame »Architekturrequisiten« sei irrelevant. Rudberg sah die Kontinuität des demokratischen Charakters dadurch belegt, dass die Grundrisse »funktional« geblieben seien (vgl. RUDBERG, Sverige [1987], S. 43). Für Svedberg war der *nyrealism* sogar »vielleicht die ›demokratischste‹ Richtung des Spätmodernismus«. SVEDBERG, Planerarnas århundrade (1988), S. 130; vgl. auch SÖDERQVIST, Den månghövdade modernismen (2008).

57. Vgl. RUDBERG, Sverige (1987), S. 41. Mit Beispielen: WIESER, Erweiterung des Funktionalismus 1930–1950 (2005), bes. S. 205–220. Anzumerken ist, dass auch die dänische Backsteinarchitektur der 1930er Jahre den *nyrealism* beeinflusste.

58. Leif Reinius: Report on the Present Condition of Building and Town Planning in Sweden, o.D. [späte 1940er Jahre], S. 29, 31 (gta, CIAM, 42-SG-7-17/42).

59. Fred Forbat: Protokoll über die Besprechung der Vertreter der schwedischen CIAM-Gruppe mit Dr. Giedion am 8.10.46 in Hästings [sic], 22.10.1946 (gta, CIAM, 42-SG-3-327).

60. Zur Debatte vgl. FERRING, Dionysos på Årsta Torg (2006).

begonnen, in dem dieser Stellung für eine Synthese zwischen der »apollinischen«, der »kalten und leeren« Logik und dem »Dionysischen«, Mythischen bezog.[61] Jorn forderte ein neues »Ganzheitsbild« in der Architektur, eine Auflösung der »Dualität von Spontaneität und Konstruktion«. Die schwedische Architektur müsse die »künstlerische Funktion« wieder würdigen lernen. Jorns Provokation bestand darin, dass er gerade in der von den Funktionalisten oft als Verfallssymptom interpretierten, aber vorgeblich volksnahen »Stilverwirrung« der Jahrhundertwende eine Erneuerungstendenz ausmachte, die durch den Funktionalismus – als letztes Aufbäumen einer elitären »klassischen Kunstsicht« – unterbrochen worden sei.[62] Torbjörn Olsson erklärte sich daraufhin Jorns Lust auf mehr Spontaneität damit, dass »das Ordnungsprinzip, die Gesetzmäßigkeit« auch in der Architektur durch den Nationalsozialismus (zu Unrecht) diskreditiert worden sei.[63] Jorn wiederum versuchte in seiner Replik, Olsson als autoritär zu entlarven. Es gebe keine »objektive Schönheit«. Überdies, so Jorn diffus, sei der »objektive freigesinnte Humanismus« mit dem Nationalsozialismus zu einem »unmenschlichen Humanismus« verkommen. Nun gelte es, eine Form zu finden, die der Mensch sich als sein »Milieu« individuell aneignen könne. »Eine soziale Kunst ist nur möglich, wo das Erleben des Künstlers symbolisch werden kann, und darin identisch mit dem Erleben anderer Menschen.«[64]

Zunehmend, so schrieb Stig Ålund 1949 in einer Rekapitulation der Dionysos-Debatte, wurde nun das »Objektive« in »die Rumpelkammer der Metaphysik« verbannt.[65] Damit war das antiästhetische Gerüst des Funktionalismus erschüttert. Der junge Architekt Örjan Lüning etwa forderte im Anschluss an Jorn eine neue Assoziativität der Architektur, die das Selbstverständnis der »Sozialtechniker« ablösen müsse, und polemisierte bissig: »Es ist viel wichtiger für einen Architekten, Musik zu lieben und Gedichte zu schreiben, als den Wenderadius unserer Busse auswendig zu wissen oder die Belegungsdichte der Wohnungen in Trollhättan zu kennen.«[66]

Solche Provokationen blieben nicht unwidersprochen. Der *nyrealism* wurde früh als eskapistisch, dekadent und sentimental, sogar als Bürgeridyll zurückgewiesen. So befasste sich der Architekt Lennart Holm 1948 spöttisch mit der Konjunktur des *nyrealism*, bzw. des *new empiricism*. Für ihn war die Humanisierung des Bauens, die nun auch »Amerikaner und Bauhäusler« anstrebten, ein Rückschritt in irrationale Zeiten. Schon die Bezeichnung *new empiricism* sei irreführend, denn was dieser Begriff meine, sei alles andere als Wirklichkeitsnähe oder Wissenschaftlichkeit. Das bedrohe die sozialen Errungenschaften der 1930er Jahre. Damals seien zwar durchaus Fehler gemacht worden, und es sei richtig, dass der »Totalismus«, das »generalisieren-

---

61. Jorn arbeitete übrigens in den 1930er Jahren zwischenzeitlich für Le Corbusier und war mit den schwedischen Architekten Tore und Erik Ahlsén befreundet, deren Gestaltung für das Nachbarschaftszentrum des Stockholmer Vororts Årsta stark von Jorn beeinflusst war. Siehe zu Årsta Centrum auch Kapitel 6.
62. JORN, Formspråkets livsinnehåll (1946), S. 317f., 321, 326.
63. OLSSON, Apollon, Dionysos och arkitekten (1947), S. 6.
64. JORN, Apollon eller Dionysos (1947), S. 251, 254-256.
65. ÅLUND, Arkitekten och auktoriteten (1949), S. 129.
66. LÜNING, Uppsats om arkitektur (1948), S. 134.

de Menschenbild« des Funktionalismus' zugunsten einer »bescheideneren und sachlicheren« Herangehensweise abgemildert werde (Abb. 32). Für Holm war damit allerdings die Gefahr verbunden, dass »das Ziel einer ›besseren Welt‹ vom Mittel ›bessere Waschküche‹« verdeckt werde. Beunruhigend sei zudem, dass die Funktionalismuskritik – und dazu gehöre auch die Gruppentheorie – politische Implikationen habe. Der *nyrealism*, wie er etwa in Rosta in Örebro umgesetzt werde (der 1947 erbauten, viel gelobten Sternhaussiedlung von Sven Backström und Leif Reinius), sei purer Populismus. Jorn und Lüning seien weltfremd, so Holm, Backströms »organische Propaganda« liebäugele mit »feudalistischen Blut- und Boden-Symbolen«.[67]

Reinius, zu diesem Zeitpunkt Herausgeber des »Byggmästaren« und einer der Hauptadressaten der Kampfansage Holms, reagierte auf bezeichnende Weise. Er argumentierte, der Funktionalismus basiere auf pseudowissenschaftlichen Konzepten und Verallgemeinerungen menschlicher Bedürfnisse, was weitaus undemokratischer sei als der vermeintlich faschistoide *nyrealism*. Reinius amüsierte sich außerdem über die »unsachliche« Beweisführung des so »sachlichen« Holm, über dessen allzu bemühte Vergleiche. Holm wiederum verspürte bei Reinius einen Geschmack von »Existentialismus mit einer Verankerung in der Nazimetaphysik«.[68]

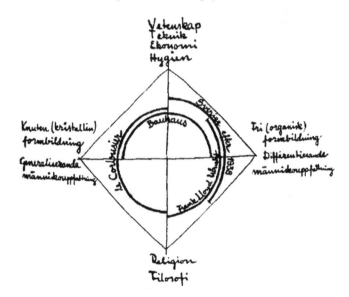

Abbildung 32: Holms (Wunsch-)Bild vom Standort der schwedischen Architektur nach 1938: Nicht besonders religiös oder philosophisch (unten), sondern wissenschaftlich, technisch, ökonomisch und hygienisch wie das Bauhaus (oben), aber (rechte Seite) mit einer »freien (organischen) Formbildung« und einem »differenzierenden« statt einem »generalisierenden« Menschenbild.

---

67. HOLM, Ideologi och form i efterkrigstidens arkitekturdebatt (1948), S. 264f., 269.
68. REINIUS, »Undergångssymbol hos Joyce« (1948), S. 316.

Die Apoll/Dionysos-Debatte und der Streit zwischen Holm und Backström folgten einem ähnlichen Muster. Befürworter und Gegner einer (Teil-)Revision funktionalistischer Postulate grenzten sich vom Faschismus ab. Dieser wurde dabei im einen Fall als vormodern und reaktionär verurteilt, im anderen als Folge einer entmenschlichenden (technischen) Modernisierung gesehen. Während sich die Funktionalisten als Akteure in einem expertengestützten nationalen Wohlfahrtsprojekt begriffen, sollte für die »Neorealisten« just der eklektische Rekurs auf die Geschichte, auf überkommene regionale Traditionen die Akzeptanz der Demokratie steigern. Sie gaben sich *folkig* – ein schwer zu übersetzender Begriff, der wörtlich »völkisch« bedeutet, in Schweden aber »volksnah«, »basisdemokratisch« meint. Der Imperativ, Orientierung und Überschaubarkeit zu erleichtern, kollidierte also in Schweden mit dem Selbstverständnis der Sozialtechniker.[69] So verwundert nicht, dass im Kontext der Humanisierungsforderung immer wieder vor einer »Flucht in die Idylle«[70] bzw. sogar vor dem »Allzumenschlichen« gewarnt wurde.[71]

Der *nyrealism* schlug auch über Schweden hinaus Wellen.[72] Insbesondere die »Architectural Review« unter J.M. Richards begrüßte die schwedische Tendenz zur »Humanisierung« der Architektur durch die Berücksichtigung ästhetischer Bedürfnisse der Bevölkerung.[73] Während in Schweden der britische Planungsschub auf großes Interesse stieß, interessierten sich die Briten für die schwedische Gestaltung: »Here a good new architecture is accepted by the public as the appropriate thing, both because something fresh is not necessarily something unfamiliar and hard to assimilate, and also because the architectural texture is softened and enriched by *visual fantasy on a human level*«.[74] Die Schweden versuchten »to be more objective than the functionalists, and to bring another science, that of psychology, back into the picture«.[75] Der Brite Eric de Maré, als Kind schwedischer Eltern ein reger Beobachter der schwedischen Architekturszene, schrieb: »[T]he *Funkis* phase in

---

69. Übrigens häufte sich etwa zur selben Zeit die Kritik an der Überregulierung und der »Kontrollmentalität«, die durch staatliche Normen vorangetrieben werde: LUNDQUIST, De statliga utredningarna leder till ökad reglering av byggnadsverksamheten (1948).

70. ÅHRÉN, Arkitektur och demokrati (1942), S. 26.

71. JOHANSSON, Mälardrottningen byter kläder (1948), S. 407.

72. Auch Reichow verzeichnete die »Wendung zu neuer ›Herzlichkeit‹, die sich mit alten Formen als ›New Empire‹ [sic] leider schon wieder formalistisch auswirkt«: REICHOW, Organische Baukunst (1949), S. 4. Der orthodoxe Funktionalismus werde von einem neuen »Ismus«, dem »empericismus« [sic] abgelöst, schrieb Werner TAESLER, Neues Bauen in Schweden (1950), S. 75.

73. Es wurde unter anderem über die Apoll/Dionysos-Debatte berichtet. Vgl. MARÉ, Canon (1949). Zum englischen Blick nach Schweden: BULLOCK, Building the Post-War World (2002); ESHER, A Broken Wave (1981), S. 46-48; GOLD, The Experience of Modernism (1997), S. 212; MUMFORD, The CIAM Discourse on Urbanism (2000), S. 163-178; O' HARA, »Applied Socialism of a Fairly Moderate Kind« (2008). Rudberg beschreibt den Einfluss des *nyrealism* auf den englischen Wohnungsbau und die *New Towns* nicht ohne Stolz: RUDBERG, Folkhemmets bostäder (1987).

74. VENTRIS, Swedish lessons (1946), S. 183 (meine Hervorh.).

75. THE NEW EMPIRICISM (1947), S. 199.

Sweden is dying [...]. In domestic work cosiness is coming back«.[76] So war es denn auch dieses »Schwedische«, wovon sich jüngere britische Architekten gegen Ende der 1950er Jahre zu distanzieren begannen.[77] Schweden stand bei der englischen Avantgarde nun für ein rückwärtsgewandtes, konservatives Bauen. Um 1960 setzten sich die jungen Architekten durch. Sie propagierten eine radikale Reorientierung an den Heroen des Neuen Bauens. Dem *new empiricism* stellten sie einen parodistischen Begriff entgegen. Der *new brutalism* verstand sich als bewusste Abstandnahme von einem übertrieben »humanen« Architekturverständnis.[78]

Fluchtpunkt Gemeinschaft

Deutsche und schwedische Planer waren sich darin einig, dass die Großstadt eine allzu große Diversifizierung der Erfahrungen hervorrief und so zum Aufbrechen der Bindungen zwischen den Menschen beitrug. Diese könnten ihr Bedürfnis nach Gemeinschaft nicht mehr wahrnehmen, geschweige denn befriedigen. Die Architektur organisierte sich daher wortwörtlich auf den Fluchtpunkt Gemeinschaft hin. Um die Überschaubarkeit von Wohngebieten und damit das Gespür der Bewohner für ihre Interdependenz zu steigern, wurde die »Raumbildung« bemüht, es wurden also Baukörper zu wiedererkennbaren Figuren arrangiert, es wurden Grenzen gezogen, Blicke gelenkt und Bereiche eingefärbt. Selbst die Baustile näherten sich einander an, denn auch in Schweden kamen nun Identität stiftende, weil »traditionelle« Bauweisen wieder zur Anwendung. Wo allerdings in Schweden das überschaubare Milieu die Demokratie gemeinschaftlich erleb- und erprobbar machen sollte, da wurde für die deutschen Planer »Volksgemeinschaft [...] erst in kleineren, überschaubaren Siedlungsgebieten möglich.«[79] Hier (in Schweden) meinte Gemeinschaft demokratische Partizipation, dort (in Deutschland zwischen 1933 und 1945) die Eingliederung in den »Volkskörper«.

Und dennoch, für Planer wie Gutschow und Åhrén war es Aufgabe von Architektur und Stadtplanung, unüberschaubare (Bau-)Massen zu strukturieren, und zwar nicht nur, indem die physischen Nähe zwischen den Menschen, deren gegenseitige Erreichbarkeit gesteigert wurde, sondern auch, indem ihr sozialräumlicher Horizont begrenzt wurde. Großstadtkritische Diskurse mündeten in Gestaltungsempfehlungen, die auf eine Einhegung und Lenkung der

---

76. MARÉ, The Antecedents and Origins of Sweden's Latest Style (1948), S. 9 (Hervorh. im Original).

77. Zum Beispiel lautete der Kommentar James Sterlings zum Architekturgeschehen im England der frühen 1950er Jahre, das ihm kleinbürgerlich erschien: »Let's face it, William Morris was a Swede«. Zit. nach FRAMPTON, Die Architektur der Moderne (2004), S. 263.

78. Der Begriff *new brutalism* war wiederum eine schwedische Erfindung. Offenbar prägte Hans Asplund ihn 1956 in einem Brief an Eric de Maré in Anwendung auf ein Einfamilienhaus in Uppsala von Bengt Edman und Lennart Holm. Die jungen Briten eigneten sich den Begriff zur Überraschung Asplunds schnell an: Vgl. BANHAM, Brutalismus in der Architektur (1966), S. 10.

79. Vgl. Nachrichten für unsere Kameraden im Felde 8, 1944, S. 9 (StA-HH, 322-3, A 36 b).

Raumperzeption abzielten. Die Architektur der Nachbarschaftseinheit sollte gewissermaßen eingedämmte Perspektiven bereitstellen. Sie sollte letztlich Modernisierungserfahrungen abmildern bzw. in Maßen zulassen, um bei deren Bewältigung zu helfen. Schwedische und deutsche Planer teilten die Erwartung, die gestalterische Vorprägung von Erfahrungsräumen werde zur freiwilligen Einordnung in die Gemeinschaft anregen.

Es ist bezeichnend, dass hierbei soziale Entitäten vor Augen geführt werden sollten, die diese Sichtbarmachung überhaupt erst hervorzurufen versprach. Die Planer wollten Sozialgebilde erzeugen, die sie gleichzeitig als bereits vorhanden voraussetzten. Das war eine für das Ordnungsdenken typische zirkuläre Argumentation, eine Vermengung von Sollen und Sein, ein unerkannter oder uneingestandener Widerspruch. Die Planer standen unter dem Druck, intersubjektiv vermittelbare Grundlagen für die Gestaltung zu entwickeln, die in der Wirklichkeit gründeten. Denn ihre Praktiken durften nicht als willkürlich, als Formalismus oder Ästhetizismus missverstanden werden, das hätte ihren Status als objektive Sachwalter der Vergemeinschaftung gefährdet. Auf die Probleme, die das verursachte, werde ich zurückkommen. Zunächst aber möchte ich eine weitere, letzte Ebene, auf der Ordnung geschaffen werden sollte, betrachten: die »höhere Ordnung«.

4.3 Die »höhere Ordnung«
Wie macht man aus kleinen Gemeinschaften Volksgemeinschaften?

1944 schrieb Roland Rainer, es gelte, die »Masse der Wohnungen« genauso wie »die große Masse der Bewohner einer Stadt durch Aufgliederung in kleine übersehbare Gruppen und Zellen« aufzubrechen. Häuserreihen dürften nicht »endlos lang werden, damit die einzelne Wohnung nicht in der Masse aufgeht«. Vielmehr sei eine »Zuordnung von immer je drei bis vier gleichen Elementen« zu empfehlen, die zu einer Wohngruppe von 30 Familien »gruppiert« werden sollten. Zwölf solcher Gruppen wiederum sollten zu einer höheren Ebene zusammengefasst werden. Rainer illustrierte diese »übersichtliche Ordnung«, mit einem Schaubild (Abb. 33), das mittels sukzessiver Maßstabsvergrößerungen die »Gemeinschaftssiedlung« als »Aufbau« einander enthaltender Elemente darstellte.[1] Rainers Schema ist typisch. Immer wieder wurde in den 1930er bis 60er Jahren die *Gliederung* als Rezept gegen die, so Åhrén, »unorganische Anhäufung von Häusern und Menschen« empfohlen.[2] Damit meinten die Planer nicht nur die Unterteilung derartiger Anhäufungen in Einheiten, sondern auch die aufsteigende, die stufenweise Zusammenfügung einer Anzahl gleichrangiger Basisgemeinschaften zu einem übergeordneten Siedlungs- oder Sozialgebilde. Die Einordnung (so das in beiden Ländern geläufige Wort) der kleinen Gemeinschaften ins »Volksganze« war ihr erklärtes Ziel. Die Architekten betrachteten den alltäglichen Vergemeinschaftungsprozess im Kleinen als Voraussetzung dafür, dass die Gemeinschaft im Großen fortbestehe. Übrigens zeigt das auch der Begriff Nachbarschafts-Einheit: Eine Einheit ist zugleich eine geschlossene Entität und ein Teil eines Ganzen.

Die Kategorienvermischung des Nachbarschaftsgedankens, die Interdependenz von »morphologische[r] und soziologische[r] Harmonie« (wie Hans Kinder 1941 schrieb)[3] begegnet uns also nicht nur da, wo der innere Aufbau des Wohngebietes dargestellt wurde. Die Metaphorik des Bauwerks war auch auf die Gesellschaft als Ganze anwendbar, auf die Nation, das Volk, natürlich auch das *folkhem*. Architekten hantierten ihrem Selbstverständnis nach mit den »Grundstein[en] der Gemeinschaft«.[4]

---

1. RAINER, Die zweckmässigste Hausform (1944), S. 26.
2. DN, 27.3.1943.
3. Hans Kinder: Aktenvermerk betr. Soziologische Bemerkungen zur zukünftigen baulichen Gestaltung der Hansestadt Hamburg, 1941 (StA-HH, 621-2/11, AV 15).
4. Erläuterungsbericht Berlage/Sydath [Ortsgruppenwettbewerb] (StA-HH, 322-3, A 42).

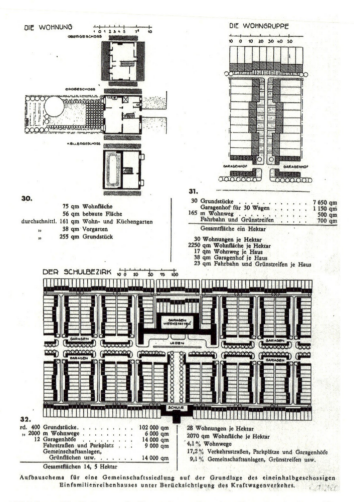

Abbildung 33: Rainers »Aufbauschema für eine Gemeinschaftssiedlung« von 1944. Die Ähnlichkeit zu Konstanty Gutschows »Gemeinschaftsstufen« (Abb. 15) liegt auf der Hand: Einander enthaltende Raumgebilde bauen sich gewissermaßen schrittweise zur Gemeinschaft auf.

»Gemeinschaftsrücksicht« hieß (hier bei Johannes Göderitz) eben auch, die Menschen städtebaulich zu einem »neuen großen Ganzen« zusammenzufügen.[5] »Große Massen von Menschen werden ›organisiert‹, indem man sie in kleinere, überschaubare, einander über- und untergeordnete Einheiten, Gruppen usw. aufgliedert«, empfahlen die Autoren der »gegliederten und aufgelockerten Stadt« 1945.[6] Wissenschaftlich definierte kleine und kleinste

---

5. GÖDERITZ, Organische Stadterneuerung und ihre wirtschaftlichen Grundlagen (1941), S. 72.
6. Die gegliederte und aufgelockerte Stadt, 1945, S. 14 (BArchB, R113/1960).

Einheiten – Familie, Wohn-Gemeinschaft, Nachbarschaft – waren also Module eines Ganzen, das gewissermaßen von seinen Wurzeln her rekonstruiert werden sollte. Die »Volksgemeinschaft«, so Fritz Rechenberg, werde sich »von den kleinsten Zellen der Gemeinschaft als starke Nation neu aufbauen«.[7] Carl Culemann regte an, eine soziale »Stufenfolge« wiederherzustellen, die auf der »Familie« als »natürliche[m] Grundelement« fuße und bis auf die Ebene der »Volksgemeinschaft« weitergedacht werden könne.[8] Auch in Schweden wurde in den 1940er Jahren vorgeschlagen, den Raum durch aufeinander aufbauende sozialräumliche Stufen zu strukturieren. Für Uno Åhrén verlief die Planung »von der Wohnzelle zum Gesellschaftskörper« und *vice versa*. Auch für ihn galt es, »Wohnungen und Wohngebiete in einen größeren Zusammenhang [...] einzuordnen«.[9]

Natürliche Zusammenhänge.
Die Organismusmetapher im Planerdiskurs

Aber bestand hier nicht ein Widerspruch? Einerseits sollte »die Masse der Menschen durch Gruppierung und Gliederung organisiert und übersichtlich gemacht« und dafür der »Stadtraum, die Masse der städtischen Baugebiete als das bauliche und räumliche Gefäß des menschlichen Lebens [...] durch Gliederung in überschaubare Einheiten organisch geordnet, d.h. ›organisiert‹ werden«. Und doch sollten diese kleinen Einheiten den Einzelnen in »eine[n] für ihn erfühlbaren Zusammenhang mit dem Ganzen« setzen.[10] Göderitz zum Beispiel forderte eine »Aufgliederung der großen Masse großstädtischer Baugebiete [...] in mehrere in sich abgeschlossene Stadtbezirke, Stadtzellen, Nachbarschaften usw., die deutlich voneinander abzutrennen sind [...] und sich *trotzdem* in ihrer Gesamtheit zu einem größeren Ganzen fügen müssen«.[11]

Wie konnten die Blicke der Bewohner eingehegt und zugleich der Zusammenhang mit dem Ganzen für sie »erfühlbar« gemacht werden? Welcher

---

7. Rechenberg, Die Siedlung als Ausdruck der Gemeinschaft (1938), S. 385.

8. Culemann, Die Gestaltung der städtischen Siedlungsmasse (1941), S. 123. Diese Stufenfolge entsprach für Culemann einem militärischen »Führungsmodell«, das die »Tuchfühlung in der Mannschaft oder durch Nachbarschaft in der Siedlung« steigern und als eine «überschaubare Ordnung« der verwaltungsmäßigen »Erfassung und Gestaltung des Volksganzen« dienen sollte (Ebd., S. 124). Die »Worte von der Gemeinschaft«, so Konstanty Gutschow, müssten »in der Stadtgestaltung ihren Ausdruck finden«. Gutschow diskutierte dafür Mitte der 1940er Jahre den »Kreis« als die der Siedlungszelle übergeordnete Ebene bzw. »Ordnungsgrösse«. Konstanty Gutschow: D38. Skizze Generalbebauungsplan 1944 (Manuskript Plassenburg), Anfang Juli 1944, S. 7 (Sammlung N. Gutschow). Vgl. auch D43. Aufgliederung Hamburgs in Kreise, 14.12.1944 (Sammlung N. Gutschow).

9. Åhrén, Stadsplanering och bostadsförsörjning (1944) [Überschrift Abschnitt 5], S. 6.

10. Wilhelm Wortmann: Grundlagen für den Raumordnungsplan Bremen, 1943, S. 40 (BArchB, R113/2116).

11. Göderitz/Rainer/Hoffmann, Die gegliederte und aufgelockerte Stadt (1957), S. 24 (meine Hervorh.).

Kitt hielt das Ganze zusammen? Wie wurde aus den kleinen Einheiten ein Gebilde, das mehr als die Summe seiner Teile war? Der Planerdiskurs blieb hier ungenau. Die Architekten zeigten eine gewisse Hilflosigkeit beim Versuch, die Verbindungen zwischen kleineren und größeren Einheiten zu konkretisieren, ohne »additiv« vorzugehen. Fred Forbat etwa fragte in einem Rundschreiben der schwedischen CIAM-Delegation zur »neighbourhood unit« 1947 nach »dem Einfluss der Gesamtgrösse der Stadt auf die Grösse der Einheiten«. Schließlich sei das »eine Relation, die nicht rein mechanisch definiert werden kann, aber zweifellos existiert«.[12] Und Rainer schrieb: »Durch Größenbeschränkung allein wird aus dem Mechanismus [...] noch kein Organismus«. Vielmehr habe die Organisation der jeweiligen Einheiten »bestimmten Ordnungsgedanken« zu folgen.[13]

Tatsächlich betrachteten die Planer oft die Ordnung selbst als Funktion des Zusammenhalts, wobei Ordnung in diesem Fall meinte: die Zuweisung eines Rangs innerhalb einer Hierarchie. Die Architekten leiteten »[s]owohl aus den Bedürfnissen der einzelnen Siedlungseinheiten wie aus den *Gesetzmäßigkeiten ihrer Zuordnung* [...] Grenzen, Mindestwerte und typische Werte für die Größe und Zusammensetzung der Städte« ab.[14] Der richtige Zuschnitt, die richtige Schichtung und Verteilung der Bauteile, der Einheiten sollte die höhere Ordnung erzeugen. Vielleicht erklärt dieser unklare Übergang, warum die Metapher vom *Organismus* im Diskurs dieser Zeit so bedeutsam war.[15] Denn hier war der Organismus wirklich »Programmwort der Weltdeutung«,[16] er versinnbildlichte eine Struktur, in der Grenzziehung und Verbindung sich nicht ausschlossen – einen »zellenartige[n] Aufbau«, so Gutschow, der nicht »im Sinne einer äußerlichen und formalen Addition kleiner und kleinster Siedlungsgebilde, sondern im Sinne eines [...] sinnfälligen Stadtorganismus« zu verstehen sei.[17] Jöran Curman propagierte in Schweden Wohnquartiere, die »Zellen in größeren Einheiten bilden, in denen die Zellen sich um Gemeinschaftseinrichtungen einer höheren Ordnung versammeln«.[18]

Die Architekten brachten die Organismusmetapher nicht einfach diskursstrategisch in Stellung. Hier wurde nicht einfach die eigene Praxis durch die

---

12. Fred Forbat: Erörterungen zum Fragebogen den vorgeschlagenen Kongresstitel »the neighbourhood planning« betreffend, 25.4.1947 (gta, CIAM, 42-GS-1-3).

13. RAINER, Städtebauliche Prosa (1948), S. 55, 57.

14. UMLAUF, Zur Stadtplanung in den deutschen Ostgebieten (1941), S. 102 (meine Hervorh.).

15. Der Begriff des »Organischen« wird in der Architektur bis heute oft unreflektiert verwendet. Er kann biomorphe Formen, »biotektonische Strukturen«, aber auch »Fließvorgänge, Entstehungs- und Wachstumsprozesse, Übergänge, Gesetzmäßigkeiten«, ökologische Aspekte oder spezifische Gestaltfindungsprozesse meinen. Vgl. BRINITZER, Organische Architekturkonzepte zwischen 1900 und 1960 in Deutschland (2006), S. 15. Vgl. zum Organizismus in der Architektur außerdem KUHLMANN, Lebendige Architektur (1998); LAMPUGNANI, Organische Architektur (1998) sowie die Beiträge in GEIGER/HENNECKE/KEMPF, Spielarten des Organischen in Architektur, Design und Kunst (2005).

16. BLUMENBERG, Organische und mechanische Hintergrundmetaphorik (1998), S. 91.

17. Konstanty Gutschow: Generalbebauungsplan. Erste Skizze, 1.11.1940, S. 20 (StA-HH, 322-3, C 4 b).

18. CURMAN, Industrisamhällen (1943), S. 20.

Behauptung legitimiert, sie folge gewissermaßen Naturgesetzen. Vielmehr rekurrierten die Planer auf einen »Mehrwert des Lebendigen«, der für sie darin bestand, dass das Lebendige »Einheit und Vielfalt [...] einen« könne.[19] Das gewährleistete für sie das innere Organsationsprinzip des Organismus, so wie sie es verstanden, die Interdependenz von Teilen und Ganzem im lebendigen Körper, aber auch dessen Zusammensetzung aus aufeinander aufbauenden Einzelgebilden: Zelle, Zellgebewebe, Organ, Organismus. Damit werden die im Planerdiskurs häufigen Bildbrüche verständlich, die Vermengung der Metaphern Zelle/Organismus-Bauteil/Bauwerk.[20] Die Planer dieser Zeit sahen den »empirisch-ontologische[n] Kurzschluss«[21] nicht, der ihrem Denken (aus unserer Perspektive) zugrunde lag, dass nämlich ihr Blick auf die Wirklichkeit formatiert war von der Suche nach einem natürlichen Bauplan, den es zu befolgen galt, um das Soziale wieder in Ordnung zu bringen.

Das Denkmodell »Organismus« prägte in erheblichem Maß die Problemwahrnehmung und Problemlösungsstrategien deutscher, aber auch schwedischer Architekten – vor und nach 1945.[22] Im Stockholmer Generalplan hieß es:

»Eine große Stadt kann mit einem lebenden, höheren Organismus verglichen werden [...]. Dessen gesunde Lebensäußerungen beruhen darauf, dass die richtigen Zellen auf die richtige Art geordnet werden. Um die Stadt zu verstehen und ihre Entwicklung in die richtige Richtung zu lenken, muss man ihre *Bauweise und ihre Zellen studieren*. [...] Sie ist eine lebendige Totalität, und das Ziel muss ein harmonisches und zweckmäßig organisiertes Ganzes sein.«[23]

---

19. GEIGER/HENNECKE/KEMPF, Einleitung (2005), S. 12, 13.

20. In einem der Beiträge zum Ortsgruppenwettbewerb 1944 hieß es beispielsweise: »Was der Baustein für das Haus, die Zelle für den menschlichen Körper, ist der Block, die kleinste Siedlungseinheit, für die Stadt: Ist er schon nicht in Ordnung, so kann auch das Gesamtgebilde nicht funktionieren.« Erläuterungsbericht Stalmann, 29.11.1944 (StA-HH, 621-2/11, B 11/10).

21. VOIGT, Die Natur des Organischen (2005), S. 49.

22. Der Nachweis »organischen« Denkens ist also nicht geeignet, um die Frontverläufe zwischen den Architektenlagern der Weimarer Zeit zu markieren. Anette Geiger hat gezeigt, dass auch die Funktionalisten, genau wie die eigentlichen »Organiker«, auf organizistische Denkfiguren zurückgriffen. Außerdem entstammt der Begriff »Funktion« selbst den Lebenswissenschaften (vgl. GEIGER, »Form follows function« als biozentrische Metapher [2005]. Für eine Analyse der »Wechselspiele zwischen Stadtplanung und Naturforschung« ausführlich: SOHN, Zum Begriff der Natur in Stadtkonzepten [2008], bes. S. 126-151). Der Begriff »Organismus« und der Gedanke einer Einordnung der (Bau-)Teile in ein höherwertiges Ganzes waren unter den Architekten der ersten Jahrhunderthälfte weit verbreitet. Auch nach 1945 war das nicht nur eine »Kompromißformel« (SALDERN, Häuserleben [1995], S. 262) oder ein Versuch der Planer, sich politisch zu entlasten, indem sie sich für die »Stabilisierung einer natürlichen Ordnung« empfehlen: DURTH, Vom Sieg der Zahlen über die Bilder (1985), S. 365.

23. STOCKHOLMS STADS STADSPLANEKONTOR, Det framtida Stockholm (1945), S. 6 (meine Hervorh.).

Die Frühfassung der »gegliederten und aufgelockerten Stadt« führte die Zellmetapher nahezu *ad absurdum*. Mehrere Wohnungen sollten als »kleinste, aber grundlegende und im wörtlichen Sinne maßgebende Zelle[n]« zur »Stadtkleinzelle« zusammengeführt werden, die Bestandteil der »Stadtgroßzelle« war, wobei im Bedarfsfall noch eine »Stadtmittelzelle« »eingeschaltet« werden sollte.[24]

Kreise und Linien. Die Strukturskizzen der Planer

Bis in die 1960er Jahre hinein empfahlen deutsche und schwedische Architekten, den Raum nach dem Vorbild des Organismus in hierarchische »Größenstufen« (Josef Umlauf) aufzuteilen, in »Intensitätsstufen« (Elisabeth Pfeil) oder »Nachbarschaftsstufen« (Gutschow).[25] Wo Ordnung durch »Aufgliederung der städtischen Siedlungsmasse« geschaffen werden sollte, da wurde der Raum mittels einer aufwärts und abwärts »abgestufte[n] Reihe von Ordnungsplänen« erfasst.[26] Das wurde oft auch durch schematische Zeichnungen vermittelt. Sie zeigen Anordnungen einander jeweils enthaltender, kreisförmiger Gebilde. Suggeriert wurde so, aufeinander aufbauende Entitäten ließen sich tendenziell endlos (das heißt bis auf die Ebene der Nation) schichten.[27] Heinz Killus etwa versah einen Aufsatz, der, wie bereits dargestellt, den stufenweisen Aufbau der Siedlung (von der Familie über die »Hausgemeinschaft« und »Straßengemeinschaft« bis zur Ortsgruppe) vorsah, mit einem grafischen Schema dieser Art.[28] Bereits 1938 hatte auch Fritz Rechenberg ein vergleichbares Modell gezeichnet (Abb. 34 und 35).

---

24. Die gegliederte und aufgelockerte Stadt, 1945, S. 15, 18 (BArchB, R113/1960).
25. UMLAUF, Zur Stadtplanung in den deutschen Ostgebieten (1941), S. 103; PFEIL, Nachbarkreis und Verkehrskreis in der Grosstadt (1959), S. 164; GUTSCHOW, Wohnen (1958), S. 642.
26. CULEMANN, Zur Methodik der Stadtgestaltungspläne (1941), S. 403, 404.
27. In Deutschland war Walter Christallers einflussreiche »Theorie der zentralen Orte« wichtig für die Entstehung dieser Bildtypen (vgl. CHRISTALLER, Die zentralen Orte in Süddeutschland [1933]). Christaller entwarf ein geometrisches Schema für die funktionale Verteilung von Orten, das er bald auch vor dem Hintergrund der anstehenden Verwaltungsgliederung im jüngst eroberten »deutschen Osten« überarbeitete (vgl. DERS., Die Kultur- und Marktbereiche der zentralen Orte [1940], S. 198. Diesen Ausführungen hintangestellt war übrigens ein Bericht über eine Sitzung des »Arbeitskreises ›Zentrale Orte‹ der Reichsarbeitsgemeinschaft für Raumforschung am 26.10.1940«, in dem auch Göderitz und Reichow mitarbeiteten. Letzterer referierte hier über den »Typ der Siedlungszelle«). Christaller wurde auch in Schweden gelesen: Vgl. etwa AHLBERG, Regionen, framtidens samhällsbildning (1957), S. 11.
28. KILLUS, Der Totalitätsgedanke im neuen Städtebau (1940), S. 86.

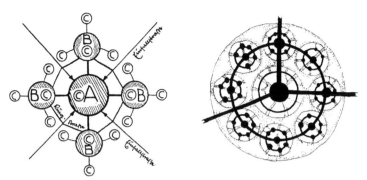

Abbildung 34 und 35: Links das »Molekülbild« der Stadtstruktur von Rechenberg (1938) und rechts ein vergleichbares Schema von Killus (1940)

Sieht man von der Anlehnung an die Parteihierarchie ab, unterscheiden sich diese Modelle kaum von ihren schwedischen Verwandten (Abb. 36 und 37).[29] Sie zeigen einander enthaltende »chinesische Schachteln«, so Carl-Fredrik Ahlberg Mitte der 1980er Jahre[30] – ein Prinzip, das er auch als »einen pyramidenförmigen Aufbau der Siedlung« bezeichnete.[31] Er sprach an anderer Stelle von einer »schrittweisen« Anordnung von Wohngebieten um Zentren und Innenstadtkerne herum, von einer »steigenden und fallenden Skala«.[32] Erst diese werde eine »wirklich organisch aufgebaute Einheit, eine vollständige und gut ausgerüstete Siedlung von höherer Ordnung« ermöglichen.[33]

Oft visualisierten Planer ihre Überlegungen also durch basale geometrische Formen, durch geschlossene Kreise. Diese Kreise suggerierten in ihrer geometrischen Reinheit, die angestrebte soziale Einheit werde ein harmonisches Ganzes bilden. Erwünscht war auch die Assoziation biologischer Zellen, verstanden als selbstständige, mit einem Zellkern versehene kleinste Bestandteile eines Körpers.[34]

---

29. Dieser Typ Abbildung wanderte durch die internationalen Publikationen. So findet sich in schwedischen Veröffentlichungen vom Anfang der 1940er Jahre wiederholt eine Grafik, die die Strukturierung Londons in Nachbarschaften durch Kreise veranschaulichte. Allenfalls gemutmaßt werden kann, dass das Kreismodell, das schon in den Gartenstadtkonzepten von Ebenezer Howard und Theodor Fritsch, aber auch bei den Stadtplanern Rudolf Eberstadt und Gustav Langen auftauchte (und das hier tatsächlich oft eine durch Radialstraßen strukturierte kreisförmige Siedlung meinte), die Planervorstellung von der harmonischen Siedlungsstruktur prägte.
30. AHLBERG, Stockholms fysiska byggnad (1986), S. 173.
31. Carl-Fredrik Ahlberg: Neighbourhood-unit-mönstrets tillämpbarhet i stadsplaneringen idag, 23.11.1959, S. 3 (AM 2006-02, K 04).
32. AHLBERG, Regionalplaneproblem i Stockholm (1954), S. 179.
33. AHLBERG, Stadsplaneringens nya giv (1947), S. 20.
34. Zur Adaption von Darstellungsverfahren der Naturforschung in der Stadtplanung knapp: SOHN, Zum Begriff der Natur in Stadtkonzepten (2008), S. 260–261.

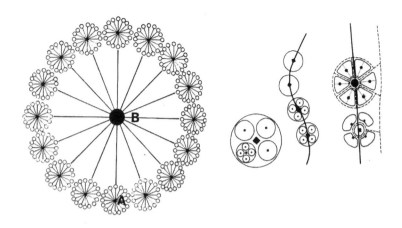

Abbildung 36 und 37: Links das Verhältnis von Primär- (A) und Sekundärgruppen (B) bei Helge Zimdal und rechts »chinesische Schachteln« bei Carl-Fredrik Ahlberg

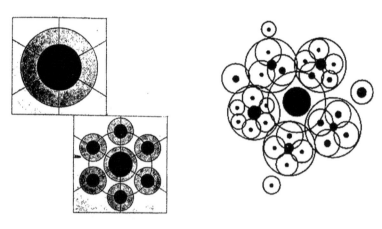

Abbildung 38 und 39: Markelius illustrierte 1956 in der englischen Zeitschrift »Town and Country Planning« die nachbarschaftliche »Structure of Stockholm« mittels auf jeweilige Mittelpunkte bezogener Kreise (links). Rechts daneben das »organische Gefüge« von »Stadtzellen« in der »gegliederten und aufgelockerten Stadt« (1957)

Neben diesen Kreisen fallen aber auch die Linien oder Pfeile auf, die auf Verbindungen zwischen ihnen schließen lassen. Oberflächlich betrachtet repräsentieren sie Verkehrswege – in der Stockholmer Planung die so genannte »Perlenschnur«, also die Aufreihung einzelner Siedlungseinheiten an den strahlenförmig aus der Innenstadt herausführenden U-Bahn-Trassen. Nun maßen die Planer dem Verkehr aber eher geringe Bedeutung für die Entstehung von Gemeinschaft bei. Bis in die 1950er Jahre rechneten sie nur mit gelegentlichen Fahrten in übergeordnete Stadtgebilde. Es scheint also, als versinnbildlichten diese verbindenden Linien vor allem den diffusen Zusammenhang der Gliederungsbereiche – Åhrén sprach 1943 auch von »Fäden«, die einzelne Bereiche zur »Ganzheit höherer Ordnung« verknüpften.[35] Konkreter wurde 1959 eine Modellskizze zur »geordneten Stadt« im Buch zur Interbau-Teilausstellung »die stadt von morgen« (Abb. 40).[36] Hier stehen die Linien, je nach Interpretation, für den Informationsfluss oder auch die Befehlskette zwischen dem »Sprecher« des Wohngebiets und dem ihm übergeordneten »Obmann« der nächsten städtischen Hierarchieebene.

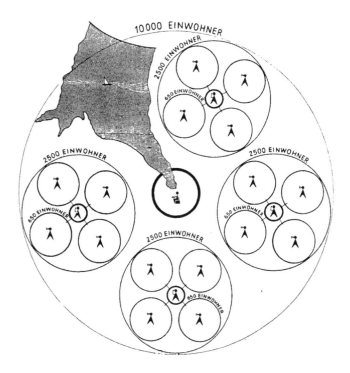

Abbildung 40: Hierarchie der Zuständigkeiten in der Siedlung (aus »die stadt von morgen«, 1959). Als Kreise dargestellte Subgemeinschaften von 650 Einwohnern verfügen jeweils über einen »Sprecher«, vier solche Kreise werden von einem übergeordneten Verantwortlichen vertreten. Das Gesamtgebilde von 10.000 Menschen verfügt über eine eigene Verwaltung, abgebildet durch die am Schreibtisch sitzende Figur in der Mitte. Dass es hier um eine Raumstruktur geht, wird durch den weniger abstrakt gezeichneten See am oberen Rand angedeutet.

---

35. ÅHRÉN, Community centres – folkets hus (1943), S. 175.
36. OTTO, die stadt von morgen (1959), S. 13.

Gutschow schrieb 1944: »Wenn Umwelt, und so auch der Städtebau, überhaupt den Lebensstil der Volksgenossen mitbestimmen [sic], dann hat er es in der Richtung zu tun auf Familiengebundenheit, Nachbarschaftsgebundenheit, Gemeinschaftsgebundenheit.«[37] Dieser (Bindungs-)Dreischritt von der Familie über die Nachbarschaft zur Gemeinschaft wurde in eine hierarchische räumliche Ordnung übersetzt – und gezeichnet. So entstanden auf dem Papier Bereiche, die einerseits wie Zellen klar begrenzt waren, andererseits aber in einem existentiellen Wechselverhältnis zum sie enthaltenden Körper zu stehen schienen. Hans Bernhard Reichow schrieb, der »dreistufige Aufbau« bestimme »den Maßstab und die Ordnung der Stadtlandschaft«, er führe »die bisher ungestaltete Masse der Großstadt überhaupt erst wieder auf menschliche Maße zurück«, ja, er sei die »organische und sinnfällige Brücke vom Menschen zum sonst unfaßbaren Großen«. Wie sich aber diese »Verflechtung einer Fülle von Einzelorganismen elementarer und höherer Ordnung« in der Wirklichkeit vollziehen würde, wie man sich eine »aufgelöste und dennoch streng gebundene Ordnung« vorzustellen hatte,[38] das konnte er ebenso wenig wie alle anderen Planer erklären – und darum analogisierte er es mit dem geheimnisvollen Vorgang »Leben« selbst.

Die »Stadtkrone« als visuelle Verbindung

Die Nachbarschaftseinheit sollte es also auch ermöglichen, das große Ganze, die »Volksgemeinschaft«, im Kleinen zu erleben. Dafür setzten die Architekten vor allem auf optische Verknüpfungen, auf Sichtverbindungen. Ahlberg zum Beispiel forderte, die Zugehörigkeit des Wohnbereichs zur Großstadt müsse auch architektonisch ihren Ausdruck erhalten, selbst in den »kleineren, klar abgegrenzten Einheiten«.[39] Die übergeordnete Bedeutung von Gemeinschafts-, Verwaltungs- oder Versorgungsbauten, die mehrere Siedlungszellen oder Nachbarschaften bedienten, wurde deshalb durch »Stadtkronen« (der Begriff wurde von Bruno Taut geprägt), durch stadtbildliche Dominanten markiert.[40] Die Hierarchisierung der Lebensbereiche bekam damit eine gestalterische Entsprechung. Gemeinschaftsbauten waren als solche bereits aus der Ferne erkennbar.

Selbst in Schweden, wo Bauten mit monumentalem Charakter tendenziell verpönt waren,[41] wurde vorgeschlagen, die Symbolwirkung von Nachbarschafts- und regionalen Zentren durch eine spezielle Farbgebung oder gestalterische Qualität zu verstärken. Die *Folkets hus* – wie etwa in Årsta – wurden

---

37. Konstanty Gutschow: D38. Skizze Generalbebauungsplan 1944 (Manuskript Plassenburg), Anfang Juli 1944, S. 6 (Sammlung N. Gutschow). Es sei in diesem Zusammenhang auch an Gutschows Darstellung der drei »spürbaren Nachbarschaftsstufen« erinnert (Abb. 15).
38. REICHOW, Organische Stadtbaukunst (1948), S. 108, 67, 70.
39. AHLBERG, Regionalplaneproblem i Stockholm (1954), S. 178.
40. Vgl. dazu DURTH, Utopie der Gemeinschaft (1998).
41. Allerdings war diese Ablehnung nicht ausschließlich politisch motiviert: Sven Ivar Lind lobte das »Gemeinschaftszentrum« einer Satellitenstadt bei Como – gemeint war die berühmte *Casa del fascio* Giuseppe Terragnis. LIND, Samhället och samlingslokalen (1942).

mit besonderer Sorgfalt gestaltet. Außerdem rezipierten schwedische Architekten durchaus eine internationale, von einer Gruppe um Sigfried Giedion schon Anfang der 1940er Jahre angestoßene und 1948 von der »Architectural Review« wieder aufgenommene Debatte über das Monumentale (hier war Gregor Paulsson involviert).[42] Sie mündete Anfang der 1950er Jahre in die Aufwertung des städtischen »core«.[43] Schwedische Zentrumsanlagen wurden nun durch »intensivere Formen und Farben« von der sie umgebenden Bebauung unterschieden. Außerdem wurde ihnen neben dieser »qualitativen« auch eine »quantitative Dominanz« verliehen – durch eine zum Zentrum hin höhere und dichtere Bebauung.[44]

In Deutschland war der Gedanke, die Eingebundenheit der Nachbarschaft ins »Volksganze« architektonisch zu veranschaulichen, zwischen 1933 und 1945 ohnehin an die Idiome der NS-Repräsentationsarchitektur anschlussfähig, an das berüchtigte »Wort aus Stein«. Einzelne Wohngebiete wurden durch die »Bauten der Gemeinschaft« in die »flächendeckenden Semiotisierung des Raums« eingebunden.[45] Wilhelm Wortmann verkündete 1943: »Unsere Zeit ist bestrebt, der wiedergewonnenen Volksgemeinschaft baulichen Ausdruck zu geben.« Deshalb sei ein »sinnfälliger Zusammenhang der Zellen untereinander und, wo immer nur möglich, auch mit der zentralen Gemeinschaftsanlage herzustellen«.[46] In Gutschows Skizze zum Hamburger Generalbebauungsplan 1940 hieß es vage: »Die Beziehung der Zellen untereinander sowie zu den übergeordneten Gemeinschaftsanlagen werden optischer, verkehrlicher, grünflächenmäßiger oder sonstwie gearteter Natur sein können.«[47] Reichow wiederum forderte in seiner Stellungnahme zu Gutschows 1944er Generalplanentwurf, es gelte, die

»Bindung und Bezogenheit der übergeordneten politischen Gemeinschaftsanlagen nach allen Seiten hin zu klären [...]: Zu den untergeordneten Gliedern der eigenen Gemeinschaft, zu den nachbarlichen Gemeinschaftsgebilden, zu der übergeordneten

---

42. Giedion forderte 1943 eine »new monumentality«. Vgl. GIEDION, Architektur und Gemeinschaft (1956), S. 41. Vgl. auch IN SEARCH OF A NEW MONUMENTALITY (1948). Zur Debatte vgl. FRANK, Monument und Moderne (1998), bes. S. 225–229. Gunnar Sundbärg wünschte sich schon 1939 »demokratische Monumente« nach dem Vorbild von Bauten Le Corbusiers: SUNDBÄRG, Monumentalitet (1939).
43. Vgl. etwa SERT, Centres of Community Life (1979, urspr. 1952).
44. STOCKHOLMS STADS STADSPLANEKONTOR, Generalplan för Stockholm 1952 (1952), S. 124, 130.
45. MÜNK, Die Organisation des Raumes im Nationalsozialismus (1993), S. 149.
46. Wilhelm Wortmann: Grundlagen für den Raumordnungsplan Bremen, 1943, S. 41 (BArchB, R113/2116).
47. Konstanty Gutschow: Generalbebauungsplan. Erste Skizze, 1.11.1940, S. 20 (StA-HH, 322-3, C 4 b). Gutschow schrieb 1944 einen Wettbewerb zu Kreishäusern aus, die »die Einheit des Kreises als einer zusammenlebenden Volksgemeinschaft [...] sichtbar zum Ausdruck [...] bringen« sollten. C31. Entwürfe zu Kreishäusern, 26.6.1944, S. 1 (HAA, Georg Wellhausen, A02/3).

Kreiseinheit und die Bindung und Bezogenheit dieser wiederum auf das gemeinsame Ganze, repräsentiert durch die übergeordnete ›Stadtkrone‹ der Stadtlandschaft.«[48]

Die Stadtkrone, so schrieb er noch 1948, »bindet das Teilerlebnis in das Gesamterlebnis ein«, und das erlaube es, den »Geist der Ordnung, die sich die Gemeinschaft setzt« zu verspüren.[49] Bei Rainer hieß es im selben Jahr, die »Größenordnung« (also das Verhältnis von Wohn- und Gemeinschaftsbauten zueinander) sei »die städtebauliche Verkörperung der sozialen Struktur [...] – das private Wohnhaus ordnet sich jenen Bauten unter, die auf weite Sicht die Kräfte und Einrichtungen verkörpern, welche das Zusammenleben der Menschen beherrschen«.[50]

Die Einbindungskraft der Hierarchien sollte also auch nach 1945 als solche kenntlich gemacht werden. Das widersprach nicht unbedingt der Absicht, durch die Einschränkung der Erfahrungsräume der Menschen Nachbarschaft hervorzurufen. Die übergeordnete städtische Einheit war sichtbar, aber nur aus der Entfernung. Ohnehin sollten ranghöhere Räume nur dann aufgesucht werden, wenn ranghöhere Bedürfnisse dazu zwangen, etwa Behördengänge, der Besuch höherer Bildungsstätten oder besondere Einkäufe. Im »Dritten Reich« durfte die Begegnung mit der Stadtkrone durchaus eine Ehrfurcht weckende Erfahrung sein – um eine solche zu bleiben, musste sie sogar selten sein.

Synekdochen. Die Sozialstruktur des Wohnorts als Modell der Nation

Letztlich imaginierten die Planer in beiden Ländern unter Einsatz von Abbildungen ein »Ineinandergreifen« von »Modellkreisen«.[51] Die »räumlich ästhetische Organisation und die gesellschaftliche Struktur [wurden] in analogen Hierarchien aufgebaut«.[52] Die Architekten visierten also nicht nur die »architektonische Lesbarkeit der neu geschaffenen stadträumlichen Zusammenhänge« an, sondern zugleich auch die »Wiederherstellung jener Transparenz stadtgesellschaftlicher Strukturen, die [...] im Zuge der industriegesellschaftlichen Dynamik verloren gegangen« war – eine »gesellschaftliche Lesbarkeit«, wie der Architekturhistoriker Angelus Eisinger schreibt.[53]

Die Planer setzten aber noch auf eine weitere Methode zur Herstellung von »Zusammenhängen«, auf eine weitere Technik, das »Ganze« ins Bewusstsein zu rufen, ohne die Grenzen der kleinen, gemeinschaftlichen Einheit zu sprengen: die so genannte »Bevölkerungsmischung«. Während, so Gutschow, »in unseren Städten Arbeiterquartiere neben Villenvierteln die Klassengegensätze von früher veranschaulichen, ist es das städtebauliche Ziel von

---

48. REICHOW, Stellungnahme zur Hamburger Generalplanskizze 1944 (1988, urspr. 1944), S. 681f.
49. REICHOW, Organische Stadtbaukunst (1948), S. 206.
50. RAINER, Städtebauliche Prosa (1948), S. 76, 89.
51. SALDERN, Häuserleben (1995), S. 174.
52. EISINGER, Die Stadt der Architekten (2006), S. 78.
53. Ebd., S. 78.

heute, durch Mischung verschiedener Wohnweisen und Wohngrößen schon in der Ortsgruppe eine gewisse Mischung verschiedener Volkskreise zu erreichen«.⁵⁴ Die »Volksgemeinschaft«, so der Gedanke, werde erst spürbar, wenn sie im Kleinen alltäglich erlebbar sei. Die Nachbarschaftseinheit sollte deshalb gewissermaßen synekdochisch den Querschnitt der Gesamtbevölkerung enthalten. Die Planer montierten *samples* jeweiliger Klassen kleinräumig zusammen, sie verschmolzen sie zu regelrechten Miniaturen der ranghöchsten Ordnung, ja sogar zur »harmonische[n], kommunikative[n] ›Volksgemeinschaft im Kleinen‹«.⁵⁵ Die Nachbarschaftseinheit müsse ein »sample of the whole« sein (so Lewis Mumford),⁵⁶ eine »Kleinstadt in der Großstadt« (so Ahlberg).⁵⁷ Hubert Hoffmann schrieb: »Jeder Bezirk stellt ein Modell der gesamten Stadt dar.«⁵⁸ Und Reichow proklamierte: »[Es] ist das Ziel nationalsozialistischer Bevölkerungspolitik und Stadtplanung, ähnlich wie wir in der Forstwirtschaft den natürlichen Mischwald erstreben, so aus sozialen Gründen in unseren großen und kleinen Gemeinden eine möglichst vielseitig beschäftigte Bevölkerung anzusiedeln.« Um einer »gesunden Gemeinschaftsbildung« Vorschub zu leisten, gelte es daher, »die sozialen und beruflichen Elemente des Volkes schon rein siedlungsmäßig so gesund als irgend möglich zu mischen«.⁵⁹

Gegen die soziale Monokultur wurde also der Verteilungsschüssel verschiedener Wohnungsgrößen und Hausformen operationalisiert, die »Zusammenordnung der Wohnformen« in »gesunder Mischung«.⁶⁰ Nicht nur die einkommensbezogene Stratifizierung bildete sich im jeweiligen Anteil der Bebauungstypen an der Gesamtwohnfläche der Nachbarschaftseinheit ab, sondern auch die Altersverteilung der Bevölkerung und die entsprechenden Wohnbedürfnisse familiär geprägter, also »biologischer« Lebensphasen: Die Nachbarschaftseinheit sollte Einfamilienhäuser, verschieden große Mietwohnungen und sogar Singlewohnungen für Rentner enthalten. Reichow berechnete 1940 in Stettin für eine

»Siedlungszelle für mehr als 1200 Einwohner entsprechend dem Wohnungsbedarf des Gesamtbevölkerungsquerschnitts und unter Berücksichtigung des Wohnungsbestan-

---

54. Konstanty Gutschow: D38. Skizze Generalbebauungsplan 1944 (Manuskript Plassenburg), Anfang Juli 1944, S. 7 (Sammlung N. Gutschow).

55. SALDERN, Häuserleben, S. 174. Derartige »Miniaturisierungen« sind laut James C. Scott typisch für die Komplexitätsreduktion modernen Planens, er spricht von »kontrollierten Mikro-Ordnungen«: SCOTT, Seeing Like a State (1998), S. 4.

56. MUMFORD, The Neighborhood and the Neighborhood Unit (1954), S. 267.

57. AHLBERG, Stadsplaneringens nya giv (1947), S. 18.

58. HOFFMANN, Die Idee der Stadtplanung (1957), S. 225f.

59. Hans Bernhard Reichow: Die Ansetzung der Industrien vom Standpunkt des Städtebaues, der Wehrtechnik sowie der Reichs- und Landesplanung. Forschungs-Gutachten für die Reichsstelle für Raumordnung, o.D [1942], S. 60 (GNMN, NL Reichow, I B 190 d). Noch 1948 identifizierte Reichow den »natürlichen Wald [...] in seiner gesunden Mischform« als »Vorbild jedes Gemeinschaftsorganismus.« Ordnung wird hier zur Symbiose: »Zwischen dem Ganzen und seine Teilen herrscht ein wunderbares, raumzeitliches Ordnungsgesetz.« REICHOW, Organische Stadtbaukunst (1948), S. 19.

60. UMLAUF, Zur Stadtplanung in den deutschen Ostgebieten (1941), S. 109.

Gemeinschaft Planen

des die [...] erforderliche Anzahl Mietwohnungen, Eigenheime und Wirtschaftssiedlerstellen in solcher Ordnung, daß den neuen Gemeinschaftszielen [...] Rechnung getragen wird«.[61]

Schon 1936, als Planer in Braunschweig, hatte er empfohlen, verschiedene Wohnhaustypen zum »Sinnbild der wiedergewonnen Volksgemeinschaft« zusammenzufügen. Er exemplifizierte dieses Vorhaben, indem er mittels Tortengrafik die »soziale Gliederung« Braunschweigs der Integration des »gesamten Bevölkerungsquerschnitts« in der (von ihm mit geplanten) »Gemeinschaftssiedlung« Lehndorf gegenüberstellte (Abb. 41).[62]

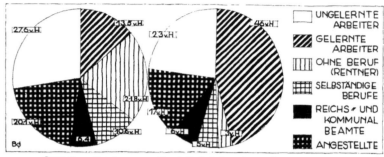

Abbildung 41: Reichows Gegenüberstellung der Sozialstruktur Braunschweigs insgesamt und der »Gemeinschaftssiedlung Lehndorf« (1936). Der Gewinn bestand für Reichow offenbar in der Erhöhung des Anteils von Facharbeitern gegenüber »ungelernten Arbeitern« und Rentnern. Ob das repräsentativ für die »Volksgemeinschaft« war oder eher ein Wunschbild, erläuterte er nicht näher.

Wichtig ist, dass in Schweden – ähnlich wie in den USA – der Gedanke der Bevölkerungsmischung wesentlich schneller aufgegeben wurde als in der Bundesrepublik. Schon 1948 ging Sidenbladh in seinem oben erwähnten Vortrag auf der Sektion zur Nachbarschaftsplanung der IFHTP in Zürich auf die Problematik des »begrenzten Klassenbewusstseins« ein. Er warnte, innerhalb von Wohngebieten mit sozial stark gemischter Bevölkerung könnten sich schichtenspezifische Verhaltensmuster entwickeln, und das verhindere die Bildung von Gemeinschaft.[63] Es dauerte aber noch einige Jahre, bis sich diese Überzeugung durchsetzte. So wurde in »Det framtida Stockholm« (»Das künftige Stockholm«), dem Arbeitsprogramm des Stockholmer Stadtplanungsbüros von 1945, zwar eingeräumt, es habe sich gezeigt, dass innerhalb sozial homogener Wohngebiete ein höherer Grad an »Zusammengehörigkeitsgefühl« zu erwarten sei. Trotzdem plädierte man für ein »Stockholm

---

61. REICHOW, Gedanken zur städtebaulichen Entwicklung des Groß-Stettiner Raumes (1940), S. 26.
62. REICHOW, Städtebauliche Aufgaben in Braunschweig (1936), S 81.
63. SIDENBLADH, »Grannskapsplanering« (1948), S. 114.

in Miniatur« innerhalb der Nachbarschaftseinheiten.[64] Und noch im Stockholmer Generalplan wurde 1952 keine rechte Entscheidung über »Homogenität und Heterogenität« der Bevölkerungszusammensetzung getroffen: »Man muss hier sagen, dass eine praktische Demokratie ein wechselseitiges Verständnis unter den Sozialschichten voraussetzt, das durch heterogene Wohngruppen erleichtert wird.«[65] Forbat stellte diese Problematik im bereits zitierten CIAM-Rundschreiben auch der internationalen Fachöffentlichkeit zur Debatte. Er fragte, ob die Nachbarschaft ein »Schmelztiegel« sein solle oder ob die »Entwicklung einer besseren Volksgemeinschaft [...] vorübergehend eine Verringerung der sozialen Effektivität mit sich bringen könnte«, die ihre Vorteile aufwiege.[66]

Ab Mitte der 1950er Jahre schlugen sich in Schweden die Zweifel an der Bevölkerungsmischung dann aber doch in der Planung nieder, genauer: in der städtischen Silhouette. Die Einheitlichkeit der Wohnhochhäuser im neuen Stockholmer Vorort Täby (1956) wurde damit begründet, dass die Menschen »am liebsten unter Gleichgesinnten wohnen wollen«. Die Homogenität (und Höhe) der Täbyer Bauten wurde also mit der »psychologischen Gleichheit« ihrer Bewohner gerechtfertigt.[67] Ein deutscher Rezensent meldete nun »sehr ernsthafte Bedenken« gegen das Täby-Projekt an, weil es den Ergebnissen des »organischen Städtebaus« zuwiderlaufe (der Autor verwies hier auf Reichow) und »einer echten gemeinschaftsbildenden Kraft« entbehre. Angesichts der in der jüngsten Vergangenheit erreichten »Verwischung der Klassentrennungen« sei eine derartige »Kasteneinteilung«, »Uniformierung und Monotonie« abzulehnen.[68] Als in Schweden also wieder schichtenspezifisch gebaut wurde, waren deutsche Beobachter enttäuscht, dass man von der These abrückte, die stadträumliche Zusammenführung verschiedener sozialer Gruppen könne Gemeinschaft stiften.[69] Beim Abschied vom Nachbarschaftskonzept, oder allgemeiner beim Hervorbrechen der Widersprüche von Ordnungsdenken und *social engineering,* wie es sich hier ankündigt, werden Ungleichzeitigkeiten deutlich. Darum soll es im Folgenden gehen.

---

64. STOCKHOLMS STADS STADSPLANEKONTOR, Det framtida Stockholm (1945), S. 56.

65. STOCKHOLMS STADS STADSPLANEKONTOR, Generalplan för Stockholm 1952 (1952), S. 124.

66. Fred Forbat: Erörterungen zum Fragebogen den vorgeschlagenen Kongresstitel »the neighbourhood planning« betreffend, 25.4.1947 (gta, CIAM, 42-GS-1-3).

67. PAULSSON, »Weder – noch« (1956), S. 32.

68. KOELLMANN, Kritik (1956), S. 33.

69. In Schweden wurde entsprechend früher diskutiert, ob Stadtplanung zur Segregation beitrage. Zum Beispiel: AHLBERG, Rapport från stadsplanekongressen i Zürich 1948 (1948).

4.4 Ungleiche Übergänge

Die Kritik an der Nachbarschaftsplanung in der Bundesrepublik und in Schweden in den 1950er und 60er Jahren

Ende der 1940er Jahre wich in Schweden die Begeisterung für die Gruppentheorie der Ernüchterung. Schon 1945 hatten Yngve Larsson, Erland von Hofsten und Sven Markelius diskutiert, ob man es nicht wagen solle, im Stockholmer Generalplan die Großstadt zu verteidigen, auch wenn dies Uno Åhrén nicht gefallen werde.[1] Probleme in der Umsetzung, etwa die hohen Unterhaltskosten von Gemeinschaftsanlagen in kleinen Wohngebieten,[2] führten bald zum Vorwurf, der Nachbarschaftsgedanke sei unbewiesene »Ideologie«.[3] 1947 räumte Åhrén ein: »Man kann vielleicht sagen, dass darin zuviel Wunschdenken steckte«.[4] Im selben Jahr wurde die »Jagd nach der verlorenen Gruppenseele« und die ihr zugrunde gelegte Figur des »heimatlosen Atoms« belächelt,[5] und in der Zeitung »Svenska Dagbladet« sogar der »soziologische Wunschtraum« verspottet, die Großstadt »in eine Reihe selbstversorgender Zellen mit mentalhygienischen community centres« aufzuteilen, »in denen die Lebensweise des modernen Menschen auf wundersame Weise so umgeformt werden soll, dass sie jener in einer alten, im romantischen Licht wieder auferstehenden Dorfgemeinde ähnelt.«[6] Selbst Carl-Fredrik Ahlberg gestand 1959, die Behauptung, durch die Nachbarschaftsplanung lasse sich die Demokratie stabilisieren, sei mehr »Glaube als Wirklichkeit gewesen«. Das werde nicht zuletzt daran deutlich, dass auch kleine Gemeinschaften Diktaturen hervorgebracht und auch die urbanisiertesten Länder der Welt an der Verteidigung der Demokratie mitgewirkt hätten.[7]

---

1. Aktenvermerk, 27.3.1945 (AM, 1972-10-2976, K 203).
2. Vgl. HOFSTEN, Hur länge måste vi vänta på samlingslokalerna? (1947), S. 133.
3. ÅKERMAN, Gemensamhetsanläggningar (1952), S. 190.
4. ÅHRÉN, Framtidens städer (1947), S. 17.
5. WESTERBERG, På jakt efter en förlorad gruppsjäl (1948), S. 357.
6. SvD, 3.10.1948.
7. Carl-Fredrik Ahlberg: Neighbourhood-unit-mönstrets tillämpbarhet i stadsplaneringen idag, 23.11.1959, S. 9 (AM 2006-02, K 04).

Das Ende des »Gubbängismus« in Schweden

War bereits von Hofstens Gubbängen-Studie teils gegen ihre Absicht als Beleg für die Wichtigkeit der Nachbarschaftsplanung begrüßt worden,[8] so mehrten sich nun Einwände gerade aus jener Wissenschaft, deren Mitwirkung sich die Architekten Anfang der 1940er Jahre herbeigesehnt hatten.[9] Der Soziologe Roland von Euler stellte 1951 die Nachbarschaftsplanung als »Evangelium« in Frage, ärgerte sich über die Sprache ihrer Befürworter, über die ungenauen Begriffspaare »Gesellschaft« und »Gemeinschaft«, »Volk« und »Staat«, »ländlich« und »urban«.[10] Sein Kollege Edmund Dahlström untersuchte in seiner (im Kontext der Stockholmer Generalplanung entstandenen) Studie »Trivsel i Söderort« (»Wohlergehen im Stockholmer Süden«) Ende der 1940er Jahre die »Voraussetzungen für lokale Kontakte und Gemeinschaft« in den Stockholmer Nachbarschaften Hägerstensåsen und Hökmossen. Er interviewte Bewohner und interpretierte deren »Umzugsbereitschaft und Umzugsneigung« als Indikatoren ihrer Zufriedenheit mit ihrem Wohnort. Zusätzlich untersuchte er die Frequenz unterschiedlicher Arten von »Nachbarschaftskontakten«. Seine Ergebnisse waren ernüchternd. Die Bewohner wollten umziehen, und zwar vor allem, weil sie mit ihren kleinen Wohnungen unzufrieden waren. Sie legten großen Wert auf die Nähe zum Arbeitsplatz, aber kaum auf die Wohnumgebung selbst. Nachbarschaftskontakte waren selten, es überwog »eine Art Eigenheimeinstellung.«[11] Spätestens 1959, nach Erscheinen von Gunnar Åsvärns und Berthil Mathsons Studie »Fritid i söderort« (»Freizeit im Stockholmer Süden«) zum Stockholmer Vorort Årsta, galt das Vergemeinschaftungspostulat als widerlegt. Årsta war eine Art Modellfunktion zugekommen,[12] auch, weil die Entwicklung des Viertels durch Soziologen begleitet wurde.[13] Die Autoren der Studie prüften mittels Umfragen vor Ort das Postulat, ein *community centre* könne die Gemeinschaft innerhalb des Wohnbereichs steigern, also die »Richtigkeit der Vorstellung vom der ›kleinen Maßstab‹«. Sie kamen zu dem Schluss: »Für die Mehrheit der Aktivitäten ist der Stadtteil unseren Ergebnissen nach nicht die ›natürliche‹ Einheit, mit der man oft zu rechnen scheint.«[14]

In Schweden wurde daraufhin die soziale Zielsetzung aus dem Nachbarschaftskonzept herausgeschrieben. Göran Sidenbladh etwa entkoppelte in seinem Zürcher Vortrag die verschiedenen »Inhalte« der Nachbarschaftsein-

---

8. Siehe Kapitel 4.1.

9. Einen guten Überblick über die schwedischen nachbarschaftssoziologischen Arbeiten dieser Zeit bietet der Artikel »Grannskapet« in BOALT/HOLM, Bostadssociologi (1959).

10. EULER, Grannskapsidén i amerikansk diskussion (1951), S. 62, 65.

11. DAHLSTRÖM, Trivsel i söderort (1951), S. 19, 266. Vgl. auch DERS., Söderort i sociologisk belysning (1952).

12. Vgl. etwa STOCKHOLMS STADS STADSPLANEKONTOR, Det framtida Stockholm (1945), S. 60.

13. Årsta war zudem eine *der* Attraktionen, die man ausländischen Besuchern vorführte, etwa den Teilnehmern des CIAM-Vorbereitungskongresses in Sigtuna. Vgl. das Protokoll des Kongresses, 1952 (AM, 1970-18-156, K 15).

14. ÅSVÄRN/MATHSSON, Fritid i förort (1959), S. 129.

heit voneinander. Als »funktionale Einheit« sei sie eine Kategorie der Verwaltung und des *service*, denn beide benötigten eine klar feststellbare Bevölkerungsgrundlage, um wirtschaftlich zu arbeiten. Der These, die »Reorganisation der Großstädte« befriedige auch »das Bedürfnis der Menschen nach Gemeinschaft«, der These von der Nachbarschaftseinheit als »sozialer Einheit« also, fehle dagegen die »faktische Bestätigung«.[15] Sehr deutlich wird dieser Wandel an den Veröffentlichungen zum Stockholmer Generalplan und den Reaktionen darauf. »Det framtida Stockholm« würdigte 1945 die Vorteile des Großstadtlebens, setzte aber auf ein Mehr an »Gruppenbildung« und »Zusammengehörigkeitsgefühlen«.[16] Während Alva Myrdal das als »Durchbruch für die moderne soziologische Perspektive« begrüßte, bezeichnete ein norwegischer Rezensent dies ironisch als »Gubbängismus« – er spielte auf die Initialzündung der Nachbarschaftsplanung im Gubbängen-Wettbewerb 1943 an.[17] Im Generalplan von 1952 wurde dann die sozialpsychologische Wirkung der Wohnumwelt als Spekulation gekennzeichnet. Fotografien stellten zwar »Masse« und »Einzelmensch« gegenüber, der Bildtext allerdings warnte vor »zweifelhaften Verallgemeinerungen« über das einsam machende Milieu der Großstadt.[18]

Vermehrt wurde nun auch die Tendenz kritisiert, »sich hinter Zahlen zu verstecken«.[19] Göran Lindahl legte 1951 in »Dagens Nyheter« den Finger in die Wunde. Man plane »ins Blaue« hinein. »Wie groß diese kleinen Gemeinschaften sein sollen, darüber ist man sehr uneins; die Angebote reichen von 1000 bis 10.000 Einwohnern.«[20] Inzwischen schrieb aber selbst Ahlberg, für die »praktische Planung« sei eine »Verknüpfung verschiedener Größenansprüche« methodisch richtig. Zweifelhaft sei dagegen der Gedanke, dass eine bestimmte Größe der Nachbarschaftseinheit »Kontaktbestrebungen« steigern könne.[21] So überrascht nicht, dass die schwedischen Architekten der Polemik Lindahls, sie seien »soziale Moralisten«, die ihre Werturteile hinter »amateursoziologischen Schlagworten« versteckten, mit der Behauptung begegneten, dieser überschätze ihre Absichten.[22]

Ende der 1950er Jahre wurde (unter Bezugnahme auf amerikanische Entwicklungen) auch die steigende Zahl privater Automobile diskutiert, auf die die Nachbarschaftsplanung keine Antwort geben könne.[23] Im von Åhrén und anderen 1960 an der Stockholmer technischen Hochschule KTH erstell-

---

15. SIDENBLADH, »Grannskapsplanering« (1948), S. 133.
16. STOCKHOLMS STADS STADSPLANEKONTOR, Det framtida Stockholm (1945), S. 103.
17. MYRDAL, Utlåtande över Det framtida Stockholm (1946), S. 78; HALS, Utlåtande över Det framtida Stockholm (1946), S. 50.
18. STOCKHOLMS STADS STADSPLANEKONTOR, Generalplan för Stockholm 1952 (1952), S. 119. Der Text transportierte also eine ganz andere *message* als die Bilder. Damit wurden letztlich auch die eigenen Bildstrategien entlarvt. Zu diesen mehr in Kapitel 5.1.
19. ÅKERMAN, Gemensamhetsanläggningar (1952), S. 190.
20. DN, 21.8.1951.
21. Carl-Fredrik Ahlberg: Neighbourhood-unit-mönstrets tillämpbarhet i stadsplaneringen idag, 23.11.1959, S. 3 (AM 2006-02, K 04).
22. Vgl. DN, 31.8.1951.
23. Vgl. Carl-Fredrik Ahlberg: Neighbourhood-unit-mönstrets tillämpbarhet i stadsplaneringen idag, 23.11.1959, S. 7 (AM 2006-02, K 04).

ten Städtebaukompendium »Bilstaden« (»Die Autostadt«) war von Gemeinschaft keine Rede mehr.[24] Schon Mitte der 1950er Jahre wurde zudem Kritik an der Ödnis neuer Siedlungen geübt – etwa in den viel gelesenen Stockholmromanen Per Anders Fogelströms.[25] Zunehmend räumten Architekten ein, ein gewisses Verlangen nach Urbanität sei berechtigt. Das wurde noch durch den Nachweis gestützt, dass auch Wohnungen im Hochhaus für Familien mit Kindern geeignet seien.[26]

Allerdings propagierten die Planer die Einteilung der Stadt in kleinere Einheiten weiterhin als technisch-ökonomisches Planungsinstrument – so bei der Planung der schwedischen »ABC-Städte« der 1950er und frühen 60er Jahre, also der Vororte, die Arbeitsplätze (*arbete*), Wohnungen (*bostäder*) und ein Zentrum mit Versorgungseinrichtungen (*centrum*) enthalten sollten. Einwohnerzahl und Ausdehnung für die viel gerühmte Stockholmer Satellitenstadt Vällingby[27] fußten schon mehr auf Berechnungen zum Verhältnis von Versorgungsbedarf und Tragfähigkeit des Einzelhandels (zum Zentimeter »Ladenfassade« pro Kopf[28]) als auf soziologischen Prämissen.[29] Die schwedische Forschung hat entsprechend die Kontinuität der Nachbarschaftsidee bis in die 1970er Jahre hinein betont. So sei diese auch in *das* wohnungspolitische Großprojekt der 1960er Jahre diffundiert: das »Millionenprogramm«. Eine Million Wohnungen, so kündigte die Regierung Mitte der 1950er Jahre an, sollten im Laufe von zehn Jahren gebaut werden. In den 1970er Jahren wurde dann gerade der großskalige, stark industrialisierte Wohnungsbau des Millionenprogramms heftig kritisiert.[30] Paradoxerweise,

---

24. Vgl. INSTITUTIONEN FÖR STADSBYGGNAD, Bilstaden (1960). Ohnehin befassten sich viele Planer nach der Einführung neuer kommunaler Planungsinstrumente durch das Baugesetz (*Byggnadslagen*) 1947 zunehmend mit makroökonomischen Themen: Industrielokalisierung, Prognosen für die Regional- und bald auch »Reichsplanung«. Vgl. zum Beispiel AHLBERG, Regionalplaneproblem i Stockholm (1954); DANNESKIOLD-SAMSØE, Regionalplan för Göteborg med omgivningar (1946); FORBAT, Utvecklingsprognos för en medelstor stad (1949); DERS./EGLER, Generalplan för Skövde (1949). Zur schwedischen Landesplanung: CLASON, Plantänkande och planering (1982); RUDBERG, Från mönsterplan till kommunöversikt (1985); STRÖMGREN, Samordning, hyfs och reda (2007).
25. Vgl. WISCHMANN, Verdichtete Stadtwahrnehmung (2003), S. 161-190.
26. Vgl. DAHLSTRÖM, Barnfamiljer i höghus och trevånings låghus (1957).
27. Zu Vällingby IRION/SIEVERTS, Neue Städte (1991); PASS, Vällingby and Farsta (1973); SAX, Vällingby (1998).
28. SIDENBLADH, Hus och skådespel (1957), S. 47.
29. Das war auch Ergebnis der Lobbyarbeit des schwedischen Kaufmannsverbands, der einen höheren Anteil an Verkaufsfläche und damit größere Einwohnerzahlen durchsetzte. Vgl. NYSTRÖM/LUNDSTRÖM, Sweden (2006), S. 36. Bereits Ende der 1940er Jahre hatte die »Wohnungsbaudelegation der Wirtschaft« (*Näringslivets bostadsbyggnadsdelegation*) größere Nachbarschaftseinheiten gefordert. Vgl. AHLBERG, Näringslivets bostadsbyggnadsdelegation (1948).
30. Dem Millionenprogramm wurde u.a. der Vorwurf gemacht, hier würden »Konzentrationslager« gebaut. Tatsächlich entsprach nur ein kleiner Teil der realisierten Bauten dem Klischee der Kritiker, also einer tristen, rein zweckrationalen und daher lebensfeindlichen Verwahrungsarchitektur ohne künstlerische Qualität, wie sie insbesondere mit Skärholmen, einem neuen Stadtteil im Süden Stockholms (Planung ab 1963), identifiziert wur-

so die Forschung, forderten die Kritiker nun Stadtstrukturen, die der Nachbarschaftseinheit der 1940er Jahre ähnelten – obwohl die Bebauungsformen, die sie beanstandeten, letztlich aus der Nachbarschaftsplanung hervorgegangen waren. So konnte bereits in den 1960er Jahren (besonders im Kontext der umstrittenen Totalerneuerung der Stockholmer Innenstadt[31]) beim Protest gegen Bauten, bei der »die Reichweite und Hubkraft des Krans die Produktion diktiert« habe, beklagt werden, hier sei das »Milieu« vergessen worden.[32] Erneut wurden nun Gemeinschaft und Entfremdung als Gegensätze gefasst.[33] Allerdings verband sich damit eine Kritik am Planen insgesamt, denn die Kritiker verstanden Vergemeinschaftungsprozesse nun längst als Praktiken »von unten«.[34] In Schweden lässt sich bezüglich des Gemeinschaftsdenkens bereits ab Anfang/Mitte der 1950er Jahre eine weiche Zäsur feststellen, eine umfassende Kritik am Planen und am Planer setzte dagegen erst ab Mitte der 1970er Jahre ein.

Die Stadt von Gestern

Schwedische Architekten artikulierten also schon Anfang der 1950er Jahre ihre Skepsis gegenüber der Nachbarschaftseinheit – das fiel zusammen mit dem Gipfel der deutschen Begeisterung für die schwedische Nachbarschaftsplanung. Dieses Nacheinander wird besonders deutlich an der schwedischen Rezeption deutscher programmatischer Texte der Nachkriegszeit. So bemängelte eine schwedische Rezension der »gegliederten und aufgelockerten Stadt«, die gewählten Prämissen zur Begrenzung von Bebauungshöhe und -dichte seien »bewusst tendenziös«. Schwerer noch wog der Vorwurf, dies seien »Idealstadtspekulationen«, die angesichts der Kostenentwicklung in der Bauindustrie unrealistisch seien.[35] Sidenbladh interpretierte 1960 das verspätete Begleitbuch zur Berliner Interbau-Teilausstellung »die stadt von morgen« vernichtend als »Stadt von Gestern«. Er nahm explizit den seiner Meinung nach überholten Nachbarschaftsgedanken ins Visier:

»Was vor zehn Jahren Gemeingut der leitenden, internationalen Diskussion war, wird hier als neue Zielsetzung präsentiert. [...] Mehrere [an der Veröffentlichung] Beteiligte machen geltend, dass es nicht nur möglich ist, die (Groß-)Stadtmenschen seelisch und physisch gesünder zu machen, indem man ihnen ein Milieu gibt, das nach den hier wiedergegebenen Prinzipien organisiert ist, sondern dass sie dann auch zu kooperationswilligen, verantwortungsbewussten, demokratisch denkenden Mitbürgern

---

de. Vgl. ARNSTBERG, Genrebilden av miljonprogrammet (1996) sowie die Beiträge in Arkitekturmuseets Årsbok 1996.
31. Vgl. dazu ERIKSSON, Stockholm med modernismen i centrum (2004); HALL, »I nationell skala« (1985).
32. BRUNNBERG, Stadsbyggnadskonst eller stadsbyggnadsteknik (1963), S. 34.
33. Vgl. FRANZÉN/SANDSTEDT, Grannskap och stadsplanering (1981), bes. S. 15-25. Vgl. auch HJÄRNE, Planning for Community in Swedish Housing (1986).
34. Vgl. etwa DAUN, Grannskapsidén och småhusbebyggelsen (1977).
35. WIRÉN, Den uppluckrade staden (1958), S. 11-12.

werden. Die Gesellschaftswissenschaften haben diesen frommen Glauben vor langer Zeit zerpflückt.«[36]

Übrigens hatten die schwedischen Besucher der Ausstellung »die stadt von morgen« deren »stadtfeindliche Haltung« bemängelt. Das gab Fred Forbat im September 1957 auf dem »CIAM-Gespräch« über die Ausstellung zu verstehen, das von der Berliner CIAM-Gruppe um Hubert Hoffmann organisiert worden war. Forbat kritisierte u.a. einen Film Paul Voglers über das »Kind in der Großstadt« als allzu pessimistisch.[37] Er sah keine Chance für »die stadt von morgen« auf dem schwedischen Buchmarkt.[38] Die Schweden interessierten sich Ende der 1950er Jahre nicht mehr für den Versuch, »einerseits in der Turbulenz der Zeit Konstanten zu finden und zu propagieren und andererseits für heute und morgen Neues anzubieten, das noch nicht bekannt, anerkannt oder Allgemeingut geworden war«, wie Erich Kühn noch 1981 zur »stadt von morgen« schrieb.[39] Zu sehr wähnten sie sich in einer europäischen Vorreiterrolle.[40] Allenfalls als einen Aufholversuch betrachteten schwedische Beobachter beispielsweise bereits 1951 die »Constructa«, die große Bauausstellung in Hannover.[41] Zu weit war die »demokratische Kulturkritik« in Schweden bereits einem gewissen Pragmatismus gewichen. Der ökonomische Boom der 1960er Jahre – der so genannten »Rekordjahre« – schließlich ließ wenig Raum für Grundsatzdebatten über die soziale Gemeinschaft.

Zwischen »Sozialmontage« und »Bauwirtschaftsfunktionalismus«. Die deutsche Kritik

Spätestens Ende der 1950er Jahre wurden auch in der Bundesrepublik bestimmte Inkohärenzen überdeutlich. Erläutern will ich das am Beispiel der

---

36. SIDENBLADH, Die Stadt von Gestern (1960).
37. Auf den Vorwurf des Architekten Josef Lehmbruck, Voglers Ausstellungsteil zu »Stadt und Gesundheit« erinnere an die »Sterilisierungsabsichten vergangener Jahre« entgegnete er allerdings, die »Gesundung der Familienverhältnisse, die man durch städtebauliche Mittel erzielen« könne, sei auch in Schweden ein Thema. Die Ausstellung sei also »nicht vergleichbar mit etwaigen diktatorischen Mitteln der NS-Zeit«. CIAM-Gespräch über »die stadt von morgen«, 26.-27.9.1957, S. 2f. (AM, 1970-18-152, K 14).
38. Forbat an Otto, 19.11.1957 (AM, 1970-18-152, K 14).
39. KÜHN, Die Fünfziger Jahre (1981), S. 26.
40. Allerdings gab es auch Lob: Vgl. LINDQIST, Interbau Berlin 1957 (1957).
41. Vgl. HOLMBERG, Utställningen Constructa (1951). An der »Constructa« waren praktisch alle deutschen Planer beteiligt, die in den 1940er Jahren an der Ausarbeitung der Siedlungszelle mitgewirkt hatten. Rudolf Hillebrecht leitete die Ausstellung, anlässlich derer es auch zu einem ersten Treffen zwischen Exilanten und NS-Kollaborateuren nach Kriegsende kam. Vgl. dazu DURTH, Deutsche Architekten (1986), S. 322-327. Im Vorfeld der »Constructa« war Gutschow u.a. für städtebauliche Fragen verantwortlich. Er stützte sich dabei auf sein Material für den »Städtebaulichen Grundstoff« (vgl. die Unterlagen im StA-HH, 621-2/11, C 75). Zur Ausstellung CRAMER/GUTSCHOW, Bauausstellungen (1984), S. 213-222; DURTH, Hannover (1992), S. 174-175; DIEFENDORF, In the Wake of War (1993), S. 147-149.

Metapher vom »menschlichen Maßstab«. Im November 1959 hielt Reichow auf einer Tagung zur »Städtegründung im 20. Jahrhundert« in der Evangelischen Akademie Loccum einen Vortrag (im Beisein Gutschows, Gunther Ipsens, Wilhelm Wortmanns, Elisabeth Pfeils und Rainer Mackensens). Er referierte: »Wollen wir den Begriff ›das Maß des Menschen‹ etwas konkreter fassen, so wird es nicht erfasst mit dem Modulor [der anthropometrischen Idealfigur] Le Corbusiers. Das ist eine mechanische Betrachtung. Es liegt vielmehr in seinem Wesen.«[42] Reichow fuhr fort: »Ich sage: [...] die Verhaltensform alles organischen Lebens möchte die neue Bindung für unser Denken und Handeln im Planen werden.« Das wirkt bekannt. Fast sarkastisch klingt aber nun Reichows Abschlussbemerkung: »Zur Soziologie unserer Stadt ist zu sagen: Man kann sie nicht planen«, die »Entwicklung eines Gemeinschaftssinnes« müsse von selbst erfolgen.[43] Offenbar konnte und wollte Reichow keinen Zusammenhang mehr zwischen Abmessungen, Gemeinschaft und »Wesen« herstellen. Das hieß aber auch, dass er nicht erklären konnte, was gerade ihm die Einsicht in die »Verhaltensform organischen Lebens« ermöglichte. Der Architekt wurde wieder zum Künstler, der sich eigenmächtig an subjektiven Prämissen orientierte. Der menschliche Maßstab hatte damit als Trope ausgedient. Ohnehin wurde die Metapher in den 1960er Jahren zum Hindernis im Umgang mit den aufstrebenden Verkehrsplanern, die stärker mit quantitativen Daten operierten. Die Architekten, erinnerte sich Friedrich Spengelin 1985, »konnten immer nur von Qualität reden, von Kleinmaßstäblichkeit, vom Mensch als Maß der Dinge, und was sonst noch für Schlagworte in der Diskussion waren«. Die Verkehrsplaner dagegen »rechnete[n] genau aus, wieviele Autos in wievielen Stunden in welche Richtung fuhren, dann wurden einem die Toten vorgerechnet, die unvermeidbar sind, wenn man die Straßen nicht verbreitert«.[44] Die Metapher vom menschlichen Maß verschwand und tauchte erst mit der Fundamentalkritik an Planung und Bürokratie in den 1970er Jahren wieder auf.[45]

Der weichen Zäsur der frühen 1950er Jahre in Schweden stand ein Bruch im deutschen Diskurs zu Anfang der 1960er Jahre gegenüber. Das Versprechen der Nachbarschaftseinheit wurde hier später, dafür umso radikaler in Frage gestellt. Auch in der Bundesrepublik wurde nun empirisch an konkreten Siedlungen nachgewiesen, dass die Ambitionen der Nachbarschaftsplaner, Gemeinschaft zu fördern, gescheitert waren;[46] Soziologen kritisierten den der Nachbarschaftsidee zugrunde liegenden Raumdeterminismus als

---

42. Gutschow notierte sich dazu: »»menschlich‹ abgegriffenes Wort – nicht Abmessungen, sondern Wesen«. Notiz, 1959 (StA-HH, 621-2/11, C 116).

43. Hans Bernhard Reichow: Sennestadt. Planung und Durchführung einer Städtegründung, in: »Städtegründung im 20. Jahrhundert«. Tagung vom 21. bis 22. November 1959 in der Evangelischen Akademie Loccum, S. 12, 14f. (GNMN, NL Reichow, I B 226 a).

44. »Zu Beginn der 60er Jahre hatten wir das Gefühl: Jetzt müssen wir von Grund auf neu anfangen« (1985), S. 332.

45. Vgl. etwa Schumacher, Die Rückkehr zum menschlichen Maß (1973).

46. Vgl. Klages, Der Nachbarschaftsgedanke und die nachbarliche Wirklichkeit in der Großstadt (1958); Reichert-Facilides, Nachbarschaften machen keine Stadt (1956). Dabei wurden auch ausländische Untersuchungen rezipiert, etwa Orlans, Stevenage (1952) und Kuper, Blueprint for living together (1953).

Wunschdenken.[47] Die Vagheit planerischer Ziele wurde kritisiert und darauf zurückgeführt, dass diese uneingestandene Werturteile transportierten.[48] Auch in der Bundesrepublik richtete sich die (Selbst-)Kritik am Nachbarschaftsgedanken auf die Kopplung von Skalierungspraxis und Gemeinschaftsideal. Elisabeth Pfeil räumte 1963 ein: Der »Größenumfang allein ist es nicht, der die Form der Sozialisation einer Wohngemeinde bestimmt«. Ein »Realitätsgehalt« des Nachbarschaftsgedankens bestehe zwar, allerdings seien die »Grenzen unscharf, die Abstufungen nur geringfügig«.[49] Rudolf Hillebrecht, der unter den deutschen Planern der Nachkriegszeit das ausgeprägteste Gespür für Veränderungen hatte, rückte bald ganz von der Suche nach der richtigen Stadtgröße ab. Eine solche lasse sich angesichts des fortwährenden wirtschaftlichen Strukturwandels der Stadt nicht fixieren, diese werde »niemals einen statischen Zustand darstellen [...]. Es kann daher auch nie eine minimale oder maximale Größe einer Stadt geben«.[50]

An Hillebrechts Statement lässt sich die Veränderung der Entwurfs- und Planungspraxis Anfang der 1960er Jahre ablesen. Eine regelrechte Theoriewelle ergriff die Planer. Befördert durch Erwartungen an die Kapazitäten der elektronischen Datenverarbeitung, verbreiteten sich »technokratische« Methoden, die »die Nachbarschaftsidee auf technisch-organisatorische Richtwerte der Infrastrukturplanung reduzierte[n]«.[51] Planung wurde zunehmend von konkreten sozialen Zielen entkoppelt. Die modernisierungstheoretisch unterfütterte »axiomatische Verknüpfung von Planung und Modernisierung«[52] ließ den Fortschritt zum Selbstzweck werden, erstmals wurden aber auch planerische *feedback*-Effekte zum Thema. Dies implizierte letztlich eine Gewichtsverlagerung von der statischen Ordnung zur prozessualen Planung für den gesellschaftlichen Wohlstand. Die Planer orientierten sich nun an makroökonomischen *hard facts*; die »Stunde der Ökonomen« schlug auch im Städte-

---

47. Vgl. OSWALD, Die überschätzte Stadt (1966).

48. Vgl. ALBERS, Wissenschaft und Städtebau (1961), S. 14; KÖNIG, Grundformen der Gesellschaft (1958), S. 142.

49. PFEIL, Zur Kritik der Nachbarschaftsidee (1963), S. 44. Übrigens wurde nun auch als konservativ kritisiert, dass die Planer sich Nachbarschaftseinheiten als begrenzte »konzentrische Kreise« vorstellten (LORENZER, Städtebau [1969], S. 62) und bezweifelt, »daß die territorialen Bereiche der verschiedenen Gruppierungen innerhalb des Sozialgebildes einer modernen Gemeinde je zur Deckung gebracht werden können«. FIREY, Grenzen als Faktoren in der Gemeindeplanung (1954), S. 118.

50. MÜLLER-IBOLD/HILLEBRECHT/STADTPLANUNGS- UND VERMESSUNGSAMT HANNOVER, Städte verändern ihr Gesicht (1962), S. 7.

51. SCHUBERT, »Heil aus Ziegelstein« (1998), S. 172. Vgl. auch ALBERS, Zur Entwicklung der Stadtplanung in Europa (1997), S. 224. Zeitgenössisch: FEHL, Planung und Information (1972).

52. DOERING-MANTEUFFEL, Ordnung jenseits der politischen Systeme (2008), S. 405. Zur Planungseuphorie der 1960er Jahre zuletzt: BRÖCKLING, Alle planen, auch die die nicht planen (2008); RUCK, Ein kurzer Sommer der konkreten Utopie (2000). Siehe auch die Beiträge von Georg Wagner-Kyora, Gabriele Metzler und Winfried Süß in FRESE/PAULUS/TEPPE, Demokratisierung und gesellschaftlicher Aufstieg (2003).

bau.⁵³ Das passte zur zeitgleichen Aufwertung der »Urbanität durch Dichte«, denn diese entsprach den Produktionseinheiten eines industrialisierten Bauwesens.⁵⁴ Zu Beginn der 1960er Jahre setzte – wie in Schweden – ein großmaßstäblicher Wohnungsbau ein. Kleine Räume schienen nicht mehr einer Konsumgesellschaft zu entsprechen, die Wohnbereich und Sozialkontakte zunehmend entkoppelte – nicht zuletzt infolge der Motorisierung.⁵⁵

Mit der Aufwertung von Größe und Dichte reagierten Architekten und Stadtplaner aber auch auf den Vorwurf, sie seien »großstadtfeindlich«.⁵⁶ Im Zuge der lebensweltlichen und intellektuellen Liberalisierung der 1960er Jahre wurde die Bedeutung »öffentlicher« Begegnungen außerhalb der »Verortung« in einer »vorgegebenen Ordnung« begrüßt⁵⁷ und das Konzept »Gemeinschaft« gegenüber dem Topos »Gesellschaft« abgewertet.⁵⁸ Das »Gesellschaftsbild bei Stadtplanern« wurde in der Bundesrepublik (stärker als in Schweden) als ein konservatives gebrandmarkt bzw. als Zufluchtsort einer spezifisch deutschen kulturpessimistischen Tradition enttarnt.⁵⁹

Auch die Organismusanalogie kam damit auf den Prüfstand. Hans Paul Bahrdt etwa übte vernichtende Kritik an den »Irrtümer[n] der Biologisten«, deren Begriffe keine Positivität hätten, sondern nur einer allgemeinen Großstadtskepsis Ausdruck verliehen.⁶⁰ So sah sich Erich Kühn bereits 1957 genötigt zu betonen, dass

»die Stadt kein organisches Gebilde, schärfer gesagt, kein Organismus ist. [...] Diese Lehre vom ›sozialen Organismus‹ [...] wurde gefährlich, weil paradoxerweise einerseits wichtige Maßnahmen im Glauben an den Automatismus des Geschehens unterlassen und andererseits die verbrecherischen Maßnahmen der Diktatur aus gleicher Quelle geistig gespeist wurden.«⁶¹

---

53. Vgl. NÜTZENADEL, Stunde der Ökonomen (2005). Konkret zur Stadtplanung: DURTH, Vom Sieg der Zahlen über die Bilder (1985). Noch polemisch: KLOTZ, Die Ökonomie triumphiert (1987).

54. Vgl. die Sammlung von Texten der Jahre 1963 und 1964: BOEDDINGHAUS, Gesellschaft durch Dichte (1995). Schon zeitgenössisch als missverständlich kritisiert wurde die Begeisterung für die Dichte durch SALIN, Urbanität (1960).

55. Außerdem ist der Bedeutungsverlust der Nachbarschaftseinheit auch auf veränderte Konsumformen zurückzuführen: Supermärkte bedienten größere Einzugsbereiche. FLECKEN, Zur Genese der Nachmoderne im Städtebau (1999), S. 285.

56. Das war auch Ergebnis der Rezeption der internationalen Kritik an überkommenen städtebaulichen Konzepten. Vgl. vor allem JACOBS, The Death and Life of Great American Cities (1961).

57. BAHRDT, Entstädterung oder Urbanisierung (1956), S. 653, 657.

58. Vgl. dazu NOLTE, Die Ordnung der deutschen Gesellschaft (2000), S. 389. Aufschlussreich diesbezüglich ist das Heft 3 der »Kölner Zeitschrift für Soziologie und Sozialpsychologie« 1955, in dem sich u.a. Helmuth Plessner und René König anlässlich von Tönnies' 100. Geburtstag mit dessen Gemeinschaftsbegriff auseinandersetzten.

59. BERNDT, Das Gesellschaftsbild bei Stadtplanern (1968).

60. BAHRDT, Die moderne Großstadt (1961), S. 17, 112.

61. KÜHN, Vom Wesen der Stadt und des Städtebaues (1957), S. 203, 207.

Nicht nur im bundesrepublikanischen Diskurs verlor die Metapher »Organismus« in der Planung an Bedeutung. Besonders beim britischen Planungstheoretiker Christopher Alexander zeigt sich, wie der Organismus von neuen (nämlich kybernetischen[62]) Leitmetaphern abgelöst wurde. »The City is not a tree« schrieb Alexander 1965 und übte damit Kritik an der hierarchischen Baumstruktur, die er als Denkmodell vieler Stadtplaner, etwa Patrick Abercrombies, identifizierte. Dieses ähnele einer »compulsive desire for neatness and order that insists the candlesticks on a mantlepiece be perfecly straight and perfectly symmetrical about the center«. Alexander stellte (mittels Skizzen) einer sich baumartig verzweigenden Siedlungsstruktur die städtische »Realität« gegenüber, das heißt komplexe, sich netzartig verknüpfende Sozialbeziehungen. »Social systems« seien »nodal systems« und als solche »no less orderly than the rigid tree, but more so«. Alexanders Kritik markiert einen Übergang, ein Nebeneinander von Bruch und Kontinuität. Auch er warnte nämlich, die städtische Komplexität dürfe nicht »chaotisch« sein. Alexander arbeitete zu diesem Zeitpunkt an einer »Pattern Language«, an einer grafisch-mathematischen Klassifikation räumlicher Strukturtypen, die der Planung zu Grunde gelegt werden sollte – und darin unterschied sich sein Anspruch kaum von dem der kritisierten Planer.[63]

Schließlich wurde ab Mitte der 1960er Jahre die Nachbarschaftseinheit aus sozialpsychologischer Sicht als unseriöse »Sozialmontage« bzw. als »montierte Kommunikation« bemängelt. Oft wurden im selben Atemzug aber auch die fehlenden Identifikationsangebote des »Zweckbaus« und die »Unwirtlichkeit« der Städte moniert.[64] Überraschend nahtlos ging die Kritik an den sozialen Absichten der Nachbarschaftsplanung in die Ablehnung des öden »Bauwirtschaftsfunktionalismus« der 1960er Jahre über.[65] Eine größere »symbolbildende Leistung« der Architektur für die »Identifizierung« wurde eingefordert.[66] Der Vorwurf, die Architekten hätten die Identität baulicher Strukturen der Profitmaximierung geopfert, entsprang schon einer Theoriedebatte um die »Lust am Ungeordneten« und die entsprechenden Vorzüge älterer, »gemordeter« Stadtstrukturen,[67] die spätestens im »Europäischen

---

62. Übrigens vollzog sich mit dem Einzug der Kybernetik und der Systemtheorie in der Biologie ein Bruch in der Vorstellung vom Organischen, das damit als Bildspender vorläufig ausgedient hatte. Dazu: MARTIN, The Organizational Complex (2003). Vgl. auch GALISON, War against the Center (2003).

63. ALEXANDER, A City is not a Tree (1965), S. 58–60. Erstmals ins Deutsche übersetzt in »Bauen und Wohnen« 1967, H. 7. Vgl. zu Alexanders Konzepten: KÜHN, Christopher Alexanders Pattern Language (2008).

64. Vgl. LORENZER, Städtebau (1959); MITSCHERLICH, Die Unwirtlichkeit unserer Städte (1956).

65. Vgl. KLOTZ, Das Pathos des Funktionalismus (1977), S. 4. Allerdings wurden in den 1960er Jahren auch Versuche unternommen, die Identifikationswirkung präfabrizierter Fassadenelemente »informationsästhetisch« zu optimieren. Vgl. dazu LANGENBERG, Geplante Gestaltung (2009).

66. LORENZER, Städtebau (1969), S. 79, 93. Es gerieten also Mängel der Architekturrepräsentation in den Blick, die, wie gezeigt, durchaus schon im Nachbarschaftsdiskurs verhandelt worden waren.

67. Vgl. SIEDLER/NIGGEMEYER, Die gemordete Stadt (1964), S. 189.

Denkmalschutzjahr« 1975 breit geführt wurde. In diesem Kontext wurden bald auch wieder Aspekte wie Maßstäblichkeit und Gemeinschaft diskutiert,[68] nun aber ausgehend von einer »postmodernen«, historisierenden Stadtauffassung, die eine individuelle Lektüre architektonischer Zeichen anregte.[69]

Lesarten. Von der Pluralisierung der Stadtwahrnehmungen zur Historisierung der Moderne (Exkurs)

In den späten 1950er Jahren untersuchte der amerikanische Planungstheoretiker Kevin Lynch in den USA die psychologische Wirkung der Stadtstruktur, das *Image* verschiedener amerikanischer Städte. Es ging ihm darum, die »Lesbarkeit der Stadt« zu erhöhen, denn das fördere das individuelle Wohlbefinden. Ausgehend von Studien zur Stadtmorphologie von Boston, L.A. und New Jersey schloss er auf die »mental maps« ihrer Bewohner und evaluierte den Grad der »imageability« ihres jeweiligen Wohnorts. Morphologisch-mnemotechnische Kategorien wie *paths, edges, districts, nodes* und *landmarks* prägten, so Lynch, die Orientierung in der Stadt. Lynchs Buch stand an einer Zäsur. Zwar wollte auch er planungsrelevantes Wissen bereitstellen, wesentlich stärker als die Stadtplaner der 1930er bis 50er Jahre jedoch machte er die Vielfalt der Stadtwahrnehmungen zum Ausgangspunkt. Er stellte eine genussvolle *experience* ins Zentrum und lud dazu ein, die eigene Umwelt zu erkunden.[70] Das wies voraus auf die in den 1960er Jahren zunehmend eingeforderte Nutzerbeteiligung, das *advocacy planning*,[71] das einen ganz neuen Akteur auf die diskursive Bühne brachte: den Betroffenen.

Fast zeitgleich wurde das individuelle Erkunden der Stadt auch zur Fundamentalkritik am Planen insgesamt umgedeutet. Die Situationisten (zu deren Gründungsvätern Asger Jorn gehörte) begannen Ende der 1950er Jahre, die Autorität der Planer zu unterminieren, indem sie eine radikal individuelle Aneignung des Stadtraums propagierten. Für sie war die Stadtplanung Bestandteil einer kapitalistischen Normalarbeitsgesellschaft, die einem mediokren, standardisierten Konsum frönte.[72] Für die Situationisten beraubte die Zweckrationalität der neuen Städte die Menschen der Befähigung zum Spiel, zur Freisetzung der eigenen Kreativität. Die Stadtplanung unterband Vieldeutigkeit und Exzess, jedes sinnfreie Tun. Deshalb sollte der lustbestimmte »ge-

---

68. Vgl. LAMPUGNANI, Maßstäblichkeit von Architektur und Stadt (1980).

69. Vgl. ROSSI, Die Architektur der Stadt (1973); JENCKS, The Language of Post-Modern Architecture (1978).

70. Vgl. LYNCH, The Image of the City (1960). Lynch selbst sprach immer wieder von »Ordnung«, aber von einer »open-ended order«. Seine Lieblingsmetapher war das »scharfe Bild«. Allerdings war bei Lynch das sehende gleichzeitig auch das »zeichnende« Individuum – und das war als Herausforderung der Hegemonie der Architekten zu verstehen (ebd., S. 6, 9). Zu Lynch: WAGNER, Die visuelle Ordnung der Stadt (2006). Nachweisbar ist, dass zumindest Ahlberg Lynchs Thesen kannte. Es findet sich in seinen Unterlagen ein Aufsatz Lynchs von 1954: AM 2006-02, K 07.

71. Vgl. DAVIDOFF, Advocacy and Pluralism in Planning (1965).

72. Vgl. hierzu vor allem LEVIN, Der Urbanismus der Situationisten (1997); SADLER, The Situationist City (1988).

lebte Moment« aufgewertetet werden. Die Situationisten regten also einen neuen Umgang mit der bestehenden Raumstruktur an. Sie entwickelten Techniken wie die »Psychogeografie« (die Untersuchung urbaner Räume auf die Hervorrufung von Stimmungen hin) und die *derivé* (das »planvoll regelwidrige Aneignen städtischer Räume, ein Flanieren auf der Suche nach dem unvorhergesehenen Ereignis, einer konkreten ›Situation‹«[73]). Die Situationisten empfahlen den »amateur-expert« als Träger eines neuen Urbanismus, sie erträumten eine »creation of a transitory micro world«.[74]

Hier kündigte sich ein neuer epistemischer Status der Lesbarkeit des Raums an, was in den 1960er Jahren für die »postmoderne« Philosophie eine gewisse Bedeutung hatte. Roland Barthes etwa propagierte (beeinflusst von Lynch) nun die Rückkehr der Semiologie in die Stadtplanung. Literarische Stadtlektüren müssten Bestandteil der Stadtplanung werden. Die Kartografie sei eine Art »Zensur«, welche die »Objektivität der Bedeutung auferlegt hat«. Die Stadt müsse als »Schrift, als Einschreibung des Menschen in den Raum«, als »Gewebe« und »Diskurs« begriffen werden.[75] Auch Michel de Certeau forderte derartige individuelle Lesarten des Raums. Er stellte dem planerischen »Sehen« die Alltagspraxis, das »Gehen« gegenüber. »Auf der Grundlage dieser alltäglichen Erzählweisen richtet sich die Frage schließlich auf das Verhältnis zwischen der Wegstrecke (eine diskursive Reihe von Handlungen) und der Karte (eine totalisierende Planierung der Beobachtungen), das heißt zwischen den beiden, den symbolischen und den anthropologischen Sprachen des Raumes.«[76] Die Karte ist hier Sinnbild einer wissenschaftlichen »Kolonisierung des Raums«, die die Vielfalt der Routen beseitige und den Gesamtschauplatz installiere. Zygmunt Bauman rekurrierte also Anfang der 1990er Jahre auf ein etabliertes Deutungsmodell, als er seiner Analyse des *social engineering* in der Moderne ein Zitat Jacques Derridas voranstellte, dass die modernen Ordnungssehnsüchte im Bild der *einen*, der einzig zulässigen Lesart fasste: »Der Tag, an dem es eine Lektüre der Karte von Oxford geben wird, die einzige und wahre Lektüre, wird das Ende der Geschichte sein.«[77]

Stadtplaner geben sich geläutert: Hillebrecht 1965 und Lindström 1977

Später, aber auch wuchtvoller und schneller als in Schweden schlug der deutsche Diskurs von der Semantik der Einhegung um in die »Entgrenzung als Leitvorstellung«.[78] Während Rudolf Hillebrecht sich bereits 1965 die Frage stellte: »War alles falsch«,[79] wunderte sich Sune Lindström erst Ende der

---

73. ASENDORF, Entgrenzung und Allgegenwart (2005), S. 159.
74. CONTANT/DEBORD, Situationist Definitions (1971, urspr. 1958), S. 162.
75. BARTHES, Semiologie und Stadtplanung (1989, urspr. 1967), bes. S. 199, 202. Vgl. zu Lynch und Barthes auch WISCHMANN, Vor-Schriften der Peripherie (2001).
76. DE CERTEAU, Praktiken im Raum (2006, urspr. 1980), S. 348, 351.
77. Jacques Derrida, zit. nach BAUMAN, Moderne und Ambivalenz (1992), S. 11.
78. ASENDORF, Entgrenzung als Leitvorstellung (2005).
79. HILLEBRECHT, Von Ebenezer Howard zu Jane Jacobs oder: war alles falsch (1965).

1970er Jahre: »Wie konnte es so schief gehen?«[80] Lindström gab sich in einem anderen Zusammenhang geläutert als Hillebrecht. Nicht wachgerüttelt von der Kritik an Konservatismus und Großstadtfeindlichkeit rieb der Schwede Lindström sich die Augen, sondern angesichts der »neuen Slums« des Millionenprogramms, die vielen seiner Kollegen die »altmodischen« Konzepte der 1940er Jahre in Erinnerung rief.[81] In beiden Ländern wurde in den 1970er Jahren, als man die »Grenzen des Wachstums« thematisierte, auch der Planungs- und Technikglaube des vorangegangenen Jahrzehnts kritisiert.[82] Während in der Bundesrepublik aber in den 1960er Jahren die Macht der Experten von *außen*, von engagierten Laien in Frage gestellt worden war, stimmten in Schweden just die Planer, die das Planungsziel »Gemeinschaft« in den 1950er Jahren selbst nach und nach aufgegeben hatten, mit in die Kritik ein.

Spuren dieser unterschiedlichen Frontverläufe lassen sich selbst in der deutschsprachigen Forschung der 1990er Jahre verfolgen, die immer wieder um den autoritären Habitus der Architekten im 20. Jahrhundert kreiste.[83] Dabei ist gerade die Befähigung der schwedischen Architekten zur schnellen Revision bisheriger Postulate, wie sie der Bedeutungswandel der Nachbarschaftsplanung beweist, einen zweiten Blick wert. Sie offenbart mehr als nur Unterschiede im Habitus deutscher und schwedischer Eliten. Der schwedische Nachbarschaftsdiskurs schwankte, wie gezeigt, zwischen dem Misstrauen gegenüber der Befähigung der Menschen, sich demokratisch zu verhalten, auf der einen Seite, und der Absicht, gesellschaftliche Entscheidungsprozesse zu demokratisieren auf der anderen. Dieser Ambivalenz entsprang eine – verglichen mit den Architekten in der Bundesrepublik – größere Befähigung und Bereitschaft der Schweden zur Fehlerkorrektur.

Das gilt es genauer zu erklären. Im nächsten Kapitel will ich daher zunächst Selbstthematisierungen deutscher und schwedischer Planer in den Blick nehmen, um zu rekonstruieren, woraus sich die Legitimität ihres Zugriffs aufs »Soziale« für sie selbst speiste. Danach sollen dann am Beispiel des Umgangs mit den Bedürfnissen – *der* Begründungsfigur des Planens im 20. Jahrhundert – Unterschiede zwischen deutschen und schwedischen Expertendiskursen erklärt werden, die sich spätestens in den 1950er Jahren herauskristallisierten. Und daran schließt zuletzt der Vergleich zwischen dem schwedischen und dem deutschen Ordnungsdenken und *social engineering* an.

---

80. LINDSTRÖM, Hur kunde det gå så illa? (1977).

81. LUNDBERG, Är det gammalmodigt med »community centres«? (1977). Helge Zimdal schrieb noch Anfang der 1980er Jahre, überschaubare Baugruppen könnten der gegenwärtigen Tendenz zur »Gigantomanie« im Bauwesen entgegenwirken. ZIMDAL, En arkitekt minns (1981), S. 53.

82. In der Bundesrepublik spielten hierbei die Neuen Sozialen Bewegungen eine zentrale Rolle. Dazu aufschlussreich: MENDE/DWOROG, Residuen des Ordnungsdenkens in den 1970er Jahren? (2008).

83. Zum Beispiel BRUYN, Die Diktatur der Philanthropen (1996).

5. Planer und Menschen

5.1 Ärzte, Flieger, Diener

Das Selbstbild der Planer

Wie legitimierten die Architekten ihre Eingriffe ins Leben der Menschen? Ich will mit einer etwas ausführlicheren Interpretation des Vortrags eines Architekten beginnen. Im Dezember 1945, wenige Monate nach der vermeintlichen »Stunde Null«, hielt Werner Kallmorgen, kurze Zeit zuvor noch Mitarbeiter Gutschows und nun Mitglied im Hamburger »Arbeitsausschuss Stadtplanung«[1] eine Rede zur »Aufgabe des Architekten im Städtebau«. Er verkündete:

>»Wenn es eine Materie gibt, deren Ordnung heute als zentrales Problem der gesamten Einwohnerschaft unserer Stadt am Herzen liegt, so ist es der Städtebau. [...] Und wirklich hat die Ähnlichkeit des Architekten mit dem Arzt in den Wochen nach der Katastrophe [der Bombardierung Hamburgs] mich oft erschüttert. Wir wurden von den Menschen angerufen, wie nur ein Arzt von einem Kranken, denn während wir bisher zum Bauherrn gerufen wurden, um seinem freien Entschluss gemäß ihm zusätzliche Bedürfnisse über seine elementaren hinaus zu befriedigen, so waren es jetzt die elementaren Bedürfnisse, die über die freie Entschlussfähigkeit des Menschen hinweg auf dringendste Befriedigung pochten, gleich krankgewordenen Organen ihre direkten Ansprüche anmeldeten. Wir mussten in der gleichen elementaren Weise helfen wie der Arzt, wobei die Hilfe nicht etwa im Bauen bestehen konnte [...], sondern einfach in einem guten Rat, einfach darin, dass wir den Menschen helfen, Ordnung in ihre durcheinander gewirbelten Wohnvorstellungen zu bringen.«[2]

Für Kallmorgen wird der Architekt also von den Menschen »angerufen«, ihre existenziellen Bedürfnisse zu befriedigen. Bedürfnisse, die diesen Menschen *unabhängig* von ihrer eigenen »Entschlussfähigkeit« entstehen. Darin besteht die Ähnlichkeit des Architekten mit dem Arzt, in der Hilfestellung bei der Überwindung sich unmittelbar artikulierender »Ansprüche«, nicht in der Rücksichtnahme auf »zusätzliche Bedürfnisse«. Der Architekt bringt Ordnung in einer Zeit der Katastrophe, und das bezieht sich nicht allein auf die Bebauung, sondern auch auf die »Wohnvorstellungen« der Bevölkerung.

---

1. Zum 1945 gegründeten »Arbeitsausschuss Stadtplanung«, dem viele Ex-Mitarbeiter Gutschows angehörten und zu den Richtungskämpfen zwischen den Hamburgischen Architekten in den späten 1940er Jahren ausführlich: DURTH/GUTSCHOW, Träume in Trümmern (1988), S. 644-660; HACKHAUSEN, Stadtplanung in Hamburg (2005), S. 65-80; LANGE, Hamburg. Wiederaufbau und Neuplanung 1943-1963, S. 48-64. Vgl. auch SCHILDT, Hamburg (1992).

2. Werner Kallmorgen: Die Aufgabe des Architekten im Städtebau, 13.12.1945, S. 2 (HAA, Werner Kallmorgen, S022.1).

Kallmorgen fährt fort: Trotz der Bedeutung dieser Aufgabe müsse der Architekt bescheiden bleiben, »[d]enn Städtebau ist keine individuelle, sondern eine kollektive Aufgabe«. Kallmorgen schränkt diese Forderung, die eigene Praxis in einen gemeinschaftlichen Zusammenhang einzuordnen – ein Arbeiten »von einer Gemeinschaft in einer Gemeinschaft«, wie er sagt – allerdings gleich wieder ein. Denn »aus den verzweifelten Versuchen und Kämpfen der Städtebauer seit der zweiten Hälfte des vorigen Jahrhunderts bringt er [der Architekt] das schmerzliche Wissen mit, dass lebendiger Städtebau, organischer Städtebau, nur möglich ist, wenn die Lebensformen der Gemeinschaft in Ordnung sind«. Da dies nicht der Fall sei, habe er nun die

»fast unlösbare Aufgabe, nicht abzuwarten, bis diese Lebensformen der Gemeinschaft [...] ihre sinnvolle Gestaltung erfahren haben, sondern inmitten der Kämpfe um diese Gestaltung [...] die Forderung des Tages, die aus unserer zertrümmerten Umwelt heraus in jeden Augenblick eingreift und uns zu überwältigen droht, zu ordnen und zu lenken und hineinfließen zu lassen in einen großen, nach Raum und Zeit gegliederten Plan«.

Schließlich sei gerade der Architekt zur Ordnung, Planung und Lenkung besonders gut geeignet, stelle er doch »in soziologischer Hinsicht« eine Synthese dar. Er sei zugleich Generalist und Spezialist, er sei befähigt zur »minutiöse[n] Herausarbeitung der Funktionen der Hausfrau in der Kleinwohnung«, er verfüge über technisches Wissen (etwa die »Kenntnis der Müllverwertung«),[3] er verstehe aber auch die »unendlich vielen Lebensvorgänge in einem städtebaulichen Organismus«. Darüber hinaus zeichne ihn eine »Ehrfurcht vor der Form« aus, eine

»Abscheu vor allen anarchischen Bildungen und amorphen Gebilden wie sie in stärkster Anschaulichkeit uns die Stadtentwicklung des vorherigen Jahrhunderts boten, und damit verbunden der Wunsch zum Ordnen dieser Gebilde, wie ja der Hang zum Ordnen, zur Ordnung, recht eigentlich die Ausgangssituation jedes Gestaltungsprozesses ist«.[4]

Für Kallmorgen resultiert das in der »Sehnsucht nach Begrenzung, nach Überschaubarkeit und nach Differenzierung« – hier tauchen fast alle wichtigen Vokabeln der Nachbarschaftsplanung auf. Diese Sehnsucht dränge dazu, »die erst durch Ordnen zu filternde Substanz einer Stadt zu einem Organismus zu prägen und damit zum Bild zu gestalten«.[5] Sein Wissen und sein über die Jahrzehnte geprägter beruflicher Ordnungswille privilegieren den Architekten laut Kallmorgen also zur Gestaltung der Gesellschaft. Der Architekt habe einerseits einen »analytischen Hang zum Ordnen«, er sei aber auch fähig zum visionären Denken, er sei nicht betroffen vom »unglückliche[n] Auseinanderklaffen von Kunst und Technik, von Geist und Seele, von Hirn und Sympathikus«.[6]

---

3. Ebd., S. 2.
4. Ebd., S. 3.
5. Ebd., S. 3.
6. Ebd., S. 4.

Kallmorgen bedauerte deshalb gleichermaßen, dass in den 1920er Jahren die »Kunst« als »›Verschönerung‹ des Daseins« abgetan worden sei und die »kleinbürgerliche Reaktion« darauf im Nationalsozialismus.[7] »[I]nteressanterweise gab die nationalsozialistische Episode den Revolutionären aus den 20er Jahren, die neugierig genug waren [...] die Möglichkeit – gewissermaßen in Klausur – ihre gewonnenen Vorstellungen abzuklären und dieses gewaltige Arbeitsmaterial weiter zu entwickeln und ausreifen zu lassen« – für Kallmorgen ein »Arbeitspakt« mit dem Nationalsozialismus! Dabei habe sich gezeigt, dass »große Bauaufgaben sich gleichsam objektivieren, unabhängig machen von einem Führerwillen, dem sie den Anstoß verdanken, und dass sie daher als Hebel zu benutzen sind, um die anarchischen Bildungen und Vorstellungen unserer Wohn- und Arbeits- und Lebensformen aufzubrechen und neu zu ordnen«.[8] Unter der »dünnen Schicht der offiziellen Führerarchitektur« sei »viel sachliche Arbeit [...] geleistet« worden.[9] Kallmorgen gibt hier den unpolitischen Fachmann, der die ausgeweiteten Planungsbefugnisse während der Jahre 1933 bis 1945 genutzt haben will, um auf allgemeingültige Ziele hinzuarbeiten. In »Klausur« (will sagen: unbefleckt von den Verbrechen der Nationalsozialisten) habe so der in den 1920er Jahren eingeläutete Kampf gegen »anarchische Bildungen« fortgesetzt werden können. Die Bedeutung des »Dritten Reichs« beschränkt sich in dieser Perspektive darauf, die architektonische Arbeit am besseren Leben beschleunigt zu haben.

Für Kallmorgen war Politik eine Nebensache. Wichtiger war das übergeordnete Ziel, die Wiederbelebung der Gemeinschaft. Er unterstreicht:

»[D]a nun einmal [...] die neue Lebensform der Gemeinschaft noch nicht da ist, und die Kämpfe um diese Gemeinschaft noch lang und hart sein werden, der Städtebauer jedoch den Sinn und damit auch die Form dieser neuen Gemeinschaft schon in seinem Herzen tragen muss [...], so scheint mir [...] der Architekt der richtige Dirigent im städtebaulichen Orchester.«

Zwar sei der Idealfall an und für sich das »organische Wachsen der im wahrsten Sinne demokratischen Gemeinschaft einer mittelalterlichen Stadt« – ein »wahrhaft biologischer Vorgang«, der früher keine Planer gebraucht habe, wie Kallmorgen betont. Wenn aber, wie gegenwärtig, »etwas nicht in Ordnung ist«, dann seien Eingriffe erforderlich. Und wer sei dafür besser geeignet als der Architekt, dessen »soziales Künstlertum« in »mittelalterlichen Traditionen« gründe und doch auf dem letzten Stand der »technischen und ökonomischen Apparatur unseres Zeitalters« sei?[10] Der Architekt ist für Kallmorgen Bauer, Beamter, Geistesarbeiter und Künstler zugleich, er verkörpert in Personalunion die Gemeinschaft, die er zu formen berufen ist.

---

7. Übrigens kritisierte Gutschow an Kallmorgens Text dessen einseitige Identifikation von NS-Architektur und Kleinbürgerlichkeit. Gutschow an Kallmorgen, 18.2.1946 (HAA, Werner Kallmorgen, S022.1).

8. Werner Kallmorgen: Die Aufgabe des Architekten im Städtebau, 13.12.1945, S. 6 (HAA, Werner Kallmorgen, S022.1).

9. Ebd., S. 7.

10. Ebd., S. 8.

Kallmorgens Plädoyer brachte die Architekten ins Spiel, indem es ihr Wirken in ein Kontinuum sozialreformerischen Denkens einreihte. Im Lob der Handlungsspielräume zwischen 1933 und 1945 muss dabei weniger eine Verharmlosung des eigenen »faustischen Pakts«[11] mit dem Nationalsozialismus gesehen werden als vielmehr ein Versuch, für die eigene Praxis zu werben, indem diese als ein überparteiischer Einsatz für das soziale Ganze präsentiert wurde. Kallmorgen war sicher, dass die Architekten ihrer Berufsrationalität wegen über die effektivste Handhabe für die Wiederherstellung von Gemeinschaften verfügten. Denn sie vereinigten seiner Ansicht nach in sich wissenschaftliches Denken und Kreativität, ein soziales Gewissen und einen Hang zur Ordnung und zum skrupellosen Einschreiten gegen alles Anarchische und Amorphe. Der Architekt, so wie ihn Kallmorgen sah, dachte analytisch, besaß aber auch die visionäre Kraft des Gestalters. Sein Gemeinschaftsbewusstsein fußte im Mittelalter, seine Problemlösungskompetenz war die des modernen Technikers. All das entkräftete für Kallmorgen offenbar den Widerspruch, dass die vorbildhafte Gemeinschaft der mittelalterlichen Städte (eingestandenermaßen) alles andere als geplant war, ja sogar, dass das angestrebte Wirken des Architekten *aus der Gemeinschaft heraus*, vor allem aber seine Beauftragung *durch die Gemeinschaft* angesichts des Zerfallsstadiums dieser »Lebensform« nicht möglich war – und dass er sich entsprechend selbst zu deren Formung ermächtigen musste. Wie ein Arzt operierte er an einer in »Unordnung« geratenen Natur. Er stützte und beschleunigte mittels technischer und gestalterischer Herangehensweisen einen organischen Heilungsprozess.

Kallmorgen berief sich 1945 auf langfristige Kontinuitäten. Dabei hatte er sich wenige Jahre zuvor durchaus den kompromisslosen Jargon der Machthaber angeeignet, etwa die »grauenhaften Wohnungsverhältnisse und sozialen Missstände bis zur Entartung und Auflösung ganzer Volksschichten in den deutschen Großstädten« bemängelt, die es »mit rücksichtsloser Gewalt« zu verändern gälte, nicht zuletzt, um eine »normale Volksmehrung« zu gewährleisten.[12] Kallmorgen hatte Anfang der 1940er Jahre an der OaS mitgearbeitet. Er hatte einen Bebauungsplan für den Ortsteil Uhlenhorst-Barmbeck in Hamburg erstellt und dabei nicht davon abgesehen, jeweilige Kreismittelpunkte mit Hakenkreuzen zu markieren.[13] Und dennoch betrachtete er es als Beweis für die Überparteilichkeit der Planer, dass sie auch nach 1945 an ihren Konzepten festhielten. Damit war er nicht allein. Das wird ersichtlich, wenn selbst Hubert Hoffmann, der jeglicher Sympathie mit der NS-Ideologie unverdächtig ist, die im »Dritten Reich« geleistete Arbeit noch 1957 als zum Teil berechtigt begriff: »Es sind nicht nur schlechte, sondern vor allem gute Instinkte mit psychologisch wissenschaftlicher Raffinesse hervorgelockt und aufgerufen [sic], um dann für verbrecherische Ziele und materialistische Zwecke benutzt zu werden.«[14] Das steht in einem Text voller Verweise auf die skandinavische Architektur und Stadtplanung.

---

11. So CORNEHL, »Raummassagen« (2003), S. 63.
12. KALLMORGEN, Warum bauen wir Hamburg um (2003, urspr. 1941), S. 139.
13. Vgl. die Skizze zum »Ortsgruppenschema« im StA-HH, 621-2/11, B 8/8.
14. HOFFMAN, Die Idee der Stadtplanung (1957), S. 241.

Planer als Gehilfen der Natur

Kallmorgen ist also kein Sonderfall. Dies zeigt ein Blick auf die Metaphern, die viele seiner deutschen *und* schwedischen Kollegen benutzen, um ihre Arbeit zu beschreiben. Es sind Bilder, die zwischen Vorgefundenem und Gemachtem, zwischen Natur und Technik vermitteln und die den Planer an der Schnittmenge dieser Bereiche positionieren. Immer wieder bemühten die Architekten (und hier sei an Zygmunt Bauman erinnert) den Topos des Gärtnerns, um eine planerisch entwickelte Natur zu beschreiben. In Schweden wurde Anfang der 1940er Jahre das Großstadtmilieu als »kaum geeignete Umgebung für Menschenpflanzen« problematisiert.[15] Bei Hans Bernhard Reichow, dem Zeitgenossen den Spitznamen »Prinz Bernhard von Organien« gaben,[16] konnte die Stadtplanung, wie bereits erwähnt, durchaus zur Forstwirtschaft werden. Der Architekt, so schrieb er, erkenne »Andeutungen als zarteste Reise einer noch jungen, keimenden Saat. Sie wollen erkannt, gehegt und gepflegt sein, um nicht unter dem Schutt der großen Katastrophen oder ideellen Gewaltsamkeiten wieder zu verkümmern«.[17] Hoffmann betonte:

»Man kann das Leben in der Gesellschaft nicht mit einem Urwald vergleichen, in dem eine Pflanze der anderen das Licht nimmt. Unsere zivilisierte Umwelt scheint vielmehr einem Garten, einer Plantage ähnlich, in der ein großer Teil der Lebensbedingungen von künstlichen Einrichtungen abhängig ist. So rankt die Rebe gern an dem Stecken empor, den man ihr vorsorglich darbietet. – Und ist ihre reichere Frucht nicht ein Dank?«

Der »Barbarei der Steinwüsten«, die den Menschen aus alten, »geordneten Gemeinschaften« gerissen habe, müsse daher eine Planung antworten, die »natürlichen Wachstumsgesetzen« gehorche.[18]

Vor allem medizinische Metaphern wurden von Architekten in der ersten Jahrhunderthälfte inflationär verwendet.[19] Das war keine rhetorische Strategie. Metaphern von Gesundheit und Krankheit sind hochinfektiös, wie Philipp Sarasin schreibt.[20] Die Leitdifferenz normal/pathologisch formatierte regelrecht das Problembewusstsein vieler Planer, die sich als Therapeuten einer kranken Gesellschaft empfanden. Die medizinische Metaphorik ermöglichte es ihnen, Krisen als ergebnisoffene Entscheidungssituationen zu interpretieren. Die Diagnose existenzbedrohender Krankheiten erzeugte zwingenden Handlungsbedarf, suggerierte aber zugleich Heilbarkeit, vorausgesetzt,

---

15. NORDGREN, Människan (1943), S. 13.
16. Das berichtete Gerd Albers, der als Student bei Reichow arbeitete, laut BRINITZER, Hans Bernhard Reichow (1994), S. 56.
17. REICHOW, Organische Baukunst (1949), S. 4.
18. HOFFMANN, Die Idee der Stadtplanung (1957), S. 238f.
19. Vgl. zum Topos »Krankheit« in der Architektur COLOMINA, Krankheit als Metapher in der modernen Architektur (1997); TEYSSOT, die Krankheit des Domizils (1989); VIDLER, Bodies in Space (1993).
20. Vgl. SARASIN, Infizierte Körper, kontaminierte Sprachen (2003), S. 14.

es wurde schnell und seitens kompetenter Akteure gehandelt.[21] Beispiele für dieses Bild ließen sich endlos anführen. Sie reichen vom ubiquitären Vergleich zwischen ungebremster Stadtentwicklung und krankhafter Wucherung bis zur Behauptung, Stadtplanung ähnle als »wissenschaftliche und spekulative vorausschauende und vorausschauende Tätigkeit« dem »Wissen des Arztes zur Behandlung einer Krankheit«.[22] Auch für schwedische Architekten war die »Heimatlosigkeit in der Zivilisation« ein »Krankheitssymptom der Gesellschaft«.[23] Fred Forbat metaphorisierte die Nachbarschaftsplanung regelrecht als Frischzellenkur, er empfahl »frische Urzellen«, also »eine Gesellschaftsstruktur, die aus kleinen, überschaubaren Einheiten aufgebaut ist, innerhalb derer soziale Aktivitäten und Eigenverantwortung herrschen«. Erst so könne ein »erneuerter Organismus« entstehen, der bei der »bewussten Therapie für die Erziehung von Staatsbürgern« helfen könne.[24] Und Gregor Paulsson schrieb, dass man die Architekten wie die Ärzte in drei Typen einteilen könne. Es gebe

»Allgemeinpraktiker, die nach bestem Wissen und zur Zufriedenheit der Auftraggeber ihre Aufgaben erfüllen. Es gibt die Spezialisten für die hoffnungslosen Fälle, Städtebauer, die die Aufgabe haben, das Wirrwarr zu ordnen, vor das uns vorangegangene Generationen gestellt haben. Die dritte Gruppe ist noch nicht so zahlreich wie ihre Entsprechung unter den Ärzten. Es sind die Ökologen unter den Architekten.«

Architektur, so Paulsson, müsse vermehrt auf dem Studium des »Funktionsverhältnisses Mensch-Milieu« aufbauen, wobei Letzteres vom Ziel der »idealen Förderung der allgemeinen Lebensführung des hochwertigen Gruppenmenschen« her zu betrachten sei.[25] Paulssons letzter Typus entspricht genau dem Selbstverständnis der Ordnungsdenker und Sozialingenieure unter den Architekten. Diese analysierten die soziale Wirklichkeit, um daraus auf die jeweils angemessene architektonische Therapie zu schließen – Gutschow sprach, wie bereits erwähnt, von der »soziologische[n] Röntgenaufnahme«.[26] Carl-Fredrik Ahlberg unterstrich: »Wirkliches Wissen über Krankheit und Heilkunst kann nur durch die Beobachtung und das Studium des äußeren Milieus des Menschen [...] gewonnen werden.«[27]

---

21. Natürlich wurde bei disziplinären Richtungskämpfen Konkurrenten gerne der Vorwurf der Quacksalberei gemacht. Vgl. ÅHRÉN, Socialt kvacksalveri (1933).
22. HOFFMANN, Die Idee der Stadtplanung (1957), S. 218.
23. LIND, Olika språk (1933), S. 145.
24. FORBAT, Återuppbyggnad eller förnyelse (1945), S. 316.
25. PAULSSON, Byggnaden och människan (1941), S. 41f.
26. Gutschow an Reichow, 20.2.1934 (StA-HH, 621-2/11, C 16).
27. AHLBERG, Bostadens funktioner och utformning (1945), S. 16. Viele Architekten arbeiteten auch konkret mit Medizinern zusammen. Reichow etwa pflegte seine Kontakte zu dem Hygieniker Hans Harmsen und trug unter anderem in dessen »Akademie für Staatsmedizin« vor (GNMN, NL Reichow, IC II 14). Bereits erwähnt wurde, dass der Arzt Paul Vogler an der Ausstellung »die stadt von morgen« beteiligt war, in deren Folge auch der Sammelband VOGLER/KÜHN, Medizin und Städtebau (1957) entstand. Er arbeitete auch mit Gustav Hassenpflug zusammen (VOGLER/HASSENPFLUG, Bauen und Gesundheit [1952]).

Mit der medizinischen Metaphorik ließ sich der technische Eingriff ins »natürliche Werden« plausibilisieren. Die Architekten versuchten schließlich, sich selbst regulierende, »organische« oder auch »ökologische« Systeme wiederherzustellen, so genannte Habitate oder Milieus. Oft gaben sie zu verstehen, nach Überwindung akuter Krisen würden sie eher im Hintergrund wirken, sozusagen leichte Korrekturen am Ereignisverlauf vornehmen und nur in Problemsituationen eingreifen. Wenn gute städtebauliche Einheiten einmal errichtet worden seien, schrieb Reichow, würden sie »ein menschenwürdiges Leben [...] gewissermaßen aus sich heraus gebären, immer wieder aufs Neue befruchten und möglichst zwanglos alle Formen sozialer Gemeinschaft wecken und fördern«.[28]

Häufig, das ist ein weiterer Metaphernkomplex, war außerdem vom Leiten, vom gebändigten Wachstum, von der »führenden«[29] oder »ordnenden« Hand« die Rede.[30] Architekten und Stadtplaner in Deutschland und Schweden leisteten ihrem Selbstverständnis nach einer natürlichen Entwicklung Hilfestellung, sie verhalfen den »ehernen Gesetzen des Lebens mit organischen Mitteln bis zur künstlerischen Vollendung.«[31] Aus heutiger Perspektive irritiert dabei, dass man im Diskurs der Planer immer wieder auf die Paradoxie stößt, dass die Zukunft zugleich als zwangsläufig und als beeinflussbar begriffen wurde. Städtebau, so Gutschow 1932, »ist die Kunst und Wissenschaft, die kommende Entwicklung einer Stadt vorauszusehen und bewusst planmäßig in ihren räumlichen Bedingungen vorzubereiten und führend zu beeinflussen.«[32] Noch 1960 forderte Rudolf Hillebrecht, »Trends zu beobachten und berücksichtigen, auch in gesunde und richtige Bahnen zu lenken, wenn chaotische Entwicklungen mit entsprechenden Rückschlägen« drohten.[33] Ahlberg positionierte sich im selben Jahr in einem Grenzbereich zwischen »prediction and prescription«, wie er schrieb, wenn er nämlich Planung als Versuch interpretierte, vorauszusagen, »was in einem Feld, innerhalb dessen wir planen passieren wird und wann es passieren wird«, andererseits aber auch darin, »vorzuschreiben«, »wie das Erwartete gestaltet werden oder in welche Bahnen es gelenkt werden soll«.[34] Der Begriff »Bahn« evozierte Vorstellungen von Reibungslosigkeit, aber auch von Dynamiken, die gestaut, gebremst, gesteuert, kanalisiert, nutzbar gemacht die, so Gutschow 1935, in »ein gesundes, planmäßiges Fahrwasser« gelenkt werden konnten.[35] Auch Harmonie und Ausgleich waren viel verwendete Begriffe, die die speziellen Ordnungskompetenzen des Architekten glaubhaft machen sollten. Dieser, so der Gedanke, forme den Raum, um ein Gleichgewicht herzustellen. Damit

---

Åhrén, Alva Myrdal und andere tauschten sich u.a. mit dem Arzt Axel Höjer aus, zum Beispiel bei der Arbeit an der *barnrikeutredning*.

28. REICHOW, Organische Stadtbaukunst (1948), S. 110.
29. GÖDERITZ, Städtebau (1938), S. 1029.
30. WALLANDER, Utlåtande över Det framtida Stockholm (1946), S. 101.
31. REICHOW, Organische Stadtbaukunst (1948), S. 55.
32. GUTSCHOW, Was ist Städtebau? (1932), S. 2.
33. HILLEBRECHT, Trabanten- und »neue Städte«? (1960), S. 94.
34. AHLBERG, Samhällsplanering, forskning och utvecklingsarbete (1960), S. 6 (Hervorh. im Original).
35. GUTSCHOW, Bauen am Rande der Großstadt (1935), S. 558.

konnte mehrerlei gemeint sein: ein »harmonisches« Verhältnis zwischen Natur und Kultur (etwa in der »Stadtlandschaft«) oder auch die demografische »Bevölkerungsbalance«, also die Korrektur der schädlichen »Schieflage« der Geschlechteranteile innerhalb einzelner Ansiedlungen.[36] Vor allem aber war ein *soziales* Gleichgewicht das Ziel. Spätestens in den 1950er Jahren sahen deutsche Architekten ihre Aufgabe darin, die »Grenzen der Freiheit« auszuloten und so ein »labiles System« zu stabilisieren, das zugleich individuelle Freiheit möglichst wenig einenge und »gemeinschaftliche Notwendigkeiten« erfülle und die »Abstimmung des antipolaren Verhältnisses ›Einzelner und Gemeinschaft‹« ermögliche.[37] In Schweden war schon ein Jahrzehnt zuvor die »Abwägung allgemeiner und einzelner Interessen« planerisch angegangen worden.[38]

Der Natur im weitesten Sinn begegneten die Planer also mit großer Ambivalenz. Gerade der Organismus war, wie gezeigt, Vorbild für regelhaft funktionierende Systeme, für symbiotische Beziehungen zwischen Teil und Ganzem, allgemein für Prozesse, die dem Leben, dem Selbsterhalt dienten. Gerade die deutschen Planer setzten natürliche Gesetzmäßigkeiten voraus, denen sie selbst allenfalls zur Realisierung verhalfen. Immer wieder unterstrichen sie, sie wollten »Schale[n] des Lebens« bereitstellen,[39] »Hüllen für das Leben der Gemeinschaft« bauen,[40] oder das »bauliche und räumliche Gefäß des menschlichen Lebens« optimieren.[41] Reichow sprach von der Nachbarschaftseinheit als einem »naturähnlich wirksamen Organismus«.[42] Die »biologisch und soziologisch« begründete »Gliederung bisher amorpher, unübersichtlicher Siedlungsmassen« entspreche »den tausendfältigen Lebensgesetzen des Menschen und seiner Gemeinschaftsgebilde« und diene so »der Wiedergewinnung einer organischen Lebenseinheit als Rahmen«.[43] Das kontingente Wachstum dagegen, die unüberwachte, unbeeinflusste Entwicklung (oft als Dschungel oder Geschwür metaphorisiert), die die Planer mit Liberalismus und *laissez faire* assoziierten, gefiel durchaus nicht. Denn sie produzierte ihrer Meinung nach Fehlentwicklungen, Chaos, Misswirtschaft, Ungerechtigkeit und Vermassung. Einigkeit herrschte über das Ziel, »den ›Zufall‹ beim Werden unserer Städte auszuschalten«, wie Reichow 1940 schrieb.[44] Hauptproblem der Planer war, dass sie erklären mussten, was erwünschte von unerwünschten Dynamiken, was natürliche von fehlerhaften Entwicklungen unterschied. Dieses Problem motivierte die angesprochene Suche nach Methoden, aus bestehenden, aber bedrohten sozialen Strukturen

---

36. ÅHRÉN, Social stadsplanering (1944), S. 193.
37. HOFFMANN, Die Idee der Stadtplanung (1957), S. 214, 226.
38. ÅHRÉN, Planeringsbegreppets omvandling och några koordinationsproblem i samband därmed (1946), S. 343.
39. CULEMANN, Die Gestaltung der städtischen Siedlungsmasse (1941), S. 123.
40. RECHENBERG, Das Einmaleins der Siedlung (1940), S. 77.
41. GÖDERITZ/RAINER/HOFFMANN: Die gegliederte und aufgelockerte Stadt (1947), S. 24.
42. REICHOW, Organische Baukunst (1949), S. III.
43. REICHOW, Organische Stadtbaukunst (1948), S. 30.
44. REICHOW, Gedanken zur städtebaulichen Entwicklung des Groß-Stettiner Raumes (1940), S. 5.

Gestaltungsprämissen für künftige abzuleiten. Die Natur selbst erteilte Auskünfte über ihr unterbrochenes Telos.⁴⁵

Planerperspektive und Bewohnerblick

Wichtig ist, dass geordnete und ungeordnete Räume nur von einem bestimmten Standpunkt aus zu unterscheiden waren. Es war nicht die profane Alltagserfahrung, sondern der wissenschaftliche, vor allem aber der medientechnisch ermöglichte Vogel- oder besser Fliegerblick, der Unordnung erkennen ließ.⁴⁶ Der Hinweis auf die Luftfotografie war in den 1930er Jahren fast schon Genrekonvention. Oft wurde er den eigentlichen Planungsvorschlägen vorangestellt. Er diente als auktoriale Kennung, er suggerierte, die Subjektivität des Planers werde suspendiert und er nehme eine übergeordnete Perspektive ein. Aus dieser wurden nicht nur Chaos und Unordnung sichtbar, sondern es zeigte sich den Planern zufolge auch, wie unzeitgemäß die bestehende Stadt angesichts der technischen Möglichkeiten der Gegenwart war – eben jener Technik, für die das Fliegen stand. Zum Göteborger Stadtteil Lundby hieß es 1936 bei Åhrén: »Wenn man Lundby aus der Luft betrachtet, fragt man sich, wie es sein kann, dass in einer sonst so technisch-rationalen Zeit eine Siedlung derartig willkürlich ausgebaut werden kann.«⁴⁷

Abbildung 42: Reichows Sennestadt bei Bielefeld, aus dem Cockpit gesehen

---

45. Trotz dieser Versuche, gewissermaßen der Natur wieder auf die Beine zu helfen, war das Bild der »Krücke« negativ besetzt. Gunther Ipsen etwa sprach von der »Krücke der Kartei und der Akten«, die da nötig sei, wo Arzt und Bürgermeister nicht mehr den »persönlichen, aus der Nachbarschaft entspringenden Über- und Einblick in die Verhältnisse der Gemeinschaft« hätten – also in der Großstadt: Ipsen, Beiträge zur optimalen Größe von Landgemeinden und Stadtteilen (1957), S. 258.

46. Zum Zusammenhang des »Gods-eye-view« mit dem Versprechen der »Lesbarkeit« der Stadtstruktur in der Moderne: Scott, Seeing Like a State (1998). Zum Fliegerblick vgl. Asendorf, Super Constellation (1997); Siegfried, Der Fliegerblick (2001), bes. S. 81–84; Ingold, Literatur und Aviatik (1978).

47. Uno Åhrén: Några ord om Lundby generalplan, o.D. [circa 1936], S. 2 (AM, 1994-26-20; K 02).

Reichow schrieb im selben Jahr: »In nichts spiegeln sich die verworrenen städtebaulichen Zustände der letzten 100 Jahre deutlicher wieder als in den Luftbildern unserer Groß- und Mittelstädte«.[48]

Das »unübersichtliche Chaos, welches etwa eine Luftbildaufnahme Groß-Braunschweigs zeigt«, wiederhole sich »bei näherer Betrachtung auf fast allen den Städtebau berührenden Teilgebieten«.[49] Die Stadtstruktur, wie sie sich aus dem Cockpit darstellte, wurde zur sichtbaren Manifestation der Unordnung auf allen Ebenen. Gerade schwedische Architekten versuchten, diese übergeordnete Perspektive didaktisch zu vermitteln. Immer wieder finden sich in schwedischen Publikationen suggestive Bild-Text-Montagen, die dazu anregen sollten, das planerische Sehen zu erlernen. Åhrén zum Beispiel schrieb in einer Tageszeitung: »Sehen Sie sich eine Flugfotografie an, blicken Sie in die Hinterhöfe!« Erst dann begreife man die »Planlosigkeit«, das »Primitive« der Städte.[50] Bildunterschriften interpretieren das Chaos der Großstadt als Ausdruck einer unsolidarischen Gesellschaftsstruktur, des »Kriegs aller gegen alle in der Bebauung«.[51] Die Großstadt, wie sie solche Abbildungen aus der Luft darstellten, das hieß: Mietskasernenviertel, Blockrandbebauung, verdichtete Innenhöfe, unregelmäßig verlaufende, schmale Straßenschluchten (Abb. 43).

Abbildung 43: Großstadtchaos in »Det framtida Stockholm« (1945)

Oft wurde auch die bedrohliche Nähe zwischen Wohngebieten und rußschwarzen Fabriken mit ihren rauchenden Schornsteinen herausgestrichen. Der Eindruck von Chaos und Enge wurde noch verstärkt, indem Bilder stark beschnitten wurden und Bildausschnitte voller wirrer Details gewählt wur-

---

48. REICHOW, Braunschweigs Grünflächenfragen (1936), S. 73.
49. REICHOW, Städtebauliche Aufgaben in Braunschweig (1936), S. 73f.
50. Göteborgs Handels- och Sjöfartstidning, 20.6.1935.
51. ÅHRÉN, Planläggning och utveckling (1943), S. 8.

den.⁵² Dem standen meist auf basale geometrische Formen reduzierte, mit sauberen Schwarz-Weiß-Kontrasten arbeitende Fotos neuerer Wohngebiete gegenüber. Die Öffentlichkeit sollte den Unterschied zwischen Ordnung und Unordnung sehen lernen.

Noch war das richtige Sehen aber vor allem eine Kompetenz der Planer. Åhrén schrieb in seiner Rezension zu Mumfords »The Culture of Cities«: »[D]ie weit fortgeschrittene Spezialisierung hat auch dazu geführt, dass wir die Wirklichkeit in allzu hohem Maße als eine Sammlung isolierter Fakten betrachten, als ginge man umher und fotografierte hier und da ein bisschen von allem.« Åhrén inszenierte also das moderne Medium Fotografie als Sinnbild der Zersplitterung der Moderne, ihrer überspezialisierten Sichtweisen. Gleichzeitig wurde das Foto aber auch zum Ausweis von Überblick – da nämlich, wo es aus großer Höhe gemacht wurde. Åhrén versah seine Rezension mit Luftfotografien, die gewissermaßen den Wert von Mumfords Gesamtschau illustrieren sollten. Dieser, so schrieb Åhrén nämlich, gebe »Überblick«. »Er hat eine dynamische Sichtweise. Er ist konkret.«⁵³ Der Planer, das wird hier deutlich, vereinte für Åhrén im Idealfall Übersicht und Detailwissen. Gerade diese Fähigkeit legitimierte seinen Eingriff in den Alltag der Menschen, der ja, wie gezeigt, kleiner, überschaubar gemacht werden sollte. Dass Planerblick und Bewohnersicht also ungleich waren, schien nicht weiter bedenklich, im Gegenteil; typisch für den schwedischen Diskurs ist, dass der planerische Überblick sogar als altruistische Tugend ausgelegt wurde. Denn die Aussichten der Architekten waren schließlich – anders als die Absichten der städtischen Massenmenschen – keine »individualistisch kurzsichtigen«, wie Åhrén sie immer wieder geißelte.⁵⁴ Im Fliegerblick legitimierte sich der Expertenzugriff von oben also nicht nur durch seinen Überblick, sondern auch als gemeinschaftliche Perspektive, die Partikularinteressen in sich vereinigte. Die fehlende Zusammengehörigkeit der Menschen, die der Raum spiegelte, schien im Blick aufs Ganze aufgehoben.

Allerdings wurde die Legitimität dieses Überblicks dadurch erkauft, dass man ihn gleichrichtete. Die Planer standardisierten ihre bildgebenden Verfahren.⁵⁵ Bildausschnitte und Maßstäbe wurden angeglichen, Einfärbungen, Legenden und Piktogramme vereinheitlicht. Gutschow zum Beispiel schwor seine Mitarbeiter auf eine »einheitliche Zeichensprache« ein und forderte, die »[g]raphische Bildwirkung zu Gunsten unmißverständlicher Deutlichkeit« zurückzustellen.⁵⁶ Carl Culemann erörterte 1941 die besten kartografischen Maßstäbe für die Siedlungsplanung und kam zu dem Ergebnis, erst ein Maßstab von 1:1000 ermögliche es, bis in die »letzte Aufgliederung« hinein zu planen, nämlich diejenige der »Gruppe in Nachbarschaften und in die einzelnen Hauseinheiten«. Der Planerblick wurde auf die Erfüllung der »Funktio-

---

52. Dabei war unwesentlich, ob das Abgebildete einen konkreten Ort zeigte – wiederholt illustrieren in schwedischen Texten Luftfotos wahlweise aus London oder Berlin das vermeintliche städtische Chaos.

53. ÅHRÉN, Människorna och städerna (1942), S. 266.

54. ÅHRÉN, Community centres – folkets hus (1943), S. 173.

55. Dazu aufschlussreich: EISINGER, Die Stadt im Plan (2002). Vgl. auch HÜPPAUF, Stadtbilder (2006).

56. D6. Zeichnungen und Darstellung, 15.2.1944 (HAA, Georg Wellhausen, A105).

nen des Gemeinschaftslebens« hin geeicht. Culemanns Pläne waren zugleich ordnend und geordnet.[57]

Bei der Entwicklung solcher Techniken arbeiteten Architekten teils eng mit der Avantgarde der modernen Grafik zusammen. Schon zu Beginn der 1930er Jahre bemühten sich die CIAM um ein Zeichensystem für die Kartenarbeit. An dessen Erarbeitung nahm auch der Wiener Sozialstatistiker Otto Neurath teil,[58] der dafür seine bilddidaktische Methode (die »Isotype«) weiterentwickelte. Zwar scheiterte die Kooperation zwischen Neurath und den CIAM aus verschiedenen Gründen. Neurath arbeitete aber in den 1930er Jahren in der Sowjetunion gemeinsam mit Fred Forbat weiter an seinen Piktogrammen. Forbat wiederum nahm diese Arbeiten bei seiner Emigration mit nach Schweden, verbreitete die Planzeichen in der schwedischen CIAM-Gruppe (Abb. 44) und bearbeitete sie in den 1950er Jahren zusammen mit Hans Leistikow, dem ehemaligen Grafiker des »Neuen Frankfurt«.[59] Zur Interbau-Teilausstellung »die stadt von morgen« 1957 wurden die schwedischen Piktogramme gewissermaßen reimportiert – sie dienten der Erläuterung der hier ausgestellten Nachbarschaftsmodelle.[60] Transnational, das zeigt dieser Transfer, versetzten als objektivierend begriffene Visualisierungstechniken den Planer vorgeblich in die Lage, Raum und Gesellschaft aus großer Höhe zu bewerten und zu optimieren.

---

57. CULEMANN, Zur Methodik der Stadtgestaltungspläne (1941), S. 403, 408, 409.
58. STEINMANN, CIAM internationale Kongresse für neues Bauen (1979), S. 122. Vgl. auch GALISON, Aufbau/Bauhaus (2001); THURM-NEMETH, Die Konstruktion des modernen Lebens (1998); VOSSOUGHIAN, Mapping the Modern City (2006); WHYTE, Otto Neurath and the Sociology of Happiness (2007). Aufschlussreich auch HOFFMANN, Otto Neurath (1983).
59. FORBAT, Planesymboler (1952). Etwa zeitgleich arbeitete auch Reichow mit Leistikow zusammen, und zwar bei der Gestaltung des Ausstellungsteils des BDA auf der Ausstellung der IFHTP in Lissabon 1952. Vgl. die Unterlagen im GNMN, NL Reichow, I B 217 c.
60. Fred Forbat: Erinnerungen eines Architekten aus vier Ländern, 1969–1972, S. 270 (BAB, Fred Forbat, Mappe 5).

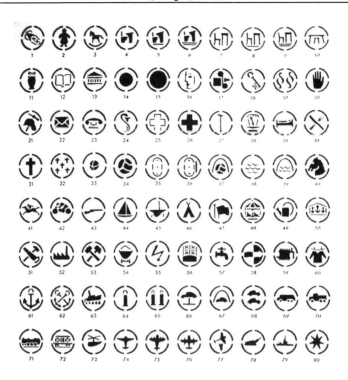

Abbildung 44: Forbats Piktogramme zur Vereinheitlichung von Plänen (1952)

Immer wieder gewarnt wurde dagegen vor dem »Fluch des Papiers«, vor der Versuchung, den »Stadtplan als Ornament« zu betrachten – etwa in Roland Rainers (bezeichnend betiteltem) Buch »Städtebauliche Prosa«. Der Planer, so schrieb Rainer, dürfe »über dem Bild die Sache, über der Sache den Menschen nicht mehr vergessen«.[61] Dennoch waren gerade zeichnerische Visualisierungen von Ordnung aus der Fliegerperspektive – allen Imperativen zur Objektivität zum Trotz – oft ästhetischer Art. Reichow zum Beispiel stilisierte Stadtgrundrisse immer wieder zu blütenartigen Gebilden oder überhöhte die verbindende Wirkung des Siedlungsgrundrisses symbolisch, indem er dem Sportplatz am Rand des Wohngebiets das Aussehen eines Reißverschlusses gab (Abb. 45). So entstand der Eindruck, die Gemeinschaftsbauten in der Mitte des Wohngebiets verzahnten die einzelnen Wohnbereiche miteinander – der Planer schien hier nahezu gottgleich den Reißverschluss der Gemeinschaft zu ziehen.

---

61. RAINER, Städtebauliche Prosa (1948), S. 193.

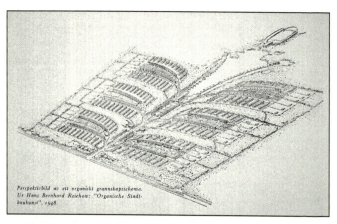

Abbildung 45: Nachbarschaftseinheit bei Reichow, hier aus der schwedischen Zeitschrift »Att bo« (1952, urspr. 1948)

Diener der Gemeinschaft

Der wohl wichtigste Aspekt des Selbstbilds der Planer war aber ihr Bewusstsein, dass sie für eine Gemeinschaft planten, der sie selber angehörten. Sie wollten »klar und bewusst ein Diener der Gesellschaft und der Menschen sein«.[62] Das war es auch, was viele Architekten als »sozialistisch« beschrieben. Während die schwedischen Architekten sich ganz überwiegend zur Sozialdemokratie bekannten, verstanden die hier untersuchten deutschen Planer ihren »Sozialismus« eher vage als Selbstverpflichtung, überparteilich dem Gemeinwohl zu dienen. Das geht aus den Entnazifizierungsunterlagen Reichows und aus Gutschows Darstellung seiner Arbeit in den Jahren 1933 bis 1945 hervor. Reichow schrieb in seinem »politischen Lebenslauf«, er habe sich früh gegen das Politische und für die »fachliche Linie meiner Lebensgestaltung« entschlossen: »Ich blieb in meiner politischen Haltung unabhängig, wenn auch sozialistisch gesonnen«.[63] Gutschow behauptete: »Wenn ich mich damit [mit seinem Parteibeitritt] zum nationalsozialistischen Gedankengut bekannt habe, so habe ich hierunter vor allem einen erklärten Sozialismus, Planwirtschaft und Verehrung der Kräfte des Bodens und der Heimat verstanden«.[64] Natürlich müssen diese Aussagen als Verharmlosung der eigenen Verstrickungen ins »Dritte Reich« bewertet werden. Sie demonstrieren dennoch, wie eng Sachlichkeit und Sozialismus zumindest nach 1945 für die Architekten argumentativ verwoben waren.

Die eigene Arbeit wurde außerdem immer wieder als vorbildlicher Einsatz im Dienste des gesellschaftlichen Ganzen präsentiert. Viele Architekten

---

62. ÅHRÉN, Planläggning och utveckling (1943), S. 15.
63. Hans Bernhard Reichow: Politischer Lebenslauf, o.D. [1946] (GNMN, NL Reichow, I B 1 a-b).
64. Zit. nach DIEFENDORF, Konstanty Gutschow and the Reconstruction of Hamburg (1985), S. 146.

sahen sich nicht als einzigartige Künstlerpersönlichkeiten, sondern sie inszenierten die Zusammenarbeit zwischen Architekten als Exempel, das über ihren Beruf hinaus ausstrahlte. Das Büro Gutschow stilisierte sich als Gemeinschaft – durch Feiern und, wie erwähnt, während des Krieges auch durch eine Zeitschrift, die den »Kameraden im Felde« Neuigkeiten aus dem Arbeitsalltag des Büros lieferte.[65] Der Gutschow-Mitarbeiter Franz Staats schrieb hier zum Jahreswechsel 1942/43, ebenso wichtig wie die Beherrschung des Berufs sei »die charakterliche Haltung, ist der Wille zur Einordnung unter eine Idee und zur kameradschaftlichen Mitarbeit. [...] Wenn wir diese Einstellung haben und uns davon leiten lassen, bilden wir eine Gemeinschaft, deren Bedeutung weit über den Rahmen der bürolichen Arbeit hinausgeht.«[66] Die Diskussion der schwedischen Gruppe *Plan* über die Intensivierung der Demokratie wiederum sollte exemplifizieren, wie »Gruppengemeinschaft« funktionierte. Besonders schön tritt dieser Vorbildcharakter der Architektengemeinschaft in einem Foto im Stockholmer Generalplan 1952 in Erscheinung (Abb. 46). Es zeigt einen Abenteuerspielplatz, auf dem Kinder zusammen ein Holzhaus bauen.

Abbildung 46: Bauen als Gemeinschaftsarbeit, Architektur als Lernhilfe. Aus dem »Generalplan för Stockholm« (1952)

Hier wird die Architektur zum Beispiel gemeinsamen Handelns. Dabei verdeutlicht die Abbildung die ganze Widersprüchlichkeit des Vorhabens der Planer. Schließlich haben *sie* den abgebildeten Spielplatz, auf dem die Kinder die freiwillige Kooperation spielerisch erlernen, bereits im Vorhinein im

---

65. Das soziale Klima im Hamburger Büro Gutschow beschreibt PAHL-WEBER, Konstanty Gutschow (1986), 195f. Vgl. auch den Auszug aus einer Theateraufführung der Mitarbeiter Gutschows bei DURTH, Deutsche Architekten (1986), S. 180–185.
66. Vgl. Nachrichten für unsere Kameraden im Felde 12, 1942, S. 3 (StA-HH, 322-3, A 36 b).

Stadtplan angelegt. Das ist typisch für Ordnungsdenken und *social engineering*: Die Architektur sollte Möglichkeitsräume für eine sich unbeeinflusst vollziehende Vergemeinschaftung bereitstellen. Die eigene Arbeit wurde also als Teil kollektiven Handelns und Wollens verstanden. Das führte zu ambivalenten Versuchen der Architekten, sich ein- und unterzuordnen, weil sie hofften, so umfangreichere Kompetenzen zu erhalten. Deutlich wird das schon an einem Text Åhréns von 1929 zum Thema »Architektur und Persönlichkeit«. Åhréns Anliegen war es hier, den Vorwurf zu entkräften, Standardisierung zerstöre die Persönlichkeit. Er argumentierte, der Begriff »Persönlichkeit« müsse – anders als »Individualität« – als Ausdruck des »Allgemeinmenschlichen« verstanden werden.[67] Persönlichkeit meine also nicht Singularität, sondern »menschliche Größe«, und das sei etwas Verallgemeinerbares. Persönlichkeit bestehe gerade in der Fähigkeit »das Gemeinsame auszudrücken«, das eigene Urteilsvermögen zu entgrenzen. Die Forderung nach Individualität dagegen sei »separatistisch«. Nun sei der Architekt ein Typus, der »stark genug ist, sich der Aufgabe ganz und gar unterzuordnen und von individuellen Eigenheiten [...] abzusehen«.[68]

So stark wurde der Architekt aber nur durchs Training an Objektivierungsmaschinen, durch Dispositive zur Verringerung von Messunsicherheiten, Methoden der Eichung und Justierung des eigenen Wissens. Gutschow schwebte zeitweise ein regelrechtes »Städtebauliches Meßsystem« vor.[69] Und auch in Schweden wurde immer wieder unterstrichen, in Stadtplanungsfragen müsse »[a]lles, was exakt mit Zahlen beurteilt werden kann, [...] so beurteilt werden, alle subjektiven Wertungen sollen bewusster Analyse und der Kontrolle der Vernunft unterworfen werden«.[70] Schon in den 1920er und 30er Jahren hatte der sachliche Habitus die Eigenwahrnehmung als schöpferisches Subjekt verdrängt. 1928 zum Beispiel forderte Åhrén: »Man muss die Sache kalt betrachten.« Als der von ihm angegriffene ältere Architekt Erik Lallerstedt sich von diesem Durcheinander von Objektivität und Pathos amüsiert zeigte, wiederholte Åhrén humorlos: »Die *Sache* ist für mich Alles.«[71] Gutschow legte 1946 in seinem Rückblick auf das eigene Wirken im »Dritten Reich« Wert darauf, den Eindruck zu vermeiden, ihn habe Karrierismus angetrieben. Wiederholt habe er die Auflagen verschiedener Wettbewerbe gebrochen, weil ihm »einzig die Aufgabe und ihre beste Erfüllung« Anliegen gewesen sei.[72] Schwedische Architekten forderten ab Ende der 1930er Jahre die »Inventarisierung« des Planungswissens. Durch die permanente »Systematisierung der Wirklichkeit«, wie Ahlberg schrieb,[73] durch die Koordina-

---

67. ÅHRÉN, Standardisering och personlighet (1929), S. 44.
68. Ebd., S. 46f.
69. Konstanty Gutschow: Vorläufiger Versuch zum »Städtebaulichen Meßsystem«, 15.2.1953 (StA-HH, 621-2/11, AV 29/1).
70. WILLIAM-OLSSON, Om bedömning av stadsplaneprojekt (1940), S. 185.
71. ÅHRÉN, Synpunkter på stadsbyggandet (1928), S. 175. Replik und Gegenreplik in Heft 35 und 36, 1928, S. 221, 238 (Hervorh. im Original).
72. Konstanty Gutschow: 10 Jahre Architekt 1935-1945, 1946, S. 4 (StA-HH, 621-2/11, A X 4).
73. Carl-Fredrik Ahlberg: Verkligheten systematiserad, o.D. [frühe 1960er Jahre] (AM 2006-02, K 07).

tion von Wissen wurde der Führungsanspruch beim Planen aus der Gemeinschaft für die Gemeinschaft abgeleitet.[74]

Zweifellos war der rationalistische Habitus der Weimarer Zeit, der oft mit der Sachlichkeitsforderung einherging, in Deutschland nach 1933 unerwünscht. Bis in die 1960er Jahre hinein gebrauchen westdeutsche Planer beispielsweise ein eher »konservatives« Vokabular; Johannes Göderitz, Roland Rainer und Hubert Hoffmann beriefen sich noch auf Spengler und Riehl, als in Schweden bereits ausschließlich mit Wirtschaftsdaten argumentiert wurde.[75] Hier wurde in verschiedenen Wissenschaftskulturen gesprochen. In Deutschland hatte der Architekturdiskurs (zumindest in den 1930er bis 50er Jahren) wesentlich stärkere Züge von »Kulturkritik« – obwohl dieser Begriff, wie erwähnt, durchaus auch in Schweden fiel. Architekten wie Konstanty Gutschow gehörten, wie Werner Durth sehr anschaulich gezeigt hat, einer von Kriegsniederlage und gesellschaftlicher Deklassierung verunsicherten bürgerlichen Generation an. Diese reagierte mit einer Haltung zwischen Reserviertheit und Teilbejahung auf die kulturellen (und architektonischen) Erneuerungstendenzen in der ungeliebten Weimarer Republik.[76] Die schwedischen Funktionalisten dagegen entwarfen sich – zum Beispiel in Geschlechterfragen – zumindest in den 1920er und frühen 30er Jahren als fortschrittliche, »kulturradikale« Avantgarde. Hinsichtlich ihrer aufs Soziale gerichteten, vor allem antiliberalen Grundhaltung, ihrer »sachlichen« Herangehensweise und ihres Willens zur Ordnung überschnitten sich jedoch Urteile und Praxis der beiden Gruppen. Ordnungsdenken und *social engineering* lief quer zu den kulturpolitischen Positionen »Konservatismus« und »Progressivität«, es formatierte gleichermaßen Gutschows überparteiischen Selbstentwurf und Åhréns radikales Expertenideal.

In beiden Ländern wurde immer wieder eingefordert und bewiesen, dass man sich freiwillig einer gemeinnützigen Aufgabe widmete. Schon in »Acceptera« hatte es geheißen, um Herr über die Gegenwart zu werden, müsse man erst Herr über sich selbst werden. Åhrén versuchte Anfang der 1930er Jahre, die Arbeit in seinem Göteborger Städtebaubüro als »kameradschaftli-

---

74. Diese Ambivalenz zwischen Einordnungswillen und Leitungsanspruch erklärt auch, warum wiederholt eine Diskussion über die Frage aufflackerte, ob Planer Generalisten oder Spezialisten zu sein hätten. Hillebrecht postulierte in den späten 1950er Jahren in einem Interview, man könne »nur eins von beiden sein: entweder Dirigent eines Orchesters sein oder Solist« (ÜBER DIE KONZEPTE UND DIE PRAXIS EINER STADTPLANUNG [1959], S. 63). Etwa zeitgleich kritisierte Åhrén die Forderung seiner Schüler Lennart Holm und Göran Sidenbladh nach einer Spezialausbildung für Generalplaner (*översiktsplanerare*). Erst durch Teamwork und Arbeit am Detail erwerbe man »die Fähigkeit zu Analyse und Synthese, ganzheitlichem Denken und ›Vision‹«. ÅHRÉN, Utbildning i samhällsplanering (1956), S. 45.

75. Allein die Konjunktur der »Stadtlandschaft« bis in die späten 1950er Jahre hinein (des Gedankens einer Verschmelzung von Natur und Kultur also) lässt auf Residuen konservativen Denkens schließen. Ähnlich steht es mit dem Topos »Verwurzelung«, der in Schweden nicht dieselbe Bedeutung hatte wie in Deutschland.

76. DURTH, Deutsche Architekten (1986), bes. S. 36–41. Sie entstammten also einem gesellschaftlichen Umfeld, aus dem sich ein Großteil der Funktionselite des Nationalsozialismus rekrutierte. Vgl. HERBERT, Generation der Sachlichkeit (1991); WILDT, Generation des Unbedingten (2002).

che kollektive Kooperation« zu organisieren – nicht ohne Probleme.⁷⁷ Er klagte 1932 in einem Brief an den niederländischen Architekten Cornelis van Eesteren, vielen Architekten seiner Göteborger Gruppe falle es schwer, »kollektives Arbeit zu leisten«. »Unsere Generation ist trotz alles was wir reden noch nicht reif dazu geworden ein den individualistischen zersplitternden Kraeften ueberragender Wille zum zielbewustes Arbeit fuer das Gemeinsame einzusetzten.« Die Wirkung »unserer buergerlichen Erziehungen« sei nur schwer »auszurotten«.⁷⁸

Ermüdungserscheinungen

Die Spannung zwischen Sendungsbewusstsein und dienender Arbeit, der Architekten und Stadtplaner in Deutschland und Schweden permanent ausgesetzt waren, forderte Opfer. Viele von ihnen hatten ihren Beruf überhaupt erst gewählt, weil sie ein gesellschaftliches Verantwortungsgefühl empfanden. In einem Interview kurz vor seinem Tod erinnerte sich Åhrén beispielsweise: »Ich wollte Künstler werden. Aber Jemand überzeugte mich, etwas Sozialeres zu werden.«⁷⁹ Solche Härte zu sich selbst hinterließ Spuren im Gefühlsleben der »funktionierenden« Planerpersönlichkeit, wie Åhrén sie einmal nannte.⁸⁰ Åhrén, der sich Mitte der 1960er Jahre aus der Öffentlichkeit zurückzuziehen begann und sich wieder der Leidenschaft seiner Jugend, dem Malen, widmete, sei zuletzt müde, »Opfer seines Pflichtgefühls« geworden, berichtete Ahlberg in seinem Nachruf nach Åhréns Tod 1977.⁸¹ Gutschow schrieb schon Ende der 1950er Jahre, die Arbeit am »Städtebaulichen Grundstoff« zerreiße ihn. Das Problem sei,

»daß diese Arbeit nicht ›der *eine* Gutschow‹ macht, sondern ebenso der andere. Das, woran sein Bemühen scheitert ist eben, daß zwischen den beiden eine große Spanne besteht und jede Arbeit gleichzeitig von beiden Gutschows, die schon immer da waren, gemacht wird. So kommt es auch, daß ich manchmal ein Grauen vor dem

---

77. »Kommentar« Åhréns zu seinen Bewerbungsunterlagen, o.D. [1945], Konseljakt A nr. 21 (RA, Ecklesiastikdepartmentet, 22-1)
78. Åhrén an van Eesteren, 14.11.1932 (gta, CIAM, 42-K-1932-1) (deutsch im Original; die vielen Rechtschreibfehler sic).
79. RUDBERG/LUNDAHL, »Samhällets makt över marken är en förutsättning för god stadsplanering« (1977), S. 3. Wilhelm Wortmann verortete seinen Kindheitstraum, Architekt zu werden, sogar direkt in der Großstadtkrise: Jemand schenkte ihm Karl Schefflers »Architektur der Großstadt« (1913): »In den ersten Kapiteln des Buches wird das Bild der Großstadt als Krise der Großstadt beschrieben. Das hat mich veranlasst, Architekt zu werden mit dem Schwerpunkt Städtebau.« »ARCHITEKTEN SIND KEINE KINDER DER NIEDERLAGEN, ABER IM TIEFSTEN ERNST HABEN WIR IN UNSEREN HERZEN GRÄBER, WO WIR VIELES VERGRABEN UND VERSTECKT HALTEN« (1984), S. 350.
80. ÅHRÉN, Stadsplanering i Göteborg (1941), S. 167.
81. AHLBERG, Uno Åhrén 6.8.1897-8.10.1977, S. 362. Lennart Holm attestierte Åhrén ein regelrechtes Schuldbewusstsein hinsichtlich ästhetischer Aspekte. Gestaltung sei bei ihm ein Tabu gewesen. FOLKESDOTTER, Nyttans tjänare och skönhetens riddare (1987), S. 224.

›Grundstoff‹ habe, dem Analysieren und Registrieren, durch das man Zusammenhänge und Fluidum totmacht. Am liebsten möchte ich [...] nichts zu Papier bringen und damit sterilisieren, sondern alles im lebendigen Wort halten.«[82]

Bereits Mitte der 1940er Jahre schrieb er über Ernst Neuferts »Bauordnungslehre« (BOL) an Alfons Leitl: »Ich habe mich oft vergeblich gefragt, weshalb ich mit solchem Unbehagen den [sic] BOL in die Hand nehme, obgleich ich doch selbst ein Mensch bin, der zum Methodischen und zum Systematisieren neigt.«[83] Und doch machte sein »Großen«-Wahn nicht einmal Halt davor, »Bestgrößen« für Städtebauhandbücher festzustellen, und zwar ausgehend von ihrer praktischen Anwendbarkeit am Arbeitsort.[84] Ähnliches hatte auch Åhrén einmal vor. Seine Verärgerung über den Ausstellungskatalog zum »Nordischen Bautag« 1938, der seiner Meinung nach didaktisch unbrauchbar war, mündete in einen Rundumschlag gegen die ineffiziente Fachliteratur. Er plädierte dafür, das Zeitschriftenangebot auszudünnen und schlug zur schnelleren Verfügbarkeit von Planungswissen handlichere Zeitschriftenformate und spezielle Lesevorrichtungen vor, die das Blättern beschleunigen würden![85]

Paradigmatisch für die Wucht, mit der solche Ordnungsimperative auf die eigene Praxis zurückwirkten, ist auch die Bedeutung, die im Büro Gutschow selbst der Buntstift-Seriennummer bei der »Darstellung der Wiederaufbaupläne« beigemessen wurde – und zwar noch im Oktober 1944, also zu einem Zeitpunkt, als um die Hamburger Planer herum die Stadt im Bombardement zusammenfiel.[86] 1950 warnte ein aus England zurückgekehrter schwedischer Besucher vor ähnlichen Tendenzen:

»Ich stand im Stadtplanungsbüro [...] und sah mir den Lageplan für das kommende Stevenage an, als ein junger Architekt zu mir kam und mir ein Fläschchen mit Deckfarbe zeigte: Das Etikett besagte, dass das Fläschchen die graue Farbe Nummer 1 des Typs Town and Country Colours enthalte, wie sie vom British Colour Council festgelegt worden seien. Das Vorkommen einer derart beliebten Stadtplanungsfarbe mag als Andeutung reichen, dass die Stadtplanung in Großbritannien eine gewisse bürokratische Härte bekommen hat – mit allen Vor- und Nachteilen, die das impliziert.«[87]

---

82. Gutschow an Guther, 3.7.1957 (StA-HH, 621-2/11, C 106) (Hervorh. im Original).

83. Gutschow an Leitl, 26.10.1946 (StA-HH, 621-2/11, AV 24/5b). Gutschow gab aus demselben Grund den »Städtebaulichen Richtwerten« Ende der 1940er Jahre den unverbindlicheren Titel »Städtebaulicher Grundstoff«. Übrigens hatte er den »Grundstoff« noch kurz zuvor als Entsprechung zu Neuferts »Bau-Entwurfslehre« beschrieben: »[S]eit Jahren arbeite ich an einem Elementarbuch für die städtebauliche Planung, das ähnlich dem ›Neufert‹ die Grund- und Wertezahlen für die städtebauliche Planungspraxis zusammenstellt.« Gutschow an die Architekten-Gemeinschaft Grindelberg, 4.7.1951 (StA-HH, 621-2/11, AS 24/2).

84. Gutschow an Gerhard Jobst, 13.2.1953 (StA-HH, 621-2/11, AS 25/6).

85. ÅHRÉN, Nordisk byggnadsdag III (1938), S. 299.

86. D6. Zeichnungen und Darstellung, 15.2.1944 (HAA, Georg Wellhausen, A105).

87. BARDEL, Fyrtiotalets samhällsplanerings- och stadsplaneåtgärder i Storbritannien (1950), S. 124.

Anfang der 1960er Jahre veränderte sich dann etwas in der Selbstthematisierung gerade der westdeutschen Planer. Die Kopplung von Sachlichkeit und Gemeinwohlorientierung verlor an Plausibilität. Die Gewissheit ging verloren, naturgemäße soziale Prozesse ausdeuten zu können. Gutschow beschrieb das 1959 in einem Brief an den konservativen Publizisten Armin Mohler beinahe als Schock: »Plötzlich begegne ich den Absichten ›neue Städte zu bauen‹ mit größter Skepsis. Etwas mystisch ausgedrückt meine ich, daß sich das Bauen neuer Städte menschlichem Vermögen entzieht. Ein Zuviel an Wille und Plan gefährdet das Werden neuer Städte und vor allem die große Eile. Ohne ein gewisses Wachsenlassen geht es nicht.«[88]

Rudolf Hillebrecht fragte sich 1960 sogar, ob perfekte Pläne überhaupt erstrebenswert seien. Er war sich nicht mehr sicher, ob sie »jenes imponderabile Element fassen können, das erst eine Stadt lebensvoll macht« – gewachsene Dinge nämlich. Wer diese Frage verneine, der müsse eingestehen, dass der Stadtplanung Grenzen gesetzt seien, dass nämlich das »Unwägbare« des Lebens selbst respektiert werden müsse. Hillebrecht gab zwar die Ordnung nicht auf, wohl aber den ordnenden Zugriff auf die Lebenswelt im Kleinen:

»In jüngster Zeit sind im Ausland wie bei uns Wege im Städtebau beschritten worden, durch die wohl eine Ordnung im Großen gesetzt wird, im Kleinen jedoch dem individuellen Lebens- und Betätigungsdrang, der Selbstdarstellung des Persönlichen Raum gegeben wird [...]. Es ist das der beachtliche Versuch, den Ordnungsgesetzen der Gesellschaft gemäß im großen Maßstab eine bauliche Ordnung als Rahmen zu setzen [...], innerhalb dieser Ordnung aber die individuelle Betätigung und Phantasie nicht nur zuzulassen, sondern anzuregen oder gar herauszufordern.«[89]

Hillebrecht beschrieb nur zwei Jahre später das »Verhältnis zwischen Stadtplaner und Stadtgemeinde« als ein dialogisches, ja sogar »persönliches«. »Daß im Zeichen der pluralistischen Gesellschaft dieses Verhältnis nicht einpolig, sondern vielpolig und nicht immer ohne Komplikationen ist, braucht nicht erwähnt zu werden.«[90]

Spätestens um 1960 wurde das »Unplanbare« also zu einer ernstzunehmenden Größe.[91] Der Architekt Josef Wolff, mit dem Gutschow immer wieder korrespondierte, schrieb schon 1955: »[E]s hat einmal eine Zeit gegeben, da gab es keine Planung, wenigstens nicht im heutigen Sinne. Die Dinge fügten sich ›von selbst‹ zu einer erträglichen Ordnung. Dann wurde unser Leben und alle seine Verhältnisse so kompliziert und vielschichtig, so von Innen her unsicher, dass es nicht mehr ohne vorausschauende Lenkung ging.« Aber für Wolff konnte dieses Lenken nicht mehr objektiv sein: »Man kann gar nicht so selten der Meinung begegnen, Planung sei eine Wissenschaft. [...] Wir sagten, Planung liefere einen Entwurf, ein Wunschbild. Also ist sie eine ge-

---

88. Gutschow an Mohler, 15.8.1959 (StA-HH, 621-2/11, AS 31).
89. HILLEBRECHT, Das Wohnen als Sinn des Bauens (1960), S. 192f.
90. HILLEBRECHT, Die Stadtplanung, ihr Wesen und ihre Aufgabe (1962), S. 74.
91. Auf die Bedeutung des »Unplanbaren« hatte der Architekt Rudolf Schwarz bereits Ende der 1940er Jahre hingewiesen, allerdings aus religiöser Überzeugung: SCHWARZ, Das Unplanbare (2003, urspr. 1947).

staltende Tätigkeit. Wissenschaft aber ist ein betrachtendes Erkennen«.[92] Nur wenige Jahre später allerdings wurden solche Zweifel vom Planungsboom der 1960er Jahre regelrecht überrollt. Von Ordnung war dann keine Rede mehr. Planung war zum Selbstzweck geworden. In Schweden, das habe ich im vorangegangenen Kapitel gezeigt, geschah das früher. Wie es zu diesem Unterschied kam, das soll der nächste Abschnitt zeigen, der den abschließenden Vergleich vorbereitet.

---

92. WOLFF, Zeitfragen des Städtebaues (1955), S. 13, 16.

5.2 Der »Bauherrenersatz«

Die Bedürfnisforschung in Deutschland und Schweden

Wer sich mit dem Architekturdiskurs der 1920er bis 60er Jahre befasst, erfährt viel über die Absichten der Planer, das ist deutlich geworden. Von den Reaktionen der von Planung Betroffenen ist demgegenüber vergleichsweise wenig die Rede. Die Nutzer/Bewohner/Mieter besetzten eigentlich keine Sprecherposition. Das, so glaube ich, hatte einen bestimmten Grund. Was die Architekten in Schweden und Deutschland von den Menschen sahen und hörten, war auf spezifische Weise formatiert – es erschien als Bedürfnis.[1] Die Methoden wiederum, mit denen die Architekten Bedürfnisse identifizierten, waren in Deutschland und Schweden verschieden.

Prinzipiell meinte der Begriff »Bedürfnis« im Planerdiskurs zunächst einmal einen grundlegenden Mangel. Bedürfnisse wurden oft als überzeitliche Größen begriffen, ihre Erfüllung nicht selten als (biologische) Existenzbedingung. Nun hatte für die Planer jeder Mensch ein Recht auf Bedürfnisbefriedigung, das ihm die Gesellschaft – in Form des Wohlfahrtsstaats – garantieren musste. Deshalb wurden Bedürfnisse als quantifizierbare Limits gedacht, als Mindeststandards. Bedürfnisse wurden zu *kalkulierbaren* Ansprüchen. Als solche rückten sie ins Zentrum architektonischen Denkens, als sich die Architekten ab Mitte der 1920er Jahre anboten, die Wohnversorgung der Bevölkerungsmehrheit zugleich billiger und besser zu organisieren. Aus Bedürfnissen wurden Richtwerte für den Wohnungsbau abgeleitet, also Raummaße, die bei der Normung und Standardisierung von Bauten und Bauteilen eingehalten werden sollten. Uno Åhrén etwa betrachtete die Berücksichtigung der Bedürfnisse als wichtigste Leistung der *Stockholmsutställning*, noch vor den bautechnischen oder gestalterischen Innovationen. »Das Ziel wurde zwar noch recht allgemein, aber doch klar formuliert: Die Bedürfnisse der Menschen sollen normgebend sein.«[2]

Nun waren die Bedürfnisse im Diskurs dieser Jahre aber nicht einfach ökonomische Potenziale, nicht die Vorstufe eines bei entsprechender Kaufkraft entstehenden Bedarfs. Vielmehr waren sie angesichts der (teilweisen) Abkopplung der Versorgung mit Wohnraum vom Markt »soziale«, und das hieß problematische Größen. Sie äußerten sich nicht von selbst als Nachfrage, sondern sie mussten durch Experten sichtbar gemacht werden. Dabei musste klar zwischen »richtigen« und »falschen Bedürfnissen« unterschieden, es musste genau zwischen angemessenen und ungültigen Ansprüchen differenziert werden, denn es wurde knapp kalkuliert. Das versetzte die

---

1. Zur Historizität des Bedürfnisbegriffs: ILLICH, Bedürfnisse (1993); MÜLLER, Bedürfnis (1972).

2. ÅHRÉN, Samhällsplaneringens uppgifter och metoder (1947), S. 5.

Architekten in eine einflussreiche Position: Sie saßen am Schaltwerk zwischen individuellen Rechten und kollektiven Interessen, zwischen der Verbesserung der Lebensverhältnisse des Einzelnen und dem gesellschaftlichen Druck, deren Kosten gering zu halten. Die Erforschung von Bedürfnissen versprach Verteilungsgerechtigkeit und schuf zugleich Standards für das gute, das richtige Leben – sie war ein »Apparat sozialer Regulierung«.[3]

Das setzte aber auch die Architekten unter Druck. Denn der Grad der Bedürfnisbefriedigung wurde spätestens in den 1920er Jahren zum Maßstab architektonischer Qualität. Und gerade daraus, das will ich im Folgenden zeigen, entsprang ein gravierender Unterschied zwischen deutschen und schwedischen Diskursen – ein Unterschied, der auch die Bereitschaft schwedischer Architekten erklärt, ihre Konzepte kontinuierlich zu überprüfen. Die schwedischen Architekten begannen sich früher als ihre deutschen Kollegen zu fragen, inwieweit die tatsächlichen Wohn- und Lebensweisen der Bevölkerung zu würdigen seien, inwiefern sie bisher unerkannten Bedürfnissen entsprächen. Sie entwickelten deshalb Techniken, die Bewohner über ihr Wohnen sprechen zu machen – und zwar in weit größerem Umfang als ihre deutschen Kollegen. Sie bedienten sich dazu verschiedener Dispositive der Datenerhebung – Fragebögen, Interviews, Beobachtung von Nutzerverhalten –, auf die ich gleich näher eingehen werde.

Natürlich traf die Verdatung von Wohngewohnheiten und -wünschen auch in Schweden auf ein Misstrauen gegenüber der Fähigkeit der Nutzer, ihre Wünsche eigenständig zu evaluieren. Dieses prägte auch die Erhebungstechniken. Immer wieder beeinflusste eine in die Fragestellung hineingetragene Vorstellung vom »richtigen« Wohnen die Untersuchungsergebnisse.[4] In fast allen Fällen interessierten zum Beispiel einzig die Bedürfnisse der »Normalfamilie«, und bestimmte Annahmen über die Rolle von Männern und Frauen schlichen sich in den Fragenkatalog ein. Die Architekten brachten also, um einen Begriff Hans-Jörg Rheinbergers zu benutzen, die »Spuren« der Nutzer teils selbst hervor, sie erzeugten »wissenschaftserzeugte Repräsentationen«.[5] Sie kreierten mittels machtdurchwirkter Übersetzungsvorgänge einen fiktionalen Idealbewohner, an dem sich die Realität zu messen hatte.

Aber, und das ist von zentraler Bedeutung: In Schweden veranlasste dies die Architekten, mittels pädagogischer Verfahren in der Bevölkerung ein Bewusstsein vom »guten Wohnen« zu schaffen. Denn erst über ihre wahren Bedürfnisse aufgeklärte Bewohner (und das hieß in der Regel aufgeklärte Frauen) würden, so das Argument, in Zukunft ganz von selbst berechtigte Forderungen an die Architekten richten.[6] Diese Hoffnung auf künftige Dialo-

---

3. FISCHLER, Towards a Genealogy of Planning (1998), S. 393; DERS., Planning for Social Betterment (2000). Ähnlich: RABINOW, French Modern (1989); SHOVE, Comfort, Cleanliness and Convenience (2003).

4. Dazu aufschlussreich: KEMENY, Housing and Social Theory (1992).

5. Vgl. RHEINBERGER/HAGNER/WAHRIG-SCHMIDT, Räume des Wissens (1997), S. 9.

6. Dafür sprachen nach Meinung schwedischer Architekten auch wirtschaftliche Argumente: Kollektive Solidarität, so hieß es schon in »Acceptera«, äußere sich auch als bewusste Bedürfnisregulierung und damit als zweckmäßiger Konsum, der die Produktion stimulieren und steuerbar machen werde. Vgl. ASPLUND u.a., Acceptera (1980, urspr. 1931), S. 129. Sven-Olov Wallenstein und Helena Mathsson haben diesbezüglich eine Art schwedische Sonder-

ge zwischen Betroffenen und Planern erzwang mittelfristig eine Bereitschaft Letzterer, eigene Annahmen gegebenenfalls zu überdenken. Und das führte in den frühen 1950er Jahren zur Aufweichung des Bedürfnisbegriffs und damit zu einer Veränderung des Expertenstatus' schwedischer Planer. Die (west-)deutschen Instrumente zur Hör- und Sichtbarmachung der Bedürfnisse blieben vergleichsweise grob.

Einseitige Dialoge

1930 hatte Ernst May in der Debatte um die »Wohnung für das Existenzminimum« voller Pathos proklamiert, es gelte, Bedürfnisse zu ermitteln, indem man »im Geiste die Entrechteten« befrage.[7] Ein solches Vorgehen lehnten viele Architekten Anfang der 1940er Jahre als spekulativ ab. Die »Stimme« der Nutzer musste deutlicher vernommen werden. 1942 veröffentlichte Ernst Neufert, inzwischen Normungsbeauftragter Albert Speers, eine Studie mit dem bezeichnenden Titel »Der Mieter hat das Wort«. Er forderte hier ein »Einleben« in den Alltag der »minderbemittelten Schichten« seitens der Architekten.[8] Dazu seien Umfragen geeignet, weil diese den »Rückhalt in der statistischen Masse« garantierten.[9] »[E]ine systematische Ordnung der Mieterwünsche«, so Neufert, könne »maßgebende generelle Wünsche herausstellen«.[10] Neufert ging es um die Präzisierung der Wohnungsbaunormen, die Hitler mit dem Erlass »zur Vorbereitung des deutschen Wohnungsbaues nach dem Kriege« vom 15.11.1940 festgelegt hatte. Unter Mitwirkung des »Deutschen Frauenwerks« erstellte er also einen Fragebogen, der 1939 (ihm selbst zufolge) von fast viertausend Berliner Familien ausgefüllt wurde. Neufert betrachtete die Wünsche der Befragten aber keineswegs als bindend. Die Umfrage sollte lediglich die »Bewegungsrichtung« der Mieterwünsche sichtbar machen, so Neufert vage. Daraus ließen sich dann Normen ableiten, die in Zukunft »für den größten Teil ihren Wünschen entsprechend« sein könnten. Neufert behauptete zudem, dass schon die gegenwärtigen Wünsche »weitgehend den vorangestellten Richtlinien der Staatsführung beziehungsweise der Programmstellung des Führers« entsprächen. Wo Wünsche stark abwichen, da sei eine »gewaltige Schulungsarbeit« vonnöten.[11]

Auch in Schweden forderte man Anfang der 1940er Jahre, Architekten müssten eine Fähigkeit zum »Einleben« in das Dasein der Menschen entwi-

---

wegsthese aufgestellt. Die schwedische Architektur schlug demnach nach 1930 einen anderen Weg als die deutsche Avantgarde, deren Erneuerungsimperative an ihrer Ambivalenz gegenüber der Identifikation mit der kapitalistischen Produktionsordnung scheiterten. Vgl. MATTSON/WALLENSTEIN, Der schwedische Modernismus am Scheideweg (2009).

7. MAY, Die Wohnung für das Existenzminimum (1930), S. 10.

8. NEUFERT, Der Mieter hat das Wort (1942), S. 10. Neufert war mit der Vorbereitung eines Wohnungsbauprogramms in Berlin beauftragt, das Bestandteil der »Germania«-Planungen Albert Speers war.

9. Ebd., S. 11.

10. Ebd., S. 8.

11. Ebd., S. 30.

ckeln.[12] Brita Åkerman – wir kennen sie bereits aus dem Sammelband zur »künftigen Demokratie« und aus der *Plan*-Gruppe – veröffentlichte 1941 die Studie »Familjen som växte ur sitt hem« (»Die Familie, die aus ihrem Heim herauswuchs«).[13] Ähnlich wie für »Der Mieter hat das Wort« hatten Sozialarbeiterinnen mittels Interviews die Zufriedenheit von 214 »Stockholmsfamilien« mit ihrer Wohnung erforscht. Aufschlussreich im Vergleich zu Neuferts Studie ist, dass Åkerman der eigentlichen Auswertung des Materials einen fiktionalen Dialog voranstellte, der die Absicht der Studie erläutern sollte. Es handelt sich um ein »Gespräch« zwischen einem Soziologen, einem Architekten und einer »Hausfrau, die in der Sozialarbeit aktiv ist«.[14] Im Verlauf dieses Gesprächs kritisiert die Hausfrau sowohl die These des Soziologen, es bestehe eine Tendenz zur Auflösung der Familien, als auch den Grundriss des Architekten, der auf diese These reagiert. Gemeinsam kommt man zum dem Schluss, dass es gelte, mehr Wissen über die tatsächlichen Lebensbedingungen der »Familie, für die wir bauen«, zu sammeln.[15] In der Realität sah das weniger ausgewogen aus. Åkermans Texte ist gegenüber dem Wohnwissen und den Wohnwünschen gerade der befragten Hausfrauen ambivalent. Der sachlichen Bestandsaufnahme des erhobenen Materials folgt eine moralisierende Zusammenfassung, die eine Erziehung hin zur richtigen Wohnungsnutzung und -wahl propagiert, und zwar ausgehend vom Befund der »seelischen und materiellen Enge« der untersuchten Wohnungen, einer gleichermaßen kleinbürgerlichen wie dysfunktionalen Lebensweise. Am Ende des Textes wird der Dialog wieder aufgegriffen. Ähnlich wie bei Neufert wird nun die Wohnerziehung thematisiert. Der Architekt wird aufgefordert, eine Bedienungsanleitung für neue Wohnungen zu erstellen. Die Bewohner »müssen lernen, sagte die Hausfrau. [...] Wenn wir gegenwärtig schon nicht den Wohnstandard erhöhen können, so müssen wir doch mit einer zielgerichteten Wohnerziehung beginnen.«[16] Åkerman und Neufert organisierten das Wohnwissen von Experten und Nutzern also klar hierarchisch. Erst durch die *Übersetzung* der Wohnwünsche und -gewohnheiten wurden Bedürfnisse sichtbar.

Das illustrierte auch das Cover von »Familjen som växte ur sitt hem« (Abb. 47). Es zeigt den Umriss einer »Normalfamilie« mit zwei Kindern vor dem Hintergrund einer Masse anonymisierter Umfragebögen und suggeriert so ein allmähliches Erscheinen des »eigentlichen« Nutzers aus dem statistischen Material. Und doch wies Åkermans Dialog bereits in die Zukunft.

---

12. Vgl. LINDSTRÖM, Arkitekternas utbildning (1944).

13. ÅKERMAN, Familjen som växte ur sitt hem (1941). Vorgänger von Åkermans Buch war die Veröffentlichung »Wohnung und Haushaltsorganisation« der Architektinnen Ingeborg Wærn Bugge und Kjerstin Göransson-Ljungman, die 1936 Vorschläge zum wirtschaftlichen Küchendesign unterbreitete. Das war von der Kritik an den sehr kleinen Küchen auf der *Stockholmsutställning* angestoßen worden (WÆRN BUGGE/GÖRANSSON-LJUNGMAN, Bostad och hushållsorganisation [1936]). Uno Åhrén hatte schon in den späten 1930er Jahren eine Umfrage unter Mietern des Viertels Johannesberg in Göteborg durchführen lassen. ÅHRÉN, En bostadsundersökning i Göteborg (1939), S. 242.

14. ÅKERMAN, Familjen som växte ur sitt hem (1941), S. 3.

15. Ebd., S. 4.

16. Ebd., S. 242.

Stärker als bei Neufert wurde hier die Bereitschaft der Wohnexperten inszeniert, zugleich zu lehren und sich belehren zu lassen.

Abbildung 47: Die Durchschnittsfamilie als Silhouette vor Beobachtungsprotokollen, Umschlagsbild von »Familjen som växte ur sitt hem« (1941)

Funktionalistische Fiktionen und statistische Mittel. Die schwedische Wohnforschung

Åkermans Studie war kein Einzelfall. Ab Ende der 1930er Jahre widmeten sich in Schweden verschiedene Organisationen, etwa Kommunen, staatliche Kommissionen, Baugenossenschaften, *Hemmens forskningsinstitut* (das »Heimforschungsinstitut«, abgekürzt HFI),[17] die *Svenska Slöjdförening* und

---

17. Das HFI ging aus *Befolkningskommissionens Kvinnodelegation*, der »Frauendelegation der Bevölkerungskommission«, hervor und widmete sich der Optimierung be-

der Reichsverband der Architekten SAR sowie Frauenverbände dem Studium von Wohnbedürfnissen und -gewohnheiten.[18] 1945 entwarf beispielsweise Carl-Fredrik Ahlberg im Auftrag des SAR und des »Staatlichen Komitees für Bauforschung«[19] ein Programm für die Untersuchung von »Form und Funktion der Wohnung« (»Bostadens Funktioner och Utformning«). Im Idealfall, so Ahlberg, sei Wohnarchitektur das Ergebnis einer »Anpassungsprozedur« zwischen Architekt und Bewohner.[20] Nun sei dieser Prozess beim Mietwohnungsbau außer Kraft gesetzt. In einer Gesellschaft, in der die Wohnung nicht mehr im direkten Aushandlungsprozess zwischen Architekt und Bauherr entstehe, kämen Meinungsforschung und »Wohngewohnheitsuntersuchungen« (*bostadsvaneundersökningar*) ins Spiel. Sie, so Ahlberg, gäben den Bewohnern eine Stimme. Allerdings seien Umfrageergebnisse oft unzuverlässig, da die Bewohner nicht recht imstande seien, ihre »wirklichen Wünsche« zu artikulieren.[21] Auch die Wohngewohnheiten der Menschen seien nicht zwangsläufig deckungsgleich mit ihren Wohnbedürfnissen:

»Es gibt Wohngewohnheiten, die ein funktionell richtiger Ausdruck für vitale menschliche Bedürfnisse sind. Es gibt andere, die der Ausdruck bestimmter konkreter Verhältnisse sind, deren Berechtigung diskutiert werden kann. [...] Schließlich gibt es gewisse Wohngewohnheiten, die keinen wirklichen Bedürfnissen zu folgen scheinen, und die nicht das zwangsläufige Ergebnis gewisser äußerer Umstände sind, sondern schlicht im Schlendrian gründen. [...] Es gibt keinen Anlass, Letztere bei der Ausformung der Wohnung zu berücksichtigen.«[22]

Wohngewohnheitsuntersuchungen, so Ahlberg, müssten deshalb durch Forschungen zur Ausformung des Wohnraums für die »bequeme und effektive« Nutzung ergänzt werden,[23] wie man sie aus der Arbeitswissenschaft kenne – durch Experimente im Labor, etwa zu Bewegungsabläufen in Modellwohnungen.

Als Ahlberg sein Forschungsprogramm vorstellte, lief bereits eine große, vom SAR und der SSF initiierte Untersuchung unter Leitung Gotthard Johanssons. Für diese Studie, die den bezeichnenden Titel »Wohngewohnheiten und Wohnungsnormen« (»Bostadsvanor och bostadsnormer«) bekam,[24] trugen die Mitarbeiter 1942/43 mit Fragebögen und Interviews ein ganzes Inventar schwedischer Wohngewohnheiten zusammen. Auch Johansson stellte klar, dass

---

sonders der Küche und der Küchenausstattung. Zum HFI vgl. LÖVGREN, Hemarbete som politik (1993).

18. Zur schwedischen Wohnforschung mit mehr Literatur: SANDSTRÖM, Arkitektur och social ingenjörskonst (1989). Vgl. auch DERS., Mellan politik och forskning (1994) sowie RUDBERG, Vision och perspektiv (1988).

19. Dem Arbeitsausschuss des Komitees gehörte Åhrén an. Vgl. Arbetsutskottet 1942-1945 (RA, Statens Kommitté för Byggandsforskning, A 4).

20. AHLBERG, Bostadens Funktioner och Utformning (1945), S. 14.

21. Ebd., S. 15.

22. Ebd., S. 17.

23. Ebd., S. 7.

24. JOHANSSON, Bostadsvanor och bostadsnormer (1964). Der Abschlussbericht erschien offenbar wegen der großen Materialmenge erst Mitte der 1960er Jahre.

»[d]amit nicht gesagt werden soll, dass die gegebenen Wohngewohnheiten ohne weiteres akzeptiert werden sollen. Im Gegenteil ist es notwendig, zwischen Wohngewohnheiten zu unterscheiden, die offensichtlich und unbestreitbar funktionelle, hygienische oder psychologische Probleme verursachen – auch wenn das den Bewohnern selbst nicht klar ist –, und solchen, die sich bei genauem Studium als sachlich motiviert erweisen.«[25]

Für Johansson sollte die Untersuchung tatsächlicher Wohngewohnheiten vor allem Vorannahmen zum Gebrauchswert verschiedener Grundrisstypen falsifizieren. Auch hier wurden zusätzlich Funktionsstudien durchgeführt – darunter Möblierungsexperimente in Modellwohnungen mit verschiebbaren Wänden.[26] Der Schlussbericht der Forscher kombinierte Grundrissvorschläge, Statistiken und »Typexempel«, also Auszüge aus Interviews. Dabei enthielt man sich nicht eines moralisierenden »allgemeinen Urteils«. Immer wieder wurde ein schlechtes, das heißt ein ineffizientes oder unhygienisches Wohnverhalten einzelner Bewohner beschrieben.[27]

Ein letztes Beispiel. Jöran Curman erstellte 1944 im Auftrag von *Industrins Utredningsinstitut* (unter Mitwirkung von Göran Sidenbladh) die bereits erwähnte Studie »Industrins arbetarebostäder« – ein Handbuch für den Bau von Wohnungen durch Industrieunternehmen, das Tipps zu allen erdenklichen Themen gab, von der Erfassung des Wohnungsbedarfs bis zur Sanitärtechnik. Das Buch enthielt auch genaue Empfehlungen zur Größe und Funktion einzelner Räume, bis hin zum idealen Garderobenmaß. Curman fragte aber auch: »Heutige Wohngewohnheiten und Grundrisse passen nicht zusammen. Sollen die Gewohnheiten oder die Pläne verändert werden?«[28] Die Antwort war – typisch für Schweden – sowohl als auch. Curman betonte nämlich, Wohngewohnheiten müssten berücksichtigt werden, wo sie nicht Ausdruck von Unkenntnis, Wahnvorstellungen oder »Schlendrian« seien. Diese Bereitschaft, das alltägliche Wohnverhalten der Menschen zumindest zu registrieren, inszenierte der Text auch mit Abbildungen. Sie zeigen »Theorie und Wirklichkeit« des Gebrauchs (das heißt der Möblierung) von Grundrissen in einer neuen Siedlung in Mälardalen (Abb. 48 und 49).

Natürlich hatte der wechselseitige Lernprozess auch bei Curman eine Schlagseite. Er plädierte für eine »zielbewusste Propaganda« zur Veränderung wirklich schlechter Gewohnheiten. Curman betrachtete das aber schon als eine Lehre aus den *bostadsvaneundersökningar*, denn diese zeigten, dass sich ein gutes Wohnverhalten nicht durch die Grundrissdisposition allein prägen ließ. In Schweden griffen darum Mieterbefragung, »Aufklärung und Propaganda« fortan ineinander.[29]

---

25. Ebd., S. 28.
26. Vgl. GÖRANSDOTTER, Möbleringsfrågan (1999), S. 461.
27. JOHANSSON, Bostadsvanor och bostadsnormer (1964), S. 103.
28. CURMAN, Industrins arbetarebostäder (1944), S. 174f., 350.
29. JOHANSSON, Normering av bostadsplanen (1943), S. 114.

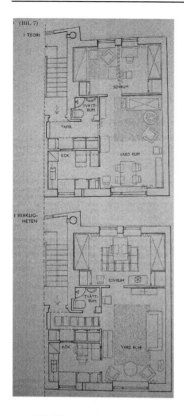

Abbildung 48 und 49: Theorie und Wirklichkeit der Grundrissnutzung laut Curmans »Industrins arbetarebostäder« (1944). Jeweils oben die lichte, funktionale Möblierung, wie sie sich die Architekten vorstellten, unten die Realität: Die Wohnung ist mit dunklen Stilmöbeln eingerichtet; im kaum genutzten Wohnzimmer ist selbst das Fenster zugestellt.

Schwedische Architekten machten also gegen Ende der 1930er Jahre den künftigen Nutzer mittels Befragung des gegenwärtigen Nutzers sichtbar. Eine funktionalistische Fiktion wurde am konkreten Bewohner geprüft, wobei dessen Urteil nur bedingt von Gewicht war. Warum aber war das Interesse an den Gewohnheiten der Nutzer dann so groß? Die Antwort liegt auf der Hand. Erst die Befragung der Bevölkerung autorisierte den Einsatz der Architekten, erst sie machte ihn »demokratisch«. Bezeichnend ist diesbezüglich ein Schlagabtausch zwischen Sune Lindström und Poul Henningsen 1945 im »Byggmästaren«. Lindström forderte hier, der Architekt müsse in ästhetischen Fragen »die Urteile Anderer« wieder ins Zentrum stellen, nicht die eigenen.[30] Damit war Lindström nicht allein. Mit dem bereits beschriebenen *nyrealism* wurde zeitgleich auf eine mehrheitsfähige, leichter annehmbare Gestaltung gesetzt. Für Poul Henningsen war das naiv und populistisch. Der Architekt sei »Übersetzer« der Bedürfnisse der Bewohner. Gerade in dieser Interpretationsleistung

---

30. LINDSTRÖM, Form (1945), S. 186.

bestehe der demokratische Charakter der Architektur.[31] Henningsen war Däne, aber seine Aussage könnte »schwedischer« nicht sein, denn viele schwedische Architekten waren zu Beginn der 1940er Jahre hin und her gerissen zwischen dem Wunsch, demokratisch zu handeln einerseits und ihrem »besseren« Wissen andererseits. Ahlberg zum Beispiel forderte 1943, es müsse mehr Rücksicht auf das »schwer definierbare« Schönheitsempfinden der Menschen genommen werden. Er warnte aber prompt, eine bloße Umsetzung der Mieterwünsche sei falsch. Vielmehr müsse auch von der »Möglichkeit zu deren Veränderung« Gebrauch gemacht werden.[32] Åhrén immunisierte sich regelrecht gegen unerwünschte Umfrageergebnisse:

»Meinungsstudien glücken nicht immer. Ihre Resultate hängen stark davon ab, wie viel die Menschen wissen. [...] Was wir brauchen, ist nicht eine Meinung im Allgemeinen, sondern eine aufgeklärte Meinung. Die Aufklärung muss zeitig genug vor solchen Untersuchungen beginnen, damit die Menschen diese verstanden haben, bevor die Umfrage beginnt«.[33]

»So wollen wir's haben«
Wohnerziehung in Schweden

Schwedischen Architekten behagte es offenbar nicht, gewissermaßen von oben herab die »richtige« Form der Bedürfnisbefriedigung zu verordnen. Sie wünschten sich mündige Gesprächspartner. Deshalb versuchten sie – mit Ausstellungen, Vorträgen und Aufklärungsschriften –, die Wohnbevölkerung dazu zu bewegen, selbst an ihrem Wohnstandard zu arbeiten.[34] Dabei knüpften sie an eine schon im 19. Jahrhundert in den schwedischen Volksbewegungen, den *folkrörelser*, etablierte Kultur der Selbstbildung an.[35] Didaktisch bebilderte Broschüren wandten sich mit Slogans wie »Eine

---

31. HENNINGSEN, Sammanhängen (1945), S. 196. Henningsen polemisierte, auch Hitler habe nach verbreitetem Geschmack bauen lassen, und nannte die Ausschmückungen der Moskauer U-Bahn das »Lindström'sche Prinzip«.

32. AHLBERG, Vad vi vet och vad vi behöva veta för att planlägga (1943), S. 44.

33. Wortmeldung Åhréns laut Protokoll eines Treffens der *Förening för samhällsplanering*. FÖRENINGEN FÖR SAMHÄLLSPLANERING (1948), S. 39.

34. Åhrén zum Beispiel hielt in seiner Göteborger Zeit Dutzende von Vorträgen im Radio und auf Treffen von Wohnzirkeln und schrieb unermüdlich Artikel in Tageszeitungen. Vgl. zum Beispiel die Radiovorträge ÅHRÉN/ÅKESSON, Bostadsförsörjning och samhällsplanering (1944). Das Material der SAR/SSF-Untersuchung wurde auch auf Ausstellungen gezeigt, u.a. 1945 auf der Jubiläumsausstellung von SSF, *Bo bättre* (»Besser Wohnen«), in der gerade fertig gestellten Nachbarschaftseinheit Guldheden. Hier wurden auch in der Studie erprobte Grundrisse umgesetzt. Selbst der Katalog der Ausstellung wurde durch Zwischentitel didaktisch strukturiert: »So wohnt man in Göteborg«, »So sollte man Wohnen«. UTSTÄLLNINGEN BO BÄTTRE (1945), S. 76, 112. Vgl. dazu BOMAN, 1945 (1995).

35. Vgl. AMBJÖRNSSON, Den skötsamme arbetaren (1988). Das Wohnen war dabei nur *ein* Thema eines ausgeprägten Beratungswillens seitens schwedischer Experten der 1930er und 40er Jahre. Beraten wurde auch in Sachen Einkauf und Haushaltsführung, Gesundheit, Kindererziehung, Ernährung, Freizeitgestaltung.

Gesellschaft mit schlechten Wohnungen ist eine Gesellschaft mit vielen Sanatorien und Gefängnissen« an ein breites, außerfachliches Publikum.[36] Sie brachten das ganze Arsenal der modernen Werbung in Stellung: Hell/dunkel-Effekte, Infografiken und Fotografien im »Vorher/nachher«-Schema. Sie publizierten regelrechte Lernhilfen,[37] inszenierten die Suche nach der besten Wohnform aber zugleich als gemeinsame Konsensfindung. Eine Veröffentlichung im Verlag des KF zu »Wohnungsfragen« (»Bostadsfrågor«) zum Beispiel schlug Diskussionsthemen für die Gruppenarbeit vor und enthielt zudem Aufgaben, die mal durch den jeweiligen Diskussionsgruppenleiter, mal postalisch durch die »Korrespondenzschule« des KF korrigiert werden sollten.[38] Der Stoff reichte von Geschmacksfragen (»Wie soll man seine Tapeten aussuchen?«) bis hin zur Wohnungspolitik (»Was ist mit a) spekulativer, b) nicht spekulativer Bautätigkeit gemeint?«). Und doch wurden die Antworten mittels Bildmaterial und Bildttexten provoziert, die eine Art normativen Subtext zu dem Dialog bildeten, der im Fließtext inszeniert wurde (Abb. 50).

Abbildung 50: Finden Sie auf diesem Bild das Neue Bauen! (Antwort A, F und G sind richtig). Aus »Bostadsfrågor« (1936)

1938 wurde auf Empfehlung der Bevölkerungskommission hin ein Wohnkredit für verheiratete Paare (*statliga bosättningslånet*) eingeführt. Daraufhin richtete die SSF ein Wohnkomitee (*Bo-Kommittén*) ein, das sich mit wohnpädagogischen Fragen befasste.[39] Außerdem veröffentlichte sie 1944 (und 1948) eine Broschüre zur ersten Wohnung – »Bosättning« (»sich Niederlassen«). Hier wurde die »Planung« von Einkauf und Möblierung für eine »wohlgeordnete« Lebensweise propagiert. Abbildungen erklärten, wie man die Wohnung funktional nutzte. Ein Ausgabenplan für »die Ökonomie des

---

36. So der Untertitel von BOSTADEN OCH VÅR EKONOMI (1934). Zu den Bildstrategien der schwedischen Volksaufklärung HABEL, Modern Media, Modern Audiences (2002). Zum Radio NORDBERG, Folkhemmets röst (1998).
37. Eine Auswahl: ARRHENIUS, Det levande hemmet (1951); BERGSTRÖM, Varukunskap för hemmet (1942); DIES./WIDHE, Hemkunskap (1942/43). Zur schwedischen Wohnpädagogik vgl. GÖRANSDOTTER, Smakfostran och heminredning (1997); LARSSON, Lära sig att bo (1995); SUNDGREN, Smakfostran (2002).
38. STOLPE, Bostadsfrågor (1936), S. 34, 58.
39. Jöran Curman war Komitee-Mitglied.

Zuhauses« wurde erstellt, ein »Jahresplan« für Anschaffungen gezeigt.[40] Der Handlungsmodus der Architekten im Großen – das planvolle Haushalten mit Ressourcen – wurde hier zum Vorbild des Alltagslebens. »Så ska vi ha't« (»So wollen wir's haben«) hieß eine weitere Aufklärungsbroschüre des *Bo-Kommitté* – schon der Titel suggerierte ein Einvernehmen der Verfasser mit den Menschen, an die sich die Broschüre wandte.[41] Hier finden sich die »Ergebnisse« eines Studienzirkels in der Musterwerkssiedlung Gustavsberg bei Stockholm. Die Teilnehmer des Zirkels geben Tipps zur Gründung eigener Lesezirkel, der Leser erfährt vom Lernfortschritt der Gruppe – die Fotos zeigen überwiegend Frauen (Abb. 51). Gute Schweden (denn dass man es mit »typisch schwedischen« Verhältnissen zu tun habe, betonten die Texte immer wieder) erzogen sich freiwillig selbst zu Wohnexperten, die die Angemessenheit ihrer Wünsche hinterfragten und vernünftige, ihren Bedürfnissen entsprechende Forderungen an die Architekten richteten, so die Botschaft. Aus Monologen, so die Inszenierung, wurden Gespräche.

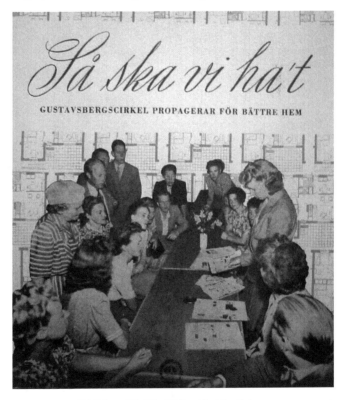

Abbildung 51: Ein Wohnzirkel in Aktion.
Einband von »Så ska vi ha't« (1945)

---

40. SVERIGES RIKSBANK/SVENSKA SLÖJDFÖRENINGEN, Bosättning (1948), S. 48.
41. ANDERSSON, Så ska vi ha't (1945).

»Indialand«. Kritik an der Bedürfnisorientierung

Schon Anfang der 1950er Jahre wurde allerdings erstmals über den fiktionalen Charakter der Wohnbedürfnisse diskutiert. Curman kritisierte 1951 einen Göteborger Wettbewerb, der auf die Gewinnung neuer Grundrisse abzielte, und zwar (das war eine Provokation!) ohne die staatlichen Normen für den Wohnungsbau zu berücksichtigen.[42] Curman schoss sich besonders auf die sehr kleinen, experimentellen Grundrisse der Architekten Tage und Anders William-Olsson ein. Er verurteilte den Eskapismus ihrer, so seine ironische Formulierung, »nach vorne blickenden Wirklichkeit«, die nichts mit den Bewohnern zu tun habe. Die Göteborger Grundrisse entstammten einem phantastischen »Indialand«,[43] schrieb er, denn sie entsprungen einer falschen Hoffnung, man könne die Lebensweise des »wachen und intelligenten Teils der Bourgeoisie« verallgemeinern (Curman zitierte hier aus dem Jury-Urteil).[44] Die William-Olssons wiederum hielten dem entgegen, Curman flüchte selbst vor der Wirklichkeit, denn er sei unfähig zu erkennen, dass das Wohnbedürfnis ein Konstrukt sei, »eine reine Abstraktion, die keine Entsprechung in der konkreten Wirklichkeit hat« – einen »Durchschnitts-Svensson« (*medelsvensson*) gebe es nicht. Es sei daher nicht grundsätzlich falsch, »neue Plantypen zu lancieren« und damit die »Wohngewohnheitsentwicklung« zu beeinflussen – denn das führe zu mehr Vielfalt.[45]

Im selben Jahr war auch aus der Leitdisziplin der Bedürfnisforschung Kritik zu vernehmen. Der Soziologe Edmund Dahlström etwa warnte in einem Beitrag zum ersten schwedischen Überblickswerk zur Soziologie vor der unterkomplexen Anwendung des Bedürfnisbegriffs. Der Versuch, Bedürfnisse aufgrund soziologischer Untersuchungen zu »berechnen«, sei methodisch hochproblematisch. Denn ab einem bestimmten Abstraktionsniveau werde auf der »interindividuellen« Ebene etwas »gemessen«, das keinerlei Relevanz mehr für die Alltagspraxis habe. Hinter der Rede vom Messen verberge sich also meist ein normatives *Apriori*.[46] Tatsächlich war die Mieterbefragung in Schweden zu Beginn der 1950er Jahre so weit fortgeschritten, dass sie die eigenen Prämissen zu hinterfragen begann. Lennart Holm stellte sich in seiner Untersuchung von Wohnfunktionen 1955 »Familj och bostad« (»Familie und Wohnung«) offen dem »Validitätsproblem«.

»Mit welchen Maßen misst der Konsument die Qualität der Planung? Auf die Fragen, die wir ihm stellen, antwortet er, er *sei zufrieden*, er *glaube* oder *nehme an*, sie sei *gut*, er *fühle sich wohl*, die Planung *passe*, entspreche seinen *Bedürfnissen*, seinen *Ansprüchen*, seinen *Forderungen*, seinem *Budget*, seinen *Wünschen* oder seinem *Geschmack* oder ähnliches. Diese Aussagen sind unterschiedlich vage, – wir können

---

42. Gemeint waren damit die Maßangaben des 1948 eingerichteten Amts für Wohnungsfragen (*Bostadsstyrelsen*), die sich dezidiert auf die Ergebnisse der Wohnforschung stützten: KUNGLIGA BOSTADSSTYRELSEN, God bostad (1954), S. 12.
43. Curman bezieht sich hier auf ein schwedisches Kinderlied über das »Indialand hinter dem Rand des Himalajas«, in dem ein Zauberer die Dinge auf den Kopf stellt.
44. CURMAN, »Jag ville jag vore i Indialand« (1951), S. 58.
45. WILLIAM-OLSSON/WILLIAM-OLSSON, Göteborg – Indialand tur och retur (1952), S. 73.
46. DAHLSTRÖM, Behovsbegreppet i social planering (1951), S. 271, 275f., 281.

uns bei der Formulierung der Frage zu einer gewissen Präzision [...] zwingen und wir können methodisch die Stabilität und die Kohärenz solcher Urteile prüfen [...], aber wir können sie nicht behandeln wie Kronen, Meter, Kilo usw.«[47]

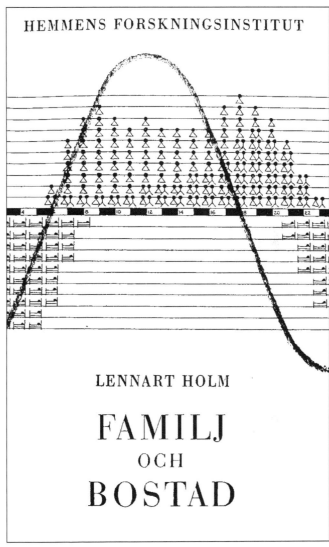

Abbildung 52: *Die durchschnittliche Aktivität von Männern und Frauen in der Wohnung im Lauf des Tages wird mittels Säulengrafik und Kurve dargestellt. Umschlag von »Familj och bostad« (1955)*

Holm problematisierte die Übersetzung der Wohnwünsche in quantifizierbare Wohnbedürfnisse bis ins Schriftbild hinein. Es wollte ihm nicht mehr gelin-

---

47. HOLM, Familj och bostad (1955), S. 11f. (Hervorh. im Original).

gen, Umfrageergebnisse in Zahlen und Maße zu übertragen. Allerdings hielt ihn das (noch[48]) nicht davon ab, das übliche Verfahren von Funktionsstudien + Interviews zu empfehlen und seine Ergebnisse entsprechend grafisch aufzubereiten (Abb. 52). Fast komisch ist, wie Holms Methodenbericht zufolge im Namen der wissenschaftlichen Objektivität Erwartungshaltungen eingeübt wurden, und zwar mittels eines Rollenspiels. Auf die Feldstudien hätten seine Mitarbeiter sich laut Holm nämlich vorbereitet, »indem alle Mitarbeiter zwei Stunden lang über eine fingierte Familie mit einer Hausfrau und zwei Kindern Protokoll führen mussten, die das Verhalten bei der Zubereitung des Abendessens, beim Nachhausekommen des Mannes von der Arbeit, beim Essen und beim Spülen nachspielten«.[49]

Holm akzeptierte die Wohnküche, die in den 1940er Jahre noch als unhygienisch und unfunktional abgelehnt worden war. Selbst die »gute Stube« fand bald ihre Anhänger.[50] Zunehmend wurden ab Mitte der 1950er Jahre außerdem Wohnungen entworfen, deren Innenwände von den Nutzern selbst bewegt werden konnten, wie in den Modellwohnungen der Forscher. Die Bewohner, so könnte man sagen, erforschten nun selbst ihre Bedürfnisse. Von Tage William-Olsson entworfene, flexibel nutzbare Grundrisse waren 1955 das Highlight der Ausstellung der H55, einer Ausstellung des SSF in Helsingborg.[51] Auf der Interbau-Ausstellung in Berlin 1957 waren die individuell nutzbaren »Allräume« (*allrum*) Alvar Aaltos und Fritz Jaeneckes (eines deutschen Architekten, der Mitte der 1930er Jahre nach Schweden emigriert war) sogar der Exportschlager der »Skandinavier«.

Spuren im Schnee.
Das deutsche Bedürfniskonzept der 1940er Jahre

Die Umsicht, mit der in Schweden zu Beginn der 1940er Jahre das Feld zwischen Norm und Wirklichkeit des Wohnens begangen wurde, war einzigartig. Die Schweden wussten das, sie betrachteten die Wohnforschung als ihre Spezialität. Nils Ahrbom präsentierte sie in seinem Vortrag auf dem CIAM-Vorbereitungskongress in Sigtuna – vor deutschen Architekten wie Hubert Hoffmann und Werner Hebebrand.[52] Leif Reinius beschrieb sie in seinem Bericht über die schwedische Architekturentwicklung für die CIAM als Fortschritt gegenüber den 1930er Jahren: »Too little was known about human

---

48. Einige Jahre später kritisierte er den »Elitengedanken«, der der Wohnforschung oft zugrunde liege: BOALT/HOLM, Bostadssociologi (1959), S. 88.
49. HOLM, Familj och bostad (1955), S. 41.
50. Vgl. BENGTZON, Accepterat (1959).
51. Vgl. LINDGREN, Bostaden (1955). Zur H55 vgl. SILOW, Gröningen (1995); RUDBERG, H55 (1995) sowie die Beiträge in GUSTAVSSON/JÖNSSON, Minnen från framtiden (1995). Einen guten Überblick über die Grundrissentwicklung in Schweden bietet BJÖRKLUND, Allrum eller Salong (2000).
52. Veröffentlicht als AHRBOM, Bostadsforskning (1952). Die schwedische CIAM-Delegation plante außerdem, für internationale Konferenzen den *bostadsvaneundersökningar* eine eigene, durch Curman zu gestaltende Ausstellung zu widmen. Protokoll zum Treffen der schwedischen CIAM-Gruppe, 5.5.1952 (AM, 1970-18-156, K 15).

beings, whom, it was just realized, one was building for, and they were looked on from outside with a rather doctrinaire gaze«.[53]

Deutsche Planer sahen dagegen lange keinen Anlass, Methoden zu erforschen, mit denen Bedürfnisse sichtbar gemacht werden konnten. Dabei debattierten auch deutsche Architekten Anfang der 1940er Jahre über Grundrisse. Der bereits erwähnte Führererlass »zur Vorbereitung des deutschen Wohnungsbaues nach dem Kriege« löste Ende 1940 ein Kompetenzgerangel um die Führungsrolle im Wohnungsbau aus.[54] In verschiedenen Planungsämtern und -büros wurde an der Umsetzung der eher groben Angaben des Erlasses zur Ausstattung und Produktionsweise der neuen Wohnungen gearbeitet. Insbesondere die DAF riss ab 1941 mit dem neu geschaffenen Amt des »Reichskommissars für den sozialen Wohnungsbau« (RKSW) die Deutungshoheit über diese Fragen an sich und entwarf eine Reihe von standardisierten so genannten »Kriegs-« und »Reichseinheitstypen«.[55] Dabei wurde immer wieder auf Bedürfnisse verwiesen, etwa auf dem bereits erwähnten Treffen des »Ausschusses für Fragen der Ortsplanung im sozialen Wohnungsbau« der DAF 1941, einer Art Gipfeltreffen der Planerelite (Nord-)Deutschlands. Hier hieß es:

»In Hinblick auf die große sozialpolitische Bedeutung des Wohnungsbaus [...] müssen die Bebauungspläne der Wohnungs- und Siedlungsflächen unter dem Gesichtspunkt der bestmöglichen Befriedigung der menschlichen Lebensbedürfnisse des Einzelnen und der Gemeinschaft aufgestellt werden. Die Grundlagen des menschlichen Daseins äußern sich in einer Vielzahl von Bedürfnissen, deren mehr oder minder vollkommene Befriedigung entscheidend ist für den Grad der Harmonie des Einzelnen und der Gesamtheit.«[56]

1944 flackerte die Wohnungsbaudebatte erneut auf. Im Wiederaufbaustab Speers bildeten sich zwei Lager. Zur Debatte stand einerseits die Frage, ob zunächst provisorische Behelfsbauten die Unterbringung der Bevölkerung gewährleisten sollten, oder ob gleich langfristig zu planen sei. Vor allem aber bestand keine Einigkeit darüber, wie viel Standardisierung im Wohnungsbau zumutbar sei, und in welchem Ausmaß Mietwohnungen im Geschosswohnungsbau ausgeführt werden sollten bzw. ob dieser tatsächlich kostengünstiger sei als das Einfamilienreihenhaus. Konstanty Gutschow lehnte ersteres als von »bolschewistischer wie amerikanischer Observanz infiziert« ab, als »Anbetung mechanistischer Produktionstechniken«, die der »Verneinung des Familientums als Urzelle jeglichen menschlichen Lebens« entspringe.[57] Er

---

53. Leif Reinius: Report on the Present Condition of Building and Town Planning in Sweden, o.D. [1940er Jahre] (gta, CIAM, 42-SG-7-17/42).

54. Konstanty Gutschow hatte bereits im Oktober 1940 in Hamburg einen Wettbewerb zur Gewinnung einheitlicher Wohnungstypen ausgeschrieben. Vgl. die Unterlagen im StA-HH, 322-3, A 329.

55. Vgl. HARLANDER, Zwischen Heimstätte und Wohnmaschine (1995), S. 194, S. 206-213, 216-221.

56. Niederschrift über die Sitzung des Ausschusses für Fragen der Ortsplanung im sozialen Wohnungsbau, 3.12.1941, S. 4 (StA-HH, 322-3, A 136).

57. Konstanty Gutschow: 10 Jahre Architekt 1935-1945, 1946, S. 16 (StA-HH, 621-2/11, A X 4).

bezichtigte besonders Neufert solcher Fahrlässigkeiten,[58] denn dieser wollte die Fertigung von Wohnungen gänzlich industrialisieren und entwarf sogar eine Art Hausbaumaschine.[59] Es drohe eine Situation, so Gutschows Mitarbeiter Gustav Schleicher, in der es »nur noch einen Architekten in Deutschland, etwa Herrn Neufert« gebe.[60] Architekten im Umfeld Gutschows und in der »Deutschen Akademie« (vor allem Roland Rainer[61]) unterstrichen in den 1940er Jahren, das »Biologische« habe bei ihnen Vorrang. Gutschow, Rainer und andere profilierten sich als Fürsprecher »bodennaher« Wohnungen. Sie bezogen sich dabei auf die schon zeitgenössisch umstrittene These, ein eigener Garten und vor allem große Wohnungen förderten den Willen zum Kind und die Gesundheit des Nachwuchses.[62] Gerade Gutschow revidierte also eigene Überlegungen aus den frühen 1930er Jahren. Ohnehin betrachtete er inzwischen viele »moderne Bauformen« als formalistisch, ja sogar als Folge von »eingebildeten Süchten«.[63] Er propagierte nun statt Grundrissgetüftel »auf Centimeter oder halbe Centimeter« großzügige, wenig differenzierte Räume mit spartanischer Ausstattung.[64]

Dies diskutierte er auch mit seinem Mitarbeiterkreis. Hier (und nur hier) erwähnte er auch die Möglichkeit, Umfragen unter künftigen Bewohnern zu

---

58. Gutschow bezog auch gegen die Einführung überregionaler Standardisierungsvorgaben Stellung. Er plädierte stattdessen für landesspezifische Grundrissnormen (und Ziegelmaße), die eine Rationalisierung von Bauelementen erlauben würden. »Die industrielle Fertigung ist nicht als solche übertragbar auf Häuser als Ganzes, sondern nur auf Teile. Deshalb Grundsatz: Teile normen!« (D22. Wohnungsbau nach dem Kriege, 29.6.1944, S. 4 [StA-HH, 322-3 A 136]). Er bat zur Untermauerung seines Standpunkts seine Mitarbeiter und Kollegen um Stellungnahmen.

59. Vgl. HARLANDER, Zwischen Heimstätte und Wohnmaschine (1995), S. 240-242.

60. D22. Wohnungsbau nach dem Kriege, Anlage 2, S. 4 (StA-HH, 322-3, A 136).

61. Gutschow lud Rainer zu den Hamburger Besprechungen ein. Gutschow an Langmaack, 18.5.1944 (StA-HH, 621-2/11, B 7).

62. Davon war beispielsweise der Architekt Herbert Rimpl wenig überzeugt: »Daß der Kindersegen mit dem Eigenheim kommt, scheint eine reichlich oberflächliche Annahme. Die übelsten Mietskasernen beweisen das Gegenteil, die herangezogenen Statistiken aber nur, dass der Kinderreiche den Boden sucht. Ursache und Wirkung.« (Herbert Rimpl: Zum Wohnungsbau nach dem Kriege, 12.6.1944, S. 4 [StA-HH, 322-3, C 3 a]). Gutschow erhoffte sich durch Einbeziehung des Bevölkerungswissenschaftlers Friedrich Burgdörfer eine Untermauerung seiner Position. Tatsächlich war Burgdörfer von Gutschows Überlegungen begeistert. »Es wirkte auf mich wie eine Offenbarung, daß sich aus Ihren Untersuchungen und Besprechungen des ersten Tages die menschlichen Maße Fuß, Elle usw. immer wieder als die natürlichen Ausmaße geradezu aufdrängten. Der Mensch ist auch hier das Maß aller Dinge! Er soll es aber nicht bloß bei der Normung und Typung der Bauten und Baustoffe sein, sondern der Mensch oder hier richtiger, die kleinste Zelle der menschlichen Gesellschaft, die Familie soll für die Gestaltung der Wohngröße und die Deckung des Wohnungsbedarfes das Richtmaß abgeben.« Referat im Rahmen der 4. Arbeitsbesprechung des Arbeitsstabes Wiederaufbauplanung am 14./15. Oktober in Wriezen. Dr. Burgdörfer. Bevölkerungspolitik und Wohnungsbau, S. 43 (StA-HH, 621-2/11, B 14/1).

63. Konstanty Gutschow: 10 Jahre Architekt 1935-1945, 1946, S. 2 (StA-HH, 621-2/11, A X 4).

64. D22. Wohnungsbau nach dem Kriege, S. 2 (StA-HH, 322-3, A 136).

machen. Hinsichtlich der »Wohnweisen der Zukunft« gelte es, klar zwischen »volksbiologischen« und »bauwirtschaftlichen« Fragen sowie Fragen »städtebaulicher Natur« zu differenzieren. Es interessiere aber auch: ›»Was will das Volk?‹. So wurden früher in Wohnungsfragen mancherlei Umfragen unter den Hausfrauen veranstaltet, z.B. eine sehr gründliche, hochinteressante Umfrage, die in Berlin unter dem Motto veranstaltet wurde: ›Der Mieter hat das Wort‹«. Gutschow stellte sich ergänzend Umfragen unter Soldaten vor: »Die Soldaten haben das Wort.«[65] Allerdings stand das für ihn erst an vierter Stelle, Wortmeldungen der Bewohner waren der Ermittlung der zukünftigen Bau- und Wohnweisen durch Architekten klar nachgeordnet. Neuferts Versuch, mittels Umfragen Wohnwünsche zu Gehör zu bringen, wurde nicht nachgeahmt. Rainer, einer der schärfsten Kritiker von Neuferts Umfrage,[66] ging noch 1947 so weit zu behaupten, die Bevölkerung habe eigentlich kein »klares Wohnideal« mehr. »[Es] fehlt den Bewohnern unserer meisten Großstädte der selbstverständliche, eingeborene Wille zu einer bestimmten Art zu wohnen [...] An die Stelle der Wohnkultur [...] muss nun die verstandesmäßige Analyse der Wohnfunktionen gesetzt werden.«[67] Die Wünsche der Bevölkerung interessierten Rainer nicht, denn sie schienen ihm nicht »verstandesgemäß«. Anders als seine schwedischen Kollegen beabsichtigte er aber nicht, den Verstand der Bevölkerung zu entwickeln.

Entsprechend willkürlich wirken deutsche Aussagen zur Bedürfnisbefriedigung verglichen mit schwedischen. Bis in die 1950er Jahre war es letztlich der Forderungskatalog der späten 1920er Jahre, der kaum erneuert, sondern nur (zeitweilig) um bevölkerungspolitische Argumente ergänzt wurde. »Mindestforderungen an die Wohnung« seien, so Gutschow, »so unabänderlich wie der Mensch mit seinen Bedürfnissen selbst«; notwendig seien aus Gründen der »Volksgesundheit« eigene Betten, nach Geschlechtern verteilte Räume, ein funktionaler Küchenraum, ausreichend Platz, Luft, Lärmdämmung.[68] Es gelte, so schrieb Gutschow noch im Erläuterungsbericht zu seinem Beitrag im Hannoveraner »Constructa«-Wettbewerb 1950, »aus der Unzahl der Grundrisse, die [...] seit dem ersten Weltkrieg gebaut wurden«, die »bewährten«, die »echten, in vielen Erfahrungen abgeschliffenen« auszusuchen, denn sie hätten »Wohnvorgängen« zu dienen, die »aus der menschlichen Natur heraus« eher gleichbleibend seien.[69] Angesichts solcher Gewissheiten bestand kein Anlass, mit dem Bewohner in irgendeiner Weise in Kontakt zu treten.

Etwas differenzierter befasste sich Hans Bernhard Reichow – im selben Wettbewerb – mit der »Erfüllung berechtigter gefühlsbedingter Wohnansprüche«. Allerdings setzte er die Bedürfnisse weitgehend mit den Instinkten

---

65. Vgl. Nachrichten für unsere Kameraden im Felde 24, 1944, S. 4, 5 (StA-HH, 322-3, A 36 b). Gutschow war übrigens nicht unerfahren in der Mieterbefragung. So ermittelte er 1937 für seine Planung der Gagfah-Siedlung der Dornier-Werke mittels Fragebögen Spezialwünsche künftiger Mieter. Vgl. die Unterlagen im StA-HH, 621-2/11, A 221-4.

66. Rainer kritisierte diese vor allem, weil sie nur nach den Mieterwünschen im Geschosswohnungsbau fragte und so die Option Einfamilienhaus unterschlug. Vgl. RAINER, Die zweckmässigste Hausform (1944), S. 5.

67. RAINER, Die Behausungsfrage (1948), S. 32, 34.

68. GUTSCHOW, Volkswohnung – Familienwohnung (1939), S. 21.

69. GUTSCHOW, Zur Frage der Wohnungsgrundrisse (1950), S. 371.

gleich. Ein »Mensch von gesundem Instinkt und wachen Sinnen« werde unbewusst die »gute« Wohnung bevorzugen.[70] Reichow entwickelte recht exzentrische Methoden, um derartige Instinkte für die Planung sichtbar zu machen. Er untermauerte seine Thesen zu Wohnungs- und Stadtgrundrissen beispielsweise durch Fotos, die vermeintlich »unbewusste« Formen der Raumnutzung zeigten, etwa die Fußspuren auf einer von Schnee überdeckten barocken Parkanlage – Fußspuren, die nicht rechtwinklig verliefen, wie es die Anlage vorsah, sondern »organisch«, also gekurvt.[71] An anderer Stelle demonstrierte er die instinktive Raumaneignung mit einem Foto, auf dem die gekrümmten Pfade zwischen den Trümmern des zerbombten Augsburg zu sehen waren. Die *tabula rasa* des Bombenkrieges wurde hier (wie der frisch bestapfte Schnee) zur Leinwand, auf der sich Bedürfnisse abbildeten.[72] Es waren im wahrsten Sinne des Wortes die *Spuren* der Nutzer, die Reichow als Bedürfnisse las. Er sah sich nicht gezwungen, die Perspektive der Bewohner einzunehmen. Er blickte buchstäblich von oben auf ihren Alltag.

Deutsche Architekten standen also offenkundig weniger als schwedische unter dem Druck, über die Kriterien nachzudenken, anhand derer sie zwischen eingebildeten und berechtigten Wohnansprüchen unterschieden. In Schweden wurde zur selben Zeit bereits eine »Kluft zwischen den Wünschen der Menschen und dem Denken über diese« gesehen.[73] Reichows Vorgehen hätte ihn in Schweden lächerlich gemacht, ja ihn sogar als autoritär und unwissenschaftlich aus dem Planerdiskurs ausgeschlossen. Schwedische Architekten mussten sich für die Bewohner interessieren, weil sie darauf setzten, dass diese freiwillig an sich selbst arbeiteten. Sie wollten die Individuen davon überzeugen, dass ein gutes Wohnverhalten dem gesellschaftlichen *und* dem eigenen Besten diente.

Gibt es ein Bedürfnis nach Nachbarschaft?

Bisher war vor allem von Wohnungsrundrissen die Rede. Kommen wir auf die Stadtplanung, also die Nachbarschaftseinheit und das Planungsziel »Gemeinschaft« zurück. Åhrén hatte dieses mit dem Hinweis begründet, dass es auch »kollektive Wohnbedürfnisse« gebe, die oft vernachlässigt würden.[74] Das »Bedürfnis nach natürlicher Gruppenbildung«[75] wiesen die Schweden aber offen als eine Arbeitshypothese aus, von der mangels Alternative ausgegangen werden müsse, vor allem angesichts der Bedrohung durch den Faschismus. Åhrén selbst warnte vor den Gefahren »quasiwissenschaftlicher« Begriffe wie »Wohlbefinden« und »Gruppe«. Nur dränge die Zeit, man kön-

---

70. REICHOW, Das organische Bauen und seine Anwendung im Wohnungsbau (1951), S. 247. Reichow arbeitete Anfang der 1950er Jahre an einem Buchprojekt mit dem Titel »Wohnlich Bauen«. Es zielte darauf ab, die »Intimitätsreihenfolge« vom »Wohnkern zum Grundriß« zu untersuchen, also die Hierarchie der Rückzugsorte im Grundriss. Vgl. Dispo zu Kapitel 6, o.D. [1954] (GNMN, NL Reichow, I B 232 a).
71. REICHOW, Von der Einheit der Gestaltung (1954), S. 270.
72. REICHOW, Das Ende des hippodamischen Städtebaus (1955), S. 535.
73. DAHLSTRÖM, Lokal samhällsplanering och sociologisk forskning (1949), S. 47.
74. ÅHRÉN, Community centres – folkets hus (1943).
75. CURMAN/ZIMDAL, Gruppsamhällen (1944), S. 137.

ne die Ergebnisse von Soziologie und Sozialpsychologie nicht abwarten.[76] Er sah zwar Anfang der 1940er Jahre allerorten ein »Bedürfnis nach menschlicher Gemeinschaft« keimen, »ein Bedürfnis, aktiver am gesellschaftlichen Leben teilzunehmen, zu diskutieren, zu verstehen und eine freie Zusammenarbeit zu schaffen«.[77] Und doch gestand er offen ein, dass die Planer über diese Bedürfnisse eigentlich zu wenig wussten.

Die Kritik an der Nachbarschaftsplanung zielte Anfang der 1950er Jahre genau darauf. Es waren wieder die Einwände der Soziologen, die nun auch zur Enttäuschung der Hoffnungen führte, die sich auf die Nachbarschaftsplanung gerichtet hatten. Edmund Dahlström befasste sich nicht nur mit dem Bedürfnisbegriff der Grundrissforschung. Er war ab Ende der 1940er Jahre auch an der Stockholmer Stadtplanung beteiligt und problematisierte hier generell die Vagheit städtebaulicher Zielsetzungen. In seiner bereits erwähnten Untersuchung »Trivsel i söderort« prüfte er die Prämisse der kollektiven Bedürfnisse – und widerlegte sie.[78] »[W]elche Kriterien haben wir dafür, dass bestimmte Bedürfnisse nach bestimmten Anordnungen vorliegen?«, fragte er, »[w]ie können wir solche Bedürfnisse messen? Was meinen wir [...] mit einem ›lebendigen‹ oder ›organischen‹ Milieu [...]?« Dahlström räumte zwar ein, dass Meinungsumfragen keine zuverlässige Grundlage für die Planung sein könnten, schließlich würden die Ansichten der Menschen durch die Planungsergebnisse nachträglich verändert. Er forderte aber: »Man muss den Grad der Zufriedenheit der Bürger mit den bestehenden Verhältnissen und ihre Wünsche registrieren.« Erst so diene man der Demokratie.[79] Die Reaktionen der Planer darauf waren bezeichnend. Otto Danneskiold-Samsøe etwa kritisierte, dass Dahlström die Frage nach der »Sinnesbeschaffenheit« und der Befähigung der Befragten, eigene Wünsche zu hinterfragen, unbeantwortet lasse.[80] Ähnlich argumentierte Göran Sidenbladh. Die künftigen Bewohner wüssten nicht, wie oft sie beispielsweise Gemeinschaftseinrichtungen benutzen würden, schließlich habe es diese bisher nicht gegeben.[81] Er mahnte allerdings schon bald selbst, der Planer habe als technischer Experte keine Werturteile zu fällen, sondern Richtungsentscheidungen der »kommunalen Vertrauensmänner« vorzubereiten. Alles andere führe zur »Diktatur der Experten«.[82]

Die »Aneignung ›unbefriedigter Bedürfnisse‹«,[83] die mit der Nachbarschaftseinheit auf eine höhere Ebene gehoben wurde – von den biologischen Grundbedürfnissen zu den sozialen oder »kollektiven« –, enthielt in Schweden

---

76. ÅHRÉN, Ett planmässigt samhällsbyggande (1981, urspr. 1945), S. 29.
77. Göteborgs Handels- och Sjöfartstidning, 13.2.1943.
78. DAHLSTRÖM, Trivsel i söderort (1951), S. 15.
79. DAHLSTRÖM, Lokal samhällsplanering och sociologisk forskning (1949), S. 56, 47.
80. DANNESKIOLD-SAMSØE, Människan i förgrunden (1952), S. 54.
81. SIDENBLADH, Gemensamhetsanläggningar (1949), S. 318. Noch in den 1970er Jahren rekapitulierte ein Planer, er habe bei einer Umfrage zum Bedarf nach einem Gemeindezentrum in Hammarbyhöjden (Stockholm) 1942 die Erfahrung eines Dilemmas gemacht. Die Leute wollten kein Zentrum, sollten aber eines bekommen: »Der Stadtplaner konnte die Menschen nicht fragen, wie sie es haben wollen, weil er dann keine Antwort bekam«. LUNDBERG, Är det gammalmodigt med »community centres«? (1977), S. 195.
82. SIDENBLADH, Metoder och mål i generalplanearbetet (1950), S. 124.
83. TAFURI, Kapitalismus und Architektur (1977), S. 44.

intellektuellen Sprengstoff, denn die Planer bejahten hier grundsätzlich die Partizipation der Bevölkerung an Entscheidungsprozessen. Die schwedischen Architekten setzten sich freiwillig dem Druck aus, demokratisch zu agieren; schließlich halfen sie mit, eine gerechte Gesellschaft zu bauen, das *folkhem*. Infolgedessen mussten sie sich zunehmend eingestehen, dass viele ihrer Absichten nicht mit den Wohnwünschen der Menschen vereinbar waren. Außerdem war die Differenzierung zwischen falschen Wünschen und berechtigten Bedürfnissen in Schweden als gegenseitiger Lernprozess inszeniert worden. Schwedische Architekten wurden daher stärker als ihre deutschen Kollegen an ihrem Versprechen gemessen, kontinuierlich die eigenen Postulate zu überprüfen. Um 1930 war man noch mit den deutschen Architekten einer Meinung gewesen, das Ziel sei die exakte Berücksichtigung der Bedürfnisse der Menschen. Schon bald jedoch geriet man in Schweden bei deren Definition in Erklärungsnot. Das war in Deutschland anders. 1945 proklamierte der Gutschow-Mitarbeiter Gustav Schleicher: »Echtes Leben wächst aus echten Bedürfnissen. Die modernen Städte, besonders die Großstädte waren sowohl aus echten als auch aus unechten, also eingebildeten Bedürfnissen aufgebaut, und es gilt die unechten abzustoßen.« Das bedeute, »die echten Bedürfnisse kommender Generationen vorauszuahnen, um ihnen Raum in unserem neuen Stadtorganismus zu lassen«.[84] In Deutschland blieb es lange bei diesem Ahnen. Noch 1952 schrieb Hubert Hoffmann zum »›Wohnwillen‹ der überwältigenden Mehrheit«: »Wir brauchen keine Volksabstimmung, um dem Willen der Bevölkerung zum Natürlichen festzustellen.«[85]

»Der Stadtplan geht uns alle an«.
Der Lernwille deutscher Planer in den 1950er Jahren

1953 wurde die Sozialforschungsstelle an der Universität Münster in Dortmund damit beauftragt, eine Umfrage unter Bergarbeitern bezüglich ihrer Wohnwünsche durchzuführen. Die Umfrage wurde bezeichnenderweise von »außen« angestoßen: Sie sollte der Planung einer Bergarbeitersiedlung im Auftrag der *Mutual Security Agency* (MSA) mit Mitteln aus dem Marshallplan vorausgehen, also einem der so genannten Demonstrativbauvorhaben der Besatzungsmächte.[86] Erstaunt schrieb Elisabeth Pfeil, die die Studie gemeinsam u.a. mit Hans Paul Bahrdt durchführte: »Merkwürdigerweise ist man erst jetzt auf die Idee gekommen, man könnte die Menschen, für die man Wohnungen baut, fragen, wie sie denn wohnen wollten.« Am Bergarbeiter könne man »echte Bedürfnisse« studieren, auch wenn er oft Urteile fälle, die der »Unkenntnis neuer Lösungen« entsprängen. Und doch folgerte sie: »Es ist unsere

---

84. Gustav Schleicher: Die Ortsgruppe als Siedlungszelle. Versuch einer Einführung (zweite Fassung), 26.1.1945, o.S. (StA-HH, 621-2/11, B 11/0).
85. HOFFMANN, Die Landschaft im Städtebau (1952), S. 62.
86. Vgl. DIE WOHNWÜNSCHE DER BERGARBEITER (1954).

Aufgabe als Soziologen, das zu unterscheiden, was in echten, deshalb unabdingbaren Bedürfnissen gründete, und was nur auf Vorurteil beruhte«.[87]

Erst in den 1950er Jahren verbreitete sich in der Bundesrepublik die Überzeugung, dass für die »Analyse der menschlichen Einzel- und Gemeinschaftsbedürfnisse« die Kontakte zwischen Architekten und Öffentlichkeit intensiviert werden mussten.[88] Veranstaltungen wie »Der Stadtplan geht uns alle an!« (1955) – eine von der Dortmunder Sozialforschungsstelle, dem BDA und dem »Institut für Raumforschung« in Bad Godesberg ausgerichtete Tagung in Dortmund, an der auch Johannes Göderitz und Reichow teilnahmen – sollten klären, wie solche Kontakte gestiftet werden könnten.[89] Erst spät setzte sich der Gedanke durch, dass das Bedürfnis keine selbstevidente Größe war. Das wurde auch an der Konjunktur des Begriffs »Bauherrenersatz« ersichtlich,[90] einer Wendung, mit der erstmals kenntlich gemacht wurde, dass der im Wohnungsbau zugrunde gelegte Nutzer »künstlich« war.[91] Die Interbau-Ausstellung »die stadt von morgen« etwa, die sich 1957 dezidiert an Laien wandte, wurde durch eine Gruppe erstellt, der neben zwei Architekten auch der Mediziner Paul Vogler, der Soziologe Gunther Ipsen, aber auch jeweils zwei Gärtner, Hausfrauen und Beamte, ein Volkswirt und sogar eine Philologin angehörten – und dieses Gremium wurde als »künstlicher Bauherr« präsentiert. Allerdings wurde im bereits erwähnten »CIAM-Gespräch« scharfe Kritik an der Ausstellung geübt, woraufhin Hubert Hoffmann einräumte, man müsse sich verstärkt nach dem »›natürlichen‹ Bauherrn« umsehen.[92]

Deutsche Architekten empfanden in den 1950er Jahren ihr Wissen darüber, wie man Mieterwünsche beeinflusste, als defizitär – und sie richteten den Blick deshalb nach außen, nach Skandinavien.[93] So baten die Veranstalter der Tagung »Der Stadtplan geht uns alle an« Fred Forbat um schwedisches Mate-

---

87. PFEIL, Die Wohnvorstellungen der Bergarbeiter (1953), S. 128f., 131. Pfeil lobte hier auch einen Vorschlag Gutschows für »Gruppenhäuser«. Zur Umfrage SCHNITZLER, Realsoziologische Expertise (2007).

88. So ein Raumplaner: DITTRICH, Die Großstadt – Städteplanung vom Menschen her (1955), S. 175.

89. Vgl. DER STADTPLAN GEHT UNS ALLE AN (1955). Vorbild der Veranstaltung war der Dialog zwischen Architekt, Laie und Baurat, den Max Frisch 1954 in seinem Hörspiel »Der Laie und die Architektur – Grenzen und Möglichkeiten der modernen Architektur« inszeniert hatte. Vgl. BRUYN, Die Diktatur der Philanthropen (1996), S. 263–269; EISINGER, Städte bauen (2004), S. 163.

90. Vgl. ALBERS, Zur Entwicklung der Stadtplanung in Europa (1997), S. 237.

91. Rudolf Hillbrecht lehnte Mitte der 1950er Jahre sogar den Begriff des »Bauherrn« mangels eines realen Gegenübers ganz ab: HILLEBRECHT, Die Aufgabe Hannover (1956), S. 65.

92. CIAM-Gespräch über »die stadt von morgen«, 26.-27.9.1957, S. 10 (AM, 1970-18-152, K 14).

93. Der Stellenwert der Erziehung in Schweden war deutschen Beobachtern bereits in den 1930er Jahren aufgefallen. So stellte Ernst Neufert auf seiner Skandinavienreise begeistert fest: »Die Eltern [in HSB-Wohnungen] werden planmäßig erzogen durch eine monatliche Mitgliederzeitschrift ›unser Wohnstadt‹ (Var bostad) [sic]«. NEUFERT, Bauen und Bauten unserer nordischen Nachbarn (1934), S. 138.

rial »zur Aufklärung von Laien auf dem Gebiet des Städtebaus«.[94] 1959 debattierten Architekten – darunter der in Schweden arbeitende Fritz Jaenecke – auf einer Podiumsdiskussion von »Baukunst und Werkform« die Frage: »Können und sollen Architekten erzieherisch wirken?« Jaenecke wurde auf seine schwedischen Erfahrungen angesprochen und berichtete: »Die Leute in Schweden sind weit mehr als hier in Deutschland darauf eingestellt, sich in Gruppen führen zu lassen.«[95] Davon waren die anderen Diskussionsteilnehmer begeistert. Jaenecke könne sich glücklich schätzen, für eine Bevölkerung zu planen, die die »Wohngewöhnung« akzeptiere und entsprechend leicht zu bedienen sei. Dieser gab aber zu bedenken, man habe »in Skandinavien versucht, im Wohnbau die ganze menschliche Seite zu klären, hat eingehend Wohngewohnheiten untersucht und ist aus diesen Untersuchungen heraus zu ganz einfachen Formulierungen gekommen.«[96] Zur Rolle des Architekten sei zu sagen, dass nicht er erziehe, sondern dass er vielmehr Strukturen bereitstelle, innerhalb derer »die Menschen beeinflußt durch ihre Behausung sich einander erziehen«.[97]

Der Erfolg der Schweden fußte darin, dass sie schon in den 1930er Jahren begonnen hatten, die Erziehungsaufgabe auf die zu Erziehenden selbst zu übertragen, dass sie diesen beibrachten, freiwillig eigene Wohnwünsche zu Bedürfnissen von gesellschaftlichem Mehrwert zu entwickeln. In Deutschland stand man dem nach 1945 ratlos gegenüber. Zwar hatte es auch hier Ansätze gegeben, beratend Einfluss auf die Wohnweise der Menschen zu nehmen, etwa im »Neuen Frankfurt«.[98] Sie blieben aber verglichen mit Schweden marginal, vor allem wirkten sie nicht auf das Selbstbild der Planer zurück. Bis in die späten 1950er Jahre betrachteten deutsche Architekten es als ihre Entmachtung, wenn der Nutzer unvermittelt zu Wort kam. Viele deutsche Architekten hatten im »Dritten Reich« die Bevölkerung gewissermaßen als natürliche Verfügungsmasse betrachtet. Es fiel ihnen schwer zu verstehen, dass die Legitimität der Planung im demokratischen Schweden durch einen partiellen Machtverzicht der Architekten erkauft worden war, durch eine schleichende Flexibilisierung der Auffassung von den »richtigen« Bedürfnissen. Die Redaktion von »Baukunst und Werkform« zum Beispiel inszenierte das Protokoll des Podiumsgesprächs mit Jaenecke als Niedergangsgeschichte. Die Zwischentitel lauten: »Der Architekt ein Messias«, »Abdankung des Architekten«, »ein pessimistisches Schlußwort?«[99]

---

94. Boettger an Forbat, 11.2.1955 (AM, 1970-18-169, 19).
95. KÖNNEN UND SOLLEN ARCHITEKTEN ERZIEHERISCH WIRKEN? (1959), S. 295.
96. Ebd., S. 298.
97. Ebd., S. 302.
98. So wurden in Frankfurt-Römerstadt Radiosendungen und Drucksachen, aber auch Besuche von »Werbedamen« eingesetzt, um zum Beispiel in der Benutzung der neuen Küchen zu unterrichten. Vgl. KUHN, Wohnkultur und kommunale Wohnungspolitik in Frankfurt am Main 1880-1930 (1998), S. 179. Erst 1953 richtete der Deutsche Werkbund eine Wohnberatung ein. Vgl. VON ALBRECHT/FLAGMEIER, sich einrichten (2008). Vgl. auch die Beiträge in MANSKE, Wie Wohnen (2004).
99. KÖNNEN UND SOLLEN ARCHITEKTEN ERZIEHERISCH WIRKEN? (1959), S. 297f., 302.

Die »Bedürfnisse der Zeit«.
Zum Verschwinden einer rhetorischen Figur

Weil sie so häufig auftaucht, soll zuletzt ein kurzer Blick auf die Rede vom »Bedürfnis der Zeit« geworfen werden. Für die Architekturavantgarde der 1920er und frühen 30er Jahre resultierte die Krise der Gesellschaft aus der fundamentalen Ungleichzeitigkeit kultureller Phänomene. In ihrer Synchronisierung vermutete man die Lösung. »Zeitgleichheit« (*tidsenhetlighet*) war um 1930 *der* Schlachtruf in Schweden.[100] Das reichte bis hin zum technokratischen Wachtraum, alle gesellschaftlichen Teilbereiche ließen sich zu einer Maschine verschalten. In der Durchsetzungsphase des Funktionalismus wimmelte es von Appellen, »die Bedürfnisse der Gegenwart«[101] zu berücksichtigen, und dem lag die Gewissheit der Planer zugrunde, die »Zeichen der Zeit« lesen zu können, ja sogar »das soziale Gewissen der Zeit« zu sein.[102] »Acceptera« forderte eine Akzeptanz der irreversiblen, wenn nicht sogar zu beschleunigenden Modernisierung. Hier wurde die »Frische, Klarsichtigkeit, der strahlende Fortschrittsgeist [*strålande framåtanda*] der Zeit« emphatisch bejaht. Auch die Lebensweise der Menschen maß sich am »Ideal der Zeit«. Die künftige Normalität wurde zur Messlatte gegenwärtiger Wünsche. »In der Organisation der Wohnung, in deren praktischer Anwendbarkeit gibt es Werte des Wohlbefindens von allgemeiner Natur: die Zufriedenheit, die jeder normale Mensch angesichts des Geordneten, des Wohlorganisierten, des Wohlfunktionierenden empfindet.«[103]

Nun verschwanden die Bedürfnisse der Zeit bald aus dem schwedischen Bildvorrat. Der deutsche Diskurs dagegen vermischte die Zeitebenen weit länger. Deutsche Architekten versuchten bis in die 1950er Jahre hinein, Wohnwünsche im Vorgriff auf ihre zukünftige Artikulation zu befriedigen. Sie machten die Zeit zum Bauherrenersatz. Roland Rainer zum Beispiel verkündete 1947, Ziel der Architektur sei die »Befriedigung im Grunde immer gleichbleibender Wohnbedürfnisse«. Umso überraschender ist seine Feststellung: »In der Art, wie das neue Verhältnis der Menschen und ihrer Wohnungen zum Stadtraum baulich geformt wird, kommt naturgemäß das Raumgefühl der Zeit zum Durchbruch.« Der Architekt setze »ein ganz neues Raumgefühl voraus [...] *und* verwirklicht es«.[104] Formte also für Rainer der Architekt (als visionärer Interpret der Zeit) eigenmächtig die Wohnkultur, oder befriedigte er bestehende, überzeitliche Bedürfnisse? Möglicherweise war es Folge der späten Auseinandersetzung deutscher Architekten mit den Bewohnerwünschen, dass hier kein Widerspruch gesehen wurde. Für Rainer und viele seiner Kollegen waren die »Lebensbedürfnisse der großen Masse« und der »Wille der Zeit« lange Zeit dasselbe.[105] Auch dies, die Überzeugung nämlich, dass nur die Architekten im Stande waren, den Willen der Zeit zu

---

100. PAULSSON, Stockholmsutställningens program (1928), S. 114.
101. WALLANDER, Stadsbygge (1932), S. 22.
102. MYRDAL, Kosta sociala reformer pengar? (1932), S. 36; MARKELIUS, Bostadsfrågan som socialt planläggningsproblem (1933), S. 26.
103. ASPLUND u.a., Acceptera (1980, urspr. 1931), S. 165, 64, 97f.
104. RAINER, Die Behausungsfrage (1947), S. 102, 99, 19, 83 (meine Hervorh.).
105. RAINER, Städtebauliche Prosa (1948), S. 195.

registrieren, wurde dann Anfang der 1960er Jahre als anmaßend und autoritär gebrandmarkt.[106]

---

[106]. Beispielsweise kritisierte Theodor Adorno den Anspruch der Architekten, ein »menschliches Potential« zu realisieren: »Die lebendigen Menschen, noch die zurückgebliebensten und konventionell befangensten, haben ein Recht auf die Erfüllung ihrer sei's auch falschen Bedürfnisse.« ADORNO, Funktionalismus heute (1966), S. 595.

6. Schluss

Geordnete Gemeinschaft

Varianten von Ordnungsdenken und *social engineering* in Deutschland und Schweden

Warum sahen schwedische Planer in den 1940er Jahren nicht, dass ihr städtebauliches Programm, das sie als Bollwerk gegen die Feinde der Demokratie verstanden, den Stadtplanungskonzepten im »Dritten Reich« glich – Konzepten, die in Deutschland in voller Übereinstimmung mit der nationalsozialistischen Führung propagiert wurden? Wie kam es zur (zumindest aus schwedischer Sicht) unfreiwilligen Nähe zwischen der antifaschistischen *grannskapsenhet* und der NS-Siedlungszelle? Wie lässt sich die eingangs dargestellte Ähnlichkeit der Ordnungssemantiken in Schweden und Deutschland erklären? Warum konnten deutsche Planer in der Nachkriegszeit weitgehend unbehelligt an ihren (nun »entnazifizierten«) Konzepten festhalten? Die Antwort auf all diese Fragen ist, das habe ich zu zeigen versucht, dass Architekten und Stadtplaner in beiden Ländern zwischen circa 1930 und 1960 – das heißt in Deutschland über die Zäsuren 1933 und 1945 hinweg – etwas praktizierten, was als Ordnungsdenken und *social engineering* beschrieben werden kann.

Erstens teilten sie dieselbe Gegenwartsdiagnose. Egal ob der Faschismus als drohende Folge der großstädtischen Dissoziierung begriffen wurde, oder ob der Nationalsozialismus als Mittel erschien, die durch die Verstädterung beschleunigte Auflösung der Gemeinschaft aufzuhalten – in beiden Ländern wurden »Symptome des entarteten Großstadtlebens« als »Zeichen eines allgemeinen Zerfalls« interpretiert. Damit war die »Rationalisierung und Verzweckung, die damit einhergehende Entseelung, Entinnerlichung und Vermassung alles Lebens« gemeint, wie Hans Bernhard Reichow schrieb, der einmal mehr die pathetischste Formulierung liefert. In beiden Ländern wurde deshalb eine »Großstadteinheit« entwickelt, die der Planer »den Gesetzen der Gemeinschaft und des Lebens« entsprechend »organisch gliedert, ordnet und gestaltet«. »Die Ordnung [der] ›amorphen‹, das Leben von Mensch und Landschaft bedrohenden Massen«, so Reichow weiter, »wird also Angelegenheit eines biologisch fundierten, organischen Grundrisses. Ihre Gestaltung aber wird über die Gliederung, Ordnung und Bindung der Räume und Massen hinaus vornehmlich eine Angelegenheit der Ordnung ihrer Maßstäbe und ›Distanzen‹.«[1] Schwedische und deutsche Architekten und Stadtplaner versuchten, das Soziale zu ordnen, indem sie den Raum ordneten. Sie betrachteten die Welt gewissermaßen durch die epistemische Brille »Ordnungsdenken«, und dabei stellte sich ihnen die soziale Krise als eine Art Entgrenzung

---

1. REICHOW, Organische Stadtbaukunst (1948), S. 12f, S. 59.

dar, als Problem fehlender Maßstäbe, als Exzess der Raumgröße. In beiden Ländern sollten daher Grenzen eingezogen, Mauern errichtet, Wälle verstärkt werden – gegen die Moderne, wenn man darunter »Vermassung«, soziale Differenzierung, Urbanisierung versteht.

Es mag paradox klingen, dass auch die schwedischen Funktionalisten, dem Augenschein nach Vertreter der architektonischen Moderne, derart »konservative« Ziele verfolgten. Gesehen werden muss *zweitens* aber auch, dass die beschriebenen Grenzen wissenschaftlich ermittelt werden sollten. Deutsche und schwedische Architekten hatten ein vergleichbares berufliches Selbstverständnis. Sie betrachteten sich als Empiriker, nicht als Utopisten, sie benutzten zwar (aus heutiger Sicht) hochgradig normativ eingefärbte, für sie aber »objektive« Instrumente, um Raumgrenzen auszuloten. Die Wälle gegen die Moderne wurden mit Techniken fabriziert, die die Moderne selbst erst bereitstellte, mittels *social engineering*. Die Architekten stützten sich auf sozialstatistische Daten und übersetzen diese in Richtwerte für die Planungspraxis. Vor ihrem inneren Auge nahmen so vernunftgemäß geordnete Zonen Gestalt an.

Deutsche und schwedische Ordnungsdiskurse näherten sich einander ausgerechnet in dem Moment an, als die jeweiligen politischen Systeme sich strikt gegenüberstanden. Das rührt daher, dass beide Diskurse von einer ähnlichen Gegenwart Abstand nahmen, einer allzu komplizierten, schwer zu durchschauenden Welt, der sie Planungen entgegenstellten, die, so die Überzeugung, zukunftsfähig waren, aber im Bewährten fußten, die Halt gaben, ohne Dynamik zu verhindern. Im schwedischen Diskurs verkörperten zeitweilig zwar die europäischen Faschismen (und der Stalinismus) die unerwünschte Moderne; die Massenornamente auf den Aufmarschplätzen wurden zur Chiffre des Versuchs, das Soziale gewaltsam aufzubrechen. Die Resultate dieser Deutung allerdings (der *nyrealism* auf der Gestaltungsebene und die Nachbarschaftseinheit in der Stadtplanung) stimmten mit Konzepten überein, die in Deutschland auch jene Architekten entwickelten, die skrupellos mit den NS-Machthabern kooperierten. Als die Nachbarschaftseinheit sich gegen Ende der 1930er Jahre in Schweden durchsetzte, revidierte man in Deutschland die »völkisch«-agrarisch geprägte Siedlungsutopie der ersten Jahre nach der Machtübertragung. Es wurden »sachliche« Planungspraktiken rehabilitiert, die nach 1945 problemlos im internationalen Kanon aufgingen. Deshalb zögerten schwedische Planer in den frühen 1940er Jahren nicht, ihrer Ansicht nach rein technisches *know how* aus dem »Dritten Reich« zu importieren. Nach Ansicht der Planer in beiden Ländern wurde außerdem zu dieser Zeit vor allem in Großbritannien das verwirklicht, was man selbst anstrebte, und das sah man sich nach dem Ende des Zweiten Weltkriegs begeistert vor Ort an.

Architektur und Stadtplanung in *folkhem* und »Volksgemeinschaft«

Die begrenzten und geordneten Räume der Planer dienten vielen Zwecken, sie sollten zweifellos »gesünder« sein als die bestehenden Städte, durchgrünt, licht und freundlich, aber auch nah (aber nicht zu nah) am Arbeitsplatz gelegen. Sie sollten es den Kindern erlauben, in der Natur zu spielen und den Erwachsenen eine erholsame Freizeit garantieren – wobei das alles für die Architekten in eins fiel mit der wirtschaftlichsten, der verkehrstechnisch optimalen und landschaftsgestalterisch begrüßenswertesten Siedlungsform. Außerdem wurden so Bereiche geschaffen, die gewissermaßen aus der brutalen kapitalistischen Arbeitswelt ausgeklammert waren. Wichtigstes Ziel aber war, dass im Inneren dieser neuen Wohnquartiere *Gemeinschaft* entstehen sollte. In beiden Ländern war man sich sicher, dass die Eingrenzung des Wohnbereichs zur Integration seiner Bewohner führen werde. Die Stadtplanung sollte die dissonanten Interessen der Individuen wieder räumlich in Einklang bringen, sie harmonisch machen, die einander entfremdeten Massenmenschen wieder zu kleineren, besser überschaubaren, »organischen« Sozialgebilden verschmelzen. Deshalb entwarfen die Architekten Wohngruppen, Siedlungszellen und Nachbarschaftseinheiten, also Räume, die sie gewissermaßen als topologische Entsprechungen begrüßter soziologischer Kategorien verstanden, als Analogien kleiner Gemeinschaften – der »Primärgruppen«, wie es in Schweden hieß, oder bestimmter »konkreter Ordnungen« in Deutschland.

In beiden Ländern wurden die Planer darin durch politische Vergemeinschaftungsprojekte bestärkt. Die Verheißungsbegriffe *folkhem* und »Volksgemeinschaft« lieferten Begründungszusammenhänge, in die sich die Planer einschrieben, indem sie das Bauwerk der politischen Gemeinschaft zu errichten versprachen. Unbestritten ist, dass in Schweden an der Demokratie gebaut wurde, in Deutschland (zwischen 1933 und 1945) dagegen an einer Diktatur. In beiden Ländern befähigte aber das weitsichtige Planerwissen zur Intervention ins Leben der Bewohner, in beiden Ländern war das Verhältnis zwischen Planern und Bevölkerung asymmetrisch – also erst einmal undemokratisch. Deshalb fällt es schwer zu entscheiden, inwieweit sich beispielsweise der deutsche und der schwedische Versuch unterschieden, durch die Verkleinerung der Wohngebiete auch die Erlebnishorizonte der Menschen zu begrenzen und sie so auf die Gemeinschaft der direkten Nachbarn zu verweisen. Muss dies als ein Mittel zur diktatorischen Kontrolle gewertet werden oder als notwendige Maßnahme, um die Demokratie zu stabilisieren, wie das die schwedischen Planer behaupteten?

Damit stellt sich eine wichtige Frage. Lassen ähnliche Krisendiagnosen und ähnliche Lösungsvorschläge auf vergleichbare Denk- und Handlungsdispositionen schließen? Ist es dasselbe Ordnungsdenken und *social engineering*, das sich hier abzeichnet? Natürlich müssen die jeweiligen Merkmale des Gemeinschaftsdenkens in beiden Ländern differenziert betrachtet und es muss zwischen eher rückwärtsgewandten und tendenziell emanzipatorischen Absichten unterschieden werden. War »Gemeinschaft« in Schweden nicht eine verhandelbare »zivile Imagination« (Bernd Henningsen), in Deutschland dagegen eine biologistische Kategorie, und als solche Bestandteil der autoritären Gesellschaftsvision des Nationalsozialismus, die dann nach 1945 mehr oder weniger plötzlich verschwand? Das ist auch eine Frage nach dem Rassismus der deutschen Planer. Nun habe ich, anders als der überwiegende Teil der Forschung zum Topos »Volksgemeinschaft«,[2] eher den inklusiven als den exkludierenden Charakter eines Vergemeinschaftungsvorhabens im »Dritten Reich« in den Blick genommen. Natürlich gehört beides zusammen; Integration und Ungleichheit, Gemeinschaftsdenken und die Ausgrenzung der so genannten »Gemeinschaftsfremden« bildeten die zwei Seiten der NS-»Volksgemeinschaft«. Wenn im deutschen Planerdiskurs zwischen 1933 und 1945 von Gemeinschaft die Rede war, ging es implizit immer um eine »rassisch« definierte Größe. Nur selten allerdings waren Äußerungen der hier untersuchten deutschen Akteure offen rassistisch.[3] Ausgrenzung meinte also eher Schweigen – besonders über die Menschen im »deutschen Osten«, den Planer wie Reichow als unbefleckte Verfügungsmasse betrachteten. Dennoch besteht hier ein schwerwiegender Unterschied zu Schweden, einem Land, in dem auch durch Zutun der Architekten viele Verfolgte aus Deutschland Aufnahme fanden, darunter Planer wie Fred Forbat.

Es darf jedoch nicht aus dem Blick geraten, dass die »Grenzen der Gemeinschaft« wie in den meisten europäischen Ländern auch in Schweden nationale waren[4] – und als solche wurden sie in den 1930er Jahren durchaus biologistisch definiert, wenn auch nicht mit denselben Konsequenzen wie in Deutschland. Es waren die Jahre der Bevölkerungsdebatte, der Angst vor dem Geburtenrückgang und der Überalterung und vor ihrer Folge, dem Arbeitskräftemangel, der zwangsläufig »Überfremdung« nach sich zu ziehen schien. Die Expertendiskurse der 1930er und 40er Jahre brachten bekanntlich eine Sterilisierungsgesetzgebung und -praxis hervor, die von der Sorge um die biologische »Degeneration« der Bevölkerung motiviert war, was bis in die Mitte der 1970er Jahre hinein Eingriffe in die Integrität der Individuen (und das hieß vor allem der Frauen) ermöglichte. Auch der schwedische Diskurs war außerdem volkstumsbezogen. Schwedische Sozialingenieure, das habe ich erläutert, bemühten in den 1940er Jahren eine konstruierte nationale Tradition, sei es, dass sie sich auf die vormodernen »Dorfräte« als Vorbild demokratischer Basisgemeinschaften bezogen, oder dass sie einen besonders

---

2. Vgl. zum Beispiel KOLLMEIER, Ordnung und Ausgrenzung (2007); WEISBROD, Der Schein der Modernität (1995); WILDT, Volksgemeinschaft als Selbstermächtigung (2007), sowie mehrere Beiträge in BAJOHR/WILDT, Volksgemeinschaft (2009). Überwiegend integrative Aspekte analysieren dagegen ALY, Hitlers Volkstaat (2005) und KÖNIG, Volkswagen, Volksempfänger, Volksgemeinschaft (2004).

3. Von den hier erwähnten deutschen Planern äußerten sich nur Karl Neupert und Friedrich Heuer klar rassistisch und antisemitisch (vgl. beispielsweise Heuers Ausführungen zu »Wohnungsbau und Planung von Wohngemeinschaften und Ortschaften vom rassepolitischen Gesichtspunkt aus« auf einem Treffen norddeutscher Planer in Ahlhorn im November 1943 [Sammlung N. Gutschow]). Von Albert Speers Wiederaufbaustab wurden allerdings mehrfach Redner eingeladen, die rassenbiologisch argumentierten, darunter der Bevölkerungswissenschaftler Friedrich Burgdörfer, aber auch Walter Gross, Leiter des »Rassenpolitischen Amts der NSDAP«, der zu »rassenpolitischen Fragen« des Wiederaufbaus referierte. Vgl. Niederschriften über die Tagungen in Wriezen 1944 (StA-HH, 621-2/11, B 14/1).

4. Vgl. diesbezüglich die Beiträge in WITOSZEK, Culture and Crisis (2004).

»schwedischen« Baustil rehabilitierten, der es den Menschen erleichtern sollte, sich mit ihrem Wohnort zu identifizieren.

Überwiegt also die Schnittmenge zwischen den Gemeinschaftskonzepten deutscher und schwedischer Sozialingenieure gegenüber den Unterschieden? Vor allem Norbert Götz hat wiederholt auf die Wesensverschiedenheit zwischen *folkhem* und »Volksgemeinschaft« hingewiesen und diese als »ungleiche Geschwister« bezeichnet.[5] So unterscheidet er den »vormodernen« und »regressiven« nationalsozialistischen Gemeinschaftstypus von der flexiblen, ja sogar »konstruktivistischen«, »nachhaltigen Modernisierungsvariante« des *folkhem*.[6] Diese Differenzierung ist aber allenfalls idealtypisch haltbar. Götz argumentiert zu Recht gegen die Gleichsetzung der rassistisch motivierten Vernichtung in Deutschland mit der schwedischen Wohlfahrtspolitik – gegen eine Art *guilt by association*, die auch die Debatte prägt, die in Schweden seit einiger Zeit um den Zusammenhang von Sozialdemokratie und Eugenik geführt wird. Allerdings war der eliminatorische Rassismus im »Dritten Reich« nicht zwangsläufig deckungsgleich mit dem Ordnungsdenken der deutschen Deutungs- und Funktionseliten. Gerade die ideologische Offenheit der NS-Führung den anwendungsorientierten Wissenschaften gegenüber garantierte deren Loyalität zum System, wie Lutz Raphael gezeigt hat.[7] Nicht alle deutschen Ordnungsdenker bildeten also zwischen 1933 und 1945 *per se* eine Tätergemeinschaft – auch wenn einige von ihnen Verbrechen begingen und nahezu allen der Vorwurf des Opportunismus' zu machen wäre, ginge es um eine moralische Bewertung. Wichtig ist außerdem die Tatsache, dass die im »Dritten Reich« virulenten Gemeinschaftsvorstellungen (wie Götz selbst sehr überzeugend darstellt) sich schon lange vor 1933 entwickelt hatten und weit über das Kriegsende hinaus verbreitet waren.[8] Es ist daher gerade *kein* Ausdruck »wenig differenzierten Denken[s]«,[9] wenn man sich mit deutschen und schwedischen Gemeinschaftsdiskursen nicht nur befasst, um politische Alternativen zu kontrastieren, sondern um parallele historische Linien nachzuziehen, aber eben auch deren Kreuzungspunkte zu verzeichnen.

Deutsche und schwedische Gemeinschaftskonzepte waren nicht gleich – aber sie sind vergleichbar. Wenn es darum geht, das Phänomen »Moderne« als ein transnationales zu beschreiben, dann ist es schon ein Gewinn, dass

---

5. Götz gewinnt dieses Bild aus der Untersuchung des länderspezifischen juristisch-politischen Leitdiskurses einerseits und der Jugend- und Sozialpolitik des Nationalsozialismus respektive der schwedischen Sozialdemokratie andererseits. Vgl. vor allem Götz, Ungleiche Geschwister (2001). Vgl. auch Ders., Att lägga historien till rätta (2002); Ders., Hansson och Hitler (2002); Ders., The People's Home as a Symbol of Order in the Swedish Welfare State (2003).

6. Götz, Ungleiche Geschwister (2001), S. 17.

7. Siehe Kapitel 1.

8. Vgl. zur Verbreitung des Volksgemeinschaftsbegriffs in allen politischen Spektren der 1920er und 30er Jahre außerdem Mai, Arbeiterschaft und »Volksgemeinschaft« (1994); Thamer, »Volksgemeinschaft« (1998); Wildt, Die Ungleichheit des Volkes (2009). Vgl. auch Vogt, Nationaler Sozialismus und Soziale Demokratie (2006). Zur Prägung des Konzepts »Volksgemeinschaft« im Ersten Weltkrieg: Bruendel, Volksgemeinschaft oder Volksstaat (2003); Verhey, Der »Geist von 1914« und die Erfindung der Volksgemeinschaft (2000).

9. Götz, Provisorische Utopie und konkrete Ordnung (2001), S. 123.

hier eine komplexe Mischung von Parallelen, Unterschieden, aber auch Rezeptions- und Abgrenzungsvorgängen sichtbar wird. Die Auseinandersetzung mit der Verstrickung deutscher Experten in die Gräuel des »Dritten Reichs« hat oft den Blick darauf verstellt, wie sehr ihre Krisendiagnosen und Krisenlösungskonzepte mit denen ihrer Kollegen im Ausland übereinstimmten. Der Vergleich mit Schweden erweitert die Perspektive. Auch das Engagement deutscher Architekten im Nationalsozialismus lässt sich als *Variante einer Länder übergreifenden Reaktion auf den Modernisierungsprozess* deuten, die politische Zäsuren transzendierte.

»Einordnung« – Struktur oder Prozess?

Will man die Unterschiede zwischen der deutschen und der schwedischen Variante von Ordnungsdenken und *social engineering* genauer verstehen, dann lohnt ein Blick auf den Begriff »Einordnung«. Unter den Komposita des Ordnungsbegriffs ist er besonders aufschlussreich, denn hier kommt das Individuum ins Spiel, hier stellt sich die Frage, wie die Planer mit den potenziell widerständigen Subjekten umzugehen gedachten. In beiden Ländern schillerte die »Einordnung«. Oft war damit die »funktionale« Platzierung von Siedlungen, Gebäuden und Menschen mit dem Ziel der Leistungssteigerung im weitesten Sinn gemeint. So sollten Bevölkerungsteile an bestimmten Orten angesiedelt werden, etwa aus Gründen der demografischen Balance oder um ihre Arbeitskraft besser für die Industrie verfügbar zu machen – im Sinne eines »rationalen Haushaltens mit Menschen und Maschinen«.[10] In erster Linie aber ging es schwedischen und deutschen Architekten um das »Einfügen des Einzelnen in das Ganze, in der [sic] Harmonie des Persönlichen in der Gemeinschaft«.[11] Sie versuchten, »die Interessen des Einzelnen den gemeinsamen einzuordnen.«[12] Das sollte eine »höhere Ordnung« ermöglichen, die oft durchaus eine (meist uneingestandene) metaphysische Qualität hatte. In beiden Ländern war man sich dabei sicher, dass individuelles Glück und gesellschaftlicher Nutzen an und für sich vereinbar waren. Im Extremfall war aber Ersteres weniger wichtig, oder aber ein möglicher Konflikt wurde gar nicht in Betracht gezogen. Reichow beispielsweise schrieb: »In dem gleichen Maße, in dem wir unser Tun und Trachten auf die Gemeinschaft richten, dienen wir dem Einzelnen. [...] Indem wir die Gemeinschaftsformen großstädtischen Lebens ordnen, klären wir zugleich das Verhältnis des Einzelnen zur Gemeinschaft.«[13]

Es wäre aber falsch, deutsche Aussagen der NS-Zeit ihrer totalitären Implikationen zu berauben. Zwischen 1933 und 1945 überlagerten sich die soziale Einordnung und die diktatorische Disponierung von »Menschenmaterial« teils stark. Konstanty Gutschow etwa phantasierte 1933, offenbar überwältigt von den Verheißungen des neuen Regimes:

---

10. WILLIAM-OLSSON, Stockholms framtida utveckling (1984, urspr. 1937), S. 196.

11. Konstanty Gutschow: Vortrag zu Ehren und anlässlich einer Ausstellung von Paul Fliether, 26.6.1940, S. 4 (StA-HH, 322-3, A 31).

12. REICHOW, Zur Meisterung des Stadtaufbaus (1949), S. 51.

13. REICHOW, Organische Stadtbaukunst (1948), S. 33.

»In der allgemeinen Umstellung des nationalen Lebens wird bewusst jede Familie dort anzusetzen und sesshaft zu machen sein, wo sie ihrer Veranlagung und ihrem Vermögen nach hingehört, gedeihen und im Volkskörper mitwirken wird. [...] Jeder Stein, den wir heute auf den anderen setzen, muß einen Sinn haben im neuen Deutschland, damit das Bauen zum wirksamen Instrument des Führers wird.«[14]

Hier war der deutsche Diskurs weit vom schwedischen entfernt. Natürlich wurde das schon von den Zeitgenossen erkannt. Åhrén sah zwar in den 1940er Jahren durchaus Übereinstimmungen zwischen den schwedischen Ordnungsideen und jenen der europäischen Diktaturen: »Die Befürworter der totalitären Staatsformen betonen, dass der Städtebau des Liberalismus zu Chaos geführt hat. [...] Es ist offensichtlich, sagt der totalitäre Sozialpolitiker oder Stadtplaner, dass die verschiedenen Interessen im Städtebau auf eine bewusstere Weise geordnet werden müssen.«[15] Nur im Extremfall aber dürften die Ordnungspraktiken gegen den Willen der Menschen durchgesetzt werden, niemals dürfe nur um der Ordnung willen geordnet werden. Zwar analogisierte auch Åhrén die bestmögliche »Einpassung« von Gebäuden in »geordnete Siedlungen« mit der sozialen Einpassung. Er schrieb jedoch: »Es ist klar, dass man Zwangsmittel [gemeint ist hier die Enteignung] nur in dem Fall anwenden darf, dass das Ziel nicht auf dem Weg der Freiwilligkeit erreicht werden kann, durch Zusammenarbeit der verschiedenen Interessen und mithilfe von Aufklärung und Propaganda.« Åhrén empfahl eine Kombination von »Aufklärung, Kooperation, Zwang«.[16] Einordnung meinte in Schweden zuallererst die »soziale Anpassung und Entwicklung zu einem zusammenarbeitsfähigen Menschen« und erst als *ultima ratio* Zwang.[17]

Meines Erachtens liegt der wichtigste Unterschied zwischen dem deutschen und dem schwedischen Diskurs in diesem Beharren auf der Freiwilligkeit. In Schweden wurde dazu erzogen, sich eigenverantwortlich in die Gemeinschaft einzuordnen, in Deutschland stand dem bis in die 1950er Jahre tendenziell (!) eine Ordnung gegenüber, in der jedes Mitglied der Gemeinschaft seinen historisch, natürlich und funktional festgelegten Platz einnehmen sollte. In Deutschland stand lange eher die *Ordnung der sozialen Struktur* im Vordergrund, in Schweden das *engineering der sozialen Anpassungsfähigkeit*.

Das Kollektivhaus (Exkurs)

Diese früh ausgeprägte schwedische Strategie, die freiwillige individuelle Einpassung zu fördern, lässt sich besonders deutlich am Beispiel von Überlegungen zum *Kollektivhaus* beschreiben, die schwedische Experten in den

---

14. Konstanty Gutschow: Unbetitelter Textentwurf zur Sanierung, o.D. [1933] (StAHH, 621-2/11, A 118).
15. ÅHRÉN, Arkitektur och demokrati (1942), S. 40.
16. ÅHRÉN, Stadsplanering och bostadsförsörjning (1944), S. 15, 23.
17. AHLBERG, Stadsplaneringens sociala betydelse (1950), S. 590.

1930er Jahren anstellten, und die ich bisher noch nicht beleuchtet habe.[18] Bereits 1931 hatte Alva Myrdal ihre Gedanken zur »kollektiven Wohnungsform« aufgeschrieben:

»Als Pionierinstitution könnte der Bau von Kollektivhäusern sozial wertvoll sein, weil diese die materielle Bedürfnisbefriedigung des Lebens erleichtern könnten, weil sie Möglichkeiten zur Erhöhung des Standards der Erziehung und der Kinderbetreuung eröffnen könnten [...] und überhaupt weil sie im Bereich der Wohn- und Heimproblematik einen sehr beharrlichen Schlendrian in Effizienz verwandeln könnten.«[19]

Diese Anregungen konkretisierten sich kurze Zeit später. 1935 war ein von Sven Markelius entworfenes Kollektivhaus in der John Ericsonsgata 6 in Stockholm bezugsfertig, an dessen Planung auch Myrdal mitgewirkt hatte. Das Gebäude beinhaltete um die fünzig überwiegend kleine, nur mit einer Kochnische ausgestattete Wohnungen, das Essen wurde in einer Zentralküche zubereitet und über Aufzüge direkt in die Wohnungen befördert. Zusätzlich gab es im Erdgeschoss ein Restaurant, in dem die Bewohner sich treffen konnten. Außerdem befand sich im Haus eine Kindertagesstätte für die Kinder berufstätiger Ehepaare. Markelius und Myrdal begründeten dies damit, dass die »traditionelle Auffassung von der ›natürlichen‹ Arbeitsverteilung« zwischen den Geschlechtern überholt sei. Außerdem gingen sie vom soziologischen Faktum der weiblichen Erwerbstätigkeit aus, die den Frauen eine Doppelbelastung (Beruf und Kindererziehung) verursache, die durch Serviceleistungen bewältigt werden könne.[20]

Natürlich hätten Planer wie Gutschow oder Reichow solche Überlegungen in den 1940er Jahren als ungute Tendenz zur Vergesellschaftung nach »bolschewistischem« Vorbild gesehen, also eben nicht als Ordnung des Sozialen, sondern als Versachlichung der zwischenmenschlichen Kontakte, vor allem als Auflösung der Familie.[21] Und tatsächlich steht das Kollektivhaus für eine rationalistische Denkweise, die eher am Rande des Ordnungsdenkens

---

18. Vgl. zum Kollektivhaus in Schweden CALDENBY, Kollektivhus (1979); DERS. Vad är ett Kollektivhus? (1992); LARSSON, Manlig välfärdsregim och kvinnors förändringsstrategier (2001); STEINFELD/LAMM, Das Kollektivhaus (2006); VESTBRO, Kollektivhus i Sverige (1979); DERS., Collective Housing in Scandinavia (1997); WICKMANN, Äteruppständen bostadshistoria (1990); WISSELGREN, Kollektivhuset och Villa Myrdal (2006).
19. MYRDAL, Kollektiv bostadsform (1931), S. 64. Alva Myrdals Kollektivhausprojekt ist vor allem von Yvonne Hirdman einerseits als Ausdruck von Myrdals Utopismus betrachtet worden, andererseits als Zeugnis ihrer Bereitschaft, die Rechte des Einzelnen im Dienste der Gesellschaft zu verletzen (vgl. HIRDMAN, Att lägga livet tillrätta [1989], bes. S. 105-117). Hirdman bezieht sich dabei vor allem auf einen Tagesplan Myrdals zur Kindererziehung, der zeigt, wie radikal diese die Kinder aus den Fängen ihrer vermeintlich »irrationalen« Eltern herauslösen wollte, um sie in die Obhut von Experten zu geben.
20. MARKELIUS, Kollektivhuset (1932), S. 55.
21. Allerdings dienten Fotos von Markelius' Kollektivhaus wegen dessen nach der Sonne ausgerichteten Balkonen gerade Reichow (aber auch Roland Rainer) immer wieder als Beispiel einer »organischen« Grundrissbildung. Bei Reichow wurde aus dem Kollektivhaus ein »Wohnheim«. Vgl. REICHOW, Organische Stadtbaukunst (1948), S. 103; DERS., Organische Baukunst (1949), S. 65. Vgl. auch RAINER, Die Behausungsfrage (1947), S. 107.

anzusiedeln ist, die ihre Nähe zu den kollektivistischen Utopien des Sozialismus nicht verhehlt – und die als »unorganische« bald zunehmend in die Kritik geriet.[22] Allerdings versuchte Markelius von Beginn an, den Einwand zu entkräften, Kollektiveinrichtungen trügen zur »Mechanisierung« des Lebens bei.[23] Es war gerade die Wechselwirkung von Vereinzelung und Ressourcenverschwendung, gegen die im Kollektivhaus angewohnt werden sollte. Myrdal etwa fragte: »Ein Stadthaus, in dem man in 20 kleinen Küchen über- und nebeneinander Fleischbällchen zubereitet, in dem viele kleine Kinderzimmer jeweils einen blassen und eingesperrten kleinen Menschen behausen, ruft das nicht nach einer planmäßigen Organisation im Zeichen des Kollektivismus?«[24] Hier wurde nicht nur die Kleinfamilie als »ineffiziente, überkommene Wirtschaftseinheit kritisiert, sondern es wurde eben auch die Isolierung, das Nebeneinander der Individuen problematisiert – und das wies auf den wenige Jahre später einsetzenden Nachbarschaftsdiskurs voraus. Myrdal befasste sich zu diesem Zeitpunkt vermehrt mit Erziehungsfragen,[25] und so überrascht nicht, dass das Kollektivhaus in erster Linie dabei helfen sollte, »das Dasein der Kinder zweckmäßiger zu ordnen«, und zwar indem es dazu beitrug, die »Anpassungsschwierigkeiten« zu überwinden, die bestimmte Lebensweisen hervorriefen. »Unsere moderne Gesellschaft erfordert eine soziale Erziehung, und der Individualismus, zu dem das einzelne Kind [...] erzogen wird, ist direkt lebensfeindlich.« Dabei war der Übergang zwischen dem unerwünschten »Individualismus« und einer begrüßten Kritikfähigkeit eigenartig fließend. Kinder, so Myrdal, seien aufmerksamer und kritischer gegenüber dem, was ihnen in der Schule beigebracht werde, wenn sie »sich angepasst haben, in einem sozialen Milieu zu leben.«[26] Myrdals vernünftiges Kind erinnert schon an den demokratischen Menschen in der Nachbarschaft, wie er einige Jahre später entworfen wurde. Denn auch dieser sollte durch Erziehung zugleich solidarisch, selbstständig und kritikfähig gemacht werden – aber eben nicht kritisch gegenüber dem *engineering* der Planer.[27]

Kollektivhäuser blieben die Ausnahme. Das Kollektivhaus in Stockholm war faktisch vor allem ein Servicehaus für Intellektuelle, und dabei kamen schnell die Widersprüche der antizipierten Arbeitsteilung zum Vorschein.

---

22. Deutlich wird das in Karin Boyes dystopischen Roman »Kallocain« (1940), der auf die schwedischen Kollektivhausideen anspielt, und zwar in der Schilderung des totalitären »Weltstaats«, der auch Züge der Sowjetunion trägt. Vgl. dazu KUCHENBUCH, Gläserne Stadt – Gläserner Mensch (2007).

23. MARKELIUS, kollektivhuset (1934), S. 106.

24. MYRDAL, Kollektiv bostadsform, S. 602.

25. Vgl. etwa MYRDAL, Stadsbarn (1935). Ausführlich dazu: ETZEMÜLLER, Die Romantik der Rationalität (2010).

26. MYRDAL, Kollektiv bostadsform (1931), S. 603, 607.

27. Yvonne Hirdman nennt den Versuch, mittels Manipulation durch Experten anpassungsbereite und zugleich selbstständige Menschen zu formen, das »Myrdal'sche Paradox«. HIRDMAN, Att lägga livet tillrätta (1989), S. 125. Bezeichnend ist die Gestaltung der Kindertagesstätte des Kollektivhauses. Vom Spielzimmer der Kinder war ein Raum mittels einer einseitig verspiegelten Glasscheibe abgetrennt, hinter der die Erzieher das sich unbeeinflusst vollziehende Spiel der Kinder beobachten und empirische Daten erheben konnten. Vgl. STEINFELD/LAMM, Das Kollektivhaus (2006), S. 59.

Das Personal des Hauses wohnte weiterhin traditionell, und damit wurde das Problem der Doppelbelastung letztlich schlicht ausgelagert.[28] Zwar befasste sich das *Bostadskollektiva Kommitté* (diesem »wohnungskollektiven Komitee« gehörten u.a. Brita Åkerman und Lennart Holm an) bis in die 1950er Jahre mit dem Für und Wider des Konzepts.[29] Es empfahl aber weniger Kollektivhäuser denn Kollektiveinrichtungen innerhalb der Wohnquartiere (Waschküchen, Kinderkrippen etc.), die die Frauen aus der Isolation der Hausarbeit befreien sollen. Die Kommission blieb also einem eher herkömmlichen Familienmodell verpflichtet.[30]

Wichtig ist aber am Kollektivhausversuch, dass die Experten sich selbst als Teil des Experiments entwarfen. Sie – darunter das Ehepaar Wahlstedt-Markelius und Erland von Hofsten[31] – wohnten zusammen mit den Menschen, um deren Leben sie sich bemühten. Deutlich wird das an einem Prospekt zum Kollektivhaus von 1935.[32] Er war keine reine Reklame, sondern auch Aufklärungsschrift und verschränkte als solche Gemeinschafts- und Selbstbildungsideale. Der Prospekt zeigte nämlich verschiedene Hausbewohner neben dem Grundriss der von ihnen gerade bezogenen Wohnung und einer Liste ihrer Möbelstücke nebst Anschaffungskosten. Intellektuelle, Arbeiter, Angestellte und natürlich auch ein Architekt erschienen hier nebeneinander aufgereiht in all ihren Eigenheiten, aber eben doch als Bestandteile eines geteilten Ganzen. Das Kollektivhaus war kongenial zum *folkhem*:[33] Ins Gebäude an der John Ericsonsgata, das schien die Broschüre zu sagen, zog ein idealtypisches Schweden ein.

Ein Foto (Abb. 53) zeigt die »Wohnung 8«, bewohnt vom Anstreicher Helge Holmberg. Frühaufsteher, der er ist, sieht man ihn bei der Lektüre der Aufklärungsschrift »Moderna bostadsproblem« (»Moderne Wohnungsprobleme«). Holmberg, der sich mit der Arbeiterklasse solidarisiert, aber auch einen »soziologischen Bildungszirkel« leitet, wird also bei der Arbeit an den eigenen Wohnbedürfnissen abgebildet. Übrigens steht das nicht im Widerspruch zu seiner »starken Verbundenheit mit der schwedischen bäuerlichen Kultur«.[34]

Eine zweite Abbildung (Abb. 54) zeigt den Nationalökonomen Sven Åsberg, »Kommilitone von Gunnar Myrdal«, und seine Frau Margit Rendahl, Bewohner der »Wohnung 5« bei der (geistigen) Arbeit. Die beiden, so der Text, verzichten für fünf Jahre auf Nachwuchs, um »gemeinsam die Bevölkerungsfrage« zu erforschen. Rendahl, auch das wird nicht übersehen, hat als

---

28. Vgl. ebd., S. 68f.
29. SOU 1954:3. Kollektivhus. Bostadskollektiva kommitténs betänkande II; SOU 1956:32. Hemmen och samhällsplaneringen. Bostadskollektiva kommitténs slutbetänkande; SOU 1955:8. Tvätt. Bostadskollektiva kommitténs betänkande III. Vgl. zu Gender-Aspekten des Kollektivhauses auch Lövgren, Hemmen och samhällsplaneringen (1994).
30. Vgl. dazu Kemeny, Housing and Social Theory (1992), S. 138–139. Erst in den in den 1980er Jahren wurden Kollektivhäuser dann als Wohnexperimente wieder intensiv diskutiert. Ein guter Überblick: Vestbro, Collective Housing (1997).
31. Mehr zu den Bewohnern des Kollektivhauses, zu denen zeitweise auch Emigranten gehörten, bei Steinfeld/Lamm, Das Kollektivhaus (2001).
32. Nässtrom, Svenska slöjdföreningens utställning Hem i kollektivhus (1935).
33. In diesem Sinne demnächst Etzemüller, Die Romantik der Rationalität (2010).
34. Nässtrom, Svenska slöjdföreningens utställning Hem i kollektivhus (1935), S. 19.

Tochter einer sörmländischen Pastorenfamilie ein »romantisches Interesse« an Textilien.[35] Die Bewohner des Kollektivhauses sind traditionsbewusst und doch fortschrittlich, sie befassen sich aktiv mit ihren Wünschen und Bedürfnissen, um das gemeinsame Heim zu verbessern und damit die schwedische Gesellschaft kontinuierlich zur Gemeinschaft zu formen.

Abbildung 53 und 54: Bewohner des Kollektivhauses bei typischen Tätigkeiten

---

35. Ebd., S. 12f.

Schluss

Flexible Normen und starre »Ordnungen«

An dieser Stelle lassen sich zwei weitere Aspekte der »Moderne« in den Vergleich einbeziehen, zum einen der Aspekt von Statik und Dynamik, zum anderen der Machtaspekt, das Verhältnis von Experten und Betroffenen. Ich will im Folgenden argumentieren, dass das schwedische Ordnungsdenken und *social engineering* früher als das deutsche geprägt war von einem übergreifenden Wandel des gesellschaftlichen Regulierungstyps oder auch der »Gouvernementalität«.[36] Gerade die schwedische Architektur und Stadtplanung im 20. Jahrhundert lässt sich nämlich mit der von Michel Foucault angeregten Forschung um die so genannte »Normalisierung« erklären.[37] Diese hebt darauf ab, in der Moderne seien äußere Zwänge schrittweise durch Machttechniken abgelöst worden, die – mit dem Wohlergehen der ganzen Bevölkerung im Blick – am Verhalten des Einzelnen ansetzen, und zwar, indem sie auf die Internalisierung gesellschaftlicher Normen abzielen. Statt repressiv vorzugehen, wirken sie »produktiv«, indem sie Anreize zur Arbeit an sich selbst schaffen.

Schwedische Architekten und Sozialexperten beschäftigten sich, wie gezeigt, bereits im Laufe der 1930er Jahre zunehmend mit der Wohnerziehung. Sie zielten darauf ab, die Menschen in den Prozess der Verbesserung ihres eigenen Lebens einzubeziehen. Der Versuch, das Verhalten durch die Raumstruktur zu formen, wurde durch wohnpädagogische Initiativen ergänzt, die die Bevölkerung dazu anzuregen sollten, die eigenen diffusen Ansprüche in klar formulierte Forderungen zu verwandeln. Schwedische Sozialingenieure verdateten daher kontinuierlich Wohnwünsche und Wohnwirklichkeit, um »Normalität« offenzulegen und es den Menschen zu ermöglichen, sich selbst an dieser zu orientieren. Demokratisches Denken und wissenschaftliche Expertise stabilisierten sich dabei gegenseitig, denn schließlich arbeitete man, dem Verständnis der Akteure nach, an der Mündigkeit der Bewohner. In Schweden wurde früher darauf hingearbeitet, die Individuen zum willentlichen Einsatz des eigenen Lebens für die kollektive Wohlfahrtsproduktion zu bewegen. Das veränderte langfristig auch die Legitimierungsstrategien der Architekten und Stadtplaner, ja die ganze schwedische Expertenkultur. Um zwei Begriffe Jürgen Links zu benutzen: Schwedische Planer öffneten sich früher einem »flexiblen Normalismus«. Sie setzten nicht mehr allein auf den »Protonormalismus« – also auf eine streng kontrollierte, schmale und unveränderliche »Normalitäts-Zone« – sondern eher auf die Dynamisierung dieser Zone.[38] Verhaltensnormen wurden von einem eng definierten, von oben he-

---

36. Dazu grundlegend: FOUCAULT, Die Gouvernementalität (2000).
37. Vgl. FOUCAULT, In Verteidigung der Gesellschaft (2001), bes. S. 53-57, 298-299; DERS. Die Anormalen (2003), S. 69-75. Vgl. zum Foucault'schen Normalisierungsbegriff auch KRAUSE, Von der normierenden Prüfung zur regulierenden Sicherheitstechnologie (2007).
38. LINK, Versuch über den Normalismus (1997), S. 54. Link hat seine Theorie auch an den starren und den flexibel nutzbaren Grundrisstypen der 1920er Jahre demonstriert: LINK/GERHARD, »Normativ« oder »normal«? (1999). Vgl. zum Normalismus auch die Beiträge in BARTZ/KRAUSE, Spektakel der Normalisierung (2007); GERHARD/LINK/SCHULTE-HOLTEY,

rab diktierten (oder auch gottgegebenen oder natürlichen) »Soll« entkoppelt und Abweichungen weniger streng geahndet. Stattdessen wurde das Erwünschte flexibel, Verhalten wurde an weit streuenden, sich wandelnden *normal ranges* gemessen, ganz im Sinne der statistischen Normalverteilung.

In beiden Ländern wurden bei der Nachbarschaftsplanung dezidiert empirische Verfahren eingesetzt, um, verkürzt ausgedrückt, die Abmessungen der Gemeinschaft zu erforschen. Spätestens in den 1940er und 50er Jahren jedoch begriffen schwedische Planer das Vorgefundene stärker als ihre deutschen Kollegen als etwas Dynamisches, als eine *veränderliche* Wirklichkeit, und das erhöhte ihre Bereitschaft, den Sollzustand der Planung entsprechend zu justieren. Bewegliche »kollektive Bedürfnisse« in Schweden standen eher statischen Ordnungsmodellen in Deutschland gegenüber. Hier suchte man bis in die 1960er Jahre nach Ordnungen, die stärker als anthropologische Konstanten verstanden wurden. Schwedische Architekten sahen es als ihre Aufgabe, die »Situation auf ihre inhärente Logik hin zu belauschen«;[39] Gutschow dagegen wollte dem »lebendigen Leben abgelauschte, natürlich-menschliche Gesetzmäßigkeiten« umsetzen.[40]

Die Gemeinschaft, die den schwedischen Planern vorschwebte, hatte einen prozesshaften Charakter. Das heißt jedoch keineswegs, dass diese Pluralisten im heutigen Wortsinn waren, oder dass sie den Schutz der liberalen Freiheitsrechte über alles andere stellten. Schweden war in den 1930er bis 60er Jahren Prototyp einer »Normalisierungsgesellschaft«.[41] Auch in Schweden kam Homogenität vor Vielfalt, Gemeinnutz vor persönlicher Entfaltung. Schwedische Sozialexperten propagierten aber nur im Extremfall den gewaltsamen Eingriff ins Leben der Menschen. Anstelle dessen wurde das abweichende Individuum intensiv umsorgt, es wurde dazu angehalten, sein Verhalten *aktiv* und aus freien Stücken anzupassen. Normen konnten außerdem sehr rasch umdefiniert werden, wenn sich herausstellte, dass die beobachtete Abweichung ein Mehrheitsphänomen war. So war zum Beispiel im schwedischen Nachbarschaftsdiskurs anders als im deutschen häufig von der »Aktivierung« die Rede, zu der die Nachbarschaftseinheit beitrüge. Die Stadtplanung, so der Gedanke, könne helfen, die Menschen zum gesellschaftlichen Engagement, zur demokratischen Basisarbeit in ihrer jeweiligen Wohngemeinde anzuhalten. Um selbstständige, aber zugleich solidarische »demokratische Menschen zu schaffen«, so Carl-Fredrik Ahlberg 1944, müsse man Möglichkeiten bereitstellen, »gemeinsame Ideale und Interessen« zu entwickeln. Es müsse »das freie Denken trainiert« werden und deshalb gerade die

---

Infografiken, Medien, Normalisierung (2001); SOHN/MERTENS, Normalität und Abweichung (1999).

39. So der Titel von CALDENBY, Avlyssna situationens inneboende logik (2004).

40. Konstanty Gutschow: D38. Skizze Generalbebauungsplan 1944 (Manuskript Plassenburg), Anfang Juli 1944, S. 6 (Sammlung N. Gutschow).

41. Vgl. ETZEMÜLLER, Total, aber nicht totalitär (2009), bes. S. 58f. Ulf Olsson hat den Normalisierungsbegriff affirmativ (!) auf die schwedische Gesellschaft angewandt, insbesondere auf den Imperativ zur gesunden Lebensführung: OLSSON, Drömmen om den hälsosamma medborgaren (1999). Zu Olssons Buch: ETZEMÜLLER, Sozialstaat, Eugenik und Normalisierung in skandinavischen Demokratien (2003).

Jugend dazu angehalten werden, »sich selbst zu erziehen«.[42] Die Bewohner sollten also nahezu spielerisch zugleich Eigenverantwortung und Gemeinschaftsbewusstsein entwickeln.[43] Und daher wurde ein höheres Maß an unvorhersehbaren Veränderungen in Kauf genommen als in Deutschland.

Damit ist nicht gesagt, dass die deutschen Architekten durchweg einem »älteren« Pol zuzuordnen sind, dass sie an einer antimodernen »Reontologisierung des Wirklichen« arbeiteten.[44] Es geht mir eher um verschiedene Gewichtungen im Vergleich. Der Übergang von den eng definierten Normen zur Normalisierung vollzog sich in *beiden* Ländern, aber nicht gleich schnell und nicht mit derselben Intensität. Auch deshalb gerieten die deutschen Planer in den 1960er Jahren härter in die Kritik als die Schweden. Sie wurden als konservative und autoritäre Anhänger überholter Prinzipien angeprangert, weil sie nicht mit jener Flexibilität auf gesellschaftliche Veränderungen – etwa die allgemeine Liberalisierung der Lebensentwürfe – zu reagieren vermochten, die ihre schwedischen Kollegen an den Tag legten. Diese waren zum selben Zeitpunkt weit weniger sichtbar, denn sie inszenierten sich erfolgreich als Interpreten eines sich wandelnden Mehrheitswillens, dem sich der Einzelne aus freien Stücken fügte. Zugleich stilisierten sie sich selbst als Vorbilder für diese Einordnung, sie arbeiteten an ihrer eigenen exemplarischen Identität[45] – eine Art »Normalisierung der Normalisierer« (Thomas Etzemüller).

Das ist auch ablesbar an Äußerungen ausländischer Beobachter, die den Begriff »normal« schon zeitgenössisch auf Schweden bezogen. Fremdwahrnehmungen sind Selbstreflexionen. Der Blick von Außen auf Schweden schwankte zwischen Begeisterung und Irritation über das, was hier zu sehen war. 1943 lobte etwa der britische Stadtplaner William Holford die schwedische Nachbarschaftsplanung. Allerdings merkte er an, dass in Schweden nirgendwo nonkonformistisches Genie zu spüren sei.[46] Mehr als ein Jahrzehnt später fand der Amerikaner George Kidder-Smith dafür härtere Worte. Er schrieb, schwedische Architekten seien »so ›normalized‹ that they have

---

42. AHLBERG, Ungdomen måste fostra sig själv (1944), S. 17.
43. Dies wurde schon in den 1950er Jahren als »Spielplatzdemokratie« verurteilt, nämlich von Göran Lindahl, DN, 21.8.1951. Übrigens wurde das »Spielplatzproblem« in Schweden mit großem Ernst diskutiert. Ahlberg etwa argumentierte für naturbelassene, spannende Spielplätze für »aktive Kinder«. Allzu elaborierte Spielgeräte seien passivmachende »Surrogate«. Um Kinder dazu zu befähigen, aktiv an der Gemeinschaft zu partizipieren, müssten sie lernen, schöpferisch zu sein, zu bauen. Man müsse ihnen ganz wörtlich Baumaterial zur Verfügung stellen (AHLBERG, Lekplatsproblemet [1944], S. 88–89. Vgl. außerdem MYRDAL, Riktiga leksaker [1936]). Ich erinnere hier auch an das Foto der bauenden Kinder im Stockholmer Generalplan 1952 (Abb. 46).
44. MAKROPOULOS, Modernität und Kontingenz (1997), S. 117.
45. Sehr schön lässt sich das an der äußeren Gestaltung des Nachbarschaftszentrums in Årsta bei Stockholm verdeutlichen. Es wurde mit »konkretistischen« *murals* bemalt, mit farbenfrohen, »dionysischen« Mustern, die zur demokratischen Debatte ermuntern sollten. Die Architekten pinselten öffentlich mit - und das ließen sie fotografisch dokumentieren. Sie inszenierten auf einer selbst geschaffenen Bühne eine Klassen übergreifende Kooperation. Vgl. dazu FERRING, Dionysos på Årsta Torg (2006).
46. HOLFORD, The Swedish Scene (1943), 62, 69.

almost forgotten to think«.[47] Für Fritz Jaenecke, Grenzgänger zwischen Schweden und Deutschland, verkörperte die Design- und Architekturausstellung H55 in Helsingborg 1955 eine »›nordische‹ Disziplin«, die sich »auf eine gewisse Einordnung und selbstverständliche Unterordnung aufbaut. [...] Das Resultat ist also irgendwie etwas unpersönlich, es ist kooperativ, es ist Gruppenarbeit«.[48] Eric De Maré schließlich, Autor der »Architectural Review« und, wie erwähnt, Kind schwedischer Eltern, aber Engländer, identifizierte genau das im selben Jahr sogar als den »kranken Punkt« Schwedens: »[E]s fehlt etwas im modernen Leben in Schweden. [...] Das Leben scheint allzu organisiert, ordentlich und aufgeräumt. Das Individuum wirkt zunehmend wie nach der Schablone geformt, und die schwedische Architektur und Stadtplanung spiegelt das wieder.« Er selbst kehre jedes Mal mit Erleichterung ins chaotische London zurück.[49]

Die schwedischen Planer, so könnte man sagen, gaben konsequenter als ihre deutschen, britischen und amerikanischen Kollegen ihre Individualität als Architekten auf, sie demonstrierten ihre Bereitschaft zur freiwilligen Einordnung, sie wurden Teil der Normalität, die sie selbst produzierten – und das wirkte von außen betrachtet wie ihr Verschwinden in der Anonymität.[50]

Ordnungsdenken und *social engineering* als Proto-Neoliberalismus?

Die Architektur und Stadtplanung der 1920er bis 60er Jahre – insbesondere das Konzept Nachbarschaftseinheit – verkörpert das Ordnungsdenken und *social engineering* ihrer Zeit. An ihrem Beispiel lässt sich aber auch die Entwicklung hin zu einer aus unserer Perspektive aktuellen Machttechnik beschreiben, und das trotz der beschriebenen Ungleichzeitigkeit in (West-)-Deutschland *und* Schweden. Denn in beiden Ländern sollte gezielt, aber maßvoll und im Wortsinn begrenzt Kontingenz freigesetzt werden. Für schwedische wie deutsche Architekten war Gemeinschaft nicht bis ins Kleinste formbar, sondern sie musste sich möglichst unbeeinflusst von außen

---

47. KIDDER-SMITH, Sweden Builds (1957), S. 18.
48. JAENECKE, Wohlgeordnete Musterung (1955), S. 633
49. MARÉ, Den sjuka punkten (1955), S. 168.
50. Für Hubert Hoffmann dagegen war gerade das das Vorbildhafte an Schweden. Die wohltuende Einheitlichkeit der Architektur wurde ihm gleich zum Ausdruck des schwedischen Nationalcharakters, »Sinnbild einer geistigen Haltung des ganzen Landes«. »Auch in politischen und wirtschaftlichen Fragen gibt es kaum ein ›schwarz‹ und ›weiß‹ gegeneinander, sondern man findet immer wieder nur Varianten einer Meinung. Weil man vernünftig ist und großzügig zugleich, kommen Einigungen bei abweichenden Ansichten fast immer zustande.« HOFFMANN, Wohnungsbau und Wohnkultur Schwedens (1951), S. 17. Bei seinem Besuch in Linköping Anfang der 1950er Jahre freute er sich über eine Reihenhaussiedlung, deren Grünflächen besonders einheitlich gestaltet waren. Zu seiner Überraschung erfuhr er, dass die Bewohner sich selbst um diese kümmerten: »Sie gleichen sich einander an – auf diese Weise entsteht eine harmonische Bepflanzung!« Hubert Hoffmann: Eine Art Paradies und Vorbild 1950: Schweden [1950 und 1952, offenbar 1977 fortgesetzt], S. 27 (ADK, HHof 65).

Schluss

Tag für Tag durch konkrete soziale Praktiken bilden. Was im Inneren der neuen, geordneten Wohngebiete passierte, darin waren sich auch deutsche Architekten einig, das entzog sich weitgehend ihrem Zugriff – jeder Versuch, den Alltag minutiös durchzuplanen, wäre ihnen als artifiziell, als unnatürlich erschienen. Ordnung schien den Planern nur schrittweise, nur im Kleinen erfühlbar und erlernbar. Gerade deshalb beschäftigten sie sich mit räumlichen Zwischenebenen, deshalb setzten sie auf mittelgroße Räume, die es den Bewohnern erlauben sollten, sich freiwillig und gegenseitig zur Gemeinschaft zu erziehen. Im Inneren geschützter Bereiche sollten sich informelle zwischenmenschliche Prozesse selbst regulieren.

Die Architekten stellten gewissermaßen eine Lernumgebung zur Verfügung, ein Übungsgelände für die Einordnung in die Gemeinschaft – und in Schweden damit verbunden auch für die Demokratie. Das Nachbarschaftskonzept war motiviert von der Kritik an jener komplexen Welt, die wir als »modern« bezeichnen, einer Welt, die die Ordnungsdenker und Sozialingenieure jedoch mit den Angstbegriffen der Vermassung, der Entfremdung und der Mechanisierung beschrieben. Hier konvergierte also ein eher »junger« Modus der Regulierung der Bevölkerung mit modernitätsskeptischen Vorstellungen, mit dem Versuch, die Gemeinschaft der Kleinstadt in die Gegenwart zu übersetzen, mit einem vormodern anmutenden Harmonieideal. Was vordergründig als altmodisch, als konservativ erscheint, was sich innerhalb der Rahmenbedingungen von »Volksgemeinschaft« und *folkhem* entwickelte, wies in die Zukunft. Das Ordnungsdenken und *social engineering* der Architekten stellt – in Schweden allerdings deutlicher als in Deutschland – einen von vielen Übergängen von der disziplinierenden »Dressur« des 19. Jahrhunderts zu den flexiblen, relationalen Machttechniken der Gegenwart dar.[51]

Natürlich ist das Ordnungsdenken und *social engineering* der 1920er bis 50er Jahre unzweifelhaft ein Phänomen der Epoche von 1890 bis 1970, die in der Zeitgeschichtsforschung zunehmend als zusammenhängender Zeitraum betrachtet wird.[52] Die »westliche Welt« überschritt erst in den 1980er Jahren die Schwelle von den »mittleren Maßen« (auf die sich die Ordnungsdenker beriefen) zur »Maßlosigkeit«. Damit meine ich, dass die Lebensentwürfe sich erst wesentlich später wirklich breitenwirksam von normativen Regeln zu entkoppeln begannen. Und doch war das antizipierte Produkt der Nachbarschaftsplanung, der selbstbestimmte Gemeinschaftsmensch, schon geprägt von der »postmodernen« »Sorge um sich«, wie Michel Foucault sie nennt. Die 1960er Jahre mit ihrer modernisierungstheoretisch unterfütterten Planungseuphorie stellen eher eine Übergangsphase dar, der rasch das Ende des Handlungsmusters »Planung« folgte.[53] Dann bedurfte es nur noch der Gegenkultur der späten 1960er und 70er Jahre, die den Experten entmachtete,

---

51. Foucault sah im Pastorat oder auch der »pastoralen Regierung« des Mittelalters eine frühe Adressierungsform einer individualisierenden Macht, die auf die Arbeit am eigenen Heil setzte. Ein erwähnenswerter Zufall ist, dass der Nachbarschaftsentwurf, den Tage William-Olsson 1943 für Gubbängen entwickelte, »Pastoral« hieß – womit dessen gemeinschaftsbezogener Charakter markiert werden sollte.

52. DOERING-MANTEUFFEL/RAPHAEL, Nach dem Boom (2008). Vgl. auch HERBERT, Europe in High Modernity (2007); MAIER, Consigning the Twentieth Century to History (2000).

53. DOERING-MANTEUFFEL, Nach dem Boom (2007), S. 566.

um *jeden* Menschen zum »Künstler« in der Kreativgesellschaft zu erklären – und damit das »unternehmerische Selbst« und dessen permanente Projektarbeit am eigenen Marktwert zu entfesseln.[54] Die Verschiebung der Verantwortung für das eigene Wohlergehen ins Individuum, die heute so kompatibel ist mit dem neoliberalen »neuen Geist des Kapitalismus«[55] und mit der Demontage des Wohlfahrtsstaats, sie gründet damit auch im Gemeinschaftsdenken der ersten Hälfte des 20. Jahrhunderts.

---

54. Vgl. zum Beispiel BOLTANSKI, Leben als Projekt (2007); BRÖCKLING, Das Unternehmerische Selbst (2007); DERS./KRASMANN/LEMKE, Gouvernementalität, Neoliberalismus und Selbsttechnologien (2000); RECKWITZ, Das hybride Subjekt (2006).
55. BOLTANKSI/CHIAPELLO, Der neue Geist des Kapitalismus (2006).

Danksagung

Die vorliegende Arbeit hätte ohne die Förderung des Projekts »Ordnungsdenken und *social engineering* als Reaktion auf die Moderne. Nordwesteuropa, 1920er bis 1950er Jahre« durch die Deutsche Forschungsgemeinschaft und ohne die ausgezeichneten Arbeitsbedingungen am Institut für Geschichte der Carl von Ossietzky Universität Oldenburg nicht entstehen können. Dafür vielen Dank.

Bedanken möchte ich mich außerdem bei Stefanie von Schnurbein für ihre freundlich-bestimmte Aufforderung, Wissenschaft zu betreiben, bei Antje Wischmann für die Lektüre verschiedenster Texte und Exposés und für die Bereitschaft, das Zweitgutachten zur Dissertation zu übernehmen und vor allem bei Thomas Etzemüller – für eine Betreuung, Diskussionsbereitschaft und intellektuelle Offenheit, die sicher ihresgleichen sucht in der akademischen Welt. Dankbar bin ich aber auch Anette Schlimm und Timo Luks für ein kollegiales Zusammensein, das zugleich albern und anspruchsvoll, kritisch und freundlich gewesen ist, und das hoffentlich als Freundschaft lange weiter besteht. Danke auch an Adelheid von Saldern für ihren ausgesprochen wertvollen Kommentar zum Projekt und für großzügige Buchgeschenke, an Niels Gutschow für die herzliche Aufnahme in Abtsteinach und die vielen Anregungen und Tipps, an Eva Rudberg für ein beunruhigendes, aber wichtiges Gespräch über schwedische Architektur und an Gregor Harbusch für die Recherche im gta Archiv. Danke natürlich an alle Archiv- und Bibliotheksmitarbeiter, die unschätzbare Dienste geleistet haben, und an alle, die mal kleine, mal große Teile des Textes gelesen und mit mir diskutiert haben: Anne Hecker, Anette Schlimm, Björn Leste, Claus Wunn, Daniel Ibrahim, Dirk Thomaschke, Ludolf Kuchenbuch, Paul Kuchenbuch, Thomas Etzemüller, Till Greite, Timo Luks, Ylva Eriksson-Kuchenbuch (tausend Dank für das Korrekturlesen und die Hilfe bei den Übersetzungen!). Danke an Barbara Duden, an Gunhild Eriksson und an Frank und Gabi Thonke für die Gastfreundschaft in Bremen, Stockholm und Hamburg, an Paul, Utz, Daniel und Björn für die wunderbare musikalische Ablenkung von der Arbeit und zuletzt und am wichtigsten an Anne, dafür dass sie da war.

Berlin im März 2010

7. Anhang

7.1 Abkürzungsverzeichnis

ADK	Akademie der Künste Berlin
AM	Arkitekturmuseets Arkiv Stockholm
ARAB	Arbetarrörelsens Arkiv och Bibliotek Stockholm
BAB	Bauhaus-Archiv Berlin
BArchB	Bundesarchiv Berlin
BDA	Bund Deutscher Architekten
CIAM	Congrès Internationaux d'Architecture Moderne
CLP	County of London Plan
DAF	Deutsche Arbeitsfront
DN	Dagens Nyheter
ECA	Economic Cooperation Administration
GBP	Generalbebauungsplan Hamburg 1940
GNMN	Germanisches Nationalmuseum Nürnberg
gta	Institut für Geschichte und Theorie der Architektur/ETH Zürich
HAA	Hamburgisches Architekturarchiv der Hamburgischen Architektenkammer
H55	Helsingborgsutställningen 1955
HFI	Hemmens forskningsinstitut
HSB	Hyresgästernas Sparkasse- och Byggnadsförening
IFHTP	International Federation for Housing and Town Planning
Interbau	Internationale Bauausstellung in Berlin 1957
KF	Kooperativa Förbundet
KfdK	Kampfbund für deutsche Kultur
KKH	Kungliga Konsthögskolans Arkitekturskola
KTH	Kungliga tekniska högskolan Stockholm
LO	Landsorganisationen
MSA	Mutual Security Agency. Special Mission to Germany for Economic Cooperation
NSDAP	Nationalsozialistische Deutsche Arbeiterpartei
OaS	Ortsgruppe als Siedlungszelle
PEP	Political and Economic Planning
RA	Riksarkivet Stockholm
RAG	Reichsarbeitsgemeinschaft für Raumforschung
RFG	Reichsforschungsgesellschaft für Wirtschaftlichkeit im Bau- und Wohnungswesen E.V.
RfR	Reichsstelle für Raumordnung
RIBA	Royal Institute of British Architects
RKF	Reichskommissar für die Festigung des deutschen Volkstums
RKSW	Reichskommissar für den sozialen Wohnungsbau
RKW	Reichskuratorium für Wirtschaftlichkeit

SAF	Svenska Arbetsgivareföreningen
SAP	Sveriges socialdemokratiska arbetareparti
SAR	Svenska Arkitekters Riksförbund
SFS	Sozialforschungsstelle an der Universität Münster in Dortmund e.V.
SOU	Statens offentliga utredningar
SSF	Svenska Slöjdföreningen
StA-HH	Staatsarchiv Hamburg
SvD	Svenska Dagbladet
TCPA	Town and Country Planning Association

7.2 Abbildungsverzeichnis

Abb. 1: ÅHRÉN, Reflexioner i stadsbiblioteket (1928), S. 93.
Abb. 2: RUDBERG, Uno Åhrén (1981), S. 74.
Abb. 3: Fönstret 1, 1930 [Titelseite].
Abb. 4: REICHSFORSCHUNGSGESELLSCHAFT FÜR WIRTSCHAFTLICHKEIT IM BAU- UND WOHNUNGSWESEN E.V., Reichswettbewerb zur Erlangung von Vorentwürfen für die Aufteilung und Bebauung des Geländes der Forschungssiedlung in Spandau-Haselhorst (1929), S. 86.
Abb. 5: REICHSFORSCHUNGSGESELLSCHAFT FÜR WIRTSCHAFTLICHKEIT IM BAU- UND WOHNUNGSWESEN E.V., Die billige, gute Wohnung (1930), S. 11.
Abb. 6: KOMMITTÉN FÖR STANDARDISERING AV BYGGNADSMATERIAL, Köket och ekonomiavdelningen i mindre bostadslägenheter (1940, urspr. 1934), S. 131.
Abb. 7: KLEIN, Beiträge zur Wohnungsfrage (1928), S. 138.
Abb. 8: Konstanty Gutschow: Bauzahlen, 1933 (StA-HH, 621-2/11, AV 4/3).
Abb. 9: NEUFERT, Bau-Entwurfslehre (1936), S. 30.
Abb. 10: PRIGGE, Ernst Neufert, S. 24.
Abb. 11: KOMMITTÉN FÖR STANDARDISERING AV BYGGNADSMATERIAL, Köket och ekonomiavdelningen i mindre bostadslägenheter (1940, urspr. 1934), S. 48.
Abb. 12: NEUFERT, Bau-Entwurfslehre (1936), S. 168.
Abb. 13: GUTSCHOW, Zu den Fragen: Besonnung und Zeilenbau (1930), S. 246.
Abb. 14: ÅHRÉN, Community centres – folkets hus, S. 174.
Abb. 15: GUTSCHOW, Wohnen (1958), S. 642 (22).
Abb. 16: Att bo 1, 1951, H. 1, S. 67.
Abb. 17: STOCKHOLMS STADS STADSPLANEKONTOR, Generalplan för Stockholm (1952), S. 143.
Abb. 18: Block- und Zellen-Neuordnung der NSDAP 1936. Anordnung Nr. 12 der Reichsleitung der NSDAP (StA-HH, 322-3, A 42).
Abb. 19: DURTH/GUTSCHOW, Träume in Trümmern (1988), S. 180.
Abb. 20: GUTSCHOW, Wohnen (1958), S. 644 (24).
Abb. 21: WILLIAM-OLSSON, Samhällsorganisation (1941), S. 275.
Abb. 22: RECHENBERG, Das Einmaleins der Siedlung (1940), S. 59.
Abb. 23: Ebd., S. 62.
Abb. 24: RUDBERG, Folkhemmets välfärdsbygge (1998), S. 119.
Abb. 25: DURTH/GUTSCHOW, Träume in Trümmern (1988), S. 626.
Abb. 26: RIEHL, Zur Frage der Größe und Größenbegrenzung neuer Siedlungskörper (1939), S. 30.

Abb. 27:	SERT, The Human Scale in City Planning (1944), S. 405.
Abb. 28:	DÄHN, Eine Reise durch Süd-Schweden (1953), S. 71.
Abb. 29:	MÅNSSON, Hemmet och bostadsgruppen (1949), S. 329.
Abb. 30:	GUTSCHOW, Wohnen (1958), S. 642 (22).
Abb. 31:	REICHOW, Das Ende des hippodamischen Städtebaus (1955), S. 553.
Abb. 32:	HOLM, Ideologi och form i efterkrigstidens arkitekturdebatt, S. 271.
Abb. 33:	RAINER, Die zweckmässigste Hausform für Erweiterung, Neugründung und Wiederaufbau von Städten (1944), S. 35.
Abb. 34:	RECHENBERG, Die Siedlung als Ausdruck der Gemeinschaft (1938), S. 387.
Abb. 35:	KILLUS, Der Totalitätsgedanke im neuen Städtebau (1940), S. 88.
Abb. 36:	ZIMDAL, En arkitekt minns (1981), S. 52.
Abb. 37:	AHLBERG, Stockholms fysiska byggnad (1986), S. 173.
Abb. 38:	MARKELIUS, The Structure of Stockholm: III (1957), S. 89.
Abb. 39:	GÖDERITZ/RAINER/HOFFMANN, Die gegliederte und aufgelockerte Stadt (1957), S. 19.
Abb. 40:	OTTO, die stadt von morgen (1959), S. 94.
Abb. 41:	REICHOW, Städtebauliche Aufgaben in Braunschweig (1936), S. 81.
Abb. 42:	KLOTZ, Organische Stadtbaukunst (1989), S. 181.
Abb. 43:	STOCKHOLMS STADS STADSPLANEKONTOR, Det framtida Stockholm (1945), S. 29.
Abb. 44:	Plan 4, 1950, S. 117.
Abb. 45:	FORBAT, Idédebatt kring arkitekturen i Tyskland (1952), S. 28.
Abb. 46:	STOCKHOLMS STADS STADSPLANEKONTOR, Generalplan för Stockholm 1952 (1952), S. 205.
Abb. 47:	ÅKERMAN, Familjen som växte ur sitt hem (1941) [Umschlagsbild].
Abb. 48 und 49:	CURMAN, Industrins arbetarebostäder (1944), S. 398, 370.
Abb. 50	STOLPE, Bostadsfrågor (1936), S. 6.
Abb. 51:	ANDERSSON, Så ska vi ha't (1945) [Umschlagsbild].
Abb. 52:	HOLM, Familj och bostad (1955) [Umschlagsbild].
Abb. 53 und 54:	NÄSSTRÖM, Svenska slöjdföreningens utställning Hem i kollektivhus (1935), S. 12, 18.

7.3 Quellen- und Literaturverzeichnis

Ungedruckte Quellen

ADK – Akademie der Künste, Berlin, Baukunstarchiv
Bestand Hugo Häring (HHA)
Nachlass Hubert Hoffmann (HHof)
Bestand Werner Hebebrand (WMA)

AM – Arkitekturmuseets Arkiv Stockholm
Carl-Fredrik Ahlbergs samling
Erik & Tore Ahlséns samling
Fred Forbats samling
Sven Markelius samling
Uno Åhréns samling

ARAB – Arbetarrörelsens Arkiv och Bibliotek, Stockholm
Alf Johanssons Arkiv
Alva och Gunnar Myrdals Arkiv

BAB – Bauhaus-Archiv Berlin
Bestand Forbat, Fred

BArchB – Bundesarchiv Berlin
R 113 Reichsstelle für Raumordnung
R 164 Reichsarbeitsgemeinschaft für Raumforschung

*GNMN – Germanisches Nationalmuseum Nürnberg,
Archiv für Bildende Kunst*
Schriftlicher Nachlass Reichow, Hans Bernhard

*gta – Archiv des Instituts für Geschichte
und Theorie der Architektur/ETH Zürich*
Bestand Giedion, Sigfried
Bestand CIAM

*HAA – Hamburgisches Architekturarchiv
der Hamburgischen Architektenkammer*
Bestand Willem Bäumer
Bestand Konstanty Gutschow
Bestand Werner Kallmorgen
Bestand Godber Nissen
Bestand Georg Wellhausen

RA – Riksarkivet Stockholm
Ecklesiastikdepartmentet
Statens Kommitté för byggnadsforskning

Sammlung Niels Gutschow, Abtsteinach
Unterlagen zu Konstanty Gutschow und zur Hamburger Stadtplanung

StA-HH – Staatsarchiv Hamburg
621-2/11 Bauarchiv Konstanty Gutschow
322-3 Architekt Gutschow
621-2 Dähn, Arthur (Dubletten)

TU HH – Bibliothek der TU Hamburg-Harburg
Privatbibliothek Hans Bernhard Reichow

Gedruckte Quellen und Literatur

Der Buchstabe Å steht, wie in Schweden üblich, am Ende des Alphabets.

ADAM, Hubertus: Architektur und Bauen, in: archithese 34, 2004, H. 3, S. 85.
ADAMSKI, Jens: Ärzte des sozialen Lebens. Die Sozialforschungsstelle Dortmund 1946-1969, Essen 2009.
ADLER-KARLSSON, Gunnar: Funktionaler Sozialismus. Ein schwedisches Glaubensbekenntnis zur modernen Demokratie, Stockholm 1973 [schwed. 1967].
ADORNO, Theodor W.: Funktionalismus heute, in: Neue Rundschau 77, 1966, S. 585-600.
AHLBERG, Carl-Fredrik: Bostadens funktioner och utformning. Förberedande studier samt förslag till forskningsprogram, Stockholm 1945.
–: Die Planung Groß-Stockholms, in: Raumforschung und Raumordnung 13, 1955, S. 93-97.
–: En plan för Stockholms framtid, in: Samfundet Sankt Eriks årsbok 24, 1945, S. 193-208.
–: Engelsk lagstiftning i stadsplanefrågor, in: Byggmästaren 16, 1937, S. 196-198.
–: Engelsk stadsplanering av i dag, in: Byggmästaren 16, 1937, S. 184-188.
–: Kontakt med allmänheten, in: Byggmästaren 24, 1945, S. 6-7.
–: Lekplatsproblemet, in: Byggmästaren 23, 1944, S. 88-90.
–: Miljön som kulturfaktor, in: Tiden 42, 1950, S. 154-159.
–: Mumford och kulturdebatten. Ett inlägg, in: Byggmästaren 21, 1942, S. 324.
–: Näringslivets bostadsbyggnadsdelegation: »förnyelsen av våra städer«, in: Plan 2, 1948, S. 133-140.
–: Nutida krav på stadsplaner, Stockholm 1950.
–: Rapport från stadsplanekongressen i Zürich 1948, in: Plan 2, 1948, S. 96-101.
–: Regionalplaneproblem i Stockholm, in: Plan 8, 1954, S. 169-181.

–: Regionen, framtidens samhällsbildning, in: Svenska kommunal-tekniska föreningens handlingar 10, 1957, S. 1-29.
–: Replik, in: Byggmästaren 22, 1943, S. 35.
–: Samhällsplanering, forskning och utvecklingsarbete, in: Plan 14, 1960, S. 7-16.
–: Stadsplaneringens nya giv, in: Social årsbok 1947, S. 16-24.
–: Stadsplaneringens sociala betydelse, in: Svensk tidskrift 37, 1950, H. 10, S. 584-592.
–: Stockholms fysiska byggnad, in: Ahlberg, Carl-Fredrik: Tankar om samhällen och samhällsplanering. Ett urval artiklar från fyra decennier under redaktion av Eva Rudberg, Stockholm 1986, S. 162-186.
–: Ungdomen måste fostra sig själv, in: Katalog till utställningen »Aktiv ungdom«, o.O. 1944, S. 17.
–: Vad vi vet och vad vi behöver veta för att planlägga, in: Ders. u.a. (Hg.): Bygg bättre samhällen, Stockholm 1943, S. 42-47.
–: Vägen till bättre och billigare bostäder, in: Byggmästaren 26, 1947, S. 53-54.
–/LINDSTRÖM, Fritjof: Om sanering av bostadskvarter, in: Plan [Dänemark] 4, 1936, S. 14-18.
AHLBERG, Hakon: Byggnadsverksamheten som beredskapsåtgärd efter kriget, in: Byggmästaren 22, 1943, S. 193-197.
AHLSÉN, Erik/AHLSÉN, Tove: Årsta centrum, in: Årsta Centrum, Stockholm 1955, S. 3-20.
AHRBOM, Nils: Arkitektur och samhälle: funderingar över 50 års svensk arkitektur, Stockholm 1983.
–: Bostadsforskning, in: Att bo 2, 1952, H. 4, S. 181-183.
–: Diskussion om bostadsmiljön, in: Byggmästaren 27, 1948, S. 70-80.
AKADEMIE DER BILDENDEN KÜNSTE WIEN: Roland Rainer. Arbeiten aus 65 Jahren, Salzburg, Wien 1990.
AKIN, William E.: Technocracy and the American Dream. The Technocrat Movement, 1900-1941, Berkeley 1977.
ALBERS, Gerd: Geistesgeschichtliche Entwicklung des Städtebaus. Der Wandel der Wertmaßstäbe im 19. Jahrhundert, in: Vogler, Paul/Kühn, Erich (Hg.): Medizin und Städtebau. Ein Handbuch für den gesundheitlichen Städtebau, 2 Bde., München, Berlin, Wien 1957, Bd. 1, S. 180-202.
–: Wissenschaft und Städtebau, in: Göderitz, Johannes (Hg.): Beiträge zum neuen Städtebau und Städtebaurecht. Vorträge in den Kursen des Instituts für Städtebau und Wohnungswesen in München 1961, Tübingen o.J., S. 11-24.
–: Zur Entwicklung der Stadtplanung in Europa. Begegnungen, Einflüsse, Verflechtungen, Braunschweig, Wiesbaden 1997.
–/PAPAGEORGIOU-VENETAS, Alexander: Stadtplanung. Entwicklungslinien 1945-1980, 2 Bde., Tübingen 1984.
ALBRECHT, Nicola von/FLAGMEIER, Renate: sich einrichten. die wohnberatung des deutschen werkbunds, in: Maechtel, Anette/Peters, Kathrin (Hg.): die stadt von morgen. beiträge zu einer archäologie des hansaviertels berlin, Köln 2008, S. 120-125.
ALBRECHT, Stefan: Johannes Göderitz (1888-1978). Architekt – Stadtplaner – Wissenschaftler, Saarbrücken 2008.

ALCHON, Guy: The Invisible Hand of Planning. Capitalism, Social Science, and the State in the 1920s, Princeton 1985.

ALEXANDER, Christopher: A City is not a Tree. Part 2, in: Architectural Forum 122, 1965, H. 2, S. 58-62.

ALY, Götz: Hitlers Volkstaat. Raub, Rassenkrieg und nationaler Sozialismus, Frankfurt/Main 2005.

–/ROTH, Karl H.: Die restlose Erfassung. Volkszählen, Identifizieren, Aussondern im Nationalsozialismus, Berlin 1984.

ALZÉN, Annika: Svea rike. Med historien som språngbräda mot framtiden, in: Tvärsnitt 24, 2002, H. 2, S. 34-51.

AMBJÖRNSSON, Ronny: Den skötsamme arbetaren. Idéer och ideal i ett norrländskt sågverkssamhälle 1880-1930, Stockholm 1988.

–: Ellen Key och det sköna livet, in: Ambjörnsson, Ronny (Hg.): Hem och bostad. Bostadsideologier i ett historiskt perspektiv, Umeå 1986, S. 1-13.

ANDERSSON, Kaj: Så ska vi ha't. Gustavsbergscirkel propagerar för bättre hem, Stockholm 1945.

ANTER, Andreas: Die Macht der Ordnung. Aspekte einer Grundkategorie des Politischen, Tübingen 2004.

ARBEITSGEMEINSCHAFT HAUSWIRTSCHAFT E.V. (Hg.): Haushalts-Träume. Ein Jahrhundert Technisierung und Rationalisierung im Haushalt, Königstein/Ts. 1990.

»ARCHITEKTEN SIND KEINE KINDER DER NIEDERLAGEN, ABER IM TIEFSTEN ERNST HABEN WIR IN UNSEREN HERZEN GRÄBER, WO WIR VIELES VERGRABEN UND VERSTECKT HALTEN«, in: Stadtbauwelt 84, 1984, S. 350-378.

ARNDT, Konstanze: Weiss Rein Klar. Hygienevorstellungen des Neuen Bauens und ihre soziale Vermittlung durch die Frau, Kassel 1994.

ARNSTBERG, Karl-Olov: Genrebilden av miljonprogrammet, in: Rörby, Martin (Hg.): En miljon bostäder, Stockholm 1996, S. 25-33.

–: Ingenjörsromantik. Om behovslärans roll inom svensk samhällsplanering, in: Ders./Björklund, Anders (Hg.): Bläckfisken: om tillvarons tolkning, sunt förnuft och psykologins utbredning, Stockholm 1987, S. 172-212.

– (Hg.): Hjorthagen, Stockholm 1985.

ARRHENIUS, Lilly: Det levande hemmet. Handbok till en programserie i radio om heminredning och hemtrivsel, Stockholm 1951.

ASENDORF, Christoph: Entgrenzung als Leitvorstellung – Stationen einer Debatte der sechziger Jahre, in: Zinsmeister, Annett (Hg.): Constructing Utopia. Konstruktionen künstlicher Welten, Zürich 2005, S. 119-133.

–: Entgrenzung und Allgegenwart. Die Moderne und das Problem der Distanz, München 2005.

–: Super Constellation – Flugzeug und Raumrevolution. Die Wirkung der Luftfahrt auf Kunst und Kultur der Moderne, Wien, New York 1997.

–: Walter Benjamin and the Utopia of the »New Architecture«, in: Fiedler, Jeannine (Hg.): Social Utopias of the Twenties. Bauhaus, Kibbutz and the Dream of the New Man, Wuppertal 1995, S. 22-29.

ASH, Mitchell G.: Wissenschaft und Politik als Ressourcen für einander, in: Bruch, Rüdiger vom/Kaderas, Brigitte (Hg.): Wissenschaft und Wissenschaftspolitik. Bestandsaufnahmen zu Formationen, Kontinuitäten und Brüchen im Deutschland des 20. Jahrhunderts, Stuttgart 2002, S. 32-51.

ASPLUND, Gunnar u.a.: Acceptera, Arlöv 1980 [ND, urspr. 1931].
–: Konst och teknik, in: Byggmästaren 15, 1936, S. 166-171.
ASPLUND, Johan: Essä om Gemeinschaft och Gesellschaft, Göteborg 1991.
BABEROWSKI, Jörg/DOERING-MANTEUFFEL, Anselm: Ordnung durch Terror. Gewaltexzess und Vernichtung im nationalsozialistischen und stalinistischen Imperium, Bonn 2006.
BACKSTRÖM, Sven: Väsentligt, in: Byggmästaren 26, 1947, S. 1.
BADISCHES LANDESMUSEUM KARLSRUHE (Hg.): Neues Bauen der 20er Jahre. Gropius, Haesler, Schwitters und die Dammerstocksiedlung in Karlsruhe 1929, Karlsruhe 1997.
BAHRDT, Hans Paul: Die moderne Großstadt. Soziologische Überlegungen zum Städtebau, Hamburg 1961.
–: Entstädterung oder Urbanisierung. Soziologische Gedanken zum Städtebau von morgen, in: Baukunst und Werkform 9, 1956, S. 653-657.
BAJOHR, Frank/WILDT, Michael (Hg.): Volksgemeinschaft. Neuere Forschungen zur Gesellschaft des Nationalsozialismus, Frankfurt/Main 2009.
BANHAM, Reyner: A Concrete Atlantis: U.S. Industrial Building and European Modern Architecture, Cambridge/Mass. 1986.
–: Brutalismus in der Architektur. Ethik oder Ästhetik?, Stuttgart, Bern 1966.
BARDEL, Björn: Fyrtiotalets samhällsplanerings- och stadsplaneåtgärder i Storbritannien, in: Plan 4, 1950, S. 119-124.
BARTELS, Olaf (Hg.): Die Architekten Langmaack. Planen und Bauen in 75 Jahren, Hamburg 1998.
BARTHES, Roland: Semiologie und Stadtplanung, in: Ders. (Hg.): Das semiologische Abenteuer, Frankfurt/Main 1989, S. 199-209 [franz. 1967].
BARTNING, Hans: Schwedisches Bauen, in: Die Form 5, 1930, S. 447-459.
BARTZ, Christina/KRAUSE, Marcus (Hg.): Spektakel der Normalisierung, München 2007.
BAUMAN, Zygmunt: Biology and the Modern Project, Hamburg 1993.
–: Dialektik der Ordnung. Die Moderne und der Holocaust, Hamburg 1992.
–: Moderne und Ambivalenz. Das Ende der Eindeutigkeit, Hamburg 1992.
BAVAJ, Riccardo: Die Ambivalenz der Moderne im Nationalsozialismus. Eine Bilanz der Forschung, München 2003.
BEACH, Abigail: The Idea of Neighbourhood 1900-50, in: History Today 45, 1995, H. 9, S. 8-11.
BECKER, Sabina: Urbanität und Moderne. Studien zur Großstadtwahrnehmung in der deutschen Literatur 1900-1930, St. Ingbert 1993.
BEER, Ingeborg: Architektur für den Alltag. Vom sozialen und frauenorientierten Anspruch der Siedlungsarchitektur in den zwanziger Jahren, Berlin 1994.
BEHNE, Adolf: Dammerstock, in: Die Form 5, 1930, S. 163-166.
–: Der moderne Zweckbau, Berlin 1998 [ND, urspr. 1925].
BENGTSSON, Bo: Att lägga marknaden till rätta. Bostadsfrågan under 1900-talet, Gävle 1991.
BENGTZON, Olle: Accepterat, in: Arkitektur 59, 1959, H. 2, S. 33-34.
BERGGREN, Henrik/TRÄGÅRDH, Lars: Är svensken människa? Gemenskap och oberoende i det moderna Sverige, Stockholm 2006.

BERGMANN, Klaus: Agrarromantik und Großstadtfeindschaft, Meisenheim 1970.
BERGSTRÖM, Greta: Varukunskap för hemmet. Handledning för grupper och gillen, Stockholm 1942.
–/WIDHE, Etti: Hemkunskap, Stockholm 1942/43.
BERGSTRÖM, Moje: Köksinredningen diskuteras, in: Byggmästaren 9, 1930, S. 203-204.
BERMAN, Marshall: All that is Solid Melts into Air: The Experience of Modernity, New York 1982.
BERNDT, Heide: Das Gesellschaftsbild bei Stadtplanern, Stuttgart 1968.
BERNER, Boel: Sakernas tlllstånd. Kön, klass, teknisk expertis, Linköping 1996.
BERNSDORF, Wilhelm/KNOSPE, Horst: Dahlström, Edmund, in: Dies (Hg.): Internationales Soziologenlexikon, 2. Bde., Stuttgart 1984, Bd. 2., S. 160.
BEYME, Klaus von: Der Wiederaufbau. Architektur und Städtebaupolitik in beiden deutschen Staaten, München u.a. 1988.
– u.a. (Hg.): Neue Städte aus Ruinen. Deutscher Städtebau der Nachkriegszeit, München 1992.
BICKEL, Edmund: Vällingby – ein städtebaulicher Großversuch in Schweden, in: Baumeister 52, 1955, S. 109.
BITTNER, Regina u.a. (Hg.): Zukunft aus Amerika. Fordismus in der Zwischenkriegszeit. Siedlung, Stadt, Raum, Frankfurt/Main, New York 1995.
BJERREGAARD, Ken/ÖSTEBERG, Kjell: Bland välfärdsingenjörer och - byråkrater i 50-talets Gustavsberg, in: Bebyggelsehistorisk tidskrift 28, 1994, S. 59-70.
BJÖRCK, Henrik: Den sociala ingenjören på intressekontoret. En studie i svensk välfärdshistoria, in: Lychnos 2000, S. 103-137.
–: Till frågan om folkhemmets rötter. En språklig historia, in: Lychnos 2000, S. 139-170.
BJÖRKLUND, Eva: Allrum eller Salong. Folk och herrskap i den svenska bostadens utveckling, in: Arkitekturmuseets Årsbok 2000, S. 76-101.
BJÖRKMAN, Jenny: Rätten till det goda hemmet. Om bostadsinspektion i 1930-talets Stockholm, in: Florin, Christina/Elgán, Elisabeth/Hagemann, Gro (Hg.): Den självstyrande medborgaren? Ny historia om rättvisa, demokrati och välfärd, Stockholm 2007, S. 107-129.
BLADH, Mats: Tre principer för den sociala bostadspolitiken. En analys av Alf Johanssons argumentation, in: Sax, Ulrika (Hg.): Familjebostäder. Flera kapitel i svensk bostadspolitik, Stockholm 2006, S. 133-159.
BLUMENBERG, Hans: Organische und mechanische Hintergrundmetaphorik, in: Ders.: Paradigmen zu einer Metaphorologie, Frankfurt/Main 1998, S. 91-110.
BOALT, Gunnar/HOLM, Lennart: Bostadssociologi, Stockholm 1959.
BODÉN, Christer: Modern Arkitektur. Funktionalismens uppgång och fall, Helsingborg 1989.
BODENSCHATZ, Harald: Krebsgeschwür Hinterhof. »Gesundung« als Kampfbegriff der Stadterneuerung, in: Stadtbauwelt 87, 1988, S. 506-513.

BOEDDINGHAUS, Gerhard (Hg.): Gesellschaft durch Dichte. Kritische Initiativen zu einem neuen Leitbild für Planung und Städtebau 1963/1964, Braunschweig, Wiesbaden 1995.

BOEHM, Herbert: Die Gestalt der Städte des neuen Ostens, in: Raumforschung und Raumordnung 5, 1941, S. 221-224.

BÖHME, Helmut: »Stadtutopien« und »Stadtwirklichkeit«. Über die Ambivalenz von idealem Stadtentwurf und totalitärer Gesellschaftsordnung, in: Die alte Stadt 23, 1996, S. 68-91.

BOËTHIUS, Maria-Pia: Heder och samvete. Sverige och andra världskriget, Stockholm 2001.

BOLLEREY, Franziska: Architekturkonzeptionen der utopischen Sozialisten. Alternative Planung und Architektur für den gesellschaftlichen Prozeß, Berlin 1991.

BOLTANSKI, Luc: Leben als Projekt. Prekarität in der schönen neuen Netzwerkgesellschaft, in: Polar 2, 2007, S. 7-13.

–/CHIAPELLO, Ève: Der neue Geist des Kapitalismus, Konstanz 2006 [franz. 1999].

BOMAN, Monica: 1945. Bostadsfrågan i centrum, in: Wickmann, Kerstin (Hg.): Formens rörelse. Svensk form genom 150 år, Stockholm 1995, S. 157-175.

BOSE, Michael u.a. (Hg.): »...Ein neues Hamburg entsteht...«. Planen und Bauen von 1933-1945, Hamburg 1986.

BOSTADEN OCH VÅR EKONOMI. Ett samhälle med dåliga bostäder är ett samhälle med många sanatorier och fängelser, Stockholm 1934.

BOYER, Christine M.: Dreaming the Rational City. The Myth of American City Planning, Cambridge/Mass. 1983.

BRINITZER, Sabine: Hans Bernhard Reichow – Planer der Sennestadt. Genese eines organischen Stadtplanungskonzeptes von 1927 bis 1974, Diss., Univ. Marburg 1994.

–: Organische Architekturkonzepte zwischen 1900 und 1960 in Deutschland: Untersuchungen zur Definition des Begriffs organische Architektur, Frankfurt/Main 2006.

BRINT, Steven: In the Age of Experts. The Changing Role of Professionals in Politics and Public Life, Princeton 1994.

BROBERG, Niels/TYDÉN, Mats: Oönskade i folkhemmet. Rashygien och sterilisering i Sverige, Stockholm 1991.

BROCK, Bazon: Das Bauhaus als Biskuit – gegen retrospektive Prophetien, in: Fiedler, Jeannine (Hg.): Bauhaus, Köln 2006, S. 580-583.

BRÖCKLING, Ulrich: Das unternehmerische Selbst. Soziologie einer Subjektivierungsform, Frankfurt/Main 2007.

–/KRASMANN, Susanne/LEMKE, Thomas: Gouvernementalität, Neoliberalismus und Selbsttechnologien. Eine Einleitung, in: Dies. (Hg.): Gouvernementalität der Gegenwart. Studien zur Ökonomisierung des Sozialen, Frankfurt/Main 2000, S. 7-40.

BRUCH, Rüdiger vom (Hg.): Krise der Moderne und Glaube an die Wissenschaft, Stuttgart 1989.

BRUENDEL, Steffen: Volksgemeinschaft oder Volksstaat. Die »Ideen von 1914« und die Neuordnung Deutschlands im Ersten Weltkrieg, Berlin 2003.

BRUNISCH, Arthur: Stockholm. Eine Studienfahrt des Referates Sozialer Wohnungsbau im Bund Deutscher Architekten, in: Der Architekt 3, 1954, S. 204-212.

BRUNNBERG, Hans: Stadsbyggnadskonst eller stadsbyggnadsteknik, in: Svenska Arkitekters Riksförbund (Hg.): stadsbyggandet – ett uttryck för tidens kultur, Stockholm 1963, S. 22-34.

BRUNNSTRÖM, Lisa: Den rationella fabriken. Om funktionalismens rötter, Umeå 1990.

–: Det svenska folkhemsbygget. Om Kooperativa Förbundets arkitektkontor, Stockholm 2004.

BRUYN, Gerd de: Die Diktatur der Philanthropen. Entwicklung der Stadtplanung aus dem utopischen Denken, Braunschweig, Wiesbaden 1996.

–: Fisch und Frosch oder die Selbstkritik der Moderne, Basel, Boston, Berlin 2001.

BUBLITZ, Hannelore/HANKE, Christine/SEIER, Andrea (Hg.): Der Gesellschaftskörper. Zur Neuordnung von Kultur und Geschlecht um 1900, Frankfurt/Main 2000.

BUDER, Stanley: Visionaries and Planners. The Garden City Movement and the Modern Community, New York, Oxford 1990.

BÜLOW, Friedrich: Wilhelm Heinrich Riehl. Die Wissenschaft vom Volk und seiner Arbeit, in: Raumforschung und Raumordnung 2, 1938, S. 1-5.

BULLOCK, Nicholas: Building the Post-War World, Modern Architecture and Reconstruction in Britain, New York 2002.

BUTLER, Judith: Psyche der Macht. Das Subjekt der Unterwerfung, Frankfurt/Main 2001 [engl. 1997].

BUTT, Wolfgang: Mobilmachung des Elfenbeinturms: Reaktionen auf den Faschismus in der schwedischen Literatur 1933-1939, Neumünster 1977.

CALDENBY, Claes: Avlyssna situationens inneboende logik. Bostadsfrågan och göteborgstiden 1943-1953, in: Rudberg, Eva u.a. (Hg.): Tage William-Olsson. Stridbar planerare och visionär arkitekt, Stockholm 2004, S. 179-260.

–: Kollektivhus. Sovjet och Sverige omkring 1930, Stockholm 1979.

–: När kom modernismen till Göteborg?, in: Kulturmiljövård 1996, S. 44-51.

–: Vad är ett Kollektivhus?, Göteborg 1992.

CARL FREDRIK AHLBERG – Professor of Town Planning, Royal Institute of Technology, Stockholm, Sweden. Interviewed by Torsten Hägerstrand, Lund o.J. [1978].

CARLSSON, Allan: The Swedish Experiment in Family Politics. The Myrdals and the Interwar Population Crisis, New Brunswick, London 1990.

CASTEL, Robert: Die Metamorphosen der sozialen Frage. Eine Chronik der Lohnarbeit, Konstanz 2000 [franz. 1995].

CERTEAU, Michel de: Praktiken im Raum, in: Dünne, Jörg/Günzel, Stephan (Hg.): Raumtheorie. Grundlagentexte aus Philosophie und Kulturwissenschaften, Frankfurt/Main 2006, S. 343-353 [franz. 1980].

CHRISTALLER, Walter: Die Kultur- und Marktbereiche der zentralen Orte im Deutschen Ostraum und die Gliederung der Verwaltung, in: Raumforschung und Raumordnung 4, 1940, S. 498-503.

–: Die zentralen Orte in Süddeutschland. Eine ökonomisch-geographische Untersuchung der Verbreitung und Entwicklung der Siedlungen mit städtischer Funktion, Darmstadt 1933.

CIAM INTERNATIONALE KONGRESSE FÜR NEUES BAUEN: Rationelle Bebauungsweisen. Ergebnisse des 3. Internationalen Kongresses für Neues Bauen, Frankfurt/Main 1931.

CLASON, Anders: Lewis Mumford och Svensk Stad, in: Hammarström, Ingrid/Hall, Thomas (Hg.): Perspektiv på svensk stad, Stockholm 1981, S. 130-135.

–: Plantänkande och planering. En studie i 1940-talets samhällsplaneringsidéer och initativ, Gävle 1982.

COLOMINA, Beatriz: Krankheit als Metapher in der modernen Architektur, in: Daidalos 64, 1997, S. 60-71.

CONEKIN, Becky: The Autobiography of a Nation. The 1951 Festival of Britain, Manchester 2003.

CONRADS, Ulrich u.a. (Hg.): Die Bauhaus-Debatte 1953. Dokumente einer verdrängten Kontroverse, Braunschweig, Wiesbaden 1997.

– (Hg.): Die Städte himmeloffen. Reden und Reflexionen über den Wiederaufbau des Untergegangenen und die Wiederkehr des Neuen Bauens 1948/49, Basel, Boston, Berlin 2003.

CONTANT/DEBORD [Guy]: Situationist Definitions, in: Conrads, Ulrich (Hg.): Programs and Manifestoes on 20th-Century Architecture, Cambridge/Mass. 1971 [Auszug, urspr. 1958].

COOLEY, Charles Horton: Social Organization. A study of the larger mind, New York 1909.

CORNEHL, Ulrich:»Raummassagen«. Der Architekt Werner Kallmorgen 1902-1979, Hamburg 2003.

CORNI, Gustavo: Die Utopien des Faschismus. Ruralisierung und »neue Städte«, in: Hardtwig, Wolfgang (Hg.): Utopie und politische Herrschaft im Europa der Zwischenkriegszeit, München 2003, S. 97-118.

CRAMER, Johannes/GUTSCHOW, Niels: Bauausstellungen. Eine Architekturgeschichte des 20. Jahrhunderts, Stuttgart 1984.

CREAGH, Lucy: An Introduction to Acceptera, in: Modern Swedish Design. Three Founding Texts, New York 2008, S. 126-139.

CREESE, Walter L.: The Search for Environment: The Garden City, before and after, Baltimore u.a. 1992.

CULEMANN, Carl: Baugestaltungsaufsicht und Bebauungsplan, in: Die Neue Stadt 5, 1951, S. 391-392.

–: Die Gestaltung der städtischen Siedlungsmasse, in: Raumforschung und Raumordnung 5, 1941, S. 122-134.

–: Zur Methodik der Stadtgestaltungspläne, in: Raumforschung und Raumordnung 5, 1941, S. 403-410.

CURMAN, Jöran: Industrins arbetarebostäder, Uppsala 1944.

–: Industrisamhällen. En översikt och framtidsvision, in: Vi 15, 1943, S. 17-20.

–: »Jag ville jag vore i Indialand«. Några reflexioner kring Göteborgs bostadsaktiebolags idétävlan, in: Att bo 1, 1951, H. 1, S. 57-61.

–/FRIBERGER, Erik/SUNDBÄRG, Gunnar: Några aktuella synpunkter på stadsplaner och bostäder, in: Byggmästaren 13, 1934, S. 88-91.

–/ZIMDAL, Helge: Gruppsamhällen, in: Segerstedt, Torgny T:son u.a. (Hg.): Inför framtidens demokrati, Stockholm 1944, S. 123-142.

DÄHN, Arthur (Hg.): Eine Reise durch Süd-Schweden. 27.5.-6.6.1953, Hamburg o.J. [1953].

DAHIR, James: The Neigborhood Unit Plan. Its Spread and Acceptance. A Selected Bibliography with Interpretative Comments, New York 1947.

DAHLQVIST, Hans: Folkhemsbegreppet: Rudolf Kjellén vs. Per Albin Hansson, in: Historisk tidskrift 3, 2002, S. 445-466.

DAHLSTRÖM, Edmund: Barnfamiljer i höghus och trevånings låghus, Stockholm 1957.

–: Behovsbegreppet i social planering, in: Boalt, Gunnar u.a.: Sociologi, Stockholm 1951, S. 270-285.

–: Lokal samhällsplanering och sociologisk forskning, in: Plan 3, 1949, S. 55-59.

–: Söderort i sociologisk belysning, in: Plan 6, 1952, S. 49-51.

–: Trivsel i söderort. Sociologisk undersökning i Hägerstensåsen och Hökmossen 1949-1950, Stockholm 1951.

DANNESKIOLD-SAMSØE, Otto: County of London Plan 1943, in: Byggmästaren 23, 1944, S. 154-160.

–: Englands nya stadsplanering, in: Plan 1, 1947, S. 19-20.

–: Ett engelskt inventeringsarbete, in: Byggmästaren 23, 1944, S. 333-336.

–: Människan i förgrunden. Några reflexioner kring en sociologisk avhandling, in: Plan 6, 1952, S. 51-55.

–: Nutida engelsk samhällsplanering, Stockholm 1945.

–: Regionalplan för Göteborg med omgivningar, in: Byggmästaren 25, 1946, S. 352-358.

DASTON, Lorraine/GALISON, Peter: Objektivität, Frankfurt/Main 2007.

DAUN, Åke: Grannskapsidén och småhusbebyggelsen, in: Plan 31, 1977, S. 277-284.

DAVIDOFF, Paul: Advocacy and Pluralism in Planning, in: Journal of the American Institute of Planners 31, 1965, S. 331-338.

DEFERT, Daniel: Foucault, der Raum und die Architekten, in: David, Catherine (Hg.): Po(e)litics. Buch zur Documenta X. Kassel, Ostfildern-Ruit 1997, S. 274-283.

DEHAENE, Michiel: Surveying and Comprehensive Planning. The »Coordination of Knowledge« in the Wartime Plans of Patrick Abercrombie and Max Lock, in: Whyte, Ian Boyd (Hg.): Man-Made Future: Planning, Education and Design in Mid-Twentieth-Century Britain, London, New York 2007, S. 38-58.

DELAND, Mats: The Social City. Stockholm 1900-1945, Stockholm 2001.

DELEUZE, Gilles: Was ist ein Dispositiv?, in: Ewald, François/Waldenfels, Bernhard (Hg.): Spiele der Wahrheit. Michel Foucaults Denken, Frankfurt/Main 1991, S. 153-162 [franz. 1988].

DER AUFBAU DER KREISSTADT, in: Siedlungsgestaltung aus Volk, Raum und Gemeinschaft 9, 1942, S. 33-38.

DERRIDA, Jacques: Grammatologie, Frankfurt/Main 1974 [franz. 1967].

DER STADTPLAN GEHT UNS ALLE AN. städtebau + öffentlichkeit, raumordnung + öffentlichkeit, form + öffentlichkeit. Öffentliches Gespräch, Dortmund Februar 1955, Bad Godesberg 1955.

DEUTSCHE AKADEMIE FÜR STÄDTEBAU, REICHS- UND LANDESPLANUNG: Vorläufige Richtlinien für die Planung und Erschließung von Wohn- und Siedlungsgebieten, Wien, Leipzig 1942.

DIEFENDORF, Jeffrey M.: In the Wake of War. The Reconstruction of German Cities after World War II, New York, Oxford 1993.

–: Konstanty Gutschow and the Reconstruction of Hamburg, in: Central European History 18, 1985, S. 143-169.

DIEHL, Paula: Der »Neue Mensch« gegen die Kontingenz: Utopische Körperentwürfe als Strategie der Krisenbewältigung in der Weimarer Republik und im Nationalsozialismus, in: Grunwald, Henning/Pfister, Manfred (Hg.): Krisis! Krisenszenarien, Diagnosen und Diskursstrategien, München 2007, S. 158-176.

DIE LANGEN SCHATTEN DER TRÜMMERZEIT – 60 Jahre Kontinuität im deutschen Städtebau, in: Kunzmann, Klaus R./Petz, Ursula/Schmals, Klaus M. (Hg.): 20 Jahre Raumplanung. Eine Disziplin institutionalisiert sich, Dortmund 1990, S. 41-50.

DIE REICHSFORSCHUNGSSIEDLUNG IN BERLIN-SPANDAU, in: Wohnungswirtschaft 6, 1929, S. 42-43.

DIE WOHNWÜNSCHE DER BERGARBEITER. Soziologische Erhebung, Deutung und Kritik der Wohnvorstellungen eines Berufs. In Verbindung mit Gunther Ipsen und Heinrich Popitz bearbeitet von Elisabeth Pfeil, Tübingen 1954.

DINGES, Martin/SACK, Fritz (Hg.): Unsichere Großstädte? Vom Mittelalter bis zur Postmoderne, Konstanz 2000.

DITTRICH, Erich: Die Großstadt – Städteplanung vom Menschen her, in: Raumforschung und Raumordnung 13, 1955, S. 173-174.

DÖRHÖFER, Kerstin: Das neue Bauen und seine Folgen für den weiblichen Alltag, in: Anselm, Sigrun/Beck, Barbara (Hg.): Triumph und Scheitern in der Metropole: zur Rolle der Weiblichkeit in der Geschichte Berlins, Berlin 1997, S. 181-206.

–: Reproduktionsbereich Wohnen. Geschlechtsdifferente Ansprüche und bauliche Standards, in: Saldern, Adelheid von (Hg.): Bauen und Wohnen in Niedersachsen während der fünfziger Jahre, Hannover 1999, S. 181-198.

DOERING-MANTEUFFEL, Anselm: Konturen von »Ordnung« in den Zeitschichten des 20. Jahrhunderts, in: Etzemüller, Thomas (Hg.): Die Ordnung der Moderne. Social Engineering im 20. Jahrhundert, Bielefeld 2009, S. 41-64.

–: Mensch, Maschine, Zeit. Fortschrittsbewußtsein und Kulturkritik im ersten Drittel des 20. Jahrhunderts, in: Jahrbuch des Historischen Kollegs 2003, München 2004, S. 91-119.

–: Nach dem Boom: Brüche und Kontinuitäten der Industriemoderne seit 1977, in: Vierteljahrshefte für Zeitgeschichte 44, 2007, S. 559-581.

–: Ordnung jenseits der politischen Systeme: Planung im 20. Jahrhundert. Ein Kommentar, in: Geschichte und Gesellschaft 34, 2008, S. 398-406.

–/RAPHAEL, Lutz: Nach dem Boom. Perspektiven auf die Zeitgeschichte seit 1970, Göttingen 2008.

DÖRR, Heinrich: Bomben brechen die »Haufen«-Stadt. Stadtplanliche Betrachtung des Luftkriegs, in: Raumforschung und Raumordnung 5, 1941, S. 269-273.

DOLFF-BONEKÄMPER, Gabi: Das Hansaviertel: Internationale Nachkriegsmoderne in Berlin, Berlin 1999.
DONZELOT, Jacques: Die Ordnung der Familie. Mit einem Nachwort von Gilles Deleuze, Frankfurt/Main 1979 [franz. 1977].
DREHSEN, Volker/SPARN, Walter (Hg.): Vom Weltbildwandel zur Weltanschauungsanalyse. Krisenwahrnehmung und Krisenbewältigung um 1900, Berlin 1996.
DROSTE, Heiko: Das schwedische Volksheim – Erbe der frühneuzeitlichen Staatenbildung, in: Schneider, Ute/Raphael, Lutz (Hg.): Dimensionen der Moderne. Festschrift für Christof Dipper, Frankfurt/Main 2008, S. 129-148.
DROSTE, Magdalena: Enterbung des Nachfolgers. Der Konflikt zwischen Hannes Meyer und Walter Gropius, in: Ostwalt, Philipp (Hg.): Bauhaus Streit. 1919-2009. Kontroversen und Kontrahenten, Ostfildern 2009, S. 68-84.
DÜLFFER, Jost: NS-Herrschaftssystem und Stadtgestaltung. Das Gesetz zur Neugestaltung deutscher Städte vom 4. Oktober 1937, in: German Studies Review 12, 1989, S. 69-90.
DÜWEL, Jörn u.a. (Hg.): Krieg, Zerstörung, Aufbau. Architektur und Stadtplanung 1940-1960, Berlin 1995.
–/GUTSCHOW, Niels: Städtebau in Deutschland im 20. Jahrhundert. Ideen, Projekte, Akteure, Stuttgart, Leipzig, Wiesbaden 2005.
–/GUTSCHOW, Niels: Städtebau vom Ersten Weltkrieg bis zu den »Grenzen des Wachstums« in den frühen siebziger Jahren, 1918-1975, in: Bodenschatz, Harald u.a.: Berlin und seine Bauten. Teil I – Städtebau, Berlin 2009, S. 113-334.
DUNER, Mårten: Social byggnadskonst. Arkitektrollen och byggindustrialiseringen, in: Häften för kritiska studier 32, 1999, S. 3-22.
DURTH, Werner: Deutsche Architekten. Biographische Verflechtungen 1900-1970, Braunschweig, Wiesbaden 1986.
–: Die Stadtlandschaft. Zum Leitbild der gegliederten und aufgelockerten Stadt, in: Durth, Werner/Gutschow, Niels (Hg.): Architektur und Städtebau der fünfziger Jahre. Ergebnisse der Fachtagung in Hannover 1990, Bonn 1990, S. 24-37.
–: Hannover: Geplante Expansion, in: Beyme, Klaus von u.a. (Hg.): Neue Städte aus Ruinen. Deutscher Städtebau der Nachkriegszeit, München 1992, S. 164-181.
–: Utopie der Gemeinschaft. Überlegungen zur Neugestaltung deutscher Städte 1900-1950, in: Schneider, Romana/Wang, Wilfried (Hg.): Moderne Architektur in Deutschland 1900 bis 2000. Macht und Monument, Ostfildern-Ruit 1998, S. 134-161.
–: Verschwiegene Geschichte. Probleme der Kontinuität in der Stadtplanung 1940-1960, in: Die alte Stadt 14, 1987, S. 28-50.
–: Vom Sieg der Zahlen über die Bilder. Anmerkungen zum Bedeutungswandel der Städte im Denken der Planer, in: Stadtbauwelt 88, 1985, S. 363-368.
–: Zwischen Moderne und Modernismus – Wege zur Architektur der Nachkriegszeit, in: Lampugnani, Vittorio Magnano/Schneider, Romana (Hg.):

Moderne Architektur in Deutschland 1900 bis 1950. Expressionismus und Neue Sachlichkeit, Stuttgart 1994, S. 297-321.
–/GUTSCHOW, Niels (Hg.): Architektur und Städtebau der fünfziger Jahre. Ergebnisse der Fachtagung in Hannover 1990, Bonn 1990.
–/GUTSCHOW, Niels: Träume in Trümmern. Planungen zum Wiederaufbau zerstörter Städte im Westen Deutschlands 1940-1950, 2 Bde., Braunschweig, Wiesbaden 1988.
–/GUTSCHOW, Niels: Vom Architekturraum zur Stadtlandschaft. Wandlungen städtebaulicher Leitbilder unter dem Eindruck des Luftkrieges 1942-1945, in: Schildt, Axel/Sywottek, Arnold (Hg.): Massenwohnung und Eigenheim. Wohnungsbau und Wohnen in der Großstadt seit dem Ersten Weltkrieg, Frankfurt/Main u.a. 1988, S. 316-360.
DWOROG, Sabine/MENDE, Silke: Residuen des Ordnungsdenkens in den 1970er Jahren? Kontinuitäten, Umbrüche, veränderte Bezugsgrößen. Die Fallbeispiele »Grüne Bewegung« und »Flughafenausbau Frankfurt«, in: Etzemüller, Thomas (Hg.): Die Ordnung der Moderne. Social Engineering im 20. Jahrhundert, Bielefeld 2009, S. 331-355.
ECKART, Frank: Germany. Neighbourhood Centres. A Complex Issue, in: Built Environment 32, 2006, S. 53-72.
EDLING, Nils: Det fosterländska hemmet. Egnahemspolitik, småbruk och hemideologie kring sekelskiftet 1900, Stockholm 1996.
EISINGER, Angelus: Die Stadt der Architekten. Anatomie einer Selbstdemontage, Basel, Boston, Berlin 2006.
–: Die Stadt im Plan. Stadtdiskurse und visuelle Darstellungen im Schweizer Städtebau zwischen 1935 und 1948, in: Gugerli, David/Orland, Barbara (Hg.): Ganz normale Bilder. Historische Beiträge zur visuellen Herstellung von Selbstverständlichkeit, Zürich 2002, S. 67-84.
–: Städte bauen. Städtebau und Stadtentwicklung in der Schweiz 1940-1970, Zürich 2004.
EKECRANTZ, Jan/OLSSON, Tom: Från social utopi till byggprojekt. Journalismen i omvandlingen av folkhemmet, in: Bebyggelsehistorisk tidskrift 28, 1994, H. 28, S. 19-38.
EKMAN, Stig/ÅMARK, Klas (Hg.): Sweden's Relations with Nazism, Nazi Germany and the Holocaust. A Survey of Research, Stockholm 2003.
EKSTRÖM, Anders: Den utställda världen. Stockholmsutställningen 1897 och 1800-talets världsutställningar, Stockholm 1994.
ELANDER, Ingemar: Socialdemokratin och samhällsplaneringen, in: Hall, Thomas (Hg.): Perspektiv på planering. Frågeställningar och frontlinjer inom planeringshistorisk forskning, Uppsala 1991, S. 75-108.
ELLDIN, Harald: Det demokratiska arbetslivet, in: Segerstedt, Torgny T:son u.a. (Hg.): Inför framtidens demokrati, Stockholm 1944, S. 80-91.
ENGKVIST, Olle: Beredskap, in: Byggmästaren 21, 1942, S. 27-31.
ENGSTROM, Eric J./HESS, Volker/THOMAS, Ulrike (Hg.): Figurationen des Experten. Ambivalenzen der wissenschaftlichen Expertise im ausgehenden 18. und frühen 19. Jahrhundert, Frankfurt/Main 2005.
ERIKSSON, Emelie: Stockholm med modernismen i centrum. Cityomdaningen ur ett aktörs- och ett mediaperspektiv, Stockholm 2004.
ERIKSSON, Eva: Den moderna staden tar form. Arkitektur och debatt 1910-1935, Stockholm 2001.

–: Mellan tradition och modernitet. Arkitektur och arkitekturdebatt 1900-1930, Stockholm 2000.
–: Modernismens rötter i svensk arkitektur, in: Widenheim, Cecilia/Rudberg, Eva (Hg.): Utopi och verklighet. Svensk modernism 1900-1960, Stockholm 2001, S. 138-149.
ERLHOFF, Michael: Putzige Gewalten – drei denkbare Rückblicke auf eine verräumlichte Moderne, in: Fiedler, Jeannine (Hg.): Bauhaus, Köln 2006, S. 584-591.
ERNST BARLACH HAUS/HAMBURGISCHES ARCHITEKTURARCHIV (Hg.): »Das Neue gegen das Alte«. Werner Kallmorgen – Hamburgs Architekt der Nachkriegszeit, Hamburg 2003.
ESHER, Lionel: A Broken Wave: The Rebuilding of England 1940-1980, London 1981.
ESKILSSON, Lena: Fritiden. Om fritidens idé och en utställning i Ystad 1936, in: Tvärsnitt 17, 1995, H. 4, S. 16-29.
EßBACH, Wolfgang/FISCHER, Joachim/LETHEN, Helmut (Hg.): Plessners »Grenzen der Gemeinschaft«: eine Debatte, Frankfurt/Main 2002.
ETZEMÜLLER, Thomas (Hg.): Die Ordnung der Moderne. Social Engineering im 20. Jahrhundert, Bielefeld 2009.
–: Die Romantik der Rationalität. Alva & Gunnar Myrdal – Social Engineering in Schweden, Bielefeld 2010 [i. E.].
–: Die Romantik des Reißbretts. Social Engineering und demokratische Volksgemeinschaft in Schweden: Das Beispiel Alva und Gunnar Myrdal (1930-1960), in: Geschichte und Gesellschaft 32, 2006, S. 445-466.
–: Ein ewigwährender Untergang. Der apokalyptische Bevölkerungsdiskurs im 20. Jahrhundert, Bielefeld 2007.
–: *Social engineering* als Verhaltenslehre des kühlen Kopfes. Eine einleitende Skizze, in: Ders. (Hg.): Die Ordnung der Moderne. Social Engineering im 20. Jahrhundert, Bielefeld 2009, S. 11-39.
–: Sozialstaat, Eugenik und Normalisierung in skandinavischen Demokratien, in: Archiv für Sozialgeschichte 43, 2003, S. 492-510.
–: Total, aber nicht totalitär. Die schwedische »Volksgemeinschaft«, in: Bajohr, Frank/Wildt, Michael (Hg.): Volksgemeinschaft. Neuere Forschungen zur Gesellschaft des Nationalsozialismus, Frankfurt/Main 2009, S. 41-59.
–: »Unsere schlechte Welt«. Die moralische Kraft der Rationalität bei Alva und Gunnar Myrdal, in: Knoch, Habbo (Hg.): Bürgersinn mit Weltgefühl. Politische Moral und solidarischer Protest in den sechziger und siebziger Jahren, Göttingen 2007, S. 74-92.
EULER, Roland von: Grannskapsidén i amerikansk diskussion, in: Att bo 1, 1951, H. 2, S. 62-66.
EVANS, Robin: Menschen, Türen, Korridore, in: Arch+ 134/135, 1996, S. 84-97.
EWALD, François: Der Vorsorgestaat, Frankfurt/Main 1993 [franz. 1986].
EYERMAN, Ron: Rationalizing Intellectuals. Sweden in the 1930s and 1940s, in: Theory and Society 14, 1985, S. 777-807.
FALLER, Peter: Der Wohngrundriss. Entwicklungslinien 1920-1990, Schlüsselprojekte, Funktionsstudien, Stuttgart 1996.
FEDER, Gottfried: Arbeitsstätte – Wohnstätte, Berlin 1939.

–: Die neue Stadt. Versuch der Begründung einer neuen Stadtplanungskunst aus der sozialen Struktur der Bevölkerung, Berlin 1939.

FEDERATION INTERNATIONALE DE L`HABITATION ET DE L'URBANISME. INTERNATIONAL FEDERATION FOR HOUSING AND TOWN PLANNING. INTERNATIONALER VEREIN FÜR WOHNUNGSWESEN UND STÄDTEBAU: Hoch- und Flachbau. Horizontal or Vertical Building. Construction en Hauteur et en Surface. Internationaler Wohnungs- und Städtebaukongress. International Housing and Town Planning Congress. Congrès International de l'Habitation et de l'Urbanisme. Paris 1937, o.O. o.J. [1937].

FEHL, Gerhard: Die Moderne unterm Hakenkreuz. Ein Versuch, die Rolle funktionalistischer Architektur im Dritten Reich zu klären, in: Frank, Hartmut (Hg.): Faschistische Architekturen. Planen und Bauen in Europa 1930-1945, Hamburg 1985.

–: Gartenstadt und Raumordnung in Deutschland. Konzepte für eine wohlgeordnete Suburbanisierung (1900-1945), in: Die alte Stadt 17, 1990, S. 160-180.

–: Kleinstadt, Steildach, Volksgemeinschaft. Zum »reaktionären Modernismus« in Bau- und Stadtbaukunst, Braunschweig u.a. 1995.

–: Welcher Fordismus eigentlich? Eine einleitende Warnung vor dem leichtfertigen Gebrauch des Begriffs, in: Bittner, Regina u.a. (Hg.): Zukunft aus Amerika. Fordismus in der Zwischenkriegszeit. Siedlung, Stadt, Raum, Frankfurt/Main, New York 1995, S. 19-37.

– (Hg.): Planung und Information. Materialien zur Planungsforschung, Gütersloh 1972.

–/RODRÍGUEZ LORES, Juan: Von der »Bandstadt« zur »Bandstruktur«. Eine Einführung in das Thema, in: Fehl, Gerhard/Rodríguez Lores, Juan (Hg.): »Die Stadt wird in der Landschaft sein und die Landschaft in der Stadt«. Bandstadt und Bandstruktur als Leitbilder des modernen Städtebaus, Basel, Boston, Berlin 1997, S. 19-54.

FELDMANN, Beate: Vardagslivets platser. Ett barnrikekvarter i Hammarbyhöjden 1936 till 2006, in: Sax, Ulrika (Hg.): Familjebostäder. Flera kapitel i svensk bostadspolitik, Stockholm 2006, S. 70-97.

FERRING, Mari: Dionysos på Årsta Torg. Färgfrågan i svensk efterkrigsarkitektur, Stockholm 2006.

FIEDLER, Jeannine (Hg.): Social Utopias of the Twenties. Bauhaus, Kibbutz and the Dream of the New Man, Wuppertal 1995.

FIREY, Walter: Grenzen als Faktoren in der Gemeindeplanung, in: Soziale Welt 5, 1954, S. 114-121.

FISCH, Stefan/RUDLOFF, Wilfried (Hg.): Experten und Politik. Wissenschaftliche Politikberatung in geschichtlicher Perspektive, Berlin 2004.

FISCHER, Friedhelm: German Reconstruction as an International Activity, in: Diefendorf, Jeffrey M. (Hg.): Rebuilding Europe's bombed Cities, London 1990, S. 131-144.

FISCHER, Joachim: Nachwort, in: Plessner, Helmuth: Grenzen der Gemeinschaft. Eine Kritik des sozialen Radikalismus, Frankfurt/Main 2002, S. 135-145.

FISCHLER, Raphaël: Planning for Social Betterment. From Standard of Living to Quality of Life, in: Freestone, Robert (Hg.): Urban Planning in a

Changing World: The Twentieth Century Experience, London, New York 2000, S. 139-154.

–: Towards a Genealogy of Planning: Zoning and the Welfare State, in: Planning Perspectives 13, 1998, S. 389-410.

FISHMAN, Robert: Bourgeois Utopias, New York 1987.

–: Urban Utopias in the Twentieth Century. Ebenezer Howard, Frank Lloyd Wright, and Le Corbusier, Cambridge, London 1991.

FLECK, Ludwik: Entstehung und Entwicklung einer wissenschaftlichen Tatsache. Einführung in die Lehre vom Denkstil und Denkkollektiv. Mit einer Einleitung hg. von Lothar Schäfer und Thomas Schnelle, Frankfurt/Main 1980 [urspr. 1935].

FLECKEN, Ursula: Zur Genese der Nachmoderne im Städtebau: Entwürfe 1960-1975 in Westdeutschland, Berlin 1999.

FLECKNER, Sigurd: Reichsforschungsgesellschaft für Wirtschaftlichkeit im Bau- und Wohnungswesen: 1927-1931. Entwicklung und Scheitern, Diss., Techn. Univ. Aachen 1993.

FÖLLMER, Moritz/GRAF, Rüdiger (Hg.): Die »Krise« der Weimarer Republik. Zur Kritik eines Deutungsmusters, Frankfurt/Main u.a. 2005.

FÖRENINGEN FÖR SAMHÄLLSPLANERING, in: Plan 1, 1947, S. 48.

FOLKESDOTTER, Gärd: Fred Forbat och den funktionalistiska stadsbyggnadsdoktrinen, in: Bebyggelsehistorisk tidskrift 20, 1990, S. 157-172.

–: Nyttans tjänare och skönhetens riddare. Hur arkitekter som författare till översiktliga planer 1947-1974 förhållit sig till professionens överordnade värden, Gävle 1987.

–:: »Störtas skall det gamla snart i gruset«. Bostadssociala utredningens syn på äldre bebyggelse, Gävle 1981.

FORBAT, Fred: Återuppbyggnad eller förnyelse, in: Byggmästaren 24, 1945, S. 315-316.

–: Flach-, Mittel- und Hochbau, in: Tendenzen der Zwanziger Jahre. 15. Europäische Kunstausstellung in Berlin 1977, Berlin 1977, S. 138-139 [Auszug, urspr. 1931].

–: Idédebatt kring arkitekturen i Tyskland, in: Att bo 2, 1952, H. 1-2, S. 27-32.

–: Planesymboler – för sista gången, in: Plan 6, 1952, S. 30-31.

–: Raumordnung und Landesplanung in Schweden, in: Raumforschung und Raumordnung 13, 1955, S. 27-37.

–: Untersuchungen über den »Lokalisierungsmultiplikator«, in: Raumforschung und Raumordnung 11, 1953, S. 97-101.

–: Utvecklingsprognos för en medelstor stad. En studie över näringsliv, befolkning och bostäder i Skövde, Stockholm 1949.

–: Wohnform und Gemeinschaftsidee, in: Wohnungswirtschaft 6, 1929, S. 141-143.

–/EGLER, Harry: Generalplan för Skövde, Stockholm 1949.

FORNDRAN, Erhard: Die Stadt- und Industriegründungen Wolfsburg und Salzgitter. Entscheidungsprozesse im nationalsozialistischen Herrschaftssystem, Frankfurt/Main, New York 1984.

FORSMAN, Per: Den sociala ingenjörskonstens historiska rötter, in: Kronos 2, 1990, S. 33-39.

–: Det gamla och det nya bygget. Bilder och betraktelser kring en metafor, Stockholm 1993.
FORSSELL, Maja: Köken i bostadsavdelningen på stockholmsutställningen 1930, in: Byggmästaren 9, 1930, S. 169-174, 185-196.
FORTY, Adrian: Taylorism and Modern Architecture, in: Transactions/Royal Institute of British Architects 5, 1986, S. 73-81.
FOUCAULT, Michel: Die Anormalen. Vorlesungen am Collège de France (1974-1975), Frankfurt/Main 2003.
–: Die »Gouvernementalität«, in: Bröckling, Ulrich/Krasmann, Susanne/Lemke, Thomas (Hg.): Gouvernementalität der Gegenwart. Studien zur Ökonomisierung des Sozialen, Frankfurt/Main 2000, S. 41-67 [franz. 1978].
–: Die Ordnung der Dinge, Frankfurt/Main 1974 [franz. 1966].
–: Die Ordnung des Diskurses. Mit einem Essay von Ralf Konersmann, Frankfurt/Main 1997 [franz. 1971].
–: Dispositive der Macht. Über Sexualität, Wissen und Wahrheit, Berlin 1978.
–: In Verteidigung der Gesellschaft. Vorlesungen am Collège de France (1975-76), Frankfurt/Main 1999.
–: Überwachen und Strafen. Die Geburt des Gefängnisses, Frankfurt/Main 2004 [franz. 1974].
FRAMPTON, Kenneth: Die Architektur der Moderne. Eine kritische Baugeschichte, Stuttgart 2004 [engl. 1980].
–: Stockholm 1930. Asplund and the legacy of funkis, in: Caldenby, Claes/Hultin, Olof (Hg.): Asplund, Stockholm 1985, S. 35-39.
FRANK, Hartmut: Monument und Moderne, in: Schneider, Romana/Wang, Wilfried (Hg.): Moderne Architektur in Deutschland 1900 bis 2000. Macht und Monument, Ostfildern-Ruit 1998, S. 220-233.
FRANK, Susanne: Stadtplanung im Geschlechterkampf. Stadt und Geschlecht in der Großstadtentwicklung des 19. und 20. Jahrhunderts, Opladen 2003.
FRANZÉN, Mats: Der Bau des Folkhems. Wohnungsbaupolitik in Schweden 1940-1980, in: Siegrist, Hannes/Stråth, Bo (Hg.): Wohnungsbau im internationalen Vergleich. Planung und gesellschaftliche Steuerung in den beiden deutschen Staaten und in Schweden, Leipzig 1996, S. 49-67.
–/Sandstedt, Eva: Grannskap och stadsplanering, Stockholm 1981.
FRENANDER, Anders: Debattens vågor. Om politisk-ideologiska frågor i efterkrigstidens svenska kulturdebatt, Göteborg 1999.
FRESE, Matthias/PAULUS, Julia/TEPPE, Karl (Hg.): Demokratisierung und gesellschaftlicher Aufstieg. Die sechziger Jahre als Wendezeit der Bundesrepublik, Paderborn u.a. 2003.
FREYER, Hans: Gegenwartsaufgaben der deutschen Soziologie, in: Zeitschrift für die gesamte Staatswissenschaft 95, 1934, S. 116-144.
–: Soziologie als Wirklichkeitswissenschaft. Logische Grundlagen des Systems der Soziologie, Leipzig, Berlin 1930.
FRIBERGER, Erik: Arkitekterna och fredsberedskapen, in: Byggmästaren 22, 1943, S. 89-91.

FUHRMEISTER, Christian: Gutschow, Konstanty, in: Klopitzsch, Franklin/Brietzke, Dirk (Hg.): Hamburgische Biografie. Personenlexikon, Hamburg 2001, S. 115-116.

FRYKMAN, Jonas: Becoming the Perfect Swede: Modernity, Body Politics, and National Processes in Twentieth-Century Sweden, in: Ethnos 58, 1993, S. 259-274.

–: Pure and Rational. The Hygienic Vision: A Study of Cultural Transformation in the 1930's. The New Man, in: Ethnologia Scandinavica 11, 1981, S. 36-63.

GALISON, Peter: Aufbau/Bauhaus. Logischer Positivismus und architektonische Moderne, in: Arch+ 156, 2001, S. 66-79.

–: War against the Center, in: Picon, Antoine/Ponte, Alessandra (Hg.): Architecture and the Sciences. Exchanging Metaphors, New York 2003, S. 196-227.

–/THOMPSON, Emily (Hg.): The Architecture of Science, Cambridge/Mass. u.a. 1999.

GAMPER, Michael/SCHNYDER, Peter (Hg.): Kollektive Gespenster. Die Masse, der Zeitgeist und andere unfassbare Körper, Freiburg 2006.

–: Masse lesen, Masse schreiben. Eine Diskurs- und Imaginationsgeschichte der Menschenmenge 1965-1930, München 2007.

GARTMAN, David: Why Modern Architecture Emerged in Europe, Not in America: The New Class and the Aesthetics of Technology, in: Theory, Culture & Society 17, 2000, S. 75-96.

GASSER, Karin: Stadt und Delinquenz. Theoretische und empirische Beiträge der Chicago School of Sociology, 1920-1937, Bern 2002.

GEBHARDT, Winfried: »Warme Gemeinschaft« und »kalte Gesellschaft«. Zur Kontinuität einer deutschen Denkfigur, in: Meuter, Günther/Otten, Heriwue Ricardo (Hg.): Der Aufstand gegen den Bürger. Antibürgerliches Denken im 20. Jahrhundert, Würzburg 1999, S. 165-184.

GEIGER, Annette: »Form follows function« als biozentrische Metapher in der Architektur- und Design-Theorie, in: Dies./Hennecke, Stefanie/Kempf, Christin (Hg.): Spielarten des Organischen in Architektur, Design und Kunst, Berlin 2005, S. 50-67.

–/HENNECKE, Stefanie/KEMPF, Christin: Einleitung, in: Dies. (Hg.): Spielarten des Organischen in Architektur, Design und Kunst, Berlin 2005, S. 9-18.

GEMENSAMHETSLOKALER, Stockholm 1949.

GERHARD, Ute/LINK, Jürgen/SCHULTE-HOLTEY, Ernst (Hg.): Infografiken, Medien, Normalisierung. Zur Kartografie politisch-sozialer Landschaften, Heidelberg 2001.

GERSTNER, Alexandra/KÖNCZÖL, Barbara/NENTWIG, Janina (Hg.): Der neue Mensch. Utopien, Leitbilder und Reformkonzepte zwischen den Weltkriegen, Frankfurt/Main 2005.

GHIRARDO, Diane: Building New Communities: New Deal America and Fascist Italy, Princeton 1989.

GIEDION, Sigfried: Architektur und Gemeinschaft. Tagebuch einer Entwicklung, Reinbek 1956.

–: Befreites Wohnen. 86 Bilder erläutert von S. Giedion, Frankfurt/Main 1985 [ND, urspr. 1929].

–: Die Internationalen Kongresse für neues Bauen, in: Internationale Kongresse für neues Bauen/Städtisches Hochbauamt in Frankfurt am Main (Hg.): Die Wohnung für das Existenzminimum. Aufgrund der Ergebnisse des II. Internationalen Kongresses für Neues Bauen, sowie der vom Städtischen Hochbauamt in Frankfurt am Main veranstalteten Wander-Ausstellung, Frankfurt/Main 1930, S. 5-9.

–: Zwei Ausstellungen. 2. Ausstellung Stockholm 1930, in: Stein Holz Eisen 44, 1930, S. 374-377.

GILLETTE, Howard: The Evolution of Neighborhood Planning: From the Progressive Era to the 1949 Housing Act, in: Journal of Urban History 9, 1983, S. 421-455.

GIMMEL, Jürgen: Die politische Organisation kulturellen Ressentiments. Der »Kampfbund für deutsche Kultur« und das bildungsbürgerliche Unbehagen an der Moderne, Münster 2001.

GISBERTZ, Olaf: Bruno Taut und Johannes Göderitz in Magdeburg. Architektur und Städtebau in der Weimarer Republik, Berlin 2000.

GLAMBEK, Ingeborg: Det nordiske i arkitektur og design sett utenfra, Kopenhagen 1997.

–: Funksjonalismen. Stil og social- arkitektonisk bevegelse, in: Nolin, Bertil (Hg.): Kulturradikalismen. Det moderna genombrottets andra fas, Stockholm 1993, S. 63-75.

GÖDERITZ, Johannes: Altstadtsanierung (Sanierung ungesunder Stadtteile), in: Enskat, Alfred u.a. (Hg.): Wörterbuch der Wohnungs- und Siedlungswirtschaft. Loseblattsammlung für die gesamte privatwirtschaftliche, genossenschaftliche, öffentlich-wirtschaftliche und Verwaltungs-Praxis auf dem Gebiete des Wohnungs- und Siedlungswesens, Stuttgart, Berlin 1938, S. 15-22.

–: Braunschweig. Zerstörung und Aufbau, Braunschweig 1949.

–: Großstadt, in: Enskat, Alfred u.a. (Hg.): Wörterbuch der Wohnungs- und Siedlungswirtschaft. Loseblattsammlung für die gesamte privatwirtschaftliche, genossenschaftliche, öffentlich-wirtschaftliche und Verwaltungs-Praxis auf dem Gebiete des Wohnungs- und Siedlungswesens, Stuttgart, Berlin 1938, S. 561-565.

–: Organische Stadterneuerung und ihre wirtschaftlichen Grundlagen, in: Raumforschung und Raumordnung 5, 1941, S. 72-76.

–: Städtebau, in: Enskat, Alfred u.a. (Hg.): Wörterbuch der Wohnungs- und Siedlungswirtschaft. Loseblattsammlung für die gesamte privatwirtschaftliche, genossenschaftliche, öffentlich-wirtschaftliche und Verwaltungs-Praxis auf dem Gebiete des Wohnungs- und Siedlungswesens, Stuttgart, Berlin 1938, S. 1015-1033.

–/RAINER, Roland/HOFFMANN, Hubert: Die gegliederte und aufgelockerte Stadt, Tübingen 1957.

GÖRANSDOTTER, Maria: Möbleringsfrågan. Om synen på heminredning i 1930- och 1940-talets bostadsvaneundersökningar, in: Historisk tidskrift 119, 1999, S. 449-474.

–: Smakfostran och heminredning. Om estetiska diskurser och bildning till bättre boende i Sverige 1930-1955, in: Magnusson, Lars/Söderberg, Johan (Hg.): Kultur och konsumtion i Norden 1750-1950, Helsinki 1997, S. 253-274.

GÖTZ, Norbert: Att lägga historien till rätta: Försöket att göra folkhemmet folkhemskt, in: Tvärsnitt 24, S. 28-43.

–: Hansson och Hitler: En begreppshistorisk släktforskning, in: Historisk tidskrift för Finland 87, 2002, S. 245-262.

–: Provisorische Utopie und konkrete Ordnung: Zur Abgrenzung schwedischer und deutscher Gemeinschaftskonstruktionen 1932/33-1945, in: Bänsch, Alexandra (Hg.): Die kulturelle Konstruktion von Gemeinschaften: Schweden und Deutschland im Modernisierungsprozeß, Baden-Baden 2001, S. 123-143.

–: The People's Home as a Symbol of Order in the Swedish Welfare State, in: Rothholz, Walter (Hg.): Political Culture in the Baltic Sea Region and in Eastern Europe, Berlin 2003, S. 46-54.

–: Ungleiche Geschwister. Die Konstruktion von nationalsozialistischer Volksgemeinschaft und schwedischem Volksheim, Baden-Baden 2001.

GOLD, John R.: The Experience of Modernism: Modern Architects and the Future City, 1928-1953, London 1997.

GRAF, Rüdiger: Die Zukunft der Weimarer Republik. Krisen und Zukunftsaneignungen in Deutschland 1918-1933, München 2008.

GRIFFIN, Roger: Modernism and Fascism. The Sense of a Beginning under Mussolini and Hitler, Houndmills, New York 2007.

GROPIUS, Walter/WAGNER, Martin: A Programme For City Reconstruction, in: Conrads, Ulrich (Hg.): Programs and Manifestoes on 20th-Century Architecture, Cambridge/Mass. 1971, S. 146-147 [Auszug, urspr. 1943].

–: Die soziologischen Grundlagen der Minimalwohnungen für die städtische Industriebevölkerung, in: Probst, Hartmut/Schädlich, Christian (Hg.): Walter Gropius, 3 Bde., Berlin 1988, Bd. 3, S. 131-137 [urspr. 1929]

–: geistige und technische voraussetzungen der neuen baukunst, in: Probst, Hartmut/Schädlich, Christian (Hg.): Walter Gropius, 3 Bde., Berlin 1988, Bd. 3, S. 114-115 [urspr. 1927].

GROSSMANN, Walter: Städtebauliche Eindrücke in Stockholm, in: Der Architekt 3, 1954, S. 213-214.

GUCKES, Jochen: Ordnungsvorstellungen im Raum. Überlegungen zur deutschen Stadtplanungs- und Architekturgeschichte zwischen 1918 und 1945 aus kulturhistorischer Sicht, in: Archiv für Sozialgeschichte 48, 2008, S. 661-702.

GUGERLI, David: Soziotechnische Evidenzen. Der »pictural turn« als Chance für die Geschichtswissenschaften, in: Traverse 3, 1999, S. 131-159.

GUILLÉN, Mauro F.: The Taylorized Beauty of the Mechanical. Scientific Management and the Rise of Modernist Architecture, Princeton 2006.

GULLBERG, Anders/RUDBERG, Eva (Hg.): Byggare i Stockholm. Byggmästarerollen under 1900-talet, Stockholm 2001.

GUSTAVSSON, Karin/JÖNSSON, Lars-Eric (Hg.): Minnen från framtiden. H55, 1955-1995, Helsingborg 1995.

GUTBERGER, Jörg: Volk, Raum und Sozialstruktur: Sozialstruktur- und Sozialraumforschung im »Dritten Reich«, Münster 1996.

GUTSCHOW, Konstanty: Amerikanisches Bauen, in: Die Bauzeitung 24, 1927, S. 153-154.

–: Bauen am Rande der Großstadt, in: Moderne Bauformen 34, 1935, S. 585-588.

–: Bevölkerungspolitische Pflichten des Architekten, in: Baurundschau 25, 1934, S. 233-234.
–: Die Altstadtsanierung in Altona, in: Zentralblatt der Bauverwaltung 55, 1935, S. 97-101.
–: Gesichtspunkte der »Hygiene« beim Neuaufbau von Warschau, in: Vogler, Paul/Kühn, Erich (Hg.): Medizin und Städtebau. Ein Handbuch für den gesundheitlichen Städtebau, 2 Bde., München, Berlin, Wien 1957, Bd. 2, S. 596-601.
–: Haus und Bebauungsplan, in: Baurundschau 22, 1931, S. 169-176.
–: Neues Bauen in Kopenhagen. Ein kurzer Reisebericht, in: Neue Bauwelt 7, 1952, S. 53-59.
–: Rede von Konstanty Gutschow am 2. Mai 1945, in: Durth, Werner/ Gutschow, Niels: Träume in Trümmern. Planungen zum Wiederaufbau zerstörter Städte im Westen Deutschlands 1940-1950, 2 Bde., Braunschweig, Wiesbaden 1988, Bd. 2, S. 697-699.
–: Sanierung des Hamburger Gängeviertels, in: Zentralblatt der Bauverwaltung 53, 1933, S. 312.
–: Volkswohnung – Familienwohnung, in: Gesundes Wohnen – Gesundes Volk. Festschrift, herausgegeben zum 50jährigen Bestehen des »Hamburger Wohnungs-Anzeigers«, Hamburg 1939, S. 21-22.
–: Was ist Städtebau?, in: Herdfeuer 7, 1932, H. 5, S. 1-4.
–: Wohnen, in: Deutsche Bauzeitschrift 6, 1958, S. 637-652, 1001-1016, 1329-1344 (17-32, 33-48, 49-64).
–: Wohnen, in: Deutsche Bauzeitschrift 7, 1959, S. 409-424 (65-80).
–: Wohnen, in: Deutsche Bauzeitschrift 8, 1960, S. 1269-1284 (113-128).
–: Zu den Fragen: Besonnung und Zeilenbau, in: Stein Holz Eisen 44, 1930, S. 244-246.
–: Zur Frage der Wohnungsgrundrisse, in: Baurundschau 40, 1950, S. 371.
–/ZIPPEL, Hermann: Umbau. Fassadenveränderung, Ladeneinbau, Wohnhausumbau, Wohnungsteilung, seitliche Erweiterung, Aufstockung, Zweckveränderung; Planung und Konstruktion. 86 Beispiele mit 392 vergleichenden Ansichten, Grundrissen und Schnitten, Stuttgart 1932.
GUTSCHOW, Niels: Landschaft statt Stadt. Gedanken zur Idee der Stadtlandschaft in Hamburg 1943/44, in: Höhns, Ullrich (Hg.): Das ungebaute Hamburg. Visionen einer anderen Stadt in architektonischen Entwürfen der letzten hundertfünfzig Jahre, Hamburg 1991, S. 262-265.
–: Ordnungswahn. Architekten planen im »eingedeutschten Osten« 1939-1945, Basel u.a. 2001.
HAACK, Annemarie: Der Generalbebauungsplan für Hamburg 1940/1941 und 1944, in: Uni-hh-Forschung 12, 1980, S. 79-89.
HABEL, Ylva: Modern Media, Modern Audiences: Mass Media and Social Engineering in the 1930s Swedish Welfare State, Stockholm 2002.
HABERMANN, Gerd: Ordnungsdenken – eine geistesgeschichtliche Skizze, in: Ordo 53, 2002, S. 169-189.
HABICHT, Franz R.: Unklare Begriffe im Bauwesen, in: Baurundschau 40, 1950, S. 397.
HACKHAUSEN, Jörg: Stadtplanung in Hamburg – Kontinuitäten und Wandel vom Generalbebauungsplan 1940/41 bis zum Aufbauplan 1950, München 2005.

HÄFNER, Gabriela: Ellen Key und das kulturelle Selbstverständnis Schwedens zwischen Tradition und Moderne, Berlin 1998.
HAEHLING, Hans von: Der soziale Wohnungsbau in Schweden, in: Bauen Siedeln Wohnen 19, 1939, S. 861-864.
HAESLER, Otto: Zum Problem des Wohnungsbaus. Gesteigerter Nutzeffekt bei verringertem Aufwand, Berlin 1930.
HAFNER, Thomas: Vom Montagehaus zur Wohnscheibe. Entwicklungen im deutschen Wohnungsbau 1945-1970. Mit ausgewählten Beispielen aus Baden-Württemberg, Basel, Boston, Berlin 1993.
HAGBERG, Jan-Erik: Tekniken i kvinnornas händer. Hushållsarbete och hushållsteknik under tjugo- och trettiotalen, Malmö 1986.
HAGEN, Wilhelm: Biologische und soziale Voraussetzungen der Kleinstwohnung, in: Das neue Frankfurt 3, 1929, S. 222-224.
HAIN, Simone: Linker Funktionalismus – Zu einem vergessenen Kapitel, in: Wissenschaftliche Zeitschrift der Hochschule für Architektur und Bauwesen Weimar 29, 1983, S. 387-390.
HALD, Arthur/HOLM, Per/JOHANSSON, Gotthard: Swedish Housing, Stockholm 1949.
HALL, Peter/WARD, Collin: Sociable Cities. The Legacy of Ebenezer Howard, Chichester u.a. 1998.
HALL, Thomas: Den svenska stadens planeringshistoria – ett försök till forskningsöversikt, in: Ders. (Hg.): Perspektiv på planering. Frågeställningar och frontlinjer inom planeringshistorisk forskning, Uppsala 1991, S. 207-253.
–: »I nationell skala«. Studier kring cityplaneringen i Stockholm, Stockholm 1985.
–: Urban Planning in Sweden, in: Ders. (Hg.): Planning and Urban Growth in the Nordic Countries, London u.a. 1991, S. 167-246.
HALLBERG, Mikael/JONSSON, Tomas: »Allmänanda och självtukt.« Per Albin Hanssons ideologiska förändring och folkhemsretorikens framväxt, Uppsala 1993.
HALS, Harald: Utlåtande över Det framtida Stockholm, in: Utlåtanden över Det framtida Stockholm från offentliga organ och enskilda, Stockholm 1946, S. 50.
HAMM, Bernd: Betrifft: Nachbarschaft. Verständigung über Inhalt und Gebrauch eines vieldeutigen Begriffs, Düsseldorf 1973.
HAMRIN, Örjan: Funkisstriden, in: Rosander, Göran (Hg.): Karl Erik Forsslund. Författaren, folkbildaren, hembygdsvårdaren, Hedemora 1991, S. 123-138.
HANISCH, Ruth/WIDRICH, Mechthild: Architektur der Küche. Zur Umwertung eines Wirtschaftsraums in der europäischen Architektur des zwanzigsten Jahrhunderts, in: Miklautz, Elfie/Lachmayer, Herbert/Eisendle, Reinhard (Hg.): Die Küche. Zur Geschichte eines architektonischen, sozialen und imaginativen Raums, Wien, Köln, Weimar 1999, S. 17-47.
HANSSON, Björn A.: The Stockholm School and the Development of Dynamic Method, in: Sandelin, Bo (Hg.): The History of Swedish Economic Thought, London 1991, S. 168-213.

HARDTWIG, Wolfgang: Die Krise des Geschichtsbewußtseins in Kaiserreich und Weimarer Republik und der Aufstieg des Nationalsozialismus, in: Jahrbuch des Historischen Kollegs 2001, München 2002, S. 47-76.
–: Einleitung, in: Ders. (Hg.): Ordnungen in der Krise. Zur politischen Kulturgeschichte Deutschlands 1900-1933, München 2007, S. 11-17.
–: Einleitung. Utopie und politische Herrschaft im Europa der Zwischenkriegszeit, in: Ders. (Hg.): Utopie und politische Herrschaft, München 2003, S. 1-12.
– (Hg.): Ordnungen in der Krise. Zur politischen Kulturgeschichte Deutschlands 1900-1933, München 2007.
HARDY, Dennis: Utopian England. Community Experiments 1900-1945, London 2000.
HARLANDER, Tilman/FEHL, Gerhard (Hg.): Hitlers Sozialer Wohnungsbau. Aufsätze und Rechtsgrundlagen zur Wohnungspolitik, Baugestaltung und Siedlungsplanung aus der Zeitschrift »Der Soziale Wohnungsbau in Deutschland«, Hamburg 1986.
–: Modernisierung und Fortschritt. Anmerkungen zur Diskussion um Kontinuität und Bruch nach 1945, in: Lüken-Isberner, Folckert (Hg.): Stadt und Raum 1933-1949, Kassel 1991, S. 255-262.
–: Städtebau – Dorfidylle, Mustersiedlung und »totale Planung«, in: Ders./Bodenschatz, Harald/Fehl, Gerhard (Hg.): Villa und Eigenheim. Suburbaner Städtebau in Deutschland, München 2001, S. 268-284.
–: Zwischen Heimstätte und Wohnmaschine. Wohnungsbau und Wohnungspolitik in der Zeit des Nationalsozialismus, Basel u.a. 1995.
–/HATER, Katrin/MEIERS, Franz: Siedeln in Not. Umbruch von Wohnungspolitik und Siedlungsbau am Ende der Weimarer Republik, Hamburg 1988.
HARRISON, Shelby M.: Introduction, in: Perry, Clarence Arthur: The Neighbourhood Unit: from the Regional Survey of New York and its Environs, Volume VII, Neighbourhood and Community Planning, London, New York 1998, S. 22-24 [ND, urspr. 1929].
HARTMANN, Kristiana: Gartenstadtbewegung, in: Krebs, Diethart/Reulecke, Jürgen (Hg.): Handbuch der deutschen Reformbewegungen, Wuppertal 1998, S. 289-300.
HASTE, Hans: Barnrikehus. Ett kapitel i svensk bostadspolitik, Stockholm 1986.
HATJE, Ann-Katrin: Befolkningsfrågan och välfärden. Debatten om familjepolitik och nativitetsökning under 1930- och 1940-talen, Stockholm 1999.
–: Bostadspolitik på förändrade villkor. En studie av den statliga bostadspolitikens mål och medel under 1940- och 1950-talen, Stockholm 1978.
HAYS, K. Michael: Modernism and the Posthumanist Subject: The Architecture of Hannes Meyer and Ludwig Hilbersheimer, Cambridge/Mass., London 1992.
HEGEMANN, Werner: Das dänische Handbuch der Bauindustrie, in: Wasmuths Monatshefte für Baukunst und Städtebau 15, 1931, S. 272-274.
HEINSOHN, Kirsten: »Volksgemeinschaft« als gedachte Ordnung. Zur Geschlechtergeschichte der Deutschnationalen Volkspartei, in: Boukrif, Gabriele u.a. (Hg.): Geschlechtergeschichte des Politischen. Entwürfe von

Geschichte und Gemeinschaft im 19. und 20. Jahrhundert, Münster u.a. 2002, S. 83-106.

HEJL, Peter M.: Biologische Metaphern in der deutschsprachigen Soziologie der zweiten Hälfte des 19. Jahrhunderts, in: Barsch, Achim/Ders. (Hg.): Menschenbilder. Zur Pluralisierung der Vorstellung von der menschlichen Natur (1850-1914), Frankfurt a. M. 2000, S. 167-214.

HELLPACH, Willy: Mensch und Volk in der Großstadt, Stuttgart 1939.

HENDERSON, Susan R.: Ernst May and the Campaign to Resettle the Countryside. Rural Housing in Silesia 1919-1925, in: Journal of the Society of Architectural Historians 61, 2002, S. 188-211.

HENNING, Friedrich-Wilhelm: Stadtplanerische Überlegungen in der Zwischenkriegszeit – dargestellt anhand des Planes von Hans Bernhard Reichow für Stettin, in: Teuteberg, Hans-Jürgen (Hg.): Stadtwachstum, Industrialisierung, Sozialer Wandel. Beiträge zur Erforschung der Urbanisierung im 19. und 20. Jahrhundert, Berlin 1986, S. 219-223.

HENNINGSEN, Bernd: Der Wohlfahrtsstaat Schweden, Baden-Baden 1986.

–: Nachwort: Das kulturell konstruierte Gemeinschaftsprojekt oder: vom Nutzen transnationaler Forschung, in: Bänsch, Alexandra (Hg.): Die kulturelle Konstruktion von Gemeinschaften: Schweden und Deutschland im Modernisierungsprozeß, Baden-Baden 2001, S. 257-265.

HENNINGSEN, Poul: Sammanhängen, in: Byggmästaren 24, 1945, S. 196-197.

HENTILÄ, Seppo: The Origins of the Folkhem Ideology in Swedish Social Democracy, in: Scandinavian Journal of History 3, S. 323-345.

HENZE, Valeska: Das schwedische Volksheim. Zur Struktur und Funktion eines politischen Ordnungsmodells, Florenz 1993.

HERBERT, Gilbert: The Dream of the Factory Made House: Walter Gropius and Konrad Wachsmann, Cambridge/Mass. 1984.

HERBERT, Ulrich: Europe in High Modernity. Reflections on a Theory of the 20th Century, in: Journal of Modern European History 5, 2007, H. 1, S. 5-21.

–: »Generation der Sachlichkeit«. Die völkische Studentenbewegung der frühen zwanziger Jahre in Deutschland, in: Bajohr, Frank/Johe, Werner/Lohalm, Uwe (Hg.): Zivilisation und Barbarei. Das widersprüchliche Potential der Moderne. Detlev Peukert zum Gedenken, Hamburg 1991, S. 114-144.

HERF, Jeffrey: Reactionary Modernism. Technology, Culture, and Politics in Weimar and the Third Reich, Cambridge 1984.

HERLYN, Ulfert/SALDERN, Adelheid von/TESSIN, Wulf (Hg.): Neubausiedlungen der 20er und 60er Jahre. Ein historisch-soziologischer Vergleich, Frankfurt/Main u.a. 1987.

HERREN, Madeleine: Sozialpolitik und die Historisierung des Transnationalen, in: Geschichte und Gesellschaft 32, 2006, S. 542-559.

HEßLER, Martina: »Mrs. Modern Woman«. Zur Sozial- und Kulturgeschichte der Haushaltstechnisierung, Frankfurt/Main, New York 2001.

HILBERSEIMER, Ludwig: Groszstadtarchitektur, Stuttgart 1978 [ND, urspr. 1927].

HILLEBRECHT, Rudolf: Das Wohnen als Sinn des Bauens, in: Bennholdt-Thomsen, Carl/Bürger, Max (Hg.): Der Mensch in der Großstadt. Eine Vortragsreihe, Stuttgart 1960, S. 178-193.

–: Die Aufgabe Hannover, in: Baukunst und Werkform 9, 1956, S. 64-66.
–: Die Stadtplanung, ihr Wesen und ihre Aufgabe, ihre Grenzen und ihre Möglichkeiten, in: Landesgruppe Nordrhein-Westfalen der Deutschen Akademie für Städtebau und Landesplanung (Hg.): Stadtplanung, Landesplanung, Raumordnung, Köln, Opladen 1962, S. 65-76.
–: Eine neue Heimat bauen!, in: Baurundschau 41, 1951, S. 162-163.
–: Reiseeindrücke aus Schweden, in: Der Bauhelfer 5, 1950, S. 239-246.
–: Städtebau als Herausforderung. Ausgewählte Schriften und Vorträge von Rudolf Hillbrecht, Köln u.a. o.J. [1976].
–: Trabanten- und »neue Städte«? Eine kritische Betrachtung, in: Baukunst und Werkform 13, 1960, S. 33-36.
–: Trabanten- und »neue Städte«? Eine kritische Betrachtung (Schluß), in: Baukunst und Werkform 13, 1960, S. 89-99.
–: Von Ebenezer Howard zu Jane Jacobs oder: war alles falsch, in: Stadtbauwelt 8, 1965, S. 638-658.
HIRDINA, Heinz: Funktionalismus, in: Barck, Karlheinz u.a. (Hg.): Ästhetische Grundbegriffe, 7 Bde., Stuttgart, Weimar 2003, Bd. 2, S. 588-608.
HIRDINA, Karin: Pathos der Sachlichkeit. Tendenzen materialistischer Ästhetik in den zwanziger Jahren, Berlin 1981.
HIRDMAN, Yvonne: Att lägga livet tillrätta – studier i svensk folkhemspolitik, Stockholm 1989.
–: Crisis. The Road to Happiness, in: Witoszek, Nina (Hg.): Culture and Crisis. The Case of Germany and Sweden, New York, Oxford 2004, S. 155-169.
–: Genusanalys av välfärdsstaten: en utmaning av dikotomierna, in: Institut för arbetslivsforskning (Hg.): Särtryck Nr. 5, Stockholm 1994, S. 66-76.
–: Social Engineering and the Woman Question: Sweden in the Thirties, in: Clement, Wallace/Mahon, Rianne (Hg.): Swedish Social Democracy, Toronto 1994, S. 65-81.
–: »Social Planning Under Rational Control«. Social Engineering in Sweden in the 1930s and 1940s, in: Kettunen, Pauli/Eskola, Hanna (Hg.): Models, Modernity and the Myrdals, Helsinki 1997, S. 55-80.
–: Vi bygger landet. Den svenska arbetarrörelsens historia från Per Götrek till Olof Palme, Stockholm 1988.
HITCHCOCK, Henry-Russel/JOHNSON, Philip: The International Style, New York u.a. 1995 [ND, urspr. 1932].
HJÄRNE, Lars: Planning for Community in Swedish Housing. A Survey of Research on Social Networks in the Residential Environment, in: Scandinavian Housing and Planning Research 3, 1986, S. 193-215.
HÖHNS, Ullrich (Hg.): Das ungebaute Hamburg. Visionen einer anderen Stadt in architektonischen Entwürfen der letzten hundertfünfzig Jahre, Hamburg 1991.
HÖK, Bertil: En svensk »Mumford«, in: Byggmästaren 22, 1943, S. 34-35.
HÖLSCHER, Lucien: Die Zukunft zerstört die Vergangenheit. Zerstörungspotentiale in den Zukunftsentwürfen des 20. Jahrhunderts, in: Paust, Bettina u.a. (Hg.): Aufbauen – Zerstören. Phänomene und Prozesse der Kunst, Oberhausen 2007, S. 9-18.
HOENIG, Anton: Gesetze der Bodenwertbildung, in: Städtebau 23, 1928, S. 231-235.

HOFFMANN, Hubert: Beispielhafter Wohnungsbau, in: Baurundschau 41, 1951, S. 52-58.
–: Die Idee der Stadtplanung, in: Vogler, Paul/Kühn, Erich (Hg.): Medizin und Städtebau. Ein Handbuch für den gesundheitlichen Städtebau, 2 Bde., München, Berlin, Wien 1957, Bd. 1, S. 214-246.
–: Die Landschaft im Städtebau, in: Die Neue Stadt 6, 1952, S. 58-62.
–: Die Stadtzelle und ihre Gliederung, in: Neue Bauwelt 2, 1947, S. 711.
–: Neustädte in Europa, in: Form 9, 1960, S. 23-26.
–: Otto Neurath – seine Bedeutung für die Städtebautheorie, in: bauforum 16, 1983, H. 96, S. 40-41.
–: Wohnungsbau und Wohnkultur Schwedens, in: Baurundschau 41, 1951, S. 16-21.
HOFSTEN, Erland von: Hur länge måste vi vänta på samlingslokalerna?, in: Plan 2, 1947, S. 133.
–: Utredning angående stadsplanen för Gubbängen, Stockholm o.J. [1943].
HOHN, Uta: Der Einfluss von Luftschutz, Bombenkrieg und Stadtezerstörung auf Städtebau und Stadtplanung im »Dritten Reich«, in: Die alte Stadt 19, 1992, S. 326-353.
HOLFORD, William: The Swedish Scene. An English Architect in War-time Sweden, in: The Architectural Review 94, 1943, S. 60-79.
HOLM, Lennart: Familj och bostad. En redovisning av fem fältstudier i moderna svenska familjebostäder 1951-1954, Stockholm 1955.
–: Ideologi och form i efterkrigstidens arkitekturdebatt, in: Byggmästaren 27, 1948, S. 264-272.
HOLM, Per: Ett sammanträde i bostadssociala utredningen hösten 1945, in: Engfors, Christina (Hg.): Folkhemmets bostäder 1940-1960, Stockholm 1987, S. 41-47.
–: Samhällsundersökningar. En grundval för planmässig kommunalpolitik, Stockholm 1944.
HOLMBERG, Erik Olof: Utställningen Constructa, in: Att bo 1, 1951, H. 1, S. 20-21.
HOTZE, Andrea: Menschenbild und Ordnung der Sozialen Marktwirtschaft: A. Rüstow, W. Röpke, A. Müller-Armack und ihre Konzeption einer Wirtschafts- und Gesellschaftsordnung nach dem »Maße des Menschen«, Hamburg 2008.
HÜPPAUF, Bernd: Stadtbilder. Visuelle Konstruktion urbaner Identität, in: Archiv für Sozialgeschichte 46, 2006, S. 481-504.
HUGHES, Thomas P./HUGHES, Agatha C. (Hg.): Lewis Mumford: Public Intellectual, New York 1990.
HUR UPPFATTAR NI ARKITEKTENS UPPGIFT I SAMHÄLLET?, in: Arkitektur och Samhälle 4, 1933, S. 4-16.
HÅRD AF SEGERSTAD, Ulf: Johansson, Anders Gotthard, in: Grill, Erik (Hg.): Svenskt biografiskt lexikon, Stockholm 1975, Bd. 20, S. 265-267.
»ICH KANN MICH NICHT HERAUSDENKEN AUS DEM VORGANG DER GESCHICHTE, IN DEN ICH EINGEBUNDEN BIN.« Erinnerungen an den Wiederaufbau in der Bundesrepublik: Hintergründe, Leitbilder, Planungen. Max Guther, Rudolf Hillebrecht, Heinz Schmeissner, Walther Schmidt im Gespräch mit Werner Durth, in: Stadtbauwelt 72, 1981, S. 346-380.

ILLICH, Ivan: Bedürfnisse, in: Sachs, Wolfgang (Hg.): Wie im Westen so auf Erden. Ein polemisches Handbuch zur Entwicklungspolitik, Reinbek 1993, S. 47-70.

INGOLD, Felix Philipp: Literatur und Aviatik. Europäische Flugdichtung 1909-1927. Mit einem Exkurs zur Flugidee in der modernen Malerei und Architektur, Basel, Stuttgart 1978.

IN SEARCH OF A NEW MONUMENTALITY, in: The Architectural Review 104, 1948, S. 117-128.

INTERNATIONALES ARBEITSAMT: Die Wohnungspolitik in Europa. Der Kleinwohnungsbau, Genf 1931.

IPSEN, Gunther: Beiträge zur optimalen Größe von Landgemeinden und Stadtteilen, in: Standort und Wohnort. Ökologische Studien von Prof. Dr. Gunther Ipsen, Dr. Walther Christaller, Dr. Wolfgang Köllmann, Dr. Rainer Mackensen. Sozialforschungsstelle an der Universität Münster zu Dortmund, Köln, Opladen 1957, S. 257-329.

IRION, Ilse/SIEVERTS, Thomas: Neue Städte. Experimentierfelder der Moderne, Stuttgart 1991.

IVANOV, Gunella: Den besjälade industrivaran, in: Wickmann, Kerstin (Hg.): Formens rörelse. Svensk form genom 150 år, Stockholm 1995, S. 45-61.

JACOBS, Jane: The Death and Life of Great American Cities, New York 1992 [urspr. 1961].

JADELIUS, Lars: Folk, form & funktionalism. Om allmänt och gemensamt i offentlighetens arkitektur – med utgångspunkt från Helsingborgs konserthus, Göteborg 1987.

JAENECKE, Fritz: Der Stockholmer Wettbewerb für die Umgestaltung des Stadtteils Norrmalm, in: Monatshefte für Baukunst und Städtebau 18, 1934, S. 97-100.

–: Wohlgeordnete Musterung, in: Baukunst und Werkform 8, 1955, S. 628-633.

JANSER, Andres/RÜEGG, Arthur: Hans Richter. Die neue Wohnung. Architektur. Film. Raum, Baden (Schweiz) 2001.

JENCKS, Charles: The Language of Post-Modern Architecture, o.O. 1978.

JÖNSSON, Roger: Arkitekt i mellankrigstidens Europa. Fred Forbat och funktionalismen, Lund 2004.

JOHANNISSON, Karin: Kroppens tunna skal. Sex essäer om kropp, historia och kultur, Stockholm 2001.

JOHANSSON, Alf: Bostadspolitikens uppgifter, in: Byggmästaren 14, 1935, S. 17-19.

JOHANSSON, Gotthard (Hg.): Bostadsvanor och bostadsnormer. Svenska Arkitekters Riksförbund och Svenska Slöjdföreningens Bostadsutredning. Bostadsvanor i Stockholm under 1940-talet, Stockholm 1964.

–: Funktionalismen i verkligheten, Stockholm 1931.

–: Mälardrottningen byter kläder, in: Byggmästaren 27, 1948, S. 387-407.

–: Normering av bostadsplanen. En preliminär redogörelse för SAR:s och SSF:s bostadsutredning, in: Byggmästaren 22, 1943, S. 105-115.

–: Trettiotalets Stockholm, Stockholm 2004 [ND, urspr. 1942].

JOHNSON, Anders: LM-staden. Folkhem i förort, Stockholm 2006.

JOHNSON, Donald Leslie: Origin of the Neighbourhood Unit, in: Planning Perspectives 17, 2002, S. 227-245.

JORDAN, John M.: Machine-Age Ideology. Social Engineering and American Liberalism, 1911-1939, Chapel Hill 1994.
JORN, Asger: Apollon eller Dionysos, in: Byggmästaren 26, 1947, S. 251-256.
–: Formspråkets livsinnehåll, in: Byggmästaren 25, 1946, S. 317-326.
KÄHLER, Gert: Architektur als Symbolverfall. Das Dampfermotiv in der Baukunst, Braunschweig, Wiesbaden 1981.
–: Kollektive Struktur, individuelle Interpretation, in: Arch+ 100/101, 1989, S. 38-45.
–: Nicht nur Neues Bauen! Stadtbau, Wohnung, Architektur, in: Ders. (Hg.): Geschichte des Wohnens, 5 Bde., Stuttgart 1996, Bd. 4, S. 305-452.
–: Reisen bildet. Der Blick nach Außen, in: Flagge, Ingeborg (Hg.): Geschichte des Wohnens, 5 Bde., Stuttgart 1999, Bd. 5, S. 949-1036.
–: Wohnung und Stadt. Hamburg Frankfurt Wien. Modelle sozialen Wohnens der zwanziger Jahre, Braunschweig, Wiesbaden 1985.
KÄLLSTRÖM, Staffan: Den gode nihilisten. Axel Hägerström och striderna kring uppsalafilosofin, Kristianstad 1986.
KÄSLER, Dirk: Erfolg eines Mißverständnisses? Zur Wirkungsgeschichte von »Gemeinschaft und Gesellschaft« in der frühen deutschen Soziologie, in: Clausen, Lars (Hg.): Hundert Jahre »Gemeinschaft und Gesellschaft«. Ferdinand Tönnies in der internationalen Diskussion, Opladen 1991, S. 517-526.
KALLMORGEN, Werner: »Warum bauen wir Hamburg um«, in: Ernst Barlach Haus/Hamburgisches Architekturarchiv (Hg.): »Das Neue gegen das Alte«. Werner Kallmorgen – Hamburgs Architekt der Nachkriegszeit, Hamburg 2003, S. 131-141 [urspr. 1941].
KALLUS, Rachel/LAW-YONE, Hubert: Neighbourhood: The Metamorphosis of an Idea, in: Journal of Architectural and Planning Research 14, 1997, S. 107-125.
–: What is a Neighbourhood? The Structure and Function of an Idea, in: Environment and Planning 27, 2000, S. 815-826.
KAMM, Peter: Roland Rainer. Bauten, Schriften und Projekte, Tübingen o.J.
KARLSSON, Sten O.: Arbetarfamiljen och det nya hemmet. Om bostadshygienism och klasskultur i mellankrigstidens Göteborg, Stockholm, Stehag 1993.
KAUFMANN, Eugen Carl: Frankfurter Kleinwohnungstypen in alter und neuer Zeit, in: Das neue Frankfurt 1, 1927, S. 113-118.
KEGLER, Harald: Die Herausbildung der städtebaulichen Disziplin Stadtplanung – ein Beitrag zur Wissenschaftsgeschichte, Weimar 1987.
–: Fordismus und Bauhaus, in: Kuhn, Gerd/Hofmann, Wolfgang (Hg.): Wohnungspolitik und Städtebau in Deutschland. 1910-1930, Berlin 1993, S. 245-264.
KEILMANN, Arne: Karl Neupert – Der verhinderte Stuttgarter Schüler, in: Krauskopf, Kai/Lippert, Hans-Georg/Zaschke, Kerstin (Hg.): Neue Tradition. Konzepte einer antimodernen Moderne in Deutschland von 1920 bis 1960, Dresden 2009, S. 193-219.
KEMENY, Jim: Housing and Social Theory, London 1992.
KIDDER-SMITH, George Everard: Sweden Builds, New York 1957 [1950].

KINDER, Hans: Die Generalbebauungspläne 1941 und 1944, in: Architekten- und Ingenieur-Verein Hamburg e.V. (Hg.): Hamburg und seine Bauten 1929-1953, Hamburg 1953, S. 26-27.

KILLUS, Heinz Gerhard: Der Totalitätsgedanke im neuen Städtebau, in: Monatshefte für Baukunst und Städtebau 24, 1940, S. 85-88.

KITTSTEINER, Heinz Dieter: Out of Control. Über die Unverfügbarkeit des historischen Prozesses, Berlin, Wien 2004.

KLAGES, Helmut: Der Nachbarschaftsgedanke und die nachbarliche Wirklichkeit in der Großstadt, Stuttgart, Berlin 1968.

KLAIN, Barbara: Stadtplaner im Krieg: Warschau 1939-1945, in: Kunzmann, Klaus R./Petz, Ursula/Schmals, Klaus M. (Hg.): 20 Jahre Raumplanung. Eine Disziplin institutionalisiert sich, Dortmund 1990, S. 14-26.

KLEIN, Alexander: Beiträge zur Wohnungsfrage, in: Block, Fritz (Hg.): Probleme des Bauens. Der Wohnbau, Potsdam 1928, S. 116-145.

–: Versuch eines graphischen Verfahrens zur Bewertung von Kleinwohnungsgrundrissen, in: Wasmuths Monatshefte für Baukunst und Städtebau 11, 1926, S. 296-298.

KLEIN- ODER KLEINSTWOHNUNG. Eine Diskussion zwischen Dr. Ing. Alfred Gellhorn und Prof. Dr. Ed. Jobst Siedler, Architekten BDA, Berlin, in: Die Baugilde 12, 1930, S. 2035-2039.

KLOPFER, Nadine: »Clean up«. Stadtplanung und Stadtvisionen in New Orleans, 1880er bis 1920er Jahre, in: Etzemüller, Thomas (Hg.): Die Ordnung der Moderne. Social Engineering im 20. Jahrhundert, Bielefeld 2009, S. 153-169.

KLOTZ, Heinrich: Das Pathos des Funktionalismus, in: werk.archithese 64, 1977, H. 3, S. 3-4, 22.

–: Die Ökonomie triumphiert, in: Hoffmann, Hilmar/Klotz, Heinrich (Hg.): Die Sechziger. Die Kultur unseres Jahrhunderts, Düsseldorf, Wien, New York 1987.

–: Organische Stadtbaukunst. Hans Bernhard Reichow, in: Deutsches Architekturmuseum Frankfurt (Hg.): Architektur des 20. Jahrhunderts, Stuttgart 1989, S. 180-185.

KNOCKE, Helmut: Wortmann, Wilhelm, in: Bötcher, Dirk (Hg.): Hannoversches Biographisches Lexikon. Von den Anfängen bis in die Gegenwart, Hannover 2002, S. 395.

KOELLMANN, Hans P.: Kritik, in: Baukunst und Werkform 9, 1956, S. 33.

KÖNIG, René: Grundformen der Gesellschaft: Die Gemeinde, Hamburg 1958.

KÖNIG, Wolfgang: Volkswagen, Volksempfänger, Volksgemeinschaft. »Volksprodukte« im Dritten Reich: Vom Scheitern einer nationalsozialistischen Konsumgesellschaft, Paderborn 2004.

KÖNNEN UND SOLLEN ARCHITEKTEN ERZIEHERISCH WIRKEN? Eine Diskussion veranstaltet im Dortmunder »Museum am Ostwall« von »Baukunst und Werkform« am 8. Mai 1959, in: Baukunst und Werkform 12, 1959, S. 295-302.

KOHLRAUSCH, Martin: Die CIAM und die Internationalisierung der Architektur. Das Beispiel Polen, in: Themenportal Europäische Geschichte, 2007 (http://www.europa.clio-online.de/2007/Article=258) [11.9.2009].

KOLLMEIER, Kathrin: Ordnung und Ausgrenzung. Die Disziplinarpolitik der Hitler-Jugend, Göttingen 2007.

KOMMITTÉN FÖR STANDARDISERING AV BYGGNADSMATERIAL (Hg.): Köket och ekonomiavdelningen i mindre bostadslägenheter. Förslag till systematisering, o.O. 1940 [urspr. 1934].

KORTE, Herrman: Pfeil, Elisabeth, in: Bernsdorf, Wilhelm/Knospe, Horst (Hg.): Internationales Soziologenlexikon, 2 Bde., Stuttgart 1984, Bd. 2, S. 659-660.

KOST, Klaus: Großstadtfeindlichkeit im Rahmen deutscher Geopolitik bis 1945, in: Diekmann, Irene u.a. (Hg.): Geopolitik. Grenzgänge im Zeitgeist, 2 Bde., Berlin 2000, Bd. 1, S. 169-188.

KRACAUER, Siegfried: Das Ornament der Masse, in: Ders.: Das Ornament der Masse. Essays, Frankfurt/Main 1963, S. 50-63 [urspr. 1927].

KRÄTKE, Stefan: Fordistischer Wohnungsbau in Deutschland. »Soziale Bauwirtschaft« der 20er als Vorreiter, in: Borst, Renate u.a. (Hg.): Das neue Gesicht der Städte, Basel, Boston, Berlin 1990, S. 269-285.

KRAUSE, Franz: Der menschliche Körper als Maßstab für die Bestimmung von Raumgrößen, in: Die Baugilde 11, 1929, S. 113-114.

KRAUSE, Marcus: Von der normierenden Prüfung zur regulierenden Sicherheitstechnologie. Zum Konzept der Normalisierung in der Machtanalytik Foucaults, in: Bartz, Christina/Ders. (Hg.): Spektakel der Normalisierung, München 2007, S. 53-75.

KRAUSS, Rosalind: Die Originalität der Avantgarde, in: Harrison, Charles/Wood, Paul (Hg.): Kunsttheorie im 20. Jahrhundert, 2 Bde., Ostfildern-Ruit 2003, Bd. 2, S. 1317-1322 [urspr. 1981].

KRENZLIN, Norbert (Hg.): Zwischen Angstmetapher und Terminus. Theorien der Massenkultur seit Nietzsche, Berlin 1992.

KRÜCKEMEYER, Thomas: Gartenstadt als Reformmodell. Siedlungskonzepte zwischen Utopie und Wirklichkeit, Siegen 1997.

KUCHENBUCH, David: A Kind of Paradise and Role Model? – North European Architecture and Urban Planning in German Programmatic Texts of the 1940s and 1950s, in: Wischmann, Antje/Spliid Høgsbro, Caroline (Hg.): Nortopia. Nordic Modern Architecture and Postwar Germany, Berlin 2009, S. 31-44.

–: Eine Moderne nach »menschlichem Maß«. Ordnungsdenken und *social engineering* in Architektur und Stadtplanung – Deutschland und Schweden, 1920er bis 1950er Jahre, in: Etzemüller, Thomas (Hg.): Die Ordnung der Moderne. Social Engineering im 20. Jahrhundert, Bielefeld 2009, S. 109-128.

–: Gläserne Stadt – Gläserner Mensch. Architektur, Literatur und Transparenz in den 1930er Jahren in Schweden, in: fastforeword 0/1, 2007 (http://ffw.denkraeume-ev.de/0-07/kuchenbuch/index.html) [11.9.2009].

–: »Sund och falsk bostadskonst« – Kollektiv och kropp i arkitekturboken acceptera (1931), in: Engwall, Kristina/Bengtsson Levin, Magdalena/Schnurbein, Stefanie von (Hg.): Hälsa – makt, tolkning, styrning, Stockholm 2008, S. 113-132.

KÜENZLEN, Gottfried: Der Neue Mensch. Eine Untersuchung zur säkularen Religionsgeschichte der Moderne, Frankfurt/Main 1997.

KÜHN, Christian: Christopher Alexanders Pattern Language. Von den »Notes on the Synthesis of Form« zur »Pattern Language«, in: Arch+ 41/189, 2008, S. 26-31.

KÜHN, Erich: Die Fünfziger Jahre. Persönliche Erinnerungen an die Zeit des Wiederaufbaus, in: Arch+ 1981, H. 56, S. 22-27.

–: Städtebauliche Leitbilder, in: Vogler, Paul/Kühn, Erich (Hg.): Medizin und Städtebau. Ein Handbuch für den gesundheitlichen Städtebau, 2 Bde., München, Berlin, Wien 1957, Bd. 2, S. 563-574.

–: Vom Wesen der Stadt und des Städtebaues, in: Vogler, Paul/Kühn, Erich (Hg.): Medizin und Städtebau. Ein Handbuch für den gesundheitlichen Städtebau, 2 Bde., München, Berlin, Wien 1957, Bd. 2, S. 203-213.

KÜHN, ERICH, in: Habel, Walter (Hg.): Wer ist Wer? XX Ausgabe von Degners Wer ist's?, Lübeck 1979, S. 700.

KÜSTER-SCHNEIDER, Christiane: Schaufenster Zukunft. Die Stockholmausstellung 1930 als literarisches und gesellschaftliches Ereignis, Freiburg 2002.

KUHLMANN, Dörte: Lebendige Architektur: Metamorphosen des Organizimus, Weimar 1998.

KUHN, Gerd: Aufbruch und Ernüchterung. Architektur und Städtebau um 1929, in: Möller, Werner/Mittmann, Elke/Stiftung Bauhaus Dessau (Hg.): Die Welt spielt Roulette. Zur Kultur der Moderne in der Krise 1927 bis 1932, Frankfurt/Main 2002, S. 110-121.

–: Die Spur der Steine. Über die Normierung des Ziegelsteins, das Oktametersystem und den »Maszstab Mensch«, in: Prigge, Walter (Hg.): Ernst Neufert. Normierte Baukultur im 20. Jahrhundert, Dessau, Frankfurt/Main 1999, S. 334-357.

–: Landmann, Asch, May, in: Deutsches Architekturmuseum Frankfurt (Hg.): Ernst May und das Neue Frankfurt 1925-1930. 13. Dezember 1986 bis 15. Februar 1987, Berlin 1986, S. 20-24.

–: Standard- oder Individualwohnung? Zur Wohndiät und Choreografie des Wohnalltags in den zwanziger Jahren, in: Arch+ 158, 2001, S. 66-71.

–: Wohnkultur und kommunale Wohnungspolitik in Frankfurt am Main 1880-1930. Auf dem Weg zu einer pluralen Gesellschaft der Individuen, Bonn 1998.

KUKLICK, Henrika: Chicago Sociology and Urban Planning Policy. Sociological Theory as Occupational Ideology, in: Theory and Society 9, 1980, S. 821-845.

KUNGLIGA BOSTADSSTYRELSEN: God bostad, Stockholm o.J. [1954].

KUNGL. TEKNISKA HÖGSKOLAN. INSTITUTIONEN FÖR STADSBYGGNAD (Hg.): Bilstaden, Stockholm 1960.

KUPER, Leo: Blueprint for Living together, in: Ders.: Living in Towns. Selected Research Papers in Urban Sociology of the Faculty of Commerce and Social Science, University of Birmingham, London 1953, S. 1-202.

KURTTILA, Annelie: Riksbyggen projektering. Från kristidsbyggen till framtidshem 1940-2000, Stockholm 2000.

LAAK, Dirk van: Das technokratische Momentum in der deutschen Nachkriegsgeschichte, in: Abele, Johannes/Barkleit, Gerhard/Hänseroth, Thomas (Hg.): Innovationskulturen und Fortschrittserwartungen im geteilten Deutschland, Köln, Weimar, Wien 2001, S. 89-104.

–: Planung. Geschichte und Gegenwart des Vorgriffs auf die Zukunft, in: Geschichte und Gesellschaft 34, 2008, S. 305-326.

–: Zwischen »organisch« und »organisatorisch«: »Planung« als politische Leitkategorie zwischen Weimar und Bonn, in: Dietz, Burkhard/Gabel, Helmut/Tiedau, Ulrich (Hg.): Griff nach dem Westen. Die »Westforschung« der völkisch-nationalen Wissenschaften zum nordwesteuropäischen Raum (1919-1960), 2 Bde., Münster 2003, Bd. 1, S. 67-90.

–/METZLER, Gabriele: Die Konkretion der Utopie. Historische Quellen der Planungsutopien der 1920er Jahre, in: Heinemann, Isabel/Wagner, Patrick (Hg.): Wissenschaft, Planung, Praxis: Neuordnungskonzepte und Umsiedlungspolitik im 20. Jahrhundert, Stuttgart 2004, S. 23-43.

LADD, Brian: Urban Planning and Civic Order in Germany 1860-1914, Cambridge, London 1990.

LAFRENZ, Jürgen: Planung und Neugestaltung von Hamburg 1933-1945, in: Heineberg, Heinz (Hg.): Innerstädtische Differenzierung und Prozesse im 19. und 20. Jahrhundert. Geographische und historische Aspekte, Köln, Wien 1987.

LAGERGREN, Fredrika: På andra sidan välfärdsstaten. En studie i politiska idéers betydelse, Stockholm 1999.

LAMMERT, Peter: Die gegliederte und aufgelockerte Stadt vor und nach 1945, in: Die alte Stadt 14, 1987, S. 352-366.

LAMPUGNANI, Vittorio Magnano (Hg.): Maßstäblichkeit von Architektur und Stadt. Eine Diskussion zwischen Architekten, Stadtplanern, Bauhistorikern und Soziologen, Marburg 1980.

–: Organische Architektur, in: Ders.: Lexikon der Architektur des 20. Jahrhunderts, Ostfildern-Ruit 1998, S. 276-277.

–: Vom »Block« zur Kochenhofsiedlung, in: Ders. (Hg.): Moderne Architektur in Deutschland 1900 bis 1950. Reform und Tradition, Stuttgart 1992, S. 266-281.

LANDWEHR, Reinhard: Das Konzept der »Gemeinschaft«, in: Ders. (Hg.): Sennestadt. Evaluation eines städtebaulichen Konzepts. Arbeitsgruppe Sennestadt, Universität Bielefeld, Fachbereich Soziologie, Bielefeld 1984, S. 219ff.

–: Die Theorie des organischen Städtebaus, in: Ders. (Hg.): Sennestadt. Evaluation eines städtebaulichen Konzepts. Arbeitsgruppe Sennestadt, Universität Bielefeld, Fachbereich Soziologie, Bielefeld 1984, S. 32-47.

LANGENBERG, Silke: Geplante Gestaltung – gebauter Prozess. Architektur der 1960er und 1970er Jahre, in: Wolkenkuckucksheim 13, 2009, H. 1 (http://www-1.tucottbus.de/BTU/Fak2/TheoArch/Wolke/wolke_neu/ inhalt/de/heft/ausgaben/108/Langenberg/langenberg.php) [11.9.2009].

LANGE, Ralf: Hamburg. Wiederaufbau und Neuplanung 1943-1963, Königstein/Ts. 1994.

LANGER, Peter: Sociology – Four Images of Organized Diversity: Bazaar, Jungle, Organism, and Machine, in: Rodwin, Lloyd/Hollister, Robert M. (Hg.): Cities of the Mind. Images and Themes of the City in the Social Sciences, New York 1984, S. 97-117.

LARKHAM, Peter J.: The Imagery of the UK Post-war Reconstruction Plans, o.O. 2004

LARSSON, Anna: Det moderna samhällets vetenskap. Om etableringen av sociologi i Sverige 1930-1955, Umeå 2001.

LARSSON, Jan: Hemmet vi ärvde. Om folkhemmet, identiteten och den gemensamma framtiden, Stockholm 1994.
LARSSON, Katarina: Manlig välfärdsregim och kvinnors förändringsstrategier – exemplet kollektivhus i Örebro, in: Elander, Ingemar (Hg.): Den motsägelsefulla staden, Lund 2001, S. 201-231.
LARSSON, Lena: Lära sig att bo. Om Slöjdföreningens bo-utställningar på 1940- och 1950-talet, in: Wickmann, Kerstin (Hg.): Formens rörelse. Svensk form genom 150 år, Stockholm 1995, S. 141-155.
LARSSON, Yngve: 1940-talets stadsbyggnadskonst. Några lekmannabetraktelser, in: Plan 4, 1950, S. 5-11.
–: Grannskapsenheter och Centra, in: Årsta Centrum, Stockholm 1955, S. 22-23.
LATOUR, Bruno: Eine neue Soziologie für eine neue Gesellschaft. Einführung in die Akteur-Netzwerk-Theorie, Frankfurt/Main 2007 [engl. 2005].
LE CORBUSIER: Urbanisme, Paris 1965 [ND, urspr. 1925].
LEENDERTZ, Ariane: Ordnung schaffen. Deutsche Raumplanung im 20. Jahrhundert, Göttingen 2008.
LEES, Andrew: Cities, Sin, and Social Reform in Imperial Germany. Social History, Popular Culture and Politics in Germany, Ann Arbor 2002.
LEHMANN, Ernst: Volksgemeinschaft aus Nachbarschaften. Eine Volkskunde des deutschen Nachbarschaftswesens, Berlin, Prag, Leipzig 1944.
LEITL, Alfons: Die Hamburger Ausstellungsbauten von Konstanty Gutschow. Und einige Anmerkungen über die Schönheit in der neuen Baukunst, in: Monatshefte für Baukunst und Städtebau 19, 1935, S. 369-376.
–: Von der Architektur zum Bauen, Berlin 1936.
–: Zum Typ des kleinen Eigenhauses. Bauten von Konstanty Gutschow, Hamburg, in: Monatshefte für Baukunst und Städtebau 19, 1935, S. 361-368.
LEMBERG, Kai: Danish Urban Planning, in: Bosma, Koos/Hellinga, Helma (Hg.): Mastering the City II. North European City Planning 1900-2000, Rotterdam 1997, S. 20-31.
LEPP, Nicola (Hg.): Der neue Mensch. Obsessionen des 20. Jahrhunderts, Ostfildern 1999.
LEPSIUS, Oliver: Die gegensatzaufhebende Begriffsbildung. Methodenentwicklungen in der Weimarer Republik und ihr Verhältnis zur Ideologisierung der Rechtswissenschaft unter dem Nationalsozialismus, München 1994.
LETHEN, Helmut: Der Habitus der Sachlichkeit in der Weimarer Republik, in: Weyergraf, Bernhard (Hg.): Literatur der Weimarer Republik 1918-1933, München, Wien 1995, S. 371-445.
–: Verhaltenslehren der Kälte. Lebensversuche zwischen den Kriegen, Frankfurt/Main 1994.
–: Von der Kälte des Materials in den Zwanziger Jahren, in: Daidalos 56, 1995, S. 50-55.
LEVIN, Thomas Y.: Der Urbanismus der Situationisten, in: Arch+ 139/140, 1997, S. 70-83.
LEWIN, Leif: Planhushållningsdebatten, Stockholm 1967.
LEWIS MUMFORD HAR ORDET OM MÄNNISKAN OCH STADEN, in: Vi 15, 1943, S. 33-35.

LIHOTZKY, Grete: Rationalisierung im Haushalt, in: Neues Bauen Neues Gestalten. Das Neue Frankfurt/die neue stadt. Eine Zeitschrift zwischen 1926 und 1933. Ausgewählt und eingeleitet von Heinz Hirdina, Berlin 1984, S. 179-183 [urspr. 1926].
LIND, Sven Ivar: Olika språk, in: Byggmästaren 12, 1933, S. 145.
–: Samhället och samlingslokalen, in: Byggmästaren 21, 1942, S. 127-129.
LINDGREN, Gunnar (Hg.): Bostaden. En översikt med redovisning av bostadsavdelningen på H55, Hälsingborg 1955.
LINDNER, Rolf (Hg.): The Reportage of Urban Culture: Robert Park and the Chicago School, Cambridge/Mass. 2006.
–: Walks On The Wild Side. Eine Geschichte der Stadtforschung, Frankfurt/Main, New York 2004.
LINDQIST, Nils: Interbau Berlin 1957. Några kritiska kommentarer efter besök på utställningen i början av augusti, in: Byggnadsvärlden 48, 1957, S. 365-372.
LINDSTRÖM, Sune: Arkitektens anpassning, in: Byggmästaren 16, 1937, S. 1.
–: Arkitekternas utbildning, in: Byggmästaren 23, 1944, S. 283-284.
–: Arkitektperspektiv eller konsten att göra en ful sak vacker, in: fönstret 2, 1930, H. 24, S. 8.
–: Bauhaus, in: Byggmästaren 8, 1929, S. 96-98.
–: Bostadstävlingen. Etapp 2, stadsplanen, in: Byggmästaren 22, 1943, S. 137-140.
–: Födelsetalen. Med anledning av Alva och Gunnar Myrdals skrift »Kris i befolkningsfrågan«, in: Byggmästaren 13, 1934, S. 227-228.
–: Form, in: Byggmästaren 24, 1945, S. 184-186.
–: Hur kunde det gå så illa?, in: Plan 31, 1977, S. 203-205.
LINK, Jürgen: Versuch über den Normalismus. Wie Normalität produziert wird, Opladen 1997.
–/GERHARD, Ute : »Normativ« oder »normal«? Diskursgeschichtliches mit Blick auf das »neue Bauen«, in: Prigge, Walter (Hg.): Ernst Neufert. Normierte Baukultur im 20. Jahrhundert, Dessau, Frankfurt/Main 1999.
LINN, Björn: Arkitekten i Fokus under 1900-talets första hälft, in: Widenheim, Cecilia/Rudberg, Eva (Hg.): Utopi och verklighet. Svensk modernism 1900-1960. Moderna Museet 7 oktober-14 januari 2001, Stockholm 2001, S. 174-183.
–: Funktionalismen i folkhemmet: Om modernismen och dess svenska historia, in: Kulturmiljövård 1/2, 1996, S. 6-17.
–: Stockholmsutställningen bakom kulisserna, in: Wickmann, Kerstin (Hg.): Formens rörelse. Svensk form genom 150 år, Stockholm 1995, S. 100-121.
–: Storgårdskvarteret: Ett bebyggelsemönsters bakgrund och karaktär, Göteborg 1974.
LLEWELLYN, Mark: Designed by Women and Designing Women: Gender, Planning and the Geographies of the Kitchen in Britain 1917-1946, in: Cultural Geographies 11, 2004, H. 1, S. 42-60.
LODDERS, Rudolf: Zuflucht im Industriebau, in: Conrads, Ulrich (Hg.): Die Städte himmeloffen. Reden und Reflexionen über den Wiederaufbau des Untergegangenen und die Wiederkehr des Neuen Bauens 1948/49, Basel, Boston, Berlin 2003, S. 64-75 [urspr. 1949].

LÖFGREN, Orvar: Swedish Modern. Konsten att nationalisera konsumtion och estetik, in: Lykke Christensen, Christa/Thau, Carsten (Hg.): Omgang med tingene. Ti essays om tingenes tillstand, Aarhus 1993, S. 159-180.

LÖVGREN, Britta: Hemarbete som politik. Diskussioner om hemarbete, Sverige 1930-40-talen, och tillkomsten av hemmens forskningsinstitut, Stockholm 1993.

–: Hemmen och samhällsplaneringen. Kvinnans plats i 1950-talets hem och samhälle, in: Bebyggelsehistorisk tidskrift 28, 1994, S. 71-84.

LORENZER, Alfred: Städtebau: Funktionalismus oder Sozialmontage? Zur sozialpsychologischen Funktion der Architektur, in: Ders./Berndt, Heide/Horn, Klaus (Hg.): Architektur als Ideologie, Frankfurt/Main 1969, S. 51-104.

LUCCARELLI, Marc: Lewis Mumford and the Ecological Region.The Politics of Planning, New York, London 1995.

LUDWIG, Johannes: Stockholms Trabantenstadt Vällingby, in: Baumeister 53, 1956, S. 1-13.

LUKS, Timo: Der Betrieb als Ort der Moderne. Zur Geschichte von Industriearbeit, Ordnungsdenken und Social Engineering im 20. Jahrhundert, Bielefeld 2010 [i. E.].

LÜNING, Örjan: Uppsats om arkitektur, in: Byggmästaren 27, 1948, S. 133-140.

LUNDBERG, Arne S.: Är det gammalmodigt med »community centres«?, in: Plan 31, 1977, S. 193-195.

LUNDQUIST, Sune: De statliga utredningarna leder till ökad reglering av byggnadsverksamheten, in: Byggmästaren 27, 1948, S. 347-348.

LYNCH, Kevin: The Image of the City, Cambridge/Mass. 1960.

MAECHTEL, Anette/PETERS, Kathrin (Hg.): die stadt von morgen. beiträge zu einer archäologie des hansaviertels berlin, Köln 2008.

MAI, Gunther: Arbeiterschaft und »Volksgemeinschaft«, in: Speitkamp, Winfried (Hg.): Staat, Gesellschaft, Wissenschaft. Beiträge zur modernen hessischen Geschichte, Marburg 1994, S. 211-226.

MAIER, Charles S.: Consigning the Twentieth Century to History: Alternative Narratives for the Modern Era, in: American Historical Review 105, 2000, S. 807-831.

–: Zwischen Taylorismus und Technokratie. Gesellschaftspolitik im Zeichen industrieller Rationalität in den zwanziger Jahren in Europa, in: Stürmer, Michael (Hg.): Die Weimarer Republik. Belagerte Civitas, Königstein/Ts. 1980, S. 188-213 [1970].

MAKROPOULOS, Michael: Modernität und Kontingenz, München 1997.

–: Plessners Fremdheit in der klassischen Moderne, in: Friedrich, Jürgen/Westermann, Bernd (Hg.): Unter offenem Horizont, Frankfurt/Main 1995, S. 95-100.

MANKARTZ, Frauke: Das Bauhaus und der Gedanke der Dombauhütte, in: Fiedler, Jeannine (Hg.): Bauhaus, Köln 2006, S. 422-423.

MANSKE, Beate (Hg.): Wie Wohnen. Von Lust und Qual der richtigen Wahl. Ästhetische Bildung in der Alltagskultur des 20. Jahrhunderts, Ostfildern-Ruit 2004.

MÅNSSON, Sven: Hemmet och bostadsgrupper, in: Byggmästaren 28, 1949, S. 327-329.

MANTZIARAS, Panos: Rudolf Schwarz and the Concept of Stadtlandschaft, in: Planning Perspectives 18, 2003, S. 119-147.

MANZKE, Dirk (Hg.): Hubert Hoffmann. Festschrift zum 90. Geburtstag, Dessau 1994.

MARCHAND, Bernhard: Nationalsozialismus und Großstadtfeindschaft, in: Die alte Stadt 26, 1999, S. 39-59.

MARÉ, Eric de: Canon. Towards a Consistent Theory of Modern Architecture, in: The Architectural Review 105, 1949, S. 95-96.

–: Den sjuka punkten, in: Byggmästaren A6, 1955, S. 168.

–: The Antecedents and Origins of Sweden's Latest Style, in: The Architectural Review 103, 1948, S. 9-10.

MARKELIUS, Sven: Bostadsfrågan som socialt planläggningsproblem, in: Arkitektur och Samhälle 2, 1933, S. 3-28.

–: Bostadsområde vid Dessau-Törten. Ett aktuellt exempel på ekonomisk organisation av bostadsbyggandet, in: Byggmästaren 6, 1927, S. 236-243.

–: Den andra internationella arkitekt-kongressen »Neues Bauen«, in: Byggmästaren 9, 1930, S. 1-5.

–: Förslag till höghusbebyggelse på Ladugårdsgärdet, in: Byggmästaren 7B, 1928, S. 137-140.

–: kollektivhuset, in: Byggmästaren 13, 1934, S. 106-108.

–: Kollektivhuset. Ett centralt samhällsproblem, in: Arkitektur och Samhälle 1, 1932, S. 53-64.

–: Människan i centrum, in: Plan 4, 1950, S. 51-57.

–: Norrmalmstävlingen, in: Byggmästaren 13, 1934, S. 20-25.

–: Smålägenheternas planläggningsproblem, in: Stockholmsutställningen 1930 av konstindustri, konsthantverk och hemslöjd: Specialkatalog över bostadsavdelningen, Stockholm 1930, S. 31-34.

–: The Structure of Stockholm: III, in: Town and Country Planning 25, 1957, S. 87-91.

MARMARAS, Emmanuel/SUTCLIFFE, Anthony: Planning for Postwar London: The Three Independent Plans, in: Planning Perspectives 9, 1994, S. 431-453.

MARTIN, Reinhold: The Organizational Complex: Architecture, Media, and Corporate Space, Cambridge/Mass. 2003.

MATTAUSCH, Roswitha: Die Planungen für die »Stadt des KDF-Wagens« und die »Stadt der Hermann-Göring-Werke«, in: Hinz, Berthold u.a. (Hg.): Die Dekoration der Gewalt. Kunst und Medien im Faschismus, Gießen 1979, S. 173-184.

MATTSON, Helena/WALLENSTEIN, Sven Olov: Der schwedische Modernismus am Scheideweg, Stockholm 2009.

MAY, Ernst: Das soziale Moment in der neuen Baukunst, in: Das neue Frankfurt 2, 1928, S. 77-83.

–: Die Wohnung für das Existenzminimum, in: Internationale Kongresse für neues Bauen/Städtisches Hochbauamt in Frankfurt am Main (Hg.): Die Wohnung für das Existenzminimum. Aufgrund der Ergebnisse des II. Internationalen Kongresses für Neues Bauen, sowie der vom Städtischen Hochbauamt in Frankfurt am Main veranstalteten Wander-Ausstellung, Frankfurt/Main 1930, S. 10-16.

–: Wohnungspolitik der Stadt Frankfurt am Main, in: Das neue Frankfurt 1, 1927, S. 92-104.
MAZZOLENI, Chiara: The Concept of Community in Italian Town Planning in the 1950s, in: Planning Perspectives 18, 2003, S. 325-343.
MCLEOD, Mary: Architecture or Revolution: Taylorism, Technocracy, and Social Change, in: Art Journal 43, 1983, S. 132-147.
MERGEL, Thomas: Die Sehnsucht nach Ähnlichkeit und die Erfahrung der Verschiedenheit. Perspektiven einer Europäischen Gesellschaftsgeschichte des 20. Jahrhunderts, in: Archiv für Sozialgeschichte 49, 2009, S. 417-434.
–: Führer, Volksgemeinschaft und Maschine. Politische Erwartungsstrukturen in der Weimarer Republik und im Nationalsozialismus 1918-1936, in: Hardtwig, Wolfgang (Hg.): Politische Kulturgeschichte der Zwischenkriegszeit 1918-1939, Göttingen 2005, S. 91-127.
METTELE, Gisela: Public Spirit in Suburbia? The Garden City as Civic Experiment, in: Bulletin of the German Historical Institute 40, 2007, S. 105-114.
MILLER, Donald L.: Lewis Mumford. A Life, Pittsburgh, London 1989.
MILLER, Mervyn: Der rationelle Enthusiast. Raymond Unwin als Bewunderer des deutschen Städtebaus, in: Stadtbauwelt 75, 1982, S. 319-322.
–: Letchworth. The First Garden City, Sussex 1989.
MILLER LANE, Barbara: Architektur und Politik in Deutschland 1918-1945, Braunschweig, Wiesbaden 1986 [engl. 1968].
MITSCHERLICH, Alexander: Die Unwirtlichkeit unserer Städte – Anstiftung zum Unfrieden, Frankfurt/Main 1965.
MITTMANN, Markus: Bauen im Nationalsozialismus. Braunschweig die »Deutsche Siedlungsstadt« und die »Mustersiedlung der Deutschen Arbeitsfront« Braunschweig-Mascherode. Ursprung – Gestaltung – Analyse, Hameln 2003.
MODERN SWEDISH DESIGN. Three Founding Texts, New York 2008.
MÖDING, Nori: Die Angst des Bürgers vor der Masse. Zur politischen Verführbarkeit des deutschen Geistes im Ausgang seiner bürgerlichen Epoche, Berlin 1984.
MÖLLER, Gustav: Bättre Bostäder, Stockholm 1936.
MOHR, Christoph/MÜLLER, Michael: Funktionalität und Moderne. Das neue Frankfurt und seine Bauten 1925-1933, Köln 1984.
MORAVÁNSZKY, Ákos/FISCHER, Ole W. (Hg.): Precisions – Architecture between Art and Science, Berlin 2008.
MÜLLER, Johann Baptist: Bedürfnis, in: Brunner, Otto u.a. (Hg.): Geschichtliche Grundbegriffe. Historisches Lexikon zur politisch-sozialen Sprache in Deutschland, 9 Bde., Stuttgart 1972-1997, Bd. 1, S. 440-498.
MÜLLER-IBOLD, Klaus/HILLEBRECHT, Rudolf/STADTPLANUNGS- UND VERMESSUNGSAMT HANNOVER: Städte verändern ihr Gesicht, Stuttgart 1962.
MÜMKEN, Jürgen: Die Ordnung des Raumes. Die Foucaultsche Machtanalyse und die Transformation des Raumes in der Moderne, Pfungstadt u.a. 1997.
MÜNK, Dieter: Die Organisation des Raumes im Nationalsozialismus. Eine soziologische Untersuchung ideologisch fundierter Leitbilder in Architektur, Städtebau und Raumplanung des Dritten Reiches, Bonn 1993.

MUMFORD, Eric: The CIAM Discourse on Urbanism, 1928-1960, Cambridge/Mass. 2000.
MUMFORD, Lewis: The Culture of Cities, New York 1970 [ND, urspr. 1938].
–: The Neighborhood and the Neighborhood Unit, in: Town Planning Review 24, 1954, S. 256-270.
MUSIAL, Kazimierz: Tracing the Roots of the Scandinavian Model. Image of Progress in the Era of Modernisation, Florenz, Berlin 1998.
MYRDAL, Alva: Grannsämjan återupplivas, in: Vi 15, 1943, S. 29-30.
–: Kollektiv bostadsform, in: Tiden 23, 1931, S. 601-608.
–: Riktiga leksaker, Stockholm 1936.
–: Stadsbarn. En bok om deras fostran i storbarnkammare, Stockholm 1935.
–: Utlåtande över Det framtida Stockholm, in: Utlåtanden över Det framtida Stockholm från offentliga organ och enskilda, Stockholm 1946, S. 78-84.
–/BERGMAN, Rolf: Om bostadens inflytande på de boendes hälsa, in: Nordisk hygienisk tidskrift 16, 1935, S. 75-97.
–/MYRDAL, Gunnar: Kris i befolkningsfrågan, Stockholm 1934.
MYRDAL, Gunnar: Bostadssociala preluider, in: Bostadspolitik och samhällsplanering: nio uppsatser, Stockholm 1968, o.S.
–: Den förändrade världsbilden inom nationalekonomin, in: Ders.: Samhällskrisen och socialvetenskaperna. Två installationsföreläsningar, Stockholm 1935, S. 5-41.
–: Kosta sociala reformer pengar?, in: Arkitektur och Samhälle 1, 1932, S. 33-44.
–: Objektivität in der Sozialforschung, Frankfurt/Main 1971 [engl. 1969].
–: Socialpolitikens Dilemma II, in: Spektrum 4, 1932, S. 13-31.
–: Vetenskap och politik i nationalekonomien, Stockholm 1930.
–/Åhrén, Uno: Bostadsfrågan såsom socialt planläggningsproblem. Under krisen och på längre sikt. En undersökning rörande behovet av en utvidgning av bostadsstatistiken, Stockholm 1933.
NÄSSTRÖM, Gustaf: Svensk Funktionalism, Malmö 1930.
–: Svenska slöjdföreningens utställning Hem i kollektivhus, o.O. [Stockholm] o.J. [1935].
NECKER, Sylvia: Des Architekten Haus zwischen Form und Norm. Das Wohnhaus von Paul Schmitthenner und Konstanty Gutschow, in: Krauskopf, Kai/Lippert, Hans-Georg/Zaschke, Kerstin (Hg.): Neue Tradition. Konzepte einer antimodernen Moderne in Deutschland von 1920 bis 1960, Dresden 2009, S. 149-172.
–: Laboratorium für ein »neues Hamburg« – Das Hamburger Architekturbüro von Konstanty Gutschow, in: Zeitgeschichte in Hamburg 2007, Hamburg 2008, S. 74-87.
NEDDEN, Beate zur: Ein Blick zum Nachbarn, in: Die Neue Stadt 7, 1953, S. 218-221.
NEISSER, Max: Hygienische Betrachtungen über die Wohnraumgrösse in kleinsten Wohnungen, in: Das neue Frankfurt 3, 1929, S. 218-221.
NERDINGER, Winfried: »Anstößiges Rot«. Hannes Meyer und der linke Baufunktionalismus – ein verdrängtes Kapitel Architekturgeschichte, in: Bauhaus-Archiv Berlin (Hg.): hannes meyer 1889-1954. architekt urbanist lehrer, Berlin 1989, S. 12-33.

–: Versuchung und Dilemma der Avantgarde im Spiegel der Architekturwettbewerbe, in: Frank, Hartmut (Hg.): Faschistische Architekturen. Planen und Bauen in Europa 1930-1945, Hamburg 1985, S. 65-87.

–/Bauhaus-Archiv, Berlin (Hg.): Bauhaus-Moderne im Nationalsozialismus, München 1993.

NEUFERT, Ernst: Bau-Entwurfslehre. Grundlagen, Normen und Vorschriften über Anlage, Bau, Gestaltung, Raumbedarf, Raumbeziehungen, Maße für Gebäude, Räume, Einrichtungen und Geräte mit dem Menschen als Maß und Ziel. Handbuch für den Baufachmann, Bauherrn, Lehrenden und Lernenden, Berlin 1936.

–: Bauen und Bauten unserer nordischen Nachbarn, in: Monatshefte für Baukunst und Städtebau 18, 1934, S. 135-138.

–: Der Mieter hat das Wort. Herausgegeben vom Generalbauinspektor für die Reichshauptstadt, Berlin 1942.

NEUMAIER, Otto (Hg.): Ist der Mensch das Maß aller Dinge? Beiträge zur Aktualität des Protagoras, Möhnsee 2004.

NEUMEYER, Fritz: Der neue Mensch. Körperbau und Baukörper in der Moderne, in: Lampugnani, Vittorio Magnano/Schneider, Romana (Hg.): Moderne Architektur in Deutschland 1900 bis 1950. Expressionismus und Neue Sachlichkeit, Stuttgart 1994, S. 15-32.

NEUPERT, Karl: Die Gestaltung der Deutschen Besiedlung, in: Raumforschung und Raumordnung 5, 1941, S. 62-69.

NIERHAUS, Irene: Die Fabrik des Hauses: die Küche für den Arbeiterhaushalt, in: FrauenKunstGeschichte. Zur Korrektur des herrschenden Blicks, Gießen 1984, S. 158-166.

–: grün/plan. landschaft und re-territorialisierung im wohnbau des wiederaufbaus, in: Maechtel, Anette/Peters, Kathrin (Hg.): die stadt von morgen. beiträge zu einer archäologie des hansaviertels berlin, Köln 2008, S. 66-77.

NIESS, Wolfgang: Volkshäuser, Freizeitheime, Kommunikationszentren. Zum Wandel kultureller Infrastruktur sozialer Bewegungen. Beispiele aus deutschen Städten von 1848 bis 1984, Hagen 1984.

NOEVER, Peter (Hg.): Die Frankfurter Küche von Margarete Lihotzky. Die Frankfurter Küche aus der Sammlung der MAK – Österreichisches Museum für Angewandte Kunst, o.O. [Berlin] 1992.

NOLIN, Bertil (Hg.): Kulturradikalismen. Det moderna genombrottets andra fas, Stockholm 1993.

NOLTE, Paul: Die Ordnung der deutschen Gesellschaft. Selbstentwurf und Selbstbeschreibung im 20. Jahrhundert, München 2000.

–: Ständische Ordnung im Mitteleuropa der Zwischenkriegszeit. Zur Ideengeschichte einer sozialen Utopie, in: Hardtwig, Wolfgang (Hg.): Utopie und politische Herrschaft, München 2003, S. 233-255.

NORDBERG, Karin: Folkhemmets röst. Radion som Folkbildare 1925-1950, Stockholm, Stehag 1998.

NORDGREN, Gunnar: Människan – samhällets herre och slav, in: Vi 15, 1943, S. 12-13.

NÜNNING, Ansgar: Grundzüge einer Narratologie der Krise: Wie aus einer Situation ein Plot und eine Krise (konstruiert) werden, in: Grunwald,

Henning/Pfister, Manfred (Hg.): Krisis! Krisenszenarien, Diagnosen und Diskursstrategien, München 2007, S. 48-71.

NÜTZENADEL, Alexander: Stunde der Ökonomen. Wissenschaft, Politik und Expertenkultur in der Bundesrepublik 1949-1974, Göttingen 2005.

NYBERG, Anita: Tekniken – kvinnornas befriare? Hushållsteknik, köpevaror, gifta kvinnors hushållsarbetstid och förvärvsdeltagande 1930-talet – 1980-talet, Linköping 1989.

NYSTRÖM, Louise/LUNDSTRÖM, Mats Johan: Sweden. The Life and Death and Life of Great Neighbourhood Cities, in: Built Environment 32, 2006, S. 32-52.

NYSTRÖM, Per: Hur man löser et skenproblem – enligt logikens lagar, in: Tiden 83, 1991, S. 115-119.

O' HARA, Glen: »Applied Socialism of a Fairly Moderate Kind«: Scandinavia, British Policymakers and the Post-war Housing Market, in: Scandinavian Journal of History 33, 2008, S. 1-25.

OLSSON, Torbjörn: Apollon, Dionysos och arkitekten, in: Byggmästaren 26, 1947, S. 5-7.

OLSSON, Ulf: Drömmen om den hälsosamma medborgaren. Folkuppfostran och hälsoupplysning i folkhemmet, Stockholm 1999.

ORLAND, Barbara: Der Zwiespalt zwischen Politik und Technik. Ein kulturelles Phänomen in der Vergangenheitsbewältigung Albert Speers und seiner Rezipienten, in: Dietz, Burkhard u.a. (Hg.): Technische Intelligenz und »Kulturfaktor Technik«. Kulturvorstellungen von Technikern und Ingenieuren zwischen Kaiserreich und früher Bundesrepublik Deutschland, Münster u.a. 1996, S. 269-295.

–: Emanzipation durch Rationalisierung? Der »rationelle Haushalt« als Konzept institutionalisierter Frauenpolitik in der Weimarer Republik, in: Reese, Dagmar u.a. (Hg.): Rationale Beziehungen? Geschlechterverhältnisse im Rationalisierungsprozeß, Frankfurt/Main 1993, S. 222-250.

ORLANS, Harold: Stevenage. A Sociological Study of a New Town, Westport 1971 [ND, urspr. 1952].

OSTERKAMP, Frank: Gemeinschaft und Gesellschaft: Über die Schwierigkeiten einen Unterschied zu machen. Zur Rekonstruktion des primären Theorieentwurfs von Ferdinand Tönnies, Berlin 2005.

OSWALD, Hans: Die überschätzte Stadt. Ein Beitrag der Gemeindesoziologie zum Städtebau, Olten u. Freiburg 1966.

OTTO, Karl (Hg.): die stadt von morgen. gegenwartsprobleme für alle, Berlin 1959.

–: Einwirkungen des Luftkrieges auf den Städtebau. Ein Vergleich zwischen den neuen deutschen »Richtlinien« und einer kürzlich erschienenen englischen Denkschrift, in: Bauwelt 34, 1943, S. 73-74.

PAHL, Walter: Die Gartenstadt. Visionen und Wirklichkeit am Beispiel der Gartenstädte Dresden Hellerau und Mannheim, Mannheim 2000.

PAHL-WEBER, Elke: Die Ortsgruppe als Siedlungszelle, in: Frank, Hartmut (Hg.): Faschistische Architekturen. Planen und Bauen in Europa 1930-1945, Hamburg 1985, S. 282-297.

–: Die Ortsgruppe als Siedlungszelle, in: Bose, Michael u.a. (Hg.): »...Ein neues Hamburg entsteht...«. Planen und Bauen von 1933-1945, Hamburg 1986, S. 46-55.

–: Konstanty Gutschow – Architekt, in: Bose, Michael u.a. (Hg.): »...Ein neues Hamburg entsteht...«. Planen und Bauen von 1933-1945, Hamburg 1986, S. 186-201.

–/SCHUBERT, Dirk: Die Volksgemeinschaft unter dem steilen Dach? Ein ideologiekritischer Beitrag zum Wohnungs- und Städtebau der Zeit zwischen 1933 und 1945 in Hamburg, in: Schildt, Axel/Sywottek, Arnold (Hg.): Massenwohnung und Eigenheim. Wohnungsbau und Wohnen in der Großstadt seit dem Ersten Weltkrieg, Frankfurt/Main u.a. 1988.

–/SCHUBERT, Dirk: Großstadtsanierung im Nationalsozialismus: Andreas Walthers Sozialkartographie von Hamburg, in: Sozialwissenschaftliche Informationen 16, 1987, S. 108-118.

–/SCHUBERT, Dirk: Zum Mythos nationalsozialistischer Stadtplanung und Architektur, in: 1999 1, 1990, S. 82-103.

PALMBLAD, Eva/ERIKSSON, Bengt Erik: Kropp och Politik. Hälsoupplysning som samhällsspegel, Stockholm 1995.

PANERAI, Philippe/CATEX, Jean/DEPAULE, Jean-Charles: Vom Block zur Zeile. Wandlungen der Stadtstruktur, Braunschweig, Wiesbaden 1977.

PAPELKAS, Johannes C.: Freyer, Hans, in: Bernsdorf, Wilhelm/Knospe, Horst (Hg.): Internationales Soziologenlexikon, 2 Bde., Stuttgart 1980, Bd. 1, S. 131-133.

PARK, Robert E./BURGESS, Ernest W./MCKENZIE, Roderick D.: The City. With an Introduction by Morris Janowitz, Chicago, London 1967 [urspr. 1925].

PARR, Rolf: Kollektivsymbole als Medien der Stadtwahrnehmung, in: Henningsen, Bernd u.a. (Hg.): Die inszenierte Stadt. Zur Praxis und Theorie kultureller Konstruktion, Berlin 2001, S. 19-42.

PARSONS, Kermit C./SCHUYLER, David (Hg.): From Garden City to Green City. The Legacy of Ebenezer Howard, Baltimore, London 2002.

–: Collaborative Genius. The Regional Planning Association of America, in: Journal of the American Planning Association 60, S. 462-480.

PASS, David: Vällingby and Farsta – from Idea to Reality. The new Community Development Process in Stockholm, Cambridge, London 1973.

PAULSSON, Gregor: Byggnaden och människan, in: Byggmästaren 20, 1941, S. 31-42.

–: Stockholmsutställningens program. Föredrag i svenska slöjdföreningen 25 oktober 1928, in: Svenska slöjdföreningens tidskrift 24, 1928, S. 109-117.

–: The Past and The Present, in: Tyrwhitt, Jacqueline/Sert, José Luis/Rogers, Ernesto N. (Hg.): The Heart of the City: Towards the Humanisation of Urban Life. CIAM 8/International Congresses for Modern Architecture, Nendeln 1979, S. 26-29 [ND, urspr. 1952].

–: Uppfostran till demokratisk människa, in: Segerstedt, Torgny T:son u.a. (Hg.): Inför framtidens demokrati, Stockholm 1944, S. 92-122.

–: Utställningen »Der Stuhl« i Stuttgart 1928, in: Svenska slöjdföreningens tidskrift 25, 1929, S. 3-10.

–: Vackrare Vardagsvara, Stockholm 1919.

PAULSSON, Thomas: »Weder – noch« – ein Stadtplan neuer Art für Stockholm Täby, in: Baukunst und Werkform 9, 1956, S. 30-32.

PERKIN, Harold: The Rise of Professional Society. England since 1880, London u.a. 1989.

PERRY, Clarence Arthur: Housing for the Machine Age, New York 1939.

–: The Neighborhood Unit. A Scheme of Arrangement for the Familiy-Life Community, in: Perry, Clarence Arthur: The Neighbourhood Unit: from the Regional Survey of New York and its Environs, Volume VII, Neighbourhood and Community Planning, London, New York 1998, S. 23-127.

–: The School as a Factor in Neighborhood Development, New York 1914.

PETEREK, Michael: Hierarchisches Formmodell und serielle Siedlungstextur, in: Badisches Landesmuseum Karlsruhe (Hg.): Neues Bauen der 20er Jahre. Gropius, Haesler, Schwitters und die Dammerstocksiedlung in Karlsruhe 1929, Karlsruhe 1997, S. 159-175.

–: Wohnung. Siedlung. Stadt. Paradigmen der Moderne 1910-1950, Berlin 2000.

PFEIL, Elisabeth: Die Wohnvorstellungen der Bergarbeiter. Eine Befragung von 1400 wohnungssuchenden Bergleuten für die Planung des ECA-Programms, in: Die Neue Stadt 7, 1953, S. 128-131.

–: Großstadtforschung. Fragestellungen, Verfahrensweisen und Ergebnisse einer Wissenschaft, die dem Neubau von Stadt und Land von Nutzen sein könnte, Bremen 1950.

–: Nachbarkreis und Verkehrskreis in der Grosstadt, in: Mackensen, Rainer u.a. (Hg.): Daseinsformen der Grosstadt. Typische Formen sozialer Existenz in Stadtmitte, Vorstadt und Grüngürtel der industriellen Großstadt, Tübingen 1959, S. 158-225.

–: Zur Kritik der Nachbarschaftsidee, in: Archiv für Kommunalwissenschaften 2, 1963, S. 39-54.

PICON, Antoine/PONTE, Alessandra (Hg.): Architecture and the Sciences. Exchanging Metaphors, New York 2003.

PLESSNER, Helmuth: Grenzen der Gemeinschaft. Eine Kritik des sozialen Radikalismus, Frankfurt/Main 2002 [urspr. 1924].

–: Nachwort zu Ferdinand Tönnies, in: Kölner Zeitschrift für Soziologie und Sozialpsychologie 7, 1955, S. 341-247.

POERSCHKE, Ute: Funktion als Gestaltungsbegriff. Eine Untersuchung des Funktionsbegriffs in architekturtheoretischen Texten, Diss., Techn. Univ. Cottbus 2005.

POPPELREUTER, Tanja: Das Neue Bauen für den Neuen Menschen. Zur Wandlung und Wirkung des Menschenbildes in der Architektur der 1920er Jahre in Deutschland, Hildesheim 2007.

POPPER, Karl R.: The Open Society and its Enemies. 2 Bde., London 1962 [urspr. 1945].

PRAGER, Stephan: Die Deutsche Akademie für Städtebau und Landesplanung. Rückblick und Ausblick 1922-1955, Tübingen 1955.

PRED, Allan: Recognising European Modernities, London 1995.

PRIGGE, Walter: Durchdringung, in: Deutsches Architekturmuseum Frankfurt (Hg.): Ernst May und das Neue Frankfurt 1925-1930, Berlin 1986, S. 64-71.

–: Regulierung, in: Deutsches Architekturmuseum Frankfurt (Hg.): Ernst May und das Neue Frankfurt 1925-1930, Berlin 1986, S. 36-41.

–: Urbanität und Intellektualität im 20. Jahrhundert. Wien 1900, Frankfurt 1930, Paris 1960, Frankfurt/Main, New York 1996.
–: Wohn-Fords, in: Prigge, Walter/Kaib, Wilfried (Hg.): Sozialer Wohnungsbau im internationalen Vergleich, Frankfurt/Main 1988, S. 65-78.
– (Hg.): Ernst Neufert. Normierte Baukultur im 20. Jahrhundert, Dessau, Frankfurt/Main 1999.
PRINZ, Regina: Neues Bauen in Magdeburg. Das Stadtbauamt unter Bruno Taut und Johannes Göderitz, Diss., Techn. Univ. München 1997.
PROVOOST, Michelle: »New Towns« an den Fronten des Kalten Krieges. Wie die moderne Stadtplanung exportiert und im Kampf um die Dritte Welt instrumentalisiert wurde, in: Eurozine, 25.5.2007 (http://www.eurozine.com/articles/article_2007-05-25-provoost-de.html) [11.9.2009].
QVARSELL, Roger: Socialmedicinen och den sociala ingenjörskonsten, in: Nordisk medicinhistorisk årsbok 1995, S. 125-148.
RÅBERG, Per: Funktionalistiskt genombrott. Radikal miljö och miljödebatt i Sverige 1925-1931, Stockholm 1972.
RABINBACH, Anson: The Human Motor. Energy, Fatigue, and the Origins of Modernity, Berkeley 1992.
RABINOW, Paul: French Modern: Norms and Forms of the Social Environment, Cambridge/Mass. 1989.
RÅDBERG, Johan: Doktrin och täthet i svenskt stadsbyggande 1875-1975, Stockholm 1988.
–: Drömmen om atlantångaren: Utopier och myter i 1900-talets stadsbyggande, Stockholm 1997.
RADING, Adolf: Die Typenbildung und ihre städtebaulichen Folgerungen, in: Block, Fritz (Hg.): Probleme des Bauens. Der Wohnbau, Potsdam 1928, S. 55-86.
–: Möbelnorm als menschliches Problem, in: Wohnungswirtschaft 6, 1929, S. 312-313.
RADKAU, Joachim: Amerikanisierung als deutsches Nervenproblem. Von der Nervosität zur coolen Modernität, in: Bittner, Regina u.a. (Hg.): Zukunft aus Amerika. Fordismus in der Zwischenkriegszeit. Siedlung, Stadt, Raum, Frankfurt/Main, New York 1995, S. 107-123.
RADOWITZ, Sven: Schweden und das »Dritte Reich« 1939-1945. Die deutsch-schwedischen Beziehungen im Schatten des Zweiten Weltkrieges, Hamburg 2005.
RALPH, Bo: Segerstedt, Torgny [T:son], in: Nilzén, Göran (Hg.): Svenskt biografiskt lexikon, Stockholm 2002, Bd. 31, S. 787-798.
RAINER, Roland, Die Behausungsfrage, Wien 1947.
–: Die zweckmässigste Hausform für Erweiterung, Neugründung und Wiederaufbau von Städten, Breslau 1944.
–: Städtebauliche Prosa. Praktische Grundlagen für den Aufbau der Städte, Tübingen 1948.
RAMBERG, Klas: Allmännyttan. Välfärdsbygge 1850-2000, Stockholm 2002.
RAPHAEL, Lutz: Das Ende des Deutschen Reiches als Zäsur nationaler Expertenkulturen? Überlegungen zu den Folgen des politischen Umbruchs 1945 für Technik und Wissenschaften in Deutschland, in: Doering-

Manteuffel, Anselm (Hg.): Strukturmerkmale der deutschen Geschichte des 20. Jahrhunderts, München 2006, S. 181-196.

–: Die Verwissenschaftlichung des Sozialen als methodische und konzeptionelle Herausforderung für eine Sozialgeschichte des 20. Jahrhunderts, in: Geschichte und Gesellschaft 22, 1996, S. 165-193.

–: Experten im Sozialstaat, in: Hockerts, Günther (Hg.): Drei Wege deutscher Sozialstaatlichkeit, NS-Diktatur, Bundesrepublik und DDR im Vergleich, München 1998, S. 231-258.

–: »Ordnung« zwischen Geist und Rasse: Kulturwissenschaftliche Ordnungssemantik im Nationalsozialismus, in: Lehmann, Hartmut/Oexle, Otto Gerhard (Hg.): Nationalsozialismus in den Kulturwissenschaften. Leitbegriffe – Deutungsmuster – Paradigmenkämpfe. Erfahrungen und Transformationen im Exil, 2 Bde., Göttingen 2004, Bd. 2, S. 113-137.

–: Ordnungsmuster der »Hochmoderne«? Die Theorie der Moderne und die Geschichte der europäischen Gesellschaften im 20. Jahrhundert, in: Schneider, Ute/Raphael, Lutz (Hg.): Dimensionen der Moderne. Festschrift für Christof Dipper, Frankfurt/Main 2008, S. 73-91.

–: Radikales Ordnungsdenken und die Organisation totalitärer Herrschaft. Weltanschauungseliten und Humanwissenschaftler im NS-Regime, in: Geschichte und Gesellschaft 27, 2001, S. 5-40.

–: Vom Sozialphilosophen zum Sozialingenieur? Die Position der anwendungsorientierten Sozialwissenschaften in der französischen Wissenschaftskultur der Jahrhundertwende, in: Hübinger, Gangolf/Graf, Friedrich Wilhelm/Bruch, Rüdiger vom (Hg.): Idealismus und Positivismus, Stuttgart 1997, S. 296-317.

RASCH, Hans Georg: Bülow, Friedrich, in: Bernsdorf, Wilhelm/Knospe, Horst (Hg.): Internationales Soziologenlexikon, 2 Bde., Stuttgart 1980, Bd. 1, S. 63-63.

RASMUSSEN, Steen Eiler: Nordische Baukunst. Beispiele und Gedanken zur Baukunst unserer Zeit in Dänemark und Schweden, Berlin 1940.

RAUM UND FLÄCHENBEGRENZUNG – VOLK UND GEMEINSCHAFTSBILDUNG, in: Siedlungsgestaltung aus Volk, Raum und Gemeinschaft 9, 1942, S. 11-23.

RECHENBERG, Fritz: Das Einmaleins der Siedlung. Richtzahlen für das Siedlungswesen. Ein praktischer Ratgeber für die Zahlenverhältnisse beim Entwurf von Siedlungen nach den Lebensbedürfnissen der Gemeinschaft, Berlin 1940.

–: Die günstigste Stadtgröße, Berlin 1936.

–: Die Siedlung als Ausdruck der Gemeinschaft, in: Bauen Siedeln Wohnen 18, 1938, S. 383-390.

RECKER, Marie-Luise: Die Großstadt als Wohn- und Lebensbereich im Nationalsozialismus. Zur Gründung der »Stadt des KDF-Wagens«, Frankfurt/Main 1981.

RECKWITZ, Andreas: Das hybride Subjekt. Eine Theorie der Subjektkulturen von der bürgerlichen Moderne zur Postmoderne, Weilerswist 2006.

REIBEL, Carl W.: Das Fundament der Diktatur. Die NSDAP-Ortsgruppe 1932-1945, Paderborn 2002.

REICHERT-FACILIDES, Otto Ernst: Nachbarschaften machen keine Stadt, in: Baukunst und Werkform 9, 1956, S. 522-523.

REICHLIN, Bruno: Den Entwurfsprozess steuern – eine fixe Idee der Moderne, in: Daidalos 71, 1999, S. 6–21.
REICHOW, Hans Bernhard: Altstadtgesundung. Zielsetzung, Finanzierung und Rechtsordnung für Altstadt- und Wohnungsgesundungen, in: Monatshefte für Baukunst und Städtebau 18, 1934, S. 193-196.
–: Bau der Sennestadt. Werkbericht August 1959, in: Deutsche Bauzeitschrift 7, 1959, S. 1181-1196.
–: Braunschweigs Grünflächenfragen, in: Monatshefte für Baukunst und Städtebau 20, 1936, S. 73-78.
–: Chaos – Planen – Wohnen. Die einführende Sonderschau der Deutschen Bau-Ausstellung, in: Deutsche Bauausstellung Nürnberg, 1.-18. September 1949. Amtlicher Ausstellungs-Katalog, München 1949, S. 22-23.
–: Das Ende des hippodamischen Städtebaus, in: Baukunst und Werkform 8, 1955, S. 532-553.
–: Das organische Bauen und seine Anwendung im Wohnungsbau, in: Die Bauzeitung 56/43, 1951, S. 244-247.
–: Das Problem der Dauerkleingärten im Städtebau, in: Wasmuths Monatshefte für Baukunst und Städtebau 16, 1932, S. 94-96.
–: Die Gartenstadt Hohnerkamp in Hamburg-Bramfeld, in: Raumforschung und Raumordnung 11, 1953, S. 151-158.
–: Dualismus im Städtebau, in: Wasmuths Monatshefte für Baukunst und Städtebau 15, 1931, S. 548-550.
–: Funktioneller Städtebau, in: Wasmuths Monatshefte für Baukunst und Städtebau 16, 1932, S. 449-451.
–: Gedanken zur städtebaulichen Entwicklung des Groß-Stettiner Raumes, Stettin 1940.
–: Grundsätzliches zum Städtebau im Altreich und im neuen Deutschen Osten, in: Raumforschung und Raumordnung 5, 1941, S. 225-230.
–: Organische Baukunst, Braunschweig u.a. 1949.
–: Organische Stadtbaukunst. Von der Großstadt zur Stadtlandschaft, Braunschweig u.a. 1948.
–: Sanierung und Neubau, in: Siedlung und Wirtschaft 17, 1935, S. 469-472.
–: Städtebauliche Aufgaben in Braunschweig, Braunschweig 1936.
–: Stellungnahme zur Hamburger Generalplanskizze 1944, in: Durth, Werner/Gutschow, Niels: Träume in Trümmern. Planungen zum Wiederaufbau zerstörter Städte im Westen Deutschlands 1940-1950, 2 Bde., Braunschweig, Wiesbaden 1988, Bd. 2, S. 680-686.
–: Von der Einheit der Gestaltung, in: Der Architekt 3, 1954, S. 267-275.
–: Was bietet die Aufbau- und Planungsausstellung der deutschen Städte, in: Deutsche Bauausstellung Nürnberg, 1.-18. September 1949. Amtlicher Ausstellungs-Katalog, München 1949, S. 26-30.
–: Zeitgemäße Gelände-Erschließungsfragen, in: Zentralblatt der Bauverwaltung 54, 1934, S. 381-386.
–: Zum Reichsstädtebau-Gesetzentwurf, in: Bauwelt 23, 1932, S. 265.
–: Zur Frage der Anliegerbeiträge, in: Monatshefte für Baukunst und Städtebau 18, 1934, S. 94-96.
–: Zur Frage der Parzellierung und Regelung des Anliegerbeitrags, in: Deutsche Bauzeitung 66, 1932, S. 593-596.

–: Zur Frage der Wohnungsgrundrisse, in: Baurundschau 40, 1950, S. 371-372.
–: Zur Meisterung des Stadtaufbaus, in: Deutsche Bauausstellung Nürnberg, 1.-18. September 1949. Amtlicher Ausstellungs-Katalog, München 1949, S. 49-51.
REICHSFORSCHUNGSGESELLSCHAFT FÜR WIRTSCHAFTLICHKEIT IM BAU- UND WOHNUNGSWESEN E.V.: Die Küche der Klein- und Mittelwohnung, Berlin 1928.
–: Kleinstwohnungsgrundrisse, Berlin 1928.
REINIUS, Leif: »Undergångssymbol hos Joyce«. En replik till Lennart Holms artikel »Ideologi och form i efterkrigstidens arkitekturdebatt« i nr. 15 av Byggmästaren, in: Byggmästaren 27, 1948, S. 316.
–: Uppfostran till människa, in: Byggmästaren 24, 1945, S. 1-2.
REPLANNING BRITAIN. England bygger upp. En utställning av engelsk samhällsplanering, anordnad av British Council och Royal Institute of British Architects i samband med Svenska Arkitekters Riksförbund, Stockholm 1946
REULECKE, Jürgen: Bürgerliche Bestrebungen zur »Beheimatung der unteren Klassen« der Industriegesellschaft (Gesellenheim, Arbeiterheim, Volksheim), in: Ders./Petzina, Dietmar (Hg.): Bevölkerung, Wirtschaft, Gesellschaft seit der Industrialisierung, Dortmund 1990, S. 343-357.
–/RÜDENHAUSEN, Castell/SALDERN, Adelheid von (Hg.): Stadt und Gesundheit. Zum Wandel von »Volksgesundheit« und kommunaler Gesundheitspolitik im 19. und frühen 20. Jahrhundert, Stuttgart 1991.
RHEINBERGER, Hans-Jörg: Experimentalsysteme und epistemische Dinge. Eine Geschichte der Proteinsynthese im Reagenzglas, Göttingen 2001.
–: Historische Epistemologie. Zur Einführung, Hamburg 2007.
–/HAGNER, Michael/WAHRIG-SCHMIDT, Bettina: Räume des Wissens: Repräsentation, Codierung, Spur, in: Dies. (Hg.): Räume des Wissens. Repräsentation, Codierung, Spur, Berlin 1997, S. 7-21.
RIEHL, Felix: Zur Frage der Größe und Größenbegrenzung neuer Siedlungskörper unter Berücksichtigung des Einflusses der Gemeinschaftseinrichtungen, Leipzig 1939.
RIEZLER, Walter: »Stockholmsutställningen 1930«, in: Die Form 5, 1930, S. 441-447.
RODENSTEIN, Marianne/BÖHM-OTT, Stefan: Gesunde Wohnungen und Wohnungen für gesunde Deutsche. Der Einfluß der Hygiene auf Wohnungs- und Städtebau in der Weimarer Republik und im »Dritten Reich«, in: Kähler, Gert (Hg.): Geschichte des Wohnens. 5 Bde., Stuttgart 1996, Bd. 4, S. 453-555.
–: »Mehr Licht, mehr Luft«. Gesundheitskonzepte im Städtebau seit 1750, Frankfurt/Main, New York 1988.
RODGERS, Daniel T.: Atlantic Crossings. Social Politics in a Progressive Age, Cambridge, London 1998.
RODRÍGUEZ-LORES, Juan/FEHL, Gerhard (Hg.): Die Kleinwohnungsfrage. Zu den Ursprüngen des sozialen Wohnungsbaus in Europa, Basel u.a. 1988.
–: Städtehygiene und Städtebau: Zur Dialektik von Ordnung und Unordnung in den Auseinandersetzungen des Deutschen Vereins für Öffentliche Gesundheitspflege 1868-1901, in: Fehl, Gerhard/Rodriguez-Lores, Juan

(Hg.): Städtebaureform 1865-1900. Von Licht, Luft und Ordnung in der Stadt der Gründerzeit, 2 Bde., Hamburg 1985, Bd. 1, S. 19-58.

RODWIN, Lloyd/HOLLISTER, Robert M. (Hg.): Cities of the Mind. Images and Themes of the City in the Social Sciences, New York 1984.

RÖSSLER, Mechthild: Raumforschung und Städtebau 1936-1945. Anmerkungen zum Verhältnis von zwei Institutionen im Nationalsozialismus: Die Reichsarbeitsgemeinschaft für Raumforschung und die Deutsche Akademie für Städtebau, Reichs- und Landesplanung, in: Lüken-Isberner, Folckert (Hg.): Stadt und Raum 1933-1949, Kassel 1991, S. 93-98.

ROHKRÄMER, Thomas: Bewahrung, Neugestaltung, Restauration? Konservative Raum- und Heimatvorstellungen in Deutschland 1900-1933, in: Hardtwig, Wolfgang (Hg.): Ordnungen in der Krise. Zur politischen Kulturgeschichte Deutschlands 1900-1933, München 2007, S. 49-68.

ROLAND RAINER - DAS WERK DES ARCHITEKTEN 1927-2003: vom Sessel zum Stadtraum: geplant, errichtet, verändert, vernichtet, Wien u.a. 2003.

ROLLIN, Gösta: Utställningen, skönheten och svenskheten, in: fönstret 2, 1930, H. 23, S. 6.

RONNEBERGER, Klaus: Biomacht und Hygiene. Normalisierung im fordistischen Wohnungsbau, in: Prigge, Walter (Hg.): Ernst Neufert. Normierte Baukultur im 20. Jahrhundert, Dessau, Frankfurt/Main 1999, S. 432-464.

ROSCHER, Volker: Wohnung, Familie, Haustyp. Sozialwissenschaftliche Anmerkungen zum Grundriß im sozialen Wohnungsbau, in: Die alte Stadt 23, 1996, S. 198-217.

ROSENBERGER, Ruth: Experten für Humankapital. Die Entdeckung des Personalmanagements in der Bundesrepublik Deutschland, München 2008.

ROSSI, Aldo: Die Architektur der Stadt. Skizze zu einer grundlegenden Theorie des Urbanen, Düsseldorf 1973 [ital. 1966].

ROTH, Alfred: Bau neuer Städte in England, in: Die Neue Stadt 4, 1950, S. 407-411.

ROTH, Karl H.: Städtesanierung und »ausmerzende Soziologie«. Der Fall Andreas Walther und die »Notarbeit 51« der »Notgemeinschaft der Deutschen Wissenschaft« 1934-35 in Hamburg, in: Herrmann, Michael u.a. (Hg.): »Hafenstraße«. Chronik und Analysen eines Konflikts, Hamburg 1987, S. 39-59.

ROTHSTEIN, Bo: Vad bör staten göra? Om välfärdsstatens moraliska och politiska logik, Stockholm 2002.

ROWE, Colin/SLUTZKY, Robert/HOESLI, Bernhard: Transparenz, Basel 1968.

RUCK, Michael: Ein kurzer Sommer der konkreten Utopie. Zur westdeutschen Planungsgeschichte der langen 60er Jahre, in: Schildt, Axel/Siegfried, Detlev/Lammers, Karl Christian (Hg.): Dynamische Zeiten. Die 60er Jahre in den beiden deutschen Staaten, Hamburg 2000, S. 363-401.

RUDBERG, Eva: Carl-Fredrik Ahlberg, in: Ahlberg, Carl-Fredrik: Tankar om samhällen och samhällsplanering. Ett urval artiklar från fyra decennier under redaktion av Eva Rudberg, Stockholm 1986, S. 187-208.

–: Folkhemmets bostäder – en svensk modell, in: Engfors, Christina (Hg.): Folkhemmets bostäder 1940-1960, Stockholm 1987, S. 9-23.

–: Folkhemmets välfärdsbygge. 1940-60, in: Caldenby, Claes (Hg.): Att bygga ett land. 1900-talets svenska arkitektur, Stockholm 1998, S. 110-142.

–: Från mönsterplan till kommunöversikt. Den fysiska planeringens framväxt i Sverige, Stockholm 1985.
–: H55, in: Engfors, Christina (Hg.): Femtiotalet, Stockholm 1995, S. 32-37.
–: Rakkniven och lösmanschetten. Stockholmsutställningen 1930 och »slöjdstriden«, in: Wickmann, Kerstin (Hg.): Formens rörelse. Svensk form genom 150 år, Stockholm 1995, S. 123-139.
–: »Stäng in arkitekten i kokvrån!«. Kvinnorna och bostadsplaneringen, in: Åkerman, Brita u.a. (Hg.): Den okända vardagen. Om arbetet i hemmen, Stockholm 1983, S. 192-229.
–: Stockholmsutställningen 1930. Modernismens genombrott i svensk arkitektur, Stockholm 1999.
–: Sven Markelius, arkitekt, Stockholm 1989.
–: The Stockholm Exhibition 1930. Modernism's Breakthrough in Swedish Architecture, Stockholm 1998.
–: Uno Åhrén. En föregångsman inom 1900-talets arkitektur och samhällsplanering, Stockholm 1981.
–: Vardagens utopi. Svenskt och osvenskt i funktionalismens arkitektur, in: Widenheim, Cecilia/Rudberg, Eva (Hg.): Utopi och verklighet. Svensk modernism 1900-1960. Moderna Museet 7 oktober-14 januari 2001, Stockholm 2001, S. 150-173.
–: Wohnungspolitik und Erfolgsjahre der Sozialdemokratie, in: Arkitekturmuseet (Hg.): Aufbruch und Krise des Funktionalismus. Bauen und Wohnen in Schweden 1930-1980, München 1976, S. 81-107.
–: Sverige – provins i Europa, in: Arkitektur 87, 1987, H. 10, S. 40-49.
– (Hg.): Vision och perspektiv. En bok om Planverket och Lennart Holm, Stockholm 1988.
–/Lundahl, Gunilla: »Samhällets makt över marken är en förutsättning för god stadsplanering«, in: Arkitekttidningen 1977, H. 15, S. 3-5.
– u.a. (Hg.): Tage William-Olsson. Stridbar planerare och visionär arkitekt, Stockholm 2004.
RUNCIS, Maja: Steriliseringar i folkhemmet, Stockholm 1998.
RUSINEK, Bernd A.: »Ordnung« – Anmerkungen zur Karriere eines Begriffs, in: Kenkmann, Alfons/Spieker, Christoph (Hg.): Im Auftrag. Polizei, Verwaltung und Verantwortung, Essen 2001, S. 104-111.
RUTH, Arne: Die zweite »Neue Nation«: Der Mythos vom modernen Schweden, in: Graubart, Stephen R. (Hg.): Die Leidenschaft für Gleichheit und Gerechtigkeit. Essays über den nordischen Wohlfahrtsstaat, Baden-Baden 1988, S. 247-290.
SAARIKANGAS, Kirsi: Skaparen av det moderna hemmet. Alva Myrdal och planeringen av vardagslivet, in: arbetarhistoria 27, 2003, H. 2/3, S. 50-61.
–: The Politics of Modern Home. Organization of the Everyday in Swedish and Finnish Housing Design from the 1930s to the 1950s, in: Kettunen, Pauli/Eskola, Hanna (Hg.): Models, Modernity and the Myrdals, Helsinki 1997, S. 80-108.
SADLER, Simon: The Situationist City, Cambridge/Mass. u.a. 1988.
SALDERN, Adelheid von: Einleitung: Bauen und Wohnen – ein Thema für die Geschichtswissenschaft?, in: Dies. (Hg.): Bauen und Wohnen in Niedersachsen während der fünfziger Jahre, Hannover 1999, S. 11-52.

–: Häuserleben. Zur Geschichte städtischen Arbeiterwohnens vom Kaiserreich bis heute, Bonn 1995.
–: Neues Wohnen. Wohnungspolitik und Wohnkultur im Hannover der Zwanziger Jahre, Hannover 1993.
–: »Statt Kathedralen die Wohnmaschine«. Paradoxien der Rationalisierung im Kontext der Moderne, in: Bajohr, Frank/Johe, Werner/Lohalm, Uwe (Hg.): Zivilisation und Barbarei. Das widersprüchliche Potential der Moderne. Detlev Peukert zum Gedenken, Hamburg 1991, S. 168-192.
–: Von der »guten Stube« zur »guten Wohnung«. Zur Geschichte des Wohnens in der Bundesrepublik Deutschland, in: Archiv für Sozialgeschichte 35, 1995, S. 227-255.
SALIN, Edgar: Urbanität, in: Der Städtetag 13, 1960, S. 323-332.
SAMSON, David: »Unser Newyorker Mitarbeiter«. Lewis Mumford, Walter Curt Behrendt, and the Modern Movement in Germany, in: Journal of the Society of Architectural Historians 55, 1996, S. 126-139.
SANDSTRÖM, Ulf: Arkitektur och social ingenjörskonst. Studier i svensk arkitektur- och bostadsforskning, Linköping 1989.
–: Mellan politik och forskning: 1960-1992: Statens råd för byggnadsforskning, Stockholm 1994.
SARASIN, Philipp: Die Rationalisierung des Körpers. Über »Scientific Management« und »biologische Rationalisierung«, in: Ders.: Geschichtswissenschaft und Diskursanalyse, Frankfurt/Main 2003, S. 61-99.
–: Geschichtswissenschaft und Diskursanalye, in: ders: Geschichtswissenschaft und Diskursanalyse, Frankfurt/Main 2003, S. 10-60.
–: Infizierte Körper, kontaminierte Sprachen. Metaphern als Gegenstand der Wissenschaftsgeschichte, in: Ders.: Geschichtswissenschaft und Diskursanalyse, Frankfurt/Main 2003, S. 191-231.
SASSE, Sylvia (Hg.): Kollektivkörper. Kunst und Politik von Verbindung, Bielefeld 2002.
SAX, Ulrika (Hg.): Familjebostäder. Flera kapitel i svensk bostadspolitik, Stockholm 2006.
–: Vällingby – ett levande drama, Stockholm 1998.
SCARPA, Ludovica: Martin Wagner und Berlin. Architektur und Städtebau in der Weimarer Republik, Braunschweig u.a. 1986.
SCHENK, Tilman A./BROMLEY, Ray: Mass-Producing Traditional Small Cities: Gottfried Feder's Vision for a Greater Nazi Germany, in: Journal of Planning History 2, 2003, S. 107-139.
SCHERPE, Klaus R. (Hg.): Die Unwirklichkeit der Städte. Großstadtdarstellungen zwischen Moderne und Postmoderne, Hamburg 1988.
SCHIEFLOE, Per Morten: Networks in Urban Neighbourhoods: Lost, Saved or Liberated Communities, in: Scandinavian Housing and Planning Research 7, 1990, S. 93-102.
–: »...für die breiten Schichten des Volkes«. Zur Planung und Realisierung des »Sozialen Wohnungsbaus« in der Bundesrepublik Deutschland (1950-1960), in: Siegrist, Hannes/Stråth, Bo (Hg.): Wohnungsbau im internationalen Vergleich. Planung und gesellschaftliche Steuerung in den beiden deutschen Staaten und in Schweden, Leipzig 1996, S. 24-48.

–: Hamburg: Versuch einer zweiten Moderne, in: Beyme, Klaus von u.a. (Hg.): Neue Städte aus Ruinen. Deutscher Städtebau der Nachkriegszeit, München 1992, S. 78-97.

SCHILDT, Axel: Walther, Andreas, in: Klopitzsch, Franklin/Breitzke, Dirk (Hg.): Hamburgische Biografie. Personenlexikon, Hamburg 2003, S. 433-435.

SCHIVELBUSCH, Wolfgang: Entfernte Verwandtschaft. Faschismus, Nationalsozialismus, New Deal 1933-1939, München, Wien 2005.

SCHLIMM, Anette: »Harmonie zu schaffen, ist Sinn und Zweck«. Der Verkehrsdiskurs und die räumliche Ordnung des Sozialen, in: Etzemüller, Thomas (Hg.): Die Ordnung der Moderne. Social Engineering im 20. Jahrhundert, Bielefeld 2009, S. 67-86.

SCHMALS, Klaus M. (Hg.): Vor 50 Jahren...Auch die Raumplanung hat eine Geschichte, Dortmund 1997.

SCHMIDT, Lars-Henrik/KRISTENSEN, Jens Erik: Lys, luft og renlighed. Den moderne socialhygiejnes fødsel, Kopenhagen 1986.

SCHMIDT-WALDHERR, Hiltraud: Rationalisierung der Hausarbeit in den zwanziger Jahren, in: Tornieporth, Gerda (Hg.): Arbeitsplatz Haushalt. Zur Theorie und Ökologie der Hausarbeit, Berlin 1988, S. 32-54.

SCHMITT, Carl: Über die drei Arten des rechtswissenschaftlichen Denkens, Hamburg 1934.

SCHNEIDER, Christian: Stadtgründung im Dritten Reich. Wolfsburg und Salzgitter. Ideologie, Ressortpolitik, Repräsentation, München 1979.

SCHNEIDER, Romana: Volkshausgedanke und Volkshausarchitektur, in: Lampugnani, Vittorio Magnano (Hg.): Moderne Architektur in Deutschland 1900 bis 1950. Reform und Tradition, Stuttgart 1992, S. 184-199.

SCHNITZLER, Sonja: Elisabeth Pfeil und das »Blaue Archiv«. Aspekte einer Bevölkerungssoziologie im Nationalsozialismus, in: Mackensen, Rainer (Hg.): Bevölkerungsforschung und Politik in Deutschland im 20. Jahrhundert, Wiesbaden 2006, S. 203-219.

–: Realsoziologische Expertise der Sozialforschungsstelle an der Universität Münster in Dortmund. Elisabeth Pfeil und die Studie zum Bergarbeiterwohnungsbau, in: Ehmer, Josef/Ferdinand, Ursula/Reulecke Jürgen (Hg.): Herausforderung Bevölkerung. Zu Entwicklungen des modernen Denkens über die Bevölkerung vor, im und nach dem »Dritten Reich«, Wiesbaden 2007, S. 295-306.

SCHÖN, Bosse: Där järnkorsen växer. Ett historiskt reportage, Stockholm 2002.

SCHÖNBECK, Boris: Stad i förvandling. Uppbyggnadsepoker och rivningar i svenska städer från industrialismens början till idag, Stockholm 1994.

SCHÖNFELDT, Charlotte: Wohnungen für kinderreiche Familien. Ein schwedisches Beispiel, in: Bauen Siedeln Wohnen 19, 1939, S. 865-866.

SCHOLLMEIER, Axel: Gartenstädte in Deutschland. Ihre Geschichte, städtebauliche Entwicklung und Architektur zu Beginn des 20. Jahrhunderts, Münster 1990.

SCHRÖDER, Stephan Michael: More Fun with Swedish Girls? Functions of a German Heterostereotype, in: Ethnologia Scandinavica 29, 1997, S. 122-137.

SCHUBERT, Dirk (Hg.): Die Gartenstadtidee zwischen reaktionärer Ideologie und pragmatischer Umsetzung. Theodor Fritschs völkische Version der Gartenstadt, Dortmund 2004.

–: Die Renaissance der Nachbarschaftsidee – eine deutsch-angloamerikanische Dreiecks-Planungsgeschichte, in: Petz, Ursula (Hg.): »Going West?« Stadtplanung in den USA – gestern und heute, Dortmund 2004, S. 120-154.

–: ...Ein neues Hamburg entsteht. Planungen in der »Führerstadt« Hamburg zwischen 1933-1945, in: Frank, Hartmut (Hg.): Faschistische Architekturen. Planen und Bauen in Europa 1930-1945, Hamburg 1985, S. 299-318.

–: Führerstadtplanungen in Hamburg, in: Bose, Michael u.a. (Hg.): »...Ein neues Hamburg entsteht...«. Planen und Bauen von 1933-1945, Hamburg 1986, S. 16-45.

–: Gesundung der Städte. Stadtsanierung in Hamburg 1933-1945, in: Bose, Michael u.a. (Hg.): »...Ein neues Hamburg entsteht...«. Planen und Bauen von 1933-1945, Hamburg 1986, S. 62-83.

–: Gottfried Feder und sein Beitrag zur Stadtplanungstheorie – technokratische Richtwertplanung oder nationalsozialistische Stadtplanungsideologie?, in: Die alte Stadt 13, 1986, S. 193-211.

–: Großstadtfeindschaft und Stadtplanung. Neue Anmerkungen zu einer alten Diskussion, in: Die alte Stadt 13, 1986, S. 22-41.

–: »Heil aus Ziegelstein« – Aufstieg und Fall der Nachbarschaftsidee. Eine deutsch-anglo-amerikanische Dreiecks-Planungsgeschichte, in: Die alte Stadt 25, 1998, S. 141-173.

–: Stadterneuerung in London und Hamburg. Eine Stadtbaugeschichte zwischen Modernisierung und Disziplinierung, Braunschweig u.a. 1994.

–: Stadtgesundung im »Dritten Reich« – oder hat es eine nationalsozialistische Stadterneuerung gegeben, in: Lüken-Isberner, Folckert (Hg.): Stadt und Raum 1933-1949, Kassel 1991, S. 51-76.

–: The Neighbourhood Paradigm: From Garden Cities to Gated Communities, in: Freestone, Robert (Hg.): Urban Planning in a Changing World: The Twentieth Century Experience, London, New York 2000, S. 118-136.

SCHÜTZ, Paul: Die Dammerstocksiedlung, vor dem Hintergrund der kommunalen Wohnungs- und Planungspolitik in Karlsruhe von 1920-1930, Karlsruhe 1987.

–: Wiederaufbau in Deutschland. Die Wohnungspolitik in den Westzonen und der Bundesrepublik von 1945-1957, Düsseldorf 1994.

SCHUMACHER, Angela: Otto Haesler und der Wohnungsbau in der Weimarer Republik, Marburg 1982.

SCHUMACHER, Ernst F.: Die Rückkehr zum menschlichen Maß. Alternativen für Wirtschaft und Technik »Small is Beautiful«, Reinbek 1977.

SCHWARZ, Rudolf: Das Unplanbare, in: Conrads, Ulrich (Hg.): Die Städte himmeloffen. Reden und Reflexionen über den Wiederaufbau des Untergegangenen und die Wiederkehr des Neuen Bauens 1948/49, Basel, Boston, Berlin 2003, S. 90-116 [urspr. 1947].

SCHWEIZER, Stefan: »Stil«, »Bedeutung«, »Wahrnehmung«. Genese und Entwicklung interdisziplinärer Architekturdeutung sowie ihre kulturwissenschaftlichen Perspektiven, in: Ders./Stabenow, Jörg (Hg.): Bauen als

Kunst und historische Praxis. Architektur und Stadtraum im Gespräch zwischen Kunstgeschichte und Geschichtswissenschaft, 2 Bde., Göttingen 2006, Bd. 1, S. 21-83.

SCOTT, James C.: Seeing Like a State: How Certain Schemes to Improve the Human Condition Have Failed, New Haven 1998.

SEGERSTEDT, Torgny T:son: Demokratins problem i socialpsykologisk belysning, Stockholm 1939.

–: Formal och real demokrati, in: Ders. (Hg.): Inför framtidens demokrati, Stockholm 1944, S. 9-36.

– u.a. (Hg.): Inför framtidens demokrati, Stockholm 1944.

SERT, José Luis: Centres of Community Life, in: Ders./Tyrwhitt, Jacqueline/Rogers, Ernesto N. (Hg.): The Heart of the City: Towards the Humanisation of Urban Life. CIAM 8/International Congresses for Modern Architecture, Nendeln 1979, S. 3-16 [ND, urspr. 1952].

–: The Human Scale in City Planning, in: Zucker, Paul (Hg.): New Architecture and City Planning. A Symposium, New York 1944, S. 392-412.

SESTOFT, Jørgen: Funktionalismen i arkitekturen fra utopie til standardisering, in: Guldberg, Jørn (Hg.): Tema: Funktionalisme, Odense 1986, S. 15-32.

SHAND, P. Morton: Stockholm, 1930, in: The Architectural Review 68, 1930, S. 67-72.

SHOVE, Elizabeth: Comfort, Cleanliness and Convenience. The Social Organization of Normality, Oxford, New York 2003.

SIDENBLADH, Göran: Die Stadt von Gestern, in: Plan 14, 1960, S. 34-35.

–: Gemensamhetsanläggningar, in: Byggmästaren 28, 1949, S. 317-320.

–: »Grannskapsplanering«. Dess innehåll och form, in: Plan 2, 1948, S. 112-116.

–: Hus och skådespel, in: Plan 11, 1957, S. 43-49.

–: Idédebatt och praxis i efterkrigstidens samhällsplanering, in: Plan 31, 1977, S. 196-203.

–: Metoder och mål i generalplanearbetet, in: Plan 4, 1950, S. 103-108, 124.

–: Planering för Stockholm 1923-1958, Stockholm 1981.

SIEBEN JAHRE LANDESPLANUNGSVERBAND BRANDENBURG-MITTE. Haupttätigkeitsbericht 1929-1937 von der Gründung bis zur Überleitung in die Landesplanungsgemeinschaft Brandenburg, Heidelberg, Berlin 1937.

SIEDLER, Wolf Jobst/NIGGEMEYER, Elisabeth: Die gemordete Stadt. Abgesang auf Putte und Straße, Platz und Baum, München, Berlin 1978 [urspr. 1964].

SIEFERLE, Rolf Peter/ZIMMERMANN, Clemens: Die Stadt als Rassengrab, in: Smuda, Manfred (Hg.): Die Großstadt als »Text«, München 1992, S. 53-71.

SIEGFRIED, Detlev: Der Fliegerblick. Intellektuelle, Radikalismus und Flugzeugproduktion bei Junkers 1914-1934, Bonn 2001.

SIGRIST, Albert [Alexander Schwab]: »Das Buch vom Bauen«. Wohnungsnot, Neue Technik, Neue Baukunst, Städtebau aus sozialistischer Sicht, Düsseldorf 1973 [ND, urspr. 1930].

SILOW, Sven: Gröningen: byggnader, bostäder, bosättning på H55, in: Wickmann, Kerstin (Hg.): Formens rörelse. Svensk form genom 150 år, Stockholm 1995, S. 200-219.

SILVANDER, Johan u.a. (Hg.): Gröndal och Aspudden. »Ett mönstersamhälle utanför stadens hank och stör«, Stockholm 1993.
SILVER, Christopher: Neighbourhood Planning in Historical Perspective, in: Journal of the American Planning Association 51, 1985, S. 161-174.
SIMMEL, Georg: Die Großstädte und das Geistesleben, Frankfurt/Main 2006 [urspr. 1903].
SÖDERQVIST, Lisbeth: Den månghövdade modernismen – diskursen om autenticitet, in: Konsthistorisk tidskrift 77, 2008, S. 102-107.
SÖDERSTRÖM, Göran u.a. (Hg.): Stockholm utanför tullarna. Nittiosju stadsdelar i ytterstaden, Stockholm 2003.
SOFSKY, Wolfgang: Schreckbild Stadt. Stationen moderner Großstadtkritik, in: Die alte Stadt 13, 1986, S. 1-21.
SOHN, Elke: Hans Bernhard Reichow and the Concept of Stadtlandschaft in German Planning, in: Planning Perspectives 18, 2003, S. 199-146.
–: Organicist Concepts of City Landscape in German Planning after the Second World War, in: Landscape Research 32, 2007, S. 499-523.
–: Zum Begriff der Natur in Stadtkonzepten anhand der Beiträge von Hans Bernhard Reichow, Walter Schwagenscheidt und Hans Scharoun zum Wiederaufbau nach 1945, Münster u.a. 2008.
SOHN, Werner/MERTENS, Herbert (Hg.): Normalität und Abweichung. Studien zur Theorie und Geschichte der Normalisierungsgesellschaft, Opladen 1999.
SOU 1933:14: Undersökning rörande behovet av en utvidgning av bostadsstatistiken jämte vissa därmed förbundna bostadspolitiska frågor, Stockholm 1933.
SOU 1935:2. Betänkande med förslag rörande lån och årliga bidrag av statsmedel för främjande av bostadsförsörjning för mindre bemedlade barnrika familjer jämte dartill hörande utredningar, avgivet den 17. januari 1935 av Bostadssociala utredningen, Stockholm 1935.
SOU 1937:43. Betänkande med förslag rörande lån och bidrag av statsmedel till främjande av bostadsförsörjning för mindre bemedlade barnrika familjer i egnahem m.m. jämte därtill hörande utredningar, avgivet den 11 november 1937 av Bostadssociala utredningen, Stockholm 1937.
SOU 1945:63. Slutbetänkande, avgivet av bostadssociala utredningen. Del I: Allmänna riktlinjer för den framtida bostadspolitiken. Föreslag till lane- och bidragsformer, Stockholm 1946.
SOU 1956:32. Hemmen och samhällsplaneringen. Bostadskollektiva kommitténs slutbetänkande, Stockholm 1956.
SOU 1954:3. Kollektivhus. Bostadskollektiva kommitténs betänkande II, Stockholm 1954.
SPANN, Edward K.: Designing Modern America: The Regional Planning Association of America and Its Members, Columbus 1996.
SPENGEMANN, Karl Ludwig: Grundrißatlas. Eine Typenkunde für den Wohnungsbau, Gütersloh 1955.
–: Vom Grundriss der Volkswohnung. Ein Beitrag zur Raumbewirtschaftung und zum methodischen Entwerfen, Ravensburg 1950.
SPÖRHASE, Rolf: Die Methodik des Entwerfens, in: Die Baugilde 29, 1931, S. 221-232.

STEARS, Marc: Progressives, Pluralists, and the Problems of the State. Ideologies of Reform in the United States and Britain, 1906-1926, Oxford u.a. 2006.

STEIL, Armin: Krisensemantik. Wissenssoziologische Untersuchungen zu einem Topos moderner Zeiterfahrung, Opladen 1995.

STEIN, Susanne: Durch »Aufbau« zur Neuordnung der Gesellschaft. Städtebauliche Leitbilder in der Volksrepublik China, 1949-1959, in: Etzemüller, Thomas (Hg.): Die Ordnung der Moderne. Social Engineering im 20. Jahrhundert, Bielefeld 2009, S. 279-299.

STEINBACHER, Sybille: Differenz der Geschlechter? Chancen und Schranken für die »Volksgenossinnen«, in: Bajohr, Frank/Wildt, Michael (Hg.): Volksgemeinschaft. Neuere Forschungen zur Gesellschaft des Nationalsozialismus, Frankfurt/Main 2009, S. 94-104.

STEINFELD, Thomas/LAMM, Staffan: Das Kollektivhaus. Utopie und Wirklichkeit eines Wohnexperiments, Hamburg 2006.

STEINMANN, Martin: CIAM internationale Kongresse für neues Bauen: Dokumente 1928-1939, Basel u.a. 1979.

STEINMETZ, Willibald: Anbetung und Dämonisierung des »Sachzwangs«. Zur Archäologie einer Redefigur, in: Jeismann, Michael (Hg.): Obsessionen. Beherrschende Gedanken im wissenschaftlichen Zeitalter, Frankfurt/Main 1995, S. 293-333.

STERNER, Richard: Bostadssociala synpunkter på befolkningsproblemet, in: Arkitektur och Samhälle 5, 1936, S. 9-28.

STIFTUNG BAUHAUS DESSAU (Hg.): Es gab nicht nur das Bauhaus – Wohnen und Haushalten in Dessauer Siedlungen der 20er Jahre, Dessau 1994.

STOCKHOLMS STADS STADSPLANEKONTOR: Det framtida Stockholm. Riktlinjer för Stockholms generalplan, Stockholm 1945.

–: Generalplan för Stockholm 1952, Stockholm 1952.

STOCKHOLMSUTSTÄLLNINGEN 1930: Huvudkatalog, Stockholm 1930.

STOCKHOLMSUTSTÄLLNINGEN 1930 AV KONSTINDUSTRI, KONSTHANTVERK OCH HEMSLÖJD: Specialkatalog över bostadsavdelningen, Stockholm 1930.

STÖBE, Sylvia: Chaos und Ordnung in der modernen Architektur, Potsdam 1999.

STOLLEIS, Michael: Gemeinschaft und Volksgemeinschaft. Zur juristischen Terminologie im Nationalsozialismus, in: Vierteljahrshefte für Zeitgeschichte 20, 1972, S. 16-38.

STOLPE, Herman: Bostadsfrågor. Handledning för studier och diskussion. Utgiven av Kooperativa förbundets korrespondensskola, o.O. [Stockholm] 1936.

STRATEMANN, Siegfried: Grundriss-Lehre. Mietwohnungsbau, Berlin 1941.

STRÖMBERG, Thord: Die Baumeister des Folkhems. Lokale Wohnungsbaupolitik in Schweden, in: Siegrist, Hannes/Stråth, Bo (Hg.): Wohnungsbau im internationalen Vergleich. Planung und gesellschaftliche Steuerung in den beiden deutschen Staaten und in Schweden, Leipzig 1996, S. 129-147.

–: The Politicization of the Housing Market, in: Misgeld, Klaus/Molin, Karl/Åmark. Klas (Hg.): Creating Social Democracy. A Century of the

Social Democratic Labour Party in Sweden, Pennsylvania 1992, S. 237-269.
STRÖMGREN, Andreaz: Samordning, hyfs och reda. Stabilitet och förändring i svensk planpolitik 1945-2005, Uppsala 2007.
SUNDAHL, Eskil: Bostadsproduktion i stordrift, in: Byggmästaren 23, 1944, S. 190-193.
–: Vet vi vad vi vill när fredens byggperiod stundar?, in: Vi 15, 1943, S. 11.
SUNDBÄRG, Gunnar: Internationaler Verband für Wohnungswesen – International Housing Association – Association Internationale de l'Habitation, in: Byggmästaren 9, 1930, S. 85-86.
–: Monumentalitet, in: Byggmästaren 18, 1939, S. 297-304.
SUNDGREN, Per: Smakfostran. En attityd i folkbildning och kulturliv, in: Lychnos. Årsbok för idé- och lärdomshistoria 2002, S. 138-175.
SVEDBERG, Olle: 1900-1940. Der Wohnungsbau des Funktionalismus und seine Voraussetzungen, in: Arkitekturmuseet (Hg.): Aufbruch und Krise des Funktionalismus. Bauen und Wohnen in Schweden 1930-1980, München 1976, S. 53-80.
–: Nyrealismen, in: Arkitektur 88, 1988, H. 3, S. 28-33.
–: Planerarnas århundrade: Europas arkitektur 1900-talet, Stockholm 1988.
SVERIGES RIKSBANK: Bosättning, Stockholm 1944.
SYNPUNKTER PÅ GENERALPLANEARBETET. Meddelande av New Towns Committee, in: Utlåtanden över Det framtida Stockholm från offentliga organ och enskilda, Stockholm 1946, S. 125-127.
SZÖLLÖSI-JANZE, Margit: Der Wissenschaftler als Experte. Kooperationsverhältnisse von Staat, Militär, Wirtschaft und Wissenschaft 1914-1933, in: Kaufmann, Doris (Hg.): Geschichte der Kaiser-Wilhelm-Gesellschaft im Nationalsozialismus. Bestandsaufnahme und Perspektiven der Forschung, 2 Bde., Göttingen 2000, Bd. 1, S. 46-64.
TAESLER, Werner: Neues Bauen in Schweden, in: Mitteilungen des deutschen Verbandes für Wohnungswesen und Städtebau 1950, H. 5-6, S. 66-76.
TAFURI, Manfredo: Kapitalismus und Architektur, Hamburg, Berlin 1977 [ital. 1973].
TAUT, Bruno: Die Auflösung der Städte oder Die Erde eine gute Wohnung oder auch: Der Weg zur Alpinen Architektur, Hagen 1920.
–: Gegen den Strom, in: Wohnungswirtschaft 7, 1930, S. 310-324.
–: Grundrißfrage, in: Wohnungswirtschaft 5, 1928, S. 311-317.
TEIGE, Karel: Die Wohnungsfrage der Schichten des Existenzminimums, in: CIAM Internationale Kongresse für neues Bauen (Hg.): Rationelle Bebauungsweisen. Ergebnisse des 3. Internationalen Kongresses für Neues Bauen, Frankfurt/Main 1931, S. 64-70.
TERLINDEN, Ulla/OERTZEN, Susanna von: Die Wohnungsfrage ist Frauensache! Frauenbewegung und Wohnreform 1870 bis 1933, Berlin 2006.
TEYSSOT, George: Die Krankheit des Domizils. Wohnen und Wohnungsbau 1800-1930, Braunschweig u.a. 1989.
THAMER, Hans-Ulrich: »Volksgemeinschaft«. Mensch und Masse, in: Dülmen, Richard van (Hg.): Erfindung des Menschen. Schöpfungsträume und Körperbilder 1500-2000, Wien 1998, S. 367-386.
THE NEW EMPIRICISM. Sweden's Latest Style, in: The Architectural Review 101, 1947, S. 199-204.

THÖRN, Kerstin: Den goda bostaden, in: Ambjörnsson, Ronny (Hg.): Hem och bostad. Bostadsideologier i ett historiskt perspektiv, Umeå 1986, S. 62-70.

–: En bostad för hemmet: Idéhistoriska studier i bostadsfrågan 1889-1929, Umeå 1997.

–: En god bostad för det riktiga livet. Den moderna bostadens ideologiska förutsättningar, in: Ambjörnsson, Ronny (Hg.): I framtidens tjänst. Ur folkhemmets idéhistoria, Stockholm 1986, S. 196-213.

–: Hemmet som föreställning och erfarenhet, in: Lundahl, Gunilla (Hg.): Den vackra nyttan. Om hemslöjd i Sverige, Stockholm 1999, S. 112-129.

THURM-NEMETH, Volker: Die Konstruktion des modernen Lebens – Ein Fragment, in: Thurm-Nemeth, Volker (Hg.): Konstruktion zwischen Werkbund und Bauhaus. Wissenschaft – Architektur – Wiener Kreis, Wien 1998, S. 9-78.

TICHI, Cecilia: Shifting Gears. Technology, Literature, Culture in Modernist America, Chapel Hill, London 1987.

TÖNNIES, Ferdinand: Gemeinschaft und Gesellschaft. Abhandlung des Communismus und Socialismus als empirischer Culturformen, Leipzig 1887.

TORNBJER, Charlotte: Gemeinschaftskonstruktionen: Heim, Familie, Mutterschaft und schwedische nationale Gemeinschaft 1900-1935, in: Bänsch, Alexandra (Hg.): Die kulturelle Konstruktion von Gemeinschaften: Schweden und Deutschland im Modernisierungsprozeß, Baden-Baden 2001, S. 35-62.

TRABANTENSTÄDTE UM STOCKHOLM, in: Raumforschung und Raumordnung 10, 1950, S. 224.

TROTZDEM MODERN. Die wichtigsten Texte zur Architektur in Deutschland 1919-1933. Ausgewählt und kommentiert von Kristiana Hartmann, Braunschweig/Wiesbaden 1994.

ÜBER DIE KONZEPTE UND DIE PRAXIS EINER STADTPLANUNG. Ein Gespräch zwischen »Baukunst und Werkform« und Professor Rudolf Hillebrecht Hannover, in: Baukunst und Werkform 12, 1959, S. 60-64.

UHLIG, Günther: Sozialräumliche Konzeption der Frankfurter Siedlungen, in: Deutsches Architekturmuseum Frankfurt (Hg.): Ernst May und das Neue Frankfurt 1925-1930. 13. Dezember 1986 bis 15. Februar 1987, Berlin 1986, S. 92-101.

–/RUDOLPH-CLEFF, Annette/VAN GOOL, Rob: Die Stadt in der Zeile. Zeilenbau in den 20er Jahren und heute, in: Badisches Landesmuseum Karlsruhe (Hg.): Neues Bauen der 20er Jahre. Gropius, Haesler, Schwitters und die Dammerstocksiedlung in Karlsruhe 1929, Karlsruhe 1997, S. 176-182.

UMLAUF, Josef: Zur Stadtplanung in den deutschen Ostgebieten, in: Raumforschung und Raumordnung 5, 1941, S. 100-122.

UNTERSMAYR, Franz: Die »Ordentliche Planungspolitik« des 3. Reiches in der 2. Republik, in: FORVM XL, 1993, H. 478/479, 480, S. 38-44, 61-65 und XLI, 1994, H. 481-484, 485/486, S. 52-57, 49-55.

UTSTÄLLNINGEN BO BÄTTRE, med anledning av Svenska slöjdföreningens 100-årsjubileum anordnad av Göteborgs stad, Statens byggnadslånebyrå, Svenska slöjdföreningen, Göteborg 1945.

VALENTIN, Donata: Denkmodell Stadtlandschaft, in: Wagner-Conzelmann, Sandra (Hg.): Das Hansaviertel in Berlin und die Potentiale der Moderne. Wissenschaft und Zeitzeugen im Gespräch, Berlin 2008, S. 88-95.

VALLGÅRDA, Signild: Folkesundhed som politik. Danmark og Sverige fra 1930 til i dag, Aarhus 2003.

VEM ÄR DET? Svensk biografisk handbok 1967, 1995, 1997, Stockholm 1966, 1994, 1996.

VERHEY, Jeffrey: Der »Geist von 1914« und die Erfindung der Volksgemeinschaft, Hamburg 2000.

VESTBRO, Dick: Collective Housing in Scandinavia – How Feminism Revised a Modernist Experiment, in: Journal of Architectural and Planning Research 14, 1997, S. 329-342.

–: Kollektivhus i Sverige. Mål, utformning, utveckling 1900-1980, Stockholm 1979.

VETRIS, Michael: Swedish lessons, in: The Architectural Review 99, 1946, S. 183.

VETTER, Andreas K.: Die Befreiung des Wohnens. Ein Architekturphänomen der 20er und 30er Jahre, Tübingen 2000.

VIDLER, Anthony: Bodies in Space/Subjects in the City: Psychopathologies of Modern Urbanism, in: Differences 3, 1993, S. 31-51.

–: The Architectural Uncanny. Essays in the Modern Uncanny, Cambridge/Mass. 1992.

VIKSTRAND, Anna Micro: Strävan efter ett ordnat samhälle. Stadsplanering i Huddinge 1900-1960, Stockholm 2005.

VIKSTRÖM, Eva: Platsen, bruket och samhället. Tätortsbildning och arkitektur 1860-1970, Stockholm 1991.

VLASSENROOD, Linda: Stockholm 1952. Generalplan för Stockholm, in: Bosma, Koos/Hellinga, Helma (Hg.): Mastering the City II. North European City Planning 1900-2000, Rotterdam 1997, S. 290-297.

VÖLCKERS, Otto: Kritik der Dammerstocksiedlung, in: Stein Holz Eisen 43, 1929, S. 757-761.

–: Kritik des zusätzlichen Wohnungsbauprogramms der Reichsregierung, in: Stein Holz Eisen 44, 1930, S. 398-401.

–: Taten, Zahlen und Worte, in: Stein Holz Eisen 44, 1930, S. 193-194.

VÖLTER, Ernst: Der Sieg der Streifenbebauung. Bemerkungen zu dem Wettbewerb »Dammerstock«, Karlsruhe, in: Die Baugilde 11, 1929, S. 176-178.

VOGL, Joseph: Über soziale Fassungslosigkeit, in: Gamper, Michael/Schnyder, Peter (Hg.): Kollektive Gespenster. Die Masse, der Zeitgeist und andere unfassbare Körper, Freiburg 2006, S. 171-189.

VOGLER, Paul/HASSENPFLUG, Gustav: Bauen und Gesundheit. Offene Fragen in der Zusammenarbeit von Architekt und Arzt, in: Städtehygiene 3, 1952, S. 203-205.

VOGT, Hans-Walter: Auflockerung deutscher Großstädte nach dem Kriege unter dem Gesichtspunkt der Raumordnung – Möglichkeiten und Grenzen, in: Raumforschung und Raumordnung 9, 1948, S. 51-56.

VOIGT, Annette: Die Natur des Organischen – »Leben« als kulturelle Idee der Moderne, in: Geiger, Annette/Hennecke, Stefanie/Kempf, Christin (Hg.):

Spielarten des Organischen in Architektur, Design und Kunst, Berlin 2005, S. 36-49.

Voigt, Wolfgang: »Triumph der Gleichform und des Zusammenpassens«. Ernst Neufert und die Normung in der Architektur, in: Nerdinger, Winfried/Bauhaus-Archiv, Berlin (Hg.): Bauhaus-Moderne im Nationalsozialismus, München 1993, S. 179-193.

Volhard, Hans: Fritz Jaenecke und Sten Samuelson, Stuttgart 1967.

Volny, Olle (Hg.): Markelius och Bostadsfrågan, Stockholm 1974.

Vonderau, Patrick: Schweden und das nationalsozialistische Deutschland. Eine annotierte Bibliographie der deutschsprachigen Forschungsliteratur, Stockholm 2003.

Vorländer, Carl-Otto: Eindrücke einer Skandinavien-Reise, in: Die Neue Stadt 6, 1952, S. 170.

Vossoughian, Nader: Mapping the Modern City: Otto Neurath, the International Congress of Modern Architecture (CIAM), and the Politics of Information Design, in: Design Issues 22, 2006, H. 3, S. 48-66.

Wærn Bugge, Ingeborg/Göransson-Ljungman, Kjerstin: Bostad och hushållsorganisation. Studie över ett aktuellt rationaliseringsproblem. Staden, landet, Stockholm 1936.

Wagenaar, Cor: German influence on the apparatus in the Netherlands. 1940-1945 and post war townplanning as prolonged wartime planning – the example of Rotterdam, in: Lüken-Isberner, Folckert (Hg.): Stadt und Raum 1933-1949, Kassel 1991, S. 159-168.

Wagner, Kirsten: Die visuelle Ordnung der Stadt, in: Borgmann, Carsten u.a. (Hg.): Das Ende der Urbanisierung? Wandelnde Perspektiven auf die Stadt, ihre Geschichte und Erforschung, Berlin 2006, S. 101-122.

Wagner, Martin: Städtebau als Wirtschaftsbau und Lebensbau, in: Das neue Frankfurt 6, 1932, S. 350-366.

Wagner-Conzelmann, Sandra (Hg.): Das Hansaviertel in Berlin und die Potentiale der Moderne. Wissenschaft und Zeitzeugen im Gespräch, Berlin 2008.

Wagner-Conzelmann, Sandra: Die Interbau 1957 in Berlin. Stadt von heute – Stadt von morgen. Städtebau und Gesellschaftskritik der 50er Jahre, Petersberg 2007.

Wallander, Sven: Stadsbygge, in: Arkitektur och Samhälle 1, 1932, S. 19-30.

–: Utlåtande över Det framtida Stockholm, in: Utlåtanden över Det framtida Stockholm från offentliga organ och enskilda, Stockholm 1946, S. 101.

Wallén, Göran: The Scientification of Architecture, in: Böhme, Gernot/Stehr, Nico (Hg.): The Knowledge Society: The Growing Impact of Scientific Knowledge on Social Relations, Dordrecht u.a. 1986, S. 161-182.

Wallenstein, Sven-Olov: Foucault and the Genealogy of Modern Architecture, in: Ders. (Hg.): Essays, Lectures, Stockholm 2007, S. 361-404.

Walther, Andreas: Neue Wege zur Großstadtsanierung, Stuttgart 1936.

Ward, Stephen V.: Re-examining the International Diffusion of Planning, in: Freestone, Robert (Hg.): Urban Planning in a Changing World: The Twentieth Century Experience, London, New York 2000, S. 40-66.

– (Hg.): The Garden City: Past, Present and Future, London u.a. 1992.

Waßner, Rainer: Andreas Walter und seine Stadtsoziologie zwischen 1927 und 1935, in: Waßner, Rainer (Hg.): Wege zum Sozialen. 90 Jahre Soziologie in Hamburg, Opladen 1988, S. 69-84.

–: Andreas Walther und das Seminar für Soziologie in Hamburg zwischen 1926 und 1945. Ein wissenschaftsbiographischer Umriss, in: Papcke, Sven (Hg.): Ordnung und Theorie: Beiträge zur Geschichte der Soziologie in Deutschland, Darmstadt 1986, S. 386-420.

Weber, Max: Wirtschaft und Gesellschaft. Grundriss der verstehenden Soziologie, Frankfurt/Main 2005 [urspr. 1922].

Weckherlin, Gernot: B.au E.ntwurfs L.ehre. Zur Systematisierung des architektonischen Wissens, in: Prigge, Walter (Hg.): Ernst Neufert. Normierte Baukultur im 20. Jahrhundert, Dessau, Frankfurt/Main 1999, S. 57-87.

Wedemeyer-Kolwe, Bernd: »Der neue Mensch«. Körperkultur im Kaiserreich und in der Weimarer Republik, Würzburg 2004.

Weisbrod, Bernd: Der Schein der Modernität. Zur Historisierung der »Volksgemeinschaft«, in: Rudolph, Karsten/Wickert, Christl (Hg.): Geschichte als Möglichkeit, Essen 1995, S. 224-242.

Weischer, Christoph: Das Unternehmen »empirische Sozialforschung«. Strukturen, Praktiken und Leitbilder der Sozialforschung in der Bundesrepublik Deutschland, München 2004.

Welsch, Wolfgang: Wie modern war die moderne Architektur?, in: Novy, Klaus/Zwoch, Felix (Hg.): Nachdenken über Städtebau, Braunschweig, Wiesbaden 1991, S. 55-74.

Welskopp, Thomas: Rezension zu Doering-Manteuffel: Strukturmerkmale der deutschen Geschichte, München 2006, in: H-Soz-u-Kult, 20.4.2007 (http://hsozkult.geschichte.hu-berlin.de/rezensionen/2007-2-043) [11.9.2009].

Welter, Volker: Everywhere at any time: post-Second World War genealogies of the city of the future, in: Whyte, Ian Boyd (Hg.): Man-Made Future: Planning, Education and Design in Mid-Twentieth-Century Britain, London, New York 2007, S. 59-78.

Werner, Helena: Kvinnliga arkitekter. Om byggpionjärer och debatterna kring kvinnlig yrkesutövning i Sverige, Göteborg 2006.

Westerberg, Eric: På jakt efter en förlorad gruppsjäl, in: Byggmästaren 27, 1948, S. 357.

Westholm, Sigurd: Minimifordringar å storleken av bostadslägenheter i hus avsedda att uppföras med stöd av staligt tertiärlån, Stockholm 1942.

Whyte, Ian Boyd: Otto Neurath and the Sociology of Happiness, in: Ders. (Hg.): Man-Made Future: Planning, Education and Design in Mid-Twentieth-Century Britain, London, New York 2007, S. 16-37.

Wicklin, Martin: Den svåra konsten att ha semester: fritidens sociala ingenjörer, in: Tvärsnitt 19, 1997, H. 3, S. 56-69.

Wickmann, Kerstin: Återuppståndnen bostadshistoria: Markelius' kollektivhus, in: Form 86, 1990, S. 44-48.

–: Bohaget – kvinnans trygghet och verk, in: Åkerman, Brita u.a. (Hg.): Den okända vardagen. Om arbetet i hemmen, Stockholm 1983, S. 230-273.

–: Hemutställningen på Liljevalchs 1917. Typer, modeller, förebilder för industrin, in: Wickmann, Kerstin (Hg.): Formens rörelse. Svensk form genom 150 år, Stockholm 1995, S. 62-73.
WIESER, Christoph: Erweiterung des Funktionalismus 1930-1950. Mit Beispielen aus der Schweiz und Schweden, Diss., Univ. Lausanne 2005.
WIKSTRÖM, Thomas: Mellan Hemmet och Världen, Stockholm 1994.
WILDT, Michael: Die Ordnung der Volksgemeinschaft. Ernst Fraenkels »Doppelstaat« neu gelesen, in: Mittelweg 36 12, 2003, H. 2, S. 45-61.
–: Die Ungleichheit des Volkes. »Volksgemeinschaft« in der politischen Kommunikation der Weimarer Republik, in: Bajohr, Frank/Ders. (Hg.): Volksgemeinschaft. Neuere Forschungen zur Gesellschaft des Nationalsozialismus, Frankfurt/Main 2009, S. 24-40.
–: Generation des Unbedingten. Das Führungskorps des Reichssicherheitshauptamtes, Hamburg 2002.
–: Volksgemeinschaft als Selbstermächtigung. Gewalt gegen Juden in der deutschen Provinz 1919 bis 1939, Hamburg 2007.
WILLEKE, Stefan: Die Technokratiebewegung in Nordamerika und Deutschland zwischen den Weltkriegen. Eine vergleichende Analyse, Frankfurt/Main 1995.
WILLIAM-OLSSON, Tage: Ett inlägg i idédebatten, in: Byggmästaren 21, 1942, S. 205-206.
–: Om bedömning av stadsplaneprojekt, in: Byggmästaren 19, 1940, S. 185-188.
–: Samhällsorganisation. En studie i samband med bostadstävlingen, in: Byggmästaren 20, 1941, S. 274-277.
–: Självprövning inför »stadsplanekonstens förfall«, in: Byggmästaren 27, 1948, S. 278-285.
–/WILLIAM-OLSSON, Anders: Göteborg – Indialand tur och retur, in: Att bo 2, 1952, H. 1/2, S. 71-75.
WILLIAM-OLSSON, William: Stockholms framtida utveckling. Bilaga: Huvuddragen av Stockholms utveckling 1850-1930, Stockholm 1984 [ND, urspr. 1937/1941].
WILSON, Elizabeth: The Sphinx in the City. Urban Life, the Control of Disorder, and Women, Berkeley, Los Angeles, Oxford 1991.
WINGLER, Hans Maria: Hubert Hoffmann. Architektur und Städtebau, Berlin 1975.
WINKELMANN, Thomas: Alltagsmythen vom Norden. Wahrnehmung, Popularisierung und Funktionalisierung von Skandinavienbildern im bundesdeutschen Modernisierungsprozeß, Frankfurt/Main 2006.
WIRÉN, Erik: Den uppluckrade staden, in: Att bo 3, 1958, S. 11-12.
WISCHMANN, Antje: Auf die Probe gestellt. Zur Debatte um die »neue Frau« der 1920er und 1930er Jahre in Schweden, Dänemark und Deutschland, Freiburg 2006.
–: Verdichtete Stadtwahrnehmung. Untersuchungen zum literarischen und urbanistischen Diskurs in Skandinavien 1955-1995, Berlin 2003.
–: Vor-Schriften der Peripherie. Überlegungen zur skandinavischen Vorstadtliteratur nach 1955, in: Henningsen, Bernd u.a. (Hg.): Die inszenierte Stadt. Zur Praxis und Theorie kultureller Konstruktion, Berlin 2001, S. 123-142.

WISSEL, Rudolf: Der Wohnungsbau an der Jahreswende/Rückblick und Ausblick, in: Wohnungswirtschaft 6, 1929, S. 1-2.
WISSELGREN, Per: Kollektivhuset och Villa Myrdal. Om samhällsvetenskapens rum i folkhemmet, in: Mårald, Erland/Nordlund, Christer (Hg.): Topos. Essäer om tänkvärda platser och platsbundna tankar, Stockholm 2006, S. 130-151.
WITOSZEK, Nina (Hg.): Culture and Crisis. The Case of Germany and Sweden, New York, Oxford 2004.
WITZLER, Beate: Großstadt und Hygiene. Kommunale Gesundheitspolitik in der Epoche der Urbanisierung, Stuttgart 1995.
WOJTOWICZ, Robert (Hg.): Lewis Mumford and American Modernism. Eutopian Theories for Architecture and Planning, Cambridge, New York, Melbourne 1996.
WOLF, Gustav: Die Grundriss-Staffel. Beitrag zu einer Grundrißwissenschaft, München 1931.
WOLFF, Josef: Zeitfragen des Städtebaues, München 1955.
WORTMANN, Wilhelm: Der Gedanke der Stadtlandschaft, in: Raumforschung und Raumordnung 5, 1941, S. 15-17.
–: Die Reurbanisierung, der Weg zu einer neuen Gestalt der Stadt. Abhandlung zum neuen Städtebau und Städtebaurecht, Tübingen 1962.
–: Stellungnahme zum Wiederaufbauplan (Vorskizze Januar 1944), in: Durth, Werner/Gutschow, Niels: Träume in Trümmern. Planungen zum Wiederaufbau zerstörter Städte im Westen Deutschlands 1940-1950, 2 Bde., Braunschweig, Wiesbaden 1988, Bd. 2, S. 686-689.
WÜNSCHE, Konrad: Bauhaus: Versuche, das Leben zu ordnen, Berlin 1989.
ZAREMBA, Maciej: Det rena och det andra. Om tvångssteriliseringar, rashygien och arvsynd, Stockholm 1999.
ZIMDAL, Helge: En arkitekt minns, Göteborg 1981.
–: Idédebatten, in: Byggmästaren 21, 1942, S. 1-4.
–: Utredning med framtidsperspektiv, in: Byggmästaren 23, 1944, S. 127-128.
ZIMMERMANN, Clemens/REULECKE, Jürgen (Hg.): Die Stadt als Moloch? Das Land als Kraftquell. Wahrnehmungen und Wirkungen der Großstädte um 1900, Basel u.a. 1999.
»ZU BEGINN DER 60ER JAHRE HATTEN WIR DAS GEFÜHL: JETZT MÜSSEN WIR VON GRUND AUF NEU ANFANGEN«, in: Stadtbauwelt 88, 1985, S. 326-337.
ÅHRÉN, Uno: Arkitektur och demokrati, Stockholm 1942.
–: Bostad och stadsplan, in: Vi 46, 1937, S. 8-9.
–: Bostaden och stadsplanen, in: Bo Bättre. Göteborgs stads bostadsutställning, Göteborg 1936, S. 17-23.
–: Bostadsavdelningens planläggning och tillkomst, in: Stockholmsutställningen 1930 av konstindustri, konsthantverk och hemslöjd: Specialkatalog över bostadsavdelningen, Stockholm 1930, S. 25-30.
–: Bostadsproduktion i stordrift, in: Byggmästaren 23, 1944, S. 196.
–: Bostäderna på Stockholmsutställningen, in: Ord och bild 39, 1930, S. 429-437.
–: Brytningar, in: Svenska slöjdföreningens årsbok 1925, S. 7-36.
–: Byggande som konst och som politik, in: Spektrum 1, 1931, H. 1, S. 10-16.

–: Byggnadsutställningen i Berlin, in: Byggmästaren 10, 1931, S. 105-119.
–: Community centres – folkets hus, in: Byggmästaren 22, 1943, S. 173-180.
–: Corbusiers Byplanarbejder, in: Architekten 31, 1926, S. 289-299.
–: De ekonomiska betingelserna för Sanering, in: Plan [Dänemark] 4, 1936, S. 8-14.
–: Deutsche Werkbunds vandringsutställning på Nationalmuseum, in: Byggmästaren 7B, 1928, S. 164.
–: Elementär stadsbyggnadsteknik, in: Byggmästaren 7B, 1928, S. 129-133.
–: En bostadsundersökning i Göteborg, in: Byggmästaren 18, 1939, S. 242-248.
–: Ett planmässigt samhällsbyggande. Särtryck ur slutbetänkande avgivet av bostadssociala utredningen del 1 (SOU 1945:63), Stockholm 1981 [ND, urspr. 1945].
–: Fogelqvist-Paulsson. Om journalistiskt ansvar, in: fönstret 2, 1930, H. 22, S. 6.
–: Framtidens städer, in: Vi 37, 1947, S. 16-17, 46.
–: Herr bankdirektör och fru Wallenberg, in: fönstret 3, 1931, H. 13, S. 7.
–: Konst och teknik, in: Byggmästaren 15, 1936, S. 172-176.
–: Ladugårdsgärde, in: Byggmästaren 10, 1931, S. 51-57.
–: Människorna och städerna, in: Byggmästaren 21, 1942, S. 265-267.
–: Några anteckningar vid studiet av Fredhällsplanen, in: Byggmästaren 9, 1930, S. 82-85.
–: Nordisk byggnadsdag III, in: Byggmästaren 17, 1938, S. 297-299.
–: Nyttokonsten estetik. Försök till distinktioner, in: Svenska slöjdföreningens tidskrift 23, 1927, S. 71-76.
–: Onödig förbistring, in: Byggmästaren 14, 1935, S. 1-2.
–: På väg mot en ny arkitektur, in: Byggmästaren 5, 1926, S. 133-140.
–: Planeringsbegreppets omvandling och några koordinationsproblem i samband därmed, in: Byggmästaren 26, 1946, S. 324-347.
–: Planläggning och utveckling, in: Ahlberg, Carl-Fredrik u.a. (Hg.): Bygg bättre samhällen, Stockholm 1943, S. 7-15.
–: Prognoser. Några principiella synpunkter, in: Byggmästaren 21, 1942, S. 195-198.
–: Proletarische Bauausstellung in Berlin, in: Byggmästaren 10, 1931, S. 142.
–: Reflexioner i stadsbiblioteket, in: Byggmästaren 7B, 1928, S. 93-95.
–: Reflexioner på Werkbunds utställning i Stockholm 1928, in: Svenska slöjdföreningens årsbok 1928, S. 43-52.
–: Regionalplanen och bebyggelsen, in: Byggmästaren 12, 1933, S. 199-203.
–: Samhällsplaneringens uppgifter och metoder, in: Social årsbok 1947, S. 5-15.
–: Samverkan, in: Byggmästaren 20, 1941, S. 2-3.
–: Social stadsplanering, in: Mehr, Hjalmar (Hg.): Festskrift tillägnad Zeth Höglund. Utgiven vid hans 60-årsdag 29 april 1944, Stockholm 1944, S. 185-199.
–: Socialt kvacksalveri, in: Arkitektur och Samhälle 4, 1933, S. 17-32.
–: Stadsplanering i Göteborg, in: Byggmästaren 20, 1941, S. 165-167.
–: Stadsplanering och bostadsförsörjning, in: Ders./Åkesson, Torvald: Bostadsförsörjning och samhällsplanering. Två radioföredrag av Uno Åhrén och Torvald Åkesson, Stockholm 1944, S. 5-26.

–: Standardisering och personlighet, in: Svenska slöjdföreningens årsbok 1929, S. 44-50.
–: Stuttgartutställningen, in: Byggmästaren 6, 1927, S. 253-262.
–: Synpunkter på stadsbyggandet. Inledningsanförande till diskussion om förslaget till en ny stadsbyggnadslag vid Stockholms Byggnadsförnings sammanträde den 11. oktober 1928, in: Byggmästaren 7A, 1928, S. 173-175.
–: Utbildning i samhällsplanering, in: Plan 10, 1956, S. 44-46.
–: Utställningar, in: Byggmästaren 7B, 1928, S. 30-31.
–: Vi och våra fönster, in: fönstret 2, 1930, H. 1a, S. 5.
–/ENGKVIST, Olle/MOSSBERG, Robert: Stockholms Byggnadsförenings yttrande över förslag till stadsbyggnadslag och författningar som därmed hava samband, in: Byggmästaren 7A, 1928, S. 165-170.
–/ÅKESSON, Torvald: Bostadsförsörjning och samhällsplanering. Två radioföredrag av Uno Åhrén och Torvald Åkesson, Stockholm 1944.
ÅKER, Patrik: Vår bostad i folkhemmet. Bilden av hemmet i en organisationstidskrift, Lund 1998.
ÅKERMAN, Brita: Familjen som växte ur sitt hem, Stockholm 1941.
–: Gammal och ny familj, in: Segerstedt, Torgny T:son u.a. (Hg.): Inför framtidens demokrati, Stockholm 1944, S. 37-79.
–: Gemensamhetsanläggningar, in: Plan 6, 1952, S. 190-194.
ÅLUND, Stig: Arkitekten och auktoriteten. Polemik mot vissa tendenser i 40-talets arkitekturdebatt, in: Byggmästaren 28, 1949, S. 129-132.
ÅMAN, Anders: Om acceptera – efterskrift till 1980 års upplaga, in: acceptera, Arlöv 1980.
ÅSVÄRN, Gunnar/MATHSSON, Bertil: Fritid i förort. Sociologisk undersökning i Årsta 1954-1956, Stockholm 1959.

7.4 Biografische Daten

AHLBERG, CARL-FREDRIK (1911-1996)[1].

1933	Architekturexamen an der KTH Stockholm
1934	Arbeit im *Byggnadsstyrelsens stadsplanebyrå*
1934-1935	Arbeit im Göteborger Stadtplanungsamt, Sanierungsstudien, verschiedene Bebauungspläne, Arbeiten zu soziologischen Fragen
1936	Mitwirkung an der Ausstellung »Bo Bättre«
1936	Reise nach Deutschland und England
1939-1945	Stadtarchitekt in Kungsbacka, Generalplanung für Västra Frölunda
1940er	Mitbegründer von *Plan* und *Föreningen för samhällsplanering*, Mitwirkender in der *Bostadssociala utredning* (»Saneringsbetänkandet«, 1947), Sanierungsvorschläge für Stockholm, Göteborg, Helsingborg, Eskilstuna, Gävle
1947-52	Anstellung in Markelius' Stockholmer Stadtplanungsamt, Mitarbeit am »Generalplan för Stockholm«, unter seiner Leitung Pläne für Blackeberg, Bandhagen, Bagarmossen, Råcksta und Vällingby
1952-1969	Leiter der Regionalplanung im Regionalplanungsverbund für die Region Stockholm. Generalpläne für Märsta, Järfälla, Upplands-Bro und Knivsta
1960-1969	Professor für Städtebau an der KTH. Mitarbeit am Kompendium »Bilstaden«

AHLSÉN, ERIK (1901-1988)[2]

	Bauingenieurstudium an der *Tekniska Skolan* Stockholm
1926-1946	Anstellung im Architekturbüro des KF
1933	Architekturexamen an der KTH
Ab 1937	gemeinsames Büro mit dem Bruder Tore Ahlsén
1944-1954	Arbeit an Årsta Centrum, Stockholm

---

1. FOLKESDOTTER, Nyttans tjänare och skönhetens riddare (1987); RUDBERG, Carl-Fredrik Ahlberg (1986).
2. CALDENBY, Att bygga ett land (1998), S. 370; FERRING, Dionysos på Årsta Torg (2006).

Anhang

AHLSÉN, TORE (1906-1991)[3]

Bauingenieurstudium an der *Tekniska Skolan* Stockholm
1929	Anstellung im Architekturbüro der KF
1934	Architekturexamen an der KTH
1933-1936	Anstellung bei Gunnar Asplund und Erik Lallerstedt
Ab 1937	gemeinsames Büro mit dem Bruder Erik Ahlsén
1944-1954	Arbeit an Årsta Centrum, Stockholm

AHRBOM, NILS (1905-1997)[4]

1927	Architekturexamen an der KTH
1932-1950	Gemeinsames Büro mit Helge Zimdal
1934-1936	Schriftleiter des »Byggmästaren«
1942-1963	KTH-Architekturprofessor
1962-1967	Leiter des *Byggnadsstyrelsens utvecklingsbyrå*

ASPLUND, ERIK GUNNAR (1885-1940)[5]

1909	Architekturexamen an der KTH
1917-1920	Chefredakteur von »Arkitektur«
1920er	Wichtige Bauten des »nordischen Klassizismus« in Stockholm (Skandia-Kino, *Stockholms stadsbibliotek*)
1930	Hauptarchitekt der *Stockholmsutställning*
1931	Mitautor von »Acceptera«
1931	Professur an der KTH
1934-1937	Rathausanbau Göteborg
1935-1940	Krematorium im *Skogskyrkogården*, Stockholm

BACKSTRÖM, SVEN (1903-1992)[6]

1929	Architekturexamen an der KTH, Praktikum in *Kooperativa förbundets arkitektkontor*
1932-1933	Anstellung bei Le Corbusier, dann Assistent Gunnar Asplunds an der KTH
1936-1982	Bürogemeinschaft mit Leif Reinius, gemeinsam mit diesem 1934-1940 Planung der Schmalhäuser in Hjorthagen, in den 1940er und 50er Jahren verschiedene Wohnquartiere: Danviksklippan, 1944-1962 Sternhäuser in Gröndal, 1947-1952 in Rosta, Örebro, 1948-1954 Bauten in Vällingby Centrum und 1956-1960 in Farsta Centrum

---

3. CALDENBY, Att bygga ett land (1998), S. 370; FERRING, Dionysos på Årsta Torg (2006).
4. CALDENBY, Att bygga ett land (1998), S. 370; AHRBOM, Arkitektur och samhälle (1983).
5. CALDENBY/HULTIN, Asplund (1985).
6. CALDENBY, Att bygga ett land (1998), S. 372-373.

Biografische Daten

BÜLOW, FRIEDRICH (1890-1962)[7]

Ab 1909	Studium der Philosophie, Rechtswissenschaften, Nationalökonomie und Soziologie an den Universitäten Leipzig und Heidelberg
1920	Assistent an der Philosophischen Fakultät der Universität Leipzig
1920	Promotion
1933	NSDAP-Beitritt
1936	Habilitation in Volkswirtschaftslehre an der Universität Leipzig
1937	Dozent in Berlin
1937	Mitarbeiter Konrad Meyers in der RAG
1940	Professor an der Universität Berlin, 1942 Dekan der Landwirtschaftlichen Fakultät
1948	Professor für Volkswirtschaftslehre und Soziologie an der FU Berlin

CULEMANN, CARL (1908-1952)[8]

1926-1931	Architekturstudium an den THs Hannover und Berlin-Charlottenburg
1931-1934	Assistent an der TH Hannover
1936-1937	beim Preußischen Staatshochbauamt Stuhm (Ostpreußen) in der Stadtverwaltung Hildesheim
1937	Promotion
1937-1939	Stadtplaner in Marienburg
1940-1945	Sachbearbeiter für Stadtplanung beim Generalreferenten für Raumordnung in Danzig/Westpreußen
1942-1945	Soldat
1949-1952	freier Architekt in Hannover
1951	Beteiligung an der »Constructa«-Ausstellung (Zusammenarbeit mit Josef Umlauf)

CURMAN, JÖRAN (1907-1972)[9]

1931	Architekturexamen an der KTH
1933-1936	Anstellung im Göteborger Stadtplanungsbüro
1936-1944	Landesplaner in den Provinzen Gävleborg und Uppsala
1944	»Industrins Arbetarebostäder«
1944	Mitglied von *Plan* und Mitautor von »Inför framtidens demokrati«

---

7. LEENDERTZ, Ordnung schaffen, S. 123-126; RASCH, Bülow, Friedrich (1980).
8. DURTH/GUTSCHOW, Träume in Trümmern (1988), S. 225.
9. CALDENBY, Att bygga ett land (1998), S. 373.

DAHLSTRÖM, EDMUND (1922-1951)[10]

1922	Promotion an der Universität Stockholm
1952-1960	Dozent für Soziologie in Stockholm
1960	Professor in Göteborg
1940er	Mitwirkung im Stockholmer Stadtplanungsamt, verschiedene Untersuchungen zur Wohn- und Stadtsoziologie: »Trivsel i söderort« 1951, »Barnfamiljer i höghus och trevånings låghus«, 1957

DANNESKIOLD-SAMSØE, OTTO (1910-1981)[11]

	Gebürtiger Däne, 1937-1952 in Schweden, u.a. als Mitarbeiter im HSB-Stadtplanungsbüro
1945	Berichterstattung zur britischen Planung: »Nutida engelsk samhällsplanering«
1940er	Teilnahme an den *Plan*-Treffen
1947-1952	Mitarbeiter der Zeitschrift »Plan«
1940er	zeitweilige Mitarbeit im Stockholmer Stadtplanungsamt, Generalpläne für Sollentuna, Oskarshamn, Luleå

FEDER, GOTTFRIED (1883-1941)[12]

	Ingenieursstudium an der TH Berlin-Charlottenburg
	Arbeit als Bauingenieur, Beschäftigung mit Wirtschafts- und Finanzfragen
	Gründung des »Deutschen Kampfbunds zur Brechung der Zinsknechtschaft«.
1919	Mitglied der »Deutschen Arbeiterpartei« (DAP)
1923	Teilnahme am Hitlerputsch
1920er	verschiedene antikapitalistische und antisemitische Programmschriften für die NSDAP
1931	Vorsitzender des Wirtschaftsrats der NSDAP
1931	Mitbegründung des »Kampfbunds Deutscher Architekten und Ingenieure« (KDAI)
1933	Staatssekretär im Reichswirtschaftsministerium
1934	Reichskommissar für das Siedlungswesen
1936	Lehrstuhl für Städtebau an der TU Berlin
1939	Veröffentlichung von »Die neue Stadt« (mitbearbeitet von Fritz Rechenberg) und »Arbeitsstätte – Wohnstätte«

---

10. BERNSDORF/KNOSPE, Dahlström, Edmund (1984).
11. FOLKESDOTTER, Nyttans tjänare och skönhetens riddare (1987).
12. SCHENK/BROMLEY, Mass-Producing Traditional Small Cities (2003).

FORBAT, FRED (1897–1972)[13]

	Geboren in Ungarn
1920	Examen an der Technischen Hochschule München
1920-1922	Mitarbeiter von Walter Gropius (Nachfolger Ernst Neuferts) am Bauhaus Weimar
1926	Mitglied des »Rings«
1928-1932	Architekt in Berlin (Siemensstadt, Haselhorst)
1932-1933	Generalplanung in der Sowjetunion (Magnitogorsk, Karaganda)
1933-1938	selbstständiger Architekt in Ungarn
1938	Mit der Hilfe Uno Åhréns Emigration nach Schweden
1938-1942	Mitarbeiter Sune Lindströms bei der Generalplanung für Lund
1942-1945	Stadtplanungsabteilung der HSB
1945-1972	Anstellung im Stadtplanungsbüro von Harry Egler
1940er/50er	Forschung zu demografischen und ökonomischen Prognosen in der Regionalplanung, Generalpläne u.a. für Lund (1942) und Skövde (1949)
Nach 1945	verschiedene Reisen nach Deutschland und Stiftung deutsch-schwedischer Kontakte, Leiter der schwedischen CIAM-Delegation
1957	Mitwirkung an der Interbau-Ausstellung »die stadt von morgen«
1959-1960	Städtebauprofessor an der KTH

FREYER, HANS (1897–1969)[14]

	Studium der Philosophie, Geschichte und Volkswirtschaftslehre in Greifswald und Leipzig
1911	Promotion
1920	Habilitation in Leipzig (Philosophie)
1922	Professor in Kiel
1925-1948	in Leipzig, Gastprofessur in Budapest
1948-1952	wissenschaftliche Redaktion des Brockhaus
1952	Gastprofessor in Argentinien, Spanien und der Türkei
1955-1963	Professur an der Universität Münster

FRIBERGER, ERIK (1889–1968)[15]

1912	Architekturexamen an der KTH
1921-1926	Stadtplanungsarchitekt in Göteborg
1926-1954	Landesplaner für Göteborg und Bohuslän

---

13. JÖNSSON, Arkitekt i mellankrigstidens Europa (2004).
14. PAPELKAS, Freyer, Hans (1980).
15. CALDENBY, Att bygga ett land (1998), S. 378; FOLKESDOTTER, Nyttans tjänare och skönhetens riddare (1987).

GÖDERITZ, JOHANNES (1888-1978)[16]

1908-1912	an der TH Berlin-Charlottenburg
1921	Arbeit in der Bauverwaltung der Oberpostdirektion Berlin und in der Militärbauverwaltung Potsdam
Ab 1921	Mitarbeiter Bruno Tauts als Stadtplaner in Magdeburg
1927	Stadtbaurat in Magdeburg
1933	aufgrund des »Gesetzes zur Wiedereinführung des Berufsbeamtentums« in den Ruhestand versetzt
1936-1945	ehrenamtlicher Geschäftsführer und wissenschaftlicher Sachbearbeiter der »Deutschen Akademie für Städtebau, Reichs- und Landesplanung«, hier 1939-1940 Leiter der Arbeitsgruppe »Organische Stadterneuerung«, Erarbeitung der »gegliederten und aufgelockerten Stadt«
1943-1944	Referent u.a. der Abteilung technische Planung (Wiederaufbaustab zerstörter Städte) im Reichsministerium Speer, Mitarbeiter der Landesplanungsgemeinschaft Mark Brandenburg
1945-1953	Stadtbaurat in Braunschweig
1945-1959	Professor an der TH Braunschweig
1960-1962	Direktor des Instituts für Städtebau und Landesplanung an der TH München

GUTSCHOW, KONSTANTY (1902-1978)[17]

1921-1922	Studium an der TH Danzig
1922-1924	Studium an der TH Stuttgart u.a. bei Heinz Wetzel und Paul Schmitthenner
1921-1923	verschiedene Baupraktika, u.a. Chilehaus Hamburg
1926	Diplom in Stuttgart
1924-1926	Mitarbeit in der Bauabteilung der Ausstellungs- und Tagungsstelle Stuttgart
1927	Mitarbeiter u.a. Fritz Högers
1926-1928	Tätigkeit bei der Hochbaudirektion Hamburg
1928-1929	Stadtplanungsamt Wandsbek
1929	vierter Preis im Haselhorst-Wettbewerb
1930	Gründung eines eigenen Büros, Gutachtertätigkeit für die RFG
1932	Veröffentlichung des Buchs »Umbau«
1933	SA-Mitglied
1933-1934	verschiedene Sanierungsarbeiten für Hamburg
1936	Bauten für die Hamburger Ausstellung »Planten und Blomen«, Ständiger Berater des Oberbürgermeisters von Wismar

---

16. ALBRECHT, Johannes Göderitz (2008), bes. S. 121-123; GISBERTZ, Bruno Taut und Johannes Göderitz in Magedburg (2000), S. 75; DURTH/GUTSCHOW, Träume in Trümmern (1988), S. 221.

17. DURTH, Deutsche Architekten (1986); DURTH/GUTSCHOW, Träume in Trümmern (1988), S. 662; FUHRMEISTER, Gutschow, Konstanty (2001); PAHL-WEBER, Konstanty Gutschow (1986).

1937	Hamburger Vertrauensarchitekt des »Generalinspektors für das deutsche Straßenwesen in Hamburg«, NSDAP-Beitritt, Aufforderung zu Teilnahme am Hamburger Elbufer-Wettbewerb
1939	Ernennung zum »Architekt des Elbufers«
1941	»Architekt für die Neugestaltung der Hansestadt Hamburg«, Generalplanungsarbeiten für Hamburg, dabei Beschäftigung vieler Hamburger Architekten als Mitarbeiter, Leiter des AKE (»Amt für Kriegswichtigen Einsatz«) – Trümmerbeseitigung, Luftschutz, Ersatzwohnungsbeschaffung
1943	Ausscheiden aus den Hamburger Ämtern, Berufung in Albert Speers »Arbeitsstab Wiederaufbauplanung zerstörter Städte«, organisatorische Leitung, Schadenskartierung in verschiedenen Städten, Arbeit an den »Städtebaulichen Richtwerten«, verschiedene Wiederaufbaupläne (Hamburg, Wilhelmshaven, Kassel)
1945	Wiederaufbauplanung für die britische Besatzungsmacht in Hamburg
1949	Berater der »Aufbaugemeinschaft Hannover« unter Rudolf Hillebrecht, Beratung der »Constructa«-Ausstellung Hannover
1950er/60er	verschiedene Krankenhausbauten mit Godber Nissen
1964	Fritz Schumacher-Preis

HILLEBRECHT, RUDOLF (1910-1999)[18]

1928-1933	Studium an den THs Berlin-Charlottenburg und Hannover
Ab 1933	Mitarbeiter in verschiedenen Architekturbüros, u.a bei Walter Gropius und im »Reichsverband der deutschen Luftfahrtindustrie« Travemünde
1935-1936	Flakabteilung Hamburg Osdorf
1937-1945	Bürochef Konstanty Gutschows in Hamburg, in den frühen 1940er Jahren Organisation des AKE
1944	Mitarbeiter Gutschows in Albert Speers »Arbeitsstab Wiederaufbauplanung zerstörter Städte«
1944-1945	Soldat, Gefangenschaft
1945	Arbeit für die britische »Building-Branch of the Economic Division«, Minden, Erarbeitung des »Lemgoer Entwurfs« für die Wiederaufbaugesetzgebung
1946	Sekretär für Bau- und Wohnungswesen beim »German Advisory Council for the British Zone« Hamburg
1948-1965	Stadtbaurat Hannover
1951	Honorarprofessor der TH Hannover
1948-1951	Planung und Leitung der »Constructa«-Ausstellung in Hannover
1957	Mitglied des Präsidiums der »Deutschen Akademie für Städtebau und Landesplanung«
1957-1979	Vorsitz des Planungsbeirats für West-Berlin
1973	Vorsitz des Bauausschusses des Deutschen Städtetages

---

18. DURTH, Deutsche Architekten (1986); bes. S. 117-119, 186, 312-322; DURTH/GUTSCHOW, Träume in Trümmern (1988), S. 765.

HOFFMANN, HUBERT (1904-1999)[19]

1920-1925	Studium an der TH Hannover
1926-1929	Bauhausstudium unter Walter Gropius und Hannes Meyer
1931	Büropraxis bei Fred Forbat, Mitarbeit an der Berliner »Proletarischen Bauausstellung«
1932-1935	Mitlied des Rings
1932	Mitglied der CIAM, Mitarbeit an der Siedlung Dessau-Törten, Stadtplanungsstudie zu Dessau
1933	Mitwirkung an der »Charta von Athen«
1934-36	Assistent für Kraftverkehr und Städtebau an der TH Berlin
1935-1945	Mitglied der oppositionellen »Freitagsgruppe«
1937	städtebaulicher Sachbearbeiter in Posen-Westpreußen
1937-1939	Stadtplaner in Potsdam (gemeinsam mit Hans Scharoun)
1940-1942	Soldat
1942-1944	Landesplaner von Litauen in einem Sonderstab des »Reichsministeriums für die besetzten Ostgebiete«
1943-1945	Sachbearbeiter für den Wiederaufbau deutscher Städte an der »Deutschen Akademie für Städtebau, Reichs- und Landesplanung« unter Johannes Göderitz in Berlin
1945	Stadtplaner in Magdeburg
1946-1948	Stadtplanung in Dessau
1948-1952	Leiter des Planungsentwurfsamts West-Berlin
1950	Delegierter der CIAM für Berlin
1957	Mitwirkung an der Interbau, u.a. an der Ausstellung »die stadt von morgen«
1959	in Graz Ordinarius für Städtebau
1970er	Berater verschiedener Bürgerinitiativen

HOFSTEN, ERLAND (1911-1996)[20]

	Geb. von Hofsten.
1935-1941	verschiedene Tätigkeiten in der Stockholmer Stadtverwaltung
1941	Studienabschluss in Stockholm
1952	Promotion an der Universität Stockholm
1942-1947	Statistiker der Stockholmer Stadtverwaltung und im Stockholmer Stadtplanungsamt
1940er	Mitglied der *Plan*-Gruppe und diverser Kommissionen (Leiter der »Familienuntersuchung 1954«)
1943	Gubbängen-Studie
1947-1962	Büroleiter der *Socialstyrelsen*
Ab 1962	Demograf im »Statistischen Zentralbüro«

---

19. BAUHAUS DESSAU/MANZKE, Hubert Hoffmann (1994); DURTH/GUTSCHOW, Träume in Trümmern (1988), S. 221.

20. VEM ÄR DET (1994), S. 493.

HOLM, LENNART (1926-2009)[21]

1949	Architekturexamen an der KTH, danach Assistent Nils Ahrboms
1955	Promotion
1955-1957	Dozent in »Baufunktionslehre« KTH
1960-1969	Leiter des »Staatlichen Komitees für Bauforschung«
1969-1989	Generaldirektor von *Statens Planverk*
1949-1956	Kommissionsmitglied des *Bostadskollektiva Kommittén*
1951-1969	Schriftleiter von »Att bo«

HOLM, PER (1915-2000)[22]

1940er	Sekretär der *Bostadssociala utredning*
1941	Studienabschluss in Politikwissenschaft, Mitarbeiter im Stockholmer statistischen Büro
1943	Statistiker von *Svenska Riksbyggen*
1945	Mitarbeit in der *Bostadsstyrelsen*
1947-1968	Schriftleiter von »Plan«
1966-1973	Leiter des *Statens råd för byggnadsforskning*
1973-1980	Professor für Regionalplanung in Stockholm

JAENECKE, FRITZ (1903-1978)[23]

1928	Architekturexamen an der TH Berlin-Charlottenburg
1926-30	Mitarbeiter Hans Poelzigs
1931-1936	Büro mit Egon Eiermann
Ab 1933	erste Arbeiten in Schweden
1937	Übersiedlung nach Schweden
Seit 1951	Bürogemeinschaft mit Sten Samuelson
1957	Teilnahme an der Interbau in Berlin (»Schwedenhaus«)
1961	Professor in Aachen

JOHANSSON, ALF (1901-1981)[24]

1932	Ehe mit Brita Åkerman
1934	Promotion
1934-1960	Dozent in politischer Ökonomie in Stockholm
1939	Bürochef in *Socialstyrelsen*
1930er/40er	Mitwirkung an der *Bostadssociala utredning* und in der *Plan*-Gruppe, Mitglied diverser Expertenkomitees
1942	Kanzleileiter von *Statens byggnadslånebyrå*

---

21. CALDENBY, Att bygga ett land (1998), S. 382-383; RUDBERG, Vision och perspektiv (1988).
22. VEM ÄR DET (1998), S. 498.
23. CALDENBY, Att bygga ett land (1998), S. 383.
24. VEM ÄR DET (1966), S. 449.

1948-1960	Leiter der staatlichen Wohnungsbehörde
1960	Professor für Wirtschaft an der Universität Stockholm

JOHANSSON, GOTTHARD (1891-1968)[25]

	Autor, Journalist u.a. für »Svenska Dagbladet«
1931:	»Funktionalismen i Verkligheten«
1930er	Leiter der Wohnforschung von SAR und SSF »Bostadsvanor och bostadsnormer«, Mitwirkung an diversen Ausstellungen der SSF

KALLMORGEN, WERNER (1902-1979)[26]

1920-1924	Studium an den THs Berlin-Charlottenburg, Dresden und München
1926-1927	Anstellung im Hochbauamt Altona
1928	eigenes Büro in Hamburg
1939	NDSAP-Mitglied
Ab 1939	verschiedene Arbeiten bei Konstanty Gutschow, u.a. Teilbebauungspläne für die Hamburger Generalplanung
1945-1947	Mitglied im »Arbeitsausschuss Stadtplanung« in Hamburg
1950er	verschiedene Theaterbauten
1956-1957	Siedlung Groß-Borstel in Hamburg
1967-1968	IBM- und Spiegelhochhaus in Hamburg
1977	Verleihung des Fritz Schumacher-Preises

KILLUS, HEINZ (1905-?)[27]

1937	Diplom an der TH Berlin
1938	Assistent bei Gottfried Feder, Stadtplanung für Wilhelmshaven
1940	Baurat in Lodz
1945-1948	technischer Angestellter im Stadtplanungsamt Braunschweig, Persönlicher Referent von Johannes Göderitz
1948-1954	Assistent und Bürochef am Lehrstuhl für Landesplanung, Städtebau und Wohnungswesen der TH Braunschweig
1954	Leiter der Bauaufsichts- und Planungsabteilung des Stadtbauamtes Göttingen
1954-1964	Stadtbaurat in Einbeck

---

25. HÅRD AF SEGERSTAD, Johansson, Anders Gotthard (1975).
26. CORNEHL, »Raummassagen« (2003); DURTH/GUTSCHOW, Träume in Trümmern (1988), S. 665.
27. Heinz Killus: Lebenslauf, 25.5.1966 (AAH, ohne Signatur).

KÜHN, ERICH (1902–1981)[28]

Studium an den THs München und Berlin, Diplom 1926
1926-1927	Stadtbauamt Lütgendortmund und Stadtbauamt Kassel
1928-1930	Technischer Sekretär der Allgemeinen Häuserbau AG,
1930-1935	eigenes Büro in Berlin
1935-1939	Leiter des Planungsamtes Eberswalde
1939-1945	Kreisbaurat Minden
1945	Planungsberater beim Oberpräsidenten von Westfalen
1947	Leitung des Amtes für Landespflege Westfalen
1947	Leiter der »Gruppe Planung« beim Wiederaufbauministerium NRW
1953	Professor an der RWTH Aachen
1957	Herausgabe von »Medizin und Städtebau«
1965-1967	Rektor der RWTH Aachen
1974	Fritz Schumacher-Preis

LINDSTRÖM, FRITJOF (1907–?)[29]

1933	Architekturexamen an der KTH
1934-1936	Mitarbeit in der Stadtplanung in Göteborg
1943-1949	Stadtplanung in Eskilstuna
1947-1949	Generalplaner in Göteborg
1955	Landesplaner in Göteborgs och Bohus län

LINDSTRÖM, SUNE (1906–1989)[30]

1928	Bauhausstudium
1931	Architekturexamen an der KTH
1932-1940	eigenes Büro
1932-1935	Mitarbeiter im *Byggnadsstyrelsens stadsplanebyrå*
1936-1940	Schriftleiter des »Byggmästaren«
1937-1939	Chef des Stadtplanungsbüros der HSB
1938-1947	KTH-Lehrer
1940-1944	Leiter der Regionalplanung in Göteborg, Experte in *1942 års stadsplaneutredning*
1944	Chefarchitekt des Unternehmens *Vattenbyggnadsbyrån* (VBB)
1956-1969	Professor für Städtebau an der technischen Hochschule Chalmers in Göteborg (CTH)

---

28. KÜHN, ERICH (1979).
29. VEM ÄR DET (1966), S. 567.
30. CALDENBY, Att bygga ett land (1998), S. 385.

MARKELIUS, SVEN (1889–1972)[31]

1913	KTH-Examen, 1915 Abschluss an der KKH
1925	Stadtplan und Bauten der Bauausstellung *Bygg och bo* in Lidingö, Stockholm
1930	Kårhuset der KTH (zusammen mit Uno Åhrén)
1932	Konzerthaus Helsingborg, Planung des Kollektivhauses in Stockholm
1931	Mitverfasser von »Acceptera«,
1933-1935	Schriftleiter von »Arkitektur och Samhälle«
1938-1944	Chef von *Byggnadsstyrelsens utredningsbyrå*
1944-1954	Stadtplanungschef in Stockholm

MYRDAL, ALVA (1902–1986)[32]

1922-1924	Studium der Literaturgeschichte, der nordischen Sprachen und der allgemeinen Religionsgeschichte in Stockholm
1924	Ehe mit Gunnar Myrdal
1925	Studienreise nach Großbritannien
1929	Studienreise in die USA
1930	Studium in Genf
Ab 1931	Kollektivhauspläne (mit Sven Markelius)
1932-1934	Assistentin in der Rechtspsychiatrischen Klinik Stockholm, stellvertretende Vorsitzende des *Yrkeskvinnors klubb* (»Vereinigung berufstätiger Frauen«). Studium der Philosophie und Pädagogik in Uppsala
1934	gemeinsam mit Gunnar Myrdal: »Kris i befolkningsfrågan«
1935	»Stadsbarn« (»Stadtkinder«), Mitarbeiterin der Bevölkerungskommission
1936	Rektorin des »Sozialpädagogischen Seminars« in Stockholm
1938	Studium der Kinderpsychologie an der *Columbia University*
1940	Gemeinsam mit Gunnar Myrdal: »Kontakt med Amerika« (»Kontakt mit Amerika«)
1941	»Nation and Family«
1942	Gründung der Gruppe *Plan* (mit Uno Åhrén)
1948	Leitung der UN-Abteilung für soziale Fragen
1950	Leiterin der sozialwissenschaftlichen Abteilung der UNESCO in Genf
1955	Botschafterin Schwedens für Indien, Ceylon, Burma und Nepal
1956	»Women's Two Roles«
1961	Delegierte der internationalen Abrüstungskonferenz
1962	Reichstagsabgeordnete, Leiterin der schwedischen Abrüstungsdelegation in Genf
1966	Ministerin für Abrüstung
1968	Leiterin der Gleichstellungskommission von SAP und Gewerkschaften

---

31. RUDBERG, Sven Markelius (1989).
32. ETZEMÜLLER, Die Romantik der Rationalität (2010).

1969	Ministerin für Kirchenfragen
1970	Friedenspreis des Deutschen Buchhandels
1982	Friedensnobelpreis

MYRDAL, GUNNAR (1898-1987)[33]

1923	Abschluss des Jurastudiums an der Universität Stockholm, Studium der Nationalökonomie
1924	Ehe mit Alva Myrdal
1927	Promotion, danach Dozent für politische Ökonomie in Stockholm
1925-1929	Studienreisen nach Deutschland und England
1929	Rockefeller-Stipendium in den USA
1930	Gastprofessur am Institut Universitaire de Hautes Études Internationales in Genf
1932	Eintritt in die SAP
1933	Lehrstuhl für politische Ökonomie und Finanzwesen Universität Stockholm, wohnstatistische Studien, gemeinsam mit Uno Åhrén
1934	mit Alva Myrdal:»Kris i befolkningsfrågan«, Mitglied der *Bostadssociala utredning*
1935	»Wertprämissentheorie«, Mitglied der *1935 års befolkningskommission*
1936-1938	Abgeordneter der SAP im Reichstag
1938	Untersuchung der amerikanischen »Negerfrage« im Auftrag der Carnegie-Stiftung (»An American Dilemma«)
1944	Leiter der Kommission zur Planung der Nachkriegswirtschaft
1945-1947	Handelsminister
1947	Exekutivsekretär der UN-Wirtschaftskommission für Europa
1957	Studien über die wirtschaftliche und politische Entwicklung in Südasien (»Asian Drama«)
1961	Professur für Weltwirtschaft an der Universität Stockholm, »Institut für internationale Ökonomie«
1967	Pensionierung
1970	Friedenspreis des Deutschen Buchhandels
1974	Nobelpreis für Wirtschaftswissenschaften

NEUFERT, ERNST (1900-1986)[34]

1919-1920	Bauhausstudium
1922-1924	Bauführer für Walter Gropius
1924-1926	Büroleiter Gropius'
1925	Professor an der Staatlichen Bauhochschule Weimar
1929	politisch bedingt Verlust der Professur
1932-1933	verschiedene Reisen u.a. nach Skandinavien
1936	Veröffentlichung der »Bau-Entwurfslehre«

---

33. ETZEMÜLLER, Die Romantik der Rationalität (2010).
34. DURTH/GUTSCHOW, Träume in Trümmern (1988), S. 42.

1938	Beauftragter für die Rationalisierung des Berliner Wohnungsbaus durch Albert Speer
1940	Untersuchung von Wohnungstypen und Luftschutzfragen
1943	Leiter des Baunormungsausschusses der deutschen Industrie
1942	»Der Mieter hat das Wort«
1943	»Bauordnungslehre«
1944	zuständig für Normung in Albert Speers »Arbeitsstab Wiederaufbauplanung zerstörter Städte«
1945-1965	Professor an der TU Darmstadt

NEUPERT, KARL (1910-1991)[35]

1928-1931	Studium an der Sächsischen Staatsbauschule für Hochbau Dresden
1930-1933	Studium an der Staatlichen Hochschule für Baukunst Weimar
1936-1941	Wohnungsbau in Berlin, Tätigkeit in der Forschungsstelle für Siedlungsgestaltung in Dresden
1937	Mitarbeiter der Planungsstelle Sachsen des Reichsheimstättenamts der DAF
1940	Leiter der Hauptabteilung Städtebau und Wohnungsplanung im Reichsheimstättenamt
1944	als solcher zuständig für die Gestaltung der Wohngebiete im Wiederaufbau
1945-1960	Freier Architekt in der DDR, hier wiederholte Verhaftungen, u.a. wegen seiner nationalsozialistischen Vergangenheit
1961	Leiter der Forschungsstelle für Siedlungswesen bei der Wohnungsbaukreditanstalt Kiel

PAULSSON, GREGOR (1889-1977)[36]

1915	Doktor der Kunstgeschichte
1916-1920	Intendant des Nationalmuseums in Stockholm, zugleich Kunstkritiker für »Stockholms dagblad«
1916	Programmschrift »Den nya arkitekturen«, 1919 »Vackrare Vardagsvara«, 1931 »Acceptera«
1920-1934	Chef der SSF
1930	Leiter der *Stockholmsutställning*
1934-1956	Professor für Kunstgeschichte in Uppsala

PFEIL, ELISABETH (1901-1975)[37]

	Studium der Geschichte, Kunstgeschichte und Philosophie in Marburg und Berlin
1929	Promotion
1934	Schriftleiterin des »Archivs für Bevölkerungswissenschaft«

---

35. Ebd., S. 37f.; KEILMANN, Karl Neupert (2009).
36. CALDENBY, Att bygga ett land (1998), S. 387.
37. KORTE, Pfeil, Elisabeth (1984).

1941-1945	wissenschaftliche Referentin am Münchener »Institut für Bevölkerungswissenschaft«
1950	»Großstadtforschung«
1952-1956	Anstellung in der Dortmunder Sozialforschungsstelle, Forschung zur Großstadt und zu Flüchtlingsfragen
1953	Studien zu den Wohnwünschen der Bergarbeiter
1956	Anstellung, 1964 Professor an der »Akademie für Gemeinwirtschaft« in Hamburg

RAINER, ROLAND (1910-2004)[38]

1928-1933	Studium an der TH Wien
1935	Promotion
1937	NSDAP-Mitglied, Mitarbeiter in der »Deutschen Akademie für Städtebau, Reichs- und Landesplanung« unter Johannes Göderitz
1939-1945	Kriegsteilnahme
1940er	Mitwirkung in der oppositionellen »Freitagsgruppe« (nach eigener Angabe[39]), verschiedene Veröffentlichungen insbesondere zum Einfamilienreihenhaus: 1944: »Die zweckmässigste Hausform«, 1947 »Die Behausungsfrage«, 1948 »Städtebauliche Prosa«
1950	Mitglied der CIAM Austria
1953-1954	Professor für Wohnungswesen und Städtebau in Hannover
1955-1956	Professor in Graz
1956-1980	Leiter der Meisterschule für Architektur an der Akademie der bildenden Künste in Wien
1958-1963	Stadtplaner von Wien

RECHENBERG, FRITZ (1905-?)[40]

Ab 1934	Bauleiter für das Luftfahrtministerium
1936	Dissertation »Die günstigste Stadtgröße«, 1940 »Das Einmaleins der Siedlung«
1930er	(als Assistent Gottfried Feders): »Die neue Stadt«, Mitarbeit bei der Planung von Salzgitter, Wohnungsbau für die »Reichswerke Hermann Göring«
1943	vorgesehen als Berater von Albert Speers »Arbeitsstab Wiederaufbauplanung zerstörter Städte«

---

38. ADAM, Architektur und Bauen (2004); GUTSCHOW, Träume in Trümmern (1988), S. 221; ROLAND RAINER (2003), S. 254; UNTERSMAYR, Die »Ordentliche Planungspolitik« des 3. Reiches (1993).

39. Vgl. Rainers Gegendarstellung zu Vorwürfen Untersmayers in: FORVM XL, 1993, H. 480, S. 65.

40. DURTH, Deutsche Architekten (1986), S. 212; DURTH/GUTSCHOW, Träume in Trümmern (1988), S. 225.

REICHOW, HANS BERNHARD (1899-1974)[41]

1917-1918	Soldat
1921	Architekturstudium an der TH München
1923	Diplom an der TH Danzig
1923-1925	Assistent an der TH Danzig
1926	Dissertation
1925	Tätigkeit im »Preußischen Bau- und Finanzdirektorium« in Berlin
1926	Anstellung bei Erich Mendelsohn
1928	Regierungsbaumeister
1928-1934	Kommunaldienst als Stadtplaner in Dresden, ab 1933 Vorwurf des »Kulturbolschewismus«
1934	SA-Mitglied
1934-1936	Stadtbaurat Braunschweig
1937	NSDAP-Beitritt
1936-1945	Oberbaurat und 1939 Baudirektor in Stettin
1939	Schwedenreise
1940	freigestellt für die Mitwirkung in der Hamburger Generalplanung
1943	vorgesehen als Berater für Albert Speers Wiederaufbaustab
1940er	Überlegungen zur Planung für den »Deutschen Osten«
1948	»Organische Stadtbaukunst«, 1949 »Organische Baukunst«
1950er	Siedlungsbau, u.a. in Hamburg, Hohenkamp und Gartenstadt Farmsen (1953-54), Sennestadt bei Bielefeld ab 1954, Bremen Neue Vahr (1957-1962)
1959	»Die autogerechte Stadt«
1966	Bundesverdienstkreuz

REINIUS, LEIF (1907-1995)[42]

1929	KTH-Examen
1929-1935	Anstellung bei Hakon Ahlberg
1936-1992	eigenes Büro zusammen mit Sven Backström
1944-1950	Schriftleiter des »Byggmästaren«

SEGERSTEDT, TORGNY T:SON (1908-1999)[43]

	Studium der Philosophie in Lund
1939-1947	Philosophieprofessur in Uppsala
1947	erste schwedische Professur für Soziologie in Uppsala
1944	Herausgeber des Sammelbands der Studiengruppe Segerstedt-Paulsson »Inför samtidens demokrati«
1955-1978	Rektor der Universität Uppsala

---

41. BRINITZER, Hans Bernhard Reichow (1994); DURTH/GUTSCHOW, Träume in Trümmern (1988), S. 228.

42. CALDENBY, Att bygga ett land (1998), S. 387-388.

43. RALPH, Segerstedt, Torgny [T:son] (2002).

SIDENBLADH, GÖRAN (1912-1997)[44]

1934	KTH-Abschluss
1936-1939	Anstellung in der Landesplanung in Stockholm
1940-1942	Stadt- und Regionalplanungsbüro Göteborg
1944	Stadtplanungsbüro Stockholm
1948-1952	Chef der Generalplanungsabteilung im Stockholmer Stadtplanungsamt
1953-1955	Leiter der »Vorort- und Generalplanungsabteilung« in Stockholm
1955-1973	Stadtplanungschef in Stockholm

SUNDAHL, ESKIL (1890-1974)[45]

1914	KTH-Examen, 1918 Abschluss an der KKH
1924-1958	Leiter des Architekturbüros der KF
1936-1957	Architekturprofessur an der KTH
1945-1948	Vorsitzender des SAR

UMLAUF, JOSEF (1906-1981)[46]

1924-1928	Architekturstudium an der TH Wien
1928-1929	an der TH Berlin-Charlottenburg
1929-1933	Mitarbeit in der Schriftleitung von »Baugilde« und »Die Form«
1934	Architekt in der Planungsabteilung des Reichsheimstättenamts der DAF
1937	Sachbearbeiter der Landesplanungsgemeinschaft Westfalen, Bezirksplanung Arnsberg
1938	Siedlungsverband Ruhrkohlenbezirk, hier 1959 Verbandsdirektor
1939	Soldat
1940	Mitarbeiter im Planungsamt Konrad Meyers beim RKF, hier u.a. »Untersuchungen über den künftigen Siedlungsaufbau im Osten«
1944-1946	Kriegsgefangenschaft
1965	Professor für Raumordnung und Landesplanung an der TH Stuttgart

WALLANDER, SVEN (1890-1968)[47]

1913	KTH-Examen, 1915 Abschluss an der KKH
1916-1917	Anstellung in der Stadtplanungskommission Stockholm
1923	Mitbegründer der Baugenossenschaft HSB
1923-1958	Leiter und Chefarchitekt der HSB

---

44. FOLKESDOTTER, Nyttans tjänare och skönhetens riddare (1987).
45. CALDENBY, Att bygga ett land (1998), S. 389.
46. LEENDERTZ, Ordnung schaffen, bes. S. 110, 149-151.
47. CALDENBY, Att bygga ett land (1998), S. 390; WALLANDER, mitt liv med HSB (1968)

1933-1947	Mitglied der Leitungsgruppe der *Bostadssociala utredning*
1953	Leiter der »Staatlichen Kommission für Bauforschung«

WALTHER, ANDREAS (1879-1960)[48]

	Studium der Theologie in Erlangen, Tübingen und Rostock
1908	Geschichtswissenschaftliche Promotion in Hamburg
1911	Habilitation in Berlin
1915	Einberufung
1925	Weltreise u.a in die USA, Begegnung mit der »Chicagoer Schule«
1920	außerordentlicher Professor für Soziologie an der Universität Göttingen
1927	Professur für Soziologe an der Universität Hamburg, stadtsoziologische Arbeiten
1933	NSDAP-Beitritt
1934-1935	Leiter der stadtsoziologischen »Notarbeit 51« zur Untersuchung Hamburger »Sanierungs«-Gebiete (unter Mitwirkung Hans Kinders), daraus 1936 hervorgegangen: »Neue Wege zur Großstadtsanierung«
1944	Emeritierung
1945	Versetzung in den (unehrenhaften) Ruhestand

WILLIAM-OLSSON, TAGE (1988-1960)[49]

1925	Architekturexamen an der KTH
1931-1938	Lehraufträge in Städtebau an der KTH
Ab 1941	verschiedene Nachbarschaftsentwürfe
1943-1955	Stadtplanungschef Göteborg

WORTMANN, WILHELM (1897-1995)[50]

1914	Studium an der TH München
1916-1919	Soldat, Kriegsgefangenschaft
1920-1924	Studium an der TH Dresden
1924-1925	Anstellung im Büro von Emil Högg
1925	Tätigkeit im Stadtbauamt Halle und in der Oberbaudirektion Hamburg
1927	gemeinsame Arbeit mit Konstanty Gutschow im Büro Fritz Schumachers
1928-1932	Anstellung im Stadtplanungsamt Bremen
1932-1934	freier Architekt in Bremen
1934-1945	Stadtplaner in Bremen, Leiter der Landesplanungsgemeinschaft Oldenburg-Bremen

---

48. SCHILDT, Walther, Andreas (2003).
49. CALDENBY, Att bygga ett land (1998), S. 393.
50. KNOCKE; Wortmann, Wilhelm (2002).

1940er	freigestellt zur Beratung Gutschows in der Hamburger Generalplanung
1943	Berater des Speer-Wiederaufbaustabs, als Planer des Wiederaufbaus von Bremen vorgesehen
1945	Mitarbeit im Bremer Ausschuss für Bauforschung
1946	Leiter der Bremer Aufbaugemeinschaften
1956	Professor für Städtebau, Wohnungswesen und Landesplanung an der TH Hannover, 1960-1961 Rektor der TH Hannover

ZIMDAL, HELGE (1903-2001)[51]

	Geb. Zimdahl
1927	KTH-Abschluss, KKH 1930
1932-1950	Bürogemeinschaft mit Nils Ahrbom
1951-1970	Architekturprofessor an der CTH Göteborg

ÅHRÉN, UNO (1897-1977)[52]

1919	KTH-Examen
1917	Mitwirkung an der SSF-Ausstellung *Hemutställningen*
1925	Mitwirkung an der Ausstellung des SSF in Paris, hier Begegnung mit dem Werk Le Corbusiers
1921-1923	Anstellung bei Gunnar Asplund
1926	Anstellung im Stockholmer Generalplanungsbüro
1920er	Besuche diverser internationaler Ausstellungen
1927	Mitwirkung an der Ausstellung *Bygg och Bo*, Stockholm
1928-1930	gemeinsam mit Gunnar Sundbärg Vorbereitung der Architekturausstellung auf der *Stockholmsutställning*
1929-1932	Schriftleiter des »Byggmästaren«
1931	Mitverfasser von »Acceptera«
	Ikonische modernistische Bauten der frühen 1930er Jahre: Studentenhaus der KTH 1929-1930 (mit Sven Markelius), Kino Flamman in Stockholm, 1929-1930, Ford Motor Company, Stockholm 1930-1931
1932-1934	Stadtplanungschef in Göteborg
1943-1945	Chef der Wohnungsbaugenossenschaft *Svenska Riksbyggen*
1933-1947	Mitglied der Leitungsgruppe der *Bostadssociala utredning*
1940er	führender Propagandist der Nachbarschaftsplanung, Initiative zu Årsta Centrum, diverse Streitschriften, darunter 1942 »Arkitektur och demokrati«, 1945 »Ett planmässigt samhällsbyggande«
1947-1963	erste schwedische Städtebauprofessur an der KTH
1940-60er	diverse Generalpläne

---

51. CALDENBY, Att bygga ett land (1998), S. 393; ZIMDAL, En arkitekt minns (1981).
52. RUDBERG, Uno Åhren (1981).

ÅKERMAN, BRITA (1906-2006)[53]

1932	Ehe mit Alf Johansson
1933	Universitätsabschluss in Literaturgeschichte in Stockholm, danach Mitwirkung in verschiedenen Frauenverbänden
1941	Sekretärin von *Befolkningskomissionens Kvinnodelegation* Zeitgleich Wohnforschung: 1941 »Familjen som växte ur sitt hem«
1940er	Teilnahme an *Plan* und den Diskussionen der Gruppe Segerstedt-Paulsson
1944-1956	Vorsitzende von *Hemmens forskingsinstitut* (HFI)
1946-1951	Angestellte der SSF
1948-1956	Mitwirkung im *Bostadskollektiva kommittén*

---

53. CALDENBY, Att bygga ett land (1998), S. 394.

7.5 Register

ABC-Stadt 230
Acceptera 42, 55f., 101, 109, 259, 287
Abercrombie, Patrick 122, 136, *137*, 139, 155, *157*, 160, 236
Ahlberg, Carl-Fredrik 30, 32, *102*, *110*, 116, 131, *132*, 135, *135*, *158*, *159*, 160, 172, 178f., 185, 188, 193f., 196f., *197*, 204, 217, 220, 223, 227, 229, *237*, 248f., 258, 260, 270, 273, 303f., *304*, 381
Ahlsén, Erik & Tore 176, *206*, 381f.
Ahrbom, Nils 30, 196f., 278, 382
Arbeitsausschuss Stadtplanung 243, *243*, 390
Arbeitsstab Wiederaufbauplanung zerstörter Städte 15, 30, 33, *91*, 149f., 279, *294*, 387
Asplund, Gunnar 45f., 51, 56, *67*, 90, 195, *204*, 382, 399
Backström, Sven 160, *197*, 204, 207f., 382, 396
Bahrdt, Hans Paul 114f., 235, 284
Behne, Adolf 83, *89*, 99f.
Bostadssociala utredningen 69, 72f., 131, 381, 389, 398, 399
Bülow, Friedrich 14f., 383
Burgdörfer, Friedrich *280*, *294*
Charta von Athen *96*, 167, 388
Chicago School 121, 144, 398
Christaller, Walter *216*
Community centres/folkets hus/ Volkshäuser *106*f., 116, 121, 125, 136f., 176, 220f., 227, 228, *283*
Congrès Internationaux d'Architecture Moderne (CIAM) 49, *49*, *59*, *60*, 75, 79, 96, *96*, 99, 101, 138f., *145*, 159, 190, 193, *196*, 205, 214, 225, *228*, 232, 254, 278f., *278*, 285, 385, 388, 395
Constructa 232, *232*, 281, 383, 387
Cooley, Charles H. 18, 121, *121*, 128, 173
County of London Plan (CLP) 122, 136, 155, 157, *157*
Culemann, Carl 40f., 143, 181, 213, *213*, 253f., 383
Curman, Jöran 15, 16, 30, 31, 42, 59, *125*, 127, 130, 132, 178f., *178*, 214, 271f., 276, *276*, 383
Dahlström, Edmund 30, *132*, 228, 276, 283, 384
Dammerstocksiedlung 99f., 106
Danneskiold-Samsøe, Otto 30, *125*, *132*, 138, 139, 176, *183*, 187f., 283, 384
Danviksklippan 118, 382
Dessau-Törten 49, 98
Deutsche Akademie für Städtebau, Reichs- und Landesplanung 30, 143, 150, *150*, *155*, 160, 200, 280, 386, 387, 388, 395
Deutsche Arbeitsfront (DAF) 15, *73*, 143, *150*, 149, 150, *177*, 200, 279, 394, 397
Deutscher Werkbund 47, 49, 52, 58, *286*
Feder, Gottfried 16, 141, *141*, 176-180, *176*, *177*, *181*, 384, 390, 395
Folkhem/Volksheim 14, 16, 21, 36, 63-68, *64*, 95, 101f., *106*, 109, 119, 123, 211, 284, 293-296, 300, 306

Folkrörelser 52, 66, 129, 273
Frankfurter Küche 86, 89
Freyer, Hans 13f., 23, 145, 385
Friberger, Erik 30, 59, 131, 385
Föreningen för samhällsplanering *125*, *273*, 381
Forbat, Fred 30, 32, *59*, *80*, *96*, 107f., 139, 158-160, *158*, *159*, 178, 214, 225, 232, 248, 254f., *285*f., 294, 385, 388
Gahn, Wolter 56
Gartenstadt 104, *104*, 106, 119, 121, 122, *217*
Gegliederte und aufgelockerte Stadt 34, 150, 155, *155*, *160*, 212, 216, 218, 227, 386
Giedion, Sigfried 101, 105, 221, *221*
Göderitz, Johannes 30, 34, *96*, *110*, 143, *143*, *150*, 151, *155*, 171f., 180, 189, 212, 213, 259, 285, 386, 388, 390
Greenbelt Towns 122, 155
Gropius, Walter 45, *45*, *59*, *80*, 88, 91, 96, 98, 99, *104*, *154*, 196, 385, 387, 388, 393
Gubbängen 174f., 228, 388
Guldheden 118, *175*, *273*
Gustavsberg 118, 275
Gutschow, Konstanty 30f., *30*, *31*, 32, 33f., 41, 75, *75f.*, 79-82, *79*, *82*, 89-92, *90*, *91*, *92*, 95, *96*, 98-100, *102*, *106*, 108f., *108*, *109*, *110*, 117-119, 142, 143, 144, 145-151, *145-151*, 152, 153, *153*, *154*, 155-157, 158f. *158*, *159*, *160*, 171, *171*, *173*, 174, 176f., *177*, 180-182, *180*, *181*, *183*, 184f., *184*, *185*, 186, 188, 189, 191, *191*, 195, 199-201, 209, 212, *213*, 214, 216, 220, 221, *221*, *232*, 233, *233*, 243, *243*, *245*, 248, 249, 253, 255-259, *257*, 260-261, *261*, 262, 279-281, *279-281*, 284,

285, 296f., 298, 303, 386f., 390, 398, 399
Haesler, Otto *79*, 82, 83, 88, *90*, 97f.
Hohnerkamp 118, 156, *188*, 202, 396
Hammarbyhöjden *196*, *283*
Hannover Mittelfeld 118, 156, *160*
Hansson, Per Albin 63f., 66f., *67*
Harlow 137, 155
Haselhorst 80f., *96*, 99, *106*, 385, 386
Hauszinssteuer 76, 101, *101*
Heimatstil 203, *204*
Hellpach, Willy 171, *171*, 184
Hemmens forskningsinstitut (HFI) 269, *269f.*, 400
Henningsen, Poul 272f., *273*
Heuer, Friedrich 144, 146-148, *154*, *294*
H55 278, 305
Hilberseimer, Ludwig *26*, 75, 103
Hillebrecht, Rudolf *31*, *96*, 149, 150, 156, 157, 159, 160, *161*, *171*, *232*, 234, 238f., 249, *259*, 262, *285*, 387
Hjorthagen *67*, 382
Hök, Bertil 175f.
Hoffmann, Hubert 30, 34, *96*, 143, *143*, 150, *155*, 158, 159f., 200, 223, 232, 246, 247, 259, 278, 284, *305*, 388
Hofsten, Erland von 30, *125*, *132*, 174-177, 178f., 227, 228, 300, 388
Holford, William 138, 304
Holm, Lennart 30, 206-208, *209*, *259*, *260*, 276-278, 300, 389
Holm, Per *174*, 389
Howard, Ebenezer 121, *217*
Hyresgästernas Sparkasse- och Byggnadsförening (HSB) *62*, 67, 69, *160*, *285*, 384, 391, 397
Industrins Utredningsinstitut *125*, 271

Interbau/Hansaviertel 159f., 219, 227f., 254, 278, 285, 385, 388, 389
International Federation for Housing and Town Planning (IFHTP) 138, 158, 224, *254*
International style 75, *75*, 95, 203
Jaenecke, Fritz 278, 286, 305, 389
Johansson, Alf 30, 61, 69, *125*, *126*, *128*, 389
Johansson, Gotthard 57, *125*, 270f., 390
Jorn, Asger 205f., *206*, 207, 237
Kallmorgen, Werner 30, 80, *151*, *154*, 158, *159*, 191, 243-247, 390
Kaufmann, Eugen 88, *122*
Key, Ellen 65f., *65*
Killus, Heinz 180, *180*, 216f., 390
Kinder, Hans 30, 146, *146*, 180, 185, 211, 398
Kjellén, Rudolf 64
Klein, Alexander 78, 86f., *86*, *92*, 108
Kollektivhaus 297-301, 392
Kooperativa Förbundet (KF) 69, 126, 127, 129, 131, 274, 381, 382, 397
Kühn, Erich *154*, 158, 159f., 232, 235, 391
Kulturradikalismus 61f., 63, 259
Kungliga tekniska högskolan (KTH) *31*, 47, 174, 197, 229f., 381-399
Lallerstedt, Erik 57, 258
Langmaack, Gerhard 30, 151
Larsson, Carl 65f.
Larsson, Yngve 194, 227
Le Corbusier *26*, 48, 49, *62*, 80, 103, 206, 233, 382, 399
Leitl, Alfons 108f., *108*, 261
Lindahl, Göran 225, *304*
Lindström, Fritjof 30, 116
Lindström, Sune 49, 58, 109, 204, 238f., 272, 385, 391
Lynch, Kevin 237f.

Maré, Eric de 208f., *209*, 305
Markelius, Sven 14, 30, 32, *34*, 35, 49, *50*, 54, 56, 58, *60*, *62*, *67*, *125*, *132*, 138, *159*, *161*, 176, 198, 218, 227, 298-300, *298*, 381, 392, 399
May, Ernst 77, 83, 85, 104, *104*, *106*, 196, 267
Meyer, Hannes 96, 105, 388
Meyer, Konrad *150*, 383, 397
Mies van der Rohe, Ludwig 49, *58f.*, 96
Millionenprogramm 230f., *231*, 239
Mumford, Lewis 122, *122*, 135, *135*, *171*, 173, 179, *189f.*, 223, 253
Myrdal, Alva 30, 32, 60, *60*, 67, *67*, 72f., *72*, 121f., 127f., 132, 137, *137*, 229, *249*, 298f., *298, 299*, 392f.
Myrdal, Gunnar 30, 32, 60-62, *60*, 67, *67*, 68-71, *69*, 72f., *72*, 74, *121*, 132, 137, 300, 392, 393
Neues Frankfurt 77, *78*, 97, 102, 103, 104, *104*, *106*, 120, *122*, *250*, *286*
Neue Tradition 80, 95
Neufert, Ernst 16, 90-94, *91*, *92*, *160*, 189, 261, *261*, 267-269, *267*, 280f., *281*, *285*, 385, 393f.
Neupert, Karl 143, *150*, 172, *294*, 394
New brutalism 209, *209*
New empiricism/Nyrealism *67*, 203-209, *204f.*, *208*, 268, 292
New Towns 122, 137, 155, 158, 208
Nordgren, Gunnar 127, *127*
NSDAP 16, 102, *107*, 119, 141f., 147, *147*, 150, 152, 155, 179-182, *294*, 383, 384, 387, 395, 396, 398
Ortsgruppe als Siedlungszelle 34, 119, 123, 141-144, 146-156, *150*, *152*, *154*, 159,

164, *177*, 180f., *181*, 180, 182, 200, 246
Otto, Karl *154*, 159, 219
Paulsson, Gregor 30, 52, 56, *65*, 101, 126, *126*, 127, 128f., 193, 221, 248, 394
Perry, Clarence Arthur 120-122, *120*, *121*, 135, 184
Pfeil, Elisabeth 41, 165, *165*, *186*, 193, 199f., 216, 233, 234, 284f., *285*, 394f.
Plessner, Helmuth 114f., *114*, 118, *235*
Radburn 122, 155
Rainer, Roland 30, 34, 150, *155*, 159, 171, 173, 201, *201*, 211f., 214, 222, 255, 259, 280f., *280*, *281*, 287, *298*, 395
Rechenberg, Fritz 176-180, *176*, *177*, 184, 213, 217, 384, 395
Reichow, Hans Bernhard 15f., *16*, 29, 32, *32*, 33, 39, 41, 80, 95, *96*, 98f., *102*, 108, 110, 114, 118, 141, 143, 149, *150*, 151, 152, *154*, 155, 156, 158, *159*, *160*, 161, *165*, *171*, 183, 188, 189, 202f., *203*, *208*, *216*, 220, 221f., 223f., *223*, 233, 247, *247*, *248*, 249f., 251f., *254*, 255f., 281f., *282*, 285, 291f., 294, 296, 298, *298*, 396
Reichsarbeitsgemeinschaft für Raumforschung (RAG) 30, *32*, 143, *216*
Reichsforschungsgesellschaft für Wirtschaftlichkeit im Bau- und Wohnungswesen E.V. (RFG) 78f., 80-82, 94, *96*, 97, 98, 102, 386
Reichsheimstättenamt der Deutschen Arbeitsfront 30, 143, *150*, 394, 397
Reichskommissar für den sozialen Wohnungsbau (RKSW) 279
Reichskommissar für die Festigung des deutschen Volkstums (RKF) 30, 143, *144*
Reichsstelle für Raumordnung (RfR) 30, *32*, *150*, *155*, 223
Reinius, Leif 130f., 134, *159*, 160, *197*, 204, 205, 207, 278f., 382, 396
Rollin, Gösta 57f., *59*
Råcksta 198, 381
Schleicher, Gustav 280, 284
Schmitthenner, Paul 79, 159, 386
Segerstedt, Torgny 15, 30, 126, *126*, 127, 128-130, 132, 134, 396
Sennestadt 202f., 251, 296
Settlement movement *106*, 120
Sidenbladh, Göran 30, *132*, 136, 138, 158, 186f., 197, 224, 228, 231f., *259*, 271, 283, 397
Situationismus 237f.
Sozialforschungsstelle an der Universität Münster in Dortmund (SfS) 30, *165*, 284f., 395
Speer, Albert 15, 30, 33, 149, 150, *154*, 154, 157, 267, *267*, 275, 294, 386, 387, 394, 395, 396, 399
Stadtkrone 220-222
Stadtlandschaft 34, 143, 146f., *154*, 155, 167, 220, 222, 250, *259*
Städtebauliche Richtwerte/Städtebaulicher Grundstoff 15, 117, 149, *150*, 155f., 160, *171*, *177*, *184*, *232*, 260f., *261*, 387
Statens ofentliga utredningar (SOU) 68f., *68*, 72, *73*, 74
Stockholms byggnadsförening 47, *53*
Stockholms stads stadsplanekontor 35, *132*, 160, 381, 384, 388
Stockholmsutställningen 34, 51-55, 57, *58*, 59, 62, 65, 67,

76, 79, 81, 88f., 95, 101, *101*, 126f. 196, 265, *268*, 382, 394, 399
Sundbärg, Gunnar 30, 52-54, *53*, 59, *221*, 399
Svea Rike 51f., *51*
Svenska Riksbyggen 127, *174*, 389, 399
Svenska Slöjdföreningen (SSF) 47, *49*, 51f., *65*, 95, 269, 270, *273*, 274, 278, 390, 394, 399, 400
Svenska Arkitekters Riksförbund (SAR) 131, 138, 270, *273*, 390, 397
Täby 225
Taesler, Werner 139, *139*, *158*
Taut, Bruno *80*, *96*, 97, *106*, 220, 386
Tönnies, Ferdinand 18, *18*, 19, 114, *114*, *115*, 121, *121*, 144, 173, *235*
Umlauf, Josef *150*, 186, *186*, 216, 383, 397
Unwin, Raymond *104*, 121
Vällingby 157, *159*, 198, 230, 381, 382
Völckers, Otto 83, 97
Wagner, Martin 97, *99*
Wallander, Sven 30, *62*, 69, *158*, 397f.
Walther, Andreas 30, 144-146, *145*, *146*, 398
Wetzel, Heinz 79, *183*, 386
Wigforss, Ernst *15*, 61, 71
William-Olsson, Tage 30, 159, 174f., *175*, 278, 306, 398
Wohnung für das Existenzminimum 79, *106*
Wolff, Josef *166*, 262f.
Wolters, Rudolf *39*, 149, *149*
Wortmann, Wilhelm 29, 31, 143, 144, 149, *150*, 153, 156, 157, 221, 233, 260, 398f.
Zeilenbau *67*, 97-100, *102*, 105, 197, 199
Zimdal, Helge 15, 30, 42, *125*, *128*, 130, 196, 218, *239*, 382, 399

Zippel, Hermann *89*, *151*
Åhrén, Uno 14, 30-32, *31*, *32*, 34f., *35*, 41f., 45-50, *48*, *50*, 52-55, *53*, 56, *57*, 58f., *58*, 60-63, *65*, *67*, 68-71, *69*, 73f., *75*, 80, 83, 101, *110*, 115-119, 125-138, *125*, *126*, *132*, *134*, *135*, *137*, *138*, 160, 163, 172, 174, *174*, 176, *176*, 179, 182, 188, 209, 211, 213, 219, 227, 229f., *249*, 251-253, 258, 259f., *259*, 260f. *260*, 265, *268*, *270*, 273, *273*, 282f., 297, 385, 392, 399f.
Åkerman, Brita *125*, *128*, 130, 176, 268f., *268*, 300, 389, 400
Årsta 176, 182, *206*, 220, 228, *304*, 381, 382, 399

Histoire

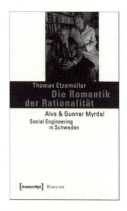

THOMAS ETZEMÜLLER
Die Romantik der Rationalität
Alva & Gunnar Myrdal –
Social Engineering in Schweden

Juni 2010, 502 Seiten, kart., zahlr. Abb., 35,80 €,
ISBN 978-3-8376-1270-7

TORBEN FISCHER,
MATTHIAS N. LORENZ (HG.)
Lexikon der »Vergangenheitsbewältigung« in Deutschland
Debatten- und Diskursgeschichte
des Nationalsozialismus nach 1945
(2., unveränderte Auflage 2009)

2007, 398 Seiten, kart., 29,80 €,
ISBN 978-3-89942-773-8

BETTINA HITZER,
THOMAS WELSKOPP (HG.)
Die Bielefelder Sozialgeschichte
Klassische Texte zu einem
geschichtswissenschaftlichen
Programm und seinen Kontroversen

September 2010, ca. 414 Seiten, kart., ca. 29,80 €,
ISBN 978-3-8376-1521-0

Leseproben, weitere Informationen und Bestellmöglichkeiten
finden Sie unter www.transcript-verlag.de

Histoire

Anne Kwaschik,
Mario Wimmer (Hg.)
Von der Arbeit des Historikers
Ein Wörterbuch zu Theorie und Praxis
der Geschichtswissenschaft

September 2010, ca. 200 Seiten, kart., ca. 22,80 €,
ISBN 978-3-8376-1547-0

Jürgen Martschukat,
Olaf Stieglitz (Hg.)
Väter, Soldaten, Liebhaber
Männer und Männlichkeiten in
der Geschichte Nordamerikas.
Ein Reader
2007, 432 Seiten, kart., 32,80 €,
ISBN 978-3-89942-664-9

Achim Saupe
**Der Historiker als Detektiv –
der Detektiv als Historiker**
Historik, Kriminalistik und der
Nationalsozialismus als Kriminalroman

2009, 542 Seiten, kart., 44,80 €,
ISBN 978-3-8376-1108-3

**Leseproben, weitere Informationen und Bestellmöglichkeiten
finden Sie unter www.transcript-verlag.de**

Histoire

ANNA ANANIEVA
Russisch Grün
Eine Kulturpoetik des Gartens
im Russland des langen
18. Jahrhunderts
Juli 2010, 442 Seiten, kart.,
zahlr. z.T. farb. Abb., 46,80 €,
ISBN 978-3-8376-1479-4

NICOLE COLIN,
BEATRICE DE GRAAF,
JACCO PEKELDER,
JOACHIM UMLAUF (HG.)
**Der »Deutsche Herbst«
und die RAF in Politik,
Medien und Kunst**
Nationale und internationale
Perspektiven
2008, 232 Seiten, kart., 22,80 €,
ISBN 978-3-89942-963-3

CLAUDIA DITTMAR
Feindliches Fernsehen
Das DDR-Fernsehen und
seine Strategien im Umgang
mit dem westdeutschen Fernsehen
September 2010, ca. 394 Seiten,
kart., ca. 32,80 €,
ISBN 978-3-8376-1434-3

THOMAS ETZEMÜLLER (HG.)
Die Ordnung der Moderne
Social Engineering
im 20. Jahrhundert
2009, 366 Seiten, kart.,
zahlr. Abb., 29,80 €,
ISBN 978-3-8376-1153-3

PETRA HOFFMANN
**Weibliche Arbeitswelten
in der Wissenschaft**
Frauen an der Preußischen
Akademie der Wissenschaften
zu Berlin 1890-1945
September 2010, ca. 442 Seiten,
kart., ca. 39,80 €,
ISBN 978-3-8376-1306-3

ALEXANDRA KLEI, KATRIN STOLL,
ANNIKA WIENERT (HG.)
Die Transformation der Lager
Annäherungen an die Orte
nationalsozialistischer
Verbrechen
Oktober 2010, ca. 250 Seiten, kart.,
ca. 28,80 €,
ISBN 978-3-8376-1179-3

TIMO LUKS
Der Betrieb als Ort der Moderne
Zur Geschichte von
Industriearbeit, Ordnungsdenken
und Social Engineering im
20. Jahrhundert
September 2010, ca. 334 Seiten, kart.,
zahlr. Abb., ca. 35,80 €,
ISBN 978-3-8376-1428-2

ALEXANDER MESCHNIG
Der Wille zur Bewegung
Militärischer Traum und
totalitäres Programm.
Eine Mentalitätsgeschichte
vom Ersten Weltkrieg zum
Nationalsozialismus
2008, 352 Seiten, kart., 29,80 €,
ISBN 978-3-89942-955-8

STEFANIE MICHELS
**Schwarze deutsche
Kolonialsoldaten**
Mehrdeutige Repräsen-
tationsräume und früher
Kosmopolitismus in Afrika
2009, 266 Seiten, kart.,
zahlr. z.T. farb. Abb., 28,80 €,
ISBN 978-3-8376-1054-3

Leseproben, weitere Informationen und Bestellmöglichkeiten
finden Sie unter www.transcript-verlag.de

Histoire

Nina Möllers
Kreolische Identität
Eine amerikanische
›Rassengeschichte‹ zwischen
Schwarz und Weiß. Die Free
People of Color in New Orleans
2008, 378 Seiten, kart., 33,80 €,
ISBN 978-3-8376-1036-9

Thomas Müller
Imaginierter Westen
Das Konzept des
»deutschen Westraums«
im völkischen Diskurs
zwischen Politischer Romantik und Nationalsozialismus
2009, 434 Seiten, kart., 33,80 €,
ISBN 978-3-8376-1112-0

Massimo Perinelli
Fluchtlinien des Neorealismus
Der organlose Körper der
italienischen Nachkriegszeit,
1943-1949
2009, 380 Seiten, kart.,
zahlr. Abb., 36,80 €,
ISBN 978-3-8376-1088-8

Leseproben, weitere Informationen und Bestellmöglichkeiten
finden Sie unter www.transcript-verlag.de